# PlayStation2

**2004-2013**

## PERFECT CATALOGUE

플레이스테이션 2 퍼펙트 카탈로그

마에다 히로유키·조기현 감수
김경문 옮김

하권

samho MEDIA

# 머리말

2024년 11월(한국 기준) 발간했던 '플레이스테이션 2 퍼펙트 카탈로그 상권'에 이어, 약속대로 하권을 겨우 내놓게 되었다. 꼭 이번에 한해서만은 아니나, 항상 본 퍼펙트 카탈로그 시리즈의 제작을 도와주시는 여러 분들의 조력 덕분인 만큼, 다시 한 번 감사의 말씀을 드리고자 한다.

상권은 2000년부터 2004년 상반기까지 발매된 소프트와 플레이스테이션 2(이하 PS2) 본체를 중심으로 삼았으나, 하권은 나머지 기간인 2004년 하반기부터 2013년까지 발매된 소프트 및 PS2의 주변기기들을 중심으로 구성하였다. 가능하다면 2004년의 소프트를 굳이 상반기·하반기로 나누지 않고서 상·하권 중 한쪽에 몰아 수록하고 싶었으나, 그래서는 도저히 페이지 배분이 맞지 않았기에 부득이하게 현재 형태가 되었다. 찾기 불편하다고 여기시는 독자 분도 있겠으나, 부디 양해를 부탁드리는 바이다.

 PS2용 주변기기들을 이야기함에 있어 매우 중요한 요소가, 본체에 내장된 USB 단자다. 이전까지의 가정용 게임기는 기본적으로 하드웨어 중심의 사업전개였기에, 주변기기 역시 '그 기종에서만 사용 가능'하도록 함으로써 유저들과 서드파티 제조사를 이끌어왔다. 물론 그 본체가 충분히 시장에 보급되어 있다면 전용 규격과 전용 주변기기는 유효한 무기가 되지만, 본체가 충분한 보급 선순환을 이끌어내지 못하면 오히려 큰 단점이 되어버리고 만다.

 PS2의 경우엔 게임기이면서도 컴퓨터를 지향했다 보니 설계과정에서 필연적으로 USB 단자를 탑재시켰는데, 이것이 예상치 못한 장점으로 작용하여 실로 다채로운 주변기기 생태계가 꽃필 수 있었다. 특히 I-O DATA나 로지텍 등 이전까지는 PC용 주변기기 전문이었던 제조사들이 앞 다투어 PS2의 서드파티로 참가하였으며, 키보드나 프린터 등의 PC용 주변기기를 그대로 PS2용으로 바꿔 발매하기까지 했다. 이러한 흐름이 PS2 등장을 기점으로 자연스럽게 도입되어, 이후 가정용 게임기에 USB 단자 내장이 당연시되는 계기로 연결되었다고 해도 과언은 아니다.

 PS2는 상권에서도 언급한 대로, 발매 전부터 사실상 성공이 예정되어 있었던 게임기다. 하지만 그런 당연함의 이면에도 PS2라는 기기의 등장이 가져온 긍정적인 변화는 실로 많기에, 일개 가정용 게임기를 뛰어넘어 게임의 역사에 큼직한 이정표로 자리 잡은 PS2의 매력을 조금이라도 더 독자 여러분께 전달하는 것이, 이 책을 집필하면서 세운 과제였다. 이 책을 통해 PS2의 매력을 재발견하였다면, 책을 제작한 사람으로서 더할 나위 없는 기쁨이리라.

2022년 1월, 마에다 히로유키

# PlayStation2

## CHAPTER 1
## 플레이스테이션 2 하드웨어 대연구
**PLAYSTATION2 HARDWARE CATALOGUE** — **PART 2**

- 해설 : PS2를 둘러싼 여러 화제와 논점들 ........... 008
- 하드디스크 드라이브 유닛 ........... 010
- PS2 Linux ........... 014
- DVD 리모컨 키트 ........... 016
- 아이토이 ........... 017
- 헤드마운트 디스플레이 PUD-J5A ........... 018
- popegg ........... 019
- 플레이스테이션 2용 순정 주변기기 ........... 020
  - 케이블 ........... 020
  - 컨트롤러 ........... 021
  - 플레이스테이션(PS1)용 주변기기 ........... 021
  - 네트워크 & 외부기억장치 ........... 022
  - 기타 주변기기 ........... 022
- 플레이스테이션 2용 서드파티 주변기기 ........... 023
  - 드라이빙 휠 컨트롤러 ........... 023
  - 음악 게임 컨트롤러 ........... 024
  - 낚시 컨트롤러 ........... 025
  - 파친코·파치슬로 컨트롤러 ........... 025
  - 기타 컨트롤러 ........... 025
  - 키보드·마우스 ........... 026
  - 기타 주변기기 ........... 026

# PERFECT CATALOGUE
## 하권 CONTENTS

## CHAPTER 2
# 플레이스테이션 2 일본 소프트 올 카탈로그
### PLAYSTATION2 SOFTWARE ALL CATALOGUE — PART 2

- 해설 : 플레이스테이션 2의 소프트 이야기 2 ......... 028
- 2004년 ......... 030
- 2005년 ......... 063
- 2006년 ......... 122
- 2007년 ......... 166
- 2008년 ......... 198
- 2009년 ......... 218
- 2010년 ......... 230
- 2011년 ......... 237
- 2013년 ......... 238

## CHAPTER 3
# 플레이스테이션 2 일본 게임 소프트 가나다순 색인
### INDEX OF PLAYSTATION2 GAME SOFTWARE

- 플레이스테이션 2 일본 게임 소프트 가나다순 색인 ......... 240

## CHAPTER 4
# 한국의 플레이스테이션 2 이야기
### PLAYSTATION2 KOREAN CATALOGUE — PART 2

- 해설 : 한국의 플레이스테이션 2 이야기 (2004~2011) ......... 270
- PS2 한국어화·국산 게임 소프트 카탈로그 (하편) ......... 272
- PS2 한국 정식발매 패키지 게임 소프트 리스트 ......... 294
- PS3 PS Store의 PS2 클래식 소프트 리스트 ......... 308

005

- 이 책 안에서 다루는 게임기, 소프트, 기타 각 상품은 ™ 및 ©, ® 표기를 생략했으나, 각종 권리는 해당 회사의 소유이며, 각 회사의 상표 또는 등록상표입니다.
- 이 책 안에서 다루는 게임기, 소프트, 기타 각 상품은 일부를 제외하고 현재 판매 종료되었습니다. 문의처가 게재되어 있는 상품을 제외하고, 이 책의 정보를 근거로 각 회사에 직접 문의하시는 것은 삼가 주십시오.
- 이 책에 실린 사진은 저자가 촬영한 것을 제외하고는 모두 당시의 카탈로그, 위키미디어 공용의 사진을 사용하였습니다. http://commons.wikimedia.org/wiki/Main_Page
- 회사명 및 상품명은 발매 당시 기준입니다. 또한, 일부 회사명 및 상품명이 정확한 표기가 아닌 경우가 있습니다만, 가독성을 위해 조정한 것이며 오독·오해 유발 목적이 아닙니다.
- 회사명 표기 시에는 '주식회사' 등의 표기를 생략했습니다. 또한 개인 이름의 경칭은 생략했습니다.
- 가격 표시는 원칙적으로 일본의 소비세 제외 가격 기준이지만, 당시 표기를 따라 소비세가 포함되어 표기된 경우가 일부 있습니다.
- 한국어판의 추가 페이지는 모두 한국어판 감수자가 집필하였습니다.

### Special Thanks To

| | |
|---|---|
| 38 | 네이버 카페 '구닥동' 회원 |
| SUI | |
| 게임샵 트레더 | |
| 꿀딴지곰 | 고전게임 컬럼니스트, 유튜브 채널 '꿀딴지곰의 게임탐정사무소' 운영 |
| 오영욱 | 게임잡지의 DB를 꿈꾸는 게임개발자 |
| 이승준 | '레트로장터' 행사 주최자 |
| 정세윤 | http://blog.naver.com/plaire0 |
| 타잔 | 레트로 게임 컬렉터, 네이버 카페 '추억의 게임 여행' 운영자 |
| 홍성보 | 월간 GAMER'Z 수석기자 |
| 히규 | 모리 게임(게임샵), 모리 마켓(캐릭터샵) 운영 |
| (주)게임문화 월간 PlayStation 편집진 | |

PLAYSTATION 2 PERFECT CATALOGUE GEKAN by Hiroyuki Maeda
Copyright © G-WALK publishing.co., ltd. / 2021 CHEERSOL Inc.
All rights reserved.
Original Japanese edition published by G-WALK publishing.co., ltd.
Korean translation copyright © 2025 by Samho Media
This Korean edition published by arrangement with G-WALK publishing.co., ltd., Tokyo,
through HonnoKizuna, Inc., Tokyo, and Botong Agency

이 책의 한국어판 저작권은 Botong Agency를 통한 저작권자와의 독점 계약으로 삼호미디어가 소유합니다.
신 저작권법에 의하여 한국 내에서 보호를 받는 저작물이므로 무단전재와 무단복제를 금합니다.

# CHAPTER 1
# 플레이스테이션 2
# 하드웨어 대연구
## PART 2
**PLAYSTATION2 HARDWARE CATALOGUE**

### 해설 | PS2를 둘러싼 여러 화제와 논점들
**COMMENTARY OF PLAYSTATION2 #4**

## 컴퓨터가 되고자 했던 플레이스테이션 2

소니는 꽤나 오래 전부터, PC를 비롯한 컴퓨터 사업 분야로 여러 차례에 걸쳐 적극적으로 진출을 시도해 왔다. 소니의 안마당인 영상·음향업계는, 이전부터 디지털화가 강력하게 추진되어 왔던 관계로 유독 컴퓨터와의 친화성이 높은 편이었기 때문이다. 게다가 특히 업무용 방송기기·음향기기는 작업기자재를 시스템화함으로써 일괄수주가 가능했기에, 소니는 이미 1980년대부터 기회가 있을 때마다 PC나 워크스테이션 사업부문 라인을 신설하고 또 철수하기를 반복해 왔다.

일반 사무용으로 설계했으나 업무용 방송기자재로서의 용도도 염두에 두었던 SMC-70을 기반으로 전개했던 SMC 시리즈, 가정 보급에 주안점을 두고 아스키와 마이크로소프트가 제창한 공통규격 'MSX'를 도입했던 HiTBiT 시리즈, 당시의 대형 컴퓨터에 필적할 만한 성능이었던 UNIX 기반의 엔지니어링 워크스테이션인 NEWS(뉴스), AX 협의회(역주※)가 제창했던 규격을 따른 일본어 지원 IBM PC 호환기종인 Quarter L(쿼터엘) 등, 실로 다양한 시도가 있었다. 그중 가장 오랫동안 명맥이 이어진 브랜드가, 1996년 제1호기가 발매된 이래 현재는 소니에서 독립되어서까지 꾸준히 출시되고 있는 VAIO(바이오)일 것이다.

이렇듯 복잡한 경위를 지닌 소니의 컴퓨터 역사 내에서 새로이 발흥한 세력이 있었다. 쿠타라기 켄이 이끌던 소니컴퓨터엔터테인먼트(현 소니인터랙티브엔터테인먼트, 이하 SCE)였다.

쿠타라기는 초대 플레이스테이션(이하 PS1)을 개발하는 과정에서 그래픽 워크스테이션으로서의 컴퓨터 분야에 주목했고, 플레이스테이션 2(이하 PS2)에선 그래픽 워크스테이션을 뛰어넘는 성능의 CPU·GPU를 개발하는 데 주력하게 된다. 이 책의 상권에서도 언급했듯이, 이러한 구상은 Emotion Engine과 Graphics Synthesizer라는 두 칩의 형태로 결실을 맺었다. 실로 뛰어난 완성도에 가능성을 느낀 SCE는, 이 두 칩을 내장한 오리지널 아키텍처의 컴퓨터 연구개발을 물밑에서 진행했었다고 한다.

PS2 설계사상의 연장선상에서 추진했던 이 오리지널 컴퓨터 개발 계획은 아쉽게도 구체화 단계까지는 이르지 못했으나(일설에 의하면, 반 쿠타라기 파벌의 견제 때문이었다고도 한다), PS2의 개발기재(왼쪽 사진)와 이 책의 14p에서 소개한 PS2 Linux 등 당시 연구의 부산물이라 여겨지는 제품도 몇 가지 존재하므로, '아마 실제로 발매되었다면 이런 형태가 아니었을까?'라고 상상을 펼쳐보는 것도 흥미롭지 않을까 싶다.

(역주 ※) 8비트에서의 MSX처럼 16비트의 IBM PC/AT 호환기종에서도 하드웨어적으로 일본어를 지원하는 표준규격을 제정하자는 취지로, 1986년 아스키와 일본마이크로소프트가 추진했던 업계단체. 다만 이 시점에선 NEC의 PC-9801 시리즈가 이미 시장지배적 위치였기에, 1990년 말 일본 IBM이 내놓은 DOS/V를 구심점으로 삼아 OADG(PC 오픈 아키텍처 추진협의회)로 발전한다.

▲ '거대한 플레이스테이션 2'라는 느낌의 전용 개발기, DTL-T10000.

## 소니의 핵심사업이 된 플레이스테이션

플레이스테이션 사업이 막 출범했을 당시만 해도 소니 본사는 '소니가 고작 장난감이나 만들다니…'라며 게임 사업에 회의적이었지만, PS1이 출하대수 1억 대를 앞두는 시점쯤에는 어느새 그룹 내에서 무시할 수 없는 존재로까지 성장해 있었다. SCE의 단독 연매출액이 무려 7,357억 엔(2003년 3월기 실적)을 기록해, 같은 시기 소니 본사 연매출액 2조 5,262억 엔 중에서 무려 30%나 차지했기 때문이다.

이러한 흐름으로 인해, 설립 당시엔 소니뮤직엔터테인먼트(SME)의 자회사였던 SCE는 2003년의 소니 그룹 재편을 기점으로 SME 산하에서 소니 본사로의 주식교환을 거쳐 완전 자회사화됨으로써, 게임 사업은 드디어 소니 본사의 핵심사업 중 하나가 되었다.

한편, 플레이스테이션 사업을 주도했던 쿠타라기 켄은 1999년 SCE 대표이사 사장으로 취임했고, 다음해인 2000년에는 소니 본사의 이사로까지 취임하는 등 이례적인 고속 출세가도를 달려 나가, SCE의 소니 완전 자회사화 시점에는 소니 그룹의 부사장 겸 COO(최고집행책임자) 자리에까지 올랐다.

이를 계기로, 쿠타라기는 플레이스테이션으로 얻은 기술과 경험을 소니 일렉트로닉스 제품 전반의 공통 포맷으로 발전시키자고 제안하여, 소니의 타 제품들과 연동시켜 다양한 디지털 컨텐츠를 휴대하며 즐긴다는 미디어 플레이어로서의 성격을 겸비한 '플레이스테이션 포터블'과 PS2 기반의 DVD 레코더 'PSX'를 발매하면서, 조작계·아이콘을 공통화한 통일 인터페이스 'XMB'(크로스 미디어 바) 등의 다양한 시도를 도입하였다.

아쉽게도 이런 과감한 제안들이 모두 성공한 것은 아니었기에, 얼마 가지 않아 소니의 일렉트로닉스 사업 부진에 대한 인책사임 형태로 쿠타라기 켄은 2005년 부사장 직책을 내려놓고 소니를 떠나게 되나, 현재의 소니 그룹에서도 플레이스테이션을 중심으로 하는 엔터테인먼트 분야는 여전히 큰 영향력을 유지하고 있다.

▲ 미디어 플레이어라는 측면도 겸비했던 플레이스테이션 포터블과, 기본 내장 인터페이스인 XMB(크로스 미디어 바).

## 플레이스테이션 클럽의 제2기 서비스, '프레프레 2'

PS1 시대에 일본에서 개시했던, 염가에 제조 가능한 CD-ROM이란 매체를 활용한 회원제 정보 미디어 서비스 '플레이스테이션 클럽'. 이 서비스가 2001년 4월부터는 매체를 PS2용 DVD-ROM으로 옮겨, 연 3회 발행 형태의 '프레프레 2'로 바뀌었다.

제공되는 디스크의 내용은 기본적으로 신작 게임의 체험판 및 데모 동영상, 게임 세이브데이터(메모리 카드에 다운로드하여 사용) 중심이었으나, 이전 '프레프레' 시절부터의 인기 기획이었던 플레이스테이션 TV광고 동영상 모음집 'CM 컬렉션' 등도 유지하여, 동영상 스트리밍 서비스가 아직 일반화되지 않았던 시대에 호평을 받았다.

또한 PlayStation BB Unit과 아이토이 카메라 등의 신개념 제품을 알기 쉽게 소개하는 특집 페이지, 이벤트 취재 리포트, 게임 크리에이터 인터뷰 등의 기획 컨텐츠도 수록하였으며, 비정기로 PS2용 게임 카탈로그 책자 '플레이스테이션 INDEX'를 동봉해주거나, 회원제 웹사이트 '플레이스테이션 클럽 WEB'을 운영하는 등, 다양한 서비스를 회원들에게 제공했다.

'프레프레 2'는 2004년 12월의 제12호를 끝으로 유료회원 서비스를 종료함으로써, 9년에 걸친 역사의 막을 내렸다.

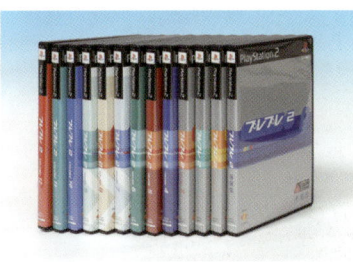 

▲ 클럽 회원에게 발송되었던 '프레프레 2'(총 12호)와, 비정기 발행 카탈로그 책자 '플레이스테이션 INDEX'(총 4권).

# 하드디스크 드라이브 유닛

**온라인 게임·서비스를 대비해 내놓은 전략적 주변기기**

소니컴퓨터엔터테인먼트　2001년 7월 19일　19,000엔(외장형), 18,000엔(내장형)

## Hard Disk Drive Unit

사진은 외장형

▲ 푸른색 단일 디자인이었던 PS2 본체의 외장 패키지와는 달리, 빨간색 단일 컬러라는 대담한 디자인이 특징인, PS2용 하드디스크 드라이브 유닛의 외장 패키지.

### ■ 기술 검증을 위해 선행 발매하다

하드디스크 드라이브 유닛은 PS2에 인터넷 접속장치 및 보조기억장치를 추가하기 위해 발매된 주변기기다. 인터넷 서비스인 'PlayStation BB'(역주 ※)를 본격적으로 시작하기 전의 기술 검증 및 실증시험 목적으로, 2001년 7월 19일부터 PlayStation.com을 통해 초회출하분 1만 대(외장형 7,500대+내장형 2,500대)를 선행 판매했다. 이 당시는 가정용 게임기에서의 인터넷 활용이 아직 과도기였기 때문에, LAN 단자가 처음부터 내장되어 있었음에도 어디까지나 '하드디스크 드라이브 유닛'이란 상품명으로 출시하였으며, 본격적인 인터넷 서비스는 PlayStation BB 운영 개시(2002년 2월)부터로서 유닛 발매 후 약 반년 뒤에야 시작되었다.

### 하드디스크 드라이브 유닛(외장형)의 사양

| 형식번호 | SCPH-20210 |
|---|---|
| 최대 전송속도 | 66MB/초 |
| 용량 | 40GB |
| 전원 / 소비전력 | AC 어댑터로 공급, DC 12V / 약 18W |
| 외형치수 / 중량 | 120(W)×178(D)×39(H) mm 약 1.1kg |

### 하드디스크 드라이브 유닛(내장형)의 사양

| 형식번호 | SCPH-20260 |
|---|---|
| 최대 전송속도 | 66MB/초 |
| 용량 | 40GB |
| 외형치수 / 중량 | 122(W)×154(D)×27(H) mm 약 0.7kg |

(역주 ※) 일본 한정으로 서비스되었으며, 따라서 HDD 유닛 역시 일본에만 출시되었다. 한국에서는 온라인 대응 게임을 즐기기 위한 네트워크 어댑터만이 판매되었기에, HDD 설치를 지원하는 소프트는 나오지 않았다.

## 외장형과 내장형, 두 종류로 출시

하드디스크 드라이브 유닛은, 당시 유통중이던 PS2의 뒷면 인터페이스가 둘로 나뉘었기에 외장형과 내장형 두 종류로 발매되었다. 사양은 두 종류 모두 공통이므로, 자신이 보유중인 본체에 맞춰 선택하는 식이었다.

SCPH-70000 이후의 슬림 PS2는 본체 형태상 양쪽 모두 사용 불가능하나, 본체 자체에 LAN 단자가 표준 내장되어 있으므로 인터넷 관련 기능은 사용할 수 있다. PSX나 플레이스테이션 3 역시 이 제품을 연결할 수는 없으나, 본체에 내장된 하드디스크와 LAN 단자를 이용하여 한정적이지만 동등한 기능을 향유할 수 있었다.

### 외장형 — SCPH-10000 시리즈용

**NETWORK ADAPTOR**

**HARD DISK DRIVE UNIT**

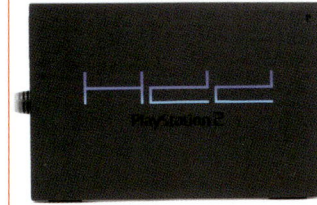

▲ PCMCIA 슬롯에 네트워크 어댑터를 삽입하고, 하드디스크 쪽의 케이블을 연결한다.

### 내장형 — SCPH-30000/50000 시리즈용

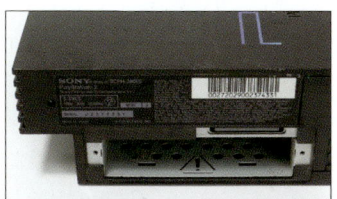
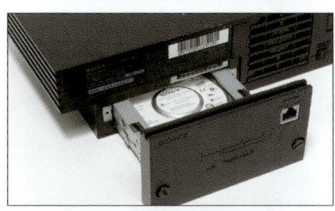

**NETWORK ADAPTOR**

**HARD DISK DRIVE UNIT**

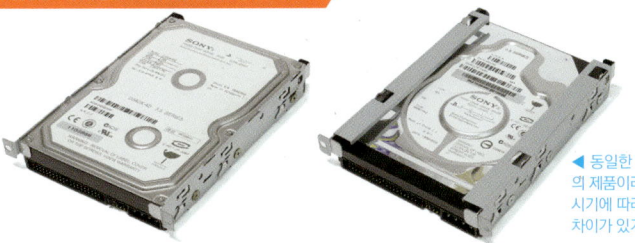

◀ 동일한 형식번호의 제품이라도, 출하 시기에 따라 HDD에 차이가 있기도 했다.

▲ 네트워크 어댑터에 HDD를 먼저 결합한 뒤, 확장 베이에 밀어 넣어 장착한다. 전원은 PS2 본체에서 공급된다.

하드디스크 드라이브 유닛 기종별 대응표 (일본 기준)

| 타입 | SCPH-10000 | SCPH-30000 | SCPH-50000 | SCPH-70000 | SCPH-90000 | PSX | CECHA00(플레이스테이션 3) |
|---|---|---|---|---|---|---|---|
| 외장형 | O | X | X | X | X | X | X |
| 내장형 | X | O | O | X | X | X | X |

## HDD가 있으면 무엇이 가능한가?

네트워크 기능이 탑재되었다는 점에서도 알 수 있듯, 이 제품은 단순한 외부기억장치 용도뿐만 아니라 크게 3가지 이용법을 상정하여 제작했다.

### ■ 일반 게임에선 디스크 캐시로 이용

PS2용 게임 중에는 대용량 타이틀도 많았는데, 디스크 로딩 속도가 느린 탓에 유저들의 불만이 컸다. HDD를 지원하는 게임의 경우, 플레이 도중 빈번하게 로딩하는 일부 데이터를 하드디스크에 설치하여, 디스크 로딩을 줄이는 캐시 용도로 활용할 수 있었다.

### ■ 온라인 플레이에 이용

유닛 후면의 LAN 단자를 통해 인터넷 회선에 연결하면, 기존의 게임기에 비해 훨씬 간편하게 온라인 통신대전을 즐길 수 있었다.

### ■ 본격적인 온라인 게임에서 이용

「파이널 판타지 XI」과 「노부나가의 야망 온라인」 등, 본체 내에도 대용량의 다운로드 데이터를 설치해야 하는 본격적인 온라인 게임을 즐기려면, 대용량 하드디스크와 고속 인터넷 회선은 필수였다.

## PlayStation BB, 서비스를 개시하다

약 7개월에 걸친 기술검증 및 실증 시험 끝에, 2002년 드디어 하드디스크 유닛 이용을 전제로 한 온라인 서비스인 PlayStation BB의 운영이 일본에서 시작되었다. 이 서비스와 함께 일본 내의 각 인터넷 통신사들과 제휴하여 'PlayStation BB Unit'을 발매함으로써(확장 베이만은 후일 일반 게임매장에서도 판매됨), 본격적인 네트워크 서비스로의 첫걸음을 내디뎠다. 또한, 같은 시기 타사도 '멀티매칭/BB'와 'PlayOnline'(역주 ※) 등의 네트워크 서비스를 개시해, 가정용 게임기용 인터넷 인프라 보급의 기틀을 닦았다.

PS2에서의 이러한 다양한 인터넷 서비스 제공이 아쉽게도 모든 면에서 성공했다고까지 하기는 어려우나, 이런 시도들은 후일 플레이스테이션 3 및 PlayStation Network 서비스로 계승되었고, 이 시기의 시행착오는 SCE에 커다란 자산이 되었다.

## 동봉된 유틸리티 디스크로 하드디스크를 관리한다

하드디스크 드라이브 유닛에 동봉된 유틸리티 디스크에는 하드디스크 포맷은 물론 진단·복구·정리(디프래그먼트) 기능까지 들어있어, PC의 하드디스크 관리 도구와 비슷한 역할을 했다. 또한, 브라우저 등을 설치하면 하드디스크로 시스템을 부팅할 수도 있다.

 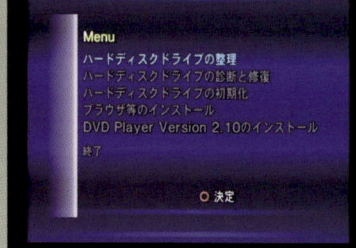 

▲ 하드디스크 유틸리티의 구동 화면. 온라인 서비스가 완성되기도 전에 선행 발매해서인지, 디자인이 단조롭고 서둘러 만들었다는 느낌이 풍겨 나온다.

(역주 ※) 모두 일본 내에서만 운영했던 서비스다. 한국에서는 게임 퍼블리셔 단위로 서버를 열어 온라인 대전 플레이 서비스를 개별 제공하는 정도였다.

## PlayStation BB  소니컴퓨터엔터테인먼트

일본에서 SCE가 직접 운영했던 PS2 전용 온라인 서비스로서, 게임의 온라인 플레이를 비롯하여, 시험운영이란 느낌이 강했으나 음악·영상 컨텐츠 배포 서비스 등도 제공했었던 등, 지금의 PlayStation Network의 원형이라고 할 수 있었다.

PlayStation BB Unit 발매 후에는 왼쪽 페이지의 유틸리티 디스크 대신 오른쪽 사진의 CD-ROM이 동봉되었으며, 온라인 관련 서비스는 이 디스크로 통합되었다.

최초 구동 화면

톱 메뉴

게임 채널

뮤직 채널

포토 채널

무비 채널

## 멀티매칭 / 멀티매칭 BB  KDDI

일본 KDDI 사가 운영했던 온라인 서비스로서, 통신대전에 특화되어 있었다. 그렇다보니 이 서비스를 지원하는 타이틀은 캡콤과 SNK 플레이모어가 발매하던 대전격투 게임 위주로서, 반대로 말하자면 이런 게임을 즐기려는 유저에겐 필수 서비스이기도 했다. 아날로그 회선인 '멀티매칭', 브로드밴드 회선인 '멀티매칭 BB'로 나뉘었으며, 현재는 양쪽 모두 서비스가 종료되었다.

## PlayOnline  스퀘어 (스퀘어 에닉스)

스퀘어가 자사의 MMORPG 「파이널 판타지 XI」 발매와 동시에 운영을 개시한 온라인 서비스로서, PS2 외에 Windows, Xbox 360으로도 서비스를 제공하였다.
에닉스와의 합병으로 스퀘어 에닉스가 된 후에도 운영을 계속했으며, Windows판 한정이긴 하나 2025년 초순 현재까지도 「파이널 판타지 XI」을 서비스하고 있다.

# PS2 Linux

### 플레이스테이션 2가 Linux 컴퓨터로 변신한다

소니컴퓨터엔터테인먼트
- 2001년 6월   25,000엔 (PS2 Linux Kit β판)
- 2002년 4월   25,000엔 (PS2 Linux Kit Release 1.0)
- 2002년 4월   1,500엔 (PS2 Linux Release 1.0)

**PS2 Linux Kit**

### ■ 유저 커뮤니티의 서명운동으로 탄생

PS2 Linux(리눅스)는 PS2 상에서 Linux가 동작하도록 만들어주는 소프트다. 원래는 SCE 사내에서 연구용으로 개발되던 것이었으나 Linux 커뮤니티의 서명운동에 호응하여 실제 제품화했으며, PlayStation.com에서 β판의 선행판매 예약을 받자마자 불과 8분 만에 2,000세트가 완매될 정도의 인기를 자랑했다.

키보드·하드디스크 등을 동봉한 'PS2 Linux Kit β판'이 먼저 발매된 후, 정식판으로서 Release 1.0이 발매되었다. 이쪽도 필수 주변기기를 동봉한 Kit로의 발매가 기본이었으나, 이미 β판을 구입한 유저를 위해 시스템 디스크만을 1,500엔으로 별매했다. 참고로, 키보드·마우스·하드디스크 등은 후일 각각 단품으로도 발매되었다.

▲ PS2 Linux의 시스템 디스크. β판은 DVD-ROM 1장, Release 1.0은 DVD-ROM 2장으로 구성되어 있다.

◀ PS2 Linux Kit(SCPH-10270K)의 세트 내용물. 'Linux β판 설치용 DVD-ROM', '하드디스크 드라이브 유닛(외장형)', '외장형 하드디스크 드라이브용 AC 어댑터', '네트워크 어댑터'(PCMCIA 카드형), 'USB 키보드', 'USB 마우스', 'D-sub 15핀 변환 케이블'로 구성했다.

## PlayStation2 Hardware Catalogue

### KEYBOARD

### MOUSE

### D-15pin CABLE

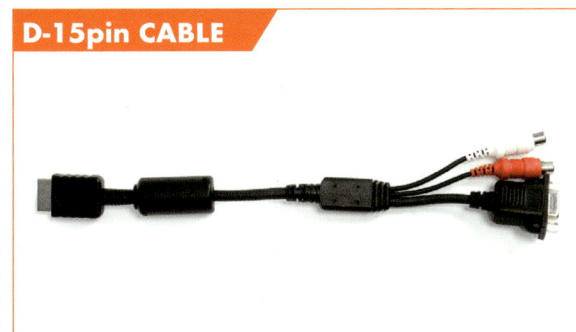

### HARD DISK DRIVE UNIT

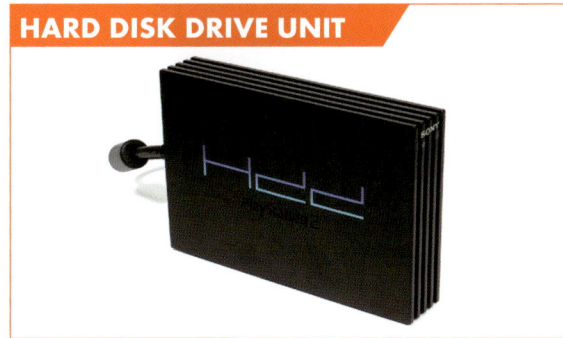

### NETWORK ADAPTOR

## Linux PC로서의 플레이스테이션 2

PS2 Linux는 어디까지나 'PS2에서 Linux를 돌린다'라는 목적에만 집중한 제품으로서, 유저가 Linux 기초지식이 있음을 전제로 제작되어 있기에, '간편하게 PS2용 게임을 만들 수 있는' 식의 일반인용 입문 키트가 아니다.

또한 PS2의 CPU는 MIPS계 R5900 기반인지라, 인터넷에서 쉽게 구할 수 있는 인텔 CPU계 바이너리 파일은 돌릴 수 없다. 최소한 소스코드를 MIPS용으로 직접 수정해 빌드할 만큼의 실력이 있어야 하는데다, 28p의 컬럼에서도 서술했듯 PS2 자체가 컴퓨터로서의 성능이 딱히 뛰어난 편도 아니므로, 'Linux를 돌리는' 것 자체를 목적으로 삼아 즐길 수 있는 사람이 아니라면 전혀 활용할 방도가 없어, 문턱이 높은 제품이었다.

참고로 소프트의 불법복제 등을 막기 위한 보안대책상, 이 제품은 메모리 카드만을 부팅 드라이브로 사용할 수 있다. 게다가 PS2용 소프트 CD-ROM 및 DVD-ROM은 고사하고 메모리 카드에조차 접근할 수 없으므로, 그런 용도를 기대했던 유저라면 아무 의미가 없는 제품이라는 점도 덧붙여둔다.

▲ '일반인 접근금지'란 느낌이 물씬한, PS2 Linux의 메뉴 화면.

# DVD 리모컨 키트

플레이스테이션 2를 DVD 플레이어로 만들어주는 리모컨

소니컴퓨터엔터테인먼트　2000년 12월 22일　3,500엔 (SCPH-10170)
　　　　　　　　　　　2003년 5월 15일　 3,200엔 (SCPH-10420)

### DVD Remote Controller Kit

SCPH-10170

SCPH-10420

▲ SCPH-10170의 외장 패키지. 동봉된 IR 수신기가 오른편에 살짝 보인다.

## 게임기용 치고는 제법 본격적인데!?

　DVD 리모컨 키트는 PS2 전용의 DVD 리모컨 세트다. 초기의 PS2에는 IR(적외선) 수신부가 표준 내장되지 않았기 때문에, 컨트롤러 포트에 연결하는 IR 수신기가 리모컨 키트 내에 동봉돼 있다. 후일 전원/RESET 버튼과 OPEN/CLOSE 버튼을 추가한 신형 리모컨이 발매되었는데, 이쪽은 리모컨 단품으로만 구성돼 있다.

　게임기용 주변기기치고는 꽤나 본격적인 리모컨으로서 소니의 AV 기기용 리모컨과 비교해도 기능성에 손색이 없으니, 얼마나 DVD 재생 기능에 심혈을 기울였는지가 엿보인다.

▼ IR 수신기를 통해 리모컨을 조작한다.

▼ DVD 재생 도중의 온 스크린 메뉴. MENU 버튼을 누르면 나타난다.

◯ ✕ △ ▢  PlayStation2 Hardware Catalogue

카메라에 비친 자기 모습이 컨트롤러가 된다
# 아이토이

소니컴퓨터엔터테인먼트　　2004년 2월 11일　　1,980엔

EyeToy

▶ 블리스터에 수납된 아이토이의 외장 패키지.

## 마이크가 내장된 USB 카메라

아이토이(EyeToy)는 PS2용으로 발매된 마이크 내장형 USB 카메라다. 플레이어가 카메라를 향한 상태로 다양한 포즈를 취하면 TV 화면 내의 게임에 그대로 반영되는 형태로 컨트롤러처럼 즐기는 기기로서, 스포츠·액션·파티 게임 등에 다양하게 활용되었다.

아직 영상인식 기술이 숙성되지 않았던 과도기의 제품이었다 보니 플레이어 뒤편의 배경에 따라서는 인식률이 낮아지는 경우도 있었지만, 이 기술은 계속 발전하여 플레이스테이션 3용의 PlayStation Eye, 플레이스테이션 4용의 PlayStation Camera로 꾸준히 계승되었다.

참고로, 이 기기는 PC에도 USB 단자를 통해 연결할 수 있으며, 이때는 마이크 내장형 USB 카메라로 인식된다. 세련되고 멋진 디자인도 한몫하여, 아예 PC용 USB 웹캠 용도로 쓰는 유저도 있었다.

▲ 「세가 슈퍼스타즈」의 타이틀 화면.

### ■ 일본에서의 아이토이 지원 타이틀　　※붉은색 표기는 아이토이 카메라가 없으면 플레이할 수 없는 타이틀을 의미한다.

- 「아이토이 : 플레이」
- 「아이토이 : 그루브」
- 「MLB 2004」
- 「카드캡터 체리 : 체리와 놀자!」
- 「쾌걸 조로리 : 되어보자! 장난 킹」
- 「댄스 댄스 레볼루션 X」
- 「댄스 댄스 레볼루션 슈퍼노바」
- 「댄스 댄스 레볼루션 슈퍼노바 2」
- 「댄스 댄스 레볼루션 스트라이크」
- 「DDR FESTIVAL : 댄스 댄스 레볼루션」
- 「DJbox」
- 「아이토이 : 삐뽀사루 – 모두가 왁자지껄! 신나는 파티게임!!」
- 「세가 슈퍼스타즈」
- 「어디서나 함께 : 토로와 잔뜩」
- 「폭봉 슬래시! 키즈나 아라시」
- 「해리포터와 아즈카반의 죄수」
- 「무적코털 보보보 : 모여라!! 체감 보보보」
- 「렛츠 플레이 스포츠!」

# HARDWARE

플레이스테이션 2 때부터 이미 VR은 존재했다

## 헤드마운트 디스플레이 PUD-J5A

소니　2002년 9월 26일　59,800엔

**Head Mount Display**

▼ 푸른색 단색이라는 심플한 디자인이 특징인, PUD-J5A의 외장 패키지.

SIDE VIEW

### PUD-J5A의 사양

| 형식번호 | PUD-J5A |
|---|---|
| LCD | 0.44형 / 약 18만 화소 |
| 허상화면 사이즈 | 42인치 상당 (가상 시거리 약 2m) |
| 입력단자 | AV IN 단자, S영상 입력단자 |
| 출력단자 | HT 단자 (헤드 액션 트래커 데이터 출력용) |
| 전원 / 소비전력 | HT 단자 (플레이스테이션 2) 경유, 혹은 AC 어댑터 / 약 1.5W |
| 외형치수 / 중량 | 본체　　　　　 200(W)×250(D)×100(H) mm (접었을 때) / 약 340g<br>인터페이스 박스　70(W)×110(D)×20(H) mm / 약 80g |

## 고개를 돌리면 영상이 변화하는 HT 기술

　PUD-J5A는 PS2용으로 발매된 헤드마운트 디스플레이다. HT(헤드 액션 트래커) 기술을 내장함으로써 머리 움직임을 게임에 입력시켜 반영한다는, 현재 발매중인 PlayStation VR 시리즈의 선구자격인 제품이었다.

### ■ 지원 타이틀

- 「에너지 에어포스」
- 「에너지 에어포스 에임스트라이크!」
- 「에어포스 델타 : 블루 윙 나이츠」
- 「사이드와인더 V」

## 게임과 연동되는 범용 잉크젯 프린터

# popegg

소니　2000년 9월 12일　오픈 프라이스

▲ 박스의 4면 전부가 상품 설명인, 실로 가정용 프린터다운 느낌의 외장 패키지.

## ■ USB 단자로 간단히 연결

　popegg(팝에그)는 소니가 PS2용으로 일본에서 발매한 잉크젯 방식의 컬러 프린터다. 하드웨어 자체는 캐논 사의 OEM으로서, 잉크 카트리지도 당시의 캐논 제품과 그대로 호환되었다. USB 단자를 통해 PS2와 연결하는 인터페이스로서, PS2가 USB라는 범용 단자를 내장하였기에 발매될 수 있었던 제품이라 하겠다.

　본체에 인쇄용 툴 소프트「프린트팬」이 동봉돼 있으며,「A열차로 가자 6」와「격사 보이 2」등 popegg를 지원하는 게임 소프트가 있다면 게임과 연동시켜 영상을 종이에 출력할 수도 있었다.

### SIDE VIEW

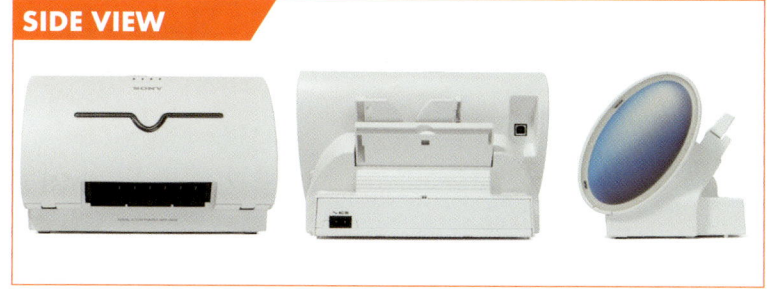

### popegg의 사양

| 형식번호 | MPR-G600A |
|---|---|
| 프린트 방식 | 잉크젯 방식 |
| 인쇄 사이즈 | A4, 엽서(350dpi×350dpi) |
| 인터페이스 | USB 1.1 |
| 전원 / 소비전력 | AC 100V 50/60Hz / 약 2W(대기시), 약 18W(인쇄시) |
| 외형치수 / 중량 | 280(W)×190(D)×180(H) mm 약 2.1kg |

# 플레이스테이션 2용 순정 주변기기

그야말로 다종다양했던, 수많은 SCE 순정 액세서리들

Genuine Peripherals

이 페이지에서는 일본 내에서 플레이스테이션 2용으로 발매되었던 SCE 순정품 주변기기를 소개한다. 형식번호가 같으나 패키지 디자인이 바뀐 재발매판 등도 존재하지만, 형식번호가 같다면 동일 기기로 간주하여 개별 소개하지 않았다. 또한, 지면의 한계로 외장 패키지 사진도 생략하였으니 아무쪼록 양해를 바란다.

## 케이블 CABLE

**AV 케이블**
SCPH-10030 1,000엔
본체 동봉품과 동일한, RCA형 컴포지트 비디오 영상 케이블.

**전원 케이블**
SCPH-10050 400엔
본체 동봉품과 동일한, 속칭 '돼지코'형 전원 케이블.

**S단자 케이블**
SCPH-10060 3,000엔
컴포지트 신호보다 고품질 영상으로 게임을 즐길 수 있는 영상 케이블.

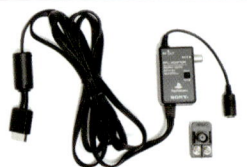

**RFU 어댑터 킷**
SCPH-10070 2,500엔
RF 안테나 입력만 가능한 옛날 TV에 연결하기 위한 킷.

**AV 어댑터**
SCPH-10080 1,200엔
AV MULTI 단자에 직접 비디오 케이블 등을 연결할 수 있는 어댑터.

**컴포넌트 AV 케이블**
SCPH-10100 3,000엔
컴포넌트 단자에 연결하기 위한 고품질 영상 케이블.

**AV 어댑터**
(S영상 출력단자 내장형)
SCPH-10130 1,500엔
컴포지트는 물론 S단자 출력도 가능한 상위 스펙의 AV 어댑터.

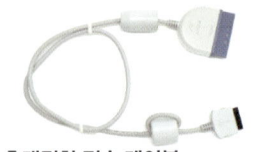

**휴대전화 접속 케이블**
(도코모 i-mode 휴대전화 전용)
SCPH-10180 2,800엔
당시 일본 피처폰과의 연동을 지원하던 게임을 즐길 때 필요했던 케이블. 현재는 서비스 종료.

**D-sub 15핀 변환 케이블**
SCPH-10320
PC용 모니터에 연결하기 위한 어댑터. PlayStation 2 Linux Kit에 동봉되었다.

**D단자 케이블**
SCPH-10330 2,500엔
D단자(역주 ※)가 있는 TV에 연결하면 고화질로 즐길 수 있는 영상 케이블.

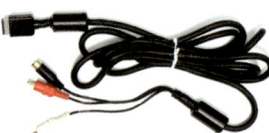

**S단자 케이블 3.0m**
SCPH-10480 3,300엔(소비세 포함)
SCPH-10060(2.5m)보다 길이가 긴 S단자 케이블.

**컴포넌트 AV 케이블 3.0m**
SCPH-10490 3,000엔(소비세 포함)
SCPH-10100(2.5m)보다 길이가 긴 컴포넌트 AV 케이블.

**AV 케이블 3.0m**
SCPH-10500 1,500엔(소비세 포함)
본체 동봉품(2.5m)보다 길이가 긴 AV 케이블.

**D단자 케이블 3.0m**
SCPH-10510 2,800엔
SCPH-10330(2.5m)보다 길이가 긴 D단자 케이블.

**AC 어댑터**
SCPH-70100 3,500엔
SCPH-70000/75000에 전원을 공급하기 위해 필요한 전용 AC 어댑터.

**AC 어댑터**
SCPH-79100 SCPH-79000에 동봉
SCPH-79000에 전원을 공급하기 위해 필요한 전용 AC 어댑터.

(역주 ※) 컴포넌트 영상출력에 대응되는 일본 내수용 산업규격 단자. 출력품질에 따라 D1~D5로 나뉜다. 간단한 젠더로 컴포넌트와 상호 전환이 가능하다.

○ × △ □  PlayStation2 Hardware Catalogue

## 컨트롤러 CONTROLLER

**아날로그 컨트롤러 (DUALSHOCK2)** SCPH-10010  3,500엔
플레이스테이션의 DUALSHOCK를 계승한 제품으로서, 플레이스테이션 2의 표준 컨트롤러.

**PSX 전용 아날로그 컨트롤러 (DUALSHOCK2)** DESR-10  3,500엔
SCPH-10010보다 케이블이 2배로 긴, 4m 케이블의 DUALSHOCK2.

**멀티탭**
SCPH-10090  3,600엔
하나로 최대 4개까지 컨트롤러를 연결할 수 있다. SCPH-10000/30000/50000 시리즈용.

**DVD 리모컨**
SCPH-10150
DVD 시청에 편리한 적외선 리모컨. 주요 버튼은 모두 있어 컨트롤러로도 사용 가능하다.

**IR 수신기**
SCPH-10160
SCPH-10000/30000 등, IR 수신부가 없는 본체에서 리모컨을 사용하려면 필요하다.

**DVD 리모컨 키트**
SCPH-10170  3,500엔
SCPH-10150과 SCPH-10160을 동봉한 리모컨 세트.

**USB 마우스**
SCPH-10230  3,000엔
일반적인 2버튼 볼 타입의 USB 휠 마우스.

**USB 키보드**
SCPH-10240  4,000엔
PC용으로도 쓸 수 있는, 일반적인 일본어 풀 사이즈 키보드.

**DVD 리모컨**
SCPH-10420  2,200엔
SCPH-10150에 POWER 및 OPEN 버튼을 추가한 후기형 리모컨.

**멀티탭**
SCPH-70120  3,600엔
슬림 플레이스테이션 2에 맞도록 제작한 멀티탭. SCPH-70000/90000 시리즈용.

## 플레이스테이션(PS1)용 주변기기 for PlayStation

※ PS1용 게임을 즐길 때 사용할 수 있는 주변기기. PS2용 게임은 지원되지 않으므로 주의하자.

**아날로그 컨트롤러 (DUALSHOCK)** SCPH-110  3,300엔
PS one에 맞춰 리뉴얼된 DUALSHOCK. 로고와 커넥터부의 디자인을 바꿨다.

**컨트롤러**
SCPH-1010  2,500엔
SCPH-5500까지의 PS1 본체에 동봉되던 표준 디지털 컨트롤러.

**메모리 카드**
SCPH-1020  2,000엔
최대 15블록의 세이브데이터를 저장할 수 있는 메모리 카드. 전용 케이스를 동봉했다.

**RGB 케이블**
SCPH-1050  2,500엔
21핀 RGB 출력 케이블로서, 색번짐이 없는 고품질 영상을 즐길 수 있다.

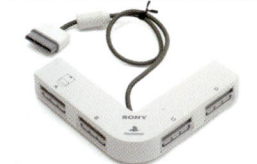
**멀티탭**
SCPH-1070H  3,600엔
개당 최대 4개까지의 컨트롤러를 추가 연결할 수 있다. 메모리 카드 슬롯도 내장했다.

**컨트롤러 (롱 케이블)**
SCPH-1080  2,500엔
SCPH-1010의 케이블 길이를 2m로 늘린 롱 케이블 사양 제품.

**마우스 세트 (롱 케이블)**
SCPH-1090  3,000엔
일반적인 2버튼식 볼 마우스. 마우스 패드도 동봉돼 있다.

**아날로그 컨트롤러**
SCPH-1150  3,000엔
얼핏 DUALSHOCK 같지만, 별개의 제품이다. SCPH-1110의 호환 모드를 내장했다.

**아날로그 컨트롤러 (DUALSHOCK)**
SCPH-1200  3,300엔
SCPH-7000 이후의 PS1에 기본 동봉된, PS1 중후기의 표준형 컨트롤러.

**포켓스테이션** SCPH-4000  3,000엔
단독으로 게임도 즐길 수 있고, 메모리 카드로도 사용 가능한 소형 단말기.

021

## 네트워크 & 외부기억장치   NETWORK & STORAGE

**네트워크 어댑터**
(Ethernet) (PCMCIA 타입)
SCPH-10190
하드디스크와 연결하기 위한 어댑터.

**외장형 하드디스크 드라이브용 AC 어댑터**
SCPH-10200
SCPH-10210 전용 AC 어댑터.

**하드디스크 드라이브 유닛 (외장형 40GB)**　SCPH-10210　19,000엔
SCPH-10000 시리즈에 장착할 수 있는 외장형 하드디스크 드라이브 세트.

**네트워크 어댑터**
(Ethernet) (확장 베이 타입)
SCPH-10250
하드디스크와 연결하기 위한 어댑터.

**하드디스크 드라이브 유닛 (내장형 40GB)**　SCPH-10260　18,000엔
SCPH-30000/50000 시리즈에 내장할 수 있는 하드디스크와 네트워크 어댑터의 세트.

**네트워크 어댑터**
(Ethernet) (확장 베이 타입)
SCPH-10350　3,980엔
SCPH-10250과 동일하나, 단품으로 발매.

**PlayStation BB Unit**
(외장형 40GB)
SCPH-10390
SCPH-10190·10200·20400을 묶은 세트.

**플레이스테이션 BB Unit**
(확장 베이 타입 40GB)
SCPH-10400　12,800엔
SCPH-10350·20401을 묶은 세트.

**하드디스크 드라이브**
(외장형 40GB)
SCPH-20400　12,000엔
외장형 하드디스크의 단품 발매판.

**하드디스크 드라이브**
(확장 베이 타입 40GB)
SCPH-20401　9,980엔
내장 하드디스크의 단품 발매판.

## 기타 주변기기   OTHER

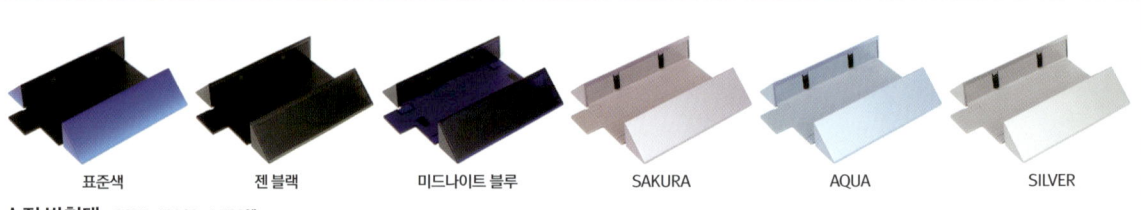
　　표준색　　　젠 블랙　　　미드나이트 블루　　　SAKURA　　　AQUA　　　SILVER

**수직 받침대**　SCPH-10040　1,500엔
본체를 수직으로 세울 때 안정감을 더해주는 스탠드. SCPH-10000/30000/50000 시리즈용.

표준색

**수평 받침대**　SCPH-10110　1,000엔
수평으로 눕힌 PS2를 멋지게 장식해주는 스탠드. SCPH-10000/30000/50000 시리즈용.

　표준색　　　미드나이트 블랙　　　세라믹 화이트

**수직 받침대 (외장형 하드디스크 드라이브 대응)**　SCPH-10210　1,000엔
슬라이드 구조로, 하드디스크와 함께 본체를 세워 설치하는 스탠드. SCPH-10000 시리즈용.

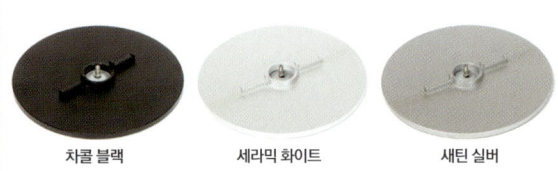
　차콜 블랙　　　세라믹 화이트　　　새틴 실버

**수직 받침대**　SCPH-70110　1,500엔
본체를 수직으로 세워 안정시키려면 필요한 스탠드. SCPH-70000 시리즈용.

　차콜 블랙　　　세라믹 화이트　　　새틴 실버

**수직 받침대**　SCPH-90110　1,500엔
본체를 수직으로 세워 안정시키려면 필요한 스탠드. SCPH-90000용.

○ ✕ △ ☐ PlayStation2 Hardware Catalogue

## 음악 게임부터 낚시 게임까지, 신기하기 그지없는 전용 컨트롤러의 세계
# 플레이스테이션 2용 서드파티 주변기기
### Peripherals of Other companies

이 페이지에서는 플레이스테이션 2용으로 발매된 타사 라이선스 주변기기를 소개한다. 라이선스 승인 없이 출시된 제품이나, AV 케이블·메모리 카드 등 기본적으로 순정품과 기능이 동등한 제품은 지면 관계상 생략하였다. 게임에 리얼리티를 더하기 위해 온갖 노력을 기울였던 각 주변기기 제조사들의 열정을 느껴보자.

## 드라이빙 휠 컨트롤러 DRIVING CONTROLLER

**네지콘**
남코 4,980엔
PS2 게임 중에선 「릿지 레이서 V」 등이 지원한다. 컨트롤러를 좌우로 비트는 동작으로 스티어링 조작을 표현한다.

**GT FORCE**
로지쿨(역주 ※) 오픈 프라이스
「그란 투리스모」 시리즈에 최적화한 제품. 노면의 반발력을 전달하는 포스 피드백 기능이 있다.

**GT FORCE Pro**
로지쿨 19,800엔
GT FORCE에 시프트 레버를 추가했다. 본격적인 운전을 추구하는 유저용 제품.

**스파르코 레이싱 콕핏 프로**
로지쿨 98,000엔
GT FORCE를 장착할 수 있는 전용 시트. 고가이지만, 플레이 감각의 차원이 달라진다.

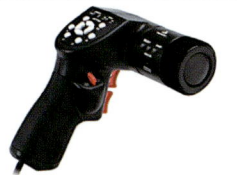
**스티어링 컨트롤러 '제로텍 2'**
호리 4,980엔
'휠 컨트롤러를 설치할 공간이 없는' 사람을 위한 컴팩트형 컨트롤러.

**슈퍼 바이크 컨트롤러**
호리 6,980엔
「MotoGP」를 더욱 리얼하게 즐기고픈 사람을 위한 바이크형 컨트롤러.

**제트로 GO! 컨트롤러**
타이토 6,800엔
「제트로 GO! 2」에서 사용할 수 있는 컨트롤러. 아담하지만 조작감은 제대로다.

**에이스 컴뱃 04 전용 플라이트 스틱**
호리 5,980엔
「에이스 컴뱃 04」와 동시 발매된 전용 조종간형 컨트롤러.

**플라이트 스틱 2**
호리 19,800엔
더욱 리얼한 공중전을 체험하고픈 사람을 위한 본격파 조종간형 컨트롤러.

**FLIGHT FORCE**
로지쿨 7,980엔
PC용 컨트롤러를 다수 발매해온 로지쿨이 제작한 조종간형 컨트롤러.

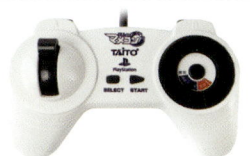
**전차로 GO! 컨트롤러 '마메콘'**
타이토 2,980엔
패드형 조작이라는 독특한 발상의 전용 컨트롤러. 가볍게 즐기고픈 사람용.

**전차로 GO! 컨트롤러 TYPE2**
타이토 6,800엔
기존 컨트롤러에 진동 기능을 더해, 더욱 리얼한 철도운행을 체험하는 컨트롤러.

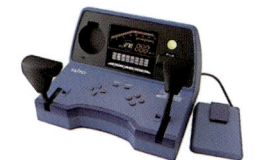
**전차로 GO! 신칸센 전용 컨트롤러**
타이토 7,800엔
신칸센을 운행하는 기분을 맛볼 수 있는 원핸들형 컨트롤러.

**전차로 GO! 여정편 컨트롤러**
타이토 6,800엔
레트로한 느낌의 디자인이 향수를 불러일으키는, 매니아 취향의 철도 컨트롤러.

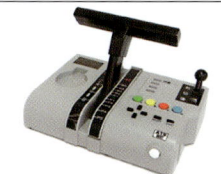
**멀티 트레인 컨트롤러**
타이토 8,800엔
이전까지 발매된 모든 시리즈를 지원하는 '올인원'의 호화 사양 컨트롤러.

**「THE 케이힌 급행」 전용 컨트롤러 트레인 마스컨**
탐스 펌웨어 7,800엔
「THE 케이힌 급행」에 특화된 본격파 컨트롤러. 도어·계기류 조작도 실제대로 재현했다.

(역주 ※) 스위스 로지텍 사의 일본 브랜드명이다. 일본에 이미 같은 이름의 PC용 주변기기 제조사가 존재했기 때문에 바꾼 것.

## 음악 게임 컨트롤러 MUSIC CONTROLLER

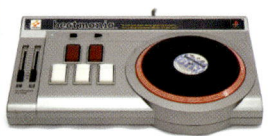

**DJ Station PRO**
코나미 7,800엔
코나미의 순정 「비트매니아」 컨트롤러. 앰프 내장형이라, 헤드폰을 연결하고 플레이 할 수 있다.

**팝픈 컨트롤러**
코나미 4,990엔
「팝픈 뮤직」 전용 컨트롤러. 아케이드에 비하면 버튼이 상당히 작다.

**팝픈 뮤직 아케이드 스타일 컨트롤러**
코나미 30,000엔
아케이드와 동일한 부품을 사용한, 내구성 높은 컨트롤러. 아케이드와 동일하게 즐기고픈 사람용이다.

**댄스 댄스 레볼루션 전용 컨트롤러**
코나미 5,800엔
매트형 컨트롤러로는 발군의 인기를 누린, 「댄스 댄스 레볼루션」용 컨트롤러.

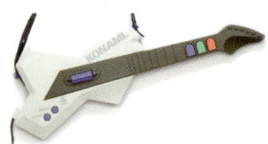

**기타 프릭스 전용 컨트롤러**
코나미 5,800엔
아케이드와 동등한 플레이 감각을 제공하는 전용 컨트롤러. 무게추 등을 넣으면 더욱 좋다.

**기타 프릭스 아케이드 스타일 컨트롤러**
코나미 20,000엔
아케이드와 동일한 부품을 사용한, 내구성 높은 컨트롤러. 아케이드와 동일하게 즐기고픈 사람이다.

**기타 히어로 전용 무선 컨트롤러**  액티비전 소프트에 동봉
세계적으로 히트한 음악 게임 「기타 히어로」. 컨트롤러도 상당히 본격적이다.

**댄스 댄스 레볼루션 매너 쿠션**
코나미 2,480엔
위의 매트 컨트롤러 밑에 깔아 진동을 흡수하는, 우레탄 재질의 방음 쿠션.

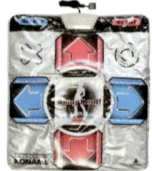

**댄스 댄스 레볼루션 전용 컨트롤러 DX**
코나미 9,800엔
위의 매트 컨트롤러에 매너 쿠션 기능도 포함시킨 상위 제품.

**댄스 댄스 레볼루션 핸드 컨트롤러**
코나미 2,500엔
손가락으로 눌러 조작하는, 독특한 「댄스 댄스 레볼루션」 전용 컨트롤러.

**댄스 댄스 레볼루션 전용 컨트롤러 2**
코나미 4,980엔
초대 컨트롤러를 염가로 재발매한 리뉴얼 버전. 기능은 완전히 동일하다.

**스테핑 셀렉션 전용 컨트롤러**
잘레코 6,800엔
「스테핑 셀렉션」을 즐기기 위한 전용 매트형 컨트롤러.

**키보드매니아 전용 컨트롤러**
코나미 5,980엔
「키보드매니아」를 즐기기 위한 전용 건반형 컨트롤러.

**파라파라 파라다이스 전용 컨트롤러**
코나미 7,800엔
「파라파라 파라다이스」를 즐기기 위한 전용 댄스 센서 컨트롤러.

**비트매니아 IIDX 전용 컨트롤러**
코나미 7,800엔
「비트매니아 IIDX」를 즐기기 위한 전용 DJ 컨트롤러.

**비트매니아 IIDX 아케이드 스타일 컨트롤러**
코나미 29,800엔
아케이드와 동일한 부품을 사용한, 내구성 높은 컨트롤러. 아케이드와 동일하게 즐기고픈 사람용이다.

**드럼매니아 전용 컨트롤러**
코나미 소프트에 동봉
「드럼매니아」를 즐기려면 필수인, 전용 전자드럼형 컨트롤러.

**타타콘**
남코 2,980엔
「태고의 달인」을 즐기려면 꼭 갖춰야 할 전용 컨트롤러.

**댄스 서밋 2001 전용 컨트롤러**
아스키 4,980엔
「댄스 서밋 2001」 전용 컨트롤러이지만, 범용 컨트롤러로도 사용 가능.

**더 마에스트로무지크 전용 배턴 컨트롤러**
글로벌 A 엔터테인먼트 소프트에 동봉
같은 제목의 게임에 동봉된 지휘봉 컨트롤러. 지휘자 기분을 낼 수 있다.

**가라오케 레볼루션용 마이크**
코나미 5,800엔
같은 제목의 타이틀을 즐길 때 필요한 마이크 컨트롤러. 고급스럽게 만든 본격파다.

**가라오케 레볼루션 듀엣 마이크**
코나미 3,800엔
노래방 게임이라면 역시 듀엣이 제격이라는 사람을 위한, 플레이어 2용 마이크.

**드림 오디션 전용 마이크**
잘레코 5,800엔
「드림 오디션」을 즐길 때 필요한 전용 마이크 컨트롤러.

## 낚시 컨트롤러 FISHING CONTROLLER

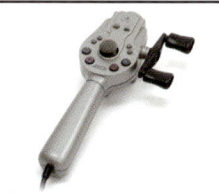
**낚시콘**
아스키 5,980엔
낚시 게임 특유의 릴 액션을 구현해내 낚시 게임에 대혁신을 가져다준 컨트롤러.

**낚시콘 2**
아스키 5,980엔
진동 기능도 있고, 자이로 센서로 기울기도 검출하는 등 대폭 진화된 낚시콘.

**낚시콘 2+**
사미 5,980엔
낚시콘을 무선화시켜, 더욱 자유도 높은 로드 액션이 가능해졌다.

**피싱 컨트롤러**
반다이 5,800엔
아스키의 낚시콘만큼이나 친숙한 낚싯대형 컨트롤러. 진동 기능을 지원한다.

## 파친코·파치슬로 컨트롤러 PACHINKO & PACHISLOT CONTROLLER

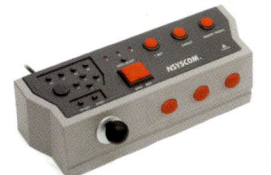
**파치슬로 컨트롤러**
니혼 시스컴 6,800엔
파치슬로 게임에 필요한 레버와 버튼을 완비한, 기본에 충실한 컨트롤러.

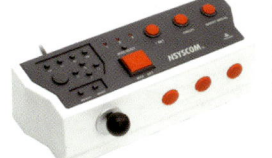
**파치슬로 컨트롤러**
니혼 시스컴 5,800엔
왼쪽 컨트롤러의 리뉴얼 버전. 성형색을 변경했고 가격도 낮췄다.

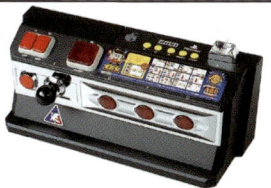
**파치슬로 컨트롤러 Pro**
호리 5,980엔
아루제 사의 공인 제품. 실버 도금 사양의 화려한 파치슬로 컨트롤러. 메달 투입구까지 있다.

**파치슬로 컨트롤러 Pro. 2**
호리 6,980엔
한층 더 화려해진 파치슬로 컨트롤러. 이렇게까지 본격적이면 그야말로 신이 난다.

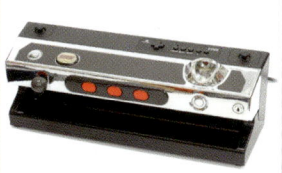
**파치슬로 컨트롤러 '쿠로'**
호리 12,800엔
야마사 사의 공인 컨트롤러. '숙련자'(쿠로토)라는 제품명답게 고급감이 일품이다.

**실전 파치슬로 컨트롤러**
사미 5,980엔
사미가 직접 발매한 파치슬로 컨트롤러. 「북두의 권」의 일러스트가 특징이다.

**실전 파치슬로 컨트롤러 mini**
사미 2,480엔
파치슬로 기기를 본떴으면서도, 손 안에 들어오는 컴팩트한 컨트롤러.

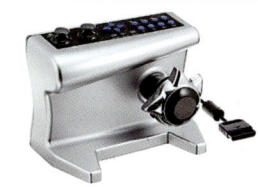
**짤랑짤랑 펑펑 파친코 컨트롤러**
세가 4,200엔
PS2에선 의외로 드문 파친코용 컨트롤러. 리얼한 감각을 추구하는 사람용.

## 기타 컨트롤러 OTHER CONTROLLER

**건콘 2**
남코 3,480엔
건콘의 조준 정밀도를 더욱 높인 후속제품. LCD형 TV에선 사용할 수 없다.

**베레타 M92FS 타깃**
호리 9,800엔
도금을 입힌 모델건처럼 디자인한 덕에 권총 느낌이 물씬한 건콘 2 호환 컨트롤러.

**시마이크 컨트롤러**
아스키 소프트 동봉
「시맨」에 동봉된 전용 컨트롤러. 툭 튀어나온 마이크에 음성을 입력한다.

**시마이크 컨트롤러 오리지널**
아스키 소프트 동봉
「시맨」의 초회한정판에 동봉된 석판 모양의 컨트롤러.

**ASCII MIC USB Type HS**
아스키 3,100엔
음성인식을 지원하는 소프트를 즐기기 위한 전용 헤드셋 마이크.

**인공망막센서 '캡처 아이'**
코나미 5,980엔
플레이어의 동작을 게임 입력에 반영할 수 있는 모션 카메라.

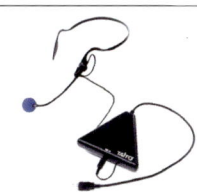
**타이토 음성인식 컨트롤러**
타이토 4,980엔
자사의 음성인식계 게임을 플레이하려면 필요한 전용 헤드셋 마이크.

**룰렛 컨트롤러**
타카라 2,800엔
자사의 「인생게임」을 즐길 때 구비해둘 만한 전용 컨트롤러.

## 키보드·마우스 KEYBOARD & MOUSE

**아스키 마우스 USB**
아스키 오픈 프라이스
텐키패드를 탑재한 특이한 디자인이 인상적인 USB 마우스.

**키보드 패드 미니**
사미 3,980엔
컨트롤러와 미니 키보드를 일체화시킨 독특한 키보드.

**eb! USB 컴팩트 키보드**
엔터브레인 3,500엔
무릎 위에 올려놓고 사용할 수 있는 컴팩트 사이즈 키보드.

**선 소프트 키보드**
선 소프트 2,480엔
푸른 반투명 외장이 상쾌한, 일반적인 PC용 풀사이즈 키보드.

**NetPlay Controller**
로지쿨 오픈 프라이스
허를 찌르는 발상의 거대한 컨트롤러. 중앙의 키보드는 탈착 가능하다.

**P2Commander**
I-O DATA 오픈 프라이스
PC용 주변기기 전문 제조사의 제품답게 완성도가 준수한 풀사이즈 키보드.

**세가 순정 키보드**
세가 「더 타이핑 오브 더 데드」에 동봉된 풀사이즈 키보드.

**판타지 스타 유니버스 USB 무선 키보드**
세가 7,800엔
「판타지 스타 유니버스」와 동시 발매된, 컴팩트한 무선 키보드.

## 기타 주변기기 OTHER

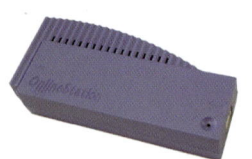
**Online Station**
선 전자 오픈 프라이스
통신속도 56kbps의 아날로그 모뎀. 브로드밴드 환경이 없어도 게임을 즐길 수 있었다.

**P2GATE**
I-O DATA 오픈 프라이스
통신속도 56kbps의 아날로그 모뎀. 브로드밴드 환경이 없어도 게임을 즐길 수 있었다.

**P2DiPOLE 프리미엄 세트**
I-O DATA 29,800엔
스테레오 다이폴 기술 기반으로 개발된, 탁상용 가상 5.1ch 스피커.

**P2DiPOLE 스탠더드 세트**
I-O DATA 19,800엔
프리미엄 세트에서 서브우퍼를 뺀 모델. 가볍게 5.1ch을 즐기고 싶은 사람용.

**짱 깔끔하네!**
와카 제작소 19,440엔
RGB 신호를 후처리해 PC용 31kHz 모니터로 출력해주는 업스캔 컨버터.

**PlayStation 2 전용 통신대전 케이블 IEEE 1394**
호리 3,000엔
PS2의 i.LINK 단자를 사용하여 근거리 통신대전을 즐길 때 필요한 케이블.

**업스캔 컨버터 + TV**
호리 10,800엔
PC용 모니터를 게임이나 TV 용도로 쓸 수 있는 업스캔 컨버터. 전용 리모컨 동봉.

**UPSCAN CONVERTER 2**
호리 6,980엔
RGB 신호를 후처리해 PC용 31kHz 모니터로 출력해주는 업스캔 컨버터.

**컴팩트 TFT 모니터 2** 호리 16,000엔
슬림형 PS2에 직접 장착하는 스타일의 컴팩트 모니터. 블랙·화이트의 2색 디자인이 있다.

**PRIVATE BASE** 아이렘 소프트웨어 엔지니어링 오픈 프라이스
PS2 본체 위에 설치할 수 있는, 7인치 탁상형 스테레오 LCD 모니터.

# CHAPTER 2
# 플레이스테이션 2 일본 소프트 올 카탈로그
## PART 2

**PLAYSTATION2 SOFTWARE ALL CATALOGUE**

해설 플레이스테이션 2의 소프트 이야기 2
# COMMENTARY OF PLAYSTATION2 #5

## 플레이스테이션 2는 정말로 고성능이었나?

2000년 시점에 존재했던 가정용 게임기들 중에서 플레이스테이션 2(이하 PS2)의 고성능은 단연 발군이었으며, 특히 그래픽 표현능력만큼은 SCE 스스로부터가 세계최고 수준이라고 자평해 마지않을 정도였다. 실제로도 당시 데모 영상을 본 사람들이 입을 모아 그 미려함에 찬사를 보냈었던 만큼, 이 하드웨어에서 과연 어떤 게임이 탄생할지 상상의 나래를 펼쳤던 사람들도 많았으리라. 물론 실제로 발매된 게임들 중에서도 PS2의 능력을 남김없이 활용한 작품이 분명 많았으니 그 정도면 만족스럽지 않느냐고 단언할 수도 있겠으나, 타 기종과 병행 발매된 멀티플랫폼 타이틀 내에서 비교하다 보면 작품에 따라서는 아무래도 성에 차지 않는 경우도 있다. 즉 단적으로 말해서 'PS2판의 그래픽이 빈약해 보이는' 경우가 분명 존재하는데, 어째서 이런 일이 벌어지게 되었을까?

'PS2는 2000년, 게임큐브 및 Xbox는 2001년에 발매된 기기이니까, 후발기기가 더 성능이 좋은 것은 당연'하다고 결론 내 버리면 간단하겠으나, 불과 1년의 발매시기 차이가 결정적인 그래픽 능력 차이로까지 이어진다고 보기엔 무리가 있다. 심지어 PS2에 탑재된 VDP는, SCE가 자신만만하게 세상에 내보였던 Graphics Synthesizer다. 이제부터는 어디까지나 게임 개발자의 관점에서 보는 PS2의 성능을 서술해보겠다.

우선 CPU의 연산 성능 면에서는, 양쪽의 아키텍처가 다르기에 단순비교하기엔 어폐가 있으나, Emotion Engine은 동작 클럭이 294.912MHz이며 같은 클럭의 Pentium Ⅲ에 비해 정수연산 성능이 약간 처지는 정도라고 알려져 있다. 반면 상대적으로 월등한 부분은 Emotion Engine에 내장된 VU0과 VU1이란 벡터 연산 유닛으로서, 128비트 버스로 연결되어 있다. VDP인 Graphics Synthesizer도 16개의 픽셀 엔진과 VRAM(4MB)을 2,560비트 버스로 직결했기에, 3D 연산 및 렌더링 성능 면에서는 최강의 설계라 할 만한 구조였다(이 관련의 해설은 '플레이스테이션 2 퍼펙트 카탈로그 상권'을 참조하자).

그러나 실제로 나온 작품으로 비교해보면, 「바이오하자드 4」의 게임큐브판에 비해 PS2판은 나뭇가지 등의 배경 오브젝트가 대폭 줄어들었으며 텍스처 해상도도 낮음을 알 수 있다. 멀티플랫폼 타이틀을 개발할 때는 소재(리소스)와 프로그램 코드를 가능한 한 공통화함으로써 이식성을 높여 여러 플랫폼으로의 이식에 들어갈 수고를 억제한다는 게 일반적인 개발방식이지만, PS2에서는 고품질 그래픽을 구현하려면 정반대로 소재와 코드를 PS2에 철저하게 특화시켜 개발해야만 한다. 즉 '스펙을 끌어내려면 고도의 스킬이 필요한 까다로운 게임기'라는 의미다. 이런 멀티플랫폼 게임에서 각 기종별로 일일이 특화시키는 개발방식을 취하긴 어렵기에 결국 평균적인 프로그램으로 만들게 되니, 결과적으로 PS2판 쪽의 퀄리티가 열악해져 버리는 것이다.

물론 이것은 '이식성이 좋은 평균적인 프로그램을 만들 경우'의 이야기일 뿐, PS2의 성능을 충분히 끌어낸 PS2 단독 타이틀 역시 얼마든지 있다. 또

▲ 게임큐브판 「바이오하자드 4」.

▲ 플레이스테이션 2판 「바이오하자드 4」.

한, 멀티플랫폼 타이틀인데도 각 기종별로 하드웨어의 특성을 잘 살려 적절히 튜닝함으로써 고퀄리티 이식을 구현해낸 예도 있다. 즉, 어디까지나 성능이 낮다는 의미로서가 아니라 'PS2의 그래픽 성능을 완전히 끌어내기는 어려웠다'라는 의미로서 이해해주기 바란다.

## 미소녀 게임과 여성용 게임으로 기울어진 후기 라인업

　일본에서는 가정용 게임기가 시장 말기에 이르면 PC판 성인용 게임의 이식판과 미소녀 게임, 여성용 게임 등 특정 유저만을 노리는 틈새 타이틀의 비중이 늘어나는 경향이 있다. 이는 PS2에서도 예외가 아니어서, 다음 페이지 이후의 소프트 카탈로그로도 알 수 있듯 실로 많은 틈새 타이틀들이 발매되었다.

　기본적으로 PS2는 당시의 주류 PC와 동등한 640×480픽셀의 화면해상도 모드가 있는데다 소프트 매체도 DVD-ROM이었다 보니 PC용으로 개발된 게임의 리소스를 재활용하기 쉬웠던 점도 있어, 타 기종에 비해 의외로 초기부터 미소녀 게임 이식작이 활발히 나왔던 게임이었다. 미소녀 게임은 비주얼 노벨 형식의 어드벤처 게임이 대부분이라 개발하는 데 고도의 프로그래밍 기술이 필요하지 않기에 어떻게든 기본 엔진만 확립해두면 쉴 새 없이 양산해낼 수 있는 장르였던 점도, 이 계열의 소프트가 대거 발매되었던 이유다.

　특히 2000년대 중반쯤부터는, 같은 이유로 미소녀 게임 이식작이 많았던 드림캐스트 시장이 종언을 고한 탓에 그쪽에 주력하던 회사들이 PS2로 개발라인을 옮겨오기 시작했다. 마침 이 시기를 전후해 일반 소프트 개발사들이 차세대기인 플레이스테이션 3로 옮겨가면서 PS2 개발에서 손을 떼어갔기에, 이후의 PS2 소프트 라인업은 상대적으로 성인용 게임의 이식작과 미소녀 게임, 여성용 게임에 계속 기울어지는 쪽으로 바뀌어간다.

## 이 책에 게재된 카탈로그의 범례

### ① 게임 타이틀명
### ② 기본 스펙 표기란
발매 회사, 장르명, 발매일, 가격, 플레이 명수, 세이브 용량, 지원 주변기기 순으로 표기했다.

### ③ 염가판 소프트 아이콘
'플레이스테이션 2 더 베스트'판 등이 존재함을 알리는 아이콘.

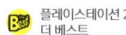 플레이스테이션 2 더 베스트

### ④ 패키지 표지
### ⑤ 게임 화면　　　　　⑥ 내용 설명
### ⑦ 온라인 플레이 지원 아이콘
인터넷을 경유한 플레이의 지원 여부를 아이콘으로 표시했다.
※ 현재는 서비스가 모두 종료되었습니다.

ONLINE 대응 : 온라인 통신 플레이를 지원하는 소프트 (인터넷 연결 없이도 플레이 가능)
ONLINE 전용 : 온라인 통신을 전제로 플레이하는 소프트 (인터넷 연결 없이는 플레이 불가)

### ⑧ 연령구분 마크 표기란
2002년 10월 이후부터 적용된 CERO 등급제(역주※) 기준의 연령제한 구분을 의미하는 아이콘.

 A (전체이용가)　 B (12세 이용가)　 C (15세 이용가)　 D (17세 이용가)　 Z (청소년 이용불가)　 교육·데이터베이스

### ⑨ 컨텐츠 명시 아이콘 표기란
해당 연령등급이 책정된 근거가 되는 게임 내 표현을 표시한 아이콘.

 연애　 선정성　 폭력성　 공포　 음주·흡연　 사행성　 범죄　 약물　 언어·기타

(역주 ※) '컴퓨터 엔터테인먼트 심의기구'의 약칭으로서, 한국의 게임물관리위원회와 비슷한 일본 가정용·휴대용 게임업계의 자율심의 등급제 시스템. 심의를 통과해야 일반 판매가 가능하다. 2002년 설립.

# 2004

## PlayStation2 Game Software Catalogue

2004년에 발매된 소프트는 총 465타이틀이지만, 이 책에는 페이지 사정상 2004년 하반기부터 수록했다. 2004년 전반기 발매작들은 상권에서 확인하도록 하자.
이 시점의 최대 화제는 PS2로 플랫폼을 옮기고 시스템도 대폭 쇄신했던 「드래곤 퀘스트 Ⅷ」이었으며, 「메탈기어 솔리드 3」·「그란 투리스모 4」등 폭넓은 장르의 대작들이 발매되었다.

---

### 가챠메카 스타디움 : 사루바토~레

- 소니컴퓨터엔터테인먼트 ● ACT ● 2004년 7월 1일 ● 5,800엔
- 플레이 명수 : 1~2인 ● 세이브 용량 : 125KB 이상 ● 멀티탭 지원(~4인)

「삐뽀사루 겟츄」시리즈의 외전 격 작품. 가챠메카나 탈것을 활용하는 다양한 경기가 펼쳐지는 '하이테크 올림피아'라는 대회에 선수로 출전하여 우승을 노리는 파티 게임이다. 배틀 스테이지는 50종류 이상이나 되며, 4인 동시 대전 플레이도 가능하다. 삐뽀시루를 플레이어 선수로서 사용할 수도 있다.

---

### 기신포후 데몬베인

- 카도카와쇼텐 ● AVG ● 2004년 7월 1일 ● 7,800엔
- 플레이 명수 : 1인 ● 세이브 용량 : 200KB 이상

PC용 게임 「참마대성 데몬베인」의 이식작. 크툴루 신화와 거대로봇물 애니메이션을 뒤섞어 눌러담은 듯한 느낌의 어드벤처 게임이다. 이식 과정에서 원작의 대사를 풀보이스화했고, 텍스트 및 CG도 추가·수정했다.

---

### 3LDK♥ : 행복해지자

- 프린세스 소프트 ● AVG ● 2004년 7월 1일 ● 6,800엔
- 플레이 명수 : 1인 ● 세이브 용량 : 290KB 이상

PC용 게임을 이식한 슬랩스틱 연애 어드벤처 게임. 주인공이 되어 방 3개짜리 맨션에서 5명의 히로인들과 공동생활을 즐기자. 원작에 없던 오리지널 요소로서, 그래픽을 대폭 추가했으며 신규 시나리오를 수록했다.

---

### 스매시코트 프로토너먼트 2

- 남코 ● SPT ● 2004년 7월 1일 ● 6,800엔 ● 플레이 명수 : 1~2인
- 세이브 용량 : 210KB 이상 ● 멀티탭 지원(3~4인)

당시 세계에서 활약하던 유명 테니스 선수들이 실명으로 등장하는 테니스 게임. 자신이 좋아하는 선수를 골라 윔블던 대회 등에서 뛰어보자. 아케이드·엑시비션·레슨 등의 다양한 모드가 준비되어 있다.

---

### 철인 28호

- 반다이 ● ACT ● 2004년 7월 1일 ● 6,800엔 ● 플레이 명수 : 1~2인
- 세이브 용량 : 85KB 이상 ● 전용 멀티탭 지원(최대 4인)

리모컨으로 「철인 28호」를 조작하는 로봇 액션 게임. 특징은 조종자인 '쇼타로'를 플레이어가 직접 이동시켜 시야와 신변 안전을 확보해가며 철인을 조작한다는 점이다. 2인 협력 플레이 및 4인 대전 플레이도 가능하다.

## PlayStation2 Game Software Catalogue

### 몽키 턴 V
- 반다이  ● RCG  ● 2004년 7월 1일  ● 6,800엔
- 플레이 명수: 1~2인  ● 세이브 용량: 105KB 이상

주간 '소년 선데이'에 연재되었던 경정 만화를 게임화한 작품. 주인공 '하타노 켄지'가 되어 수많은 라이벌들과 순위를 경쟁하자. 궁극의 코너링 테크닉 '몽키 턴'을 능숙하게 구사하여 승리를 쟁취해야 한다.

### 크래시 밴디쿳: 폭주! 니트로 카트
- 코나미  ● RCG  ● 2004년 7월 8일  ● 5,800엔  ● 플레이 명수: 1~2인
- 세이브 용량: 160KB 이상  ● 멀티탭 지원(~4인)

태즈메이니아에 사는 친구들과 함께 갤럭시 레이스에 참전하는 3D 레이싱 게임. 황제 '벨로 27세'의 악행을 저지하는 것이 게임의 목적이다. 각종 아이템을 무제한으로 써대며 방해하는 보스 카가 꽤 위협적이니 주의하자.

### 무적뱅커 크로켓!: 뱅 킹을 위기에서 구하라
- 코나미  ● ACT  ● 2004년 7월 8일  ● 6,800엔
- 플레이 명수: 1~2인  ● 세이브 용량: 101KB 이상

만화와 TV 애니메이션으로 당시 인기였던 같은 제목의 작품이 3D 액션 게임화되어 등장했다. 숨겨진 금화를 찾아내는 맵 탐색부터 각 스테이지의 미션에 풀보이스 이벤트까지, 작품의 팬이라면 만족할 만큼 원작에 충실한 게임이다.

### SuperLite 2000 어드벤처: 코노하나 팩 - 3가지 사건수첩
- 석세스  ● AVG  ● 2004년 7월 8일  ● 2,000엔
- 플레이 명수: 1인  ● 세이브 용량: 239KB 이상

다양한 기종으로 발매된 인기작 「코노하나」 시리즈 3개 작품의 합본판. 고교생인 주인공 일행이 어려운 사건에 도전하는 본격 서스펜스물이다. 기획·제작은 아카호리 사토루의 창작집단 SATZ가, 일러스트는 moo가 맡았다.

### 도카폰 DX: 세상에 온통 도깨비 한가득
- 아스믹 에이스 엔터테인먼트  ● TBL  ● 2004년 7월 8일  ● 5,980엔
- 플레이 명수: 1~4인  ● 세이브 용량: 78KB 이상  ● 멀티탭 지원(~4인)

RPG 요소를 추가한 말판놀이 스타일의 보드 게임. 돈을 모아 무기를 사거나 몬스터와 싸우는 식으로 캐릭터를 육성할 수 있다. 최대 4인 동시 플레이가 가능하며, 단시간으로 즐기는 '배틀 모드'도 충실하다.

### 물고기: 일곱 물속의 전설의 대어
- 소니컴퓨터엔터테인먼트  ● ACT  ● 2004년 7월 15일  ● 5,800엔
- 플레이 명수: 1인  ● 세이브 용량: 298KB 이상

물고기가 되어 물속을 모험하는 액션 어드벤처 게임. 수생생물을 먹고 때로는 낚시꾼이 던져놓은 루어와 사투를 벌이면서, 물가를 수호하는 대어들과 만나며 장식품을 모으는 여행길에 나선다.

### 영관은 그대에게 2004: 코시엔의 고동
- 아트딩크  ● SLG  ● 2004년 7월 15일  ● 2,800엔
- 플레이 명수: 1~2인  ● 세이브 용량: 300KB 이상

고교야구팀 감독이 되어 강호 팀을 육성하여 코시엔 우승을 노리는 일본 고교 야구 시뮬레이션 게임. 2004년도에 출전했던 4,000개교 이상의 고등학교들 중에서 지휘할 학교를 골라, 세세한 지시를 내려 선수들을 육성하자.

### CR 파친코 옐로 캡: 파치로 상투 달인 8
- 핵베리  ● SLG  ● 2004년 7월 15일  ● 5,800엔
- 플레이 명수: 1인  ● 세이브 용량: 159KB 이상

일본의 연예기획사 '옐로 캡' 소속의 섹시한 그라비아 아이돌들이 출연하는 인기 파친코 기종이 실기 시뮬레이터화되어 등장했다. 파친코를 즐기면서 멋진 그라비아 동영상을 감상해보자. 부록으로 DVD 비디오 디스크도 동봉했다.

031

## 디지털 데빌 사가 : 아바탈 튜너

● 아틀러스　● RPG　● 2004년 7월 15일　● 6,980엔
● 플레이 명수 : 1인　● 세이브 용량 : 305KB 이상

미래의 가상도시를 무대로 삼은 SF RPG. 스킬 습득 시스템 '만트라'를 잘 활용하여 캐릭터를 성장시키자. 주인공인 서프 일행은 악마로 변신하는 힘에 각성한 탓에, 악마를 먹어치워야만 살아갈 수 있는 몸이 되어버렸다. 비밀의 열쇠를 쥔 검은머리의 소녀 세라와 서프 일행을 기다리는 운명이란 과연……

## 실황 파워풀 프로야구 11

● 코나미　● SPT　● 2004년 7월 15일　● 6,980엔　● 플레이 명수 : 1~2인
● 세이브 용량 : 870KB 이상　● PlayStation BB Unit (캐시) 지원 : 512MB 이상 필요

인기 야구 게임 시리즈의 제11탄. 2004년도 시즌 데이터를 수록했다. 10편에서 등장했던 '마이 라이프'가 독립된 모드로 분리되어 대폭 파워 업되었다. 석세스 모드에서는 대학야구가 테마인 시나리오를 즐길 수 있다.

## 렛츠 플레이 스포츠!

● 코나미　● SPT　● 2004년 7월 15일　● 3,980엔
● 플레이 명수 : 1인　● 세이브 용량 : 820KB 이상　● 아이토이 카메라 필수

아이토이 카메라를 통해, 플레이어 자신이 스포츠 선수처럼 실제로 몸을 움직여 즐기는 미니게임 모음집. 축구·야구·경마 등 총 15종류의 미니게임이 수록되어 있으며, 최대 4인 플레이가 가능하다.

## 학원 헤븐 : BOY'S LOVE SCRAMBLE! TypeB

● 인터채널　● AVG　● 2004년 7월 22일　● 6,800엔
● 플레이 명수 : 1인　● 세이브 용량 : 57KB 이상　● 프로그레시브 출력 지원

2003년 발매되었던 「학원 헤븐」의 어나더 버전. 주인공과 친구들이 이야기를 펼치는 기상천외한 여성용 어드벤처 게임이다. 심의등급을 15세 이상으로 상향했고, 완전 풀보이스화를 구현했다.

## 가라오케 레볼루션 : 가족 아이돌화 선언

● 코나미　● ETC　● 2004년 7월 22일　● 3,980엔　● 플레이 명수 : 1인~　● 세이브 용량 : 48KB 이상
● PlayStation BB Unit, 네트워크 어댑터, 가라오케 레볼루션용 마이크, USB 마이크 지원

두 팀으로 나누어 즐기는 '패밀리 배틀' 모드 등이 신규 추가된, 노래방 소프트 시리즈의 신규 데이터집. 애니메이션 주제가나 미니모니·모닝구 무스메. 등, 당시 일본의 아이돌 송 중심으로 총 50곡을 수록하였다.

## 가라오케 레볼루션 : 패밀리 팩

● 코나미　● ETC　● 2004년 7월 22일　● 5,800엔　● 플레이 명수 : 1인~　● 세이브 용량 : 48KB 이상
● PlayStation BB Unit, 네트워크 어댑터, 가라오케 레볼루션용 마이크, USB 마이크 지원

「가라오케 레볼루션 : 가족 아이돌화 선언」 소프트와 「가라오케 레볼루션」 전용 마이크를 합본시킨 풀 패키지. 라이브 투어 형식으로 서로의 가창력을 경쟁하는 '투어 모드' 등도 탑재되어 있다.

## SIMPLE 2000 시리즈 Vol.56 : THE 서바이벌 게임

● D3 퍼블리셔　● SLG　● 2004년 7월 22일　● 2,000엔
● 플레이 명수 : 1~2인　● 세이브 용량 : 59KB 이상　● 멀티탭 지원(~4인)

전장의 긴박감을 재현하는 취미활동인 '서바이벌 게임'을 시뮬레이션한 게임. 일본 최대의 에어건 제조사 '도쿄 마루이'와 유명 밀리터리 코스튬 샵 '팬텀'이 감수했고, 튜토리얼 모드의 음성은 성우 후루야 토오루가 맡았다.

# PlayStation 2 Game Software Catalogue

## 그라디우스 V
- 코나미 ● STG ● 2004년 7월 22일 ● 6,980엔
- 플레이 명수: 1~2인 ● 세이브 용량: 40KB 이상

「그라디우스」 시리즈의 가정용 오리지널 작품. 포메이션을 버튼 조작으로 고정할 수 있는 옵션 등 4가지 옵션 타입을 플레이어에게 제공하며, 어떤 옵션을 선택하느냐에 따라 게임의 전체적인 공략법도 확연하게 바뀌어 독특한 재미를 선사한다. 인기 작곡가 사키모토 히토시가 제작한 음악도 훌륭하다.

## 스트리트 파이터 III 3rd STRIKE : Fight for the Future
- 캡콤 ● ACT ● 2004년 7월 22일 ● 3,800엔
- 플레이 명수: 1~2인 ● 세이브 용량: 61KB 이상

 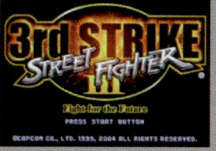 

아케이드용 대전격투 게임을 이식한 작품. 방어를 포기하고 공격을 전면으로 받아내는 '블로킹'이라는 시스템이 만들어내는 고도의 공방으로 인한 심리전이 특징이다. 전작의 보스 '길'도 플레이어 캐릭터로 사용 가능하다.

## 태고의 달인 : 모여라! 축제다!! 4대째
- 남코 ● ACT ● 2004년 7월 22일 ● 4,500엔
- 플레이 명수: 1~2인 ● 세이브 용량: 54KB 이상 ● 타타콘 지원

큰북을 두들기는 인기 리듬 액션 게임의 신작. 가정용 첫 수록곡을 포함해 다양한 장르의 총 40곡을 수록했다. 단체전인 '왁자지껄 태고배틀' 모드에서는, 최대 8명의 연주 릴레이와 미니게임으로 승부가 펼쳐진다.

## 천주 홍
- 프롬 소프트웨어 ● ACT ● 2004년 7월 22일 ● 6,800엔
- 플레이 명수: 1인 ● 세이브 용량: 46KB 이상

인기 시리즈의 제4탄. 「천주 3」의 약 1년 전 시점에서, 두 여닌자가 의문의 조직에 맞서 싸운다는 스토리. 어떤 강적이든 일격에 해치우는 '인살'이 강화되어, 다수의 적을 한 번에 처리하는 '인살난무'로 발전했다.

## 폭염각성 : 네버랜드 전기 ZERO
- 아이디어 팩토리 ● ACT ● 2004년 7월 22일 ● 6,800엔
- 플레이 명수: 1인 ● 세이브 용량: 132KB 이상

이세계 '네버랜드'가 무대인 스테이지 클리어식 3D 액션 게임. 간단한 조작으로 다채로운 액션을 구사할 수 있다. 「스펙트럼」 시리즈의 인기 캐릭터들을 조작해, 기괴한 사건의 비밀을 파헤쳐 보자.

## 밸류 2000 시리즈 : 바둑 4
- 매그놀리아 ● TBL ● 2004년 7월 22일 ● 2,000엔
- 플레이 명수: 1~2인 ● 세이브 용량: 45KB 이상

 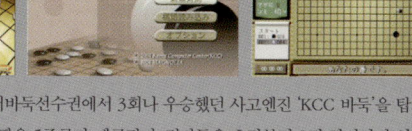

세계컴퓨터바둑선수권에서 3회나 우승했던 사고엔진 'KCC 바둑'을 탑재한 소프트. 바둑판은 5종류가 제공되며, 접바둑은 호각부터 9점 깔기까지 선택할 수 있다. 덤도 0~10까지 반집 단위로 설정 가능하다.

## 풀 하우스 키스
- 캡콤 ● AVG ● 2004년 7월 22일 ● 6,800엔
- 플레이 명수: 1인 ● 세이브 용량: 221KB 이상

낮에는 교사, 밤에는 가정부라는 이중생활을 보내며, 마음에 드는 남성과 친밀한 관계를 구축하는 여성용 어드벤처 게임. 교제중인 남자를 차버리고 다른 남자로 갈아탈 수도 있다. 능력치를 올리는 미니게임도 나온다.

## I Love Baseball : 프로야구를 너무나 사랑하는 사람들에게

- 사미  ● SPT  ● 2004년 7월 29일  ● 6,800엔
- 플레이 명수 : 1~2인  ● 세이브 용량 : 112KB 이상

리얼함보다는 게임으로서의 순수한 재미에 중점을 둔 야구 게임. 등장하는 선수들 특유의 표정과 모션을 코믹하게 재현하였다. 시합의 템포가 좋은 편이라, 게임이 시원시원하게 진행된다.

## 아테네 2004

- 소니컴퓨터엔터테인먼트  ● SPT  ● 2004년 7월 29일  ● 5,800엔
- 플레이 명수 : 1~2인  ● 세이브 용량 : 44KB 이상  ● 멀티탭 지원(~4인)

IOC의 공식 라이선스를 받은 올림픽 게임. 수영·육상·체조 등 총 7개 종목 26종의 경기를, 실제 선수의 움직임을 충실하게 재현한 모션으로 체험해볼 수 있다. 일부 경기는 DDR용 매트 컨트롤러도 지원한다.

## F : 파나틱

- 프린세스 소프트  ● AVG  ● 2004년 7월 29일  ● 6,800엔
- 플레이 명수 : 1인  ● 세이브 용량 : 350KB 이상

가상의 19세기 말이 무대인 어드벤처 게임. 런던에 사는 2류 신문사의 수습기자가 되어, 전설의 살인귀 '잭 더 리퍼'의 비밀을 파헤쳐 보자. 스토리는 전체적으로 호러 테이스트의 애절한 사랑 이야기다.

## 해결! 오사바키나

- 키드  ● AVG  ● 2004년 7월 29일  ● 6,800엔
- 플레이 명수 : 1인  ● 세이브 용량 : 135KB 이상

성우 미즈키 나나가 당시 실제 진행하던 라디오 프로 '스마일 갱'에서 탄생한 캐릭터가 활약하는 어드벤처 게임. 아이돌 업계의 신인 매니저가 되어, 아이돌 '오사바키나'를 데뷔시키기 위해 분투한다는 스토리다.

## 길티기어 이스카

- 사미  ● ACT  ● 2004년 7월 29일  ● 6,800엔  ● 플레이 명수 : 1~2인
- 세이브 용량 : 236KB 이상  ● 멀티탭 지원(~4인), 프로그레시브 출력 지원

대전격투 게임「길티기어」시리즈 중에서는 이색적인, 최대 4명이 2라인 배틀로얄 스타일로 싸우는 타이틀. 가정용판에서는 사용 가능 캐릭터가 추가되었으며, 벨트스크롤 액션풍의 모드도 탑재하였다.

## 햇살 비추이는 가로수길 : 바뀌어가는 계절 속에서

- GN 소프트웨어  ● AVG  ● 2004년 7월 29일  ● 6,800엔
- 플레이 명수 : 1인  ● 세이브 용량 : 121KB 이상  ● 프로그레시브 출력 지원

PC용 원작을 이식한 연애 어드벤처 게임. 이식 과정에서 신규 CG와 시나리오를 추가했고, 신규 오프닝 무비도 수록하였다. 영원한 사랑을 테마로, 주인공 '코이치'와 그를 둘러싼 주변인들의 훈훈한 이야기가 펼쳐진다.

## 더 나이트메어 오브 드루아가 : 이상한 던전

- 아리카  ● RPG  ● 2004년 7월 29일  ● 6,980엔
- 플레이 명수 : 1인  ● 세이브 용량 : 444KB 이상

탐색형 RPG「이상한 던전」이「드루아가의 탑」과 콜라보레이션한 작품. 플레이어와 적의 턴이 교대로 진행되는 로그라이크 장르에 '속도' 개념을 추가하여, 박보장기마냥 공격을 '먼저 깔아두는' 퍼즐성을 유도했다.

## 사무라이 스피리츠 제로

- SNK 플레이모어  ● ACT  ● 2004년 7월 29일  ● 6,800엔
- 플레이 명수 : 1~2인  ● 세이브 용량 : 200KB 이상

「사무라이 스피리츠」시리즈의 제5탄. 공격력에 영향을 주어 일격에 무게감을 싣는 '검기 게이지', 핀치 상황에서도 역전극을 펼치는 '부의 경지' 등의 신규 시스템을 도입했다. PS2판은 중간보스도 사용 가능해졌다.

## PlayStation2 Game Software Catalogue

### SEGA AGES 2500 시리즈 Vol.14 : 에일리언 신드롬
- CERO C
- 3D 에이지스 · ACT · 2004년 7월 29일 · 2,500엔
- 플레이 명수 : 1~2인 · 세이브 용량 : 115KB 이상

「에일리언 신드롬」을 폴리곤 그래픽으로 개변한 리메이크판. 목숨+체력제로 변경했고, 오른쪽 아날로그 스틱으로 사격방향 전환이 가능해져 도망치면서도 사격할 수 있도록 했다. 2인 협력 플레이로 공략할 수도 있다.

### SEGA AGES 2500 시리즈 Vol.15 : 데카슬리트 컬렉션
- CERO A
- 3D 에이지스 · SPT · 2004년 7월 29일 · 2,500엔
- 플레이 명수 : 1~2인 · 세이브 용량 : 60KB 이상

다양한 종목의 스포츠 경기를 즐기는 타이틀. 「데카슬리트」·「버추어 애슬리트 2K」에 동계스포츠가 소재인 「윈터 히트」까지, 시리즈 3개 작품을 수록했다. 최대 4인 동시 플레이도 지원한다.

### DJbox
- CERO A
- 소니컴퓨터엔터테인먼트 · ETC · 2004년 7월 29일 · 6,800엔 · 플레이 명수 : 1인 · 세이브 용량 : 48KB 이상
- PlayStation BB Unit 또는 PS2 전용 HDD 필수, 아이토이 카메라·USB 키보드 지원

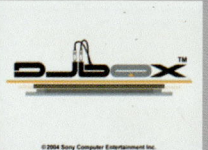 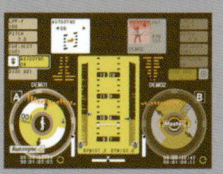 

음악 CD의 곡들을 리핑하여 PlayStation BB Unit에 저장해 실제로 DJ 플레이를 즐기는 소프트. 믹서·샘플러·이펙터 등의 기능은 기본이고 턴테이블까지 시뮬레이트하므로, 자유롭게 리믹스하여 디제잉할 수 있다.

### 디지몬 배틀 크로니클
- CERO A
- 반다이 · ACT · 2004년 7월 29일 · 6,800엔 · 플레이 명수 : 1~2인
- 세이브 용량 : 42KB 이상 · 멀티탭 지원(~4인)

과거 「디지몬」 시리즈의 캐릭터들이 대거 등장하는 난투 액션 게임. 40종 이상의 디지몬을 진화시켜 콤보와 필살기로 싸워나가자. 스테이지마다 다양한 장치가 설치돼 있으며, 최대 4인 동시 플레이가 가능하다.

### 여름소녀 : Promised Summer
- CERO C
- 석세스 · AVG · 2004년 7월 29일 · 6,800엔
- 플레이 명수 : 1인 · 세이브 용량 : 680KB 이상

PC용 게임의 이식작. 도시에서 시골로 내려온 주인공이, 그곳에서 만난 소녀들과 작은 사랑을 싹틔워가는 연애 어드벤처 게임이다. 플레이 기간은 무려 3년간. 이식 과정에서 대량의 이벤트 CG와 신규 히로인을 추가했다.

### 밸류 2000 시리즈 : 쇼기 4
- CERO A
- 매그놀리아 · TBL · 2004년 7월 29일 · 2,000엔
- 플레이 명수 : 1~2인 · 세이브 용량 : 45KB 이상

세계컴퓨터쇼기선수권에서 굴지의 실적을 거두었던 'KCC 쇼기' 엔진을 탑재한 쇼기(일본 장기) 소프트. CPU의 사고레벨을 초급·중급·상급 중에서 선택 가능하며, 3~7수 중심의 박보장기 100문제도 수록했다.

### 유희왕 캡슐 몬스터 콜로세움
- CERO A
- 코나미 · TBL · 2004년 7월 29일 · 6,800엔
- 플레이 명수 : 1~2인 · 세이브 용량 : 277KB 이상

원작에 있었던 경기 '캡슐 몬스터 체스'를 소재로 삼은 3D 대전형 보드 게임. 주인공 '유희'가 되어, 몬스터를 육성시켜 대전 상대를 격파하자. 총 25종류의 맵이 수록돼 있어, 박력만점의 배틀을 즐길 수 있다.

### 록맨 X : 커맨드 미션
- CERO A
- 캡콤 · RPG · 2004년 7월 29일 · 5,800엔
- 플레이 명수 : 1인 · 세이브 용량 : 100KB 이상

「록맨 X」 시리즈 최초의 RPG. 「록맨 X」의 세계가 무대로서, 엑스·제로·액셀은 물론 4명의 신 캐릭터가 등장한다. 쾌적하게 진행되는 전투가 특징이며, 'X 오더'나 '파이널 스트라이크' 등의 오리지널 시스템도 있다.

035

## 원피스 라운드 더 랜드!

- 반다이 ● ACT ● 2004년 7월 29일 ● 6,800엔
- 플레이 명수 : 1인 ● 세이브 용량 : 107KB 이상

게임판 '원피스' 시리즈로는 최초의 3D 스크롤 액션 게임. 루피 일행 중 3명을 선택해 특수능력을 구사하며 싸우자. 원피스 랜드에서는 역대 보스 캐릭터들이 길을 가로막으며, 스테이지 곳곳에 다양한 장치가 가득하다.

## 파이트 나이트 2004

- 일렉트로닉 아츠 ● SPT ● 2004년 8월 5일 ● 6,800엔
- 플레이 명수 : 1~2인 ● 세이브 용량 : 157KB 이상

페더급부터 헤비급까지, 실존 유명 권투선수들이 실명으로 등장하는 권투 게임. 아날로그 스틱을 직감적으로 조작하기만 하면 다양한 펀치가 구사되는 시스템이 특징이다. 오리지널 선수를 에디트할 수도 있다.

## XIII (서틴) : 대통령을 죽인 남자

- 마벨러스 인터랙티브 ● ACT ● 2004년 8월 5일 ● 6,980엔
- 플레이 명수 : 1~2인 ● 세이브 용량 : 100KB 이상

프랑스의 방드 데시네가 원작인 1인칭 액션 어드벤처 게임. 툰 랜더링을 활용하여 원작의 분위기를 잘 재현했다. 영화를 방불케 하는 연출이 특징이며, 멀티액션과 다채로운 미션을 즐길 수 있다.

## 최강 도다이 쇼기 5

- 마이니치 커뮤니케이션즈 ● TBL ● 2004년 8월 5일 ● 2,800엔
- 플레이 명수 : 1~2인 ● 세이브 용량 : 200KB 이상

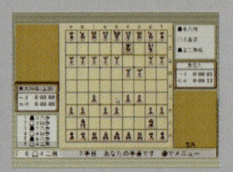

인기 쇼기 소프트의 2003년도판. PC판 「최강 도다이 쇼기 5」와 「도다이 쇼기 몰이비차 도장」을 하나로 합본한 소프트로서, 일반적인 대국 기능은 물론 박보장기와 몰이비차 강좌 등 다채로운 기능을 탑재했다.

## 사이쿄 슈팅 컬렉션 Vol.1 : 스트라이커즈 1945 I&II

- 타이토 ● STG ● 2004년 8월 5일 ● 5,800엔
- 플레이 명수 : 1~2인

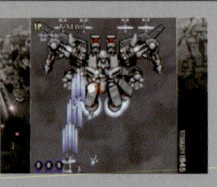

「스트라이커즈 1945」 시리즈의 2개 작품을 수록했다. 제로센 등 실존했던 기체를 바탕으로 제작한 전투기를 조작하며, 각 전투기별로 특징적인 샷이 있다. 초회판에는 슈퍼플레이 영상을 수록한 특전 DVD를 동봉했다.

## 최유기 RELOAD GUNLOCK

- 반다이 ● ACT ● 2004년 8월 5일 ● 6,800엔
- 플레이 명수 : 1~2인 ● 세이브 용량 : 49KB 이상

같은 제목의 인기 애니메이션이 원작인 대전격투 게임. 간단한 조작으로 다채로운 공격을 구사할 수 있어, 시원시원한 배틀이 전개된다. '드라마틱 레이브'가 발동되면 컷인 등의 오리지널 연출도 펼쳐진다.

## 아이토이 : 삐뽀사루 - 모두가 왁자지껄! 신나는 파티게임!!

- 소니컴퓨터엔터테인먼트 ● ETC ● 2004년 8월 5일 ● 4,500엔
- 플레이 명수 : 1~4인 ● 세이브 용량 : 630KB 이상 ● 아이토이 카메라 필수

아이토이 카메라를 활용하는 타이틀. 실제로 몸을 움직여 삐뽀사루들을 조작해, 다양한 미니게임에 도전하며 보드 게임 스타일의 맵을 통과하여 포인트 1위를 노리자. 최대 4명까지 대전 가능하다.

## SIMPLE 2000 시리즈 Vol.57 : THE 프로야구 2004

- D3 퍼블리셔 ● SPT ● 2004년 8월 5일 ● 2,000엔
- 플레이 명수 : 1~2인 ● 세이브 용량 : 370KB 이상

2004년도 선수 데이터를 수록한 일본 프로야구 게임. 약 300명의 선수는 물론, 여성 아나운서의 장내방송까지도 리얼하게 재현하였다. 모션 캡쳐를 채용한 현장감 넘치는 연출로 프로야구의 매력을 플레이어에게 제공한다.

PlayStation2 Game Software Catalogue

## 쑥쑥 이누후쿠
- 햄스터  ● TBL  ● 2004년 8월 5일  ● 5,800엔
- 플레이 명수 : 1~4인  ● 세이브 용량 : 160KB 이상

1년이라는 기간 동안, 강아지처럼 생긴 동물 '이누후쿠'를 육성하는 게임. 퀴즈와 미니게임을 플레이하면, 퀴즈의 정답률과 어드벤처 파트의 행동 등의 결과에 의해 다양한 종류의 '이누후쿠'로 변화해간다.

## SOCOM II : U.S. NAVY SEALs
- 소니컴퓨터엔터테인먼트  ● ACT  ● 2004년 8월 5일  ● 6,800엔  ● 플레이 명수 : 1인  ● 세이브 용량 : 3000KB 이상
- PlayStation BB Unit, 네트워크 어댑터, USB 헤드셋 지원, 온라인 대전시 최대 16인

미군 특수부대의 일원이 되어 싸우는 TPS 게임의 제2탄. 테러리스트 박멸과 인질 구출 등의 임무를, AI로 움직이는 동료들에게 지시를 내려가며 수행한다. 음성 채팅을 활용하여 온라인으로 플레이할 수도 있었다.

## 하야리가미 : 경시청 괴이 사건 파일
- 니폰이치 소프트웨어  ● AVG  ● 2004년 8월 5일  ● 5,800엔
- 플레이 명수 : 1인  ● 세이브 용량 : 550KB 이상

일본의 수많은 도시전설을 바탕으로 하여 벌어지는 사건들을 수사하는 어드벤처 게임. 경시청의 형사가 되어, '과학적인 수사'나 '오컬트적인 수사' 중 한 쪽을 선택해 진행하면 사건의 전개가 달라져간다. 도시전설과 괴담의 정보는 데이터베이스에 등록되므로 언제든 다시 참조할 수 있다.

## 달링 스페셜 : 백래시 - 사랑의 이그조스트 히트
- D3 퍼블리셔  ● AVG  ● 2004년 8월 5일  ● 4,800엔
- 플레이 명수 : 1인  ● 세이브 용량 : 77KB 이상

성우 코야스 타케히토가 프로듀스 및 주연을 맡은 여성용 연애 어드벤처 게임. 독자 리포터로 응모한 주인공이, 카 레이스에서 활약하는 남성들과 다양한 관계를 쌓아간다는 스토리로 진행된다.

## 비트매니아 IIDX 7th style
- 코나미  ● SLG  ● 2004년 8월 5일  ● 6,980엔  ● 플레이 명수 : 1~2인
- 세이브 용량 : 160KB 이상  ● RU029, ASC-0515BM, CT013, RU038 지원

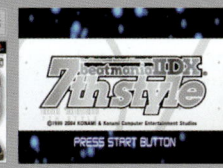

아케이드판 원작을 이식한 DJ 시뮬레이션 게임. 단위인정 모드가 최초로 추가되어, 자신의 실력을 시험해볼 수 있게 되었다. 가정용판 전용의 특별 채보도 등장한다. 신곡과 구곡, 선행 수록곡까지 총 90곡을 수록했다.

## 미시간
- 스파이크  ● AVG  ● 2004년 8월 5일  ● 6,800엔
- 플레이 명수 : 1인  ● 세이브 용량 : 45KB 이상

미국의 미시간 호수 주변에서 발생한 짙은 안개와, 그곳에서 벌어진 괴사건을 TV 카메라맨 시점에서 촬영하는 3D 어드벤처 게임. 촬영하는 대상에 따라 전개가 달라지며, 때로는 보도윤리를 시험받는 선택을 해야 한다.

## 민폐성인 패닉메이커
- 캡콤  ● ACT  ● 2004년 8월 5일  ● 6,800엔
- 플레이 명수 : 1~2인  ● 세이브 용량 : 55KB 이상

민폐성인 주인공이, 수행이라는 목적으로 지구인들에게 온갖 짓궂은 장난을 치는 3D 액션 게임. 총을 이용한 다양한 장난으로 코인을 모아, 어엿한 장난꾼으로 인정받는 것이 게임의 목적이다.

## 록맨 : 파워 배틀 파이터즈

- 캡콤  ● ACT  ● 2004년 8월 5일  ● 2,800엔
- 플레이 명수 : 1~2인  ● 세이브 용량 : 42KB 이상

「록맨」 시리즈의 아케이드 오리지널 신작 2작품을 합본 이식한 타이틀. 「록맨 : 더 파워 배틀」과 속편인 「록맨 2 : 더 파워 파이터즈」를 수록하였다. 두 타이틀 모두, 보스와의 대결에 초점을 맞춘 액션 게임이다.

## 월드 사커 위닝 일레븐 8

- 코나미  ● SPT  ● 2004년 8월 5일  ● 6,980엔  ● 플레이 명수 : 1~2인
- 세이브 용량 : 2102KB 이상  ● 멀티탭 지원(~8인), PlayStation BB Unit (캐시) 지원

당시 일본 국가대표팀 감독이었던 지쿠를 이미지 캐릭터로 채용한 축구 게임. 실황은 존 카비라, 해설은 나카니시 테츠오가 맡았다. 일본 대표팀의 경우 성인 대표팀은 물론 23세 이하 대표팀도 수록돼 있다.

## 아쿠아키즈

- 유크스  ● ACT  ● 2004년 8월 12일  ● 5,800엔
- 플레이 명수 : 1~2인  ● 세이브 용량 : 87KB 이상

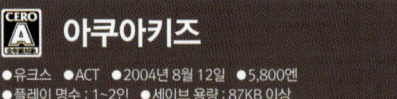

한국산 TV 애니메이션을 3D 액션 게임화한 작품. 대부분의 대륙이 바닷속에 잠긴 근미래가 무대로서, '아키 문명의 보물'을 찾아내야 한다. '스토리 모드'와 '대전 모드', '프리 모드'를 즐길 수 있다.

## KOF MAXIMUM IMPACT

- SNK 플레이모어  ● ACT  ● 2004년 8월 12일  ● 6,980엔
- 플레이 명수 : 1~2인  ● 세이브 용량 : 100KB 이상

「KOF」 시리즈로는 최초로 3D 그래픽을 채용한 외전 작품. 1:1 대전 식으로 바뀌었으며, 화면 안쪽·바깥쪽으로 축이동하는 시스템도 추가되었다. 캐릭터의 분위기가 크게 달라지는 '코스튬 체인지'도 큰 특징이다.

## 도쿄마인학원 외법첩 : 혈풍록

- 마벨러스 인터랙티브  ● SLG  ● 2004년 8월 12일  ● 6,980엔
- 플레이 명수 : 1~2인  ● 세이브 용량 : 655KB 이상

2002년 PS1으로 발매되었던 「도쿄마인학원 외법첩」의 리메이크판. AI 및 대화 시스템의 강화 등, 시스템 쪽을 크게 업그레이드했다. 신규 시나리오인 '사(邪)' 편에서는 북유럽 신들이 등장하여 에도의 마인과 격돌한다.

## 건슬링거 걸 Volume.III

- 반다이  ● ACT  ● 2004년 8월 19일  ● 6,800엔
- 플레이 명수 : 1인  ● 세이브 용량 : 71KB 이상

인기 만화가 원작인 건 액션 게임의 제3탄. 오리지널 스토리의 완결편으로서, 클리어 후엔 다른 캐릭터로도 플레이할 수 있다. TV 애니메이션판의 9화부터 13화까지를 수록한 DVD 비디오 디스크도 동봉했다.

## 환상수호전 IV

- 코나미  ● RPG  ● 2004년 8월 19일  ● 6,980엔
- 플레이 명수 : 1인  ● 세이브 용량 : 99KB 이상

인기 시리즈의 제4탄. 전작의 150년 후가 무대로서, 일국을 멸망시킬 만한 힘을 주는 대신 숙주의 생명을 좀먹는 '벌의 문장'을 둘러싼 이야기다. 주인공 포함 108명의 동료가 등장해, 각자의 드라마를 펼친다.

## 노래하는 ♪ 텀블링 다이스 : 우리들 셋을 줄게.요

- 에젤 소프트웨어  ● AVG  ● 2004년 8월 26일  ● 6,800엔
- 플레이 명수 : 1인  ● 세이브 용량 : 45KB 이상

PC용 게임의 이식작. 노래방 점주가 되어, 부채를 갚아가면서 히로인과의 친목을 쌓자. 이식 과정에서 시뮬레이션 시스템과 함께 오리지널 CG, 신규 시나리오, 2명의 공략 대상 캐릭터를 추가하였다.

## PlayStation2 Game Software Catalogue

### 클로버 하츠 : looking for happiness
- 인터채널  ● AVG  ● 2004년 8월 26일  ● 6,800엔
- 플레이 명수 : 1인  ● 세이브 용량 : 100KB 이상  ● 프로그레시브 출력 지원

PC용 게임의 이식작. 2명의 주인공과 2명의 히로인을 중심으로 진행되는 연애 어드벤처 게임. 이식 과정에서 신 캐릭터와 이벤트 CG를 추가하고, 조건을 충족하면 개방되는 오리지널 스토리도 들어가 있다.

### 중장기병 발켄
- 크로스노츠  ● ACT  ● 2004년 8월 26일  ● 4,980엔
- 플레이 명수 : 1인  ● 세이브 용량 : 80KB 이상

같은 제목의 슈퍼 패미컴판 게임을 리메이크 이식한 작품으로서, 리얼 로봇 애니메이션풍 세계관으로 스토리를 전개하는 액션 슈팅 게임. 원작의 오프닝을 삭제한 대신, '환상의 스테이지 0(제로)'를 추가 수록했다.

### SIMPLE 2000 시리즈 Vol.59 : THE 우주인과 대화하자! ~우주~인이란 게 뭐~야?~
- D3 퍼블리셔  ● AVG  ● 2004년 8월 26일  ● 2,000엔
- 플레이 명수 : 1인  ● 세이브 용량 : 325KB 이상

2001년 발매되었던 「우주~인이란 게 뭐~야?」(상권 92p)의 염가판. 연구소 소장이 되어 우주인을 조사해보자. 조사는 화면 내를 여기저기 클릭하기만 하면 된다. 우주인의 언어나 목적도 진행하다 보면 밝혀진다.

### SIMPLE 2000 시리즈 Vol.61 : THE 오네찬바라
- D3 퍼블리셔  ● ACT  ● 2004년 8월 26일  ● 2,000엔
- 플레이 명수 : 1인  ● 세이브 용량 : 55KB 이상

수영복을 입은 누님이 무수한 좀비들을 썰어버리는 검술 액션 게임. 피를 뒤집어쓸수록 쌓이는 '부정'이 MAX가 되면, 방어력이 낮아지고 공격력은 대폭 상승하는 '폭주 상태'로 바뀐다. '부정'을 잘 조절하는 게 공략의 키포인트다.

### 타이코 입지전 V
- 코에이  ● RPG  ● 2004년 8월 26일  ● 6,800엔  ● 플레이 명수 : 1인
- 세이브 용량 : 2183KB 이상  ● PlayStation BB Unit (캐시) 지원 : 1024MB 이상 필요

도요토미 히데요시 등 일본 전국시대의 인물이 되어 입신양명을 노리는 시뮬레이션 게임의 제5탄. 해적·의사·다도인 등의 신규 직업으로도 플레이 가능해졌다. 선택 가능한 캐릭터는 860명으로 늘어났다.

### 츠바이!!
- 타이토  ● RPG  ● 2004년 8월 26일  ● 6,800엔
- 플레이 명수 : 1인  ● 세이브 용량 : 700KB 이상

저마다 특기가 다른 2명의 주인공을 적시에 교대해 조작하면서 부유대륙을 모험하는 액션 RPG. 적을 물리치면 드롭되는 음식물이 체력 회복과 경험치 상승을 겸하는지라, 스피디한 전개로 모험을 즐길 수 있다.

### 버추어 파이터 사이버 제네레이션 : 저지먼트 식스의 야망
- 세가  ● RPG  ● 2004년 8월 26일  ● 6,800엔
- 플레이 명수 : 1인  ● 세이브 용량 : 192KB 이상

「버추어 파이터」 시리즈 10주년 기념작품. 근미래의 해상도시에서 스토리가 진행되는 액션 RPG다. 전설의 전사들의 무술이 깃들어있는 '버추어 소울'을 수집하여, 자신만의 캐릭터를 육성해보자.

### 강철의 연금술사 : 드림 카니발
- 반다이  ● ACT  ● 2004년 8월 26일  ● 6,800엔  ● 플레이 명수 : 1~2인
- 세이브 용량 : 84KB 이상  ● 멀티탭 지원(~4인)

2 : 2 스타일의 난투 액션 게임. 진지한 스토리 위주였던 이 시리즈의 다른 관련작과는 달리, 개그 중심의 분위기와 원작의 시간 순서에 얽매이지 않는 등장인물간의 대화 내용 등 '올스타전' 성격이 물씬한 작품이다.

### 블러드레인 (CERO D)

- 일렉트로닉 아츠 ● ACT ● 2004년 8월 26일 ● 6,800엔
- 플레이 명수: 1인 ● 세이브 용량: 64KB 이상

스토리가 복잡하게 얽혀있는 액션 어드벤처 게임. 인간과 흡혈귀 사이에서 태어난 하프 뱀파이어인 소녀 '레인'과 나치 독일의 비밀조직 'GGG' 간의 싸움이 고딕풍의 분위기로 펼쳐지는 작품이다.

### 모노크롬 (CERO B)

- 키드 ● AVG ● 2004년 8월 26일 ● 6,800엔
- 플레이 명수: 1인 ● 세이브 용량: 94KB 이상

복고적인 세계관으로 스토리가 전개되는 연애 어드벤처 게임. 주인공을 중심으로, 견습 천사 및 나이 차이가 큰 누나 등의 히로인들이 등장한다. 각 히로인을 공략하다 보면 선택지가 늘어나 새로운 이야기로 분기된다.

### 고스트 헌터 (CERO B)

- 일렉트로닉 아츠 ● ACT ● 2004년 9월 2일 ● 6,980엔
- 플레이 명수: 1인 ● 세이브 용량: 420KB 이상

미려한 그래픽과 동영상으로 연출하는 세계관이 일품인 호러 어드벤처 게임. 유럽에서 상당한 인기를 얻었던 타이틀을 완전 일본어화해 발매했다. 풍부한 무기를 구사하여 고스트를 격파하자.

### 삼국지 IX with 파워업 키트 (CERO A)

- 코에이 ● SLG ● 2004년 9월 2일 ● 10,800엔 ● 플레이 명수: 1~8인
- 세이브 용량: 940KB 이상 ● PlayStation BB Unit (캐시) 지원: 128MB 이상 필요

「삼국지 IX」의 업그레이드판. 스테이지 클리어 식의 '트라이얼 스토리', 정해진 기간 내에 과제를 클리어해야 하는 '챌린지 시나리오' 등의 신규 모드가 추가되었다. 파워업 키트 추가판이므로, 당연히 무장 에디터도 있다.

### SIMPLE 2000 시리즈 Vol.58 : THE 외과의사 (CERO A)

- D3 퍼블리셔 ● AVG ● 2004년 9월 2일 ● 2,000엔
- 플레이 명수: 1인 ● 세이브 용량: 265KB 이상

현장에 막 배속된 신참 외과의사가 되어, 일류 의사를 목표로 삼아 분투하는 의학 어드벤처 게임. 13종류의 수술 모드에선 컨트롤러를 조작하여 집도한다. 실제 병명 및 수술법 기반으로 디자인된, 긴장감 넘치는 수술을 체험하자.

### SIMPLE 2000 시리즈 Vol.60 : THE 특촬 변신 히어로 (CERO B)

- D3 퍼블리셔 ● ACT ● 2004년 9월 2일 ● 2,000엔
- 플레이 명수: 1인 ● 세이브 용량: 41KB 이상

히어로가 되어 싸우는 액션 게임. 총 12화짜리 신규 특촬 드라마의 주인공이 되어, 악의 조직 및 괴인과 맞서 싸우자. 히어로의 디자인부터 변신 포즈와 시그니처 포즈, 기술·무기까지 자유롭게 커스터마이즈 가능하다.

### 어디서나 함께 : 토로와 잔뜩 (CERO A)

- 소니컴퓨터엔터테인먼트 ● ETC ● 2004년 9월 2일 ● 5,800엔 ● 플레이 명수: 1인
- 세이브 용량: 1645KB 이상 ● 아이토이 카메라, PlayStation BB Unit, 네트워크 어댑터 지원

PS1으로 처음 발매되었던 '대화 게임' 시리즈의 진화판. 인간이 되고 싶어 하는 '토로'와 대화하며 다양한 단어를 가르쳐주자. 토로가 배운 단어는 이름 없는 고양이(=쿠로)의 이름이 되어 공터를 가득 메우게 된다.

### 페르시아의 왕자 : 시간의 모래 (CERO B)

- 소니컴퓨터엔터테인먼트 ● ACT ● 2004년 9월 2일 ● 6,800엔
- 플레이 명수: 1인 ● 세이브 용량: 82KB 이상

캐릭터의 부드러운 모션으로 인기였던 원작을 바탕으로, 그래픽을 3D화해 만든 오리지널 신작. 원작의 명성에 걸맞게 액션이 실로 다채로워, 삼각 뛰기와 카운터 공격, 벽 타고 달리기 등 눈요깃거리가 많은 작품이다.

## PlayStation2 Game Software Catalogue

### 런 라이크 헬
- 캡콤 ● ACT ● 2004년 9월 2일 ● 6,800엔
- 플레이 명수 : 1인 ● 세이브 용량 : 200KB 이상

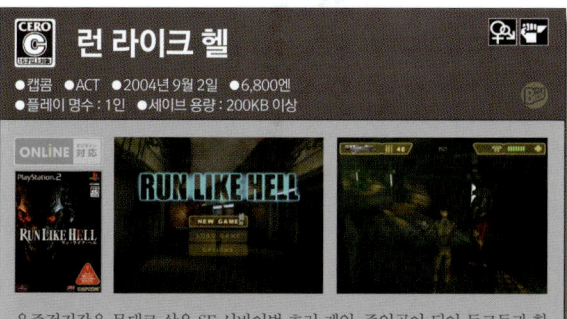

우주정거장을 무대로 삼은 SF 서바이벌 호러 게임. 주인공이 되어 동료들과 함께 사랑하는 약혼녀를 구출하자. 흉포한 외계인에 맞서, 목숨을 걸고 아슬아슬하게 싸우는 긴박감과 공포를 맛볼 수 있다.

### 반 헬싱
- 비벤디 유니버설 게임즈 ● ACT ● 2004년 9월 9일 ● 6,800엔
- 플레이 명수 : 1인 ● 세이브 용량 : 160KB 이상

같은 제목의 영화가 원작인 액션 어드벤처 게임. 이름 높은 몬스터 헌터 '반 헬싱'이 되어 속속 습격해오는 괴물들을 물리치자. 샷건부터 일렉트릭 건까지, 다채로운 무기를 사용할 수 있다.

### 킹 오브 콜로세움 II
- 스파이크 ● SPT ● 2004년 9월 9일 ● 7,800엔
- 플레이 명수 : 1~2인 ● 세이브 용량 : 1871KB 이상 ● 멀티탭 지원(~4인)

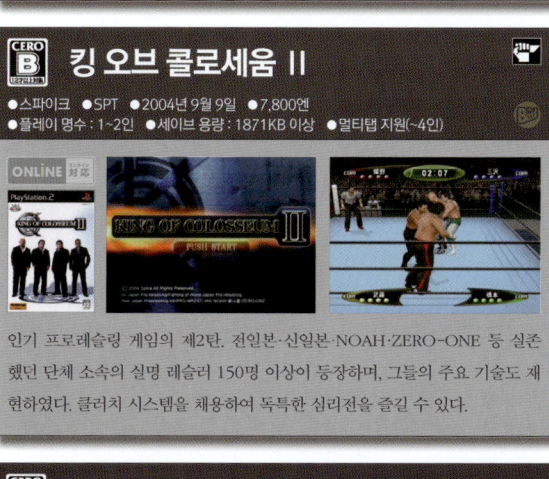

인기 프로레슬링 게임의 제2탄. 전일본·신일본·NOAH·ZERO-ONE 등 실존했던 단체 소속의 실명 레슬러 150명 이상이 등장하며, 그들의 주요 기술도 재현하였다. 클러치 시스템을 채용하여 독특한 심리전을 즐길 수 있다.

### 코노하나 4 : 어둠을 쫓는 기도
- 석세스 ● AVG ● 2004년 9월 9일 ● 3,800엔
- 플레이 명수 : 1인 ● 세이브 용량 : 144KB 이상

인기 미스터리 어드벤처 게임 시리즈의 제4탄. 코노하나 고교의 모모이 메구루가 되어, 파트너 타치바나 미아코와 함께 살인사건에 도전하자. 교토 수학여행 편과 덴류 호수 편의 2부 구성이며, 결말은 30종 이상이다.

### 도다이 쇼기 정석도장 : 완결편
- 마이니치 커뮤니케이션즈 ● TBL ● 2004년 9월 9일 ● 6,800엔
- 플레이 명수 : 1~2인 ● 세이브 용량 : 200KB 이상

일반 대국과 핸디캡 대국 등 모든 정석을 망라한, 시리즈의 집대성 격인 타이틀. 세계컴퓨터쇼기선수권에서 우승한 사고엔진의 개량판을 탑재했고, 쇼시 카즈하루 7단의 정석 강좌를 수록했다. 각종 모드도 충실하다.

### 도로로
- 세가 ● ACT ● 2004년 9월 9일 ● 6,800엔
- 플레이 명수 : 1~2인 ● 세이브 용량 : 620KB 이상

데즈카 오사무의 같은 제목 만화를 게임화했다. 온몸의 장기를 빼앗긴 주인공이 48마리의 마신들과 싸우며 온전한 몸을 되찾아간다는 액션 게임이다. 원작의 스토리를 대체로 따라가지만, 결말은 게임의 오리지널 전개다.

### 바이오하자드 아웃브레이크 FILE 2
- 캡콤 ● ACT ● 2004년 9월 9일 ● 6,800엔 ● 플레이 명수 : 1인 ● 세이브 용량 : 348KB 이상
- 네트워크 어댑터, PlayStation BB Unit, PS2 전용 HDD, USB 키보드 지원

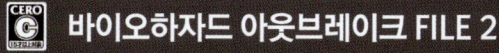

「바이오하자드」 시리즈의 스핀오프 타이틀을 마이너 업그레이드한 작품. 퍼즐 해결과 탐색보다는 크리처와의 전투에 중점을 둔 작품으로서, 라쿤 시티의 사람들이 감염자가 퍼져나가는 도시를 방황한다는 기본적인 전개는 유지하면서도 시나리오를 대폭 리뉴얼했다. 싱글플레이 모드도 제공한다.

### 뷰티플 죠 : 새로운 희망

- 캡콤  ● ACT  ● 2004년 9월 9일  ● 4,743엔
- 플레이 명수 : 1인  ● 세이브 용량 : 110KB 이상

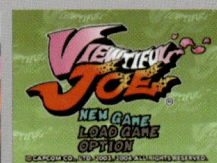

2003년 게임큐브로 발매되었던 같은 제목 타이틀의 이식판. 주인공 '죠'가 악의 조직과 싸우는 횡스크롤 액션 게임이다. 한 번 클리어하고 나면 「데빌 메이 크라이」의 주인공 '단테'를 사용할 수 있게 된다.

### 안젤리크 에투알

- 코에이  ● SLG  ● 2004년 9월 16일  ● 6,800엔
- 플레이 명수 : 1인  ● 세이브 용량 : 443KB 이상

PC판 원작을 이식한 여성용 연애 어드벤처 게임. 주인공 '엔쥬'가 되어 매력적인 남성들과 달콤한 로맨스를 즐기자. 모든 연애대상 캐릭터에 엔딩 동영상이 배정돼 있으며, 신규 이벤트와 CG 등을 추가했다.

### 우사기 : 야성의 투패 THE ARCADE - 야마시로 마작 편

- 타이토  ● TBL  ● 2004년 9월 16일  ● 4,800엔
- 플레이 명수 : 1인  ● 세이브 용량 : 48KB 이상

마작 만화 '우사기'의 아케이드 게임판 제2탄을 이식했다. 전작과 동일하게, 2 : 2의 콤비 대국으로 총 5스테이지의 난관에 도전한다. 각 캐릭터가 지닌 특수능력을 활용하는 것이 공략의 키포인트다.

### 구룡요마학원기

- 아틀러스  ● AVG  ● 2004년 9월 16일  ● 6,980엔
- 플레이 명수 : 1인  ● 세이브 용량 : 512KB 이상

「도쿄마인학원」 시리즈와 세계 설정을 공유하는 학원 주브나일 전기물 게임. 젊은 트레저 헌터가 되어, 사립 카미요시 학원의 지하유적을 조사하자. 학교 파트에서의 대화·행동이 던전 공략 시에 영향을 끼친다.

### 스펙트럴 포스 : 래디컬 엘리먼츠

- 아이디어 팩토리  ● SLG  ● 2004년 9월 16일  ● 6,800엔
- 플레이 명수 : 1인  ● 세이브 용량 : 125KB 이상

첫 작품의 훨씬 이전 시대를 다룬 턴제 전략 시뮬레이션 게임. 소년왕 '토나티'가 주변 대국과의 무모한 전쟁에 도전한다. 무장 하나에 병력을 붙여 최대 1000 : 1000 배틀이 가능하다. 풍부한 병종·스킬·건조물을 육성해 승리하라.

### 전국무쌍 맹장전

- 코에이  ● ACT  ● 2004년 9월 16일  ● 4,280엔  ● 플레이 명수 : 1~2인
- 세이브 용량 : 310KB 이상  ● PlayStation BB Unit (캐시) 지원 ; 1024MB 이상 필요

「전국무쌍」과 연동시켜 플레이하는 추가 디스크. 이 작품 단독으로 플레이할 수도 있다. 육성 시스템과 난이도 등을 재조정했으며, 하시바 히데요시·혼다 타다카츠 등 4명의 신규 캐릭터가 추가되었다.

### 테니스의 왕자 : 최강 팀을 결성하라!

- 코나미  ● SLG  ● 2004년 9월 16일  ● 6,800엔  ● 플레이 명수 : 1~2인
- 세이브 용량 : 480KB 이상  ● 멀티탭 지원(~4인)

「테니스의 왕자 : Smash Hit!」(상권 177p)의 흐름을 계승하여 제작한 액션+육성 게임. 리더를 선택한 후, 다른 캐릭터들에게 권유하여 멤버로 영입해 간토 주니어 오픈 우승을 노린다. 등장 캐릭터는 50명 이상.

### 파이널 판타지 XI : 프로마시아의 주박

- 스퀘어 에닉스  ● ETC  ● 2004년 9월 16일  ● 3,980엔
- 플레이 명수 : 1인  ● PlayStation BB Unit 필수, USB 키보드·USB 마우스 지원

인기 MMORPG의 확장팩 데이터팔 제2탄. 멸망한 나라 '타브나지아'에 관련된 장소를 비롯해, 40곳 이상의 신규 지역 및 새로운 몬스터가 추가되었다. 바나딜 창세의 수수께끼에 얽힌 스토리를 즐길 수 있다.

## PlayStation2 Game Software Catalogue

### 프로야구 스피리츠 2004 클라이맥스
- 코나미  ● SPT  ● 2004년 9월 16일  ● 6,800엔
- 플레이 명수: 1~2인  ● 세이브 용량: 1310KB 이상

2004년도 전반전까지의 데이터를 반영시킨 일본 프로야구 게임. 선수들의 모션 데이터도 대폭 늘려, 더욱 자연스러운 모션을 재현하였다. 감독이 직접 선수로 나서는 '내가 뭔다!' 모드도 탑재하였다.

### 검호 3
- 겐키  ● ACT  ● 2004년 9월 22일  ● 6,800엔
- 플레이 명수: 1~2인  ● 세이브 용량: 330KB 이상

인기 시리즈의 제3탄. 일격사까지도 가능한 진검승부의 대결을 즐길 수 있다. 일본 총 11개 지역을 순회하는 무사수행을 통해 검기를 수련하고 자신의 명성을 높이자. 게임 중에 취한 행동에 따라 스토리가 변화된다.

### 사쿠라대전 V EPISODE 0 : 황야의 사무라이 아가씨
- 세가  ● ACT  ● 2004년 9월 22일  ● 6,800엔
- 플레이 명수: 1인  ● 세이브 용량: 31KB 이상

「사쿠라대전 V」의 프롤로그로서, 작품의 히로인 중 하나인 '제미니'가 여행 끝에 뉴욕으로 도착하는 과정을 그린 액션 게임. 말을 탄 제미니를 조작하는 액션 파트와, 스토리를 진행하는 어드벤처 파트로 진행된다.

### SIMPLE 2000 시리즈 Vol.62 : THE 수퍼 퍼즐버블 DX
- D3 퍼블리셔  ● PZL  ● 2004년 9월 22일  ● 2,000엔
- 플레이 명수: 1~2인  ● 세이브 용량: 225KB 이상

인기 퍼즐 게임 시리즈의 2개 작품을 디스크 1장에 합본 수록한 염가판. 「수퍼 퍼즐버블」과, 그 속편으로서 스토리 모드와 에디트 모드가 추가된 「수퍼 퍼즐버블 2」가 수록되어 있다.

### 더블 리액션! 플러스
- 데이텀 폴리스타  ● AVG  ● 2004년 9월 22일  ● 5,800엔
- 플레이 명수: 1인  ● 세이브 용량: 80KB 이상

PC판 원작을 이식한 여성용 어드벤처 게임. 절세의 미소년인 남동생과 몸이 뒤바뀌어 버린 주인공이 다양한 소동에 휘말린다는 스토리. 저연령층까지도 배려한 작품으로서, 원작에 없던 시나리오와 캐릭터도 추가했다.

### 테일즈 오브 심포니아
- 남코  ● RPG  ● 2004년 9월 22일  ● 6,800엔  ● 플레이 명수: 1인
- 세이브 용량: 49KB 이상  ● 멀티탭 지원(~4인)

2003년 게임큐브로 발매되었던 같은 제목 작품의 이식판. 시리즈 최초의 풀 3D 그래픽 작품으로서, 새로운 전투 시스템 'ML-LMBS'를 비롯하여 유니존 어택의 추가, 복합 특기와 이벤트 등 다양한 신규 컨텐츠를 추가했다.

### 강철의 연금술사 2 : 붉은 엘릭시르의 악마
- 스퀘어 에닉스  ● RPG  ● 2004년 9월 22일  ● 6,800엔
- 플레이 명수: 1인  ● 세이브 용량: 303KB 이상

원작자인 아라카와 히로무가 캐릭터 디자인과 시나리오를 감수한 RPG. TV 애니메이션판 성우진이 연기한 풀보이스 동영상과 이벤트로 게임 전반부에선 원작의 전개를 재현하고, 후반부부터는 오리지널 시나리오로 돌입한다.

### 파티시에 냥코 : 첫사랑은 딸기맛
- 피오네소프트  ● AVG  ● 2004년 9월 22일  ● 6,800엔
- 플레이 명수: 1인  ● 세이브 용량: 50KB 이상

PC용 게임의 이식작. 밤이 되면 고양이로 바뀌는 마법에 걸린 주인공과, 대신 파티시에가 된 소녀들과 함께 케이크 가게를 경영한다는 스토리. 이식하면서 신규 히로인을 추가했고, 기존 히로인의 시나리오도 분량을 늘렸다.

## Formula One 2004

- 소니컴퓨터엔터테인먼트　● RCG　● 2004년 9월 22일　● 5,800엔
- 플레이 명수 : 1인　● 세이브 용량 : 647KB 이상　● GT FORCE, GT FORCE Pro 지원

FOM이 공인한 F1 레이싱 게임. 2004년 시즌의 드라이버 데이터를 수록했으며, 이 해부터 새롭게 시즌에 편입된 바레인·상하이 서킷도 치밀한 데이터를 기반으로 하여 게임 상에 잘 재현해냈다.

## 마이네 리베 : 우아하고 아름다운 기억

- 코나미　● SLG　● 2004년 9월 22일　● 6,800엔
- 플레이 명수 : 1인　● 세이브 용량 : 70KB 이상

GBA용 게임 「탐미몽상 마이네 리베」의 이식작. 탐미적인 세계관을 바탕으로 삼은 여성용 연애 시뮬레이션 게임이다. 2년간 자신을 갈고닦아, 집안 좋고 재능도 뛰어난 6명의 미소년을 유혹하여 졸업 파티에서 고백을 받자.

## 메탈 슬러그 4

- SNK 플레이모어　● ACT　● 2004년 9월 22일　● 6,800엔
- 플레이 명수 : 1~2인　● 세이브 용량 : 100KB 이상

구 SNK의 도산으로 노이즈 팩토리 사가 개발을 맡은, 시리즈 5번째 작품. 간판 탱크 '메탈 슬러그'뿐만 아니라, 적의 탈것에도 탑승 가능해졌다. 신 캐릭터 '트레버'와 '나디아'는 본가 시리즈 중에선 이 작품에만 등장한다.

## 낙서 왕국 2 : 마왕성의 싸움

- 타이토　● ACT　● 2004년 9월 22일　● 6,800엔
- 플레이 명수 : 1~2인　● 세이브 용량 : 811KB 이상

플레이어가 직접 그린 '낙서'가 게임 내에 등장하여 스토리 진행의 핵심이 되는 「낙서 왕국」 시리즈의 제2탄. 전작보다 낙서 만들기가 훨씬 편해졌으며, 자신의 낙서로 변신해 액션을 즐길 수 있다.

## 강습기갑부대 : 공격 헬리콥터 전기

- 타이토　● STG　● 2004년 9월 30일　● 6,800엔
- 플레이 명수 : 1인　● 세이브 용량 : 110KB 이상

헬리콥터 부대의 파일럿이 되어 테러리스트들과 맞서 싸우는 플라이트 슈팅 게임. 실존하는 공격헬기를 조종해, 다양한 시점으로 게임을 플레이하며 다채로운 미션을 진행하는 형태로 스토리를 만끽한다.

## 개구리 중사 케로로 : 불꽃튀는 배틀로얄

- 반다이　● ACT　● 2004년 9월 30일　● 6,800엔　● 플레이 명수 : 1~2인
- 세이브 용량 : 49KB 이상　● 멀티탭 지원(~4인)

만화 '개구리 중사 케로로'의 캐릭터들이 3D화된 스테이지에서 다양한 아이템을 활용하며 왁자지껄 난투하는 대전 액션 게임. 최대 4명까지 대전 가능하며, 캐릭터별 스토리 모드도 제공한다.

## 신드바드 어드벤처는 에노모토 카나코로 하면 어떨까요

- 니혼 어뮤즈먼트 방송　● SLG　● 2004년 9월 30일　● 4,800엔
- 플레이 명수 : 1인　● 세이브 용량 : 240KB 이상

여배우 에노모토 카나코와 제휴한 파치슬로 머신을 수록한 실기 시뮬레이터. 다양한 설정을 세팅하고 공략·연구해볼 수 있는 모드, 프리미엄 연출을 관람하는 모드, 데이터 분석 모드와 고속 오토 플레이 등을 탑재했다.

## SIMPLE 2000 시리즈 Vol.63 : THE 수영대회 – 신상 수영복! 여자로 가득한

- D3 퍼블리셔　● ACT　● 2004년 9월 30일　● 2,000엔
- 플레이 명수 : 1~2인　● 세이브 용량 : 60KB 이상

2001년 발매되었던 「아이돌 클래스메이~트」의 히로인들이 3D화되어 등장하는 액션 게임. 글래머 아이돌 '후타바 리호' 등의 히로인들 전원이 수영복 차림으로 등장하며, 15종류의 미니게임을 플레이할 수 있다.

## PlayStation2 Game Software Catalogue

### 스파이더맨 2
- CERO A
- 타이토 ● ACT ● 2004년 9월 30일 ● 6,800엔
- 플레이 명수: 1인 ● 세이브 용량: 200KB 이상

세계적으로 대히트한 영화 '스파이더맨 2'를 게임화한 작품. 거미줄을 이용한 웹 스윙으로 고층빌딩들 사이를 신나게 누벼보자. 원작의 특징인 박력 넘치는 액션을 게임 안에서 마음껏 체험할 수 있다.

### 더블 위시
- CERO C
- 프린세스 소프트 ● AVG ● 2004년 9월 30일 ● 6,800엔
- 플레이 명수: 1인 ● 세이브 용량: 265KB 이상

기억을 잃은 주인공과 쌍둥이 여동생의 생활을 그린 연애 어드벤처 게임. 사고로 부모를 잃은 주인공 '준'는, 쌍둥이 여동생인 '센나'와 함께 생활하는 동안 기억이 점차 돌아오자, 과거와 현재 사이에서 번민하게 된다.

### DESIRE
- CERO C
- 인터채널 ● AVG ● 2004년 9월 30일 ● 5,800엔
- 플레이 명수: 1인 ● 세이브 용량: 30KB 이상

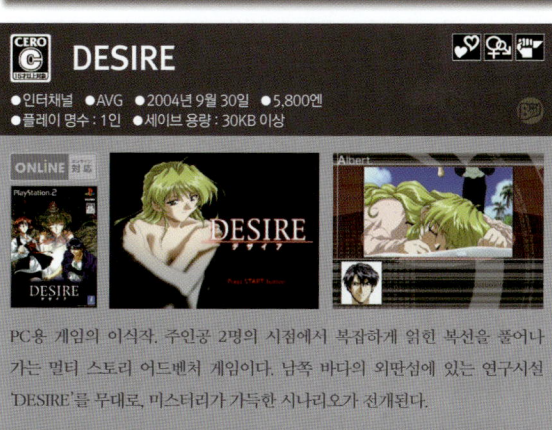

PC용 게임의 이식작. 주인공 2명의 시점에서 복잡하게 얽힌 복선을 풀어나가는 멀티 스토리 어드벤처 게임이다. 남쪽 바다의 외딴섬에 있는 연구시설 'DESIRE'를 무대로, 미스터리가 가득한 시나리오가 전개된다.

### NARUTO -나루토-: 나루티밋 히어로 2
- CERO A
- 반다이 ● ACT ● 2004년 9월 30일 ● 6,800엔
- 플레이 명수: 1~2인 ● 세이브 용량: 82KB 이상

인기 애니메이션이 원작인 인술 격투 액션 게임의 제2탄. 사용 가능 캐릭터가 30명 이상으로 늘었으며 액션도 더욱 화려하게 업그레이드됐다. 나뭇잎 마을에서 나루토 일행을 육성하는 RPG풍의 스토리 모드가 추가되었다.

### 프린세스 메이커 2
- CERO C
- 사이버프론트 ● SLG ● 2004년 9월 30일 ● 5,800엔
- 플레이 명수: 1인 ● 세이브 용량: 100KB 이상

딸을 육성하여 다양한 엔딩으로 인도하는 육성 시뮬레이션 장르의 원조 격 타이틀 제2탄의 리파인판을 이식한 작품으로서, 그래픽과 보이스를 리뉴얼했으며 총 70종류 이상에 달하는 엔딩이 준비돼 있다.

### 프렌즈: 청춘의 반짝임
- CERO D
- 인터채널 ● AVG ● 2004년 9월 30일 ● 7,200엔
- 플레이 명수: 1인 ● 세이브 용량: 57KB 이상 ● 프로그레시브 출력 지원

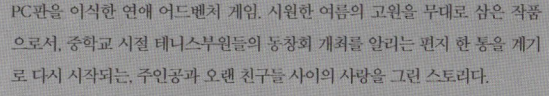

PC판을 이식한 연애 어드벤처 게임. 시원한 여름의 고원을 무대로 삼은 작품으로서, 중학교 시절 테니스부원들의 동창회 개최를 알리는 편지 한 통을 계기로 다시 시작되는, 주인공과 오랜 친구들 사이의 사랑을 그린 스토리다.

### 브로큰 소드: 잠든 용의 전설
- CERO B
- 마벨러스 인터랙티브 ● ACT ● 2004년 9월 30일 ● 6,800엔
- 플레이 명수: 1인 ● 세이브 용량: 1087KB 이상

영국산 PC 게임의 이식작. 2명의 주인공 시점으로 펼쳐지는 액션 어드벤처 게임이다. 아프리카·파리·이집트를 넘나드는 장대한 스토리가 전개되며, '리얼타임 액트' 시스템 덕에 다채로운 액션을 즐길 수 있다.

### Love Songs♪ADV: 후타바 리호 14세 - 여름
- CERO D
- D3 퍼블리셔 ● AVG ● 2004년 9월 30일 ● 5,800엔
- 플레이 명수: 1인 ● 세이브 용량: 136KB 이상

D3 퍼블리셔 사의 간판 캐릭터 '후타바 리호'가 메인 캐릭터인 어드벤처 게임. 플레이어는 신참 매니저가 되어, 리호가 아이돌로 데뷔할 때까지 돌봐준다. 화면상의 캐릭터를 확대해 바라보는 '응시 시스템'도 탑재했다.

045

## 우주전함 야마토 : 이스칸다르로의 추억

- 타이토 ● SLG ● 2004년 10월 6일 ● 6,800엔
- 플레이 명수 : 1인 ● 세이브 용량 : 128KB 이상

'암흑성단 3부작' 시리즈의 첫 작품인 본격 시뮬레이션 게임. 플레이어 자신이 주인공이 되어, 코다이 스스무·시마 다이스케 등의 승무원들과 함께 우주전함 야마토를 조종하며, 실시간으로 전개되는 함대전을 승리로 이끌자.

## 기동전사 건담 SEED : 끝나지 않는 내일로

- 반다이 ● ACT ● 2004년 10월 7일 ● 6,800엔
- 플레이 명수 : 1~2인 ● 세이브 용량 : 297KB 이상

같은 제목 인기 애니메이션의 세계관을 재현한 액션 게임. 2003년 발매되었던 「기동전사 건담 SEED」의 업그레이드판으로서, 애니메이션 파트는 신규 제작 분량을 포함해 40분 이상이나 수록했고, 5종류의 게임 모드가 있다.

## CR 파친코 야구짱! 도카벤 : 파치로 상투 달인 7

- 핵베리 ● SLG ● 2004년 10월 7일 ● 5,800엔
- 플레이 명수 : 1인 ● 세이브 용량 : 159KB 이상

쿄라쿠 사의 인기 기종을 수록한 파친코 실기 시뮬레이터. 미즈시마 신지가 그린 인기 야구만화를 테마로 제작한 기기들 중에서 'MR'·'KR'·'XR'·'VR' 버전을 수록했다. 공략 모드와 챌린지 모드, 감상 모드가 있다.

## 스타워즈 배틀프론트

- 일렉트로닉 아츠 ● ACT ● 2004년 10월 7일 ● 6,800엔 ● 플레이 명수 : 1~2인
- 세이브 용량 : 58KB 이상 ● 온라인 대전시 1~16인, 네트워크 어댑터, PlayStation BB Unit, USB 헤드셋 지원

'스타워즈'의 세계에서 싸우는 3인칭 슈터 게임. 영화의 등장인물이 아니라, 최전선에서 싸우는 일개 병사로서 전투에 참여한다. 맵을 순서대로 클리어하는 모드와, 두 세력으로 나뉘어 행성을 쟁탈하는 모드가 있다.

## 달은 동쪽에, 해는 서쪽에 : Operation Sanctuary

- 알케미스트 ● AVG ● 2004년 10월 7일 ● 6,800엔
- 플레이 명수 : 1인 ● 세이브 용량 : 125KB 이상

PC용 게임의 이식작. 매력적인 캐릭터와 학창생활을 만끽하는 연애 어드벤처 게임이다. 전형적인 시스템으로 학교 특유의 행사나 이벤트를 체험해보자. '도움 내비게이션' 시스템 덕에, 골라야 할 선택지를 바로 알려준다.

## 파이널 어프로치

- 프린세스 소프트 ● AVG ● 2004년 10월 7일 ● 6,800엔
- 플레이 명수 : 1인 ● 세이브 용량 : 348KB 이상

밸런타인데이에 갑자기 들이닥쳐 약혼녀를 자처하는 소녀와의 만남을 계기로 이야기가 시작되는 연애 어드벤처 게임. 5명의 히로인 중에서 결혼상대를 선택하는 학창생활 스토리가 전개된다.

## 베르세르크 : 천년제국의 매 편 성마전기의 장

- 사미 ● ACT ● 2004년 10월 7일 ● 6,980엔
- 플레이 명수 : 1인 ● 세이브 용량 : 164KB 이상

같은 제목의 인기 만화가 원작인 3D 액션 게임. 주인공 '가츠'가 되어 동료들의 도움을 받으며 대량의 적들을 쓸어버리자. 시나리오는 원작의 '성마전기의 장' 기반이지만, 게임만의 오리지널 전개도 추가되었다.

## 봄버맨 배틀즈

- 허드슨 ● ACT ● 2004년 10월 7일 ● 5,980엔 ● 플레이 명수 : 1~2인
- 세이브 용량 : 965KB 이상 ● 멀티탭 지원(~4인)

인기 대전 액션 게임 「봄버맨」을 풀 3D로 리메이크한 타이틀. 리뉴얼된 '봄버맨' 모드 외에 야구·테니스·골프 3종의 스포츠 게임도 수록되어 있어, 각 스포츠에서 봄버맨들이 다채롭게 활약한다.

## PlayStation2 Game Software Catalogue

### 캇파를 기르는 법
CERO A
- 코나미
- AVG
- 2004년 10월 14일
- 6,800엔
- 플레이 명수: 1인
- 세이브 용량: 138KB 이상

같은 제목의 인기 만화를 게임화했다. 1965년의 일본이 무대로서, 혼자 살던 주인공이 우연히 아기 캇파를 기르게 되는 육성 어드벤처 게임이다. 게임 기간인 2주일동안, 캇파와 함께 지내며 소중한 여름의 추억을 만들어보자.

### SIMPLE 2000 시리즈 Vol.64 : THE 스플래터 액션
CERO D
- D3 퍼블리셔
- ACT
- 2004년 10월 14일
- 2,000엔
- 플레이 명수: 1인
- 세이브 용량: 70KB 이상

허수아비가 주인공인 통쾌한 액션 게임. 모든 것을 분해하는 단단한 주먹과 전기톱을 활용하여 마물들을 풀 베듯 썰어버리자. 총 7스테이지 구성으로서, 스토리가 게임 내용에 따라 분기되므로 반복하여 즐길 수 있다.

### SIMPLE 2000 시리즈 Vol.65 : THE 강시 패닉
CERO A
- D3 퍼블리셔
- ACT
- 2004년 10월 14일
- 2,000엔
- 플레이 명수: 1인
- 세이브 용량: 200KB 이상

대량의 강시 무리가 배회하는 빌딩 내에 고립된 사람들을 구출하는 액션 게임. 영환도사가 되어 총 7스테이지에 도전하자. 강시는 원거리 무기와 근접계 무기로 약화시킨 후 부적을 이마에 붙여 물리쳐야 한다.

### SIMPLE 2000 시리즈 얼티밋 Vol.19 : 아카기 - 어둠에 강림한 천재
CERO D
- D3 퍼블리셔
- TBL
- 2004년 10월 14일
- 2,000엔
- 플레이 명수: 1인
- 세이브 용량: 40KB 이상

후쿠모토 노부유키의 인기 만화가 원작인 마작 게임. 원작 제1~6권의 내용을 재현했으며, 대국 상대도 고를 수 있다. 아카기가 일으킨 기적을 체험하는 '전실 대국'에선, 원작과 동일한 조건 및 상대로 대국할 수도 있다.

### SIMPLE 2000 시리즈 얼티밋 Vol.20 : 러브★마작! 2
CERO D
- D3 퍼블리셔
- TBL
- 2004년 10월 14일
- 2,000엔
- 플레이 명수: 1인
- 세이브 용량: 28KB 이상

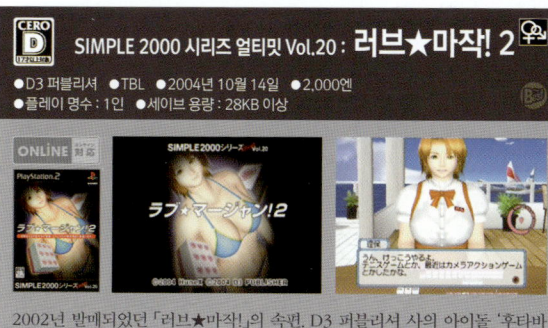

2002년 발매되었던 『러브★마작!』의 속편. D3 퍼블리셔 사의 아이돌 '후타바 리호'가 등장하는 본격 2인대국 마작으로서, 정글·노천탕 등의 배경에서 승부를 즐길 수 있다. 신 캐릭터 2명도 등장한다.

### SEGA AGES 2500 시리즈 Vol.16 : 버추어 파이터 2
CERO B
- 세가
- ACT
- 2004년 10월 14일
- 2,500엔
- 플레이 명수: 1~2인
- 세이브 용량: 49KB 이상

세계 최초의 폴리곤 대전격투 게임 「버추어 파이터」의 속편을 이식한 작품. 아케이드판과 동일한 초당 57.5프레임의 화면표시속도까지도 재현하여, 아케이드와 똑같은 감각으로 플레이할 수 있다.

### 대탈주 : THE GREAT ESCAPE
CERO C
- 마벨러스 엔터테인먼트
- ACT
- 2004년 10월 14일
- 6,980엔
- 플레이 명수: 1인
- 세이브 용량: 315KB 이상

1963년 개봉했던 명작 영화를 게임화했다. 주인공 '버질 힐츠'를 비롯한 4명의 캐릭터를 조작하여, 2차대전의 독일군 수용소에서 탈출해야 한다. 영화의 명장면을 방불케 하는 드라마틱한 스테이지 및 연출이 특징이다.

### 번아웃 3 : 테이크다운
CERO B
- 일렉트로닉 아츠
- RCG
- 2004년 10월 14일
- 6,800엔
- 플레이 명수: 1~2인
- 세이브 용량: 81KB 이상
- 네트워크 어댑터, PlayStation BB Unit, GT FORCE, GT FORCE2, USB 헤드셋, 프로그레시브 스캔 지원

의도적으로 위험하게 주행해야 하는 공공도로 레이싱 게임. 적 차량을 크래시시키면 부스트가 충전되는 시스템이라, 레이스 도중 일부러 충돌해 적 차량을 파괴하는 통쾌함이 일품이다. 피해금액을 경쟁하는 '크래시 모드'도 있다.

047

## 히트맨 : 컨트랙츠

- 에이도스  · ACT  · 2004년 10월 14일  · 5,800엔
- 플레이 명수 : 1인  · 세이브 용량 : 500KB 이상

인기 시리즈의 제2탄. 높은 자유도는 유지하면서, 그래픽을 향상시켰고 무기도 리뉴얼했다. 이 작품부터는 베개 등의 일상용품도 무기로 사용할 수 있다. 최소한의 장비로 잠입하여, 은밀히 암살 임무를 성공시키자.

## 드세요, 낭만다방

- D3 퍼블리셔  · SLG  · 2004년 10월 14일  · 4,800엔
- 플레이 명수 : 1인  · 세이브 용량 : 435KB 이상

일본의 막부 말기를 모티브로 삼은 여성용 일본풍 연애 시뮬레이션 게임. 화과자점 주인의 딸이 되어 일본 제일의 화과자를 만들고, 마음에 드는 남성의 고백을 받자. 명과대회 우승도 연애도 모두 성취해야 한다.

## 아카이이토

- 석세스  · AVG  · 2004년 10월 21일  · 6,800엔
- 플레이 명수 : 1인  · 세이브 용량 : 277KB 이상

'제물의 피'라는, 도깨비를 유혹하는 특별한 피를 지닌 소녀 '하토 케이'를 중심으로 스토리가 펼쳐지는 일본풍 전기물 호러 어드벤처 게임. 피를 나눠주면 줄고, 바닥나면 주인공 자신이 죽어버린다는 '혈액 게이지'가 특징으로서, 피를 누구에게 나눠주느냐에 따라 스토리 전개가 다양하게 분기된다.

## 에이스 컴뱃 5 : THE UNSUNG WAR

- 남코  · STG  · 2004년 10월 21일  · 6,800엔
- 플레이 명수 : 1인  · 세이브 용량 : 64KB 이상

플라이트 슈팅 게임 시리즈의 제5탄. 이번 작품에서는 오시아 국의 파일럿이 되어 전투임무에 도전한다. 동료 기체에 지시를 내릴 수 있게 되어 전술적 측면이 강화되었다. 영화적인 시나리오로도 호평을 받았다.

## 좋은 건 좋으니까 어쩔 수 없어!! : -RAIN- Sukisyo! Episode #03

- 인터채널  · AVG  · 2004년 10월 21일  · 6,800엔
- 플레이 명수 : 1인  · 세이브 용량 : 25KB 이상  · 프로그레시브 출력 지원

PC용 게임의 이식작. 인기 BL 게임 시리즈의 제3탄으로서, 학교 흥신소의 날조 전단지가 뿌려지는 시점부터 시작되는 소동을 그린다. 성인 취향의 장면이 삭제된 대신, 가정용판 오리지널 CG를 추가했다.

## 슬로터 UP 코어 4 : 톤짱의 실전 파치슬로 내 스타일!!

- 도라스  · SLG  · 2004년 10월 21일  · 4,300엔  · 플레이 명수 : 1인
- 세이브 용량 : 210KB 이상  · 슬롯컨, 파치슬로 컨트롤러 Pro·Pro2·쿠로토 지원

'톤짱'으로 유명한 파치슬로 만화가 이시야마 토키치가 테마인 파치슬로 실기 시뮬레이터. 6번 설정만 이상하리만치 별 출현률이 높고 구슬 출현률도 116%가 넘는 A타입 기체를 수록했다. 릴이 맞춰지는 스릴은 그야말로 일품이다.

## 팀 버튼의 크리스마스 악몽 : 부기의 역습

- 캡콤  · ACT  · 2004년 10월 21일  · 6,800엔
- 플레이 명수 : 1인  · 세이브 용량 : 63KB 이상

같은 제목 영화의 1년 후를 그린 액션 어드벤처 게임. 부활해버린 부기를 물리치기 위해, 잭이 다시금 일어선다. 보스전에서는 영화와 동일한 뮤지컬풍 연출과 함께 리듬 게임에 도전하게 된다.

# PlayStation2 Game Software Catalogue

## 라 퓌셀 : 빛의 성녀 전설 - 2주차 시작했습니다.
- 니폰이치 소프트웨어 ● SLG ● 2004년 10월 21일 ● 2,800엔
- 플레이 명수 : 1인 ● 세이브 용량 : 360KB 이상

2002년 발매되던 「라 퓌셀 : 빛의 성녀 전설」의 업그레이드판. 클리어 후 레벨·아이템을 계승하여 2주차 플레이를 할 수 있으며, 신규 아이템과 엑스트라 스테이지가 추가되는 등의 새로운 요소도 넣었다.

## 아머드 코어 나인 브레이커
- 프롬 소프트웨어 ● ACT ● 2004년 10월 28일 ● 5,800엔 ● 플레이 명수 : 1~2인 ● 세이브 용량 : 160KB 이상
- PlayStation BB Unit, 네트워크 어댑터, i.LINK 케이블, i.LINK 허브, USB 마우스 지원

「아머드 코어」 시리즈의 9번째 작품. 시리즈의 명물 라이벌 기체 '나인볼'을 격파하는 것이 목적으로서, 전투 메카닉의 투기장인 아레나 모드에 특화시켜 제작했다. 따라서 스토리 모드는 따로 없다.

## 푸르른 채로…
- 아이디어 팩토리 ● AVG ● 2004년 10월 28일 ● 6,800엔
- 플레이 명수 : 1인 ● 세이브 용량 : 368KB 이상

이공간 내에 갇혀버린 학교에서 탈출해야 하는 서스펜스 연애 어드벤처 게임. 히로인에 얽힌 기억의 파편을 모으는 '메모리 컬렉트' 시스템을 탑재하였다. 수집한 키워드에 따라 게임의 결말이 변화한다.

## 아포크리파/제로
- GN 소프트웨어 ● AVG ● 2004년 10월 28일 ● 6,800엔
- 플레이 명수 : 1인 ● 세이브 용량 : 930KB 이상

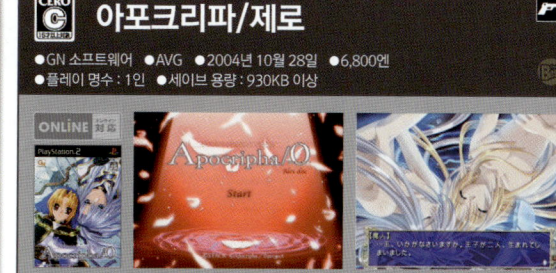

PC용 게임의 이식작. 2명의 왕자가 각각 다른 미래의 가능성을 펼치는 카드 배틀식 어드벤처 게임이다. PC판에서는 분리 발매했던 'ALEX' 편과 'PLATINA' 편을 하나로 통합했고, 신규 CG와 시나리오를 추가하였다.

## 북으로. : Diamond Dust + Kiss is Beginning.
- 허드슨 ● AVG ● 2004년 10월 28일 ● 6,800엔
- 플레이 명수 : 1인 ● 세이브 용량 : 85KB 이상

2003년 발매되던 「북으로. : Diamond Dust」의 애프터 에피소드를 다룬 작품. 엔딩과 에필로그 사이에 일어난 일을 그렸으며, 숨겨진 캐릭터 '사이바라 쇼코'와 '마후유'의 에피소드도 수록하였다.

## 더 킹 오브 파이터즈 2003
- SNK 플레이모어 ● ACT ● 2004년 10월 28일 ● 6,800엔
- 플레이 명수 : 1~2인 ● 세이브 용량 : 150KB 이상

시리즈 10번째 작품. 이 작품부터 주인공이 '애쉬 크림즌'으로 변경됐다. 팀 배틀 시스템이 3라운드 선취 룰에서 임의교대식 1라운드 룰로 바뀌었으며, '리더 초필살기'를 사용할 수 있는 리더 셀렉트 시스템도 도입했다.

## 슈렉 2
- D3 퍼블리셔 ● ACT ● 2004년 10월 28일 ● 5,800엔
- 플레이 명수 : 1~2인 ● 세이브 용량 : 65KB 이상 ● 멀티탭 지원(~4인)

같은 제목의 영화를 소재로 삼아 액션 어드벤처 장르로 게임화한 작품. 슈렉과 4명의 동료들을 적절히 전환해 가며, 영화의 세계에서 퍼즐을 풀거나 미니게임을 즐겨보자. 4인 협력 플레이도 가능하다.

## 스이게츠[水月] : 흔들리는 마음
- 키드 ● AVG ● 2004년 10월 28일 ● 6,800엔
- 플레이 명수 : 1인 ● 세이브 용량 : 104KB 이상

PC판 성인용 어드벤처 게임의 이식작. 주인공은 병원 침대에서 깨어나지만 기억을 잃은 상태다. 메이드 '유키' 등 주변 사람들과의 새로운 생활과 반복되는 악몽. 기억이 돌아오지 않는 주인공 앞에, 꿈에서 본 소녀가 나타난다.

## SuperLite 2000 : 연애 어드벤처 Ever17 - the out of infinity PREMIUM EDITION

- ●석세스　●AVG　●2004년 10월 28일　●2,000엔
- ●플레이 명수 : 1인　●세이브 용량 : 75KB 이상

2002년 발매되었던 「Ever17」(상권 197p)를 수정 및 업그레이드한 염가판. 2명의 주인공 중 한 사람의 시점에서, 사고가 벌어진 해양시설을 탈출해야만 한다. 미수록 일러스트와 설정자료를 추가 수록했다.

## 스텔라 데우스

- ●아틀러스　●SLG　●2004년 10월 28일　●6,980엔
- ●플레이 명수 : 1인　●세이브 용량 : 183KB 이상

'허무의 바다'에 침식되어 종말을 맞이하고 있는 세계가 배경인 시뮬레이션 RPG. 행동에 따라 소비되는 액션 포인트로 행동 순서가 결정되는 'RAP 시스템'을 탑재한 덕에, 전략적인 배틀을 즐길 수 있다.

## 슬로터 UP 매니아 5 : 통쾌격타! 마하 GoGoGo & 다루마네코

- ●도라스　●SLG　●2004년 10월 28일　●5,500엔　●플레이 명수 : 1인
- ●세이브 용량 : 598KB 이상　●슬롯컨, 파치슬로 컨트롤러 Pro·Pro2·쿠로토 지원

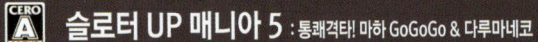

아리스토크라트의 명기 '마하 GoGoGo'와 '다루마네코' 4호기의 2개 작품을 수록한 파치슬로 실기 시뮬레이터. AT·ST 기능으로 일격에 구슬을 획득하는 방식이 주류가 된 2000년대 초를 상징하는 추억의 기종이다.

## 센티멘털 프렐류드

- ●인터채널　●AVG　●2004년 10월 28일　●7,200엔
- ●플레이 명수 : 1인　●세이브 용량 : 36KB 이상

PS1으로 발매되었던 '센티멘털 그래피티'의 수년 전 이야기를 그린 연애 어드벤처 게임. 바닷가 마을을 배경으로 삼아 소꿉친구와 동급생, 학교에서 만난 사람들과 만끽하는 고교생활이 펼쳐진다는 스토리다.

## 트루 크라임 : Streets of LA

- ●캡콤　●ACT　●2004년 10월 28일　●6,800엔
- ●플레이 명수 : 1인　●세이브 용량 : 120KB 이상

리얼하게 재현된 LA 거리를 혈기왕성한 형사가 종횡무진 누비는 액션 게임. 드라이빙·격투·사격 등의 다양한 액션을 구사하여 갱단으로부터 도시를 지키자. 영화를 방불케 하는 스토리를 즐길 수 있다.

## 드라이버 3

- ●아타리 재팬　●ACT　●2004년 10월 28일　●6,800엔
- ●플레이 명수 : 1인　●세이브 용량 : 82KB 이상

고급차량 절도단을 박멸하기 위해, 플레이어가 수사관으로서 임무를 수행하는 카 액션 게임. 마이애미를 비롯한 실존 도시 내를 차량으로 자유롭게 드라이브하며 다양한 미션을 클리어하는 오픈월드 게임이다.

## 하드 럭

- ●스파이크　●ACT　●2004년 10월 28일　●6,800엔
- ●플레이 명수 : 1인　●세이브 용량 : 50KB 이상

 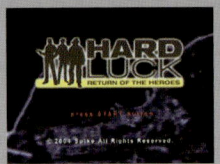 

고층빌딩 화재 현장에서 탈출해야 하는 액션 어드벤처 게임. 제각기 특기가 다른 경찰관·소방관·빌딩 설계자 3명 중에서 플레이어 캐릭터를 선택할 수 있다. 피해자를 구조해가며, 붕괴 직전의 빌딩에서 탈출하자.

## 포치와 냐~

- ●반다이　●PZL　●2004년 10월 28일　●4,800엔
- ●플레이 명수 : 1~2인　●세이브 용량 : 49KB 이상

아케이드로 가동되었던 낙하계 퍼즐 게임의 이식작. 블록인 '냐'을 같은 색끼리 길게 붙여 선을 만든 후, 적절한 타이밍에 바늘을 붙이면 한꺼번에 폭발한다. 선의 분기를 많이 만들수록 폭발력이 상승한다.

PlayStation2 Game Software Catalogue

### 낙승! 파치슬로 선언 2 : 데카단·십자가
- 테크모 ● SLG ● 2004년 10월 28일 ● 5,800엔
- 플레이 명수: 1인 ● 세이브 용량: 54KB 이상

'데카단'·'십자가' 2개 기종을 수록한 파치슬로 실기 시뮬레이터. 테크모의 자체 마스코트 캐릭터 '리오'의 오리지널 일러스트도 수록되어 있어, 게임을 플레이하면서 다양하게 즐길 수 있다.

### 나의 용을 보라
- 소니컴퓨터엔터테인먼트 ● RPG ● 2004년 10월 28일 ● 5,800엔
- 플레이 명수: 1~2인 ● 세이브 용량: 571KB 이상

용을 육성시켜, 폭주한 정령을 퇴치하는 RPG. 용에게 작전지시를 내려 전투 과정에서 학습시키면 다양한 타입으로 성장해간다. 육성한 용을 다른 플레이어와 교환하거나 함께 대전·협력 플레이할 수도 있다.

### 아크 더 래드 제네레이션
- 소니컴퓨터엔터테인먼트 ● RPG ● 2004년 11월 3일 ● 5,800엔
- 플레이 명수: 1인 ● 세이브 용량: 41KB 이상 ● 온라인 플레이 시: 1~8인

시리즈 최초의 액션 RPG. 전작 「아크 더 래드 : 정령의 황혼」의 5년 후를 무대로 삼아, 새로운 주인공 '에다'가 활약한다. 길드 시스템과 카드 시스템도 강화되었고, 온라인을 통한 대전 및 협력 플레이도 즐길 수 있었다.

### SD건담포스 : 대결전! 차원해적 데 스카르!!
- 반다이 ● ACT ● 2004년 11월 3일 ● 5,800엔
- 플레이 명수: 1인 ● 세이브 용량: 63KB 이상

원작인 TV 애니메이션과는 다른 스토리로 진행되는 3D 액션 게임. 건담포스 일행을 조작하여 차원해적들과 싸우자. '스테이지 믹싱 시스템'이 있어, 플레이할 때마다 스테이지의 구조가 매번 달라진다.

### 자이언트 로보 THE ANIMATION : 지구가 정지하는 날
- D3 퍼블리셔 ● ACT ● 2004년 11월 3일 ● 5,800엔
- 플레이 명수: 1~2인 ● 세이브 용량: 64KB 이상

같은 제목의 OVA가 원작인 3D 격투 액션 게임. 자이언트 로보를 조작하여 대괴수 포글러를 물리치는 것이 목적이다. 로보 간의 대결을 즐기는 'VS 모드'와, 로보를 감상하는 '뷰 모드'도 있다.

### 샤이닝 티어즈
- 세가 ● RPG ● 2004년 11월 3일 ● 6,800엔
- 플레이 명수: 1~2인 ● 세이브 용량: 314KB 이상

Tony가 캐릭터 디자인을 맡게 된 신생 '샤이닝' 프로젝트의 일환인 RPG. 성채도시를 지키기 위해 대군과 맞서 싸운다는 스토리다. 주인공과 파트너가 연계하여 싸우는 2 : 다수 스타일의 전투 시스템이 특징이다.

### 도카폰 더 월드
- 아스믹 에이스 엔터테인먼트 ● TBL ● 2004년 11월 3일 ● 6,800엔
- 플레이 명수: 1~4인 ● 세이브 용량: 400KB 이상 ● 멀티탭 지원

라이벌과 경쟁하면서 돈을 모아 골 지점으로 향하는 RPG풍 보드 게임 시리즈의 신작. 최대 4인 대전으로, 협력과 배신을 반복하며 승리를 노린다. 이 작품부터는 전직이 가능해, 성장의 폭이 넓어졌다.

### NEO CONTRA
- 코나미 ● ACT ● 2004년 11월 3일 ● 6,800엔
- 플레이 명수: 1~2인 ● 세이브 용량: 111KB 이상

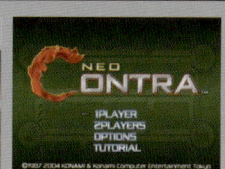

「진 혼두라」(상권 140p)로부터 무려 1800년 후의 지구가 배경인 속편. 시스템 측면에서는 탑뷰 시점으로만 게임이 진행되며, 이에 따라 점프 대신 회피 액션이 추가되어 슈팅 게임이라는 느낌이 강해졌다.

## 폭봉 슬래시! 키즈나 아라시

- 소니컴퓨터엔터테인먼트 · ETC · 2004년 11월 3일 · 4,500엔
- 플레이 명수: 1~2인 · 세이브 용량: 165KB 이상 · 아이토이 카메라 필수

당시의 만화 '폭봉 슬래시! 키즈나'와 제휴해 제작한 체감 배틀 게임. 아이토이 카메라 앞에서 인을 맺어 비스트를 소환해, 적과의 배틀을 펼쳐보자. 키즈나 카드를 아이토이 카메라에 비추면 특별한 스킬도 발동된다.

## Love Songs♪ADV: 후타바 리호 19세 - 겨울

- D3 퍼블리셔 · AVG · 2004년 11월 3일 · 5,800엔
- 플레이 명수: 1인 · 세이브 용량: 127KB 이상

후타바 리호에 초점을 맞춘 어드벤처 게임.「러브 송즈~」(상권 80p)에서 이어지는 스토리로서, 19세에 활약하는 리호의 뒷이야기를 그렸다. 캐릭터를 찬찬히 바라보는 '응시 시스템'은 이번에도 들어갔다.

## NBA 스타팅 파이브 2005

- 코나미 · SPT · 2004년 11월 11일 · 6,800엔 · 플레이 명수: 1~2인
- 세이브 용량: 1560KB 이상 · 멀티탭 지원(~8인)

NBA의 2004년도 데이터를 반영시킨 프로농구 게임. 드리블과 패스를 잘 구사하여 덩크슛으로 득점을 내자. 시합 내내 울리는 리얼한 효과음과 힙합 스타일의 메뉴 BGM도 게임의 분위기를 달군다.

## SIMPLE 2000 시리즈 Vol.66 : THE 파티 우뇌 퀴즈

- D3 퍼블리셔 · QIZ · 2004년 11월 11일 · 2,000엔
- 플레이 명수: 1~4인 · 세이브 용량: 36KB 이상 · 멀티탭 지원(~4인)

'화살표 빨리 누르기'나 '같은그림 찾기' 등, 직감·아이디어·창조성을 관장하는 우뇌를 자극하는 데 특화시킨 미니게임 모음집. 우뇌 파워를 측정하는 '제대로 모드', 4명에서 즐기는 '파티 모드' 등의 5개 모드가 있다.

## SuperLite 2000 : 시리즈 Vol.67 THE 추리 - 그리고 아무도 없었다

- D3 퍼블리셔 · AVG · 2004년 11월 11일 · 2,000엔
- 플레이 명수: 1인 · 세이브 용량: 40KB 이상

옴니버스 형식의 단편 시나리오를 모은 추리 게임 시리즈의 제3탄. 20편의 오리지널 신작 시나리오들이 메인 컨텐츠이며, 과거 PS1으로 발매했던 전작「~THE 추리」도 합본해 수록하였다.

## SuperLite 2000 시리즈 : 얼티밋 Vol.21 덤벼봐라! 불량배 두목

- D3 퍼블리셔 · ACT · 2004년 11월 11일 · 2,000엔
- 플레이 명수: 1인 · 세이브 용량: 47KB 이상

치열한 눈싸움으로 상대를 압도시켜 정의의 주먹으로 악을 물리치는 액션 게임. 목검 등의 무기는 물론이고, 간판·사물함·자전거 등 온갖 사물을 무기로 쓸 수 있다. 이곳저곳에서 암약하는 불량배 집단을 박멸하자.

## SuperLite 2000 퍼즐 : 헤이세이 박도전

- 석세스 · TBL · 2004년 11월 11일 · 2,000엔
- 플레이 명수: 1인 · 세이브 용량: 76KB 이상

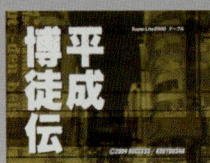

일본의 고전적인 도박들을 테마로 삼은 게임 모음집. 홀짝·친치로링 등 10종류의 게임을 수록하였다. 도박답게 사기 기술도 있어, 시나리오 모드에서는 적의 사기 기술을 간파하는 것도 중요하다.

## 스탠더드 대전략 전격전

- 사미 · SLG · 2004년 11월 11일 · 6,800엔
- 플레이 명수: 1인 · 세이브 용량: 1575KB 이상

「대전략」시리즈의 신작. 제2차 세계대전의 유럽전선을 무대로 삼아, 1939년부터 1941년까지의 시나리오를 수록했다. 기존 작품들의 복잡한 개념들을 폐지해, 초보자라도 쉽게 플레이할 수 있도록 했다.

## PlayStation2 Game Software Catalogue

### 세가 슈퍼스타즈
- 세가 ● ETC ● 2004년 11월 11일 ● 4,200엔 ● 플레이 명수: 1인
- 세이브 용량: 585KB 이상 ● 아이토이 카메라 필수

'소닉' 등, 세가의 인기 캐릭터들이 등장하는 미니게임을 즐기는 아이토이 전용 소프트. 아이토이 카메라를 연결하여, 화면에 보이는 자신의 모습으로 세가의 인기 게임들이 모티브인 12종류 이상의 미니게임에 도전하자.

### 목장이야기 : Oh! 원더풀 라이프
- 마벨러스 인터랙티브 ● AVG ● 2004년 11월 11일 ● 6,800엔
- 플레이 명수: 1인 ● 세이브 용량: 572KB 이상

게임큐브판「목장이야기」시리즈의 이식작. 30년에 달하는 기간동안 목장을 경영하며 인생의 반려자를 발견해, 다음 세대로 목장이 이어지도록 해보자. PS2판에서는 말도 낳을 수 있게 되었다.

### 마그나카르타 : 진홍의 성흔
- 반프레스토 ● RPG ● 2004년 11월 11일 ● 6,980엔
- 플레이 명수: 1인 ● 세이브 용량: 80KB 이상 ● 프로그레시브(525p) 출력 지원

한국의 소프트맥스 사가 개발한 RPG. 인간과 야손이라는 두 종족이 존재하는 이페리아 대륙에서, 기억을 잃은 소녀와 만난 주인공의 이야기를 그렸다. 한국의 일러스트레이터 김형태가 디자인한 캐릭터로 인기를 얻었다.

### J리그 위닝 일레븐 8 아시아 챔피언십
- 코나미 ● SPT ● 2004년 11월 18일 ● 6,980엔 ● 플레이 명수: 1~2인
- 세이브 용량: 1983KB 이상 ● 멀티탭 지원(~8인)

인기 축구 게임 시리즈의 J리그판 신작. 당시의 J리그 선수들이 실명으로 등록되었으며, 2004년도 데이터로 갱신하였다. 숨겨진 모드에서는 세계의 강호 팀들과도 대전 가능한 등, 파고들기 요소가 강한 타이틀이 되었다.

### 조이드 스트러글
- 토미 ● ACT ● 2004년 11월 18일 ● 6,800엔
- 플레이 명수: 1~2인 ● 세이브 용량: 80KB 이상

'조이드'를 조종하는 3D 격투 게임. '개룡휘' '고쥬라스 기가' '라이거 제로' 피닉스' 등 13개 기종이 등장한다. 대미지를 받으면 장갑이 파괴되는 리얼한 묘사가 특징이며, 다양한 커스텀 파츠도 사용할 수 있다.

### DDR FESTIVAL : 댄스 댄스 레볼루션
- 코나미 ● SLG ● 2004년 11월 18일 ● 5,980엔 ● 플레이 명수: 1~2인
- 세이브 용량: 141KB 이상 ● 아이토이 카메라, 전용 컨트롤러(RU017, RU023, RU031, RU039) 지원

인기 리듬 게임의 가정용 오리지널 버전. 서양판「DDR EXTREME」의 곡부터 애니메이션 주제가, J-POP 등까지 오리지널 라인업의 66곡을 수록했다. 댄스 게임 외에 아이토이 카메라를 지원하는 미니게임 등도 있다.

### 비트매니아 IIDX 8th style
- 코나미 ● SLG ● 2004년 11월 18일 ● 6,980엔 ● 플레이 명수: 1~2인
- 세이브 용량: 155KB 이상 ● RU029, ASC-0515BM, CT013, RU038 지원

아케이드판 원작을 이식한 DJ 시뮬레이션 게임 신작. 선곡 화면의 폴더 선택시에 난이도 순·플레이 횟수 순 등의 다양한 옵션을 추가해, 원하는 곡을 검색하기가 쉬워졌다. 신·구곡을 합쳐 총 90곡을 수록했다.

### 팝픈 뮤직 10
- 코나미 ● SLG ● 2004년 11월 18일 ● 6,800엔 ● 플레이 명수: 1~2인
- 세이브 용량: 90KB 이상 ● 팝픈 컨트롤러, 팝픈 컨트롤러 2, 팝픈 뮤직 아케이드 스타일 컨트롤러 지원

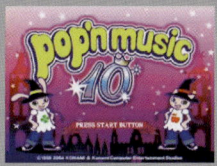 

인기 음악 시뮬레이션 게임의 제10탄. '스터디 모드'를 리뉴얼하여 초보자라도 게임을 익혀볼 수 있다. 원작의 곡은 물론, TV·애니메이션의 인기곡 14곡과 가정용 신곡까지 추가하여 총 100곡 이상을 제공한다.

## 매든 NFL 2005
- 일렉트로닉 아츠  ● SPT  ● 2004년 11월 18일  ● 6,800엔
- 플레이 명수: 1~2인  ● 세이브 용량: 1368KB 이상  ● 멀티탭 지원(~8인)

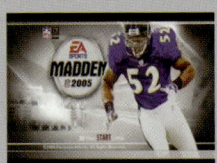

인기 미식축구 게임 시리즈의 PS2판으로는 제4탄. 2년 만의 발매인지라 그래픽이 대폭 진화되었고, 조작계에도 신기능을 추가했다. 팀 운영 모드에서는 경영 개념을 추가하여 플레이의 폭이 넓어졌다.

## 명탐정 코난 : 대영제국의 유산
- 반다이  ● AVG  ● 2004년 11월 18일  ● 6,800엔
- 플레이 명수: 1인  ● 세이브 용량: 59KB 이상

주인공 '에도가와 코난'을 3D로 조작하는 탐색형 추리 어드벤처 게임. 증언과 탐색으로 얻어내는 '피스'를 모아 '비주얼 파일'을 만들어가며 스토리를 진행한다. 풀보이스로 원작 애니메이션을 연상시키는 영상을 즐겨보자.

## 모모타로 전철 USA
- 허드슨  ● TBL  ● 2004년 11월 18일  ● 6,800엔
- 플레이 명수: 1~4인  ● 세이브 용량: 216KB 이상

인기 보드 게임 「모모타로 전철」 시리즈의 13번째 작품. 타이틀명대로 이번엔 일본이 아니라 북미를 중심으로 맵을 구성했기에, 이 작품에만 존재하는 오리지널 이벤트도 많다. 맵 중에는 월면기지나 해저 등이 있는가 하면, 아예 서부개척 도중인 19세기로 타임 슬립하기까지도 한다.

## 카타카무나[片神名] : 잊혀진 인과율
- 알케미스트  ● AVG  ● 2004년 11월 25일  ● 6,800엔
- 플레이 명수: 1인  ● 세이브 용량: 44KB 이상

일본을 배경으로 삼아 현대·고대·미래로 시공을 넘나들며 스토리를 전개하는 비주얼 노벨. 주인공인 고교생 '아메무라 츠쿠모'는 여름 수련회 마지막 날, 행방불명된 애인을 찾다 갑자기 고대 일본으로 타임 슬립하고 만다.

## 슈퍼 상하이 2005
- 스타피시  ● PZL  ● 2004년 11월 25일  ● 4,800엔
- 플레이 명수: 1~2인

인기 마작패 퍼즐 게임 시리즈의 신작. 일반적인 상하이는 물론 연쇄 상하이 모드, 패산에서 패가 튀어나오는 팝업 모드, 땅따먹기 스타일의 신규 게임 '무협' 등에 이르기까지 새로운 룰과 게임을 대거 수록했다.

## 슬로터 UP 코어 5 : 루팡이 좋아! 주역은 제니가타
- 도라스  ● SLG  ● 2004년 11월 25일  ● 5,000엔  ● 플레이 명수: 1인
- 세이브 용량: 492KB 이상  ● 슬롯컨, 파치슬로 컨트롤러 Pro·Pro2·쿠로토 지원

루팡 3세의 라이벌인 제니가타 경부가 주인공인 파치슬로 기기의 실기 시뮬레이터. 4호기 시대에 인기가 많았던 기종이다. 빅 보너스 종료 후의 3게임이 대박의 빅 찬스! 획득매수 711매의 흥분을 느껴보자.

## 제국 천년기
- 인터채널  ● SLG  ● 2004년 11월 25일  ● 6,500엔
- 플레이 명수: 1인  ● 세이브 용량: 230KB 이상

PC용 게임의 이식작으로서, 고대 중국의 삼국시대를 모델로 삼은 세계가 무대인 보이즈 러브 게임이다. 시뮬레이션 파트의 뛰어난 게임성과, 어드벤처 파트의 장대한 스토리를 충분히 즐겨볼 수 있다.

## PlayStation2 Game Software Catalogue

### 테크모 히트 퍼레이드
- 테크모  ● ETC  ● 2004년 11월 25일  ● 5,800엔
- 플레이 명수 : 1~2인

테크모 사가 이전 회사명인 '테칸'이던 시절의 아케이드 첫 진출작 「플레이아데스」부터, 「SENJYO」· 「스타 포스」· 「봄 잭」· 「테크모 컵」· 「핀볼 액션」· 「솔로몬의 열쇠」까지 총 7개 작품을 수록하였다.

### 천공단죄 스켈터 헤븐
- 아이디어 팩토리  ● AVG  ● 2004년 11월 25일  ● 6,800엔
- 플레이 명수 : 1인  ● 세이브 용량 : 235KB 이상

애니메이션 영상을 대거 삽입한 SF 연애 어드벤처 게임. 지구 바깥의 외계에서 침공해온 거대 생명체와 맞서 싸우기 위한 병기로서 태어난, 인조인간 소녀들의 성장과 싸움을 그려낸 작품이다.

### 마법소녀 아라모드 : 외워봐, 사랑의 마법!
- 인터채널  ● AVG  ● 2004년 11월 25일  ● 7,200엔
- 플레이 명수 : 1인  ● 세이브 용량 : 153KB 이상

PC판 성인용 연애 어드벤처 게임의 이식작. 마법사들의 나라 '민트 왕국'을 무대로, 마법학교에 다니는 주인공과 마법소녀들이 펼치는 발랄한 러브 코미디 작품이다. PS2판에는 신규 캐릭터도 추가되었다.

### 멘 앳 워크! 3 : 사랑과 청춘의 헌터학교
- 키드  ● RPG  ● 2004년 11월 25일  ● 6,800엔
- 플레이 명수 : 1인  ● 세이브 용량 : 1128KB 이상

PC판 성인용 게임의 이식작. 마법학교에 입학한 헌터 후보생인 주인공은, 낮에는 어드벤처 모드의 '학교 파트', 밤에는 모험을 즐기는 'RPG 파트'를 거쳐 가며 소녀들과 친목을 다져야 한다.

### 라쳇 & 클랭크 : 공구전사 리로디드
- 소니컴퓨터엔터테인먼트  ● ACT  ● 2004년 11월 25일  ● 5,800엔
- 플레이 명수 : 1~2인  ● 세이브 용량 : 600KB 이상  ● 멀티탭 지원(~4인)

다양한 무기와 도구를 활용하며 진행하는 액션 게임의 제3탄. 새로운 메카닉과 탈것이 등장하며, 그래픽 이펙트도 화려해졌다. 최대 4명까지 참가 가능한 배틀 로얄 등의 멀티플레이 모드도 탑재하였다.

### 루팡 3세 : 콜럼버스의 유산은 붉게 물든다
- 반프레스토  ● ACT  ● 2004년 11월 25일  ● 6,980엔
- 플레이 명수 : 1인  ● 세이브 용량 : 390KB 이상

루팡과 후지코가 주인공인 액션 게임. 비행선 킹 존슨 호 내의 경매행사에 출품되는 '콜럼버스의 항해일지'를 노린다는 스토리. 루팡뿐만 아니라 후지코도 직접 조작하여 경비 시스템을 돌파해야 한다.

### 드래곤 퀘스트 VIII : 하늘과 바다와 대지와 저주받은 공주
- 스퀘어 에닉스  ● RPG  ● 2004년 11월 27일  ● 8,800엔
- 플레이 명수 : 1인  ● 세이브 용량 : 178KB 이상

시간이 멈춰버린 왕국을 구해내기 위한 모험을 그린 RPG. 캐릭터까지 풀 3D 화면 최초의 타이틀로서, 툰 렌더링 등으로 DQ 특유의 전통적인 캐릭터 디자인과 세계관에 잘 부합하는 그래픽을 구현했다. 시스템 면에서는 직업 개념을 폐지하고, 포인트를 스킬에 분배하는 스킬 시스템 등을 도입하였다.

055

## 울트라맨 파이팅 에볼루션 3

- 반프레스토
- ACT
- 2004년 12월 2일
- 6,800엔
- 플레이 명수: 1~2인
- 세이브 용량: 137KB 이상

울트라맨과 괴수가 격투를 벌이는 인기 시리즈의 제3탄. 쇼와 시대와 헤이세이 시대의 울트라맨들이 세대를 초월해 참전하며, 100종 이상의 기술을 구사할 수 있다. 태그 모드·커스텀 모드 등 6가지 모드가 있다.

## NBA 라이브 2005

- 일렉트로닉 아츠
- SPT
- 2004년 12월 2일
- 6,800엔
- 플레이 명수: 1~2인
- 세이브 용량: 625KB 이상
- 멀티탭 지원(~8인)

NBA가 공인한 농구 게임. 선수의 표정과 움직임을 PS2의 그래픽과 기능으로 최대한 재현하였으며, 덩크슛 모션도 풍부하게 수록했다. 미니게임을 즐기는 'NBA 올스타 위크엔드' 모드도 탑재했다.

## 카드캡터 체리 : 체리와 놀자!

- NHK 소프트웨어
- ETC
- 2004년 12월 2일
- 4,800엔
- 플레이 명수: 1인
- 세이브 용량: 220KB 이상
- 아이토이 카메라 필수

아이토이 카메라로 게임에 직접 참여해, 또 하나의 카드캡터가 되어 크로우 카드 포획에 협력하는 미니게임 모음집. 점술 및 체리와의 대화를 즐기거나, 게임 도중 촬영한 사진을 감상해볼 수도 있다.

## 캡콤 파이팅 잼

- 캡콤
- ACT
- 2004년 12월 2일
- 6,648엔
- 플레이 명수: 1~2인
- 세이브 용량: 43KB 이상

역대 캡콤 격투 게임들의 캐릭터가 총집합하는 대전격투 게임. 각 캐릭터들이 본래 출연작품의 시스템을 활용하여 싸우는 것이 특징이다. 이 작품만의 오리지널 캐릭터인 '잉그리드'도 등장한다.

## 금색의 갓슈!! : 격투! 최강의 마물들

- 반다이
- ACT
- 2004년 12월 2일
- 6,800엔
- 플레이 명수: 1~4인
- 세이브 용량: 250KB 이상
- 멀티탭 지원(2~4인)

라이쿠 마코토 원작의 인기 애니메이션을 액션 어드벤처 게임화했다. 원작의 '석판 편'까지를 망라한 내용으로서, 총 25팀 이상의 캐릭터들이 등장한다. 원작을 충실히 따라가는 스토리 모드와, 미니게임 모음집이 있다.

## 사이쿄 슈팅 컬렉션 Vol.2 : 사무라이 에이스 & 텐가이

- 타이토
- STG
- 2004년 12월 2일
- 5,800엔
- 플레이 명수: 1~2인
- 세이브 용량: 60KB 이상

사이쿄 사의 슈팅 게임 모음집 제2탄. 전국시대가 테마인 두 작품, 종스크롤 슈팅 게임 「사무라이 에이스」(원제는 「전국 에이스」)와 횡스크롤 슈팅으로 바뀐 속편 「텐가이」(원제는 「전국 블레이드」)를 수록하였다.

## 더비츠쿠 4 : 더비 말을 만들자!

- 세가
- SLG
- 2004년 12월 2일
- 6,800엔
- 플레이 명수: 1인
- 세이브 용량: 218KB 이상

목장주가 되어 설비를 확충하고 말을 확보하여, 경마에서 활약할 만한 명마를 키우는 육성 시뮬레이션 게임. 게임 도중 일본 경마계에 이름을 남긴 명마들이 등장하며, 자손을 번영시켜 미래의 레이스에서 활약시킬 수도 있다.

## D→A : WHITE

- 톤킨 하우스
- AVG
- 2004년 12월 2일
- 6,800엔
- 플레이 명수: 1인
- 세이브 용량: 360KB 이상

2003년 발매됐던 「D→A : BLACK」의 속편. 전작의 2개월 후가 무대로서, 주인공 일행의 새로운 운명이 움직이기 시작한다. 다채로운 윈도우 연출 등, '액티브 노벨'을 표방하는 작품답게 역동적인 연출을 다수 시도했다.

## PlayStation2 Game Software Catalogue

### NEW 인생게임
- 타카라 ● TBL ● 2004년 12월 2일 ● 6,800엔 ● 플레이 명수: 1~4인
- 세이브 용량: 87KB 이상 ● 멀티탭 지원(~4인)

일본의 인기 보드 게임 브랜드인 '인생게임'이 새로운 시스템을 추가해 PS2로 등장했다. 플레이어간에 주인공 자리를 다투는 '드라마 모드'를 새로 탑재하여, 학교 편·형사 편 2가지 스토리로 즐길 수 있도록 했다.

### 인크레더블
- D3 퍼블리셔 ● ACT ● 2004년 12월 2일 ● 5,800엔
- 플레이 명수: 1인 ● 세이브 용량: 86KB 이상

같은 제목의 극장판 애니메이션이 원작인 3D 액션 게임. Mr.인크레더블 및 그 가족을 조작하여, 각자의 슈퍼파워를 구사해 슈팅·레이스 등 다채로운 구성의 18개 스테이지를 클리어해 보도록 하자.

### 빅토리 윙스 : 제로 파일럿 시리즈
- 사미 ● STG ● 2004년 12월 9일 ● 4,800엔
- 플레이 명수: 1~2인 ● 세이브 용량: 270KB 이상

제2차 세계대전을 테마로 삼은 플라이트 슈팅 게임 시리즈의 신작. 유럽전선의 전황을 따라가며 체험할 수 있는 캠페인 모드를 비롯해, 템스 강 상공을 나는 레이스와 1:1 공중전 모드를 탑재하였다.

### 가면라이더 블레이드
- 반다이 ● ACT ● 2004년 12월 9일 ● 5,800엔
- 플레이 명수: 1~2인 ● 세이브 용량: 42KB 이상

같은 제목 특촬 드라마의 게임판. 라이더나 언데드를 조작하는 대전격투 게임이다. 라이더들은 카드를 사용하여 다양한 특수공격을 구사할 수 있다. 스토리는 주인공 라이더 4명분을 각각 별도로 준비했다.

### 기동전사 건담 : 건담 vs. Z건담
- 반다이 ● ACT ● 2004년 12월 9일 ● 6,800엔 ● 플레이 명수: 1~2인 ● 세이브 용량: 231KB 이상
- 네트워크 어댑터, PlayStation BB Unit, USB 키보드, USB 모뎀 지원

아케이드용 게임의 이식작. '건담' 시리즈의 인기 기체들로 팀 배틀을 즐기는 「기동전사 Z건담 : 에우고 vs. 티탄즈」의 업그레이드판인 「기동전사 Z건담 : 에우고 vs. 티탄즈 DX」의 이식작이다. 타이틀명에 있는 '건담'과 'Z건담' 두 작품뿐만 아니라, '기동전사 건담 ZZ'의 일부 기체도 사용할 수 있다.

### 크래시 밴디쿳 5 : 에~엣? 크래시와 코텍스의 야망?!?
- 비벤디 유니버설 게임즈 ● ACT ● 2004년 12월 9일 ● 6,800엔
- 플레이 명수: 1인 ● 세이브 용량: 328KB 이상

인기 액션 게임 시리즈의 제5탄. 다른 차원에서 나타난 의문의 적에 맞서기 위해, 크래시와 숙적 코텍스가 함께 싸우게 된다는 스토리. 로딩 시간을 대폭 단축시켜 속도감 있고 쾌적한 플레이를 즐길 수 있다.

### 고질라 괴수대난투 : 지구 최종결전
- 아타리 재팬 ● ACT ● 2004년 12월 9일 ● 5,800엔
- 플레이 명수: 1~2인 ● 세이브 용량: 252KB 이상 ● 멀티탭 지원(~4인)

괴수왕 자리를 차지하기 위해 온갖 수단으로 적을 물리치는 괴수 액션 게임. 괴수로는 '고질라 2000'과 '고질라 '90s', '킹기도라' 등 총 18종류가 등장하여, 때리고 차고 화염방사까지 하는 등 다채로운 공격을 구사한다.

## 사이바리아 2 : ULTIMATE FINAL

- CERO A
- 석세스 ● STG ● 2004년 12월 9일 ● 6,648엔
- 플레이 명수 : 1인 ● 세이브 용량 : 131KB 이상

  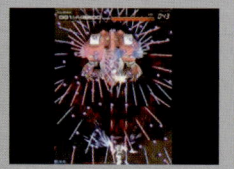

「사이바리아」의 속편으로서, 적탄에 아슬아슬하게 접근할수록 플레이어의 샷이 강력해지는 BUZZ 시스템이 특징인 종스크롤 슈팅 게임이다. 슈퍼플레이 동영상·음악·설정자료집 등을 수록한 DVD 디스크를 동봉했다.

## SIMPLE 2000 시리즈 Vol.68 THE 도주 하이웨이 - 나고야·도쿄

- CERO B
- D3 퍼블리셔 ● ACT ● 2004년 12월 9일 ● 2,000엔
- 플레이 명수 : 1인 ● 세이브 용량 : 58KB 이상

리얼하게 재현된 토메이 고속도로를, 타인의 차량을 빼앗아 갈아타며 제한시간 4시간 내로 주파하는 드라이브 게임. 구간별로 거물 정치가의 비리 증거를 모아가며 자신의 누명을 벗는 것이 목적이다.

## SIMPLE 2000 시리즈 얼티밋 Vol.22 스타일리시 마작 - 우사기: 야성의 투패 & 우사기: 야성의 투패 THE ARCADE 더블 팩

- CERO D
- D3 퍼블리셔 ● TBL ● 2004년 12월 9일 ● 2,000엔
- 플레이 명수 : 1인 ● 세이브 용량 : 40KB 이상

마작만화 「우사기」의 게임판 2타이틀을 염가판으로 합본 수록한 작품. 과거 발매했던 가정용 오리지널판과 아케이드 이식판을 수록하여, 다양한 능력을 지닌 캐릭터들이 겨루는 마작 게임을 즐길 수 있다.

## 소닉 메가 컬렉션 플러스

- CERO A
- 세가 ● ACT ● 2004년 12월 9일 ● 4,800엔
- 플레이 명수 : 1~2인 ● 세이브 용량 : 455KB 이상

메가 드라이브와 게임 기어로 발매되었던 「소닉 더 헤지혹」 시리즈 작품들을 대거 수록한 컬렉션 타이틀. 숨겨진 수록작으로서, 메가 드라이브판 「디 우즈」와 「코믹스 존」 등도 함께 들어가 있다.

## 태고의 달인 : GO! GO! 5대째

- CERO A
- 남코 ● ACT ● 2004년 12월 9일 ● 4,500엔
- 플레이 명수 : 1~2인 ● 세이브 용량 : 52KB 이상 ● 타타콘 지원

인기 큰북 리듬 액션 게임의 신작. 시리즈 최다량인 45곡을 수록하였다. 마구 연타한 다음 타이밍에 맞춰 방귀를 뿜는 '고구마 음표'가 새로 추가되었다. 연주 도중 캐릭터들이 춤을 추는 'GO GO 타임' 시스템도 있다.

## 다이토기켄 공식 파치슬로 시뮬레이터 : 요시무네

- CERO B
- 다이토기켄 ● SLG ● 2004년 12월 9일 ● 6,800엔
- 플레이 명수 : 1인 ● 세이브 용량 : 316KB 이상

도쿠가와 가문의 쇼군 '요시무네'가 주인공인 인기 파치슬로 기기의 실기 시뮬레이터. 최대 획득매수 711매의 빅 보너스 도중, 추가로 777을 맞추면 좋은 일이 일어난다. 한 게임을 연장하는 폭렬기로 다수의 팬을 매료시켰다.

## 테니스의 왕자 : RUSH & DREAM!

- CERO A
- 코나미 ● SLG ● 2004년 12월 9일 ● 6,800엔
- 플레이 명수 : 1인 ● 세이브 용량 : 217KB 이상

「테니스의 왕자 : SWEAT & TEARS 2」(상권 187p)에서 이어지는, 「테니스의 왕자」계 육성 게임 제3탄. 여성부원이 되어 선수들과 합숙하면서 친목을 다지는. 연애 요소에 좀 더 집중하여, 팬들을 노린 달달한 이벤트를 늘렸다.

## FIFA 토탈 풋볼 2

- CERO A
- 일렉트로닉 아츠 ● SPT ● 2004년 12월 9일 ● 2,980엔 ● 플레이 명수 : 1~2인
- 세이브 용량 : 1149KB 이상 ● 멀티탭 지원(~8인), USB 헤드셋, 네트워크 어댑터, PlayStation BB Unit 지원

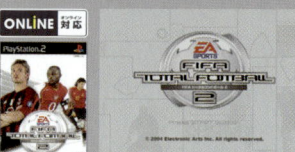 

FIFA가 공인한 축구 게임의 제2탄. 간단한 조작으로 화려한 플레이가 가능해졌다. '오프 더 볼 컨트롤'을 자동화할 수 있게 됐으며, '프랜차이즈 모드'에서는 감독 능력치를 새로 탑재하였다.

## PlayStation2 Game Software Catalogue

### 후타코이
- 미디어웍스 ● AVG ● 2004년 12월 9일 ● 6,800엔
- 플레이 명수 : 1인 ● 세이브 용량 : 128KB 이상

잡지 '전격 G's Magazine'의 독자 참여형 기획을 게임화했다. 6쌍의 쌍둥이가 등장하는 연애 어드벤처 게임으로서, 대화시 화면이 분할되는 '트윈 뷰'에서는 두 사람의 호감도를 적절히 조절할 필요가 있다.

### 유러피언 클럽 사커 : 위닝 일레븐 택틱스
- 코나미 ● SLG ● 2004년 12월 9일 ● 6,980엔 ● 플레이 명수 : 1~2인
- 세이브 용량 : 1793KB 이상 ● PlayStation BB Unit (캐시) 지원

유럽 주요 축구 리그의 감독이 되어, 리그를 제패하고 챔피언스 리그에서 우승하는 것이 목표인 시뮬레이션 게임. 시합 도중에는 전술 지시와 선수 교대로만 개입할 수 있기에, 기본적으로는 계속 관전하는 스타일이다.

### 노부나가의 야망 온라인 : 비룡의 장
- 코에이 ● RPG ● 2004년 12월 15일 ● 6,800엔
- 플레이 명수 : 1인 ● PlayStation BB Unit 필수, USB 키보드 지원

MMORPG 「노부나가의 야망 온라인」의 확장판. 자신만의 '무가 저택'을 세워 소유할 수 있게 됐으며, 혼자서도 가볍게 도전할 수 있는 '트라이얼 던전'이 신설되는 등, 몇 가지 새로운 시스템이 추가되었다.

### RPG 만들기
- 엔터브레인 ● ETC ● 2004년 12월 16일 ● 6,800엔
- 플레이 명수 : 1인 ● 세이브 용량 : 2705KB 이상

전문지식이나 프로그래밍 기술 없이도 다양한 요소와 소재를 조합해 RPG를 만들 수 있는 'RPG 개발 툴'. 전작인 「RPG 만들기 5」보다는 제작 난이도가 내려갔으나, 자유도 역시 낮아진 측면이 있다.

### 실황 파워풀 프로야구 11 초결정판
- 코나미 ● SPT ● 2004년 12월 16일 ● 6,980엔 ● 플레이 명수 : 1~2인
- 세이브 용량 : 870KB 이상 ● PlayStation BB Unit 지원

2004년도 페넌트레이스 종료 시점의 데이터를 탑재한 결정판. 석세스 모드에 '에이코 학원대학교 편'을 추가했다. 또한 전설의 OB 선수들과 대전하는 '대결! 전설의 선수' 모드도 부활시켜 수록했다.

### SuperLite 2000 테이블 : 도전! 체스 챔피언
- 석세스 ● TBL ● 2004년 12월 16일 ● 2,000엔 ● 플레이 명수 : 1~2인
- 세이브 용량 : 441KB 이상 ● 네트워크 어댑터 또는 PlayStation BB Unit, USB 키보드 지원

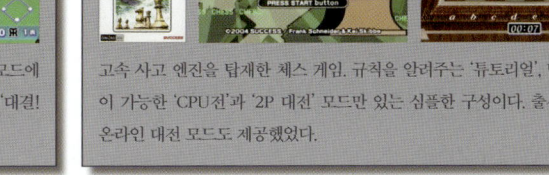

고속 사고 엔진을 탑재한 체스 게임. 규칙을 알려주는 '튜토리얼', 난이도 선택이 가능한 'CPU전'과 '2P 대전' 모드만 있는 심플한 구성이다. 출시 당시에는 온라인 대전 모드도 제공했었다.

### 테일즈 오브 리버스
- 남코 ● RPG ● 2004년 12월 16일 ● 6,800엔 ● 플레이 명수 : 1인
- 세이브 용량 : 81KB 이상 ● 멀티탭 지원(~4인)

인기 RPG '테일즈 오브' 시리즈의 신작. 인간 종족 '휴마'와 수인족 '가쥬마', 두 종족이 공존하면서도 대립하는 세계를 묘사한 스토리다. 전투 시스템 면에서는 2D 화면상에 라인 개념을 도입한 '3라인 리니어 모션 배틀 시스템'을 채용하여 전략성 높은 배틀을 즐길 수 있도록 했다.

059

## 뷰티플 죠 2 : 블랙 필름의 수수께끼

- 캡콤
- ACT
- 2004년 12월 16일
- 6,648엔
- 플레이 명수 : 1인
- 세이브 용량 : 202KB 이상

인기 액션 게임 「뷰티플 죠」의 속편. 동영상 편집시의 특수효과에서 착안한 '슬로우'나 '줌' 등의 'VFX 파워'를 활용하며 싸우는 변신 히어로가 주인공이다. 전작의 히로인 '실비아'도 드디어 조작 가능 캐릭터가 되었다.

## 무적코털 보보보 : 모여라!! 체감 보보보

- 허드슨
- ETC
- 2004년 12월 16일
- 4,500엔
- 플레이 명수 : 1~2인
- 세이브 용량 : 647KB 이상
- 아이토이 카메라 필수

사와이 요시오 원작의 개그 애니메이션을 소재로 제작한 아이토이 카메라 전용 게임. '젤라티노 매그넘', '서비스는 필요 없다', '어텍 떡꼬치맨' 등, 원작 특유의 맛을 살린 폭소 미니게임 20종류를 수록하였다.

## 메탈기어 솔리드 3 : SNAKE EATER

- 코나미
- ACT
- 2004년 12월 16일
- 6,980엔
- 플레이 명수 : 1인
- 세이브 용량 : 90KB 이상

인기 시리즈의 제3탄. MSX2판 「메탈기어」보다도 이전 시대가 배경으로서, 네이키드 스네이크가 소련의 병기개발자 '소코로프'의 탈환과 신병기 '샤고호드'의 파괴, 그리고 '더 보스'의 말살 임무를 수행한다. 주변 환경에 녹아들도록 위장하는 '카무플라주'와, 근접격투술 'CQC' 등의 시스템을 새로 도입했다.

## 마작 삼국지

- 마이니치 커뮤니케이션즈
- TBL
- 2004년 12월 16일
- 2,800엔
- 플레이 명수 : 1인
- 세이브 용량 : 200KB 이상

삼국지를 소재로 삼은 마작 게임. 플레이스타일이 각기 다른 총 256명의 무장이 등장한다. '전국 토너먼트', 상대의 라이프를 쟁탈하는 '1000명 격파', 나라별로 나뉘어 싸우는 '천하통일' 등의 모드를 수록했다.

## 레전더 : 격투! 사가 배틀

- 반다이
- ACT
- 2004년 12월 16일
- 6,800엔
- 플레이 명수 : 1~2인
- 세이브 용량 : 87KB 이상

전설의 몬스터 '레전더'(원제는 '레전즈')를 소환시켜 육성하며 싸우는 미디어믹스 기획이 원작인 액션 배틀 게임. 애니메이션판의 캐릭터들이 총출동하는 오리지널 스토리가 전개된다. 레전더는 60종류 이상이나 등장한다.

## K-1 PREMIUM 2004 : Dynamite!!

- D3 퍼블리셔
- SPT
- 2004년 12월 22일
- 5,800엔
- 플레이 명수 : 1~2인
- 세이브 용량 : 80KB 이상

당시 일본에서 K-1이 매년 연말 개최됐던 인기 종합격투기 이벤트를 게임화했다. TV를 통해 유명했던 격투가들이 등장하여, 입식 외에도 종합 룰인 'ROMANEX', 'MIX' 등의 오피셜 룰로 대결한다.

## 결전 III

- 코에이
- SLG
- 2004년 12월 22일
- 6,800엔
- 플레이 명수 : 1인
- 세이브 용량 : 276KB 이상

리얼타임 전술 시뮬레이션 게임 시리즈의 제3탄. 특유의 '군중제어 엔진'이 더욱 강화되어, 군세에 직접 개입하면서 박력 넘치는 전투를 즐길 수 있다. 스토리 모드에서는 오다 노부나가의 천하 제패 이야기가 펼쳐진다.

## PlayStation2 Game Software Catalogue

### 드래곤 퀘스트 & 파이널 판타지 in 포춘 스트리트 Special
- CERO A
- ●스퀘어 에닉스 ●TBL ●2004년 12월 22일 ●6,800엔
- ●플레이 명수 : 1~2인 ●세이브 용량 : 710KB 이상 ●멀티탭 지원(~4인)

인기 시리즈의 특별판. 에닉스의 「드래곤 퀘스트」 시리즈와 스퀘어의 「파이널 판타지」 시리즈가, 두 회사의 합병을 계기로 「포춘 스트리트」에서 꿈의 올스타 전을 펼친다. 일반적인 주사위 모드에 더해, 특수효과를 지닌 스퀘어를 세팅한 주사위를 던지는 '스퀘어 배틀' 모드를 추가했다.

### 더 타이핑 오브 더 데드 : 좀비 패닉
- CERO C
- ●세가 ●ETC ●2004년 12월 22일 ●4,800엔 ●플레이 명수 : 1~2인
- ●세이브 용량 : 86KB 이상 ●USB 키보드 필수

### 나츠이로 : 별들의 기억
- CERO B
- ●프린세스 소프트 ●AVG ●2004년 12월 22일 ●6,800엔
- ●플레이 명수 : 1인 ●세이브 용량 : 621KB 이상

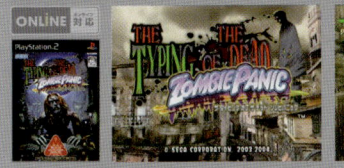

밀리드는 좀비들을 쏴 물리치는 건 슈팅 게임 「더 하우스 오브 더 데드」를 소재로 삼은 일본어 타자연습 게임. 총을 키보드로 바꾸고 빠른 문자입력으로 좀비들을 격파하자. 키보드 동봉판도 발매되었다.

PC로 발매되었던 성인용 연애 어드벤처 게임의 이식작. 주인공 '와쿠스 나오키'는 아버지가 죽은 후 오랜만에 고향으로 돌아왔다. 그곳에서 만난 소녀 4명과의 교류가, 그의 슬픈 기억을 따뜻한 추억으로 바꿔나간다.

### 니드 포 스피드 언더그라운드 2
- CERO B
- ●일렉트로닉 아츠 ●RCG ●2004년 12월 22일 ●6,800엔 ●플레이 명수 : 1~2인
- ●세이브 용량 : 126KB 이상 ●PlayStation BB Unit, 네트워크 어댑터, GT FORCE, GR FORCE Pro 지원

### 막말연화 신선조
- CERO B
- ●D3 퍼블리셔 ●AVG ●2004년 12월 22일 ●4,800엔
- ●플레이 명수 : 1인 ●세이브 용량 : 103KB 이상

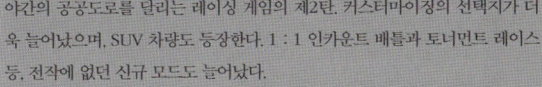

야간의 공공도로를 달리는 레이싱 게임의 제2탄. 커스터마이징의 선택지가 더욱 늘어났으며, SUV 차량도 등장했다. 1 : 1 인카운트 배틀과 토너먼트 레이스 등, 전작에 없던 신규 모드도 늘어났다.

막부 말기의 무사집단 '신선조'가 소재인 여성용 연애 어드벤처 게임. 주인공이 신선조의 첫 여성대원으로 입대해 대원들과 사랑에 빠진다는 이야기가 전개된다. 스토리가 실제 역사 기반이라, 역사상의 사건들과 얽혀 진행된다.

### 머나먼 시공 속에서 3
- CERO B
- ●코에이 ●AVG ●2004년 12월 22일 ●6,800엔
- ●플레이 명수 : 1인 ●세이브 용량 : 676KB 이상

### 발더스 게이트 : 다크 얼라이언스 II
- CERO C
- ●타이터스 재팬 ●RPG ●2004년 12월 22일 ●6,800엔
- ●플레이 명수 : 1~2인 ●세이브 용량 : 443KB 이상

여성용 인기 연애 어드벤처 게임 시리즈의 제3탄. 여고생 '카스가 노조미'는 '백룡의 무녀'로 선택되어, 겐페이 전쟁 시기와 유사한 이세계로 시공 이동돼 버린다. 시공을 도약해 운명을 바꾸는 '운명 덮어쓰기 시스템'이 있다.

액션 RPG 「발더스 게이트 : 다크 얼라이언스」의 속편. 의문의 범죄조직에 의해 평화를 위협받고 있는 발더스 게이트를 지키기 위해, 용사가 되어 새로운 모험 여행을 떠나보자. 아이템 제작 시스템을 신규 도입했다.

061

## 반지의 제왕 : 써드 에이지
- 일렉트로닉 아츠  ● RPG  ● 2004년 12월 22일  ● 6,800엔
- 플레이 명수 : 1~2인  ● 세이브 용량 : 106KB 이상

게임판 '반지의 제왕' 시리즈 최초의 RPG 작품. 영화판 3부작의 주요 장면들을 포함하는 오리지널 시나리오가 펼쳐지는 가운데, 드넓은 '가운데땅'을 인간·드워프·엘프 파티로 모험해 보자.

## 더 킹 오브 파이터즈 '94 RE-BOUT
- SNK 플레이모어  ● ACT  ● 2004년 12월 28일  ● 6,800엔
- 플레이 명수 : 1~2인  ● 세이브 용량 : 160KB 이상  ● 네트워크 어댑터 지원

KOF 시리즈 10주년 기념 이식작으로서, 그래픽을 업그레이드하고 팀 에디트도 가능하게 한 리메이크 버전과, 원작을 충실하게 이식한 오리지널 버전을 수록했다. '멀티매칭 BB' 서비스를 통한 온라인 대전도 지원했다.

## 그란 투리스모 4
- 소니컴퓨터엔터테인먼트  ● RCG  ● 2004년 12월 28일  ● 7,300엔  ● 플레이 명수 : 1~2인
- 세이브 용량 : 2500KB 이상  ● GT FORCE Pro·GT FORCE 완전 지원, 엡손 컬러 프린터 및 USB 메모리 지원

드라이빙 시뮬레이터를 자임하는 인기 시리즈의 제4탄. 렌더링 엔진을 풀 모델 체인지하여, 더욱 리얼한 화면을 구현했다. 역대 최다 차종을 수록하였고 신규 코스도 대폭 추가했다. 또한 전작에서는 미완성으로 결국 넣지 못했던 AI에게 운전을 시켜 드라이버로 육성하는 'B-spec' 모드도 드디어 탑재했다.

## 중화 작사 텐호파이냥
- 사이버프론트  ● TBL  ● 2004년 12월 28일  ● 6,800엔
- 플레이 명수 : 1인  ● 세이브 용량 : 40KB 이상

「아이돌 작사 스치파이」의 자매 작품에 해당하는 2인대국 마작 게임. 상대를 패배시켜 코스튬을 파괴하면 그녀가 숨기고 있던 돌을 얻게 되는 '수색 모드'를 즐기며, 소녀들의 몸을 마음껏 수색해보자.

## To Heart 2
- 아쿠아플러스  ● AVG  ● 2004년 12월 28일  ● 6,800엔
- 플레이 명수 : 1인  ● 세이브 용량 : 400KB 이상

 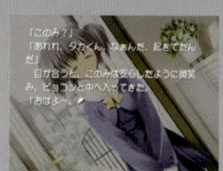

벚꽃 피는 계절의 학교가 배경인 연애물 비주얼 노벨. 전작과 동일한 학교가 무대이지만 등장인물들을 전부 교체하여, 소꿉친구부터 반 친구, 쌍둥이 자매 등 다양한 히로인들과의 이야기를 전개한다.

## 시작의 일보 ALL☆STARS
- ESP  ● ACT  ● 2004년 12월 28일  ● 3,800엔
- 플레이 명수 : 1~2인  ● 세이브 용량 : 1MB 이상

만화 'THE FIGHTING'이 원작인 게임 시리즈의 제3탄. 시합의 스피드가 빨라졌고 조작성도 향상되었다. 스토리 모드에서는 다양한 캐릭터를 조작하여 권투시합을 즐기며 원작의 스토리를 따라가게 된다.

## 체리 블러섬
- TAKUYO  ● AVG  ● 2004년 12월 30일  ● 6,800엔
- 플레이 명수 : 1인  ● 세이브 용량 : 70KB 이상

전원 기숙사제 남학교가 무대인 소년 육성 어드벤처 게임. 행동입력의 조합으로 주인공의 능력치를 조절하며 이벤트를 발생시켜 게임을 즐기자. 리버스 커플링 시스템을 탑재해, 10종류의 결말을 맞이할 수 있다.

# 2005

## PlayStation2 Game Software Catalogue

이 해에 발매된 소프트 수는 총 460타이틀. 대체로 전년과 비슷한 정도로서, PS2의 인기가 안정적으로 유지중임을 보여주는 결과가 되었다. 이미 발매 5년차가 된 만큼 PS2 게임의 개발경험이 축적되어, 소프트들의 전반적인 퀄리티가 높아진 것도 특징이다. 한편 「바이오하자드 4」 등 인기 타이틀의 속편도 출시되어 화제를 낳았다.

---

### 사무라이 웨스턴 : 활극, 사무라이의 길
- 스파이크  ● ACT  ● 2005년 1월 1일  ● 6,800엔
- 플레이 명수 : 1~2인  ● 세이브 용량 : 42KB 이상

검 VS 총의 긴박감을 즐길 수 있는 검술 액션 게임. 19세기의 미국 서부를 무대로, 리볼버를 지닌 건맨과 싸워보자. 탄환을 피하거나 아예 칼로 튕겨 내거나 적을 인간방패로 삼는 등, 독특한 오리지널 액션을 구사할 수 있다.

### SIMPLE 2000 시리즈 Vol.69 : THE 보드 게임 컬렉션
- D3 퍼블리셔  ● TBL  ● 2005년 1월 6일  ● 2,000엔
- 플레이 명수 : 1~4인  ● 세이브 용량 : 60KB 이상  ● 멀티탭 지원(~4인)

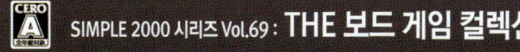

2003년 발매했던 「유러피언 게임 컬렉션」의 염가판으로서, 내용은 동일하다. '고스트', '카르타헤나', '벼룩 서커스', '미드나이트 파티', '원시 수프' 등 5종류의 보드 게임을 수록한 작품이다.

### SIMPLE 2000 시리즈 얼티밋 Vol.23 : 프로젝트 미네르바 프로페셔널
- D3 퍼블리셔  ● ACT  ● 2005년 1월 6일  ● 2,000엔
- 플레이 명수 : 1인  ● 세이브 용량 : 120KB 이상

2003년 발매했던 「프로젝트 미네르바」의 염가판. 인기 배우 후지와라 노리카가 주인공을 연기한 액션 슈팅 게임으로서, 모션 캡처로 구현한 320종류의 액션을 추가하였다. 스테이지와 미션도 늘렸다.

### SIMPLE 2000 시리즈 얼티밋 Vol.24 : 마계전생
- D3 퍼블리셔  ● ACT  ● 2005년 1월 6일  ● 2,000엔
- 플레이 명수 : 1인  ● 세이브 용량 : 400KB 이상

2003년 발매했던 「마계전생」의 염가판. 야규 쥬베이가 되어, 도쿠가와 막부 전복을 노리는 아마쿠사 시로를 타도하자. 역사상의 검호들이 대거 등장한다. 들어갈 때마다 구조가 바뀌는 필드에서 괴물들을 베어버리자.

### 디지몬월드 X
- 반다이  ● RPG  ● 2005년 1월 6일  ● 6,800엔  ● 플레이 명수 : 1~2인
- 세이브 용량 : 120KB 이상  ● 멀티탭 지원(~4인)

「디지몬월드」 시리즈 최초의 액션 RPG. 육성·진화·모험 요소를 집약시켰으며, 멀티탭을 사용하면 4인 플레이도 가능하다. 캐릭터별로 특기 스킬이 다르며, 레벨 업을 통해 궁극의 진화체로 성장시킬 수도 있다.

### 버즈로드 : 피싱 판타지
- 스타피시  ● ACT  ● 2005년 1월 6일  ● 6,800엔
- 플레이 명수 : 1인  ● 세이브 용량 : 74KB 이상

환상적인 세계에서 괴이한 물고기를 낚는 판타지 낚시 게임. 스테이지상의 온갖 아이템으로 새로운 루어를 합성해 다양한 물고기를 낚아보자. 노리는 물고기의 습성에 맞춰 루어를 만들어야 성공률이 올라간다.

---

각종 지원 아이콘   Best판 발매   PlayStation BB Unit 전용   PlayStation BB Unit 지원

063

### 골든 아이 : 로그 에이전트
- 일렉트로닉 아츠 ● STG ● 2005년 1월 13일 ● 6,800엔 ● 플레이 명수 : 1~2인
- 세이브 용량 : 79KB 이상 ● 멀티탭 지원(~4인), 네트워크 어댑터 또는 PlayStation BB Unit, USB 헤드셋 지원

영화 '007' 시리즈를 소재로 삼은 FPS 게임. 영국의 첩보기관 MI6에서 해고된 전직 요원인 주인공이, 오른쪽 눈에 심은 하이테크 의안 '골든 아이'의 능력을 활용해 싸운다. 온라인 대전도 가능했다.

### 도시의 심즈
- 일렉트로닉 아츠 ● SLG ● 2005년 1월 13일 ● 6,800엔
- 플레이 명수 : 1~2인 ● 세이브 용량 : 1199KB 이상 ● 아이토이 카메라 지원

「심즈」의 속편에 해당하는 시뮬레이션 게임(원제는 「The Urbz」). 이번엔 대도시에서의 생활이 테마다. 스킬 수치를 올려 고수입 직업을 얻은 후, 주변과의 우호도를 쌓아 연줄을 얻어내 인생의 승리자가 되어보자.

### 요시츠네 영웅전
- 프롬 소프트웨어 ● ACT ● 2005년 1월 13일 ● 6,800엔
- 플레이 명수 : 1인 ● 세이브 용량 : 172KB 이상

미나모토노 요시츠네가 주인공인 일본 역사 액션 게임. 아군 무장들을 이끌고 적 군세와 맞서자. 게임 시작시에는 우시와카마루(요시츠네의 아명)를 조작하지만, 이후엔 요시츠네를 포함해 10명의 무장을 조작할 수 있다.

### 괴도 애프리컷 완전판
- TAKUYO ● AVG ● 2005년 1월 20일 ● 6,800엔
- 플레이 명수 : 1인 ● 세이브 용량 : 80KB 이상

PC·PS1 등으로 발매되었던 여성용 연애 어드벤처 게임의 이식판. 17세 생일을 맞은 주인공 '모치즈키 안즈'는, 여기도 '애프리컷'의 제8대 계승을 위해 다섯 남자 중 한 명의 마음을 훔친다는 시험에 도전한다.

### 신세기 에반게리온 : 강철의 걸프렌드 2nd
- 브로콜리 ● AVG ● 2005년 1월 20일 ● 7,800엔
- 플레이 명수 : 1인 ● 세이브 용량 : 100KB 이상

PC용 게임의 이식작. TV 애니메이션 '신세기 에반게리온'의 최종화에 나왔던 학교생활을 소재로 삼은 '또 하나의 에바 스토리'를 즐긴다. PC판 당시 제작됐던 그래픽은 전부 새로 리파인했다.

### 터미네이터 3 : 더 리뎀션
- 아타리 재팬 ● ACT ● 2005년 1월 20일 ● 6,800엔
- 플레이 명수 : 1~2인 ● 세이브 용량 : 90KB 이상

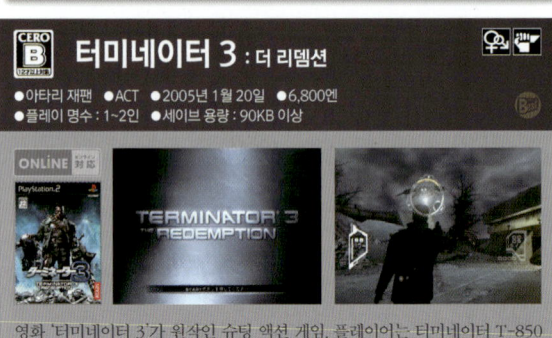

영화 '터미네이터 3'가 원작인 슈팅 액션 게임. 플레이어는 터미네이터 T-850이 되어, 다양한 무기를 활용해 존과 케이트를 적으로부터 지켜내며 '심판의 날'이 올 미래를 저지하기 위해 싸운다.

### 노부나가의 야망 : 천하창세 with 파워업 키트
- 코에이 ● SLG ● 2005년 1월 20일 ● 10,800엔 ● 플레이 명수 : 1인
- 세이브 용량 : 2412KB 이상 ● PlayStation BB Unit (캐시) 지원 : 512MB 이상 필요

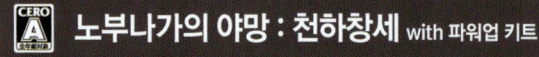

「노부나가의 야망 : 천하창세」의 업그레이드판. 파워업 키트가 추가되어 신규 시나리오와 이벤트가 들어갔으며 각종 에디터도 탑재됐으며, 유명 무장들의 중요한 전투만을 즐길 수 있는 '합전 트라이얼 모드'도 넣었다.

### 풍운 막말전
- 겐키 ● ACT ● 2005년 1월 20일 ● 6,800엔
- 플레이 명수 : 1~2인 ● 세이브 용량 : 100KB 이상

「풍운 신선조」의 속편. 막부 말기의 일본이 무대인 본격 역사물 액션 게임이다. 신선조와 도막파, 각자의 시점으로 플레이 가능하다. 역사상의 유명 에피소드들을 재현해, 동란의 시대를 체험해볼 수 있다.

## PlayStation2 Game Software Catalogue

### 호빗의 모험 : 반지의 제왕 - 모험의 시작
- 코나미 ● RPG ● 2005년 1월 20일 ● 5,800엔
- 플레이 명수 : 1인 ● 세이브 용량 : 374KB 이상

톨킨의 소설 '호빗'을 게임화한 액션 RPG. '반지의 제왕'의 프리퀄에 해당하며, 가운데땅을 무대로 삼아 저주받은 용 스마우그가 빼앗아간 난쟁이들의 보물을 되찾기 위한 모험에 나서게 된다.

### 마법선생 네기마! 1교시 : 꼬마 선생님은 마법사!
- 코나미 ● AVG ● 2005년 1월 20일 ● 5,800엔
- 플레이 명수 : 1인 ● 세이브 용량 : 400KB 이상

인기 만화를 게임화한 작품. 주인공 '네기'가 되어, 마호라 학원에서 교사생활을 체험하자. 교내의 수많은 학생들과 교류하며, 맡던 최하위 반의 성적을 향상시켜야 한다. 원작을 재현한 서비스 신도 즐길 수 있다.

### 몬스터헌터 G
- 캡콤 ● ACT ● 2005년 1월 20일 ● 4,752엔 ● 플레이 명수 : 1인
- 세이브 용량 : 116KB 이상 ● 네트워크 어댑터 지원

「몬스터헌터」의 업그레이드판. 거대한 몬스터를 사냥하는 헌팅 액션 게임으로서, 몸 색깔이 다른 '아종'·'희소종' 등의 몬스터와 '훈련소'가 추가되었고, 이 작품부터 등장하는 신무기 '쌍검'도 사용할 수 있다.

### Another Century's Episode
- 반프레스토 ● ACT ● 2005년 1월 27일 ● 6,980엔
- 플레이 명수 : 1~2인 ● 세이브 용량 : 95KB 이상

인기 애니메이션 9개 작품들에 등장하는 거대 로봇을 직접 조작할 수 있는 3D 로봇 액션 게임. 각 로봇은 원작의 설정을 준수한 리얼 스케일로 등장한다. 드라마틱하게 전개되는 다양한 미션을 클리어해 보자.

### 우주전함 야마토 : 암흑성단 제국의 역습
- 반다이 ● SLG ● 2005년 1월 27일 ● 6,800엔
- 플레이 명수 : 1인 ● 세이브 용량 : 128KB 이상

'암흑성단 3부작' 시리즈의 제2탄. 이 작품에서는 극장판 '야마토여 영원히'에서 묘사했던 이중 은하 도달까지를 다뤘다. 전작의 클리어 데이터가 있다면 능력치를 계승시켜 플레이할 수 있다.

### GIRLS 브라보 : Romance15's
- 카도카와쇼텐 ● AVG ● 2005년 1월 27일 ● 6,800엔
- 플레이 명수 : 1인 ● 세이브 용량 : 109KB 이상

같은 제목의 인기 만화가 원작인 어드벤처 게임. 여성에 접촉하면 두드러기가 돋는 주인공과 6명의 매력적인 히로인들이 펼치는 하이텐션 러브 코미디물이다. 게임만의 오리지널 캐릭터도 등장한다.

### 강의 누시 낚시 : 원더풀 저니
- 마벨러스 인터랙티브 ● RPG ● 2005년 1월 27일 ● 6,800엔
- 플레이 명수 : 1인 ● 세이브 용량 : 468KB 이상

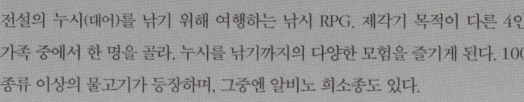

전설의 누시(대어)를 낚기 위해 여행하는 낚시 RPG. 제각기 목적이 다른 4인 가족 중에서 한 명을 골라, 누시를 낚기까지의 다양한 모험을 즐기게 된다. 100종류 이상의 물고기가 등장하며, 그중엔 알비노 희소종도 있다.

### 수왕기 : PROJECT ALTERED BEAST
- 세가 ● ACT ● 2005년 1월 27일 ● 6,800엔
- 플레이 명수 : 1인 ● 세이브 용량 : 115KB 이상

수인화로 초강력 공격을 구사하는 오리지널 시스템이 매력인 「수왕기」를 3D 맵 탐색형 액션 게임으로 리메이크한 작품. 플레이어는 게놈 칩 덕에 늑대인간·새인간 등의 다양한 수인으로 변신할 수 있게 된다.

### 신기환상 : 스펙트럴 소울즈 II

- 아이디어 팩토리 ●SLG ●2005년 1월 27일 ●6,800엔
- 플레이 명수 : 1인 ●세이브 용량 : 502KB 이상

「신기환상 : 스펙트럴 소울즈」(상권 191p)의 속편에 해당하는 시뮬레이션 RPG. 이세계 '네버랜드'에서는 마족의 나라가 인간들을 학살하고 있었다. 이를 계기로 시작되는 '7년 전쟁'을 그린 스토리다.

### 슬로터 UP 코어 6 : 폭염타! 거인의 별 II

- 도라스 ●SLG ●2005년 1월 27일 ●4,400엔 ●플레이 명수 : 1인
- 세이브 용량 : 256KB 이상 ●슬롯컨, 파치슬로 컨트롤러 Pro·Pro2·쿠로토 지원

전작 「~거인의 별」의 속편으로 발매된 파치슬로 실기 시뮬레이터. 좌우의 릴 연출을 계승하였으며, RT 표시나 스몰 팟 강제 등 실제 플레이 연습을 도와주는 모드와 그래픽 감상용 모드를 추가하였다.

### 디지털 데빌 사가 : 아바탈 튜너 2

- 아틀러스 ●RPG ●2005년 1월 27일 ●6,980엔
- 플레이 명수 : 1인 ●세이브 용량 : 170KB 이상

「디지털 데빌 사가」 시리즈 2번째 작품에 해당하는 RPG. 전작에서 스토리가 바로 이어지는 완결편 격의 작품이다. 전작의 엔딩에서 '니르바나'로 전송되어 버린 주인공 일행이 마지막 싸움에 도전한다. 반인반마 모습이 되는 하이 리스크 하이 리턴의 '나찰 모드' 등, 몇 가지 신규 시스템도 추가되었다.

### 데스 바이 디그리스 : 철권 니나

- 남코 ●ACT ●2005년 1월 27일 ●6,800엔
- 플레이 명수 : 1인 ●세이브 용량 : 319KB 이상

「철권」 시리즈의 캐릭터 '니나'가 주인공인 스핀오프 작품. 호화 여객선에 잠입한 니나가 밀수조직 조사 임무에 도전한다. 액션과 조사 파트를 진행하는 과정에서, 니나의 과거에 관한 스토리도 펼쳐진다.

### NANOBREAKER

- 코나미 ●ACT ●2005년 1월 27일 ●6,980엔
- 플레이 명수 : 1인 ●세이브 용량 : 69KB 이상

군용 사이보그 병사 '제이크'를 조작하여 폭주한 나노머신을 저지하는 바이올런스 액션 게임. 검·낫·해머 등의 다채로운 무기로 공격할 수 있으며, 대미지를 입은 적이 분출하는 붉은 오일을 뒤집어쓸수록 캐릭터가 강화된다.

### 퓨어퓨어 : 귀와 꼬리 이야기

- 데이텀 폴리스타 ●AVG ●2005년 1월 27일 ●7,000엔
- 플레이 명수 : 1인 ●세이브 용량 : 120KB 이상

PC용 게임의 이식작. 강아지나 고양이가 인간이 된 듯한 종족인 '미밋코'와 인간이 평화롭게 공존하는 세계가 배경인 미소녀 어드벤처 게임. 신규 시나리오·CG를 추가했고, 미니게임 등의 보너스 모드도 충실하다.

### 메모리즈 오프 애프터 레인 : Vol.1 종이학

- 키드 ●AVG ●2005년 1월 27일 ●4,800엔
- 플레이 명수 : 1인 ●세이브 용량 : 130KB 이상

「메모리즈 오프」 시리즈 5주년 기념 타이틀. 3부작 중 제1탄으로서, 「메모리즈 오프」 1편과 2편 사이를 연결하는 외전 격 스토리다. 1편의 캐릭터들이 주로 등장하며, 바스트업 및 이벤트 CG는 전부 새로 제작했다.

## PlayStation2 Game Software Catalogue

### 라디아타 스토리즈
- 스퀘어 에닉스 ● RPG ● 2005년 1월 27일 ● 7,800엔
- 플레이 명수: 1인 ● 세이브 용량: 216KB 이상

수많은 개성적인 캐릭터들과의 만남과 이별이 반복되는 스토리를 그린 RPG. 모든 캐릭터들이 각자의 타임 스케줄에 따라 생활하는 것이 특징이다. '링'이라 불리는 진형을 통해 전략적인 전투를 즐길 수 있다.

### 림 러너즈
- 포그 ● AVG ● 2005년 1월 27일 ● 6,800엔
- 플레이 명수: 1인 ● 세이브 용량: 181KB 이상

개그 요소를 듬뿍 담은 코믹 터치의 어드벤처 게임. 서기 2300년, 우주의 변두리(림)를 무대로 펼쳐지는 배달업자(러너즈)들의 모험 활극이다. 우주선과 배경은 3D로, 캐릭터는 2D로 묘사했다.

### IZUMO 컴플리트
- GN 소프트웨어 ● RPG ● 2005년 2월 3일 ● 6,800엔
- 플레이 명수: 1인 ● 세이브 용량: 230KB 이상

PC용 게임 「IZUMO : 이즈모」의 이식작. 학원 연애물과 일본신화를 융합시킨 RPG다. 깊이 있는 전투 시스템을 탑재했으며, 이식 과정에서 다량의 CG와 신규 시나리오를 추가했고 오프닝 무비를 고해상도화했다.

### 익사이팅 프로레슬링 6 : SMACKDOWN! VS RAW
- 유크스 ● ACT ● 2005년 2월 3일 ● 6,800엔 ● 플레이 명수: 1~2인
- 세이브 용량: 498KB 이상 ● 멀티탭 지원(~6인)

WWE를 테마로 삼은 프로레슬링 게임 시리즈의 제6탄. 타이틀명에 'RAW'가 추가된 대로, 양대 브랜드간의 대결에 초점을 맞췄다. 과거의 레전드 슈퍼스타도 등장한다. 톱 대결은 타이밍을 맞추는 미니게임 스타일이 되었다.

### 톱을 노려라! GunBuster
- 반다이 ● AVG ● 2005년 2월 3일 ● 6,800엔
- 플레이 명수: 1인 ● 세이브 용량: 40KB 이상

안노 히데아키 감독의 SF 애니메이션을 어드벤처 게임화했다. 존재하지 않는 TV 시리즈 총 25화가 원작이란 설정이며, 오키나와 여자우주고교는 3D로 모델링했다. 명랑 쾌활한 학교생활 후엔 우주괴수와의 격투가 펼쳐진다.

### VM JAPAN
- 아스믹 에이스 엔터테인먼트 ● SLG ● 2005년 2월 3일 ● 6,800엔
- 플레이 명수: 1~2인 ● 세이브 용량: 444KB 이상

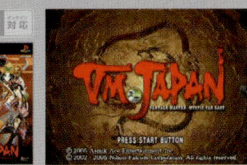

환마 소환사가 되어, 소환한 환마를 유닛 형태로 조작해 적을 물리치는 '밴티지 마스터'풍의 시뮬레이션 RPG. PC판 원작을 이식한 작품으로서, 신규 캐릭터와 맵을 추가했으며 등장 캐릭터들에 음성을 넣었다.

### 딸기 100% : 스트로베리 다이어리
- 토미 ● AVG ● 2005년 2월 10일 ● 6,800엔
- 플레이 명수: 1인 ● 세이브 용량: 128KB 이상

카와시타 미즈키 원작의 학원물 러브 코미디 애니메이션을 연애 시뮬레이션 게임화했다. 중학교 졸업 때부터 고교 1학년까지의 기간 내에 사랑을 이루어야 한다. 4명의 히로인들 사이에서 흔들리는 연심을 즐기자.

### 진 폭주 데코토라 전설 : 천하통일 정상결전
- 스파이크 ● RCG ● 2005년 2월 10일 ● 6,800엔
- 플레이 명수: 1~2인 ● 세이브 용량: 2500KB 이상

트레일러 드라이빙 게임 '데코토라' 시리즈의 제5탄. 라이벌을 물리치는 '전국제패', 3가지 스토리로 구성된 '남아의 길', 타임어택인 '정상전쟁' 등의 모드를 탑재했다. 실존 트럭을 자신의 취향대로 데코레이션해볼 수도 있다.

## 신선조 군랑전

- 세가  ● ACT  ● 2005년 2월 10일  ● 6,800엔
- 플레이 명수: 1인  ● 세이브 용량: 50KB 이상

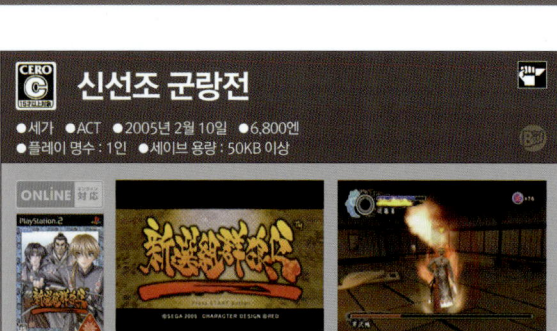

캐릭터 원안에 '바람의 검심'의 작가 와츠키 노부히로를 기용한 돌격 검술 액션 게임. 신선조 1번대 대장 '오키타 소지'가 되어, 적대하는 지사들에 검을 겨누자. 함께 행동하는 대원이 누구냐로 공격력·방어력이 달라진다.

## SuperLite 2000 테이블: 도전! 슈퍼 허슬러

- 석세스  ● TBL  ● 2005년 2월 10일  ● 2,000엔
- 플레이 명수: 1~2인  ● 세이브 용량: 134KB 이상

당구공의 움직임을 정확하게 재현하고 조작성을 높인 것이 특징인 당구 게임. 공의 움직임을 물리법칙 기반으로 연산하며, 직관적이고 간단한 조작으로 밀어치기·끌어치기 등이 가능해, 구질에 다양한 변화를 줄 수 있다.

## 드래곤볼Z 3

- 반다이  ● ACT  ● 2005년 2월 10일  ● 6,800엔
- 플레이 명수: 1~2인  ● 세이브 용량: 110KB 이상

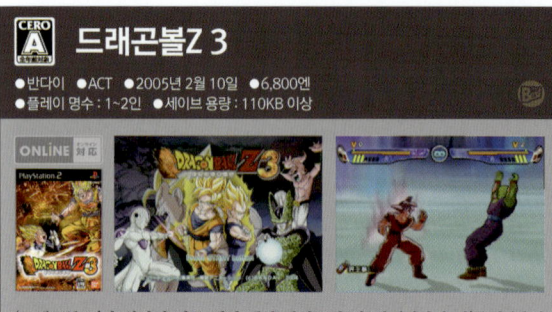

'드래곤볼 Z'가 원작인 격투 액션 게임 시리즈의 제3탄. '베지터 편'부터 '마인 부우 편'까지를 다뤘으며, '드래곤볼 GT'의 캐릭터도 사용할 수 있다. 지구와 나메크 성 등을 누비며 ìf 대결을 즐기는 것도 가능하다.

## 글래디에이터: 로드 투 프리덤

- 어뮤즈  ● ACT  ● 2005년 2월 17일  ● 6,800엔
- 플레이 명수: 1~2인  ● 세이브 용량: 150KB 이상

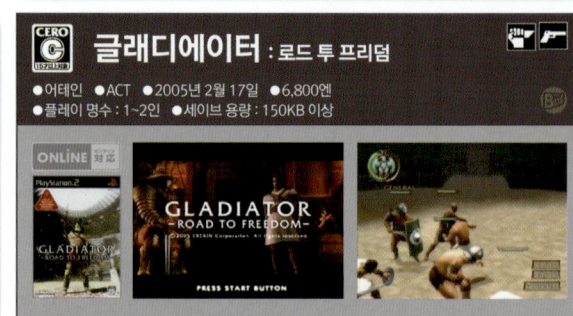

서기 190년의 로마제국이 배경인 액션 RPG. 콜로세오에서 펼쳐지는 검투사 '글래디에이터'들의 처절한 싸움을 재현하였다. 1:1 듀얼을 기본으로 하여 배틀로얄 등의 다양한 모드를 탑재하였다.

## 신세기 용자 대전

- 아틀러스  ● SLG  ● 2005년 2월 17일  ● 6,980엔
- 플레이 명수: 1인  ● 세이브 용량: 254KB 이상

선라이즈 사의 '용자 시리즈' 애니메이션이 테마인 시뮬레이션 RPG. 용자 시리즈 중에서도 특히 인기가 많았던 4개 작품과 '절대무적 라이징오'를 비롯해, 게임의 오리지널 작품 '양자도약 레이젤버'의 캐릭터들도 등장한다.

## SIMPLE 2000 시리즈 Vol.70: THE 감식관

- D3 퍼블리셔  ● AVG  ● 2005년 2월 17일  ● 2,000엔
- 플레이 명수: 1인  ● 세이브 용량: 37KB 이상

사건 현장을 조사하는 감식관의 시점으로 플레이하는 어드벤처 게임. 현장에서 증거물을 찾아내 과학적으로 분석하여 추리하자. 비교적 짧은 시나리오 10개로 구성되어, 연속극 드라마를 보는 느낌으로 즐길 수 있다.

## SIMPLE 2000 시리즈 Vol.71: THE 판타지 연애 어드벤처 - 그녀의 전설, 나의 석판.

- D3 퍼블리셔  ● AVG  ● 2005년 2월 17일  ● 2,000엔
- 플레이 명수: 1인  ● 세이브 용량: 74KB 이상

2003년 발매되었던 「그녀의 전설, 나의 석판.」의 염가판. 돌가면의 몬스터를 타도하는 것이 목적인 모험 연애 어드벤처 게임이다. 이세계로 워프하여, 그곳에서 만나는 소녀들과 여행을 즐기자.

## SIMPLE 2000 시리즈 Vol.72: THE 임협

- D3 퍼블리셔  ● ACT  ● 2005년 2월 17일  ● 2,000엔
- 플레이 명수: 1~2인  ● 세이브 용량: 74KB 이상

일본의 80년대 느낌이 물씬 풍기는 지방도시가 배경인 임협(義를 추구하는 불량배) 액션 게임. 주인공이 되어, 욕망에 더럽혀진 악당들을 질타하고 의로운 주먹으로 때려눕히자. 인정에 약한 사나이들이 펼치는 의리의 이야기다.

PlayStation2 Game Software Catalogue

### 조이드 인피니티 퓨저즈
- 토미  ● STG  ● 2005년 2월 17일  ● 6,800엔
- 플레이 명수 : 1~2인  ● 세이브 용량 : 55KB 이상

 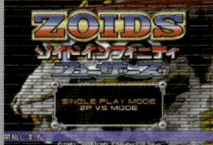 

완구 시리즈 '조이드'가 테마인 3D 대전 액션 게임. 아케이드판의 이식작으로서, 100종 이상의 조이드가 등장한다. 아케이드판을 재현한 모드가 기본이며, 당시 방영되던 애니메이션판의 스토리를 즐기는 모드도 탑재하였다.

### D1 그랑프리
- 유크스  ● RCG  ● 2005년 2월 17일  ● 6,800엔  ● 플레이 명수 : 1~2인
- 세이브 용량 : 25KB 이상  ● GT FORCE 지원, GT FORCE Pro 완전지원

드리프트 실력을 겨루는 경기인 'D1 그랑프리'를 게임화한 작품. 라이선스를 취득해, 토너먼트 형식으로 진행되는 D1 대회에 참가하여 우승을 노려보자. 실제 대회와 동일한 아나운서와 해설자들이 레이스 분위기를 달군다.

### 데빌 메이 크라이 3
- 캡콤  ● ACT  ● 2005년 2월 17일  ● 6,648엔
- 플레이 명수 : 1인  ● 세이브 용량 : 361KB 이상

인기 스타일리시 액션 게임 시리즈의 제3탄. 1편 이전 시점에서, 주인공 '단테'와 형 '버질'의 이야기가 전개된다. 캐릭터에 따라 구사 가능한 기술이 달라지는 스타일 시스템을 도입해, 액션의 자유도를 크게 늘렸다.

### 천성 소드 오브 데스티니
- 마벨러스 인터랙티브  ● ACT  ● 2005년 2월 17일  ● 6,800엔
- 플레이 명수 : 1인  ● 세이브 용량 : 44KB 이상

 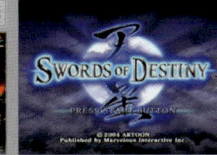 

상쾌한 플레이 감각이 매력적인 검술 액션 어드벤처 게임. 아시아풍의 분위기가 강한 중국을 배경으로, '소드 타임'이라는 공격기술을 활용해 싸우자. 지상·공중 연속 공격은 물론이고, 48종류의 무기도 사용할 수 있다.

### RUMBLE ROSES
- 코나미  ● ACT  ● 2005년 2월 17일  ● 6,800엔
- 플레이 명수 : 1~2인  ● 세이브 용량 : 90KB 이상

여자 프로레슬링이 소재인 액션 게임. 굴욕 상태의 상대에 'H무브'라는 필살기를 걸 수 있는 것이 특징이다. 모든 캐릭터에는 '베이비페이스'와 '힐'의 2가지 타입이 존재한다. 머드 레슬링과 갤러리 모드 등도 준비했다.

### 위저드리 XTH : 전선의 학부
- 마이클소프트  ● RPG  ● 2005년 2월 24일  ● 6,800엔
- 플레이 명수 : 1인  ● 세이브 용량 : 200KB 이상

「위저드리」 시리즈로는 이색적으로 '학교생활' 개념을 도입한 타이틀. 학부의 학생들이 이번의 조사를 명령받고 미궁에 도전하게 된다. 원작의 핵 & 슬래시 스타일은 유지하면서도, 시나리오 측면을 강화하였다.

### 위닝 포스트 6 2005년도판
- 코에이  ● SLG  ● 2005년 2월 24일  ● 4,280엔  ● 플레이 명수 : 1인
- 세이브 용량 : 2181KB 이상  ● PlayStation BB Unit (캐시) 지원 : 1024MB 이상 필요

중앙경마의 2005년 레이싱 프로그램에 대응하는 「위닝 포스트 6」의 리뉴얼판. 씨수말·번식암말 데이터에 최신 경마계 경향을 반영하여 더욱 현실감 있는 전개를 구현했다. 신인 기수 육성과 에디트 기능도 탑재했다.

### 엔젤☆위시 : 너의 미소에 쪽!
- 피오네소프트  ● AVG  ● 2005년 2월 24일  ● 6,800엔
- 플레이 명수 : 1인  ● 세이브 용량 : 118KB 이상

PC용 게임의 이식작. 연애에는 생초짜인 왕자와 귀여운 신부 후보들이 펼치는, 다소 이색적인 연애 러브 코미디물이다. 이식 과정에서 신규 CG와 시나리오를 덧붙였고, 신규 공략 캐릭터인 '코다 유이'를 추가했다.

## 학원 헤븐 : 한 그릇 더!

- 인터채널  ● AVG  ● 2005년 2월 24일  ● 5,900엔
- 플레이 명수 : 1인  ● 세이브 용량 : 35KB 이상  ● 프로그레시브 출력 지원

2003년 발매되었던 「학원 헤븐」의 속편. 주인공의 손가락에서 빠지지 않는 반지와, BL 학원의 7대 불가사의 중 하나인 '불행의 반지'를 둘러싼 이야기다. 파워 업된 미니게임과 단편 스토리도 즐길 수 있다.

## 가족계획 : 마음의 인연

- 인터채널  ● AVG  ● 2005년 2월 24일  ● 6,800엔
- 플레이 명수 : 1인  ● 세이브 용량 : 182KB 이상  ● 프로그레시브 출력 지원

PC용 게임의 이식작. 각자의 사정이 얽혀 자연스럽게 서로를 의지하게 된 타인들이 '가족'이 되어, 다양한 고난을 이겨낸 끝에 진정한 가족이 된다는 스토리다. 원작 스탭들이 제작한 신규 시나리오와 CG가 추가되었다.

## 캐슬 판타지아 : 엘렌시아 전기 Plus Stories

- 카도카와쇼텐  ● SLG  ● 2005년 2월 24일  ● 6,800엔
- 플레이 명수 : 1인  ● 세이브 용량 : 1064KB 이상

PC용 게임의 이식작. 중세 판타지 세계를 배경으로, 주인공인 용병이 되어 아군을 승리로 이끄는 실시간 시뮬레이션 게임이다. 이식 과정에서 시나리오를 대폭 늘렸으며, 신규 제작 이벤트 CG도 추가했다.

## 갤럭시 엔젤 : 이터널 러버즈

- 브로콜리  ● AVG  ● 2005년 2월 24일  ● 6,800엔
- 플레이 명수 : 1인  ● 세이브 용량 : 384KB 이상

PC용 게임의 이식작. '엔젤 대' 6명의 활약을 그린 SF 시뮬레이션 게임 3부작의 완결편이다. 어드벤처 파트와 시뮬레이션 파트가 교대로 진행되며, 전작까지의 스토리 요약과 전투화면의 튜토리얼도 탑재하였다.

## 사쿠라대전 3 : 파리는 불타고 있는가

- 세가  ● AVG  ● 2005년 2월 24일  ● 4,800엔
- 플레이 명수 : 1인  ● 세이브 용량 : 180KB 이상

드림캐스트로 발매되었던 시리즈 제3탄의 이식작. 주인공 '오오가미 이치로'가 이번에 파리화격단의 리더가 되어, 파리를 노리는 괴인들과 싸운다. 전투는 3D화되었으며, 자유롭게 이동 및 작전행동을 취할 수 있게 되었다.

## 산요 파칭코 파라다이스 11 : 새로운 바다와, 안녕히 은구슬의 늑대

- 아이렘 소프트웨어 엔지니어링  ● SLG  ● 2005년 2월 24일  ● 4,800엔
- 플레이 명수 : 1인  ● 세이브 용량 : 345KB 이상

산요의 인기 기계 2기종을 수록한 파친코 실기 시뮬레이터. 'CR 신 바다이야기 M8Z'와 '~M6Z'를 수록했고, 실기 공략용 기능도 탑재했다. 오리지널 모드인 '파치프로 풍운록 3'에선 '은구슬의 늑대' 편이 완결된다.

## GI 자키 3 2005년도판

- 코에이  ● RCG  ● 2005년 2월 24일  ● 4,280엔  ● 플레이 명수 : 1~2인
- 세이브 용량 : 493KB 이상  ● PlayStation BB Unit (캐시) 지원 512MB 이상 필요

2005년 레이싱 프로그램에 대응하는 자키 레이싱 게임. 각 경주마들의 최신 성적을 반영시켜 더욱 리얼한 게임 전개를 구현하였다. '연감 챌린지'와 '마구간 셔플' 등의 신규 모드도 탑재했다.

## 실전 파치슬로 필승법! : 북두의 권 Plus

- 사미  ● SLG  ● 2005년 2월 24일  ● 3,800엔  ● 플레이 명수 : 1인
- 세이브 용량 : 120KB 이상  ● 실전 파치슬로 컨트롤러, 실전 파치슬로 컨트롤러 mini 지원

사미 사의 대인기 파치슬로 기종 '북두의 권'을 수록한 파치슬로 실기 시뮬레이터. 새로운 패널과 연출, 미니게임 등의 신규 콘텐츠를 다수 추가하였다. 전작과의 세이브데이터 연동 기능도 있다.

## PlayStation2 Game Software Catalogue

### 진 삼국무쌍 4
- 코에이 ● ACT ● 2005년 2월 24일 ● 6,800엔 ● 플레이 명수 : 1~2인
- 세이브 용량 : 150KB 이상 ● PlayStation BB Unit 지원 : 1024MB 이상 필요

'진 삼국무쌍' 시리즈의 넘버링 제4탄. 그래픽의 표현력과 전략의 자유도가 한층 더 진화했다. 스피드나 공격력이 상승하는 '무쌍 각성', 9연속 공격인 '에볼루션 공격' 등 통쾌함이 일품인 신규 공격 액션도 다수 추가되었다. '무쌍 모드'는 영웅별로 각자의 스토리를 즐기는 스타일로 다시 바뀌었다.

### 달은 찢어발긴다 : 탐정 사가라 코이치로
- 아이디어 팩토리 ● AVG ● 2005년 2월 24일 ● 6,800엔
- 플레이 명수 : 1인 ● 세이브 용량 : 276KB 이상

탐정이 되어 사건을 수사하는 탐정 어드벤처 게임. 삼류 탐정 '사가라 코이치로'는 어느 날 밤 낯선 집의 침대에서 눈을 뜬다. 들려오는 물소리를 따라 욕실로 들어가 보니, 그곳에는 차가운 시체가 된 여자가 쓰러져 있었다.

### 츠키요니사라바 : 복수의 진혼곡
- 타이토 ● ACT ● 2005년 2월 24일 ● 6,800엔
- 플레이 명수 : 1인 ● 세이브 용량 : 155KB 이상

'건슬링거'라 불리는 능력자들 간의 싸움을 그린 3D 건 액션 게임. '블릿 타임'이라는 시간가속능력으로 적의 움직임을 슬로 모션화하여 빈틈을 만들어 난관을 헤쳐 나가자. 스톱모션 연출의 활용이 특징이다.

### 데프 잼 파이트 뉴욕
- 일렉트로닉 아츠 ● ACT ● 2005년 2월 24일 ● 5,800엔
- 플레이 명수 : 1~2인 ● 세이브 용량 : 313KB 이상 ● 멀티탭 지원(~4인)

힙합과 프로레슬링을 융합시킨 「데프 잼 파이트」 시리즈의 제2탄. 'Def Jam' 레이블 소속 래퍼들이 40명 이상 등장하여 다양한 격투 스타일로 게임에서 싸운다. 이번 작품에서도 BGM은 당연히 힙합이다.

### 어디로 가는가 그 날은 : 빛나는 내일로...
- 프린세스 소프트 ● AVG ● 2005년 2월 24일 ● 8,820엔
- 플레이 명수 : 1인 ● 세이브 용량 : 155KB 이상

PC용 게임의 이식작. 의붓여동생과의 관계를 고민하던 주인공이, 시간을 거슬러 오를 수 있는 약을 입수하여 자신의 진짜 기억을 찾아 나선다는 스토리다. 초회한정판에는 오리지널 미니 드라마집과 설정자료집을 동봉했다.

### Natural 2 : Duo - 벚꽃빛 계절
- 카도카와쇼텐 ● AVG ● 2005년 2월 24일 ● 6,800엔
- 플레이 명수 : 1인 ● 세이브 용량 : 110KB 이상

PC용 게임의 이식작. 어렸을 때 함께 살았던 쌍둥이 자매와의 달콤하고도 애절한 러브스토리. 시나리오를 원작의 순에 루트에 특화시켰고, 히로인의 기분이 상하면 등신이 낮아져 SD화되는 시스템을 추가하였다.

### 필살 파친코 스테이션 V9 : 오소마츠 6쌍둥이
- 선 소프트 ● SLG ● 2005년 2월 24일 ● 5,200엔
- 플레이 명수 : 1인 ● 세이브 용량 : 640KB 이상

다이이치쇼카이 사의 신기준 대응 제1탄 'CR 오소마츠 6쌍둥이 FN66B'를 수록한 실기 시뮬레이터. 최초로 추가된 예고 기능 '해프닝 예고'와, 유저 참여형 게임 기능 '6쌍둥이 챌린지' 등을 탑재하였다.

## 120엔의 봄 : ￥120 Stories

- 인터채널  ● AVG  ● 2005년 2월 24일  ● 2,900엔  ● 플레이 명수 : 1인
- 세이브 용량 : 70KB 이상  ● 프로그레시브 출력 지원

120엔이라는 푼돈에서 시작되는 신비한 이야기. '하트풀 미니 노벨'이란 장르를 표방하여, 봄·여름·가을·겨울별로 등장인물까지 차별화한 옴니버스 시나리오로 구성했다. 특이한 작품이지만, 훈훈한 스토리가 일품이다.

## 마이 홈을 만들자 2 : 장인

- 마벨러스 인터랙티브  ● SLG  ● 2005년 2월 24일  ● 6,800엔
- 플레이 명수 : 1인  ● 세이브 용량 : 1410KB 이상

주택 건축 시뮬레이션 게임의 제2탄. 방 배치와 인테리어 설계 등으로 이상적인 집을 만들어보는 모드가 기본이며, 신인 건축가가 되어 다양한 손님들의 주문에 응해주는 '장인이 되자' 모드를 추가했다.

## 메모리즈 오프 애프터 레인 : Vol.2 상연(想演)

- 키드  ● AVG  ● 2005년 2월 24일  ● 4,800엔
- 플레이 명수 : 1인  ● 세이브 용량 : 130KB 이상

시리즈 탄생 5주년 기념 타이틀. 3부작 중의 제2탄으로서 주로 「~2nd」의 캐릭터가 등장하며, 이나미 켄을 중심으로 하여 시라카와 호타루와 토비세 토모에의 스토리가 전개된다. 얻은 정보는 백과사전 모드에서 열람 가능하다.

## 아머드 코어 포뮬러 프론트

- 프롬 소프트웨어  ● SLG  ● 2005년 3월 3일  ● 5,800엔  ● 플레이 명수 : 1~2인
- 세이브 용량 : 300KB 이상  ● USB 케이블, USB 마우스, PSP 본체 연결 지원

「아머드 코어」시리즈로는 드물게, 자동조종으로 움직이는 로봇으로 간접 대전을 즐기는 시뮬레이션 게임. 기체 구축과 AI 설정을 사전에 완료한 후 5:5 팀전에서 승리하자. 같은 작품의 PSP판과 연동시키는 시스템도 있다.

## 가이자드 레볼루션 : 우리는 마음을 몸에 두른다

- 키드  ● AVG  ● 2005년 3월 3일  ● 6,800엔
- 플레이 명수 : 1인  ● 세이브 용량 : 140KB 이상

특촬 드라마를 테마로 삼은 보이즈 배틀 어드벤처 게임. PC용 게임의 이식작으로서, 화려한 이펙트와 후끈한 음성으로 원작의 세계를 더욱 깊이 있게 표현했다. 본편과는 차별화된 스타일의 '인터벌 시나리오'도 수록했다.

## 판타스틱 포춘 2 : Triple Star

- 제넥스  ● SLG  ● 2005년 3월 3일  ● 6,800엔
- 플레이 명수 : 1인  ● 세이브 용량 : 240KB 이상

2003년 말매됐던 「판타스틱 포춘 2」의 완전판. 본편 시나리오는 동일하며, 대신 인터페이스와 시스템을 리뉴얼했다. 본편의 미래와 과거, 그리고 이면의 스토리가 펼쳐지는 신규 시나리오도 즐길 수 있다.

## 레드 닌자 : 분노의 복수

- 비벤디 유니버설 게임즈  ● ACT  ● 2005년 3월 3일  ● 6,800엔
- 플레이 명수 : 1인  ● 세이브 용량 : 130KB 이상

여닌자 '쿠레나이'가 되어 강대한 적에 맞서는 섹시 와이어 액션 게임. 시노비의 기술과 암살무기인 철선에, 미모와 여색까지 활용해 임무를 수행하자. 다가오는 마수, 시노비 동료와의 사랑, 우정와 배신의 스토리가 펼쳐진다.

## 이스 : 나피쉬팀의 상자

- 코나미  ● RPG  ● 2005년 3월 10일  ● 6,800엔
- 플레이 명수 : 1인  ● 세이브 용량 : 191KB 이상

PC판「이스 Ⅵ : 나피쉬팀의 상자」를 이식한 작품. 전투의 액션성을 강화하여, 새로운 대륙에서의 아돌의 모험을 그렸다. PS2판은 신규 오프닝 무비를 추가했으며 새로운 던전도 등장한다. 캐릭터 음성도 추가됐다.

## 그로우랜서 IV Return

- CERO B
- 아틀러스 ● AVG ● 2005년 3월 10일 ● 5,800엔
- 플레이 명수 : 1인 ● 세이브 용량 : 50KB 이상

「그로우랜서 IV」에서는 수록되지 않았던 엔딩 이후의 사이드 스토리 3개를 합본한 어드벤처 게임. 시리즈에 관련된 퀴즈가 출제되는 퀴즈 모드도 있다. 패키지 내에는 OVA가 수록된 DVD 비디오도 동봉했다.

## 삼국지 X

- CERO A
- 코에이 ● SLG ● 2005년 3월 10일 ● 8,800엔 ● 플레이 명수 : 1인
- 세이브 용량 : 1853KB 이상 ● PlayStation BB Unit 지원 : 512MB 이상 필요

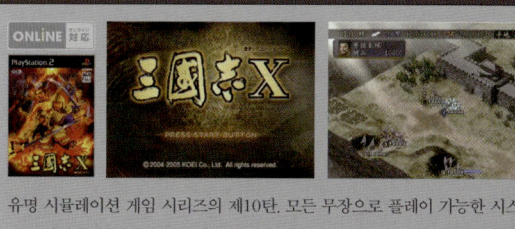

유명 시뮬레이션 게임 시리즈의 제10탄. 모든 무장으로 플레이 가능한 시스템으로 회귀하여, 다양한 입장에서 삼국지의 세계를 체험할 수 있다. 신규 시스템으로 '설전'이 추가되어, 문관이라도 지략의 일기토를 펼칠 수 있다.

## 섀도우 오브 로마

- CERO D
- 캡콤 ● ACT ● 2005년 3월 10일 ● 6,800엔
- 플레이 명수 : 1인 ● 세이브 용량 : 166KB 이상

고대 로마가 배경인 액션 어드벤처 게임. 시저 암살의 진상을 밝혀내기 위해, 아그리파와 옥타비아누스 두 사람이 수사에 나선다. 전투 파트와 잠입 파트를 교대로 진행하여 사건의 비밀을 풀어내야 한다.

## 섀도우 하츠 II 디렉터즈 컷 : PlayStation 2 the Best

- CERO C
- 아루제 ● RPG ● 2005년 3월 10일 ● 2,980엔 ● 플레이 명수 : 1인
- 세이브 용량 : 58KB 이상 ● PlayStation BB Unit 지원 : 1.28GB 이상

1915년의 유럽과 일본을 배경으로 삼아, 마법과 악마 개념을 도입했던 RPG 「섀도우 하츠 II」(상권 216p)의 디렉터즈 컷 버전. 신규 던전과 신규 아이템·몬스터 등, 다양한 추가 컨텐츠를 담았다.

## SuperLite 2000 스포츠 : 도전! 슈퍼 보울러

- CERO A
- 석세스 ● SPT ● 2005년 3월 10일 ● 2,000엔 ● 플레이 명수 : 1~4인
- 세이브 용량 : 94KB 이상 ● 네트워크 어댑터 또는 PlayStation BB Unit, USB 키보드 지원

간단한 조작으로 즐기는, 리얼함을 중시한 볼링 게임. 공의 무게와 재질, 투구 시의 파워와 스피드를 시뮬레이트하여 현실에 가까운 볼링 감각을 구현했다. 최대 4인까지 대전 멀티플레이가 가능하다.

## 톰 클랜시의 레인보우 식스 3

- CERO C
- UBISOFT ● ACT ● 2005년 3월 10일 ● 6,800엔 ● 플레이 명수 : 1~2인
- 세이브 용량 : 490KB 이상 ● 온라인 시 : 1~8인, 네트워크 어댑터 또는 PlayStation BB Unit 지원

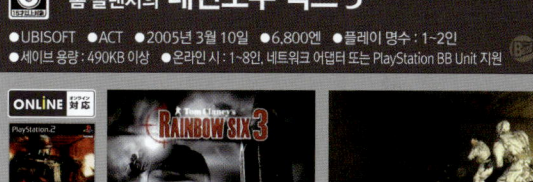

특수부대의 리더가 되어 대원들과 함께 테러리스트와 싸우는 FPS 게임. 인질 확보와 폭탄 해체 등, 상황에 따른 임무를 수행하면서 테러를 진압하자. 온라인 플레이 외에 화면분할식 로컬 멀티플레이도 지원한다.

## 록맨 X8

- CERO A
- 캡콤 ● ACT ● 2005년 3월 10일 ● 5,800엔
- 플레이 명수 : 1인 ● 세이브 용량 : 110KB 이상

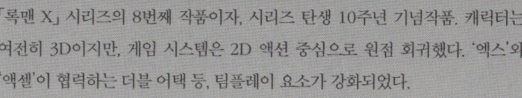

「록맨 X」 시리즈의 8번째 작품이자, 시리즈 탄생 10주년 기념작품. 캐릭터는 여전히 3D이지만, 게임 시스템은 2D 액션 중심으로 원점 회귀했다. '엑스'와 '액셀'이 협력하는 더블 어택 등, 팀플레이 요소가 강화되었다.

## 엔수지아 : 프로페셔널 레이싱

- CERO A
- 코나미 ● RCG ● 2005년 3월 17일 ● 6,980엔 ● 플레이 명수 : 1~2인
- 세이브 용량 : 480KB 이상 ● GT FORCE, GT FORCE Pro 완전 지원

철저하리만치 리얼함을 추구한 드라이빙 시뮬레이터. 차량에 걸리는 G나 한계 거동을 시각화하는 시스템을 탑재하여 실제 차량의 거동을 재현한다. 코스는 50종류 이상이며, 차종도 200대 이상 수록하였다.

## GANTZ

- 코나미 ●ACT ●2005년 3월 17일 ●6,800엔
- 세이브 용량: 80KB 이상 ●돌비 프로로직 II, 프로그레시브 모드 지원

같은 제목의 인기 만화를, 풀 폴리곤·풀보이스 액션 게임화하여 재현했다. '간츠'에 소환되어 외계인과 싸우기까지의 이야기를 그린 '스토리 파트'와, 외계인과 직접 싸워야 하는 '액션 파트'로 구성되어 있다.

## 더 럼블 피시

- 세가 ●ACT ●2005년 3월 17일 ●6,800엔
- 플레이 명수: 1~2인 ●세이브 용량: 98KB 이상

다관절 표현을 활용해 2D 캐릭터가 부드럽게 움직이는 2D 대전격투 게임. '오펜스'와 '디펜스', 2종류의 게이지와 연관된 필살기를 구사하며 펼치는 공방전이 특징이다. PS2판에서는 오리지널 신 캐릭터가 추가되었다.

## 샤크

- 타이토 ●ETC ●2005년 3월 17일 ●5,800엔
- 플레이 명수: 1인 ●세이브 용량: 270KB 이상

드림웍스 사의 극장판 애니메이션(타국에선 '샤크 테일'로 개봉)이 원작인 액션 게임. 스토리를 진행하면서 다양한 미션형 미니게임을 클리어하자. 레이싱·댄스·파이트 등, 다채로운 툴의 스테이지 총 25종류를 수록했다.

## SIMPLE 2000 시리즈 Vol.73 : THE 서유투원전

- D3 퍼블리셔 ●ACT ●2005년 3월 17일 ●2,000엔
- 플레이 명수: 1인 ●세이브 용량: 32KB 이상

중국의 고전소설 '서유기'를 액션 게임화했다. 손오공·저팔계·사오정을 조작하여, 비키니 차림의 삼장법사를 호위하면서 천축으로 향하자. 캐릭터 고유의 요력을 구사하여, 5개 지역에 걸친 총 9장의 스토리를 클리어하자.

## SIMPLE 2000 시리즈 Vol.74 소녀 전용 : THE 왕자님과 로맨스 - 리플의 알

- D3 퍼블리셔 ●SLG ●2005년 3월 17일 ●2,000엔
- 플레이 명수: 1인 ●세이브 용량: 94KB 이상

2003년 발매되었던 「리플의 알」(상권 171p)의 염가판. 저주에 걸려 깊은 잠에 빠진 왕자님을 구하기 위해, 6개국의 왕자들과 함께 저주를 풀 방법을 찾는 여성용 연애 시뮬레이션 게임이다. 전투는 카드 배틀 형태로 펼쳐진다.

## 태고의 달인 : TAIKO DRUM MASTER

- 남코 ●ACT ●2005년 3월 17일 ●3,500엔
- 플레이 명수: 1~2인 ●세이브 용량: 24KB 이상 ●타타콘 지원

일본의 전통 큰북을 소재로 삼아 남녀노소가 즐길 수 있도록 만든 음악 게임 「태고의 달인」의 북미 발매판인 「TAIKO DRUM MASTER」를 다시 일본어화해 내놓은 작품이다. 큰북을 치며 클래식 및 서양권 곡들을 즐기자.

## NANA

- 코나미 ●SLG ●2005년 3월 17일 ●4,800엔
- 플레이 명수: 1인 ●세이브 용량: 100KB 이상

같은 제목의 인기 만화가 원작인 시뮬레이션 게임. 플레이어는 두 '나나'의 옆집에 이사 오게 된 제3의 '나나'로서 생활하며, 패션·쇼핑을 즐기고 캐릭터들과 데이트하면서 원작 'NANA'의 세계를 직접 만끽할 수 있다.

## 필살 파친코 스테이션 V10 : 레레레에게 맡겨줘

- 선 소프트 ●SLG ●2005년 3월 17일 ●5,200엔
- 플레이 명수: 1인 ●세이브 용량: 640KB 이상

레레레 아저씨가 주인공인 파친코 실기 시뮬레이터. 다이이치 사의 인기 기종을 리얼한 그래픽으로 재현하여 실기의 매력을 충분히 만끽할 수 있다. 잭팟 이력 기록과 핀 조정 등, 실기 공략을 도와주는 기능을 탑재했다.

## 팬텀 킹덤

- 니폰이치 소프트웨어
- SLG
- 2005년 3월 17일
- 6,800엔
- 플레이 명수: 1인
- 세이브 용량: 300KB 이상

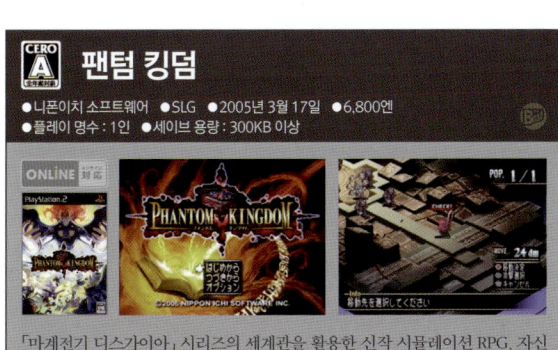

「마계전기 디스가이아」 시리즈의 세계관을 활용한 신작 시뮬레이션 RPG. 자신의 실수로 마계를 소멸시켜버린 마왕이 육체와 마계를 되찾으려 노력한다. 전투 시에 건물이나 캐릭터를 직접 소환하는 '인바이트' 시스템이 특징이다.

## 원피스 그랜드 배틀! RUSH

- 반다이
- ACT
- 2005년 3월 17일
- 6,800엔
- 플레이 명수: 1~2인
- 세이브 용량: 83KB 이상

「원피스 그랜드 배틀」 시리즈의 제4탄. 전작에선 등장하지 않았던 '이스트 블루' 편의 캐릭터들이 다시 참전했다. 새로운 모드로서, 동료를 걸고 폭시 해적단과 싸우는 '데이비 백 파이트' 모드도 추가되었다.

## 아즈미

- ESP
- ACT
- 2005년 3월 24일
- 6,800엔
- 플레이 명수: 1인
- 세이브 용량: 45KB 이상

암살자로 키워진 에도 시대의 한 소녀가 주인공인 인기 만화 '아즈미'를 게임화했다. 3D 맵을 누비는 액션 게임으로서, 특성이 다른 3가지 스탠스인 '심'·'기'·'체'를 전환하며 싸운다는 독특한 시스템이 특징이다.

## 이스 III : 원더러즈 프롬 이스

- 타이토
- RPG
- 2005년 3월 24일
- 5,800엔
- 플레이 명수: 1인
- 세이브 용량: 200KB 이상

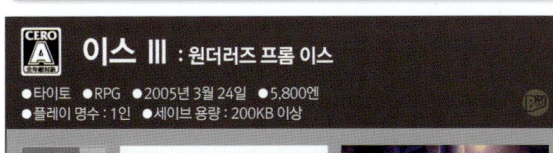

수많은 기종으로 이식 발매되었던 액션 RPG 「이스」 시리즈의 제3탄을 리메이크한 작품. 시나리오를 일부 생략했으며 바스트업 그래픽 표시, 풀보이스 연출, 맵 선택식 마을 내 이동 등을 도입해 원작의 시스템을 개변했다.

## 학교를 만들자!! : Happy Days

- 마벨러스 인터랙티브
- SLG
- 2005년 3월 24일
- 6,800엔
- 플레이 명수: 1인
- 세이브 용량: 810KB 이상

'이상적인 학교를 만들자!'를 테마로 삼아, 플레이어가 직접 학교 교장이 되어 학생들과 함께 학교에서 생활하는 시뮬레이션 게임. 진학계 학교나 스포츠 특화 학교, 문무양도 경영 등, 어떤 목표든 플레이어 하기 나름이다.

## Get Ride! 암드라이버 : 상극의 진실

- 코나미
- ACT
- 2005년 3월 24일
- 5,800엔
- 플레이 명수: 1인
- 세이브 용량: 128KB 이상

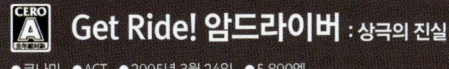

당시의 인기 애니메이션이 원작인 3D 전술계 액션 게임. 원작 애니메이션에도 등장했던 다양한 무기·장비를 자유롭게 커스터마이즈하여, 현장감 있는 3D 배틀을 즐길 수 있다. 애니메이션의 캐릭터들도 다수 등장한다.

## 금색의 갓슈!! : 우정 태그 배틀 2

- 반다이
- ACT
- 2005년 3월 24일
- 6,800엔
- 플레이 명수: 1~2인
- 세이브 용량: 64KB 이상

2004년 발매되었던 「금색의 갓슈!! : 우정 태그 배틀」의 속편. 원작의 석판 편에서 등장했던 선빔·빅토림 등의 캐릭터가 참전했다. 스토리 모드 등의 다채로운 모드를 탑재하여, 스릴 넘치는 전투를 즐길 수 있다.

## 샤이닝 포스 네오

- 세가
- RPG
- 2005년 3월 24일
- 6,800엔
- 플레이 명수: 1인
- 세이브 용량: 128KB 이상

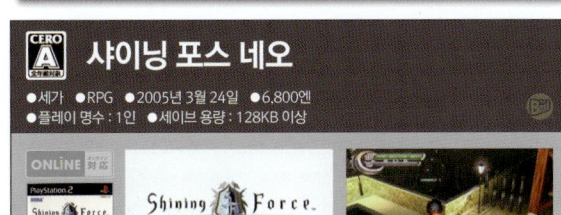

인간과 수인이 공존하는 세계를 무대로 삼은 액션 RPG. '운명의 힘'으로 어둠과 싸우는 빛의 전사들의 이야기가 펼쳐진다. 무기를 교체하여 4종류의 직업을 전환할 수 있다. 전황에 맞춰 동료를 선택해 모험을 즐기자.

## 슈퍼 몽키 볼 디럭스

- 세가  ● ETC  ● 2005년 3월 24일  ● 3,800엔  ● 플레이 명수: 1~4인
- 세이브 용량: 87KB 이상  ● 멀티탭 지원(~4인)

게임큐브로 발매되었던「슈퍼 몽키 볼」시리즈 2개 작품을 합본 수록한 타이틀. 스테이지 전체를 기울여 원숭이가 든 볼을 골 지점까지 유도하는 게임으로서, 추가 코스를 포함해 300스테이지라는 볼륨 만점의 작품이다.

## SEGA AGES 2500 시리즈 Vol.17 : 판타지 스타 generation:2

- 세가  ● RPG  ● 2005년 3월 24일  ● 2,500엔
- 플레이 명수: 1인  ● 세이브 용량: 200KB 이상

세가를 대표하는 RPG「판타지 스타」시리즈의 제2탄을, 그래픽·음악·시나리오 등을 과감하게 개변하여 풀 리메이크한 작품. 원작에 해당하는 메가 드라이브판「판타지 스타 II」도 함께 수록하였다.

## 데몬 스톤

- 아타리 재팬  ● ACT  ● 2005년 3월 24일  ● 6,800엔
- 플레이 명수: 1인  ● 세이브 용량: 88KB 이상

 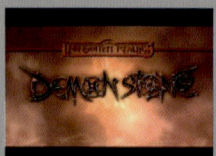 

TRPG '던전즈 & 드래곤즈'의 세계관을 기반으로 삼은 액션 어드벤처 게임. 각기 능력이 다른 3명의 주인공을 조작해 환상세계를 모험하자. 혼돈과 전쟁을 초래하는 두 혼을 봉인할 수 있는 '데몬 스톤'을 입수해야만 한다.

## 듀얼 마스터즈 : 사봉초룡전생

- 키즈 스테이션  ● TBL  ● 2005년 3월 24일  ● 6,476엔  ● 플레이 명수: 1인
- 세이브 용량: 301KB 이상  ● 네트워크 어댑터 또는 PlayStation BB Unit 지원

인기 카드 배틀 만화「듀얼 마스터즈」를 게임화했다. 게임판 오리지널 카드를 포함해 약 700종류의 카드를 수록했으며, 온라인을 경유한 통신 대전도 가능했다. 슈퍼 레어 카드를 입수해 박력만점의 배틀을 체험해보자.

## 비트매니아 IIDX 9th style

- 코나미  ● SLG  ● 2005년 3월 24일  ● 6,980엔  ● 플레이 명수: 1~2인
- 세이브 용량: 155KB 이상  ● RU029, CT013, ASC-0515BM, RU038 지원

아케이드판 원작을 이식한 DJ 시뮬레이션 게임. 이 작품부터 음질과 화면해상도가 향상되어, 더욱 현장감 넘치는 플레이가 가능해졌다. 아케이드판의 신곡 60곡과 가정용 전용곡, 구곡을 합해 총 87곡을 수록했다.

## 우리들의 가족

- 소니컴퓨터엔터테인먼트  ● AVG  ● 2005년 3월 24일  ● 5,800엔
- 플레이 명수: 1인  ● 세이브 용량: 630KB 이상

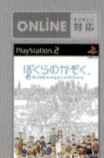  

플레이어가 부모 입장이 되어, 25세부터 60세까지 35년간에 걸쳐 육아를 체험하는 시뮬레이션 게임. 도쿄의 코엔지 지역에서 생활하며, 부부가 힘을 합쳐 형제들을 다양한 가능성이 펼쳐져 있는 장래로 인도해 보자.

## 익신 기가윙 제너레이션즈

- 타이토  ● STG  ● 2005년 3월 24일  ● 5,800엔
- 플레이 명수: 1~2인  ● 세이브 용량: 90KB 이상

종스크롤 슈팅 게임「기가윙」시리즈 중 제3탄의 이식작. 대량의 탄막을 일시 무적이 되는 '리플렉트 포스'로 반사시켜, 반격탄으로 적을 공격해 훈장으로 바꿔버리자. 스코어가 '경' 단위까지 올라가는 것도 특징이다.

## 월드 사커 위닝 일레븐 8 라이브웨어 에볼루션

- 코나미  ● SPT  ● 2005년 3월 24일  ● 6,980엔  ● 플레이 명수: 1~2인
- 세이브 용량: 2104KB 이상  ● 멀티탭 지원(~8인), 네트워크 어댑터 또는 PlayStation BB Unit 지원

온라인 대전 모드가 추가된「위닝 일레븐 8」. 인터넷에 연결하여 일본 각지의 유저들과 화끈한 대결을 즐길 수 있었다. 세리에 A는 20개 클럽 편성이며, 포메이션은 04-05 시즌 기준으로 적용되어 있다.

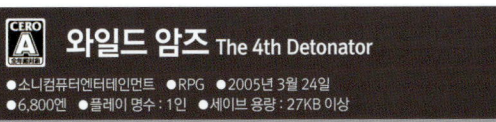 PlayStation2 Game Software Catalogue

## 와일드 암즈 The 4th Detonator
- 소니컴퓨터엔터테인먼트  ● RPG  ● 2005년 3월 24일
- 6,800엔  ● 플레이 명수: 1인  ● 세이브 용량: 27KB 이상

「와일드 암즈」 시리즈의 5번째 작품. 템포와 전략성을 양립시킨 'HEX 배틀'과 액션・아이템을 활용하는 필드 탐색 등, 이전 시리즈에 없던 시스템을 다수 탑재했다. 전작 「~Alter code : F」의 세이브데이터를 컨버트할 수도 있다.

## 음양대전기 : 백호연무
- 반다이  ● ACT  ● 2005년 3월 31일  ● 4,200엔  ● 플레이 명수: 1~2인
- 세이브 용량: 55KB 이상  ● 아이토이 카메라 지원

애니메이션 '음양대전기'가 원작인 맺기 액션 게임. 아이토이 카메라를 바라보고 손으로 직접 인을 맺으면 다양한 기술이 발동하여 대박력 배틀이 펼쳐진다. 호화 성우진의 이벤트 신과 필살기 데모도 즐길 수 있다.

## 갓츠다!! 숲의 이시마츠
- 아루제  ● SLG  ● 2005년 3월 31일  ● 4,800엔
- 플레이 명수: 1인  ● 세이브 용량: 256KB 이상

권투선수 겸 탤런트로 다재다능하게 활약했던 일본의 연예인 '갓츠 이시마츠'가 주인공인 파치슬로 기기가 PS2로 등장했다. 빅 보너스를 맞춰갈 때 릴이 3개 모두 맞으면 흘러나오는 목소리인 'OK 목장!'이 인상적인 기기다.

## 카페 린드버그 : summer season
- 프린세스 소프트  ● AVG  ● 2005년 3월 31일  ● 6,800엔
- 플레이 명수: 1인  ● 세이브 용량: 384KB 이상

PC용 게임의 이식작. 전작의 1년 후를 배경으로, 캐릭터들 간에 얽히는 사랑을 그린 여성용 BL 어드벤처 게임이다. 신 캐릭터 '타카야마 쇼타'도 등장하며, 신규 CG도 수록했다. 카페가 테마라 디저트 묘사도 충실하다.

## 이 맑은 하늘 아래서
- 스타피시  ● AVG  ● 2005년 3월 31일  ● 6,800엔
- 플레이 명수: 1인  ● 세이브 용량: 110KB 이상

근미래를 무대로 삼은 SF 서스펜스 어드벤처 게임. 인간과 흡사한 인공생명체 '미미'가 유통되는 세계에서 주인공인 조사원이 되어, 본래 가능할 리가 없는 '미미의 자살'의 원인을 밝혀내야 한다.

## 사이코 슈팅 컬렉션 Vol.3 : 솔 디바이드 & 드래곤 블레이즈
- 타이토  ● STG  ● 2005년 3월 31일  ● 5,800엔
- 플레이 명수: 1~2인  ● 세이브 용량: 50KB 이상

사이코 사의 아케이드 슈팅 게임 합본 이식작 시리즈 제3탄. 타이틀명대로, 판타지 세계가 배경인 슈팅 게임 2개 작품을 합본 수록했다. 다양한 상황을 설정 가능한 프랙티스 모드가 있어, 철저히 연습할 수 있다.

## SIMPLE 2000 시리즈 Vol.75 : THE 특종 - 일본 전국 스쿠프 열도
- D3 퍼블리셔  ● TBL  ● 2005년 3월 31일  ● 2,000엔
- 플레이 명수: 1~4인  ● 세이브 용량: 40KB 이상  ● 멀티탭 지원(~4인)

신문 '가십일보'의 기자가 되어 특종을 찾아 헤매는 보드 게임. 룰렛을 돌려 일본의 전국 방방곳곳을 돌아다니며 각 지역의 기삿거리를 획득해 보상금을 받는다. 대특종부터 지역 뉴스까지, 470종의 기삿거리를 수록했다.

## 스위~트 시~즌
- TAKUYO  ● AVG  ● 2005년 3월 31일  ● 5,800엔
- 플레이 명수: 1인  ● 세이브 용량: 60KB 이상

PC용 게임의 이식작. 쇼기가 핵심 소재인 슬랩스틱 러브 코미디 작품이다. 주인공이 되어, 쇼기부에 소속된 히로인들의 마음을 얻어내자. 앞서 이식된 드림캐스트판의 내용을 한층 더 업그레이드시켜 구성했다.

## 전투국가 개(改) : NEW OPERATIONS

- ●카도카와쇼텐  ●SLG  ●2005년 3월 31일  ●6,800엔
- ●플레이 명수 : 1~3인   ●세이브 용량 : 490KB 이상

PS1으로 발매되었던 현대전 전술 시뮬레이션 게임 시리즈의 5년 만의 신작. 제2탄인 '전투국가 개'의 시스템을 계승했고, 맵 및 병기 수를 대폭 늘렸다. 제2차 세계대전 시나리오도 수록했다.

## 철권 5

- ●남코  ●ACT  ●2005년 3월 31일  ●6,800엔  ●플레이 명수 : 1~2인
- ●세이브 용량 : 57KB 이상  ●프로그레시브(525p) 출력 지원

3D 대전격투 게임인 「철권」 시리즈의 신작. PS2판은 아케이드판 「철권 5」는 물론, 구작 1~3편 전체와 카자마 진이 주인공인 오리지널 모드까지 수록했다. 보너스 게임으로서 「스타블레이드」도 즐길 수 있다.

## BECK the game

- ●마벨러스 인터랙티브  ●AVG  ●2005년 3월 31일  ●6,980엔
- ●플레이 명수 : 1인   ●세이브 용량 : 42KB 이상

같은 제목의 인기 만화가 원작인 어드벤처 게임. 회상 장면을 묘사하는 '메모리얼 신 시스템'으로 스토리를 진행한다. 각 장의 최후에 펼쳐지는 라이브 공연 장면에서는 리듬 액션 게임으로 연주를 재현했다.

## 메이플 컬러즈 : 결전은 학교축제!

- ●카도카와쇼텐  ●AVG  ●2005년 3월 31일  ●6,800엔
- ●플레이 명수 : 1인   ●세이브 용량 : 134KB 이상

PC용 게임의 이식작. 학원물 러브 코미디이면서도 등장 캐릭터 수가 68명이라는 상당한 볼륨이며, 모든 캐릭터들이 저마다 개성적인 것이 특징이다. 게임은 학교 내를 탐색하는 필드 모드와 미니게임으로 구성돼 있다.

## 메모리즈 오프 애프터 레인 : Vol.3 졸업

- ●키드  ●AVG  ●2005년 3월 31일  ●4,800엔
- ●플레이 명수 : 1인   ●세이브 용량 : 130KB 이상

총 3부작 중의 완결편으로서, 졸업식 직전의 에피소드가 전개된다. 대학입시에서 계속 낙방하는 토모아와 대학교에 합격한 켄이 두 주인공으로서, 각자의 꿈을 향해 나아가는 친구들의 모습을 그렸다.

## 루프 시퀀서 : 뮤직 제네레이터

- ●석세스  ●ETC  ●2005년 3월 31일  ●6,800엔  ●플레이 명수 : 1~2인
- ●세이브 용량 : 132KB 이상  ●멀티탭 지원(~4인), USB 마이크 지원

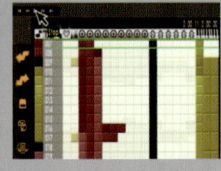

게임을 즐기는 감각으로 음악을 만드는 작곡용 툴. 미리 제작되어 있는 멜로디·베이스·리듬 등 1,500개 이상에 달하는 샘플 라이브러리를 조합하여 작곡을 즐겨 보자. 오리지널 프레이즈의 제작도 가능하다.

## 머나먼 시공 속에서 : 팔엽초

- ●코에이  ●AVG  ●2005년 4월 1일  ●6,800엔
- ●플레이 명수 : 1인   ●세이브 용량 : 89KB 이상

이세계 '쿄'를 무대로 삼은 여성용 연애 어드벤처 게임. 원작인 PS1판 및 TV 애니메이션 '머나먼 시공 속에서'를 기반으로 제작한 리메이크판이다. 아크람과의 연애 이벤트를 추가했고, 비주얼도 업그레이드시켰다.

## 우주전함 야마토 : 이중은하의 붕괴

- ●반다이  ●SLG  ●2005년 4월 7일  ●6,800엔
- ●플레이 명수 : 1인   ●세이브 용량 : 128KB 이상

암흑성단 3부작 시리즈의 제3탄에 해당하는 시뮬레이션 게임. 극장판 '야마토여 영원히'의 후반부를 기반으로 삼고, 오리지널 전개를 추가한 타이틀이다. 함대전·백병전 양 측면에서 원작의 세계를 만끽할 수 있다.

## PlayStation2 Game Software Catalogue

### 기동전사 건담 : 1년전쟁
- 반다이 ● ACT ● 2005년 4월 7일 ● 6,800엔
- 플레이 명수 : 1인 ● 세이브 용량 : 82KB 이상

반다이와 남코 양사의 제작진이 뭉친 'PROJECT PEGASUS' 팀이 개발한 액션 게임. 치밀한 그래픽과 고품질의 CG 동영상, 원작의 성우진이 연기한 음성 연출로 원작의 스토리를 따라가며 체험하는 작품이다.

### 세인트 세이야 : 성역 12궁 편
- 반다이 ● ACT ● 2005년 4월 7일 ● 6,800엔
- 플레이 명수 : 1~2인 ● 세이브 용량 : 78KB 이상

쿠루마다 마사미 원작의 인기 애니메이션을 기반으로 제작한 3D 대전 액션 게임. 스토리 모드에선 애니메이션판의 황금 12궁 편을 체험하며, 배틀 도중엔 드라마틱한 연출이 당시 호화 성우진의 풀보이스로 재현된다.

### WRC 4
- 스파이크 ● RCG ● 2005년 4월 7일 ● 6,800엔 ● 플레이 명수 : 1~4인
- 세이브 용량 : 429KB 이상 ● GT FORCE, GT FORCE Pro 지원

머신·드라이버·코스가 전부 실명으로 등장하는, 월드 랠리 챔피언십의 공인 레이싱 게임. 2004년 대회의 데이터를 수록하였으며, 이 해 처음 일본에서 개최되었던 랠리 재팬도 게임 내에서 체험할 수 있다.

### 스플린터 셀 : PANDORA TOMORROW
- UBISOFT ● ACT ● 2005년 4월 7일 ● 6,800엔
- 플레이 명수 : 1인 ● 세이브 용량 : 91KB 이상

인기 소설가 톰 클랜시가 감수한 「스플린터 셀」 시리즈의 2번째 작품. 무대가 동남아시아로 바뀌었으며, 주인공 '샘 피셔'가 다양한 극비 아이템들을 활용하여 새로운 잠입 임무에 도전하게 된다.

### 백야드 레슬링 2
- 에이도스 ● ACT ● 2005년 4월 7일 ● 5,800엔
- 플레이 명수 : 1~2인 ● 세이브 용량 : 150KB 이상

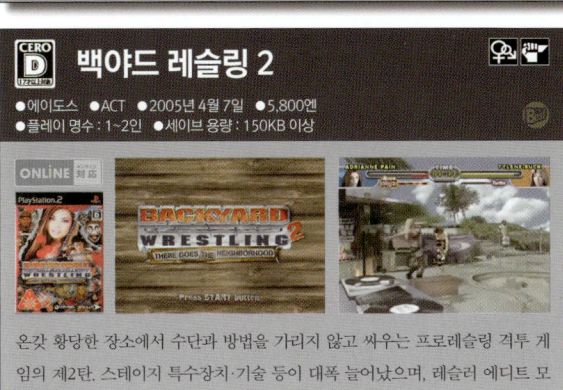

온갖 황당한 장소에서 수단과 방법을 가리지 않고 싸우는 프로레슬링 격투 게임의 제2탄. 스테이지 특수장치·기술 등이 대폭 늘어났으며, 레슬러 에디트 모드도 남녀 공히 충실해졌다. 오리지널 레슬러로 우승을 노려보자.

### 발드 포스 EXE
- 알케미스트 ● AVG ● 2005년 4월 7일 ● 6,800엔
- 플레이 명수 : 1인 ● 세이브 용량 : 222KB 이상

PC용 게임의 이식작. 네트워크가 발달한 근미래를 무대로 삼은 액션 어드벤처 게임이다. 어드벤처 파트에서 고른 선택지와 액션 파트에서 고른 선택지, 그리고 전투 결과에 따라 스토리가 변화된다.

### 프로야구 스피리츠 2
- 코나미 ● SPT ● 2005년 4월 7일 ● 6,800엔
- 플레이 명수 : 1~2인 ● 세이브 용량 : 1050KB 이상

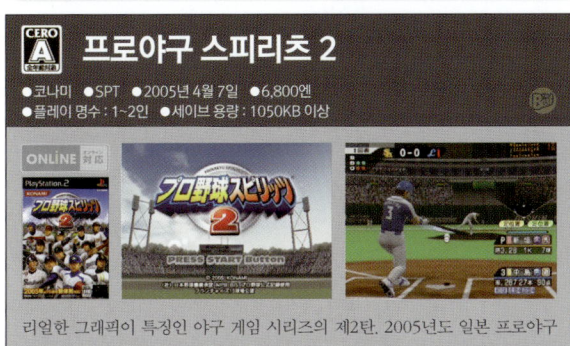

리얼한 그래픽이 특징인 야구 게임 시리즈의 제2탄. 2005년도 일본 프로야구 데이터가 기반이며, 모션도 더욱 증량시켰다. 선수 한 명에 초점을 맞추어 시합을 체험하는 '선수 플레이' 모드를 새로 추가했다.

### 최강 도다이 쇼기 스페셜 II
- 마이니치 커뮤니케이션즈 ● TBL ● 2005년 4월 14일
- 2,800엔 ● 플레이 명수 : 1~2인 ● 세이브 용량 : 200KB 이상

세계컴퓨터쇼기선수권에서 4회 우승한 사고엔진을 탑재한 쇼기 소프트. 대국과 박보장기에 집중해 제작했으며, CPU 난이도를 9단계로 설정할 수 있다. 여류기사 4명이 기용되어, 아나운스는 물론 대전 화면에도 등장한다.

079

## SIMPLE 2000 시리즈 Vol.76 : THE 회화로 영어여행

- ● D3 퍼블리셔 ● ETC ● 2005년 4월 14일 ● 2,000엔
- ● 플레이 명수 : 1인 ● 세이브 용량 : 102KB 이상

미국에 1주일간 체류하며 현지인들과 소통하는 식으로 영어회화를 배우는 어드벤처 게임. 문자 표시와 음성으로 대화하는 도중 적절한 정답을 선택하여 진행하며, 마지막엔 리스닝만으로 대화해야 한다.

## SIMPLE 2000 시리즈 Vol.77 : THE 회화로 한국어여행

- ● D3 퍼블리셔 ● ETC ● 2005년 4월 14일 ● 2,000엔
- ● 플레이 명수 : 1인 ● 세이브 용량 : 90KB 이상

한국에 1주일간 체류하며 현지인들과 소통하는 식으로 한국어회화를 배우는 어드벤처 게임. 왼쪽의 영어판보다는 간단한 문장·단어 중심으로 진행하며, 한국어에 입문하는 초보자에 맞춰 내용을 구성했다.

## 천외마경 III : NAMIDA

- ● 허드슨 ● RPG ● 2005년 4월 14일 ● 7,429엔
- ● 플레이 명수 : 1인 ● 세이브 용량 : 78KB 이상

허드슨의 간판 RPG인 「천외마경」 시리즈의 제3탄. 지팡구 섬 서쪽의 큐슈 지방이 배경으로서, 과거의 기억을 잃은 주인공 '나미다'가 자신을 도와준 소녀 '이치요'를 구하기 위해 여행에 나선다는 스토리다.

## 리모트 컨트롤 댄디 SF

- ● 코나미 ● ACT ● 2005년 4월 14일 ● 6,980엔
- ● 플레이 명수 : 1~2인 ● 세이브 용량 : 215KB 이상

PS1으로 발매되었던 로봇 액션 게임의 속편. 컨트롤러를 리모컨 삼아, 30m 이상의 거대 로봇을 직접 조종하여 폭주 로봇과 싸우는 작품이다. 30종 이상의 로봇이 등장하며, 대전 플레이도 가능하다.

## 위저드리 서머너

- ● 타이토 ● RPG ● 2005년 4월 21일 ● 6,800엔
- ● 플레이 명수 : 1인 ● 세이브 용량 : 60KB 이상

게임보이 어드밴스용 게임의 이식작. 고전인 「위저드리」를 기반으로 제작한 3D 던전 RPG다. 신규 추가된 '소환사'라는 직업은 물리친 몬스터를 소환시켜 동료로 삼을 수 있다. 함정투성이 미궁의 탐색도 원작을 방불케 한다.

## 시공모험기 젠트릭스

- ● 반다이 ● ACT ● 2005년 4월 21일 ● 6,800엔
- ● 플레이 명수 : 1~2인 ● 세이브 용량 : 100KB 이상

홍콩의 3D CG 애니메이션을 게임화했다. '젠트로이드'라 불리는 로봇들이 싸우는 대전격투 게임으로서, 원작의 스토리를 따라가는 모드를 비롯해 서바이벌 모드, 말판놀이 풍의 육성 모드를 탑재하였다.

## 성계의 전기

- ● 사이버프론트 ● SLG ● 2005년 4월 21일 ● 6,800엔
- ● 플레이 명수 : 1인 ● 세이브 용량 : 420KB 이상

같은 제목의 SF소설이 원작인 전략 시뮬레이션 게임. 캐릭터와 함선 유닛을 조합해 함대를 편성하여, 다채로운 미션을 클리어해가다. 시나리오는 원작에 없는 오리지널 전개이며, 원작자가 쓴 단편소설도 수록했다.

## 데멘토

- ● 캡콤 ● ACT ● 2005년 4월 21일 ● 6,990엔
- ● 플레이 명수 : 1인 ● 세이브 용량 : 197KB 이상

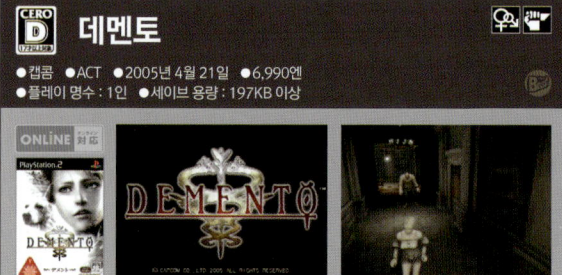

「클락 타워」 시리즈의 영향을 강하게 받은 호러 액션 어드벤처 게임. 주인공 '피오나'가 개 '휴이'를 구해준 후 함께 행동하여, 휴이에게 적절히 명령하면서 자신이 감금된 고성을 탈출한다는 스토리의 작품이다.

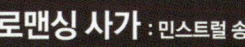 **PlayStation2 Game Software Catalogue**

## 로맨싱 사가 : 민스트럴 송

- 스퀘어 에닉스 ● RPG ● 2005년 4월 21일 ● 6,800엔 ● 플레이 명수 : 1인
- 세이브 용량 : 250KB 이상 ● PlayStation BB Unit (캐시) 지원

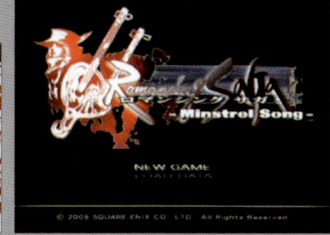

「로맨싱 사가」 1편을 리메이크한 작품. 8명의 주인공과 자유도 높은 '프리 시나리오' 시스템을 비롯해, 원작에서는 미완성이던 다수의 이벤트를 보완해 수록한 것이 특징이다. 캐릭터 디자인 변경, 음성 추가, 무기·방어구 개조 시스템 도입, 전투 시스템 개량 등 수많은 요소를 새로 추가하였다.

## 베이스볼 라이브 2005

- 남코 ● SPT ● 2005년 4월 21일 ● 6,800엔
- 플레이 명수 : 1~2인 ● 세이브 용량 : 87KB 이상

## C@M STATION (캠 스테이션)

- 아르덕 ● ETC ● 2005년 4월 28일 ● 4,500엔 ● 플레이 명수 : 1~4인
- 아이토이 카메라, USB 헤드셋, PlayStation BB Unit : 1GB 이상 필수

2004년도 데이터를 반영시킨 일본 프로야구 게임. 일부 팬을 대놓고 노린 특정 선수의 응원가 연주 장면을 비롯해, 다양한 유니폼의 선택도 가능하다. 변화구를 자유자재로 던질 수 있는 점도 매력적이다.

PS2를 단말기로 활용하여, 온라인을 경유해 영상·음성 채팅을 즐길 수 있었던 소프트. 아이토이 카메라와 헤드셋을 활용하여 최대 4명까지 커뮤니케이션할 수 있다. 이메일 송·수신 기능과 미니게임도 수록했다.

## 스펙트럴 포스 크로니클

- 아이디어 팩토리 ● SLG ● 2005년 4월 28일 ● 6,800엔
- 플레이 명수 : 1인 ● 세이브 용량 : 116KB 이상

## SEGA AGES 2500 시리즈 Vol.19 : 파이팅 바이퍼즈

- 세가 ● ACT ● 2005년 4월 28일 ● 2,500엔
- 플레이 명수 : 1~2인 ● 세이브 용량 : 51KB 이상

아이디어 팩토리의 창사 10주년 기념 타이틀. PS1으로 발매되었던 「스펙트럴 포스」, 「스펙트럴 포스 2」, 「스펙트럴 포스 : 사랑스러운 사악」 3개 작품을 합본했으며, 3D화한 전투 신과 애니메이션 연출을 즐길 수 있다.

코스프레를 연상케 하는 방어구 아머와, 이를 호쾌하게 깨뜨리는 아머 파괴기가 특징인 폴리곤 대전격투 게임. 게임 속도는 PS2에 맞춘 60프레임과, 원작인 아케이드판과 동등한 57.5프레임 중에서 선택할 수 있다.

## 대전 핫 기믹 : 액세스 작

- 크로스노츠 ● TBL ● 2005년 4월 28일 ● 5,980엔
- 플레이 명수 : 1인 ● 세이브 용량 : 42KB 이상

## Dear My Friend : Love like powdery snow

- 예티 ● AVG ● 2005년 4월 28일 ● 6,800엔
- 플레이 명수 : 1인 ● 세이브 용량 : 649KB 이상

아케이드용 마작 게임 「대전 핫 기믹 3 : 디지털 서핑」을 개변 이식한 작품. 전신 쫄쫄이 복장의 남자와 대국하는 '작 파이트' 모드도 여전하다. 오리지널 소책자를 동봉한 스페셜 판도 동시 발매되었다.

PC용 게임의 이식작. 전형적인 시스템의 연애 어드벤처 게임으로서, 주변인들과의 관계를 유지하면서 소녀들과 친분을 쌓아가는 아슬아슬한 전개를 즐길 수 있다. 이식 과정에서 각 히로인별로 추가 시나리오를 넣었다.

## North Wind : 영원한 약속

- 데이팀 폴리스타　● AVG　● 2005년 4월 28일　● 6,800엔
- 플레이 명수 : 1인　● 세이브 용량 : 110KB 이상

PC용 게임의 이식작. 원작의 3장 구성을 2장 구성으로 변경했고, 시나리오를 대폭 가필했으며 신 캐릭터도 추가했다. '연문제'라는 축제가 열려온 한적한 시골 마을에서, 주인공과 히로인들이 펼치는 사랑 이야기를 즐기자.

## Hello Kitty 구출대작전

- 햄스터　● ACT　● 2005년 4월 28일　● 4,800엔
- 플레이 명수 : 1인　● 세이브 용량 : 82KB 이상

헬로키티 30주년 기념작품. 3D 그래픽으로 디자인된 '산리오 타운'에서, 헬로키티가 귀여운 액션을 구사하며 우주에서 침공해 온 적을 격퇴한다는 내용의 게임이다. 산리오 사의 다른 캐릭터들도 다수 등장한다.

## 폴아웃 : 브라더후드 오브 스틸

- 세가　● ACT　● 2005년 4월 28일　● 6,800엔
- 플레이 명수 : 1~2인　● 세이브 용량 : 424KB 이상

핵전쟁 이후의 황폐한 세계가 배경인 액션 RPG. 1960년대를 방불케 하는 세계관과 블랙유머를 흠뻑 끼얹은 연출이 재미있다. 문명이 붕괴된 '폴아웃'의 세계에서 다양한 무기를 활용하며 살아남아 보자.

## 프레그런스 테일

- TAKUYO　● SLG　● 2005년 4월 28일　● 5,800엔
- 플레이 명수 : 1인　● 세이브 용량 : 101KB 이상

천사와 악마를 화해시켜야 하는 육성형 연애 시뮬레이션 게임. 마법약 '그로우메리'에 다양한 향료를 배합하여 향수 '나베리'를 만들어내자. 나베리를 완성하려면 요정과 선생님, 8명의 악마와 천사의 힘까지도 빌려야 한다.

## 모험왕 비트 : 다크니스 센추리

- 반다이　● RPG　● 2005년 4월 28일　● 6,800엔
- 플레이 명수 : 1~2인　● 세이브 용량 : 67KB 이상

같은 제목의 인기 애니메이션이 원작인 액션 RPG. 원작자의 감수 하에 제작된, 감동과 흥분의 모험 드라마를 체험해보자. 게임판의 오리지널 신규 이벤트와 몬스터도 추가하여, 매력적인 판타지 세계를 만끽할 수 있다.

## 머시너리즈

- 일렉트로닉 아츠　● ACT　● 2005년 4월 28일　● 6,800엔
- 플레이 명수 : 1인　● 세이브 용량 : 479KB 이상

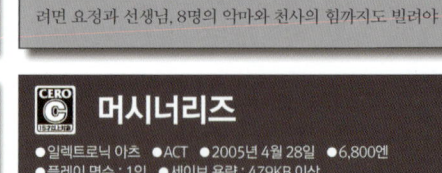

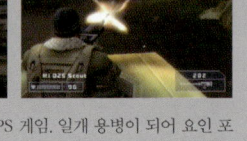

쿠데타가 일어난 북한이 무대인 오픈월드 TPS 게임. 일개 용병이 되어 요인 포박, 폭파공작 등의 임무를 수행하자. 저마다 나름의 꿍꿍이가 있는 4개 세력의 임무를 해결하는 과정에서 최종적인 엔딩이 변화하게 된다.

## 마비노×스타일

- 키드　● AVG　● 2005년 4월 28일　● 6,800엔
- 플레이 명수 : 1인　● 세이브 용량 : 82KB 이상

이세계로 워프돼 버린 주인공과 히로인들 간의 교류를 그린 롤플레잉 어드벤처 게임. 견습 마술사들의 교육기관인 마비노키 마법학교에서, 수집한 카드를 교환하여 사용 가능한 마법을 늘려가며 사건을 해결해보자.

## 메탈 슬러그 5

- SNK 플레이모어　● ACT　● 2005년 4월 28일　● 6,800엔
- 플레이 명수 : 1~2인　● 세이브 용량 : 100KB 이상

인기 액션 슈팅 게임 「메탈 슬러그」 시리즈의 6번째 작품. 타이틀 로고를 장식한 신 병기 '슬러그 거너'는 이족보행 로봇과 탱크로 변신할 수 있다. 신규 액션으로서 슬라이딩이 추가되었다.

## PlayStation2 Game Software Catalogue

### LikeLife an hour
CERO D
- GN 소프트웨어
- AVG
- 2005년 4월 28일
- 6,800엔
- 플레이 명수 : 1인
- 세이브 용량 : 70KB 이상

PC용 게임의 이식작. 주인공 주변의 휴대폰·냉장고 등 가전기기가 갑자기 소녀로 의인화되어 한바탕 대소동이 벌어진다는 스토리. 원작의 개발 스탭들이 참여해 시나리오를 증량하고 CG와 신규 이벤트를 추가했다.

### 러브돌 : Lovely Idol
CERO B
- 프린세스 소프트
- SLG
- 2005년 4월 28일
- 7,000엔
- 플레이 명수 : 1인
- 세이브 용량 : 270KB 이상

엔터브레인 사의 잡지 '마지큐'에 연재되었던 독자 참여형 기획을 게임화했다. 12명 10팀으로 구성된 다양한 장르의 아이돌들을 매니징하여, No.1 아이돌을 가리는 'I-1 그랑프리'의 최우수 그랑프리 자리를 노려보자.

### 영원의 아세리아 : 이 대지의 끝에서
CERO B
- 니폰이치 소프트웨어
- SLG
- 2005년 5월 12일
- 6,800엔
- 플레이 명수 : 1인
- 세이브 용량 : 313KB 이상

PC용 게임의 이식작. 현대의 일본에서 이세계로 소환된 주인공이, 이세계의 다양한 갈등에 고민하면서 싸워나가는 SLG다. PC판의 확장팩 디스크 「~EXPANSION」의 내용 및 신규 맵을 추가하는 등, 오리지널 요소가 가득하다.

### 프론트 미션 온라인
CERO A
- 스퀘어 에닉스
- RPG
- 2005년 5월 12일
- 6,800엔
- 플레이 명수 : 1인
- PlayStation BB Unit 필수 · USB 키보드 · USB 마우스 · 로지쿨 USB 헤드셋(LPAC-50000) 지원

「프론트 미션」 1편을 기반으로 제작한, 'PlayOnline' 서비스 전용 온라인 전술 롤플레잉 액션 게임. 허프만 섬을 무대로 삼아, 두 진영 중 한쪽에 소속된 일개 병사로서 전투에 참가한다. 음성 채팅도 가능했다.

### 매지컬☆테일 : 꼬마 마법사
CERO D
- 프린세스 소프트
- AVG
- 2005년 5월 12일
- 6,800엔
- 플레이 명수 : 1인
- 세이브 용량 : 265KB 이상

PC용 게임의 이식작. 마법학교에 다니던 주인공이 마법에 의해 아이로 변해버려, 소꿉친구이자 동급생이 교육실습생으로 활동 중인 반으로 전학해온다는 스토리다. 「카페 리틀 위시」의 인기 캐릭터도 등장한다.

### 뱀파이어 : 다크스토커즈 컬렉션
CERO C
- 캡콤
- ACT
- 2005년 5월 19일
- 4,800엔
- 플레이 명수 : 1~2인
- 세이브 용량 : 42KB 이상 · PlayStation BB Unit (캐시) 지원 : 1024MB 이상 필요

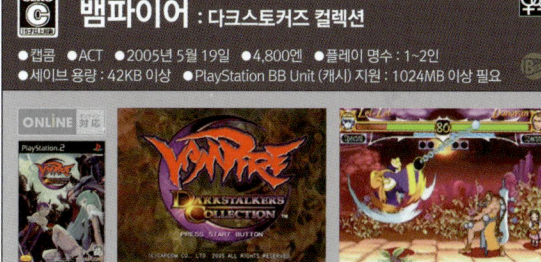

온갖 형태의 몬스터들이 등장하는 대전격투 게임「뱀파이어」시리즈의 첫 작품부터「뱀파이어 헌터 2」,「뱀파이어 세이비어 2」까지 총 5개 타이틀을 완전 수록했다. 어레인지 버전에선 '디'라는 숨겨진 캐릭터도 사용 가능하다.

### 유☆유☆백서 FOREVER
CERO B
- 반프레스토
- ACT
- 2005년 5월 19일
- 6,800엔
- 플레이 명수 : 1~2인
- 세이브 용량 : 115KB 이상

토가시 요시히로 원작의 인기 만화를 대전격투 게임화했다. 원작의 '암흑무술 대회 편'부터 '마계 통일 토너먼트 편'까지 수록했고, 원작에 없었던 꿈의 대결도 즐길 수 있다. 애니메이션판을 따른 비주얼로 원작의 세계관을 재현했다.

### 이스 IV : 마스크 오브 더 선 – a new theory
CERO A
- 타이토
- RPG
- 2005년 5월 26일
- 5,800엔
- 플레이 명수 : 1인
- 세이브 용량 : 80KB 이상

기본적으로는 슈퍼 패미컴판 「이스 IV」의 이식작이지만, 키 아이템인 '태양의 가면'의 새로운 재해석, 에스테리아 재방문 파트의 삭제 등을 비롯하여, 당시의 최신작 「이스 VI」의 설정까지 믹스해 시나리오를 전면 재구축하였다.

## 이리스의 아틀리에 : 이터널 마나 2

- 거스트 ● RPG ● 2005년 5월 26일 ● 6,800엔 ● 플레이 명수 : 1인
- 세이브 용량 : 300KB 이상 ● 돌비 디지털, 돌비 서라운드 지원

2004년 발매되었던 「이리스의 아틀리에 : 이터널 마나」의 속편. 펠트와 비제, 두 남녀 주인공이 '모험'과 '연금술'을 통한 아이템 합성' 역할을 분담하는 것이 특징이다. 두 주인공을 조작하여 고고세계 에덴의 이변을 추적하자.

## 울트라맨 넥서스

- 반다이 ● ACT ● 2005년 5월 26일 ● 5,800엔
- 플레이 명수 : 1~2인 ● 세이브 용량 : 62KB 이상

같은 제목의 특촬 TV 드라마를 대전격투 게임화했다. 울트라맨 넥서스뿐만 아니라 울트라맨 더 넥스트와 울트라맨 노아도 참전하여, 명대사와 명장면을 재현한다. 원작 특유의 속도감 넘치는 고속전투를 즐길 수 있다.

## 콘스탄틴

- 마벨러스 엔터테인먼트 ● ACT ● 2005년 5월 26일 ● 6,800엔
- 플레이 명수 : 1인 ● 세이브 용량 : 91KB 이상

키아누 리브스 주연의 같은 제목 영화를 액션 어드벤처 게임화했다. 현대의 LA를 배경으로, 지옥에서 인간 세상으로 침입해온 악마들을 퇴치하자. 주인공 고유의 특수능력과 성수, 십자가형 총을 활용해 싸워야 한다.

## 지팡구

- 반다이 ● SLG ● 2005년 5월 26일 ● 6,800엔
- 플레이 명수 : 1인 ● 세이브 용량 : 126KB 이상

카와구치 카이지의 인기 만화를 해전 시뮬레이션 게임화한 작품. 이지스함 '미라이'의 부함장 '카도마츠'가 되어, 역사의 개변을 피해가며 다양한 미션을 수행하자. 이지스함의 조함 과정을 리얼하게 재현하였다.

## SIMPLE 2000 시리즈 Vol.78 : THE 우주대전쟁

- D3 퍼블리셔 ● SLG ● 2005년 5월 26일 ● 2,000엔
- 플레이 명수 : 1~2인 ● 세이브 용량 : 76KB 이상

하이테크 전투기를 조종하여 우주에서 온 침략자에 맞서는 플라이트 슈팅 게임. 6기의 전투기와 12종류의 무기를 조합하여 20종 이상의 미션에 도전하자. 기체를 커스터마이즈하여 우주인들을 쓸어버리자.

## SIMPLE 2000 시리즈 얼티밋 Vol.25 : 최고속! 폭주 킹 BU의 BU - 압승전설 2개

- D3 퍼블리셔 ● RCG ● 2005년 5월 26일 ● 2,000엔
- 플레이 명수 : 1~2인 ● 세이브 용량 : 215KB 이상

「최고속! 폭주 킹 BU : 압승전설 2」의 염가 개량판. 원작에 4개 차종과 파츠를 또 다시 추가하고 신규 코스 하나를 늘린 버전이다. 차종은 총 29종이며, 1,700가지 이상의 파츠로 나만의 폭주족 차량을 디자인할 수 있다.

## 슬로터 UP 매니아 6 : 오키 열풍! 파이오니어 스페셜 II

- 도라트 ● SLG ● 2005년 5월 26일 ● 5,000엔 ● 플레이 명수 : 1인
- 세이브 용량 : 520KB 이상 ● 슬롯컨, 파치슬로 컨트롤러 Pro·Pro2·쿠로토 지원

'마법의 히비스커스' 등, 파이오니어 사의 명기 7종류를 수록한 파치슬로 실기 시뮬레이터. 이른바 '오키슬롯' 시리즈를 집중적으로 수록하여 실기를 완전 재현했다. 공략 기능과 라이브러리도 탑재했다.

## 쵸로Q 웍스

- 아들러스 ● RCG ● 2005년 5월 26일 ● 6,800엔
- 플레이 명수 : 1~2인 ● 세이브 용량 : 120KB 이상

「쵸로Q」시리즈의 외전격 작품. 차량에 작업용 확장 파츠를 장착해, 건축·수송 등의 다양한 작업을 미니게임 형식으로 클리어해 보자. 등장 쵸로Q는 모두 실존 차량들로서, 카툰 셰이딩 덕에 더욱 코믹한 디자인이 되었다.

## PlayStation2 Game Software Catalogue

### 티어 링 사가 시리즈 : 베르위크 사가
- 엔터브레인　● SLG　● 2005년 5월 26일　● 6,800엔
- 플레이 명수 : 1인　● 세이브 용량 : 1775KB 이상

PS1으로 발매되었던 「티어 링 사가 : 유토나 영웅전기」의 속편 격인 시뮬레이션 RPG. 맵이 헥스 형태로 변경되었으며, 전작과 달리 적·아군의 행동 타이밍이 뒤섞여 진행되는 동시 턴제 시스템을 채택했다.

### 독스 라이프
- 석세스　● AVG　● 2005년 5월 26일　● 5,980엔
- 플레이 명수 : 1인　● 세이브 용량 : 1518KB 이상

플레이어가 '개'가 되어 자유롭게 동네 곳곳을 돌아다니며 모험하는 강아지 생활 체험 어드벤처 게임. 시각적으로 보이는 '냄새'를 쫓아 다양한 힌트를 찾아내어, 납치당하고 만 암컷 개를 구출하는 것이 목적이다.

### 남코 크로스 캡콤
- 남코　● SLG　● 2005년 5월 26일　● 6,800엔
- 플레이 명수 : 1인　● 세이브 용량 : 338KB 이상

남코 및 캡콤 양사의 인기 캐릭터 200명 이상이 크로스오버로 활약하는 시뮬레이션 RPG. 5곳의 이세계를 무대로 삼아, 수많은 캐릭터들이 유닛 형태로 등장하여 원작의 맛을 살리며 다양한 활약을 보여준다.

### 파멸의 마르스
- 아이디어 팩토리　● ACT　● 2005년 5월 26일　● 6,800엔
- 플레이 명수 : 1인　● 세이브 용량 : 140KB 이상

애니메이션 동영상을 대량으로 삽입한 SF 연애 어드벤처 게임. 화성탐사선의 사고로부터 시작된 유적인들의 습격과, 이에 대항하는 조직이 얽히는 이야기다. 전투 시스템에 타이밍을 중시한 리얼타임제를 채용하였다.

### 반숙영웅 4 : 7인의 반숙영웅
- 스퀘어 에닉스　● RPG　● 2005년 5월 26일　● 6,800엔
- 플레이 명수 : 1인　● 세이브 용량 : 75KB 이상

밝고 가벼운 세계관의 SRPG 「반숙영웅」 시리즈의 제4탄. 부대 수 100:100의 대난투 형태가 됐으며, 소환 가능한 에그몬스터도 200종 이상인 등 볼륨이 늘어났다. 온갖 패러디가 가득한 개그 분위기는 이 작품도 여전하다.

### for Symphony : with all one's heart
- TAKUYO　● AVG　● 2005년 5월 26일　● 6,800엔
- 플레이 명수 : 1인　● 세이브 용량 : 156KB 이상

졸업하기 전까지의 1년간을 친구들과 함께 지내는 학원물 연애 어드벤처 게임. 남녀 중에서 주인공의 성별을 선택할 수 있어, 같은 상대라도 연인관계, 동성 간 친구관계 등의 다양한 가능성으로 변화하게 된다.

### 레이싱 배틀 : C1 GRAND PRIX
- 겐키　● RCG　● 2005년 5월 26일　● 6,800엔　● 플레이 명수 : 1~2인
- 세이브 용량 : 460KB 이상　● GT FORCE, GT FORCE PRO, 아이토이 카메라 지원

「수도고 배틀」 시리즈의 연장선상에 있는 레이싱 게임. 일본 각지의 서킷과 고속도로가 게임 내 코스로 등장한다. 일본의 실존 차량을 직접 튜닝하여, 다양한 배틀 형식으로 대결하면서 레이스에 참전하자.

### 레드 데드 리볼버
- 캡콤　● ACT　● 2005년 5월 26일　● 6,659엔
- 플레이 명수 : 1~2인　● 세이브 용량 : 96KB 이상

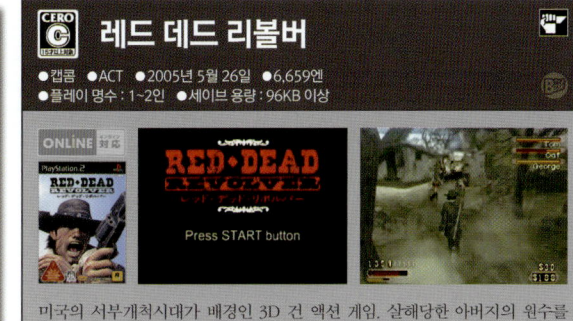

미국의 서부개척시대가 배경인 3D 건 액션 게임. 살해당한 아버지의 원수를 갚기 위해, 아버지의 유품인 총을 쥐고 무법자들을 소탕해간다는 스토리다. 술집에서의 싸움과 열차강도 등, 서부극다운 시추에이션이 가득하다.

## SIMPLE 2000 시리즈 2in1 Vol.1 : THE 테니스 & THE 스노보드

- D3 퍼블리셔 ● SPT ● 2005년 6월 2일 ● 2,000엔
- 플레이 명수 : 1~2인 ● 세이브 용량 : 소프트 별로 다름

인기 스포츠 게임 2종류를 즐길 수 있는 염가 합본 팩. 누구든 간단한 조작으로 테니스 특유의 심리전을 만끽할 수 있는 「~THE 테니스」와, 하이스피드로 다채로운 트릭을 구사하는 「~THE 스노보드」를 수록했다.

## SIMPLE 2000 시리즈 2in1 Vol.2 : THE 배스 피싱 & THE 볼링 HYPER

- D3 퍼블리셔 ● SPT ● 2005년 6월 2일 ● 2,000엔
- 플레이 명수 : 1~2인 ● 세이브 용량 : 소프트 별로 다름

2종류의 인기 스포츠 게임을 수록한 염가 합본 팩. 기온·날씨·방해물 등을 고려해 전략을 짜는 배스 낚시의 재미를 재현한 「~THE 배스 피싱」과, 볼과 핀이 리얼하게 움직이는 「~THE 볼링 HYPER」를 수록했다.

## SIMPLE 2000 시리즈 2in1 Vol.3 : THE 퍼즐 컬렉션 2,000문제 & THE 동양 3대 점술

- D3 퍼블리셔 ● PZL ● 2005년 6월 2일 ● 2,000엔
- 플레이 명수 : 1~2인 ● 세이브 용량 : 소프트 별로 다름

퍼즐 게임과 점패 소프트를 수록한 염가 합본 팩. 「~THE 퍼즐 컬렉션」은 직소 퍼즐·일러스트 퍼즐·슬라이드 퍼즐 2,000문제를 수록했고, 「~THE 동양 3대 점술」은 성명판단·풍수·역학 등의 점을 볼 수 있다.

## 스탠더드 대전략 : 잃어버린 승리

- 세가 ● SLG ● 2005년 6월 2일 ● 6,800엔
- 플레이 명수 : 1인 ● 세이브 용량 : 1780KB 이상

「스탠더드 대전략 전격전」(52p)의 속편. 캠페인 모드에서는 1941년부터 1945년 종전시까지의 시나리오를 수록했다. 전작의 플레이데이터를 로드하면 조금 더 유리한 상황에서 게임을 시작할 수 있다.

## 홈메이드 : 최후의 저택

- 프린세스 소프트 ● AVG ● 2005년 6월 2일 ● 6,900엔
- 플레이 명수 : 1인 ● 세이브 용량 : 465KB 이상

옛 일본 땅이자 현 영국령인 가상의 지역 '사이타마'가 무대인 어드벤처 게임. 고용주와 메이드를 교육하는 학교에서 펼쳐지는 남작 가문 후계자와 메이드 후보생들 간의 사랑을 그렸다. PC판 이식 과정에서 CG 등을 추가했다.

## 킬러 7

- 캡콤 ● ACT ● 2005년 6월 9일 ● 6,800엔
- 플레이 명수 : 1인 ● 세이브 용량 : 63KB 이상

7명의 인격을 지닌 다중인격 살인청부업자 '킬러 7'이 활약하는 액션 게임. 서로 다른 무기와 특수능력을 지닌 각 인격을 적절히 전환해 진행하며, 세계를 위협하는 생체병기 '헤븐 스마일'과 대결하자.

## 싸움대장

- 스파이크 ● ACT ● 2005년 6월 9일 ● 6,800엔
- 플레이 명수 : 1인 ● 세이브 용량 : 800KB 이상

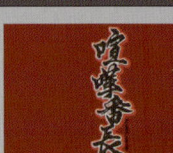

사나이 기백이 넘치는 주인공이 되어 싸우는 액션 게임. 거리를 어슬렁거리는 불량소년을 눈빛으로 위협한 후 때려눕히자. '주먹다짐'이 테마인 타이틀로서, 상대로부터 얻어낸 싸움 기술을 커스터마이즈할 수도 있다.

## 사커 라이프 2

- 반프레스토 ● SLG ● 2005년 6월 9일 ● 6,800엔
- 플레이 명수 : 1인 ● 세이브 용량 : 2320KB 이상

축구선수로서의 인생을 체험하는 게임인 「사커 라이프」의 속편. 다양한 팀 중 하나에 소속되어, 시합에 출전하기까지의 과정을 게임으로 체험할 수 있다. 여성과 만나며 엮이는 다양한 러브스토리도 준비되어 있다.

## PlayStation2 Game Software Catalogue

### 소녀 요시츠네 전 이(弐) : 시간을 초월한 약속
- 웰메이드 ● AVG ● 2005년 6월 9일 ● 5,000엔
- 플레이 명수 : 1인 ● 세이브 용량 : 175KB 이상

'벤케이'가 되어 미소녀 '미나모토노 요시츠네'를 보좌하는 전략 시뮬레이션+연애 어드벤처 게임의 속편. 현대에서 다시 타임 슬립해온 주인공이, 요시츠네의 오슈 도피를 돕는다는 스토리. '오의' 등의 신규 시스템을 넣었다.

### 스팀보이
- 반다이 ● ACT ● 2005년 6월 9일 ● 6,800엔
- 플레이 명수 : 1인 ● 세이브 용량 : 110KB 이상

오토모 카츠히로 감독의 SF 모험 애니메이션 영화를 게임화했다. 주인공 '레이'가 되어, 초고압증기를 봉인한 발명품 '스팀볼'을 사용해 점프 액션을 펼치자. 퍼즐과 배틀을 돌파하며, 스팀 성의 최상층에 도달해야 한다.

### 메탈 사가 : 흙먼지의 사슬
- 석세스 ● RPG ● 2005년 6월 9일 ● 6,980엔 ● 플레이 명수 : 1인
- 세이브 용량 : 102KB 이상 ● USB 마우스, PlayStation BB Unit (캐시·세이브) 지원

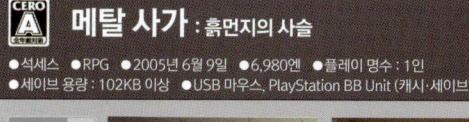

탱크를 몰고 다니며 황폐한 근미래인 「메탈 맥스」의 세계에서 서바이벌하는 RPG. 교대 가능한 동료 및 개를 데리고, 800종 이상의 이벤트를 체험하자. 어떻게 진행하든 모험이 계속 이어지는 높은 자유도가 특징이다.

### 아이토이 : 플레이 2
- 소니컴퓨터엔터테인먼트 ● ETC ● 2005년 6월 16일 ● 4,500엔
- 플레이 명수 : 1~4인 ● 세이브 용량 : 820KB 이상 ● 아이토이 카메라 필수

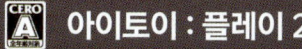

아이토이 카메라를 사용하는 파티 게임의 제2탄. 카메라에 비친 자신의 움직임이 화면에 반영되는 것이 특징이다. 목소리나 소리를 이용하는 게임도 추가하여, 총 12장르의 미니게임 77종류를 수록했다. 4인 동시 플레이도 가능하다.

### 이누야샤 : 오의난무
- 반다이 ● ACT ● 2005년 6월 16일 ● 6,800엔
- 플레이 명수 : 1~2인 ● 세이브 용량 : 92KB 이상

애니메이션으로도 인기였던 같은 제목의 명작을 3D 대전격투 게임화했다. 파트너에게 지시를 내리는 태그 연계 액션을 구사하여 승부를 내자. 스토리·미션·배틀·프랙티스 등의 게임 모드를 수록했다.

### 슬라이 쿠퍼 2 : 괴도 브라더스 대작전!
- 소니컴퓨터엔터테인먼트 ● ACT ● 2005년 6월 16일 ● 5,800엔
- 플레이 명수 : 1인 ● 세이브 용량 : 100KB 이상

괴도 '슬라이 쿠퍼'가 되어, 각 스테이지에 마련되어 있는 다양한 미션에 도전하는 스타일리시 액션 게임의 속편. 은신 플레이와 '마무리 슬램' 등을 추가하여, 더욱 괴도다운 액션을 펼칠 수 있게 되었다.

### 슬로터 UP 코어 7 : 격투타! 스트리트 파이터 II
- 도라트 ● SLG ● 2005년 6월 16일 ● 4,700엔 ● 플레이 명수 : 1인
- 세이브 용량 : 186KB 이상 ● 슬롯컨, 파치슬로 컨트롤러 Pro·Pro2·쿠로토 지원

인기 격투게임 「스트리트 파이터 II」를 모티브로 삼은 파치슬로 기기의 실기 시뮬레이터. 실기를 완전 재현하여, 필승 패턴을 연구하거나 인기 캐릭터의 잭팟 연출을 발동시켜 감상할 수 있도록 했다.

### 드래그 온 드라군 2 : 봉인의 홍색, 배덕의 흑색
- 스퀘어 에닉스 ● RPG ● 2005년 6월 16일 ● 6,800엔
- 플레이 명수 : 1인 ● 세이브 용량 : 52KB 이상

용과 검의 힘을 빌려, 공중과 지상 양면으로 전투를 진행하는 다크 판타지 RPG의 속편. 18년 전 세계를 파괴시킬 뻔한 위기를 초래했던 성녀와 봉인기사단의 소년이 만나면서, 희망으로 이어지는 새로운 이야기가 시작된다.

087

## 엔조이 골프!
- 니혼 텔레네트　●SPT　●2005년 6월 23일　●4,743엔
- 플레이 명수: 1~4인　●세이브 용량: 240KB 이상　●멀티탭 지원(~4인)

코스를 직접 만들어 즐기는 골프 게임. 미리 수록된 코스는 물론이고, 오리지널 코스를 직접 디자인할 수도 있다. 코스 에디트는 플레이어가 하나하나 디테일하게 설계하는 것도, 자동생성으로 간편하게 만드는 것도 가능하다.

## 음양대전기: 패자의 인
- 반다이　●AVG　●2005년 6월 23일　●6,800엔　●플레이 명수: 1~2인
- 세이브 용량: 75KB 이상　●멀티탭 지원(~4인)

같은 제목 미디어믹스의 일환으로서 발매된 액션 어드벤처 게임. 인간과 식신 간의 우정과 인을 맺어 발동하는 필살기 등, 원작의 세계관을 잘 재현했다. '인간', '식신', '인간+식신' 형태를 적절히 전환하며 스토리를 진행하자.

## 디오라마 전선 이상 무: 스탈린그라드로 가는 길
- 마리오넷　●SLG　●2005년 6월 23일　●5,980엔
- 플레이 명수: 1인　●세이브 용량: 78KB 이상

프라모델 탱크를 조작하여 디오라마 상에서 전투하는 시뮬레이션 RPG. 상점에서 프라모델을 구입해 와 디오라마 보드에 배치하면서 미션을 공략하자. 키트를 개조하여 강화시킬 수도 있다.

## Zill O'll infinite
- 코에이　●RPG　●2005년 6월 23일　●6,800엔
- 플레이 명수: 1인　●세이브 용량: 79KB 이상

1999년 PS1으로 발매된 바 있는 「Zill O'll」의 리메이크판. 중세 유럽풍의 세계를 무대로 삼은 프리 시나리오 RPG. 원작에 없던 에피소드와 이벤트가 새로 추가되었고, 엔딩이 원작의 2배로 불어났다.

## SIMPLE 2000 시리즈 Vol.80 THE 오네참프루 - THE 오네찬바라 특별편
- D3 퍼블리셔　●ACT　●2005년 6월 23일　●2,000엔
- 플레이 명수: 1인　●세이브 용량: 56KB 이상

2004년 발매되었던 「~THE 오네찬바라」의 특별편. 수영복을 입은 누님이 무수한 좀비 떼를 마구 베어 쓸어버리는 검술 액션 게임이다. '특별편'답게, SIMPLE 2000 시리즈의 간판인 '후타바 리호'와 여동생 '마코토'를 추가했다.

## SIMPLE 2000 시리즈 얼티밋 Vol.26 러브★스매시! 5.1 - 테니스 로봇의 반란
- D3 퍼블리셔　●SPT　●2005년 6월 23일　●2,000엔
- 플레이 명수: 1~2인　●세이브 용량: 49KB 이상

2003년 발매되었던 「러브★스매시! 5」의 개정판. 세계의 운명이 걸린 지하 테니스 대회에서, 비현실적인 필살기를 구사하며 여왕 자리를 노려보자. 원작의 시스템을 변경했고, 신 캐릭터 등의 컨텐츠를 추가했다.

## Tom Clancy's GHOST RECON: JUNGLE STORM
- UBISOFT　●SLG　●2005년 6월 23일　●6,800엔
- 플레이 명수: 1~2인　●세이브 용량: 160KB 이상

중남미를 배경으로 특수공작원 임무에 도전하는 FPS 게임. 「GHOST RECON」(상권 158p)의 추가 시나리오 격인 작품으로서, PC판에서는 별도 판매되었던 'ISLAND THUNDER' 미션도 합본 수록되어 있다.

## 환상게임 현무개전 외전: 거울의 무녀
- 아이디어 팩토리　●AVG　●2005년 6월 23일　●6,800엔
- 플레이 명수: 1인　●세이브 용량: 114KB 이상

와타세 유 원작의 인기 애니메이션을 연애 어드벤처 게임화했다. 아이디어 팩토리의 여성용 브랜드 'IF 오토메이트♪'의 첫 작품이며, 원작의 '현무개전' 편을 바탕으로 '현무의 무녀'로 오해받은 소녀의 사랑과 모험을 그렸다.

## PlayStation2 Game Software Catalogue

### 후타코이 얼터너티브 : 사랑과 소녀와 머신건
- 마벨러스 인터랙티브  ● AVG  ● 2005년 6월 23일  ● 6,800엔
- 플레이 명수 : 1인  ● 세이브 용량 : 155KB 이상

하나의 스토리에 '귀여움'과 '뜨거움' 양면이 공존하는 타이틀. 주인공이 되어, 조수인 시로가네 자매와 함께 6가지 사건의 진상을 쫓자. 열혈 액션부터 귀여운 캐릭터에 이르기까지, 다양성 풍부한 스토리가 펼쳐진다.

### 낙승! 파치슬로 선언 3 : 리오 데 카니발·십자가 600식
- 테크모  ● SLG  ● 2005년 6월 23일  ● 5,800엔
- 플레이 명수 : 1인  ● 세이브 용량 : 74KB 이상

'슈퍼 블랙잭'의 후계기인 '리오 데 카니발'과 '십자가 600식' 두 기종을 수록한 파치슬로 실기 시뮬레이터. 테크모 사 파치슬로 시리즈의 인기 캐릭터인 '리오'를 감상할 수 있는 '리오 앨범'도 탑재하였다.

### 엘르멘탈 제라드 : 오라, 취풍의 검이여
- 타이토  ● ACT  ● 2005년 6월 30일  ● 6,800엔
- 플레이 명수 : 1~2인  ● 세이브 용량 : 100KB 이상

아즈마 마유미 원작의 인기 애니메이션을 게임화했다. 원작의 세계관에 오리지널 설정을 위화감 없이 녹여낸 대전격투 게임이다. 모든 액션은 커맨드 조작으로 발동되며, 조합에 따라 에딜레이드 특유의 콤보가 펼쳐진다.

### Angel's Feather : 검은 잔영
- GN 소프트웨어  ● RPG  ● 2005년 6월 30일  ● 6,800엔
- 플레이 명수 : 1인  ● 세이브 용량 : 600KB 이상

2004년 발매되었던 「Angel's Feather」의 속편. PC로 발매되었던 여성용 RPG의 이식작으로서, 진지함과 코미디를 겸비한 스토리가 전개된다. 20종 이상의 캐릭터 커플링을 풀보이스로 즐길 수 있다.

### OZ (오즈)
- 코나미  ● ACT  ● 2005년 6월 30일  ● 6,980엔
- 플레이 명수 : 1인  ● 세이브 용량 : 158KB 이상

플레이어와 독립적인 동료 2명을 동시에 조작하여 발동하는 삼위일체형 연계 공격이 특징인 액션 게임. 쳐올리기나 날리기 공격으로 적을 공중에 띄워, 아군의 추가공격으로 게이지를 축적한 후 필살기로 마무리하자.

### 카게로 II : 다크 일루전
- 테크모  ● ACT  ● 2005년 6월 30일  ● 6,800엔
- 플레이 명수 : 1인  ● 세이브 용량 : 64KB 이상

저택에 침입한 적을 함정으로 처단하는 「각명관」 시리즈의 제4탄. 금단의 마인의 힘을 얻은 주인공이 트랩으로 사람들을 살해한다는 스토리다. 전작까지는 없었던 대규모 함정 장치 '다크 일루전'이 새로 추가되었다.

### 아랑 : 마크 오브 더 울브스 - 네오지오 온라인 컬렉션 vol.1
- SNK 플레이모어  ● ACT  ● 2005년 6월 30일  ● 3,800엔  ● 플레이 명수 : 1~2인
- 세이브 용량 : 110KB 이상  ● 네오지오 스틱 2, 네트워크 어댑터 지원

인기 대전격투 게임 「아랑전설」 시리즈의 9번째 작품. 테리 이외의 캐릭터를 전부 교체했으며, '저스트 디펜스'·'브레이킹'·'T.O.P. 시스템' 등의 오리지널 시스템을 도입해 새로운 대전 스타일을 추구했다.

### 건담 트루 오디세이 : 잊혀진 G의 전설
- 반다이  ● RPG  ● 2005년 6월 30일  ● 6,800엔
- 플레이 명수 : 1인  ● 세이브 용량 : 94KB 이상

기존 건담 팬이 아니더라도 건담의 세계를 즐길 수 있는 RPG. 의문의 검은 자루에 동료를 잃은 주인공이, 모빌슈츠로 세계 각지를 돌며 원수를 찾는다는 스토리. 모빌슈츠는 SD화되어 등장하며, 다양한 커스텀이 가능하다.

## GENJI

- ●소니컴퓨터엔터테인먼트 ●ACT ●2005년 6월 30일 ●6,800엔
- ●플레이 명수: 1인 ●세이브 용량: 265KB 이상

일본 헤이안 시대의 겐페이 전쟁이 테마인 액션 게임. 경쾌한 '요시츠네'와 호쾌한 '벤케이', 대조적인 능력을 가진 두 주인공을 전환해 가며 난관을 돌파하자. 일격필살 기술 '카무이'로 헤이시 일가를 타도해야 한다.

## 컨플릭트 델타 II : 걸프전쟁 1991

- ●캡콤 ●ACT ●2005년 6월 30일 ●6,800엔
- ●플레이 명수: 1~2인 ●세이브 용량: 265KB 이상

걸프전쟁을 소재로 삼은 TPS 게임 「컨플릭트 델타」의 속편. 미국·영국 특수부대의 4명을 상황에 따라 적절히 전환해가며 전장에서 임무를 수행해야 한다. 스릴 넘치는 시가전 계열 미션의 분량을 늘렸다.

## 쇼콜라 : maid cafe "curio"

- ●알케미스트 ●AVG ●2005년 6월 30일 ●6,800엔
- ●플레이 명수: 1인 ●세이브 용량: 60KB 이상

PC판 성인용 연애 어드벤처 게임의 이식작. 카페 '큐리오'의 점장 대리가 된 주인공과, 가게에서 일하는 히로인들 간의 에피소드를 그렸다. PS2판은 음성을 신규 성우진과 PC판 원작 성우진 2종류 중에서 선택 가능하다.

## 창성의 아쿠에리온

- ●반다이 ●ACT ●2005년 6월 30일 ●6,800엔
- ●플레이 명수: 1인 ●세이브 용량: 74KB 이상

같은 제목의 TV 애니메이션을 게임화한 타이틀. 세 로봇 기체들이 격투는 물론이고 검술·궁술을 이용하는 호쾌한 액션까지도 보여준다. TV 애니메이션에서는 그려지지 않았던, 등장인물들의 다양한 비밀이 밝혀진다.

## 그리하여 우리는, : ···and he said

- ●인터채널 ●AVG ●2005년 6월 30일 ●6,800엔
- ●플레이 명수: 1인 ●세이브 용량: 43KB 이상

PC용 게임의 이식작. 섬에 얽힌 전설에 기반해 스토리를 전개하는 여성용 어드벤처 게임이다. 독립영화 촬영을 위해 섬을 찾은 젊은이들이 불가사의한 이변에 휘말린다. 공략 캐릭터가 누구냐에 따라 결말이 달라진다.

## 파치슬로 완전공략 : 오니하마 폭주건달 - 격투 편

- ●석세스 ●SLG ●2005년 6월 30일 ●4,800엔 ●플레이 명수: 1인
- ●세이브 용량: 126KB 이상 ●아이토이 카메라, 파치슬로 컨트롤러 쿠로토·스탠더드 지원

스톡 기 시대의 인기 기종 '오니하마 폭주건달'의 실기 시뮬레이터. 복합역 성립시 차오르는 '오니 미터'가 특징이다. 경찰차를 따돌리고 강변에서의 집회를 성공시켜, 구슬 대량 획득의 기회인 천국 모드의 연쇄를 노려보자.

## 첫사랑 : first kiss

- ●프린세스 소프트 ●AVG ●2005년 6월 30일 ●6,800엔
- ●플레이 명수: 1인 ●세이브 용량: 155KB 이상

첫사랑을 테마로 삼은 연애 어드벤처 게임. PC용 게임의 이식작으로서, 연애를 의식하기 시작한 주인공과 개성 넘치는 히로인들이 펼치는 러브스토리. 초회한정판에는 오리지널 스토리의 드라마 CD를 동봉했다.

## 액션 로망 범피 트롯

- ●아이렘 소프트웨어 엔지니어링 ●ACT ●2005년 6월 30일 ●6,800엔
- ●플레이 명수: 1~2인 ●세이브 용량: 900KB 이상

판타지 세계의 산업혁명 시대를 무대로 삼은 액션 게임. '트롯 비클'이라는 2족 보행형 로봇을 다용도로 활용하면서, 다양한 선택지를 통해 주인공의 성격과 스토리 전개를 변화시켜가는 자유도 높은 작품이다.

## PlayStation2 Game Software Catalogue

### 마이 메리 메이 with be
- 키드  ● AVG  ● 2005년 6월 30일  ● 6,800엔
- 플레이 명수 : 1인  ● 세이브 용량 : 115KB 이상

「마이 메리 메이」와 「마이 메리 메이비」두 작품을 합본 이식한 타이틀. 인공생명체와 인간 간의 이야기를 묘사해낸 어드벤처 게임으로서, 원작의 스토리를 보완한 3종류의 신규 시나리오와 어펜드 스토리를 수록하였다.

### 마이히메 : 운명의 계통수
- 마벨러스 인터랙티브  ● AVG  ● 2005년 6월 30일  ● 6,800엔
- 플레이 명수 : 1인  ● 세이브 용량 : 100KB 이상

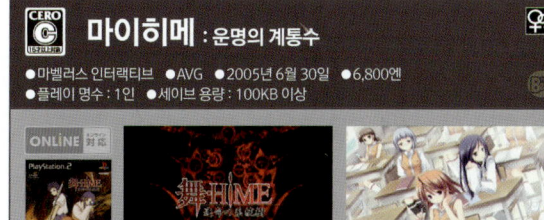

같은 제목의 인기 TV 애니메이션이 원작인 멀티 엔딩형 어드벤처 게임. 후카학원에 부임한 신임교사가 되어, 마이·나츠키 등과의 연애를 즐기자. 애니메이션·만화판과는 다른 게임판의 오리지널 스토리가 전개된다.

### 에도 물
- 글로벌 A 엔터테인먼트  ● SLG  ● 2005년 7월 7일  ● 5,800엔
- 플레이 명수 : 1인  ● 세이브 용량 : 156KB 이상

일본 중세의 에도 시대가 배경인 도읍 경영 시뮬레이션 게임. 처음엔 달랑 성 하나뿐이고 아무 것도 없지만, 도읍을 발전시키다 보면 다양한 코믹 터치의 스토리와 이벤트가 실사 동영상으로 펼쳐진다.

### MVP 베이스볼 2005
- 일렉트로닉 아츠  ● SPT  ● 2005년 7월 7일  ● 5,800엔
- 플레이 명수 : 1~2인  ● 세이브 용량 : 42KB 이상

메이저리그 2005년도 시즌 개막시의 데이터를 반영시킨 리얼계 미국 프로야구 게임. 이 작품부터는 마이너리그 팀들의 데이터도 새로 탑재하였다. 일본인 선수 15명을 비롯해, 왕년의 유명 선수도 등장한다.

### 현란무답제
- 소니컴퓨터엔터테인먼트  ● SLG  ● 2005년 7월 7일  ● 6,800엔
- 플레이 명수 : 1인  ● 세이브 용량 : 1636KB 이상

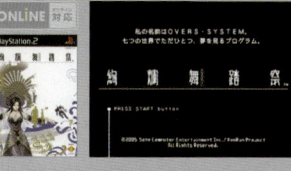

PS1으로 발매되었던 「고기동환상 건퍼레이드 마치」의 시스템을 발전시킨 플레이 게임. 거대한 도시형 잠수함의 승조원이 되어, 다른 승조원들과의 교류·훈련 및 임무를 통해 100년간에 걸쳐 화성의 평화를 지켜내자.

### 사쿠라대전 V : 안녕, 사랑스런 그대여
- 세가  ● AVG  ● 2005년 7월 7일  ● 7,800엔
- 플레이 명수 : 1인  ● 세이브 용량 : 400KB 이상

인기작 「사쿠라대전」 시리즈의 제5탄. 새로운 주인공 '타이가 신지로'가 미국 뉴욕의 뉴욕화격단 리더로서 부임하여, 멤버들과 교류를 거듭하며 세상을 어지럽히는 '마'와의 싸움에 나선다는 스토리다.

### 하늘색 풍금 REMIX
- 프린세스 소프트  ● AVG  ● 2005년 7월 7일  ● 6,800엔
- 플레이 명수 : 1인  ● 세이브 용량 : 456KB 이상

PC용 게임의 이식작. 이세계로 워프되고 만 주인공이 원래 세계로 돌아가려 노력하는 가운데, 여성들과 만나며 치유되어가는 로맨스를 그렸다. PS2판에선 주인공을 제외한 캐릭터들에 음성을 추가했다.

### 데굴데굴~ 쫀득쫀득~ 괴혼
- 남코  ● ACT  ● 2005년 7월 7일  ● 4,980엔
- 플레이 명수 : 1~2인  ● 세이브 용량 : 882KB 이상

온갖 물건을 붙여 덩어리를 키워나가는 게임 「괴혼」의 속편. 색다른 클리어 조건이나, 부력이 있는 수중 등의 다양한 스테이지를 추가했고, 붙일 수 있는 물건도 대폭 늘어났다. 일본판 타이틀명은 「모두가 좋아하는 괴혼」.

### 무사시 전 II : 블레이드마스터

- 스퀘어에닉스 ● RPG ● 2005년 7월 7일 ● 6,800엔
- 플레이 명수 : 1인 ● 세이브 용량 : 603KB 이상

PS1으로 발매되었던 액션 RPG의 속편. 마법과 증기기관이 혼재하는 세계에서, 주인공 '무사시'가 이도류를 구사하며 적과 싸운다. 적의 기술을 받아쳐 자신의 기술로 습득하는 '간파' 시스템이 특징이다.

### 레고 스타워즈

- 에이도스 ● ACT ● 2005년 7월 7일 ● 5,800엔
- 플레이 명수 : 1~2인 ● 세이브 용량 : 62KB 이상

블록완구 '레고'로 영화 '스타워즈' 시리즈 중 에피소드 I~III의 내용을 재현한 액션 게임. 팬들에게 친숙한 효과음으로 원작 영화의 현장감을 잘 살려내면서도, 레고다운 코믹한 연출을 다채롭게 보여준다.

### 스타워즈 에피소드 III : 시스의 복수

- 일렉트로닉 아츠 ● ACT ● 2005년 7월 9일 ● 6,800엔
- 플레이 명수 : 1~2인 ● 세이브 용량 : 70KB 이상

같은 제목의 SF영화를 게임화했다. '아나킨'이나 '오비완'을 조작해, 포스와 라이트세이버를 활용하는 독특한 제다이 액션을 펼쳐보자. AT-AT, X-윙, 스노우 스피더 등 원작에도 나왔던 20종류의 기체로 싸울 수도 있다.

### 실황 파워풀 프로야구 12

- 코나미 ● SPT ● 2005년 7월 14일 ● 6,980엔 ● 플레이 명수 : 1~2인
- 세이브 용량 : 1060KB 이상 ● 네트워크 이댑터, PlayStation BB Unit 사용(512MB 이상 필요)

인기 야구게임 시리즈의 12번째 작품. 2005년도 데이터를 수록했고, 프로야구 단이나 고교가 OB와 토너먼트를 벌이는 '챔피언 컵' 모드를 신규 탑재하였다. 석세스 모드는 야구 아카데미·사회인·프로 테스트 3종류가 있다.

### 삐뽀사루 겟츄 3

- 소니컴퓨터엔터테인먼트 ● ACT ● 2005년 7월 14일 ● 5,800엔
- 플레이 명수 : 1인 ● 세이브 용량 : 370KB 이상

'가챠 메카'를 활용하여 삐뽀사루들을 포획하는 코믹 액션 게임. 남녀 주인공 중 하나를 선택하여, TV 방송을 이용해 전작의 주인공들을 멍청이로 만들어 버린 삐뽀사루 집단을 사로잡아야 한다. 신규 시스템인 '변신'과, 「메탈기어 솔리드」를 재현한 미니게임 '메사루 기어 솔리드'를 수록하였다.

### 실전 파치슬로 필승법! : 귀무자 3

- 세가 ● SLG ● 2005년 7월 14일 ● 3,800엔 ● 플레이 명수 : 1인
- 세이브 용량 : 120KB 이상 ● 실전 파치슬로 컨트롤러, 실전 파치슬로 컨트롤러 mini 지원

캡콤의 '귀무자 3'과 제휴한 파치슬로 실기 시뮬레이터. 실기의 거대 액정화면 '도넛 비전'을 재현해 홀의 현장감을 살렸다. 실기 공략 기능은 기본이고, 타이밍에 맞춰 적을 물리치는 미니게임 '전투 릴'도 수록했다.

### 하야리가미 Revenge : 경시청 괴이 사건 파일

- 니폰이치 소프트웨어 ● AVG ● 2005년 7월 14일 ● 2,800엔
- 플레이 명수 : 1인 ● 세이브 용량 : 550KB 이상

「하야리가미 : 경시청 괴이 사건 파일」(37p)의 게임 시스템을 개량한 업그레이드판. 기본적인 컨텐츠는 원작과 동일하여, 불가사의한 사건을 '과학적 관점', 또는 '오컬트적 관점'으로 해결할 수 있다.

## 프티콥터 2

- CERO A
- ●타이토 ●SLG ●2005년 7월 14일 ●5,800엔 ●플레이 명수 : 1인
- ●세이브 용량 : 100KB 이상 ●아쿠아 시스템 'Compact Flight Controller for USB' 지원

RC 헬리콥터 조종 시뮬레이션 게임 「프티콥터」의 속편. 기체 수와 미션 수를 대폭 늘렸으며, 텐덤 로터·동축반전 로터계 기체 등 일반 RC 헬리콥터와는 조종감각이 다른 헬기도 신규 추가해 직접 조작해볼 수 있다.

## 마작패왕 : 배틀로얄

- CERO A
- ●마이니치 커뮤니케이션즈 ●TBL ●2005년 7월 14일 ●2,800엔
- ●플레이 명수 : 1인 ●세이브 용량 : 1500KB 이상

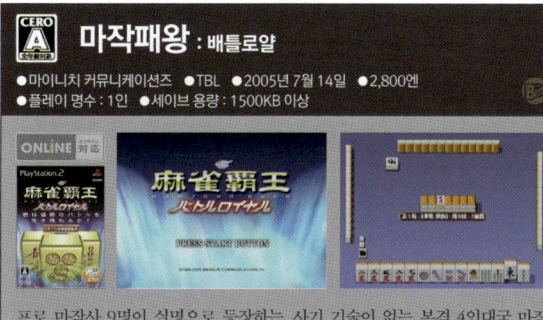

프로 마작사 9명이 실명으로 등장하는, 사기 기술이 없는 본격 4인대국 마작 게임. 3종류의 컵 전과 배틀로얄 등 다채로운 모드를 탑재했다. 단급 문제를 클리어하면 일본프로마작협회의 초단 인증서를 받게 된다.

## K-1 WORLD MAX 2005 : 세계 챔피언으로 가는 길

- CERO A
- ●D3 퍼블리셔 ●ACT ●2005년 7월 16일 ●6,800엔
- ●플레이 명수 : 1~2인 ●세이브 용량 : 88KB 이상

입식타격계 중심의 종합격투기 경기 'K-1'의 세계를 테마로 삼은 3D 대전격투 게임. 실명 선수 21명 중에서 원하는 선수를 골라 싸울 수 있으며, 유저가 조작하는 가상의 선수를 육성하는 것도 가능하다.

## 우리는 오락실 족 1 : 스크램블

- CERO A
- ●햄스터 ●STG ●2005년 7월 21일 ●1,905엔
- ●플레이 명수 : 1~2인 ●세이브 용량 : 40KB 이상

아케이드용 게임의 이식작. 연료가 다 떨어지기 전에 보급탱크로 연료를 보충하면서 전진하는 횡스크롤 슈팅 게임이다. 게임 본편 디스크를 비롯해 게임음악 CD 등까지, 아이템 7종이 합본된 세트 패키지다.

## 우리는 오락실 족 2 : 크레이지 클라이머

- CERO A
- ●햄스터 ●ACT ●2005년 7월 21일 ●1,905엔
- ●플레이 명수 : 1~2인 ●세이브 용량 : 40KB 이상

일본물산의 인기 타이틀을 리바이벌 이식했다. 왼쪽 레버로 좌반신, 오른쪽 레버로 우반신을 조작해 장애물을 피해가며 빌딩 외벽을 오르는 액션 게임이다. JASRAC의 허가를 받아 아케이드판 원작의 BGM을 그대로 수록했다.

## 우리는 오락실 족 3 : 공수도

- CERO A
- ●햄스터 ●ACT ●2005년 7월 21일 ●1,905엔
- ●플레이 명수 : 1~2인 ●세이브 용량 : 40KB 이상

데이터 이스트 사의 고전 격투 액션 게임을 리바이벌한 이식작. 왼쪽 레버로의 몸 이동, 오른쪽 레버로의 공격방향 선택을 조합해 조작하여 가라테 시합을 연속으로 승리해가며 진행하는 타이틀이다.

## 우리는 오락실 족 4 : 타임 파일럿

- CERO A
- ●햄스터 ●STG ●2005년 7월 21일 ●1,905엔
- ●플레이 명수 : 1~2인 ●세이브 용량 : 40KB 이상

코나미의 인기 작품을 리바이벌 이식했다. 타임 워프 연출이 특징인 전방향 스크롤 슈팅 게임이다. 게임 본편 디스크를 비롯해 영상특전 DVD 비디오 디스크 등, 아이템 7종이 한 세트로 묶여있는 상품이다.

## 우리는 오락실 족 5 : 문 크레스타

- CERO A
- ●햄스터 ●STG ●2005년 7월 21일 ●1,905엔
- ●플레이 명수 : 1~2인 ●세이브 용량 : 40KB 이상

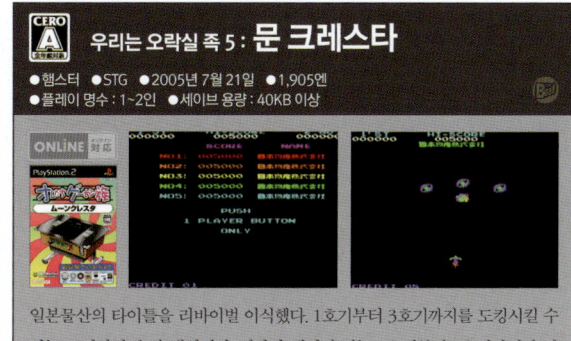

일본물산의 타이틀을 리바이벌 이식했다. 1호기부터 3호기까지를 도킹시킬 수 있는 고정화면 슈팅 게임이다. 저마다 개성이 있는 1호기부터 3호기까지가 각각 목숨이라는 설정이라, 플레이어 기체가 교대하는 게 특징이다.

## 우리는 오락실 족 6 : 소닉 윙스

- 햄스터
- STG
- 2005년 7월 21일
- 1,905엔
- 플레이 명수 : 1~2인
- 세이브 용량 : 50KB 이상

비디오 시스템 사의 인기 타이틀을 리바이벌 이식했다. 개성적인 플레이어 기체와 파일럿이 매력인 종스크롤 슈팅 게임이다. 1P와 2P에서의 선택 가능 기체가 달라, 총 8가지 타입의 기체로 게임을 즐길 수 있다.

## 더 킹 오브 파이터즈 네오웨이브

- SNK 플레이모어
- ACT
- 2005년 7월 21일
- 6,800엔
- 플레이 명수 : 1~2인
- 세이브 용량 : 160KB 이상
- 네오지오 스틱 2, 네트워크 어댑터 지원

2002년 가동되었던 「더 킹 오브 파이터즈 2002」가 기반인 외전 격 작품. 스토리가 없는 드림 매치 스타일의 타이틀로서, PS2판은 어레인지판의 배경과 BGM이 추가되었고 새로운 캐릭터도 다수 등장한다.

## 신천마계 : 제네레이션 오브 카오스 V

- 아이디어 팩토리
- SLG
- 2005년 7월 21일
- 6,800엔
- 플레이 명수 : 1인
- 세이브 용량 : 331KB 이상

인기 시리즈의 제5탄. 시스템을 전술 중시형으로 변경하여 심플하게 다듬었다. 서로 다른 세 문명이 공존하는 이디스 섬에서 새로운 싸움에 도전한다. 레벨 업 시스템을 도입했고, 스테이터스를 임의로 올릴 수 있다.

## 스쿨 럼블 : 소녀는 자면서 자란다.

- 마벨러스 인터랙티브
- AVG
- 2005년 7월 21일
- 6,800엔
- 플레이 명수 : 1인
- 세이브 용량 : 654KB 이상

코바야시 진의 인기 만화를 게임화했다. 낮에는 다른 캐릭터들과 다양하게 대화하고, 이를 기반으로 밤에 텐마가 꾸는 다양한 꿈이 오리지널 스토리로 그려진다. 돈자라(캐릭터 마작)풍의 보너스 미니게임 '럼블작!'도 수록했다.

## 전국 바사라

- 캡콤
- ACT
- 2005년 7월 21일
- 6,800엔
- 플레이 명수 : 1인
- 세이브 용량 : 375KB 이상

일본 전국시대의 유명 무장들을 꽤나 개성적인 재해석과 설정으로 개변한 일기당천형 스타일리시 히어로 액션 게임. "렛츠 파~리!"라는 영어를 외치며 팔짱 낀 채 말을 타는 다테 마사무네 등, 16명의 무장을 플레이 가능하다.

## 남콜렉션

- 남코
- ETC
- 2005년 7월 21일
- 3,800엔
- 플레이 명수 : 1~2인
- 세이브 용량 : 60KB 이상

남코 사의 설립 50주년 기념 타이틀. PS1 당시 내놓았던 명작 타이틀 5개 작품을 합본 수록한 게임 모음집이다. 기본적으로는 모두 PS1판 원작 그대로이지만, 아날로그 스틱 지원 기능과 뮤지엄 모드를 추가하였다.

## 강철의 연금술사 3 : 신을 계승한 소녀

- 스퀘어 에닉스
- ACT
- 2005년 7월 21일
- 6,800엔
- 플레이 명수 : 1~2인
- 세이브 용량 : 188KB 이상

같은 제목의 만화가 원작인 인기 액션 RPG 시리즈의 제3탄. 완전 오리지널 스토리로서, 에드와 알이 '현자의 돌'을 찾으러 떠나는 여행 도중에 만난 신비한 소녀와의 이야기가 전개된다. 2인 동시 플레이도 가능하다.

## FIFA 스트리트

- 일렉트로닉 아츠
- SPT
- 2005년 7월 21일
- 5,800엔
- 플레이 명수 : 1~2인
- 세이브 용량 : 249KB 이상
- 멀티탭 지원(~4인), 프로그레시브 스캔 지원

자유로운 플레이가 가능한 스트리트 사커 게임. 길거리에서 프리스타일로 플레이하는 게임으로서, 트릭 플레이 & 슬라이딩을 신나게 펼치거나, 벽에 볼을 차 튕겨내 패스하는 등의 변칙적인 기술도 가능하다.

## PlayStation2 Game Software Catalogue

### 망국의 이지스 2035 : 워십 거너
- CERO A
- 코에이 · ACT · 2005년 7월 21일 · 4,800엔
- 플레이 명수 : 1인 · 세이브 용량 : 70KB 이상

군사소설 '망국의 이지스'의 30년 후 세계를 배경으로 삼은 해전 액션 게임. 「강철의 포효」시리즈와 기본 시스템이 동일하며, 이지스 모드를 가동하면 전 방위의 적들을 대량으로 조준할 수 있다.

### 팝픈 뮤직 11
- CERO A
- 코나미 · SLG · 2005년 7월 21일 · 6,980엔 · 플레이 명수 : 1~2인
- 세이브 용량 : 73KB 이상 · 팝픈 컨트롤러, 팝픈 컨트롤러 2, 팝픈 뮤직 아케이드 스타일 컨트롤러 지원

인기 음악 시뮬레이션 게임 시리즈의 제11탄. 가정용판의 명물인 '스터디 모드'를 리뉴얼했고, 110곡 이상을 수록하였다. 또한 아케이드판에서 인기였던 '팝픈 투어리스트' 모드를 개변하여 즐기기 쉽도록 진화시켰다.

### 벌레공주
- CERO A
- 타이토 · STG · 2005년 7월 21일 · 5,800엔
- 플레이 명수 : 1~2인 · 세이브 용량 : 43KB 이상

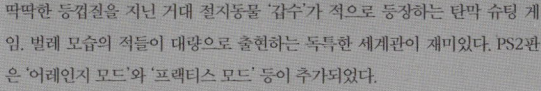

딱딱한 등껍질을 지닌 거대 절지동물 '갑수'가 적으로 등장하는 탄막 슈팅 게임. 벌레 모습의 적들이 대량으로 출현하는 독특한 세계관이 재미있다. PS2판은 '어레인지 모드'와 '프랙티스 모드' 등이 추가되었다.

### 메디컬 91
- CERO B
- TAKUYO · AVG · 2005년 7월 21일 · 6,800엔
- 플레이 명수 : 1인 · 세이브 용량 : 150KB 이상

근미래의 병원을 무대로 삼은 SF 어드벤처 게임. 인간과 로봇이 공존하는 세계에서, 사고성장 칩을 두뇌에 심은 간호사 안드로이드 '유나'의 이야기가 펼쳐진다. 비밀경찰의 손에서 벗어나, 거대한 음모를 밝혀내야 한다.

### 우루룬 퀘스트 : 연유기
- CERO A
- D3 퍼블리셔 · RPG · 2005년 7월 28일 · 4,800엔
- 플레이 명수 : 1인 · 세이브 용량 : 170KB 이상

광대한 대륙을 여행하며 매력적인 남성과 만나 친분을 쌓아가는 여성용 연애 시뮬레이션 RPG. 여행 도중에 만난 남성은 친밀도가 올라가면 전투시 주인공을 지켜주기도 한다. 누구와 친밀해지느냐로 결말이 변화한다.

### KAIDO : 고갯길의 전설
- CERO A
- 겐키 · RCG · 2005년 7월 28일 · 6,800엔 · 플레이 명수 : 1~2인
- 세이브 용량 : 170KB 이상 · GT FORCE, GT FORCE Pro 지원

「카이도 배틀」시리즈의 3번째 작품. 등장 차종이 대폭 늘어났으며, 코스도 총 19종으로 증가했다. 메인 모드에서는 낮에 레이서로서 상금을 벌고, 밤엔 고갯길에서 라이벌과 배틀하여 스트리트 레이서의 정상을 노린다.

### 3학년 B반 킨파치 선생님 : 전설의 교단에 서라! 완전판
- CERO C
- 춘소프트 · ETC · 2005년 7월 28일 · 5,800엔
- 플레이 명수 : 1인 · 세이브 용량 : 240KB 이상

2004년 발매되었던 같은 제목 타이틀의 업그레이드판. TV 드라마를 소재로 삼은 '롤플레이 드라마'로서, 입원한 은사 킨파치 선생님을 대신해 3학년 B반 학생들을 지도한다는 스토리. 미수록 시나리오 2종류를 추가했다.

### 섀도우 하츠 : 프롬 더 뉴 월드
- CERO B
- 아루제 · RPG · 2005년 7월 28일 · 6,980엔
- 플레이 명수 : 1인 · 세이브 용량 : 68KB 이상

2004년 발매되었던 「섀도우 하츠 Ⅱ」의 속편. 1929년의 미국을 무대로, 주인공과 동료들이 대모험을 펼치는 RPG다. 설정은 전작에서 그대로 이어지며, 콤보·스텔라 차트·스텔라 매직 등의 신규 시스템을 도입하였다.

095

## SIMPLE 2000 시리즈 Vol.81 : THE 지구방위군 2

- D3 퍼블리셔    ● ACT    ● 2005년 7월 28일    ● 2,000엔
- 플레이 명수 : 1~2인    ● 세이브 용량 : 80KB 이상

2003년 발매되었던 「~THE 지구방위군」의 속편. EDF 대원이 되어, 에일리언과 거대생물의 침략으로부터 지구를 지켜내도록 하자. 하늘을 날 수 있는 신규 캐릭터를 비롯해, 신무기도 추가했다.

## SIMPLE 2000 시리즈 Vol.82 : THE 쿵푸

- D3 퍼블리셔    ● ACT    ● 2005년 7월 28일    ● 2,000엔
- 플레이 명수 : 1인    ● 세이브 용량 : 50KB 이상

'통쾌함'을 모토로 개발한 격투 액션 게임. 수수께끼의 노사부와 꽃미남 봉술사 등의 개성적인 캐릭터들이 등장하는 4종의 시나리오를 클리어하자. 취권·사권 등의 권법을 구사할 수 있고, 스토리 도중에 10종류의 수행도 거치게 된다.

## 제로 : 문신의 목소리

- 테크모    ● ACT    ● 2005년 7월 28일    ● 6,800엔
- 플레이 명수 : 1인    ● 세이브 용량 : 390KB 이상

원령을 격퇴하는 카메라 '사영기'를 들고서 낡은 일본식 가옥 내를 탐색하는 일본풍 호러 게임 시리즈의 제3탄. 죽은 약혼자를 유령이 있다는 저택에서 목격한 주인공 레이는, 꿈속에서 그 저택을 탐색하게 된다. 꿈이 반복되는 동안 레이의 현실은 원령에 서서히 침식당하고, 수수께끼의 문신도 점차 몸에 새겨진다.

## 제3차 슈퍼로봇대전 α : 종언의 은하로

- 반프레스토    ● SLG    ● 2005년 7월 28일    ● 7,980엔
- 플레이 명수 : 1인    ● 세이브 용량 : 332KB 이상

「슈퍼로봇대전 α」 시리즈의 완결편. 신규 참전 작품은 '건담 SEED'·'가오가이거'·'전뇌전기 버추얼 온'이다. 전작에서 등장했던 소대 편성 시스템에 자동 편성 시스템이 추가되는 등, 다양한 신규 요소를 탑재했다.

## 타이토 메모리즈 상편

- 타이토    ● ETC    ● 2005년 7월 28일    ● 4,800엔
- 플레이 명수 : 1~2인    ● 세이브 용량 : 100KB 이상

70년대부터 90년대까지의 타이토 사 명작 아케이드 게임들을 합본 수록한 타이틀. 총 25개 작품 중 7개 작품이 당시 가정용 최초 이식이었다. 패들 등의 이질적인 조작계를 사용했던 작품도 컨트롤러에 맞춰 최적화했다.

## 트윙클 스타 스프라이츠 : La Petite Princesse

- SNK 플레이모어    ● STG    ● 2005년 7월 28일    ● 5,800엔
- 플레이 명수 : 1~2인    ● 세이브 용량 : 37KB 이상

분할된 화면에서 1:1로 싸우는 대전형 슈팅 게임. 아케이드판의 속편으로서, 적을 물리칠 때 발생하는 폭발을 '연폭'시켜 콤보를 만들면 상대편 필드로 적을 보내게 된다. 숨겨진 컨텐츠로서, 전작도 플레이할 수 있다.

## 파치슬로 위닝 포스트

- 코에이    ● SLG    ● 2005년 7월 28일    ● 4,800엔    ● 플레이 명수 : 1인    ● 세이브 용량 : 660KB 이상
- 파치슬로 컨트롤러 스탠더드, 파치슬로 컨트롤러 Pro·Pro2·쿠로토, 슬롯컨, 실전 파치슬로 컨트롤러 지원

코에이 사의 경마 시뮬레이션 게임을 모티브로 삼은 파치슬로 실기 시뮬레이터. 박력 넘치는 레이스 장면 등, 원작의 연출을 충실히 재현했다. 설정치 변경과 각종 확률 변경 등, 실기 공략을 돕는 기능도 다수 넣었다.

## PlayStation2 Game Software Catalogue

### 프로야구 팀을 만들자! 3
- 세가 ● SLG ● 2005년 7월 28일 ● 6,800엔 ● 플레이 명수: 1~2인
- 세이브 용량: 1235KB 이상 ● PlayStation BB Unit, 네트워크 어댑터 지원

일본 프로야구를 테마로 삼은 팀&선수 육성 시뮬레이션 게임 시리즈의 제3탄. 플레이어가 지휘할 팀을 루키부터 레전드급까지 폭넓게 영입시킬 수 있다. 자신의 취향에 딱 맞춘 드림 팀을 만들어보자.

### 마법선생 네기마! 2교시: 싸우는 소녀들! 마호라 대운동회 SP
- 코나미 ● AVG ● 2005년 7월 28일 ● 5,980엔
- 플레이 명수: 1인 ● 세이브 용량: 400KB 이상

네기 선생님이 되어 학교생활을 보내는 어드벤처 게임의 제2탄. 체육제 성공을 목표로 삼아, 학생들과 교류하며 준비해간다는 게임 오리지널 스토리가 진행된다. 원작과 마찬가지로 섹시한 장면이 가득하다.

### 눈 이야기: 리뉴얼 판
- TAKUYO ● AVG ● 2005년 7월 28일 ● 5,800엔
- 플레이 명수: 1인 ● 세이브 용량: 133KB 이상

PC용 게임의 이식작. 설녀에 관한 전설이 전해지는 설산에서, 스키 교실에 참가한 주인공과 히로인들 간의 교류를 그린 스토리. 이식 과정에서 CG 화질을 향상시켰으며, 일정 조건이 만족되면 보너스 모드도 열린다.

### 로봇
- 비벤디 유니버설 게임즈 ● ACT ● 2005년 7월 28일 ● 6,800엔
- 플레이 명수: 1인 ● 세이브 용량: 221KB 이상

같은 해에 개봉된 CG 영화를 게임화했다. 마음 착한 로봇 '로드니'가 위대한 발명가를 만나기 위해 대도시 '로봇 시티'로 여행을 떠난다는 스토리. 로드니의 몸은 업그레이드가 가능하며, 아이템 수집 시스템도 있다.

### 아머드 코어 라스트 레이븐
- 프롬 소프트웨어 ● ACT ● 2005년 8월 4일 ● 6,800엔 ● 플레이 명수: 1~2인
- 세이브 용량: 57KB 이상 ● PlayStation BB Unit, 네트워크 어댑터, i.LINK 케이블·허브, USB 마우스 지원

PS2로는 최후의 「아머드 코어」 작품. 「아머드 코어 넥서스」(상권 221p) 이후의 세계를 그려낸 타이틀이다. 신규 요소로서 부위파괴 시스템을 도입했고, 스토리 분기를 통한 멀티 엔딩 시스템을 채용하였다.

### NBA 스트리트 V3
- 일렉트로닉 아츠 ● SPT ● 2005년 8월 4일 ● 5,800엔
- 플레이 명수: 1~2인 ● 세이브 용량: 306KB 이상 ● 멀티탭 지원(~6인)

인기 시리즈의 제3탄. 3:3 길거리 농구 게임이지만, 당시 NBA에서 활약하던 유명 선수들이 등장한다. 전략성보다는 화려한 플레이 중심으로서, 트릭 플레이와 거친 스타일의 농구를 마음껏 즐길 수 있다.

### 그란디아 III
- 스퀘어 에닉스 ● RPG ● 2005년 8월 4일 ● 7,600엔
- 플레이 명수: 1인 ● 세이브 용량: 85KB 이상

대모험 활극 RPG 시리즈의 제3탄. 비행왕에게 매료된 소년 '유우키'와 세계의 운명을 품은 소녀 '알피나'가 이끌어가는 스토리. '얼티밋 액션 시스템'을 통한 직관적인 조작 덕에, 쾌적하게 전투가 진행된다.

### 서몬 나이트 엑스테제: 여명의 날개
- 반프레스토 ● RPG ● 2005년 8월 4일 ● 6,800엔
- 플레이 명수: 1인 ● 세이브 용량: 145KB 이상

인기 시리즈 「서몬 나이트」의 외전작. 한 몸을 공유하는 남녀가, 자신들의 비밀과 과거의 기억을 찾아 여행하는 액션 RPG다. 남녀 전환은 언제든지 가능하며, 전투·대화 등의 다양한 장면에서 효과를 발휘한다.

## SIMPLE 2000 : 시리즈 2in1 Vol.4 THE 무사도 & THE 스나이퍼 2

- ●D3 퍼블리셔 ●ACT ●2005년 8월 4일 ●2,000엔
- ●플레이 명수 : 1~2인 ●세이브 용량 : 소프트 별로 다름

검호 액션 게임과 저격 시뮬레이션 게임을 하나로 합본한 염가판 소프트. 역사에 이름을 남긴 유명 검호들과 싸우는 「~THE 무사도」와, 드라마 파트의 정보를 바탕으로 적을 저격하는 「~THE 스나이퍼 2」를 수록했다.

## SIMPLE 2000 : 시리즈 2in1 Vol.5 THE 슈팅 - 더블 자염룡 & THE 헬리콥터

- ●D3 퍼블리셔 ●STG ●2005년 8월 4일 ●2,000엔
- ●플레이 명수 : 1~2인 ●세이브 용량 : 소프트 별로 다름

명작 슈팅 게임과 RC 시뮬레이션 게임을 하나로 합본한 염가판 소프트. 원작을 완전 이식한 「자염룡」+ 3D 리메이크작 「자염룡 익스플로전」과, RC 헬기의 조작을 재현한 「~THE 헬리콥터」를 수록하였다.

## SIMPLE 2000 : 시리즈 Vol.84 THE 나에게 맡캐페 - 변덕쟁이 스트로베리 카페

- ●D3 퍼블리셔 ●SLG ●2005년 8월 4일 ●2,000엔
- ●플레이 명수 : 1인 ●세이브 용량 : 90KB 이상

2003년 발매되었던 「변덕쟁이 스트로베리 카페」(상권 188p)의 염가판. 부모님을 대신해 카페를 경영하는 여성용 연애 어드벤처 게임이다. 경영과 연애를 줄타기하면서, 미남 웨이터 5명과의 연애를 즐겨보자.

## 태고의 달인 : 특선! 애니메이션 스페셜

- ●남코 ●ACT ●2005년 8월 4일 ●4,500엔 ●플레이 명수 : 1~2인
- ●세이브 용량 : 61KB 이상 ●타타콘 지원

인기 음악 게임 「태고의 달인」 시리즈의 특별판. '잔혹한 천사의 테제'와 '해피☆마테리얼'처럼 추억의 명곡에 당시의 최신곡 등등, 과거부터 현대까지의 수많은 애니메이션 송들 중 총 40곡을 수록하였다.

## 파친코 울트라 세븐 : 파치로 상투 달인 8

- ●핵베리 ●SLG ●2005년 8월 4일 ●5,800엔
- ●플레이 명수 : 1인 ●세이브 용량 : 159KB 이상

쿄라쿠 사의 인기 기종을 수록한 파친코 실기 시뮬레이터. 실기공략 모드는 기본이고, 리치 액션도 자유롭게 열람할 수 있다. 특전 컨텐츠로서, 홀에서의 재사용으로 제작된 홍보용 동영상도 감상 가능하다.

## BLEACH 선택받은 혼

- ●소니컴퓨터엔터테인먼트 ●ACT ●2005년 8월 4일 ●6,800엔
- ●플레이 명수 : 1인 ●세이브 용량 : 347KB 이상

쿠보 타이토 원작의 인기 애니메이션을 게임화했다. 이치고·루키아 등의 캐릭터들을 자유롭게 골라 페어를 짜는 '페어 배틀 시스템'을 탑재하였다. 애니메이션과 동일한 성우진을 기용해, 원작 그대로의 분위기를 즐길 수 있다.

## 봄버맨 랜드 3

- ●허드슨 ●ETC ●2005년 8월 4일 ●5,980엔 ●플레이 명수 : 1~2인
- ●세이브 용량 : 179KB 이상 ●멀티탭 지원(~4인, 배틀 게임 한정)

다양한 게임을 플레이할 수 있는 「봄버맨 랜드」 시리즈의 제3탄. 맵 전체가 3D화되어 현장감이 강해졌다. 카드 게임이나 배틀 게임 등은 물론이고, 당시 일본에서 모바일 게임으로 출시되었던 소프트도 플레이할 수 있다.

## 월드 사커 위닝 일레븐 9

- ●코나미 ●SPT ●2005년 8월 4일 ●6,980엔 ●플레이 명수 : 1~2인
- ●세이브 용량 : 2081KB 이상 ●멀티탭 지원(~8인), 네트워크 어댑터 및 PlayStation BB Unit 지원

인기 축구 게임 시리즈의 제9탄. 일본 대표팀 전용 챌린지 모드를 새로 탑재했고, 마스터 리그를 강화하였다. 신규 포지션 '윙백'과 '세컨드 톱'을 추가한 덕에, 당시 축구계의 최첨단 전술도 사용할 수 있다.

## PlayStation2 Game Software Catalogue

### 푸른 바다의 트리스티아 : 나노카 프랑카 발명공방기
- 니폰이치 소프트웨어  ● AVG  ● 2005년 8월 11일  ● 6,800엔
- 플레이 명수 : 1인  ● 세이브 용량 : 169KB 이상

PC용 게임의 이식작. 오래 전에 번영했었던 도시 트리스티아를, 위대한 발명가의 딸 '나노카'가 다양한 발명으로 부흥시키는 도시 발전 어드벤처 게임이다. 아이템을 연구하고 제작한 후, 도시 내에서 팔아 자금을 벌어가자.

### 딸기 마시마로
- 미디어웍스  ● AVG  ● 2005년 8월 11일  ● 6,200엔
- 플레이 명수 : 1인  ● 세이브 용량 : 96KB 이상

같은 제목의 인기 만화가 원작인 어드벤처 게임. 5명의 히로인들과 여름방학을 함께 보내며 추억을 만들어보자. 원작을 따라가는 이벤트는 물론이고, 게임판만의 오리지널 에피소드도 다수 수록했다.

### 신세기 GPX 사이버 포뮬러 : Road To The Infinity 2
- 선라이즈 인터랙티브  ● RCG  ● 2005년 8월 11일  ● 6,800엔
- 플레이 명수 : 1~2인  ● 세이브 용량 : 52KB 이상  ● GT FORCE Pro 지원

같은 제목의 애니메이션이 원작인 SF 레이싱 게임의 속편. 스토리 모드가 신규 추가되어, OVA판의 그랑프리 경기를 직접 체험해볼 수 있다. 미라쥬 턴 등, 원작에 등장했던 특수한 운전기술도 잘 재현했다.

### 세계최강 은성바둑 6
- 매그놀리아  ● TBL  ● 2005년 8월 11일  ● 5,800엔
- 플레이 명수 : 1~2인  ● 세이브 용량 : 55KB 이상

세계컴퓨터바둑대회 4회 우승이라는 실력을 자랑하는 사고엔진을 탑재한 바둑 소프트. 방대한 정석 데이터를 수록했고, 최선의 수 표시 및 국면 평가 기능을 탑재했다. 고난이도의 '단색 바둑'과 '맹기바둑'도 플레이 가능하다.

### 조이드 택틱스
- 토미  ● SLG  ● 2005년 8월 11일  ● 6,800엔
- 플레이 명수 : 1인  ● 세이브 용량 : 872KB 이상

같은 회사의 태엽완구 '조이드'가 원작인 턴제 시뮬레이션 RPG. 애니메이션판의 '반 편'을 기반으로 삼았으며, 시나리오가 진행되면 '가디언 포스 편' 혹은 '배틀 스토리 편'으로 스토리가 분기된다.

### 소닉 젬즈 컬렉션
- 세가  ● ACT  ● 2005년 8월 11일  ● 4,800엔
- 플레이 명수 : 1~2인  ● 세이브 용량 : 467KB 이상

「소닉 메가 컬렉션 플러스」(58p)에선 미수록된 게임 기어판「소닉」시리즈들과「소닉 더 파이터즈」,「소닉 R」등을 플레이할 수 있는 컬렉션 소프트. 특정 조건이 만족되면「베어 너클」시리즈 등도 즐길 수 있다.

### 메달 오브 아너 : 유러피언 어썰트
- 일렉트로닉 아츠  ● STG  ● 2005년 8월 11일  ● 6,800엔
- 플레이 명수 : 1~2인  ● 세이브 용량 : 95KB 이상  ● 멀티탭 지원(2~4인)

일렉트로닉 아츠 사의 인기 FPS 시리즈 제3탄. 2차대전 당시의 프랑스 생나제르부터 벤지에의 발지 전투까지가 배경이며, 첩보조직의 멤버가 되어 실제 역사상의 사건들을 중심으로 한 임무에 도전한다.

### 식신의 성 : 칠야월 환상곡
- 키즈 스테이션  ● AVG  ● 2005년 8월 18일  ● 6,800엔
- 플레이 명수 : 1인  ● 세이브 용량 : 182KB 이상

「식신의 성」시리즈 최초의 어드벤처 게임.「식신의 성 II」와 당시 발매 전이었던「식신의 성 III」사이를 잇는 스토리로서, 2편의 반년 후가 배경이다. 진행 도중 전투 모드에 들어가면 기존의 슈팅 게임 형태로 싸운다.

099

## SEGA AGES 2500 시리즈 Vol.18 : 드래곤 포스

- 세가  ● SLG  ● 2005년 8월 18일  ● 2,500엔
- 플레이 명수 : 1인  ● 세이브 용량 : 147KB 이상

세가새턴용 게임의 이식작. 총 170명의 등장인물과 100종 이상의 이벤트로 구성된 시뮬레이션 RPG다. 원작의 이벤트 CG를 수정했고, 신규 캐릭터와 이벤트도 추가했으며, 호화 성우진이 연기한 음성도 수록하였다.

## Tom Clancy's GHOST RECON 2

- UBISOFT  ● ACT  ● 2005년 8월 18일  ● 6,800엔  ● 플레이 명수 : 1인
- 세이브 용량 : 225KB 이상  ● 네트워크 어댑터 또는 PlayStation BB Unit 지원

근미래의 전투를 소재로 삼은 인기 시리즈의 제3탄. 3인칭 시점으로 진행되는 밀리터리 슈터 게임이다. 공작원이 되어 북한에 잠입해, 한국 침략을 저지하고 흑막을 무력화시키는 것이 목적인 미션에 도전하자.

## NARUTO -나루토- : 우즈마키 인전

- 반다이  ● ACT  ● 2005년 8월 18일  ● 6,800엔
- 플레이 명수 : 1인  ● 세이브 용량 : 134KB 이상

키시모토 마사시의 만화가 원작인 인기 애니메이션을 3D 액션 게임화했다. 원작의 세계관을 재현한 드넓은 필드를 닌자가 되어 달려보자. 원작의 3인 1조를 재현한 시스템을 탑재했으며, 멤버는 언제든 즉시 교대할 수 있다.

## 위닝 포스트 7

- 코에이  ● SLG  ● 2005년 8월 25일  ● 6,800엔
- 플레이 명수 : 1인  ● 세이브 용량 : 2431KB 이상

전설의 명마들이 대거 등장하는 경마 시뮬레이션 게임의 제7탄. 독자적인 배합 이론을 세워 최강의 혈통을 만들어내자. 경마 팬이 동경하는 명마의 마주가 되거나, 명마를 라이벌 말로 삼아 대결을 즐길 수도 있다.

## 카우보이 비밥 : 추억의 야곡

- 반다이  ● AVG  ● 2005년 8월 25일  ● 6,800엔
- 플레이 명수 : 1인  ● 세이브 용량 : 144KB 이상

인기 애니메이션을 오리지널 스토리로 게임화했다. 스파이크·제트·페이 3명의 캐릭터를 전환하며 진행하는 액션 어드벤처 게임이다. 풀보이스 이벤트 신부터 총격전과 소형선 추격전에 미니게임까지, 전개가 버라이어티하다.

## 기동전사 건담 SEED DESTINY : GENERATION of C.E.

- 반다이  ● SLG  ● 2005년 8월 25일  ● 6,800엔
- 플레이 명수 : 1인  ● 세이브 용량 : 170KB 이상

코즈믹 이라의 세계를 만끽할 수 있는 시뮬레이션 RPG. 스토리 중반까지는 원작을 그대로 재현하며, 이후에 독자적인 시나리오가 전개된다. 한 번 클리어하고 나면, 2주차부터는 숨겨진 기체와 캐릭터를 입수할 수 있다.

## SIMPLE 2000 시리즈 Vol.85 : THE 세계명작극장 퀴즈

- D3 퍼블리셔  ● QIZ  ● 2005년 8월 25일  ● 2,000엔
- 플레이 명수 : 1~2인  ● 세이브 용량 : 40KB 이상

TV 애니메이션 '세계명작극장' 시리즈 총 23작품이 소재인 문제가 출제되는 퀴즈 게임. 원작의 내용과 배경·연대·지방 등에 관련된 퀴즈 5,000문제 이상을 수록했다. 원작의 장면을 수집하여 줄거리와 함께 감상할 수도 있다.

## 타이토 메모리즈 하편

- 타이토  ● ETC  ● 2005년 8월 25일  ● 4,800엔
- 플레이 명수 : 1~2인  ● 세이브 용량 : 100KB 이상

  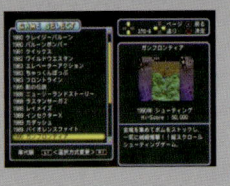

타이토 사의 아케이드 게임 컬렉션 제2탄. 수록된 25개 타이틀 중 4개 작품은 당시 가정용 최초 이식이었다. 수록작 중 「레이스톰」과 「G다라이어스」의 경우, PS1판의 아케이드 모드를 기준으로 이식했다.

## 테일즈 오브 레젠디아

- 남코 ●RPG ●2005년 8월 25일 ●6,800엔
- 플레이 명수 : 1인 ●세이브 용량 : 27KB 이상

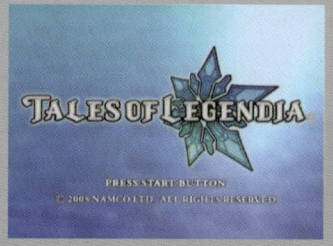

신규 프로젝트 팀 '멜페스'가 개발한, 새로운 「테일즈 오브」 시리즈 작품. '유대감이 전설을 자아내는 RPG'를 표방한 작품으로서, 퀘스트 때문에 유적선에 모인 동료들의 뒷사정을 파고들며 유대감을 쌓아가게 된다. 전투 시스템에 격투 액션 요소를 도입하는 등, 기존 시리즈 작품들에 비해 많은 변화를 가했다.

## 트레인 시뮬레이터 : 게이세이·도에이 아사쿠사·게이큐선

- 온가쿠칸 ●SLG ●2005년 8월 25일 ●6,800엔
- 플레이 명수 : 1인 ●세이브 용량 : 100KB 이상

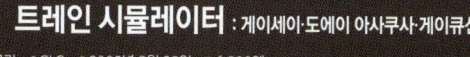

일본의 사철·지하철 3개사 5개 노선의 운행표 기준으로 기관차를 운행할 수 있는 시뮬레이터. 포인트 제도를 새로 도입하여, 교습 등으로 포인트를 모으면 신규 차량을 입수해 운행할 수 있도록 했다.

## 후타코이 섬 : 사랑과 수영복의 서바이벌

- 미디어웍스 ●AVG ●2005년 8월 25일 ●6,800엔
- 플레이 명수 : 1인 ●세이브 용량 : 128KB 이상

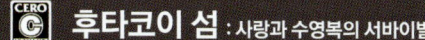

쌍둥이와의 연애를 즐기는 미디어믹스 작품 「후타코이」 시리즈의 제2탄. 무인도에 표류해온 자매와 함께 섬을 탐색하면서 관계가 깊어지는 연애 어드벤처 게임이다. 섬 탈출 여부까지 포함해, 다양한 엔딩을 마련했다.

## White Princess the second : 역시 일편단심이든 아니든 OK인 편의주의 학원을 연애 어드벤처!!

- 키드 ●AVG ●2005년 8월 25일 ●6,800엔
- 플레이 명수 : 1인 ●세이브 용량 : 120KB 이상

2003년 PC로 발매됐던 「White Princess」의 속편. 게임 시작시 목표로 삼을 히로인부터 일단 정하고서 플레이한다는 이색적인 시스템이 특징이다. 전작의 1년 후가 배경이며, 3명의 신규 히로인이 등장한다.

## 마다가스카

- 반다이 ●ACT ●2005년 8월 25일 ●4,800엔
- 플레이 명수 : 1인 ●세이브 용량 : 65KB 이상

같은 해 개봉했던 CG 애니메이션 영화를 게임화했다. 개성이 풍부한 4명의 동물을 조작해, 센트럴 파크와 마다가스카르 섬 등의 11개 스테이지를 클리어하자. 3장의 파워 카드를 모으면 새로운 기술을 습득하게 된다.

## 미래소년 코난

- D3 퍼블리셔 ●ACT ●2005년 8월 25일 ●5,800엔
- 플레이 명수 : 1인 ●세이브 용량 : 48KB 이상

1978년 처음 방영됐던 미야자키 하야오 감독의 TV 애니메이션 '미래소년 코난'이 원작인 3D 액션 게임. '홀로 남은 섬'·'인더스트리아'·'기간트'의 3부 구성이며, 총 30분 이상의 애니메이션 동영상을 게임 내에 삽입했다.

## 라무네 : 유리병에 비친 바다

- 인터채널 ●AVG ●2005년 8월 25일 ●7,200엔
- 플레이 명수 : 1인 ●세이브 용량 : 80KB 이상

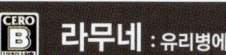
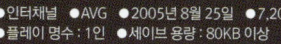

PC판 원작을 이식한 연애 어드벤처 게임. 바다가 보이는 마을에서 히로인들과 다양한 추억을 쌓아나가자. 원작에선 공략불가였던 여동생의 동급생 '사쿠라 히로미'와 PS2판의 오리지널 히로인 '아유카와 미소라'의 시나리오를 추가했다.

### 파이트 나이트 라운드 2

- 일렉트로닉 아츠 ● SPT ● 2005년 9월 1일 ● 6,800엔
- 플레이 명수: 1~2인 ● 세이브 용량: 42KB 이상

리얼함을 추구한 복싱 게임 시리즈의 제2탄. '토탈 펀치 컨트롤' 시스템을 개량하여, 펀치의 강약도 감각적으로 조절할 수 있도록 했다. 역대 챔피언부터 당시 최신 랭커까지, 실존 권투선수들도 다수 등장한다.

### 글래디에이터 : 로드 투 프리덤 리믹스

- 어테인 ● ACT ● 2005년 9월 1일 ● 6,300엔
- 플레이 명수: 1~2인 ● 세이브 용량: 220KB 이상

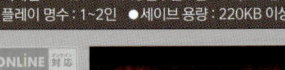

같은 해 2월 발매했던 「글래디에이터 : 로드 투 프리덤」의 업그레이드판. 플레이어 모델링 추가, 직전 부활 기능 등 17가지 기능을 추가하여 진행이 쾌적해졌다. 자유를 얻기 위해 실력을 갈고닦는 검투사의 세계를 맛보자.

### 스턴트맨

- 아타리 재팬 ● ACT ● 2005년 9월 1일 ● 6,800엔
- 플레이 명수: 1인 ● 세이브 용량: 765KB 이상

스턴트맨이 되어, 감독이 요구하는 위험한 카 스턴트를 완수하는 카 액션 게임. 총 6곳의 로케이션에서 다양한 차량을 운전해 임무를 클리어하자. 커리어가 충분히 쌓이면 유명세를 얻고 거액의 보수도 받게 된다.

### 슬로터 UP 매니아 7 : 최신최강! 파이오니어 MAX

- 도라트 ● SLG ● 2005년 9월 1일 ● 4,000엔 ● 플레이 명수: 1인 ● 세이브 용량: 255KB 이상
- 파치슬로 컨트롤러 쿠로토·Pro·Pro2·스탠더드, 슬롯콘, 실전 파치슬로 컨트롤러 지원

파이오니어 사의 인기 기종을 수록한 파치슬로 실기 시뮬레이터. 순수 일발고지 머신 '시오사이'와, 스톡을 한꺼번에 방출하는 쾌감이 일품인 '빅 시오젠느-30'을 탑재했고, 카탈로그 등의 라이브러리 기능도 충실하다.

### 제3제국 흥망기 II

- 마리오넷 ● SLG ● 2005년 9월 1일 ● 6,980엔
- 플레이 명수: 1인 ● 세이브 용량: 200KB 이상

본격 전략 시뮬레이션 게임 시리즈의 제2탄. 제2차 세계대전의 유럽전선이 배경으로서, 독일군 총통이 되어 유럽 통일을 노린다. 장군의 얼굴 그래픽을 추가했고, 레벨 제를 도입함에 따라 군단장의 육성도 가능해졌다.

### 프린세스 메이커 4

- 제넥스 ● SLG ● 2005년 9월 1일 ● 6,800엔
- 플레이 명수: 1인 ● 세이브 용량: 100KB 이상

육성 시뮬레이션 게임 시리즈의 제4탄. 인간과 악마 사이에서 태어난 소녀를 육성하는 게임으로서, 본인 내면의 갈등과 인간계·마계 정세까지도 묘사하는 등 스토리 측면을 강화했다. 딸의 디자인은 텐히로 나오토가 맡았다.

### 헤비메탈 선더

- 스퀘어 에닉스 ● ACT ● 2005년 9월 1일 ● 6,800엔
- 플레이 명수: 1~2인 ● 세이브 용량: 265KB 이상

아버지가 보내준 로봇을 조종하여 가혹한 전투에 도전하는 로봇 배틀 게임. 연출을 중시한 작품으로서, 패배하면 로봇이 폭파된다. 정상에 군림하는 아버지에게 도전하는 아들의 우정과 사랑, 그리고 이별을 그린 스토리.

### 리락쿠마 : 2주 동안 실례하겠습니다

- 인터채널 ● ETC ● 2005년 9월 1일 ● 4,800엔
- 플레이 명수: 1인 ● 세이브 용량: 20KB 이상

산엑스 사의 인기 캐릭터를 게임화했다. '리락쿠마'를 2주간 맡아 돌보면서 깃발 올리기, 벌꿀 끼얹기 등의 미니게임을 즐기는 게임이다. 미니게임 도중에는 귀여운 리락쿠마의 일상 장면을 즐길 수 있다.

PlayStation2 Game Software Catalogue

### SIMPLE 2000 시리즈 Vol.83 : THE 곤충채집
- D3 퍼블리셔  ● SLG  ● 2005년 9월 8일  ● 2,000엔
- 플레이 명수 : 1~2인  ● 세이브 용량 : 128KB 이상

즐기면서 배우는 곤충채집 시뮬레이션 게임. 장수풍뎅이·사슴벌레 등의 갑충류를 비롯해 나비류, 수생곤충 등 300종 이상의 곤충을 수록하였다. 필드를 돌아다니며 포충망을 휘두르는 등, 곤충을 채집하는 기분을 만끽할 수 있다.

### 도쿄 버스 안내 2
- 석세스  ● SLG  ● 2005년 9월 8일  ● 5,800엔  ● 플레이 명수 : 1~2인
- 세이브 용량 : 100KB 이상  ● 휠 컨트롤러 GT FORCE, GT FORCE Pro 지원

「도쿄 버스 안내」의 속편. 도쿄 도영 버스의 운전사가 되어 정확·안전한 운행을 목표로 삼는 드라이빙 시뮬레이터다. 왕복코스 및 2명이 즐길 수 있는 '함께 모드'를 추가했다. 휠 컨트롤러 지원 기능도 넣었다.

### 파이팅 포 원피스
- 반다이  ● ACT  ● 2005년 9월 8일  ● 6,800엔
- 플레이 명수 : 1~2인  ● 세이브 용량 : 100KB 이상

오다 에이이치로 원작의 만화 '원피스'를 대전격투 게임화했다. 원작에 등장했던 수많은 기술을 재현했다. 원작 캐릭터들의 개성을 살려내면서도 호쾌한 컴비네이션과 격투 본연의 심리전을 구현하여, 궁극의 진검승부를 즐길 수 있다.

### 미코마이 : 영원한 마음
- 키드  ● AVG  ● 2005년 9월 8일  ● 6,800엔
- 플레이 명수 : 1인  ● 세이브 용량 : 950KB 이상

PC용 게임의 이식작. 십년 만에 고향으로 돌아온 주인공이, 소꿉친구가 무녀로 있는 신사에 전해지는 춤 '미코마이'에 깃든 마음을 깨달아간다는 스토리. 이식 과정에서 CG와 시나리오를 늘렸고, 연출과 시스템을 강화했다.

### 극상학생회
- 코나미  ● AVG  ● 2005년 9월 15일  ● 6,980엔
- 플레이 명수 : 1인  ● 세이브 용량 : 211KB 이상

TV 애니메이션과 만화로 인기였던 같은 제목의 미디어믹스물을 게임화했다. 미야가미 학원에 부임한 교육실습생이 되어, 소녀들과 3주간을 함께 지낸다. 학생회 멤버들을 비롯해 히로인 16명이 등장하며, 특전영상도 수록했다.

### 진 삼국무쌍 4 맹장전
- 코에이  ● ACT  ● 2005년 9월 15일  ● 4,280엔  ● 플레이 명수 : 1~2인
- 세이브 용량 : 150KB 이상  ● PlayStation BB Unit (캐시) 지원 1024MB 이상 필요

같은 해 2월 발매되었던 「진 삼국무쌍 4」의 확장판. 신규 무장으로 즐기는 '외전 모드'를 비롯해 일개 병졸에서 시작하여 출세를 노리는 '입지 모드', 자동 생성되는 단편 시나리오에 도전하는 '수라 모드'를 탑재했다.

### 파이프로 리턴즈
- 스파이크  ● ACT  ● 2005년 9월 15일  ● 6,800엔
- 플레이 명수 : 1~2인  ● 세이브 용량 : 917KB 이상  ● 멀티탭 지원(~8인)

인기작 「파이어 프로레슬링」 시리즈의 은퇴 철회작. 당시 한창 인기였던 레슬러 및 신기술을 대거 추가하여 역대급 볼륨을 구현했다. 등장 레슬러는 327명. 시험의 폭을 넓혀주는 세컨드 시스템과 매치메이크 모드도 추가되었다.

### 브라더스 인 암스 : ROAD TO HILL 30
- UBISOFT  ● STG  ● 2005년 9월 15일  ● 6,800엔  ● 플레이 명수 : 1~2인
- 세이브 용량 : 75KB 이상  ● 네트워크 어댑터 또는 PlayStation BB Unit 지원

2차대전의 노르망디 상륙작전을 무대로 삼은 밀리터리 FPS. 공수사단 분대장으로서 임무를 수행하면서도, 대장으로서 부대에 전술지시를 내리며 8일간을 전투하게 된다. 연합군의 중요 거점을 사수해내자.

103

## MotoGP 4
- 남코  ● RCG  ● 2005년 9월 15일  ● 6,800엔  ● 플레이 명수: 1~2인
- 세이브 용량: 140KB 이상  ● 멀티탭 지원(3~4인)

FIM의 공식 라이선스를 받은 바이크 레이싱 게임의 제4탄. 250cc와 125cc 클래스를 비롯해, 참가 머신과 라이더도 추가했다. 시리즈 최다량인 19개 코스를 수록하였으며, 바이저를 통해 보는 헬멧 시점도 지원한다.

## 리얼라이즈 : Panorama Luminary
- 인터채널  ● AVG  ● 2005년 9월 15일  ● 7,200엔
- 플레이 명수: 1인  ● 세이브 용량: 75KB 이상  ● 프로그레시브 출력 지원

PC용 게임의 이식작. 타인의 예고를 구체화시키고 타인의 정신에 간섭하는 능력을 지닌 젊은이들의 이야기가, 여러 캐릭터의 시점으로 그려진다. 이식 과정에서 시나리오를 대폭 가필했고 CG를 변경했으며 풀보이스화했다.

## S.L.A.I. : 스틸 랜서 아레나 인터내셔널
- 코나미  ● STG  ● 2005년 9월 22일  ● 6,980엔  ● 플레이 명수: 1~2인
- 세이브 용량: 216KB 이상  ● 네트워크 어댑터, PlayStation BB Unit 지원

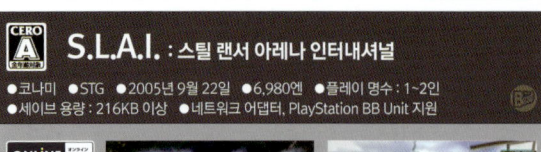

Xbox로 발매되었던 「팬텀 크래시」의 강화 이식판. 근미래에 인기 경기가 된 로봇 배틀에서 세계 최강의 지위를 노려보자. 로봇을 커스터마이즈하는 재미와 조작하는 재미 양쪽을 충실히 맛볼 수 있는 타이틀이다.

## 머나먼 시공 속에서 3 : 십육야기
- 코에이  ● AVG  ● 2005년 9월 22일  ● 4,800엔
- 플레이 명수: 1인  ● 세이브 용량: 676KB 이상

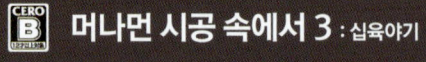
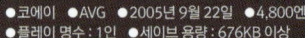
  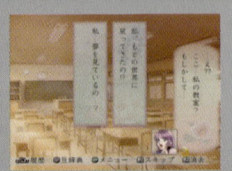

2004년 발매되었던 「머나먼 시공 속에서 3」의 시스템을 유지하면서 신규 요소를 추가한 강화판. 단독으로도 플레이 가능하지만, 전작과 MIXJOY(연동 플레이)하면 신규 이벤트와 추가 요소까지 즐길 수 있다.

## 필살 청부업
- 겐키  ● ACT  ● 2005년 9월 22일  ● 6,800엔
- 플레이 명수: 1인  ● 세이브 용량: 144KB 이상

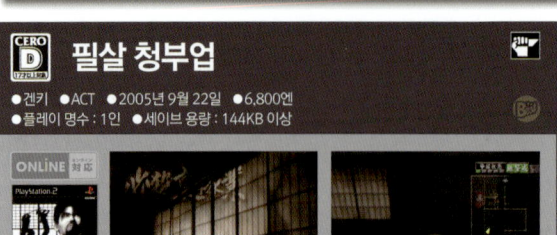
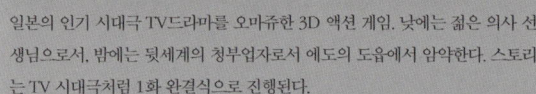

일본의 인기 시대극 TV드라마를 오마쥬한 3D 액션 게임. 낮에는 젊은 의사 선생님으로서, 밤에는 뒷세계의 청부업자로서 에도의 도움에서 암약한다. 스토리는 TV 시대극처럼 1화 완결식으로 진행된다.

## Formula 1 2005
- 소니컴퓨터엔터테인먼트  ● RCG  ● 2005년 9월 22일  ● 5,800엔
- 플레이 명수: 1~2인  ● 세이브 용량: 350KB 이상  ● GT FORCE, GT FORCE Pro 지원

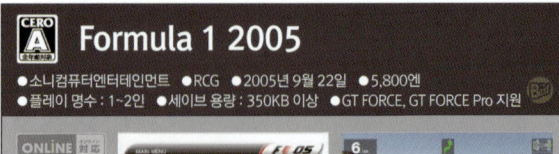

FOM이 공인한 F1 레이싱 게임. 2005년도 개막 시즌 시의 데이터를 수록하였으며, 드라이버 어시스트 모드를 새로 탑재하였다. 초보자도 F1 특유의 속도감과 박력이 넘치는 레이스를 체험할 수 있다.

## 신비한 바다의 나디아 : Inherit the Blue Water
- 제네스  ● AVG  ● 2005년 9월 22일  ● 6,800엔
- 플레이 명수: 1인  ● 세이브 용량: 100KB 이상

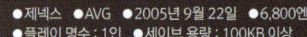

안노 히데아키 감독의 인기 애니메이션을 게임화했다. 주인공 '장'이 되어, 나디아와 블루 워터를 둘러싼 모험에서 활약하게 된다. 어드벤처 파트와 시뮬레이션 파트를 오가며 총 10장에 걸친 스토리를 진행해 보자.

## 별이 떨어질 때
- 아이디어 팩토리  ● AVG  ● 2005년 9월 22일  ● 6,800엔
- 플레이 명수: 1인  ● 세이브 용량: 115KB 이상

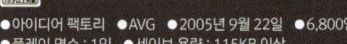

아이디어 팩토리 사의 여성용 브랜드 제2탄. 여고생 '하세쿠라 아카네'가 되어, 2주 후에 일어날 어둠의 힘의 해방을 막아내야 한다. 아카네와 두 보석을 둘러싼, 의문의 남자들과의 연애와 배반의 드라마를 즐길 수 있다.

## 라이덴 III

- 타이토 ● STG ● 2005년 9월 22일 ● 5,800엔
- 플레이 명수: 1~2인 ● 세이브 용량: 41KB 이상

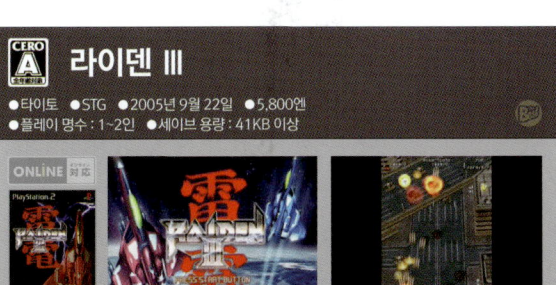

아케이드용 게임의 이식작. 시리즈의 판권을 승계한 MOSS가 제작한 첫 「라이덴」이다. 적을 쓸어버리는 프로톤 레이저와, 적을 빨리 격파할수록 고득점이 되는 시스템을 도입했다. PS2판은 보스 러시 모드 등도 신규 추가했다.

## 랩소디아

- 코나미 ● SLG ● 2005년 9월 22일 ● 6,980엔
- 플레이 명수: 1인 ● 세이브 용량: 120KB 이상

「환상수호전 IV」(38p)의 외전 격인 시뮬레이션 게임. 전반은 4편의 프리퀄 스토리이고, 후반은 4편 이후의 이야기가 펼쳐진다. 4편의 세이브데이터를 컨버트하면 동료가 늘어나거나 진행 도중의 대사가 변화된다.

## 트레인 시뮬레이터 : 큐슈 신칸센

- 온가쿠칸 ● SLG ● 2005년 9월 28일 ● 5,714엔
- 플레이 명수: 1인 ● 세이브 용량: 256KB 이상

차량의 거동 및 음성을 실제 신칸센 기관차에서 채록한 철도운전 시뮬레이터. 큐슈 신칸센의 신야츠시로-가고시마츄오 구간, 재래선인 릴레이 츠바메, 폐지된 츠바메 열차를 다양한 시각표 하에서 직접 운행해볼 수 있다.

## 어번 레인

- 남코 ● ACT ● 2005년 9월 29일 ● 6,800엔 ● 플레이 명수: 1~2인
- 세이브 용량: 119KB 이상 ● 멀티탭 지원(3~4인)

「철권」과 「소울 칼리버」의 스탭들이 제작한 오리지널 격투 액션 게임. 갱 타운을 무대로 삼아, 동료와 함께 뛰어들어 대립하는 갱들과 한바탕 배틀을 벌이자. 최대 4인까지의 대전 플레이도 가능하다.

## 슬로터 UP 매니아 8 : 섬광고지! 저글러 스페셜 II

- 도라트 ● SLG ● 2005년 9월 29일 ● 5,200엔 ● 플레이 명수: 1인 ● 세이브 용량: 360KB 이상
- 파치슬로 컨트롤러 Pro·Pro2·쿠루토·스탠더드, 슬롯컨, 실전 파치슬로 컨트롤러 지원

키타 덴시의 인기 기종 4종류를 수록한 파치슬로 실기 시뮬레이터. '고고 저글러 V'와 '고고 저글러 S-30', '저글러 걸', '저글러 TM'을 수록하였으며, 각 기종마다 공략 기능과 연습 모드를 탑재하였다.

## 필살 파친코 스테이션 V11 : CR 개구쟁이 삐뽀

- 선 소프트 ● SLG ● 2005년 9월 29일 ● 5,200엔
- 플레이 명수: 1인 ● 세이브 용량: 640KB 이상

인기 파친코 실기 시뮬레이터의 제11탄. 다이이치의 'CR 개구쟁이 삐뽀' 시리즈를 완전 수록했고, 실기 공략을 도와주는 모드를 탑재하였다. 파친코 대회에서 우승을 노리는 'V-1 그랑프리'도 즐길 수 있다.

## 물의 선율

- 키드 ● AVG ● 2005년 9월 29일 ● 6,800엔
- 플레이 명수: 1인 ● 세이브 용량: 119KB 이상

인어의 고기를 먹고 불사의 몸이 되었다는 야오비쿠니의 전설이 소재인 어드벤처 게임. 주인공이 되어 학교에서 벌어진 이변을 파헤치자. 스토리의 핵심을 이루는 시나리오 외에, 다른 캐릭터 시점으로도 스토리를 관찰할 수 있다.

## 리처드 번즈 랠리

- 키즈 스테이션 ● SLG ● 2005년 9월 29일 ● 6,800엔 ● 플레이 명수: 1~4인
- 세이브 용량: 260KB 이상 ● GT FORCE, GT FORCE Pro 지원

이 작품이 발매된 후 얼마 지나지 않아 요절한 유명 드라이버 '리처드 번즈'가 감수한 랠리 시뮬레이터. 실제 랠리 대회와 동일한 3일간의 시즌 모드, 테크닉을 배우는 스쿨 모드, 상세한 세팅 옵션 등으로 리얼함을 강조한 작품이다.

## SIMPLE 2000 시리즈 Vol.86 : THE 면허취득 시뮬레이션 - 개정 도로교통법 반영판

- D3 퍼블리셔 ● SLG ● 2005년 10월 6일 ● 2,000엔
- 플레이 명수 : 1인 ● 세이브 용량 : 39KB 이상

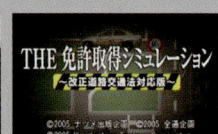

게임으로 일본의 교통법규를 배울 수 있는 소프트. 면허시험 문제를 유형별로 3,000문제 이상 수록하여, 면허취득에 필요한 지식을 마스터할 수 있다. 자동차학원 및 면허시험장과 동일한 가상운전 모드도 수록했다.

## SIMPLE 2000 시리즈 얼티밋 Vol.27 : 방과 후의 러브★비트♪

- D3 퍼블리셔 ● AVG ● 2005년 10월 6일 ● 2,000엔
- 플레이 명수 : 1인 ● 세이브 용량 : 109KB 이상

2004년 발매되었던 『방과 후의 Love Beat』의 염가판. 리듬 액션과 연애 어드벤처, 두 장르를 융합시킨 신감각의 여성용 게임이다. 주인공인 여고생이 되어, 학교 내 인기 밴드 멤버와 연애를 즐겨보자.

## 드래곤볼Z 스파킹!

- 반다이 ● ACT ● 2005년 10월 6일 ● 6,800엔
- 플레이 명수 : 1~2인 ● 세이브 용량 : 71KB 이상

인기 만화 '드래곤볼Z'가 원작인. 격투 게임에 공중전 시스템을 가미한 3D 대전 액션 게임. 캐릭터는 총 50명+91폼을 사용할 수 있다. 필드 상의 물체는 파괴가 가능하며, 수중전도 즐길 수 있다.

## 마와자

- 소니컴퓨터엔터테인먼트 ● PZL ● 2005년 10월 6일 ● 4,800엔
- 플레이 명수 : 1인 ● 세이브 용량 : 158KB 이상

연결하고 돌려서 파괴하는 액션 퍼즐 게임. 공간 상에 라인을 그어 도형을 만든 후, 이들을 붙여 가며 골을 향해 나아가자. 체인을 계속해서 연결하는 'MAWAZA 모드'와, 퍼즐성이 강한 '드릴 모드'로 나뉘어 있다.

## 크리티컬 벨로시티

- 남코 ● ACT ● 2005년 10월 13일 ● 6,800엔 ● 플레이 명수 : 1인
- 세이브 용량 : 49KB 이상 ● 포스 피드백 탑재 휠 컨트롤러 GT FORCE·GT FORCE Pro 지원

차량으로 시내를 자유롭게 누비며 다양한 임무에 도전하는 드라이빙 게임. 대리 스턴트맨부터 부상자 운반 도중의 차량 추격전까지, 코스가 고정되지 않은 자유로운 카 액션을 만끽할 수 있는 작품이다.

## 코드 에이지 커맨더즈 : 이어주는 자, 이어지는 자

- 스퀘어 에닉스 ● RPG ● 2005년 10월 13일 ● 6,800엔
- 플레이 명수 : 1인 ● 세이브 용량 : 420KB 이상

미션 공략형의 배틀 액션 RPG. 광대한 3D 필드 내에서 펼쳐지는 리얼타임 배틀이 특징인 작품으로서, 캐릭터를 유저 마음대로 커스터마이즈하여 그 캐릭터로 펼쳐지는 장대한 스토리를 즐긴다.

## 은빛 새장

- 스타피시 ● AVG ● 2005년 10월 13일 ● 6,800엔
- 플레이 명수 : 1인 ● 세이브 용량 : 80KB 이상

독창적인 세계에서 이야기가 전개되는 연애 어드벤처 게임. 격리된 마을 '로드 타운'을 배경으로, 특이한 능력을 지닌 소년소녀들의 기구한 운명을 그렸다. 어른들의 흑심에 휘둘리는 그들의 우정과 모험과 사랑을 즐기자.

## 페르시아의 왕자 : 전사의 길

- UBISOFT ● ACT ● 2005년 10월 13일 ● 6,800엔
- 플레이 명수 : 1인 ● 세이브 용량 : 99KB 이상

2004년 발매되었던 『페르시아의 왕자 : 시간의 모래』의 속편. 시간의 수호자 '다하카'에 쫓기는 처지가 된 왕자가, 그의 주박에서 벗어나 '시간의 섬'으로 향한다는 스토리. 60종류 이상의 풍부한 전투 액션이 펼쳐진다.

# PlayStation2 Game Software Catalogue

## RASETSU 얼터너티브
- 니폰이치 소프트웨어 ● SLG ● 2005년 10월 13일 ● 6,800엔
- 플레이 명수 : 1인 ● 세이브 용량 : 184KB 이상

코가도 스튜디오의 PC용 RTS 게임 「RASETSU」「RASETSU Xan」을 합본한 이식작. 프리 미션과 오리지널 시나리오를 추가하였다. 용병 길드의 두령이 되어, 살아있는 갑옷 '생체장갑'을 장비하고 싸우자.

## 플랫아웃
- 코나미 ● RCG ● 2005년 10월 13일 ● 4,980엔
- 플레이 명수 : 1~4인 ● 세이브 용량 : 109KB 이상

유럽산 PC 게임의 이식작. 코스 설치물과 차량이 화끈하게 충돌하고 부서지고 드라이버가 튕겨 나가는 카 레이싱 액션 게임. 차량으로 다트·볼링 등을 즐길 수도 있다. 일본판 타이틀명은 「레이싱 게임 : 주의!!!!」였다.

## 셔플! : 온 더 스테이지
- 카도카와쇼텐 ● AVG ● 2005년 10월 20일 ● 6,800엔
- 플레이 명수 : 1인 ● 세이브 용량 : 298KB 이상

PC용 게임의 이식작. 신과 마족의 존재가 널리 알려진 세계가 배경인 학원물 연애 어드벤처 게임이다. '카레하'와 '마유미 타임'이 신규 공략 히로인으로 승격됐으며, 신규 시나리오와 이벤트 CG도 대량으로 추가되었다.

## SIMPLE 2000 시리즈 Vol.79 : 앗코에게 맡겨줘! THE 파티 퀴즈
- D3 퍼블리셔 ● QIZ ● 2005년 10월 20일 ● 2,000엔
- 플레이 명수 : 1~4인 ● 세이브 용량 : 46KB 이상 ● 멀티탭 지원(~8인)

일본의 장수 인기 TV프로 「앗코에게 맡겨줘!」의 퀴즈 코너를 게임화했다. '식스 센스'·'로스트 월드'·'9면에서 몬'·'이지선다 도장'이란 4종류의 퀴즈를 수록했고, 최대 8인 동시 플레이도 2가지 모드로 즐길 수 있다.

## D1 그랑프리 2005
- 유크스 ● RCG ● 2005년 10월 20일 ● 6,800엔 ● 플레이 명수 : 1~2인
- 세이브 용량 : 64KB 이상 ● GT FORCE 지원, GT FORCE Pro 완전 지원

D1 그랑프리를 테마로 삼은 레이싱 게임의 제2탄. 단독으로 달리는 예선을 통과한 뒤 본선에 도전하는 식으로서, 실제 경기와 유사한 시스템이 되었다. 역대 개최 코스도 완전 수록했고, 오리지널 D1GP 경기의 개최도 가능하다.

## 번아웃 리벤지
- 일렉트로닉 아츠 ● RCG ● 2005년 10월 20일 ● 5,800엔 ● 플레이 명수 : 1~6인
- 세이브 용량 : 350KB 이상 ● GT FORCE, GT FORCE Pro, 프로그레시브 스캔 지원

위험하게 운전해야 오히려 유리한 레이싱 게임 시리즈의 신작. '리벤지'라는 타이틀명대로, 라이벌 차량을 테이크다운하면 견제가 심해져 더욱 스릴 있는 전개가 펼쳐진다. 일반 차량을 얼마나 파괴하는지 겨루는 모드도 있다.

## 필살 파친코★파치슬로 공략 시리즈 Vol.1 : CR 신세기 에반게리온
- D3 퍼블리셔 ● SLG ● 2005년 10월 20일 ● 4,800엔
- 플레이 명수 : 1인 ● 세이브 용량 : 256KB 이상

필즈 사의 인기 머신을 수록한 파친코 실기 시뮬레이터. 'CR 신세기 에반게리온' 계열을 수록한 작품으로서, 'SF'부터 'ZX'까지의 실기를 완전 재현하였다. 갤러리 모드에서는 실기에 수록된 CG와 보이스도 들을 수 있다.

## 아틀리에 마리+에리 : 잘부르그의 연금술사 1·2
- 거스트 ● RPG ● 2005년 10월 27일 ● 6,800엔
- 플레이 명수 : 1인 ● 세이브 용량 : 490KB 이상

인기 RPG 「아틀리에」 시리즈의 초기 2개 작품인 「마리의 아틀리에 plus」와 「에리의 아틀리에」를 합본하고 시스템을 통일한 타이틀. 느긋한 분위기를 즐기며 마을 사람들과 교류하고, 연금술로 아이템을 생성해 보자.

### 얼티밋 프로 핀볼

- 타이토　● TBL　● 2005년 10월 27일　● 4,800엔
- 플레이 명수: 1~4인　● 세이브 용량: 93KB 이상

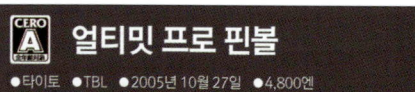

3D 그래픽으로 리얼한 물리적 거동을 추구한 핀볼 게임. 실존하는 핀볼 기기가 기반인 3종류의 기체를 수록하였으며, 테이블의 기울기와 플리퍼 강도 등을 세세하게 커스터마이즈하는 것도 가능하다.

### 울트라맨 파이팅 에볼루션 Rebirth

- 반프레스토　● ACT　● 2005년 10월 27일　● 6,800엔
- 플레이 명수: 1~2인　● 세이브 용량: 82KB 이상

울트라 히어로들이 격투를 벌이는 인기 시리즈의 제4탄. 츠부라야 프로덕션이 감수한 오리지널 시나리오로서, 시리즈 최초로 오리지널 괴수가 나오고 검은 울트라맨 카오스로이드와의 대박력 배틀이 펼쳐진다.

### 유레카 세븐 TR1: NEW WAVE

- 반다이　● RPG　● 2005년 10월 27일　● 6,800엔
- 플레이 명수: 1인　● 세이브 용량: 191KB 이상

TV 애니메이션 '교향시편 유레카 세븐'의 스탭들이 제작한 어나더 스토리를 즐길 수 있는 액션 RPG. LFO 라이더 양성기관인 NW(뉴 웨이브)에 편입해 온 청년과, 톱 라이더인 소녀가 만나면서 이야기가 시작된다.

### 우리는 오락실 족: 이얼 쿵푸

- 햄스터　● ACT　● 2005년 10월 27일　● 1,905엔
- 플레이 명수: 1~2인　● 세이브 용량: 40KB 이상

1985년 첫 가동된 아케이드 게임의 이식작. 쿵푸의 달인인 주인공을 조작해, 개성적인 11명의 적과 1:1로 싸우며 진행하는 격투 게임이다. 게임 본편 디스크를 비롯해, DVD 비디오 디스크 등 7종의 아이템으로 구성했다.

### 우리는 오락실 족: 슈퍼 발리볼

- 햄스터　● SPT　● 2005년 10월 27일　● 1,905엔
- 플레이 명수: 1~2인　● 세이브 용량: 40KB 이상

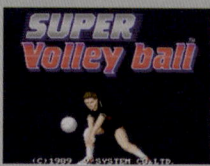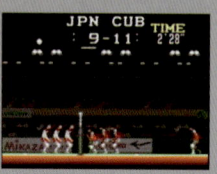

1989년 가동되었던 아케이드 게임의 이식작. 남자배구 일본 대표팀을 조작하여 세계의 강호들과 싸우는 배구 게임이다. 코트를 옆에서 보는 사이드뷰 시점과, 모든 액션이 버튼 하나로 가능한 심플한 조작이 특징이다.

### 우리는 오락실 족: 테라 크레스타

- 햄스터　● STG　● 2005년 10월 27일　● 1,905엔
- 플레이 명수: 1~2인　● 세이브 용량: 40KB 이상

일본물산의 아케이드 게임을 리바이벌 이식했다. 아군 기체와 합체하여 강력한 포메이션 공격을 할 수 있는 종스크롤 슈팅 게임이다. 5대를 모두 합체시키면 불새가 되어 일정시간 무적이 된다.

### 우리는 오락실 족: 버거 타임

- 햄스터　● ACT　● 2005년 10월 27일　● 1,905엔
- 플레이 명수: 1~2인　● 세이브 용량: 50KB 이상

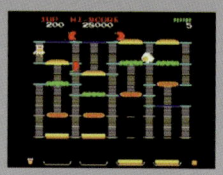

1982년 가동되었던 데이터 이스트 사의 아케이드 게임을 리바이벌 이식했다. 요리사를 조작하여, 화면 내의 햄버거 번과 속재료를 아래로 떨어뜨려 모든 버거를 완성시키자. 햄버거에 적들을 끼워 넣으면 고득점을 얻는다.

### 킬존

- 세가　● STG　● 2005년 10월 27일　● 6,800엔
- 플레이 명수: 1~2인　● 세이브 용량: 64KB 이상

서기 2300년대의 미래가 배경인 FPS. 각자 특기와 능력이 다른 4명의 전사 중에서 하나를 골라, 적의 침략에 맞서 싸우자. 나머지 3명은 동료로서 AI가 조작하는 형태로 작전행동에 참가하게 된다.

## 콜 오브 듀티 : 영광의 시간

- 캡콤  ● STG  ● 2005년 10월 27일  ● 6,800엔
- 플레이 명수 : 1인  ● 세이브 용량 : 65KB 이상

제2차 세계대전을 무대로 삼은 FPS. 소련·영국·미국군으로 구성된 연합군 측의 병사가 되어 주어진 임무를 수행하는 동안, 각자의 시점에서 그려지는 전쟁 이야기가 결국에는 하나의 큰 줄기로 모이게 된다.

## 콘네코 : keep a memory green

- 예티  ● AVG  ● 2005년 10월 27일  ● 6,800엔
- 플레이 명수 : 1인  ● 세이브 용량 : 75KB 이상

PC용 게임의 이식작. 인기 원화가 미케오가 그린 미소녀가 대거 등장하는 연애 어드벤처 게임이다. 인기가 많은 서브 캐릭터 2명에 초점을 맞춘 오리지널 스토리를 추가하여, 드디어 모든 히로인의 공략이 가능해졌다.

## SEGA AGES 2500 시리즈 Vol.20 : 스페이스 해리어 II - 스페이스 해리어 컴플리트 컬렉션

- 세가  ● STG  ● 2005년 10월 27일  ● 2,500엔
- 플레이 명수 : 1인  ● 세이브 용량 : 24KB 이상

1988년 가동되었던 아케이드용 게임의 리바이벌 이식작. 원작을 충실하게 재현하였다. 원작인 아케이드판은 물론이고 세가 마크 III판「스페이스 해리어 3D」, 메가 드라이브판「스페이스 해리어 II」도 수록했다.

## SEGA AGES 2500 시리즈 Vol.21 : SDI & 쿼텟 - SEGA SYSTEM16 COLLECTION

- 세가  ● STG  ● 2005년 10월 27일  ● 2,500엔
- 플레이 명수 : 1~2인  ● 세이브 용량 : 29KB 이상

세가의 고전 아케이드 슈팅 게임들을 합본 이식한 작품. 액션 슈팅 게임「쿼텟」과 인공위성에서 미사일을 요격하는 게임「SDI」두 작품을, 각각 원작 아케이드판과 세가 마크 III판으로 수록하였다.

## 파친코 미토코몬 : 파치로 상투 달인 9

- 핵베리  ● SLG  ● 2005년 10월 27일  ● 5,600엔
- 플레이 명수 : 1인  ● 세이브 용량 : 159KB 이상

쿄라쿠 사의 'CR 파친코 미토코몬 M67TF1'을 수록한 파친코 실기 시뮬레이터. 실기의 화려한 연출을 재현하였으며 찬스 버튼도 탑재했다. 공략 모드와, 리치 액션을 열람하는 모드도 수록하였다.

## 메모리즈 오프 #5 : 끊어진 필름

- 키드  ● AVG  ● 2005년 10월 27일  ● 6,800엔
- 플레이 명수 : 1인  ● 세이브 용량 : 125KB 이상

인기 시리즈의 제5탄. 영화 제작의 꿈을 포기하려 했던 주인공이, 친구를 죽였다는 여성과 만나면서 무언가가 변화하기 시작한다는 스토리. 시리즈 이전작에 비해 드라마성 강화, 서스펜스 요소 도입 등의 새로운 시도를 감행했다.

## 요시츠네 영웅전 수라

- 프롬 소프트웨어  ● ACT  ● 2005년 10월 27일  ● 4,980엔
- 플레이 명수 : 1~2인  ● 세이브 용량 : 268KB 이상

일본 중세의 겐페이 전쟁이 소재인 역사 합전 액션 게임. 요시츠네 군과 헤이케 군에 요시나카 군을 추가해, 3파전을 즐길 수 있다. 32명의 무장을 자유롭게 조작해, 40종 이상의 작전을 구사하며 겐페이 전쟁을 따라가 보자.

## 랑그릿사 III

- 타이토  ● SLG  ● 2005년 10월 27일  ● 5,800엔
- 플레이 명수 : 1인  ● 세이브 용량 : 322KB 이상

인기 시뮬레이션 RPG 시리즈의 제3탄. 전투 시스템을 리뉴얼했고, 이후 시리즈에서도 주요 시스템이 되는 '히로인 셀렉트'를 최초로 탑재했다. 총 36장에 달하는 중후한 시나리오를 거치며, 검과 마법의 세계를 체험하자.

## 완다와 거상

- 소니컴퓨터엔터테인먼트 ● ACT ● 2005년 10월 27일 ● 6,800엔
- 플레이 명수: 1인 ● 세이브 용량: 320KB 이상

「ICO」를 제작했던 개발팀의 신작 액션 어드밴처 게임. 제물로 바쳐진 소녀의 잃어버린 영혼을 되살리기 위해, '금단의 대지' 각처에 있는 거상을 찾아내 물리치자. 거상과의 전투에 철저하게 특화시킨 작품으로서, 거상이 있는 곳을 직접 찾아내고 침투하여 거상의 약점을 발견해내 격파해야 한다.

## 다이토기켄 공식 파치슬로 시뮬레이터: 으라차! 번장

- 다이토기켄 ● SLG ● 2005년 11월 2일 ● 4,200엔 ● 플레이 명수: 1인 ● 세이브 용량: 325KB 이상
- 파치슬로 컨트롤러 스탠다드, 파치슬로 컨트롤러 쿠로토(USB 접속 제외), 실전 파치슬로 컨트롤러 mini 지원

다이토기켄 사의 인기 기종을 수록한 파치슬로 실기 시뮬레이터. '요시무네'의 후속기인 '으라차! 번장'을 수록했고, '잔여 RT 게임 수'와 '내부 모드' 등의 공략기능을 탑재했다. 실기의 드라마틱한 연출도 열람 가능하다.

## 비트 다운

- 캡콤 ● ACT ● 2005년 11월 2일 ● 6,800엔
- 플레이 명수: 1~2인 ● 세이브 용량: 1408KB 이상

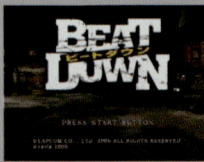

폭력과 범죄로 물든 암흑가에서, 조직에 배신당한 무법자가 복수에 투신하는 3D 액션 게임. 플레이어는 5명 중에서 선택 가능하다. 복수를 하려면 돈과 힘과 동료가 필요하다. 때로는 힘으로 밀어붙이는 교섭술도 구사해야 한다.

## 고속기동대: World Super Police

- 잘레코 ● ACT ● 2005년 11월 3일 ● 6,800엔
- 플레이 명수: 1인 ● 세이브 용량: 110KB 이상

날로 과격해지는 교통범죄에 대처하기 위해 설립된 '고속기동대'의 대원이 되어 범죄와 맞서는 배틀 카 액션 게임. 아군의 차량들과 함께 진형을 짜, 무장 공격도 불사하면서 주어진 임무를 수행하자.

## 메르헤븐: 암 파이트 드림

- 코나미 ● ACT ● 2005년 11월 3일 ● 6,980엔
- 플레이 명수: 1~2인 ● 세이브 용량: 52KB 이상

인기 만화가 원작인 애니메이션을 바탕으로 제작한 3D 대전격투 게임. 마법의 액세서리 '암'을 사용하는 배틀이 특징이다. 원작의 친숙한 필살기도 재현했다. 전투를 거듭하며 미궁을 탈출하는 '래비린스' 모드도 탑재했다.

## NBA 라이브 06

- 일렉트로닉 아츠 ● SPT ● 2005년 11월 10일 ● 6,800엔
- 플레이 명수: 1~2인 ● 세이브 용량: 625KB 이상 ● 멀티탭 지원(~8인)

인기 농구 게임 시리즈의 최신작. 당시 NBA에서 활약했던 초일류 선수들을 조작하여 화려한 트릭 플레이를 구사해보자. 모든 선수 및 팀은 실명으로 등장한다. 실황은 물론, 다양한 카메라 앵글의 리플레이 영상도 즐길 수 있다.

## 게임으로 나왔어! 도쿠로 건강진단 대작전

- 아이디어 팩토리 ● AVG ● 2005년 11월 10일 ● 6,800엔
- 플레이 명수: 1인 ● 세이브 용량: 110KB 이상

라이트 노벨과 TV 애니메이션으로 인기였던 '박살천사 도쿠로'를 어드밴처 게임화했다. 점호와 건강진단을 해주기 위해 '베놈'이 미래에서 찾아온다는 오리지널 스토리. 스토리에 영향을 끼치는 다양한 미니게임도 등장한다.

## PlayStation2 Game Software Catalogue

### 겟어웨이 : 블랙 먼데이
- 세가
- ACT
- 2005년 11월 10일
- 6,800엔
- 플레이 명수 : 1인
- 세이브 용량 : 62KB 이상

「겟어웨이」의 속편인 액션 게임. 런던 시내를 무대로 삼아, 총격전·격투·차량 추격전 등 다양한 장면이 펼쳐진다. 3명의 남녀가 주인공으로 활약하는, 총 22장에 걸친 농밀한 스토리를 즐겨보자.

### 사이옵스 : 사이킥 오퍼레이션
- 캡콤
- ACT
- 2005년 11월 10일
- 6,800엔
- 플레이 명수 : 1인
- 세이브 용량 : 113KB 이상

초능력을 구사하여 싸울 수 있는 3D 액션 게임. 가장 기본적인 사격을 비롯해, '텔레키네시스'로 적이나 물건을 잡아 던져버리거나 '리모트 뷰'로 투시해 닫힌 문 너머를 내다보는 등 6가지 초능력을 활용하여 싸워야 한다.

### 돌격!! 남자훈련소
- D3 퍼블리셔
- ACT
- 2005년 11월 10일
- 5,800엔
- 플레이 명수 : 1~2인
- 세이브 용량 : 49KB 이상

인기 만화가 원작인 3:3 대전격투 게임. 원작의 친숙한 캐릭터들은 물론, 원작 제2부의 주인공인 '츠루기 시시마루'까지도 등장한다. TV 애니메이션과 동일한 성우진의 음성 연기도 즐길 수 있다.

### 시노비도 이마시메
- 스파이크
- ACT
- 2005년 11월 10일
- 6,800엔
- 플레이 명수 : 1인
- 세이브 용량 : 428KB 이상

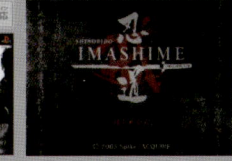 

자신의 기척을 숨기고서 목적지까지 도달해 임무를 수행하는 스텔스 액션 게임의 명작. 단도 '쿠나이'로 공격하고, 가시못 '마키비시'로 적을 혼란상태로 만들고는 숨을 끊어버리는 등, 전략성이 높은 3D 액션 게임이다.

### SIMPLE 2000 시리즈 Vol.87 : THE 싸우는 소녀
- D3 퍼블리셔
- ACT
- 2005년 11월 10일
- 2,000엔
- 플레이 명수 : 1~2인
- 세이브 용량 : 57KB 이상

습격해오는 적의 기계병단을 기동력으로 분쇄하는, 통쾌한 인간형 병기 액션 게임. 펀치 중심인 '키쿠'와 킥 중심인 '하나'를 조작해, 총 10스테이지를 클리어하자. 특정 조건을 달성하면 100종류의 특수임무에 도전할 수 있다.

### SIMPLE 2000 시리즈 Vol.88 : THE 미니 미녀경찰
- D3 퍼블리셔
- ACT
- 2005년 11월 10일
- 2,000엔
- 플레이 명수 : 1인
- 세이브 용량 : 40KB 이상

특수공작원 '사메지마 모모'가 되어 거대한 악에 도전하는 스텔스 액션 게임. 적의 등 뒤로 접근해 강력한 일격으로 처치하고, 발각되면 총과 수류탄으로 응전하자. 대미지를 받으면 코스튬이 찢어져 창피한 꼴이 되고 만다.

### SIMPLE 2000 시리즈 Vol.89 : THE 파티 게임 2
- D3 퍼블리셔
- ETC
- 2005년 11월 10일
- 2,000엔
- 플레이 명수 : 1~4인
- 세이브 용량 : 86KB 이상
- 멀티탭 지원(~4인)

40종류의 미니게임을 수록한 파티 게임 모음집. 일부 게임은 혼자서도 플레이 가능하다. 멀티탭이 없더라도 컨트롤러를 하나 돌려가며 순서대로 사용하는 식으로 최대 4인까지 플레이할 수 있도록 했다.

### 풍우래기 2
- 포그
- AVG
- 2005년 11월 10일
- 6,800엔
- 플레이 명수 : 1인
- 세이브 용량 : 642KB 이상

여행을 테마로 삼은 연애 어드벤처 게임의 속편. 오키나와를 방문한 여행작가인 주인공이, 여행기 기사를 작성하면서 그곳에서 만난 히로인들과 교류를 쌓아간다. 오키나와의 실존 관광지 100곳 이상이 등장한다.

## 아랑전 Breakblow

- ESP ● ACT ● 2005년 11월 17일 ● 6,800엔
- 플레이 명수 : 1~2인 ● 세이브 용량 : 106KB 이상

유메마쿠라 바쿠·이타가키 케이스케의 격투 만화를 게임화했다. 대전격투 게임으로는 드물게 공격을 맞으면서도 받아칠 수 있다는 극히 공격적인 시스템부터 시작해, 3종류의 가드와 정신 게이지의 존재 등 특징적인 요소가 많다.

## 기동전사 건담 SEED : 연합 vs. Z.A.F.T.

- 반다이 ● ACT ● 2005년 11월 17일 ● 6,800엔
- 플레이 명수 : 1~2인 ● 세이브 용량 : 73KB 이상

아케이드용 게임의 이식작. 모빌슈츠를 조작하여 2 : 2로 싸우는 대전 액션 게임이다. 같은 제목의 애니메이션에 등장했던 50종류 이상의 기체와 40명 이상의 캐릭터가 등장한다. 일러스트·영상 등의 특전도 즐길 수 있다.

## 갓 오브 워 : 영혼의 반역자

- 캡콤 ● ACT ● 2005년 11월 17일 ● 6,800엔
- 플레이 명수 : 1인 ● 세이브 용량 : 454KB 이상

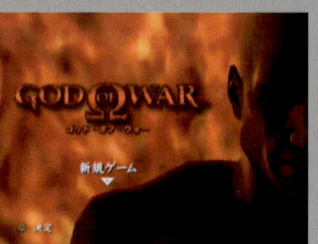  

그리스 신화의 세계에서, 신들에게 운명을 농락당한 옛 스파르타 전사가 제우스 등의 신들에 맞서는 대서사시를 그린 액션 게임. 소유자를 광기로 인도하는 강력한 사슬낫 '혼돈의 블레이드'와 마법을 업그레이드하여, 고대 그리스의 괴물들과 싸우자. 사슬낫이라는 독특한 무기로 가능해진 스피디한 액션이 특징이다.

## 개구리 중사 케로로 : 불꽃튀는 배틀로얄 Z

- 반다이 ● ACT ● 2005년 11월 17일 ● 4,800엔
- 플레이 명수 : 1~2인 ● 세이브 용량 : 158KB 이상 ● 멀티탭 지원(~4인)

2004년 발매되었던 '개구리 중사 케로로 : 불꽃튀는 배틀로얄'의 업그레이드 판. 신 캐릭터를 추가하였으며 그래픽·이펙트도 강화시켰다. 스토리 모드를 없앤 대신, 같은 라인 상에서 싸우는 2D 격투 게임풍 모드를 추가하였다.

## J리그 위닝 일레븐 9 아시아 챔피언십

- 코나미 ● SPT ● 2005년 11월 17일 ● 6,980엔 ● 플레이 명수 : 1~2인
- 세이브 용량 : 2137KB 이상 ● 멀티탭 지원(~8인)

「월드 사커 위닝 일레븐 9」의 기능 강화판. J리그의 2005년 후반기 데이터를 반영하였으며, 올스타전과 나비스코 컵도 플레이할 수 있다. 전작에서 호평 받았던 "넛폰 챌린지"는 일본 국적 선수 800명 중에서 선발 가능하다.

## 스플린터 셀 : 혼돈 이론

- UBISOFT ● ACT ● 2005년 11월 17일 ● 6,800엔
- 플레이 명수 : 1~2인 ● 세이브 용량 : 580KB 이상

스텔스 액션 게임 시리즈의 제3탄. 주인공 '샘 피셔'가 일본을 비롯한 아시아 각지에서 새로운 첩보임무에 도전한다는 내용이다. 이전에 발매됐던 「Tom Clancy's GHOST RECON 2」(100p)와도 스토리가 연계된다.

## 파치슬로 클럽 COLLECTION : 파치슬로라구 코몬 도련님

- 컴시드 ● SLG ● 2005년 11월 17일 ● 4,700엔 ● 플레이 명수 : 1인
- 세이브 용량 : 640KB 이상 ● 파치슬로 컨트롤러 스탠더드 지원

헤이와 사의 인기 기종을 수록한 파치슬로 실기 시뮬레이터. '파치슬로라구 코몬 도련님'을 수록하여 실기의 게임성을 재현하였다. 타이밍 맞춰 누르기 연습이 가능한 프랙티스 모드와, LCD 연출 감상 모드를 탑재했다.

# PlayStation2 Game Software Catalogue

## 비트매니아 IIDX 10th style
- 코나미 ● SLG ● 2005년 11월 17일 ● 6,980엔 ● 플레이 명수: 1~2인
- 세이브 용량: 155KB 이상 ● RU029, ASC-0515BM, CT013, RU038 지원

아케이드판 원작을 이식한 DJ 시뮬레이션 게임. 하이스피드를 0.5배속 단위로 설정할 수 있게 되는 등, 세세한 옵션이 더욱 충실해졌다. 아케이드판 신곡 54곡, 구곡 및 가정용 전용 곡 7곡을 포함해 총 88곡을 수록했다.

## 블로커스 클럽 with 범피 트롯
- 아이렘 소프트웨어 엔지니어링 ● TBL ● 2005년 11월 17일 ● 3,800엔
- 플레이 명수: 1~4인 ● 세이브 용량: 300KB 이상 ● 멀티탭 지원(~4인)

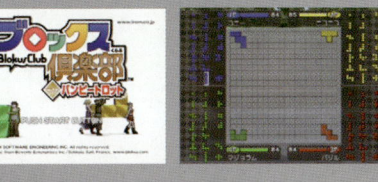

프랑스에서 태어난 대전형 보드게임의 이식작. 다양한 모양의 조각을 돌아가며 배치하여, 배치한 조각의 칸수가 가장 많은 사람이 이긴다. 조각은 꼭지끼리 붙도록, 하지만 모서리끼리 붙지는 않도록 놓아야 한다.

## 아스트로 구단 : 결전!! 빅토리 구단 편
- 선라이즈 인터랙티브 ● AVG ● 2005년 11월 23일 ● 6,800엔
- 플레이 명수: 1인 ● 세이브 용량: 100KB 이상

1970년대 일본에서 인기가 있었던 만화를 게임화했다. 명승부로 유명한 원작의 'VS 빅토리 구단 편'을 만화풍의 그래픽으로 진행한다. 버튼 연타와 스틱 돌리기 등의 미니게임으로 대결하여, 뜨거운 명장면을 최대한 재현해보자.

## 어른의 걸 마작 2 : 사랑으로 바이만!
- 잘레코 ● TBL ● 2005년 11월 23일 ● 5,800엔
- 플레이 명수: 1인 ● 세이브 용량: 77KB 이상

실사 그래픽의 여성과 마작을 즐기며 연애관계를 쌓아가는 게임 시리즈의 제2탄. 새로운 히로인 8명과 마작 및 데이트를 하며 커플 성립을 노려보자. 수영복 데이나 벌칙 게임 등의 섹시 컨텐츠도 여전하다.

## 소울 칼리버 III
- 남코 ● ACT ● 2005년 11월 23일 ● 6,800엔 ● 플레이 명수: 1~2인
- 세이브 용량: 300KB 이상 ● 프로그레시브(525p) 출력 지원

검술 대전격투 게임 시리즈의 제3탄. 이 작품부터 가정용 오리지널 게임이 되어, 1인용 모드가 충실해졌다. 캐릭터 크리에이션 모드를 새로 탑재하여, 오리지널 캐릭터를 유저가 직접 디자인한 뒤 대전에서 사용할 수 있다.

## .hack//프래그먼트
- 반다이 ● RPG ● 2005년 11월 23일 ● 6,800엔 ● 플레이 명수: 1인
- 세이브 용량: 670KB 이상 ● PlayStation BB Unit 또는 네트워크 어댑터, USB 키보드 지원

「hack」의 배경인 MMORPG 'The World'를 유저로서 직접 즐긴다는 컨셉의 타이틀. 시리즈의 인기 캐릭터들과 함께 모험하는 if 에피소드를 비롯해, 온라인 모드에서 다른 유저들과 교류하거나 퀘스트에 도전할 수도 있었다.

## 라쳇 & 클랭크 : 공구전사 위기일발
- 소니컴퓨터엔터테인먼트 ● ACT ● 2005년 11월 23일 ● 5,524엔
- 플레이 명수: 1~2인 ● 세이브 용량: 400KB 이상 ● 멀티탭 지원(~4인)

인기 3D 액션 게임 「라쳇 & 클랭크」 시리즈의 제4탄. 배틀 돔으로 끌려와 강제로 TV 생중계 형태의 데스 게임에 참가당한 라쳇이, 이 게임 자체를 깨뜨리기 위해 분투한다. 스테이지는 미션 형식으로 바뀌었다.

## 리틀 에이드
- TAKUYO ● AVG ● 2005년 11월 23일 ● 6,800엔
- 플레이 명수: 1인 ● 세이브 용량: 183KB 이상

PC로 발매되었던 여성용 게임의 이식작. 선도부원 니시무라 아카리가 되어, 학교 구건물의 해체 이벤트 '천봉회' 기간까지의 한정된 나날을 보내자. 이식 과정에서 시나리오를 가필·수정했고, 공략대상 캐릭터도 추가했다.

113

## 원피스 해적 카니발

- ●반다이 ●ETC ●2005년 11월 23일 ●5,800엔 ●플레이 명수: 1~2인
- ●세이브 용량: 144KB 이상 ●멀티탭 지원(~4인)

게임판 '원피스' 시리즈로는 최초의 파티 게임. 40종류 이상의 미니게임을 수록하였다. 원작의 데이비 백 파이트를 재현한 '미들 게임', 패널 상의 금액을 놓고 싸우는 '보드 게임'을 즐길 수 있다.

## Castlevania : Curse of Darkness

- ●코나미 ●ACT ●2005년 11월 24일 ●6,980엔
- ●플레이 명수: 1인 ●세이브 용량: 480KB 이상

드라큘라의 옛 동료였던 악마 정련사 '헥터'를 조작하는 3D 액션 게임. 검·도끼·창·너클·부메랑 등의 다채로운 무기와, 자신만을 따르는 사역마 '이노센트 데빌'로 싸우자. 일본판 타이틀명은 「악마성 드라큘라 : 어둠의 주인(呪人)」.

## 전신 : 이쿠사가미

- ●겐키 ●ACT ●2005년 11월 24일 ●6,800엔
- ●플레이 명수: 1인 ●세이브 용량: 120KB 이상

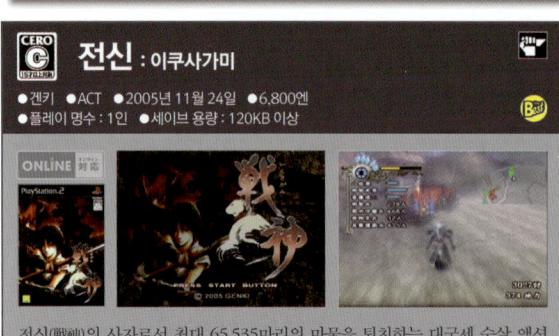

전신(戰神)의 사자로서 최대 65,535마리의 마물을 퇴치하는 대군세 순살 액션 게임. 전국시대의 유명 무장들과 함께, 전쟁 도중에 나타난 마물들을 퇴치하자. 각 스테이지의 전투 성과에 따라 '벌레'부터 '신'까지 평가가 내려진다.

## SSX On Tour

- ●일렉트로닉 아츠 ●SPT ●2005년 11월 24일 ●5,800엔
- ●플레이 명수: 1~2인 ●세이브 용량: 84KB 이상

몬스터 트릭을 구사하는 상쾌함이 백미인 스노보드 게임 'SSX' 시리즈의 제4탄. 캐릭터를 제작하여 다양한 투어를 도는 모드를 통해 스토리를 즐기게 되며, 최초로 스키로의 플레이도 가능해졌다.

## 뿌요뿌요 피버 2(츄!)

- ●세가 ●PZL ●2005년 11월 24일 ●4,800엔
- ●플레이 명수: 1~2인 ●세이브 용량: 230KB 이상

인기 낙하계 퍼즐 게임 '뿌요뿌요'에, 간편하게 대량 연쇄를 터뜨릴 수 있는 '피버 모드'를 탑재한 타이틀의 속편. 타이틀명의 '2'는 '츄!'로 읽는다. 아이템 개념, 미니게임 수집 등의 신규 시스템을 추가했다.

## 리버스 문

- ●아이디어 팩토리 ●SLG ●2005년 11월 24일 ●6,800엔
- ●플레이 명수: 1인 ●세이브 용량: 350KB 이상

의문의 물체 'CUBE'의 발견으로 인해, 인류가 사상 최강의 무기 '상구'를 다루게 된 세계가 배경인 전략 시뮬레이션 게임. 사용하던 스킬이 새로운 스킬로 변하는 '스킬 시프트', 상구 합성 등의 특징적인 시스템이 있다.

## 룬 프린세스

- ●프린세스 소프트 ●AVG ●2005년 11월 24일 ●6,800엔
- ●플레이 명수: 1인 ●세이브 용량: 182KB 이상

잡지의 독자 참여형 기획이 원작인 어드벤처 게임. 아마노테선 주변에 나타난 12곳의 탑에 사는 12명의 공주와, 공주들에게 용사로 불리게 된 남자 중학생의 일상을 그렸다. 만화가 미사쿠라 난코츠가 캐릭터 디자인을 맡았다.

## 가면라이더 히비키

- ●반다이 ●ACT ●2005년 12월 1일 ●5,980엔
- ●플레이 명수: 1~2인 ●세이브 용량: 85KB 이상 ●타타콘 지원

같은 제목의 TV 특촬 드라마가 원작인 액션 게임. 히비키 일행을 조작하여 마화망 무리들을 물리치자. 필살기 '음격'을 사용하면 리듬에 맞춰 버튼을 누르는 모드로 전환된다. 타타콘으로 게임을 플레이할 수도 있다.

PlayStation2 Game Software Catalogue

### 키노의 여행 II : the Beautiful World
- 미디어웍스  ● AVG  ● 2005년 12월 1일  ● 4,800엔
- 플레이 명수 : 1인  ● 세이브 용량 : 16KB 이상

인기 소설의 디지털 노벨화 작품 제2탄. 원작을 재현한 노벨 파트, 미니게임, 어드벤처 파트로 구성되어 있다. 추가로 이 게임에서만 즐길 수 있는 신규 오리지널 시나리오 '이런저런 이야기'도 수록하였다.

### 크래시 밴디쿳 : 합체 월드
- 비벤디 유니버설 게임즈  ● RCG  ● 2005년 12월 1일  ● 6,800엔
- 플레이 명수 : 1~2인  ● 세이브 용량 : 101KB 이상  ● PSP 연결 가능 (USB 케이블 경유)

액션과 레이싱, 두 장르를 융합시킨 타이틀. 5개 지역으로 구분된 테마파크에서 보물 모으기에 도전하는 액션 게임과, 주행 도중 다른 머신과 합체해 포격·조종을 분담하며 적을 방해하는 레이싱 게임을 즐길 수 있다.

### K-1 WORLD GP 2005
- D3 퍼블리셔  ● ACT  ● 2005년 12월 1일  ● 6,800엔
- 플레이 명수 : 1~2인  ● 세이브 용량 : 60KB 이상

K-1의 세계를 무대로 삼은 3D 대전격투 게임. 실제 K-1에서 활약했던 최홍만, 무사시, 마이티 모 등의 인기 격투가들이 실명으로 등장한다. 우선은 결승 토너먼트에 출전하여 대회 우승을 노려보자.

### 터프 다크 파이트
- 코나미  ● ACT  ● 2005년 12월 1일  ● 6,980엔
- 플레이 명수 : 1~2인  ● 세이브 용량 : 50KB 이상

사루와타리 테츠야의 만화 '고교철권전 터프' 기반의 3D 대전격투 게임. 원작의 캐릭터들은 물론, 원작자가 새로 디자인한 오리지널 캐릭터도 등장한다. 양손과 양발에 각각 대응되는 버튼과 레버로 캐릭터를 조작한다.

### 바이오하자드 4
- 캡콤  ● ACT  ● 2005년 12월 1일  ● 6,800엔
- 플레이 명수 : 1인  ● 세이브 용량 : 127KB 이상

인기 서바이벌 호러 게임 '바이오하자드' 시리즈의 신작으로서, 게임 시스템을 완전히 리뉴얼해 직감적인 조작으로 탈바꿈시킨 타이틀. 경찰관에서 미합중국의 요원으로 전직한 '레온'을 조작해, 납치당한 대통령의 딸을 구출하는, 무대인 유럽의 한적한 마을에는, 기생생물에 침식된 컬트 교단이 잠복하고 있다.

### HOMURA
- 타이토  ● STG  ● 2005년 12월 1일  ● 6,800엔
- 플레이 명수 : 1~2인  ● 세이브 용량 : 38KB 이상

일본 전국시대가 모티브인 아케이드용 종스크롤 슈팅 게임의 이식작. 일반적인 샷 외에 칼을 휘두르는 발도 액션이 별도로 있는데, 게이지를 모아 사용하면 근접공격과 동시에 적탄을 반사하는 속성이 있다.

### 매든 NFL 06
- 일렉트로닉 아츠  ● SPT  ● 2005년 12월 1일  ● 6,800엔
- 플레이 명수 : 1~2인  ● 세이브 용량 : 1368KB 이상  ● 멀티탭 지원 (~8인)

인기 미식축구 게임 시리즈의 PS2판 제5탄. 2005년도 시즌의 NFL 데이터를 수록했다. 'NFL 슈퍼스타 모드'를 새롭게 탑재하여, 플레이어가 디자인한 오리지널 선수를 스타 선수로 육성시킬 수 있다.

115

## 요시츠네 기

- 반프레스토  ● ACT  ● 2005년 12월 1일  ● 6,800엔
- 플레이 명수: 1인  ● 세이브 용량: 91KB 이상

 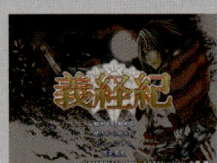 

만화가 오바타 타케시가 캐릭터를 디자인한 검술 액션 게임. 아름다운 군신 '요시츠네'와 동료들이 헤이안 시대의 세상을 좁히는 원령과 싸운다. 호방하고 화려한 '차신 공격'과, 주변 적에 큰 대미지를 주는 '연계합체기'도 사용 가능하다.

## WORLD TANK MUSEUM for GAME : 동부전선

- 석세스  ● SLG  ● 2005년 12월 1일  ● 6,800엔
- 플레이 명수: 1인  ● 세이브 용량: 115KB 이상

인기 탱크 미니어처 완구 '월드 탱크 뮤지엄'을 소재로 삼은 시뮬레이션 RPG. 제2차 세계대전 당시의 독일군 지휘관이 되어, 소련군과의 전차전을 지휘하자. 160페이지에 달하는 해설서도 동봉되어 있다.

## SIMPLE 2000 시리즈 Vol.92 : THE 저주의 게임

- D3 퍼블리셔  ● AVG  ● 2005년 12월 8일  ● 2,000엔
- 플레이 명수: 1인  ● 세이브 용량: 66KB 이상

  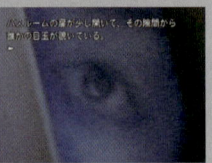

실사 호러 동영상+사운드 노벨을 융합시켜 미지의 공포를 선사하는 타이틀. 플레이한 사람들이 차례차례 죽어가는 '저주의 게임'의 비밀을 풀어내 살아남는 게 목적이다. 의문이 의문을 부르는 공포의 연쇄를 맛보도록.

## 태고의 달인 : 와글와글 해피! 6대째

- 남코  ● ACT  ● 2005년 12월 8일  ● 4,500엔
- 플레이 명수: 1~2인  ● 세이브 용량: 67KB 이상  ● 타타콘 지원

인기 큰북 리듬 액션 게임 시리즈의 신작. 다양한 장르로 구성된 48곡을 수록했다. 새로운 미니게임 4종류가 수록되었으며, 인기 캐릭터 '동이'와 대화할 수 있는 당시 일본 휴대폰용 앱과의 연동 기능도 있다.

## 모모타로 전철 15 : 5대 가난뱅이신 등장! 편

- 허드슨  ● TBL  ● 2005년 12월 8일  ● 6,800엔
- 플레이 명수: 1~4인  ● 세이브 용량: 239KB 이상  ● 멀티탭 지원

일본을 대표하는 인기 보드 게임 시리즈의 제15탄. 타이틀명대로, 새로 등장하는 '미사일 가난뱅이신'을 비롯한 역대 가난뱅이신들이 플레이어를 방해한다. 이외에도 '컨디션 시스템'과 일본 지형이 바뀌는 이벤트가 탑재되었다.

## 몬스터 팜 5 : 서커스 캐러밴

- 테크모  ● RPG  ● 2005년 12월 8일  ● 6,800엔
- 플레이 명수: 1~2인  ● 세이브 용량: 90KB 이상

게임기를 통해 일반 CD나 DVD 디스크를 읽어 들이면 태어나는 몬스터를 육성시키는 게임인 '몬스터 팜' 시리즈의 제5탄. 육성 게임으로서의 기본 시스템은 그대로이나, 장르가 RPG로 바뀌어 세계가 더욱 넓어졌다.

## [류가 고토쿠] 용과 같이

- 세가  ● ACT  ● 2005년 12월 8일  ● 6,800엔
- 플레이 명수: 1인  ● 세이브 용량: 135KB 이상

인기 시리즈의 첫 작품. 서양판 타이틀명이 「YAKUZA」인 데에서 알 수 있듯, 일본의 야쿠자 세계를 묘사한 액션 어드벤처 게임이다. 도쿄의 환락가를 모티브로 삼은 가상의 거리 '카무로쵸'를 배경으로, '도지마의 용'이라 불리는 사나이 '키류 카즈마'와 100억 엔의 소녀 '하루카'의 이야기가 펼쳐진다.

## 로그 갤럭시

- 소니컴퓨터엔터테인먼트
- RPG
- 2005년 12월 8일
- 6,800엔
- 플레이 명수 : 1인
- 세이브 용량 : 130KB 이상

드넓은 우주를 무대로 삼은 본격 RPG. 우주해적의 스카우트를 받은 주인공이, 동료들과 만나 스릴 넘치는 모험을 펼친다는 스토리다. 로딩 시간이 느껴지지 않는 심리스 디자인이 게임에 몰입감을 더해 준다.

## 카오스 필드 : 뉴 오더

- 마일스톤
- STG
- 2005년 12월 15일
- 5,980엔
- 플레이 명수 : 1인
- 세이브 용량 : 72KB 이상

아케이드용 가로화면 종스크롤 슈팅 게임의 이식작. 기본 공격인 샷과 소드 외에, 난이도가 다른 두 필드를 버튼 하나로 오가는 '필드 체인지' 시스템을 최대한 활용하는 것이 게임 공략의 핵심이다.

## 카르타그라 : 혼의 고뇌

- 키드
- AVG
- 2005년 12월 15일
- 6,800엔
- 플레이 명수 : 1인
- 세이브 용량 : 142KB 이상

PC용 게임의 이식작. 중후한 인간 드라마와 트릭 해결 요소가 융합된 사이코 미스터리 게임이다. 20세기 초의 레트로한 분위기를 재현하였다. 보컬 곡과 오프닝 동영상을 추가했고, 엔딩에 신규 이벤트 CG를 덧붙였다.

## 갤롭 레이서 8 : 라이브 호스 레이싱

- 테크모
- RCG
- 2005년 12월 15일
- 6,800엔
- 플레이 명수 : 1~2인
- 세이브 용량 : 789KB 이상

기수가 되어 말과 함께 승리를 노리는 경마 게임 시리즈의 제8탄. 본격적인 실황 음성이 추가되었으며, 경주마 에디트가 가능해졌다. 말의 데뷔부터 은퇴까지를 함께 하는 모드 등, 다양한 게임 모드를 수록하였다.

## 금색의 갓슈!! : 고! 고! 마물 파이트!!

- 반다이
- ACT
- 2005년 12월 15일
- 5,800엔
- 플레이 명수 : 1~2인
- 세이브 용량 : 71KB 이상
- 멀티탭 지원(~4인)

라이쿠 마코토 원작의 인기 애니메이션을 모티브로 삼은 마물 액션 게임. 마물들을 조작하여 라이벌을 물리쳐라. 등장하는 마물은 16종류. 모치노키 중학교와 설국 등, 원작에도 등장했던 장소들을 스테이지로 삼았다.

## 실황 파워풀 프로야구 12 결정판

- 코나미
- SPT
- 2005년 12월 15일
- 6,980엔
- 플레이 명수 : 1~2인
- 세이브 용량 : 1027KB 이상, 네트워크 어댑터, PlayStation BB Unit 지원 : 512MB 이상 필요

2005년도 페넌트 종료 시점의 데이터를 탑재한 결정판. 석세스 모드가 더욱 쾌적한 디자인으로 개선되었으며, 응원가 제작 모드에 자유 작곡 기능이 추가되었다. 「실황 파워풀 프로야구 12」의 세이브데이터를 가져올 수도 있다.

## 실전 파치슬로 필승법! : 알라딘 2 에볼루션

- 세가
- SLG
- 2005년 12월 15일
- 3,800엔
- 플레이 명수 : 1인
- 세이브 용량 : 120KB 이상
- 실전 파치슬로 컨트롤러·mini 지원

단독 체리 성립 후가 더욱 치열한, '아라에보 2'란 애칭으로도 인기였던 사미사의 명기가 PS2로 등장했다. 특정 조건일 때 돌입하는 고확률·초고확률 모드의 대연장으로 꿈의 1만 장을 달성한 타법도 확인할 수 있다.

## 섀도우 더 헤지혹

- 세가
- ACT
- 2005년 12월 15일
- 6,800엔
- 플레이 명수 : 1~2인
- 세이브 용량 : 158KB 이상

소닉의 라이벌인 '섀도우'가 주인공인 스핀오프 작품. 무기 사용 개념과, 플레이 내용에 따라 시나리오가 분기되는 멀티 엔딩의 채용 등, '소닉' 시리즈에선 최초로 시도된 시스템이 다수 들어가 있다.

## 슈가슈가 룬 : 사랑도 패션도 픽업!

- 반다이 ● AVG ● 2005년 12월 15일 ● 4,800엔
- 플레이 명수 : 1인 ● 세이브 용량 : 260KB 이상

인기 애니메이션이 원작인 어드벤처 게임. '쇼콜라'와 '바닐라' 중 한 쪽을 선택해, 소년들에게서 하트를 받아 모으자. 하트가 충분히 모이면 쇼핑을 하거나, 방을 코디네이트하거나, 패션을 만끽할 수 있다.

## SIMPLE 2000 시리즈 Vol.91 THE ALL★STAR 격투축제

- D3 퍼블리셔 ● ACT ● 2005년 12월 15일 ● 2,000엔
- 플레이 명수 : 1~2인 ● 세이브 용량 : 77KB 이상

「SIMPLE 2000 시리즈」의 캐릭터 14명이 등장하는 대전격투 게임. 본래 격투 게임 캐릭터들이 아니다 보니 공격방식이 억지스러운 것들 투성이다. '이게 뭐야' 싶은 구석이 한가득이라, 그야말로 'SIMPLE'다운 병맛이 일품이다.

## SIMPLE 2000 시리즈 얼티밋 Vol.28 투주! 좌충우돌 그랑프리 - Drive to Survive

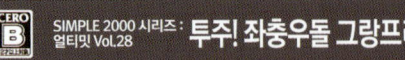

- D3 퍼블리셔 ● RCG ● 2005년 12월 15일 ● 2,000엔
- 플레이 명수 : 1~4인 ● 세이브 용량 : 283KB 이상 ● 멀티탭 지원(~4인)

영국의 게임 전문지가 호평했던 「Drive to Survive」를 일본어화 발매했다. 자신을 제외한 모든 차량이 탈락하거나 주행 불능이 되면 승리한다는 심플한 룰의 게임이다. 진로방해·기관총 난사 등의 온갖 수단으로 승리하자.

## 치킨 리틀

- D3 퍼블리셔 ● ACT ● 2005년 12월 15일 ● 5,800엔
- 플레이 명수 : 1~2인 ● 세이브 용량 : 152KB 이상

같은 제목의 CG 애니메이션 영화가 원작인 액션 게임. 작은 소년 닭 '치킨 리틀'이 되어, 등굣길이나 학교 내 등을 소재로 삼은 24개 스테이지를 탐험하자. 카드를 모으면 미니게임에 도전할 수 있다.

## D.C. Four Seasons : 다 카포 포 시즌즈

- 카도카와쇼텐 ● AVG ● 2005년 12월 15일 ● 6,800엔
- 플레이 명수 : 1인 ● 세이브 용량 : 85KB 이상

「D.C.P.S. : 다 카포 - 플러스 시추에이션」의 히로인과 맺어진 이후의 이야기를 사계절 단위의 에피소드로 그려낸 팬디스크. PC용 게임 「다 카포 : 서머 베케이션」, 「다 카포 : 화이트 시즌」의 내용은 물론, 신규 에피소드까지 수록했다.

## 테일즈 오브 디 어비스

- 남코 ● RPG ● 2005년 12월 15일 ● 6,800엔
- 플레이 명수 : 1인 ● 세이브 용량 : 100KB 이상 ● 멀티탭 지원(2~4인)

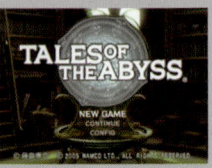

옛적의 별의 기억이 담겨있다는 '제7음소'를 둘러싸고 전쟁이 벌어졌던 행성을 무대로 삼은 RPG. 어렸을 적의 기억을 잃은 천진난만한 소년이, 자신의 숨겨진 비밀과 스스로의 존재이유를 알아간다는 스토리를 그렸다.

## 파치파라 12 : 대해와 여름의 추억

- 아이렘 소프트웨어 엔지니어링 ● SLG ● 2005년 12월 15일 ● 4,800엔
- 플레이 명수 : 1인 ● 세이브 용량 : 560KB 이상

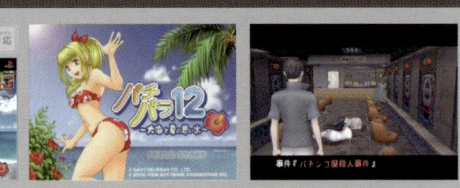

산요 사의 인기 기종을 수록한 파친코 실기 시뮬레이터. 'CR 대 바다이야기 M56'과 '~M2' 두 기종의 공략을 도와주는 정보를 수록했다. 스토리 모드인 '파치파라 풍운록 4'에서는 플레이어의 성별에 맞춰 연애를 즐길 수 있다.

## 피터 잭슨의 킹콩 : THE OFFICIAL GAME OF THE MOVIE

- UBISOFT ● ACT ● 2005년 12월 15일 ● 6,800엔
- 플레이 명수 : 1인 ● 세이브 용량 : 195KB 이상

2005년 개봉했던 영화 '피터 잭슨의 킹콩'을 게임화한 작품. 킹콩이 사는 남쪽 바다의 섬에서 다양한 퍼즐에 도전하는 액션 어드벤처 게임이다. 일부 장면에서는 플레이어가 직접 킹콩이 되어 마구 날뛸 수 있다.

## PlayStation2 Game Software Catalogue

### 킹덤 하츠 II
CERO A
- 스퀘어 에닉스 ● RPG ● 2005년 12월 22일 ● 7,400엔
- 플레이 명수: 1인 ● 세이브 용량: 90KB 이상

스퀘어 에닉스의 「파이널 판타지」 시리즈와 디즈니의 캐릭터들이 크로스오버하는 액션 RPG. 스토리적으로는 GBA용 게임인 「킹덤 하츠 : 체인 오브 메모리즈」의 이후 이야기에 해당된다. 직감적인 조작으로 즐길 수 있는 전투는, 캐릭터 소환과 다채로운 연속기가 가미되어 전작보다 한층 더 개량되었다.

### 아이실드 21 : 미식축구 하자! Ya-! Ha-!
CERO A
- 코나미 ● PZL ● 2005년 12월 22일 ● 5,800엔
- 플레이 명수: 1~2인 ● 세이브 용량: 120KB 이상

같은 제목의 인기 미식축구 만화를 기반으로 제작한 카드 액션 게임. 선수·작전 카드를 모아 덱을 구축한 후, 카드 배틀로 다음 행동을 정하면서 실제로 캐릭터를 조작해 시합을 진행해가는 시스템이다.

### GI 자키 4
CERO A
- 코에이 ● RCG ● 2005년 12월 22일 ● 6,800엔 ● 플레이 명수: 1~2인
- 세이브 용량: 483KB 이상 ● PlayStation BB Unit (캐시) 지원: 1024MB 이상 필요

인기 시리즈의 제4탄. 경마의 백미 중 하나인 '경주마에 직접 올라타 레이스에 도전하는 체험'이 가능한 게임이다. 초보자를 위한 '경마기수학교 모드'가 수록돼 있어, 누구나 간편하게 즐길 수 있는 것이 포인트다.

### 실전 파친코 필승법! : CR 북두의 권
CERO A
- 세가 ● SLG ● 2005년 12월 22일 ● 4,800엔
- 플레이 명수: 1인 ● 세이브 용량: 150KB 이상

사미의 인기 기종 'CR 북두의 권'을 수록한 파친코 실기 시뮬레이터. '파치슬로 북두의 권'의 배틀 보너스 시스템을 계승한 '전승 버전'과, 연출을 강화한 '강적 버전' 두 기종을 수록하였다.

### SIMPLE 2000 시리즈 Vol.90 : THE 오네찬바라 2
CERO D
- D3 퍼블리셔 ● ACT ● 2005년 12월 22일 ● 2,000엔
- 플레이 명수: 1~2인 ● 세이브 용량: 70KB 이상

수영복 차림의 누님이 무수한 좀비 떼를 신나게 썰어버리는 검술 액션 게임 「~THE 오네찬바라」의 속편. 기존의 '베기'에 더해 '쏘기'와 '던지기' 액션이 추가되었으며, 신 캐릭터인 '레이코'가 등장한다.

### SIMPLE 2000 시리즈 얼티밋 Vol.29 : K-1 PREMIUM 2005 Dynamite!!
CERO A
- D3 퍼블리셔 ● SPT ● 2005년 12월 22일 ● 2,000엔
- 플레이 명수: 1~2인 ● 세이브 용량: 62KB 이상

2004년 발매되었던 「K-1 PREMIUM 2004 : Dynamite!!」의 개량판. 종합격투가, 프로레슬러, 전직 스모 리키시 등 25명의 선수들이 등장하는 대전격투 게임이다. 타격음·음성 등은 그야말로 공식 게임답게 현장감이 일품이다.

### 슬로터 UP 코어 8 : 극염타! 거인의 별 III
CERO A
- 도라트 ● SLG ● 2005년 12월 22일 ● 4,700엔 ● 플레이 명수: 1인 ● 세이브 용량: 580KB 이상
- 파치슬로 컨트롤러 쿠로토·Pro·Pro2·스탠더드, 슬롯컨, 실전 파치슬로 지원

아리스토크라트의 인기 기종 '거인의 별 III'를 수록한 파치슬로 실기 시뮬레이터. '철저히 공략' 기능을 탑재하여 필승패턴 연구가 가능해졌으며, '스몰 팟 강제 기능'으로 게임판이기에 가능한 플레이도 즐길 수 있다.

## SEGA AGES 2500 시리즈 Vol.23 : 세가 메모리얼 셀렉션

- ●세가  ●ETC  ●2005년 12월 22일  ●2,500엔
- ●플레이 명수 : 1~2인  ●세이브 용량 : 75KB 이상

고전 리바이벌 이식작 4종을 수록한 컬렉션계 타이틀. 아케이드판 「헤드온」, 「트랭퀼라이저 건」, 「보더라인」과 가정용 게임 「두근두근 펭귄 랜드」를, 각각 오리지널 및 어레인지 버전으로 수록하였다.

## 타이거 우즈 PGA TOUR 06

- ●일렉트로닉 아츠  ●SPT  ●2005년 12월 22일  ●6,800엔
- ●플레이 명수 : 1~4인  ●세이브 용량 : 536KB 이상  ●멀티탭 지원(~4인)

타이거 우즈를 비롯한 당시의 세계 정상급 프로 골퍼들이 실명으로 등장하는 리얼계 골프 게임. 오리지널 골퍼를 제작해 성장시켜, 실존 골퍼들과 함께 라운딩할 수도 있다. 세계의 유명 코스 15곳도 수록되어 있다.

## 테니스의 왕자 : 학교축제의 왕자

- ●코나미  ●AVG  ●2005년 12월 22일  ●6,980엔
- ●플레이 명수 : 1인  ●세이브 용량 : 140KB 이상

인기 만화 '테니스의 왕자'의 캐릭터들과 연애할 수 있는 어드벤처 게임. 학원축제의 실행위원이 되어 2주 동안의 준비기간을 함께 지내며 달콤한 관계를 구축하자. 공략 가능한 캐릭터는 30명 이상이다.

## 듀얼 세이비어 데스티니

- ●알케미스트  ●ACT  ●2005년 12월 22일  ●6,800엔
- ●플레이 명수 : 1인  ●세이브 용량 : 580KB 이상

기가의 PC용 게임 「듀얼 세이비어」의 이식작. 과학과 마법이 공존하는 세계에 소환된 주인공이, 구세주 후보로서 학교생활을 보낸다는 스토리로. 미니게임 '쇼콜라 세이비어'와 클레어 루트 등을 추가하였다.

## NARUTO -나루토- : 나루티밋 히어로 3

- ●반다이  ●ACT  ●2005년 12월 22일  ●6,800엔
- ●플레이 명수 : 1~2인  ●세이브 용량 : 168KB 이상

인기 애니메이션이 원작인 3D 인상 격투 액션 게임의 제3탄. 사용 가능 캐릭터는 총 42명이다. 오리지널 스토리 파트의 볼륨이 늘었으며, 원작의 스토리를 따라가는 '나루토 영웅록 모드'도 추가되었다.

## 니드 포 스피드 모스트 원티드

- ●일렉트로닉 아츠  ●RCG  ●2005년 12월 22일  ●6,800엔
- ●플레이 명수 : 1~2인  ●세이브 용량 : 121KB 이상  ●GT FORCE, GT FORCE Pro 지원

불법 공공도로 레이스를 테마로 삼은 카 액션 게임 시리즈의 3번째 작품. 레이스 도중에 경찰차가 뒤쫓아 오기도 하는 등, 차량 추격전의 비중이 강화되었다. 레이스에서 승리할수록 경찰의 방해도 집요해진다.

## 네오지오 배틀 컬리시엄

- ●SNK 플레이모어  ●ACT  ●2005년 12월 22일  ●6,800엔
- ●플레이 명수 : 1~2인  ●세이브 용량 : 200KB 이상  ●네트워크 어댑터 지원

 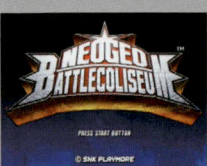 

역대 네오지오 게임들에서 활약했던 캐릭터들이 한데 모여 싸우는 2 : 2 대전 격투 게임. SNK뿐만 아니라 ADK 쪽의 캐릭터들도 크로스오버로 참전했다. 가정용판의 경우 보스 '굿맨'을 직접 사용할 수 있다.

## 필살 파치슬로 에볼루션 : 꾸러기 닌자토리 V

- ●선 전자  ●SLG  ●2005년 12월 22일  ●4,800엔
- ●플레이 명수 : 1인  ●세이브 용량 : 640KB 이상

TV 애니메이션 '꾸러기 닌자토리'를 원작으로 삼은 파치슬로 기기를 수록한 시뮬레이터. 액정 연출 카탈로그와 공략 모드를 탑재했다. 구슬 획득의 결정타인 '닌자토리 타임'을 재현해, 홀의 흥분을 집에서도 맛볼 수 있다.

## PlayStation2 Game Software Catalogue

### 마탐정 로키 RAGNAROK : 마요화, 잃어버린 미소
- CERO A
- ●타이토  ●AVG  ●2005년 12월 22일  ●5,800엔
- ●플레이 명수 : 1인  ●세이브 용량 : 180KB 이상

TV 애니메이션판과 동일한 성우진의 풀보이스를 수록한 추리 어드벤쳐 게임. 주인공 '로키'가 되어 조수들과 함께 수사해보자. 시간 개념을 도입하여, 시간 경과에 따라 선택지가 변화하는 시스템을 채용하였다.

### 더 매트릭스 : 패스 오브 네오
- CERO D
- ●아타리 재팬  ●ACT  ●2005년 12월 22일  ●6,800엔
- ●플레이 명수 : 1인  ●세이브 용량 : 215KB 이상

영화 '매트릭스' 3부작의 세계에서, 주인공 '네오'가 되어 다채로운 액션을 체험할 수 있는 타이틀. 원작 영화의 각본을 담당했던 워쇼스키 형제(당시 기준, 현재는 자매)가 디자인한 새로운 전개와 엔딩을 즐길 수 있다.

### 메탈기어 솔리드 3 SUBSISTENCE
- CERO D
- ●코나미  ●ACT  ●2005년 12월 22일  ●6,980엔  ●플레이 명수 : 1인
- ●세이브 용량 : 95KB 이상  ●PlayStation BB Unit, 네트워크 어댑터 지원

「메탈기어 솔리드 3」의 밸런스를 조정하고, 온라인 대전 모드와 MSX2판 「메탈기어」, 「메탈기어 2 : 솔리드 스네이크」까지 수록한 완전판. 이후의 MGS 시리즈에도 채용되는 3인칭 시점인 '3rd Person View'도 처음으로 도입했다.

### 소녀는 언니를 사랑한다
- CERO C
- ●알케미스트  ●AVG  ●2005년 12월 29일  ●6,800엔
- ●플레이 명수 : 1인  ●세이브 용량 : 111KB 이상

할아버지의 유언에 따라 성별을 숨기고 여학교에 다니게 된 부잣집 도련님의 좌충우돌 수난과 활약을 그린 어드벤쳐 게임. 주인공은 격식 있는 영애학교의 기숙사에서 생활하던 중, 모든 학생이 동경하는 '언니'로 선발되고 만다.

### 사이킥 포스 컴플리트
- CERO A
- ●타이토  ●ACT  ●2005년 12월 29일  ●6,800엔
- ●플레이 명수 : 1~2인  ●세이브 용량 : 200KB 이상

초능력자들이 공중에 부유해 싸우는 입체적인 배틀이 특징인 대전격투 게임 시리즈를 합본 이식한 타이틀. 시리즈 3연작인 「사이킥 포스」, 「사이킥 포스 2012」, 「사이킥 포스 2012 EX」를 모두 수록하였다.

### SIMPLE 2000 시리즈 Vol.94 : THE 아기챔피언 - 컴온 베비!
- CERO A
- ●D3 퍼블리셔  ●ACT  ●2005년 12월 29일  ●2,000엔
- ●플레이 명수 : 1~2인  ●세이브 용량 : 40KB 이상

경기에 참전한 슈퍼 베이비들 중에서 No.1을 가리는 액션 게임. 코믹한 3D 스포츠 게임 30종류를 수록하였으며, 어드벤쳐 모드와 VS 모드로 즐길 수 있다. 기저귀가 달아날 정도의 대흥분을 느껴보자.

### 프론트 미션 5 : Scars of the War
- CERO B
- ●스퀘어 에닉스  ●SLG  ●2005년 12월 29일  ●6,800엔
- ●플레이 명수 : 1인  ●세이브 용량 : 469KB 이상

「프론트 미션」 시리즈 10주년 기념작이자, 넘버링 제5탄. 일개 병사의 반생을 묘사하는 형태로 과거 작품들의 주요 전투를 다시 체험하게 된다. 배틀의 경우 4편의 링크 시스템을 쓰기 쉽게끔 개선하여, 전략성을 한층 더 높였다.

### 화이트 클래리티 : And, The tears became you.
- CERO C
- ●프린세스 소프트  ●AVG  ●2005년 12월 29일  ●6,800엔
- ●플레이 명수 : 1인  ●세이브 용량 : 511KB 이상

알비노를 '햇볕을 쬐면 사라져버리는 환상적인 존재'로 그린 어드벤쳐 게임으로서, PC용 게임의 이식작이다. 귀족의 저택에서 일하는 고아 소년과 지하에 감금된 알비노 소녀의 만남을 중심으로 이야기가 전개된다.

# 2006

**PlayStation2 Game Software Catalogue**

이 해에 발매된 소프트 수는 339개 타이틀. 2006년 말은 플레이스테이션 3와 Xbox 360, Wii 등이 일본에서 출시되며 가정용 게임기 전반에 세대교체가 일어난 시기로서, 구세대기로 취급받게 된 PS2의 기세가 다소 꺾이는 느낌이 들기 시작한 해이기도 했다. 그럼에도 소프트 출시량은 여전히 많았던 탓에, 완전한 세대교체까지 아직은 좀 더 시간이 필요했다.

---

### 건퍼레이드 오케스트라 : 백색의 장 - 아오모리 펭귄 전설 〔CERO B〕

- 소니컴퓨터엔터테인먼트 ● ETC ● 2006년 1월 12일 ● 6,800엔
- 플레이 명수 : 1인 ● 세이브 용량 : 482KB 이상

PS1에서 호평을 받았던 「고기동환상 건퍼레이드 마치」의 스토리적 속편. 환수와 인류 간의 싸움을 그렸으며, 3부작 중 제1부에 해당하는 작품으로서 아오모리 현에 주둔한 일명 '히로인 천국' 소대가 활약하는 이야기다.

### 세가 랠리 2006 〔CERO A〕

- 세가 ● RCG ● 2006년 1월 12일 ● 6,800엔
- 플레이 명수 : 1인 ● 세이브 용량 : 240KB 이상

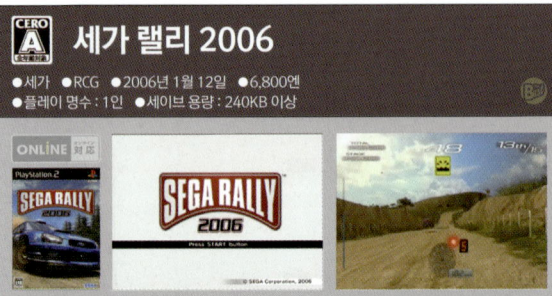

「세가 랠리」 시리즈 최초의 가정용 오리지널 작품. 기본인 아케이드 모드를 비롯해, 아마추어부터 시작하여 상금을 벌어 머신을 튠업시켜 가며 프로 랠리 드라이버로서 SRC에서 우승을 노리는 커리어 모드를 탑재하였다.

### 막말낭만 월화의 검사 1·2 : 네오지오 온라인 컬렉션 vol.2 〔CERO B〕

- SNK 플레이모어 ● ACT ● 2006년 1월 12일 ● 3,800엔
- 플레이 명수 : 1~2인 ● 세이브 용량 : 70KB 이상

막부 말기를 배경으로 검사들이 대결하는 대전격투 게임 「막말낭만 월화의 검사」와, 그 속편인 「막말낭만 제2막 월화의 검사」를 합본 수록한 작품. PS2판은 BGM을 오리지널 버전과 어레인지 버전 중에서 선택할 수 있도록 했다.

### 필승 파친코★파치슬로 공략 시리즈 Vol.2 : 봄버 파워풀 & 무무 월드 DX 〔CERO A〕

- D3 퍼블리셔 ● SLG ● 2006년 1월 12일 ● 5,800엔
- 플레이 명수 : 1인 ● 세이브 용량 : 271KB 이상

4호기 시대에 홀에서 가동되었던 인기 기종 '봄버 파워풀'과 '무무 월드 DX'를 수록한 파치슬로 실기 시뮬레이터. 이 두 타이틀에는 주인공 캐릭터로서 '무무'가 대활약한다는 공통점이 존재한다.

### 더비 말을 만들자! 5 〔CERO A〕

- 세가 ● SLG ● 2006년 1월 19일 ● 6,800엔
- 플레이 명수 : 1인 ● 세이브 용량 : 772KB 이상

자신만의 무언가를 만들어가는 육성 시뮬레이션 게임인 「~만들자!」 시리즈 중, 경마에 초점을 맞춘 「더비 말을 만들자!」 시리즈의 제5탄. 음성합성 기능을 탑재하여, 유저가 육성한 애마의 이름을 실황 아나운서가 제대로 불러준다.

### 프래그먼츠 블루 〔CERO B〕

- 카도카와쇼텐 ● AVG ● 2006년 1월 19일 ● 6,800엔
- 플레이 명수 : 1인 ● 세이브 용량 : 399KB 이상

한여름의 작은 모험을 그린 청춘×라이트 미스터리 어드벤처 게임. 죽은 소꿉친구 '치카'를 연상케 하는 편지를 보낸 이를 찾고 있는 주인공 및 치카의 언니의 여정이, 도중에 획득한 정보를 조합하는 형태로 진행된다.

# PlayStation2 Game Software Catalogue

## 블레이징 소울즈
- 아이디어 팩토리 ● SLG ● 2006년 1월 19일 ● 6,800엔
- 플레이 명수: 1인 ● 세이브 용량: 316KB 이상

뛰어난 실력의 청부업자 '제로스'가 코어 엘리멘탈을 둘러싼 싸움에 말려든다는 스토리의 시뮬레이션 RPG. 깊이 있는 스킬·무기 융합 시스템, 탐색 에리어나 통칭을 수집하는 시스템 등, 파고들 거리가 풍부한 작품이다.

## 룰 오브 로즈
- 소니컴퓨터엔터테인먼트 ● AVG ● 2006년 1월 19일 ● 6,800엔
- 플레이 명수: 1인 ● 세이브 용량: 1522KB 이상

주인공 '제니퍼'를 조작해, 그녀를 도와주는 개와 함께 기괴한 보육원을 탈출해야 하는 어드벤처 게임. 로즈 가든 보육원은 '붉은 크레용의 귀족'이라는 잔혹하고 기묘한 소녀들의 독자적인 규율 하에 돌아가고 있다.

## I/O
- GN 소프트웨어 ● AVG ● 2006년 1월 26일 ● 8,800엔
- 플레이 명수: 1인 ● 세이브 용량: 150KB 이상

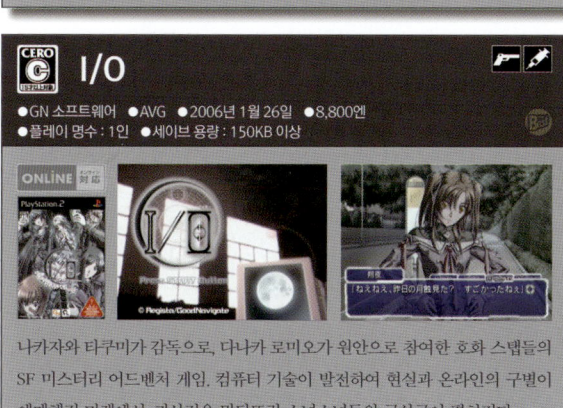

나카자와 타쿠미가 감독으로, 다나카 로미오가 원안으로 참여한 호화 스탭들의 SF 미스터리 어드벤처 게임. 컴퓨터 기술이 발전하여 현실과 온라인의 구별이 애매해진 미래에서, 괴사건을 맞닥뜨린 소년소녀들의 군상극이 펼쳐진다.

## 알 토네리코 : 세계의 끝에서 계속 노래하는 소녀
- 반프레스토 ● RPG ● 2006년 1월 26일 ● 6,800엔
- 플레이 명수: 1인 ● 세이브 용량: 380KB 이상

'노래'를 테마로 삼은 SF 판타지 RPG. 가창을 힘으로 변환할 수 있는 히로인을 지키며 싸운다는 '노래마법 전투 시스템'이 특징이다. 노래는 작품 내에서 '휴므느스'라 불리며, 다양한 형태로 등장한다.

## 우에키의 법칙 : 물리치자, 로베르트 10단!!
- 반다이 ● ACT ● 2006년 1월 26일 ● 6,800엔
- 플레이 명수: 1인 ● 세이브 용량: 46KB 이상

같은 제목의 이능력 배틀 만화가 원작인 3D 액션 게임. 주인공 '우에키'가 가진 '쓰레기를 나무로 바꾸는 능력'을 활용해 각 스테이지의 승리조건을 달성하자. 우에키는 °C를 모아 다양한 '재능'을 입수해 캐릭터를 강화시킬 수 있다.

## 소녀적 연애혁명★러브레보!!
- 인터채널 홀론 ● SLG ● 2006년 1월 26일 ● 6,800엔
- 플레이 명수: 1인 ● 세이브 용량: 172KB 이상 ● 프로그레시브 출력 지원

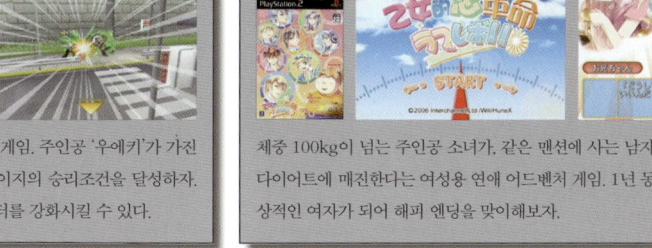

체중 100kg이 넘는 주인공 소녀가, 같은 맨션에 사는 남자들과 친해지기 위해 다이어트에 매진한다는 여성용 연애 어드벤처 게임. 1년 동안 다이어트하여 이상적인 여자가 되어 해피 엔딩을 맞이해보자.

## 우리는 오락실 족 : 퀴스
- 햄스터 ● PZL ● 2006년 1월 26일 ● 1,905엔
- 플레이 명수: 1~2인 ● 세이브 용량: 50KB 이상

슈팅과 퍼즐, 두 장르를 합체시킨 타이틀. 위에서 떨어지는 다양한 모양의 블록에 플레이어 기체가 블록 탄을 쏘아 사각형으로 만들면 사라지며 점수를 얻는다. 큰 사각형을 만들수록 고득점을 얻지만, 실패하면 단숨에 위험해진다.

## 우리는 오락실 족 : 열혈경파 쿠니오 군
- 햄스터 ● ACT ● 2006년 1월 26일 ● 1,905엔
- 플레이 명수: 1~2인 ● 세이브 용량: 40KB 이상

20세기 중반의 일본 불량소년이 주인공인 벨트스크롤 액션 게임. 거리의 불량배들을 물리치며 전진하다 보면, 마지막에는 무려 야쿠자까지 등장한다. 회칼이나 권총을 맞으면 한 방에 목숨이 줄어드니 주의하도록.

### 캔버스 2 : 무지갯빛 스케치

- 카도카와쇼텐  ● AVG  ● 2006년 1월 26일  ● 6,800엔
- 플레이 명수 : 1인  ● 세이브 용량 : 85KB 이상

PC용 게임의 이식작. 어떤 좌절을 계기로 화가의 꿈을 포기했던 주인공이, 히로인들과의 만남으로 좌절을 극복하고 진정한 자신을 되찾는다는 스토리다. 이식 과정에서 히로인 2명을 추가했고, 신규 요소도 탑재했다.

### 사무라이 스피리츠 : 천하제일검객전

- SNK 플레이모어  ● ACT  ● 2006년 1월 26일  ● 6,800엔
- 플레이 명수 : 1~2인  ● 세이브 용량 : 100KB 이상  ● 네트워크 어댑터 지원

무기를 맞부딪치며 싸우는 대전격투 게임 「사무라이 스피리츠」 시리즈의 신작으로서, 올스타전 개념의 작품이다. 등장 캐릭터는 40명+α. PS2판은 숨겨진 요소로서 사용 가능 캐릭터와 플레이 모드 등을 추가했다.

### 신 귀무자 : DAWN OF DREAMS

- 캡콤  ● ACT  ● 2006년 1월 26일  ● 6,980엔
- 플레이 명수 : 1인  ● 세이브 용량 : 311KB 이상

인기작 「귀무자」 시리즈의 제4탄. 히데요시의 세상이 된 1598년, 검은 힘을 지닌 젊은 무사가 맞선다는 스토리다. 동료와 협력해 싸우는 '서번트 시스템'이 있고, 무기 종류가 대폭 늘어나는 등 파고들 거리가 충실하다.

### 스타워즈 배틀프론트 II

- 일렉트로닉 아츠  ● STG  ● 2006년 1월 26일  ● 6,800엔  ● 플레이 명수 : 1~2인
- 세이브 용량 : 57KB 이상  ● 온라인 지원(2~24인, 네트워크 어댑터, PlayStation BB Unit, USB 헤드셋 지원)

'스타워즈'의 세계를 무대로 삼은 TPS 게임의 속편. 원작 영화 시리즈의 에피소드 I~VI을 망라하는 미션들에 도전한다. 이번 작품에선 일정 조건을 만족시키면 영화에 등장했던 유명한 영웅들을 사용할 수 있도록 했다.

### 더지 오브 케르베로스 : 파이널 판타지 VII

- 스퀘어 에닉스  ● RPG  ● 2006년 1월 26일  ● 7,800엔  ● 플레이 명수 : 1인
- 세이브 용량 : 678KB 이상  ● USB 키보드, USB 마우스, PlayStation BB Unit 지원

「파이널 판타지 VII」의 3년 후를 배경으로 삼아, 원작의 캐릭터 '빈센트 발렌타인'의 새로운 활약을 그린 건 액션 RPG. 습격해오는 '딥그라운드 솔저'를 3종류의 무기와 마법으로, 때로는 격투까지 펼치며 격퇴하자. 본편 게임 외에 온라인 모드와, 과거를 무대로 삼은 튜토리얼 모드도 탑재하였다.

### 남코 뮤지엄 아케이드 HITS!

- 남코  ● ETC  ● 2006년 1월 26일  ● 4,800엔
- 플레이 명수 : 1~2인  ● 세이브 용량 : 85KB 이상

남코의 고전 아케이드 게임들을 리바이벌 이식한 모음집. 「드래곤 스피리트」, 「갤러그 '88」, 「롤링 선더」, 「팩매니아」, 「스카이키드」, 「디그더그」, 「폴 포지션」 등, 총 16개 타이틀을 수록하였다.

### 배틀필드 2 : 모던 컴뱃

- 일렉트로닉 아츠  ● ACT  ● 2006년 1월 26일  ● 6,800엔  ● 플레이 명수 : 1인
- 세이브 용량 : 194KB 이상  ● 온라인 시 2~24인, PlayStation BB Unit 및 USB 헤드셋 지원

PC판 「배틀필드 2」를 기반으로 제작한 가정용 오리지널 FPS 게임. 현대를 배경으로 4개의 진영이 난전을 벌이는 작품으로서, 1인용 캠페인 모드 외에 최대 24명까지 즐기는 온라인 대전도 가능했다.

## PlayStation2 Game Software Catalogue

### 인디고 프로페시
- 아타리 재팬 ● AVG ● 2006년 1월 26일 ● 6,800엔
- 플레이 명수 : 1인 ● 세이브 용량 : 187KB 이상

자기도 모르게 몸을 조종당해 살인을 저지르고 만 주인공과, 그 사건을 조사하던 수사관의 도피극을 그린 사이코 스릴러 어드벤처 게임. 화면분할 액션 등의 드라마풍 연출이 긴장감 넘친다. 일본·유럽판 타이틀명은 「파렌하이트」였다.

### 파이널리스트
- 프린세스 소프트 ● AVG ● 2006년 1월 26일 ● 6,800엔
- 플레이 명수 : 1인 ● 세이브 용량 : 511KB 이상

이름 때문에 혼자서 여학교에 입학하는 처지가 된 남자 고교생 '미키'와 여자기숙사에 동거하는 히로인들 간의 요절복통 대소동을 그린 연애 어드벤처 게임. 5명의 히로인을 각각 다른 원화가가 담당해 디자인했다.

### 라스트 에스코트 : 심야의 검은 나비 이야기
- D3 퍼블리셔 ● SLG ● 2006년 1월 26일 ● 4,800엔
- 플레이 명수 : 1인 ● 세이브 용량 : 190KB 이상

아르바이트로 돈을 모아 호스트 클럽에 다니며, 자신의 최애 호스트를 넘버원으로 만들어 깊은 관계를 쌓아가는 어드벤처 게임. 호스트의 성적과 자신의 상태에 따라 다양한 엔딩으로 분기된다.

### 익사이팅 프로레슬링 7 : SMACKDOWN! VS. RAW 2006
- 유크스 ● SPT ● 2006년 2월 2일 ● 6,800엔
- 플레이 명수 : 1~2인 ● 세이브 용량 : 945KB 이상 ● 멀티탭 지원(~6인)

WWE를 테마로 삼은 프로레슬링 게임 시리즈의 제7탄. 제너럴 매니저가 되어 WWE를 경영하는 시뮬레이션 모드가 새로 추가되었다. 생매장 매치와 슬리퍼 홀드 공방의 재현 등, 신규 요소도 다수 추가되었다.

### SIMPLE 2000 시리즈 얼티밋 Vol.30 : 강림! 폭주 GOD - 압승★아이러브유
- D3 퍼블리셔 ● RCG ● 2006년 2월 2일 ● 2,000엔
- 플레이 명수 : 1~2인 ● 세이브 용량 : 570KB 이상

개조한 폭주족 차량을 타고 달리는 시리즈 작품의 제3탄. 선택할 수 있는 차종은 31종류로 늘렸으며, '압승 부스트'라는 초가속 대시 시스템이 추가되었고, 스토리 모드도 새로 추가하였다.

### 투어리스트 트로피
- 소니컴퓨터엔터테인먼트 ● SLG ● 2006년 2월 2일 ● 5,800엔
- 플레이 명수 : 1~2인 ● 세이브 용량 : 1500KB 이상 ● 엡손 컬러 프린터, USB 메모리 지원

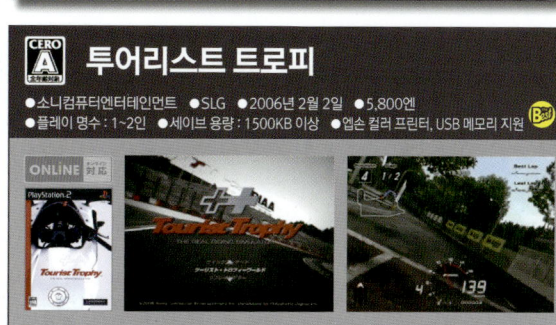

「그란 투리스모」 시리즈의 자매작으로서, 바이크의 리얼한 거동을 제대로 재현한 것이 특징인 바이크 라이딩 시뮬레이터. 다양한 실제 바이크가 등장하며 실존 코스도 대거 수록했다. 포토 모드에선 베스트 샷 촬영도 가능하다.

### 노부나가의 야망 : 혁신
- 코에이 ● SLG ● 2006년 2월 2일 ● 8,800엔 ● 플레이 명수 : 1인
- 세이브 용량 : 1215KB 이상 ● PlayStation BB Unit (캐시) 지원 512MB 이상 필요

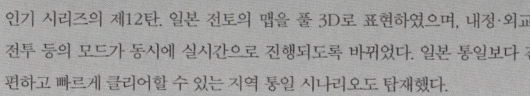

인기 시리즈의 제12탄. 일본 전토의 맵을 풀 3D로 표현하였으며, 내정·외교·전투 등의 모드가 동시에 실시간으로 진행되도록 바뀌었다. 일본 통일보다 간편하고 빠르게 클리어할 수 있는 지역 통일 시나리오도 탑재했다.

### 사혼곡 2 : 사이렌
- 소니컴퓨터엔터테인먼트 ● AVG ● 2006년 2월 9일 ● 6,800엔
- 플레이 명수 : 1인 ● 세이브 용량 : 80KB 이상

'시인'이 배회하는 외딴섬에서 괴현상에 휘말려든 사람들의 이야기가 펼쳐지는 호러 게임. 뷰 재킹 시스템을 잘 활용하여 위험을 회피하자. 피에르 타키와 당시 막 데뷔했던 배우 사이토 타쿠미가 출연한 작품이라는 점도 꼽아둘 만.

### SIMPLE 2000 시리즈 Vol.95 : THE 좀비 V.S. 구급차

- D3 퍼블리셔 ● ACT ● 2006년 2월 9일 ● 2,000엔
- 플레이 명수 : 1인 ● 세이브 용량 : 80KB 이상

좀비가 득실대는 도시에서 구급차로 사람들을 구출하는 액션 게임. 좀비는 구급차로 들이받아 날려버릴 수 있다. 정비사를 구출하면 구급차에 거대한 칼날을 다는 등의 이런저런 커스터마이즈가 가능해진다.

### 마이네 리베 II : 금지와 정의와 사랑

- 코나미 ● AVG ● 2006년 2월 9일 ● 6,980엔
- 플레이 명수 : 1인 ● 세이브 용량 : 370KB 이상

2004년 발매되었던「마이네 리베」의 속편. 1937년의 유럽이 무대인, 귀족의 외동딸과 여섯 남성들의 이야기를 즐길 수 있다. 시스템을 대담하게 변경하고 여러 신규 시스템을 도입하는 등, 전작과는 노선이 크게 달라졌다.

### 인크레더블 : 언더마이너의 침공

- 세가 ● ACT ● 2006년 2월 9일 ● 5,800엔
- 플레이 명수 : 1~2인 ● 세이브 용량 : 73KB 이상

같은 제목 극장판 CG 애니메이션 영화의 3D 액션 게임판 제2탄. 원작 영화의 엔딩 시점에서 스토리가 시작되며, 'Mr.인크레더블'과 '프로존'을 장면별로 전환해 조작하면서 새로운 적과 맞서 싸우게 된다.

### 어두운 밤에 속삭이다 : 탐정 사가라 쿄이치로

- 아이디어 팩토리 ● AVG ● 2006년 2월 9일 ● 6,800엔
- 플레이 명수 : 1인 ● 세이브 용량 : 143KB 이상

2005년 발매된「달은 찢어발긴다 : 탐정 사가라 쿄이치로」의 속편. 주인공 '사가라 쿄이치로'가 배 안에서 만난 소녀들에게 일어난 사건을 해결하는 추리 어드벤처 게임. 모든 루트를 클리어하면 사건의 진상이 밝혀진다.

### 댄스 댄스 레볼루션 스트라이크

- 코나미 ● SLG ● 2006년 2월 16일 ● 5,980엔 ● 플레이 명수 : 1~2인
- 세이브 용량 : 249KB 이상 ● 아이토이 카메라, 댄스 댄스 레볼루션 전용 컨트롤러 지원

서양판「DDR EXTREME2」의 판권곡을 중심으로 하여, 일본 가정용판에서는 최초 추가된 52곡을 수록했다. 일반적인 모드 외에, 다양한 과제를 클리어하며 진행하는 '댄스 마스터 모드'가 추가되었다.

### BLEACH 해방된 야망

- 소니컴퓨터엔터테인먼트 ● RPG ● 2006년 2월 16일 ● 6,800엔
- 플레이 명수 : 1인 ● 세이브 용량 : 168KB 이상

쿠보 타이토 원작의 인기 애니메이션을 RPG화한 게임. 원작자가 감수한 오리지널 스토리가 전개되며, 오리지널 캐릭터도 등장한다. 전투 시스템엔 액션을 가미했으며, 애니메이션과 동일한 성우진이 전투에 현장감을 더해준다.

### 몬스터헌터 2 (도스)

- 캡콤 ● ACT ● 2006년 2월 16일 ● 6,980엔 ● 플레이 명수 : 1인
- 세이브 용량 : 207KB 이상 ● 네트워크 어댑터, PlayStation BB Unit, USB 키보드 지원

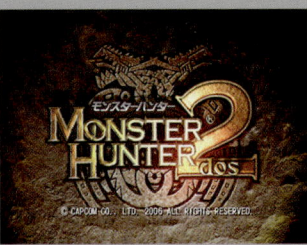

헌터가 되어 대자연 속에서 수렵을 즐기는 액션 게임 시리즈의 2번째 작품. 새로운 무대인 '점보 마을'에서, 플레이어는 다양한 퀘스트를 달성하며 마을 개척을 돕게 된다. 새로운 무기로서 태도·수렵피리·활·건랜스를 사용할 수 있으며, 신규 지역과 새로운 몬스터, 계절 및 밤낮 개념도 추가되었다.

## 이바라

- 타이토  · SPT  · 2006년 2월 23일  · 6,800엔
- 플레이 명수: 1~2인  · 세이브 용량: 46KB 이상

아케이드용 종스크롤 슈팅 게임의 이식작. '파동 건'이라는 고위력 공격으로 적이나 탄을 아이템으로 변환시키는 것이 공략의 핵심이다. 시스템을 크게 변경한 가정용판 전용의 '어레인지 모드'도 탑재하였다.

## 워십 거너 2 : 강철의 포효

- 코에이  · ACT  · 2006년 2월 23일  · 6,800엔
- 플레이 명수: 1인  · 세이브 용량: 80KB 이상

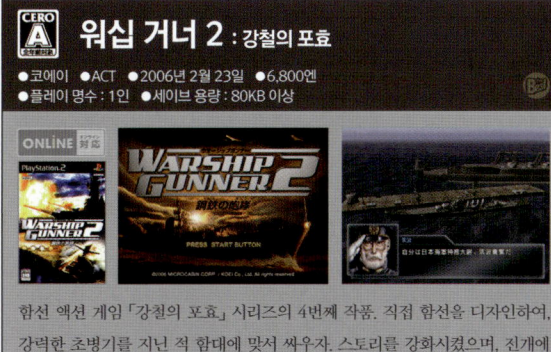

함선 액션 게임 '강철의 포효' 시리즈의 4번째 작품. 직접 함선을 디자인하여, 강력한 초병기를 지닌 적 함대에 맞서 싸우자. 스토리를 강화시켰으며, 전개에 따라 시나리오가 분기되도록 하였다.

## CLANNAD

- 인터채널 홀론  · AVG  · 2006년 2월 23일  · 7,200엔  · 플레이 명수: 1인
- 세이브 용량: 200KB 이상  · USB 마우스, 프로그레시브 출력 지원

PC용 게임의 이식작. Key가 내놓은 3번째 연애 어드벤처 게임이다. 가정용 이식에 맞춰 인기 성우진의 풀보이스화를 실현했다. 깊이 있는 스토리와 섬세한 연출로 유명하며, 모든 루트를 섭렵하려면 200시간이 족히 걸린다.

## 환상수호전 V

- 코나미  · RPG  · 2006년 2월 23일  · 8,980엔
- 플레이 명수: 1인  · 세이브 용량: 115KB 이상

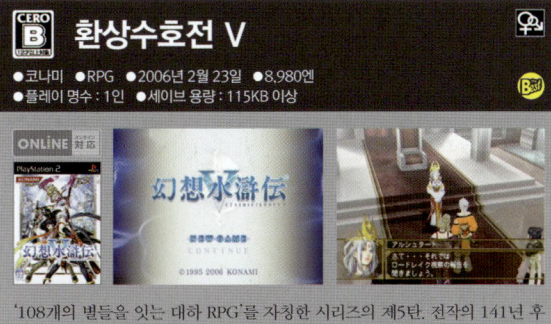

'108개의 별들을 잇는 대하 RPG'를 자칭한 시리즈의 제5탄. 전작의 141년 후이자 1편의 8년 전이 배경으로서, 1편부터 3편까지의 캐릭터들도 재등장한다. '태양의 문장'을 둘러싼 뜨거운 인간 드라마가 펼쳐진다.

## 사무라이 참프루

- 반다이  · ACT  · 2006년 2월 23일  · 6,800엔
- 플레이 명수: 1~2인  · 세이브 용량: 106KB 이상

같은 제목 인기 애니메이션의 게임판. '해바라기 향기가 나는 사무라이'를 쫓는 주인공 일행이, 에조치(홋카이도 북부)에서 사건에 말려든다. 원작의 독특한 세계관을 계승했으며, 음악에 따라 변화하는 공격 콤보 시스템이 있다.

## 주얼스 오션 : 스타 오브 시에라리온

- 피오네소프트  · AVG  · 2006년 2월 23일  · 6,800엔
- 플레이 명수: 1인  · 세이브 용량: 101KB 이상

PC용 게임의 이식작. 몬스터를 소환하여 싸우는 시뮬레이션 파트와, 미소녀들과 교류하는 어드벤처 파트로 게임을 진행한다. 이식 과정에서 전투 시스템을 개량하고 신규 엔딩 등을 추가하였다.

## SEGA AGES 2500 시리즈 Vol.22 : 어드밴스드 대전략 – 독일 전격작전

- 세가  · SLG  · 2006년 2월 23일  · 2,500엔
- 플레이 명수: 1인  · 세이브 용량: 1740KB 이상

제2차 세계대전 당시의 독일군 전황을 게임화한 메가 드라이브의 명작 시뮬레이션 게임을 리메이크한 작품. PS2판은 적의 사고 속도가 원작보다 압도적으로 고속화되었다. 초회판에는 버그가 있으므로 주의할 것.

## SEGA AGES 2500 시리즈 Vol.25 : 건스타 히어로즈 – 트레저 박스

- 세가  · ACT&STG  · 2006년 2월 23일  · 2,500엔
- 플레이 명수: 1~2인  · 세이브 용량: 40KB 이상

'트레저 박스'라는 타이틀명대로, 원작의 개발사인 트레저가 메가 드라이브용으로 제작했던 「건스타 히어로즈」, 「다이너마이트 헤디」, 「에일리언 솔저」 3개 작품을 합본 수록한 컬렉션 타이틀이다.

## 세퍼레이트 하츠
- 키드　●AVG　●2006년 2월 23일　●6,800엔
- 플레이 명수: 1인　●세이브 용량: 113KB 이상

기억을 잃어버린 소년이 실종된 애인을 찾아서는 연애 어드벤처 게임. 오토바이 사고로 기억상실에 걸려 괴로워하는 주인공이 되어, 5명의 히로인들과 교류하며 실종된 애인의 인적사항과 행방을 추적해보자.

## 영식 함상전투기 이(弐)
- 타이토　●STG　●2006년 2월 23일　●7,800엔　●플레이 명수: 1~2인
- 세이브 용량: 110KB 이상　●플라이트 스틱, 플라이트 스틱 2 지원

제로센을 비롯한 태평양전쟁 당시의 전투기들로 다양한 미션에 도전하는 3D 슈팅 게임의 속편. 당시의 그 전투가 만약 이렇게 전개되었다면……이라는 느낌의 if 시츄에이션이 전작보다 늘어났다.

## 소닉 라이더즈
- 세가　●RCG　●2006년 2월 23일　●5,800엔　●플레이 명수: 1~2인
- 세이브 용량: 150KB 이상　●멀티탭 지원(~4인)

「소닉」시리즈의 친숙한 캐릭터들이 '익스트림 기어'라는 호버 보드를 타고 경주하는 레이싱 게임. 공중에서 트릭을 구사하거나, 바람의 길인 '터뷸런스'를 타고 에너지 개념인 '에어'를 보충해 가며 1위를 노려보자.

## 디저트 러브 : 스위트 플러스
- 마벨러스 인터랙티브　●AVG　●2006년 2월 23일　●6,800엔
- 플레이 명수: 1인　●세이브 용량: 129KB 이상

PC용 게임의 이식작. '드라마와도 같은 연애'가 컨셉인 여성용 연애 어드벤처 게임이다. 주인공이 갑작스러운 인사이동을 계기로 매력적인 남성들과 교류하게 된다는 스토리. 오늘의 운세와 상성을 점치는 모드가 있다.

## 데빌 메이 크라이 3 : 스페셜 에디션
- 캡콤　●ACT　●2006년 2월 23일　●3,800엔
- 플레이 명수: 1인　●세이브 용량: 364KB 이상

2005년 발매되었던 「데빌 메이 크라이 3」의 업그레이드판. 원작의 모든 컨텐츠를 그대로 즐길 수 있는데다, 단테의 형 '버질'이 주인공인 추가 모드까지 탑재하여 원작과는 색다른 액션을 즐길 수 있도록 했다.

## 필승 파친코★파치슬로 공략 시리즈 Vol.3 : CR 마릴린 먼로
- D3 퍼블리셔　●SLG　●2006년 2월 23일　●4,800엔
- 플레이 명수: 1인　●세이브 용량: 423KB 이상

전설의 여배우, 마릴린 먼로를 테마로 삼은 파친코의 실기 시뮬레이터. 연출은 심플하지만, 바다 속을 헤엄치는 물고기 그림을 맞추면 잭팟이다. 밑바람에 의해 들춰지려는 치마를 잡아 내리는 그녀의 섹시한 모습을 볼 수 있다.

## 풀 하우스 키스 2
- 캡콤　●AVG　●2006년 2월 23일　●6,800엔
- 플레이 명수: 1인　●세이브 용량: 173KB 이상

2004년 발매되었던「풀 하우스 키스」의 속편으로서, 전작의 1개월 후를 배경으로 주인공이 새로운 이중생활을 시작한다. 스토리를 진행하는 어드벤처 파트와, 가정부로서 일하는 가정부 파트로 새로운 연애를 즐겨보자.

## 마이 홈을 만들자 2 : 충실! 간단 설계!!
- 마벨러스 인터랙티브　●SLG　●2006년 2월 23일　●4,800엔
- 플레이 명수: 1인　●세이브 용량: 1410KB 이상

전작(72p)의 업그레이드판. 만들 수 있는 집의 넓이가 확장되었으며, 가구와 건축자재도 늘어나 더욱 집 만들기의 자유도가 늘어났다. 맨션의 인테리어를 설계하는 모드도 새로 추가하였다.

## PlayStation2 Game Software Catalogue

### 마계전기 디스가이아 2
- CERO A
- 니폰이치 소프트웨어 ● SLG ● 2006년 2월 23일 ● 6,800엔
- 플레이 명수 : 1인 ● 세이브 용량 : 487KB 이상

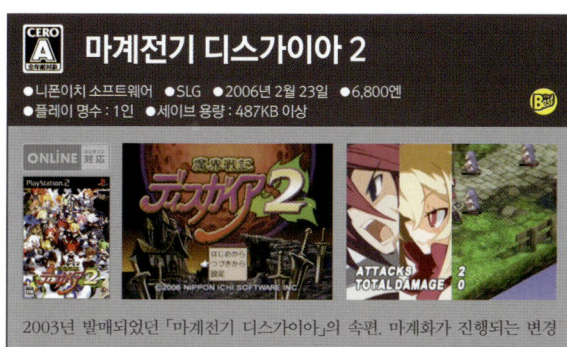

2003년 발매되었던 「마계전기 디스가이아」의 속편. 마계화가 진행되는 변경 세계 '벨다임'에서, 주인공 '아델'과 마왕 제논의 딸 '로잘린드'가 대모험한다는 스토리다. 전작의 칸 이동과 턴제를 유지하며, 새로운 시스템을 추가했다.

### 메탈 울프 REV
- CERO C
- 프린세스 소프트 ● AVG ● 2006년 2월 23일 ● 6,800엔
- 플레이 명수 : 1인 ● 세이브 용량 : 120KB 이상

드림캐스트로 발매되었던 어드벤쳐 게임의 이식판. '샐러리맨'이라 불리는 특수계급이 형성된 세계에서, 하급 샐러리맨으로 일하는 주인공 '호죠 미나기'가 어느 날 기억을 잃은 소녀 '라리사'와 만나며 이야기가 시작된다.

### 전국무쌍 2
- CERO B
- 코에이 ● ACT ● 2006년 2월 24일 ● 6,800엔
- 플레이 명수 : 1~2인 ● 세이브 용량 : 272KB 이상
- 멀티탭 지원(2~4인), PlayStation BB Unit (캐시) 지원 1024MB 이상 필요

「전국무쌍」 시리즈의 넘버링 타이틀 제2탄. 메인 스테이지를 천하가 판가름 나는 세키가하라 전투로 삼았으며, 도쿠가와 이에야스・이시다 미츠나리 등이 플레이어블 캐릭터로 신규 참전했다. 또한 야전・공성전・성내전 구분을 폐지하고, 스테이지 하나 안에서 모든 전투가 진행되는 스타일로 바꾸었다.

### 캡콤 클래식스 컬렉션
- CERO B
- 캡콤 ● ETC ● 2006년 3월 2일 ● 4,800엔 ● 플레이 명수 : 1~2인
- 세이브 용량 : 104KB 이상 ● 멀티탭 지원(~3인)

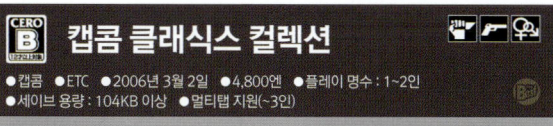

PS1으로 발매됐던 「캡콤 제네레이션」 시리즈 수록작들 중에서 선별한 「벌거스」 등의 총 16개 작품에 「아레스의 날개」・「파이널 파이트」 등 6개 작품을 새로 추가한, 풍성한 볼륨의 캡콤 고전 게임 모음집 소프트.

### 기동전사 건담 : 클라이막스 U.C.
- CERO A
- 반다이 ● STG ● 2006년 3월 2일 ● 6,800엔
- 플레이 명수 : 1~2인 ● 세이브 용량 : 262KB 이상

'건담' 애니메이션 시리즈 중에서 우주세기 계열 작품들을 망라해 소재로 삼은 액션 슈팅 게임. 애니메이션의 스토리를 따라가는 '크로니클 모드', 오리지널 캐릭터를 육성하는 '프로그레스 모드' 등을 즐길 수 있다.

### 007 위기일발
- CERO C
- 일렉트로닉 아츠 ● ACT ● 2006년 3월 2일 ● 6,800엔
- 플레이 명수 : 1~2인 ● 세이브 용량 : 126KB 이상 ● 멀티탭 지원(2~4인)

인기 스파이 영화 '007' 시리즈 중에서 '007 위기일발'(원제는 'From Russia with Love')을 소재로 삼은 액션 게임. 원작 영화의 분위기를 재현한 세계에서, 제임스 본드가 되어 각종 미션을 수행하자.

### 데빌 서머너 : 쿠즈노하 라이도 대 초력병단
- CERO C
- 아틀러스 ● RPG ● 2006년 3월 2일 ● 6,800엔
- 플레이 명수 : 1인 ● 세이브 용량 : 100KB 이상

RPG 「데빌 서머너」 시리즈의 3번째 작품. 가상의 시대인 '다이쇼 20년'의 도쿄를 배경으로, 신참 탐정 '라이도'가 다양한 괴기 사건들을 수사한다. '봉마술'이란 능력을 사용하여 적인 악마를 동료로 삼을 수도 있다.

각종 지원 아이콘 |  Best판 발매 |  PlayStation BB Unit 전용 |  PlayStation BB Unit 지원

### 텐카비토

- 세가 ● SLG ● 2006년 3월 2일 ● 6,800엔
- 플레이 명수: 1인 ● 세이브 용량: 190KB 이상

일본 전국시대가 배경인 실시간 시뮬레이션 RPG. 플레이어 캐릭터는 5명의 무장 중에서 선택할 수 있으며, 각자 개별 스토리가 준비되어 있다. 부대를 이끌고 대군이 격돌하는 전투를 제패해, 천하를 얻은 자 '텐카비토'가 되어보자.

### 전격 SP 후타코이 / 후타코이 섬 : 후타코이 COLLECTION

- 미디어웍스 ● AVG ● 2006년 3월 2일 ● 3,000엔
- 플레이 명수: 1인 ● 세이브 용량: 각 128KB 이상

쌍둥이와의 동시 연애를 즐기는 연애 어드벤처 게임. 「후타코이」와 「후타코이 섬 : 사랑과 수영복의 서바이벌」두 타이틀을 하나로 합본하여 부담 없는 가격으로 구입할 수 있도록 한 염가판 컬렉션 소프트다.

### 나니아 연대기 : 사자, 마녀 그리고 옷장

- D3 퍼블리셔 ● AVG ● 2006년 3월 2일 ● 6,800엔
- 플레이 명수: 1~2인 ● 세이브 용량: 84KB 이상

같은 제목의 영화를 기반으로 제작한 액션 어드벤처 게임. 주인공 형제들을 조작하여, 다양한 액션을 구사하며 원작의 스토리를 따라가야 한다. 각 장면 사이사이에는 원작 영화의 장면도 삽입했다.

### 임협전 : 떠돌이 일대기

- 겐키 ● ACT ● 2006년 3월 2일 ● 6,800엔
- 플레이 명수: 1~2인 ● 세이브 용량: 145KB 이상

의리의 주먹이 테마인 액션 게임. 에도 시대 후기 토카이도의 어느 여관마을을 무대로 삼아, 의리와 인정의 불량배 '떠돌이 렌지'가 때로는 악을 심판하고, 때로는 싸움을 중재하며 가도를 제패하는 거물로 성장하는 과정을 그렸다.

### 필살 파치슬로 에볼루션 2 : 오소마츠 6쌍둥이

- 선 소프트 ● SLG ● 2006년 3월 2일 ● 4,800엔
- 플레이 명수: 1인 ● 세이브 용량: 640KB 이상

아카츠카 후지오의 만화 '오소마츠 6쌍둥이'를 소재로 삼은 파치슬로의 실기 시뮬레이터. 스톡 기의 특징을 살려, 여섯 쌍둥이를 한 번에 많이 등장시켜 연장이 발생하면 연계되는 구슬 사출 기능 덕에 인기가 많았다.

### 팝픈 뮤직 12 이로하

- 코나미 ● SLG ● 2006년 3월 2일 ● 6,280엔 ● 플레이 명수: 1~2인
- 세이브 용량: 79KB 이상 ● 팝픈 컨트롤러 지원

인기 음악 시뮬레이션 게임 시리즈의 제12탄. '일본풍'이 테마로서, 애니송·J-POP 등 100곡 이상을 수록하였다. 전통의 스터디 모드는 물론, 초보자용 '엔조이 모드'도 탑재하여 처음 즐기는 사람이라도 재미를 느낄 수 있다.

### 네오 안젤리크

- 코에이 ● AVG ● 2006년 3월 4일 ● 6,800엔
- 플레이 명수: 1인 ● 세이브 용량: 700KB 이상

여성용 연애 게임 「안젤리크」의 세계관을 계승한 작품. 특별한 힘을 지닌 소녀 '안젤리크'가 그녀를 지켜주는 남성들과 함께 마신 타도의 모험을 떠나, 서로 신뢰관계를 구축하면서 연애 역시 성취해 간다.

### SIMPLE 2000 시리즈 Vol.93 : THE 우뇌 단련

- D3 퍼블리셔 ● QIZ ● 2006년 3월 9일 ● 2,000엔
- 플레이 명수: 1인 ● 세이브 용량: 60KB 이상

문자·숫자를 최대한 배제한 문제들을 뇌의 직감만으로 풀어가는 우뇌 IQ 트레이닝 퀴즈 게임. 10문제를 집중적으로 푸는 '우뇌 IQ 테스트' 등, 다채로운 모드가 있다. 클리어률에 따라 코다마 미츠오 교수의 컬럼이 열린다.

## PlayStation2 Game Software Catalogue

### 졸업 2nd Generation
- CERO B
- 사이버프론트 ● SLG ● 2006년 3월 9일 ● 6,800엔
- 플레이 명수 : 1인 ● 세이브 용량 : 180KB 이상

육성 시뮬레이션 게임 『졸업』의 차세대를 다룬 작품. 세이카 여고 중등부에서 과거 문제아였던 5인조와 감격의 재회를 하고, 5인조의 딸들을 맡게 된다. PS2판은 이벤트·엔딩 등이 추가되었다.

### 위닝 포스트 7 MAXIMUM 2006
- CERO A
- 코에이 ● SLG ● 2006년 3월 16일 ● 6,800엔 ● 플레이 명수 : 1인
- 세이브 용량 : 2483KB 이상 ● PlayStation BB Unit (캐시) 지원 : 1024MB 이상 필요

인기 경마 시뮬레이션 게임 시리즈의 제7탄에 2006년도 데이터를 반영한 최신판. 경주마뿐만 아니라 기수·조교사 등의 인물도 에디트할 수 있으며, 『GI 자키 4』의 세이브데이터도 연동이 가능해졌다.

### 월래스 & 그로밋 : 거대토끼의 저주
- CERO A
- 코나미 ● ACT ● 2006년 3월 16일 ● 5,800엔
- 플레이 명수 : 1~2인 ● 세이브 용량 : 113KB 이상

점토로 만든 인형의 동작을 조금씩 바꿔가며 촬영하는 클레이 애니메이션 기법으로 제작한 같은 제목의 영화가 원작인 액션 게임. 100종 이상에 달하는 미션에 도전하여, 채소밭을 어지럽히는 나쁜 토끼를 물리치자.

### 기타 프릭스 V & 드럼매니아 V
- CERO A
- 코나미 ● ACT ● 2006년 3월 16일 ● 6,980엔 ● 플레이 명수 : 1~2인 ● 세이브 용량 : 83KB 이상
- 멀티탭 지원(~3인), 기타 프릭스 전용 컨트롤러 및 드럼매니아 전용 컨트롤러 지원

전작 이후 오랜만의 이식작이자, 『기타 프릭스』와 『드럼매니아』의 동일 세대를 합본한 타이틀. 같은 시기에 발매된 BEMANI 시리즈 작품들의 세이브데이터가 저장돼 있으면 곡이 사전 개방되는 연동 시스템이 있다.

### 실전 파치슬로 필승법! : 울트라맨 클럽 ST
- CERO B
- 세가 ● SLG ● 2006년 3월 16일 ● 3,800엔 ● 플레이 명수 : 1인
- 세이브 용량 : 450KB 이상 ● 실전 파치슬로 컨트롤러 지원

레어 잭팟 성립시 보너스 방출 추첨이 진행되는 스톡 기 '울트라맨 클럽 ST'의 실기 시뮬레이터. '북두의 권'과 마찬가지로, 중단 체리 성립시 화면이 번쩍이며, 150회 성립시 천장이 되는 구제 시스템도 제공한다.

### 스키점프 페어 : 리로디드
- CERO A
- 카무이 ● SPT ● 2006년 3월 16일 ● 3,800엔
- 플레이 명수 : 1~10인 ● 세이브 용량 : 481KB 이상

인기 CG 애니메이션을 게임화했다. 2인조 스키점프로 얼마나 황당무계한 테크닉을 펼치는지를 경쟁하는 가상의 경기로서, 오리지널 기술까지도 완벽하게 재현했다. 실황 해설은 모기 준이치 등의 6명 중에서 선택 가능하다.

### 파이널 판타지 XII
- CERO A
- 스퀘어 에닉스 ● RPG ● 2006년 3월 16일 ● 8,562엔
- 플레이 명수 : 1인 ● 세이브 용량 : 100KB 이상

인기 RPG 시리즈의 넘버링 제12탄. 제국을 증오하는 고아 소년 '반'이, 망국의 공주 '아쉐'와 공적 '발프레아'와의 만남을 계기로 공적의 길을 걷기 시작하는 스토리를 그린다. 배틀 중의 캐릭터 행동을 세팅하는 '갬빗' 시스템을 채용하여, 조건문 텍스트와 우선순위 설정을 통해 디테일하게 지시할 수 있다.

## 위저드리 XTH 2 : 무한의 학도

- 마이크로소프트 ● RPG ● 2006년 3월 23일 ● 6,800엔
- 플레이 명수 : 1인 ● 세이브 용량 : 1730KB 이상

「위저드리」에 학원물 설정을 도입한 오리지널 신작인 「위저드리 XTH」시리즈의 제2탄. 캐릭터 메이킹의 폭을 넓혔으며 유니크 아이템을 추가하였고 파티 스킬을 채용하는 등, 다양한 요소가 업그레이드되었다.

## 에이스 컴뱃 제로 : THE BELKAN WAR

- 남코 ● STG ● 2006년 3월 23일 ● 6,800엔
- 플레이 명수 : 1~2인 ● 세이브 용량 : 112KB 이상

플라이트 슈팅 게임 시리즈의 제6탄. 「에이스 컴뱃 5」에서 언급되었던 벨카 전쟁을 다룬 프리퀄이다. 플레이스타일에 따라 적 부대나 연출이 변화하는 '에이스 스타일 게이지 시스템'이 특징. 적군 에이스와의 격전이 치열하다.

## 우리는 오락실 족 : 열혈고교 피구부

- 햄스터 ● ACT ● 2006년 3월 23일 ● 1,905엔
- 플레이 명수 : 1~2인 ● 세이브 용량 : 40KB 이상

불량배 액션 게임 「열혈경파 쿠니오 군」의 스핀오프작. 쿠니오 군이 피구부 부원이 되어 세계 제일의 팀을 목표로 삼는다. 게임 본편을 비롯해 사운드트랙 미니 CD 등까지, 7종의 아이템을 한 세트로 묶었다.

## 우리는 오락실 족 : 라비오 레푸스

- 햄스터 ● STG ● 2006년 3월 23일 ● 1,905엔
- 플레이 명수 : 1~2인 ● 세이브 용량 : 40KB 이상

토끼 모양의 메카닉이 플레이어 기체로 활약하는 횡스크롤 슈팅 게임. 반자동 연사식 샷과, 아이템으로 보충할 수 있는 유도 미사일 및 펀치로 적을 물리치자. 보너스 아이템까지 풍부하게 넣은 호화 7종 세트다.

## KOF MAXIMUM IMPACT MANIAX

- SNK 플레이모어 ● ACT ● 2006년 3월 23일 ● 3,800엔
- 플레이 명수 : 1~2인 ● 세이브 용량 : 100KB 이상

Xbox로 발매되었던 작품의 역이식판. 원작(38p)의 게임 밸런스를 조정하였으며, 프로필 화면에서 캐릭터의 3D 모델링을 감상할 수 있도록 했다. 가격도 저렴하게 잡았으며, 발매 전이었던 2편의 예고편 동영상도 수록했다.

## 작안의 샤나

- 미디어웍스 ● AVG ● 2006년 3월 23일 ● 6,200엔
- 플레이 명수 : 1인 ● 세이브 용량 : 115KB 이상

같은 제목의 인기 라이트 노벨이 원작인 어드벤처 게임. '유지'와 '샤나'의 여름방학 일상을, 원작자가 감수한 오리지널 스토리로 즐길 수 있다. 배틀 파트는 타이밍에 맞춰 버튼을 누르는 커맨드 방식을 채용했다.

## 작 삼국무쌍

- 코에이 ● TBL ● 2006년 3월 23일 ● 4,800엔
- 플레이 명수 : 1인 ● 세이브 용량 : 120KB 이상

「진 삼국무쌍 4」에 등장하는 무장들이 상대로 등장하는 마작 게임. 사기 기술이 없는 본격파 마작으로서, 무장들도 각자의 캐릭터 성격에 어울리는 스타일로 플레이한다. 다양한 음성과 컷인이 대국 분위기를 살려준다.

## 진 삼국무쌍 4 Empires

- 코에이 ● ACT ● 2006년 3월 23일 ● 4,280엔 ● 플레이 명수 : 1~2인
- 세이브 용량 : 288KB 이상 ● PlayStation BB Unit (캐시) 지원 : 1024MB 이상 필요

액션과 시뮬레이션을 융합시킨 「진 삼국무쌍 Empires」시리즈의 제2탄. 정략 파트에서는 내정·전략 관련 요소를 대폭 강화시켰고, 전투 파트에서는 아군 무장에 지시를 내릴 수 있는 등의 신규 시스템을 추가했다.

## PlayStation2 Game Software Catalogue

### SIMPLE 2000 시리즈 Vol.97 : THE 사랑의 엔진
- D3 퍼블리셔  ● AVG  ● 2006년 3월 23일  ● 2,000엔
- 플레이 명수 : 1인  ● 세이브 용량 : 77KB 이상

2004년 발매됐던 『달링 스페셜 : 백래시 - 사랑의 이그조스트 히트』(37p)의 염가판. 여성 기자가 되어 레이싱 팀을 취재하는 여성용 연애 어드벤처 게임이다. 취재기간인 2개월 내에 마음에 둔 남성과 맺어지도록 노력해 보자.

### SIMPLE 2000 시리즈 Vol.98 : THE 낭만다방
- D3 퍼블리셔  ● SLG  ● 2006년 3월 23일  ● 2,000엔
- 플레이 명수 : 1인  ● 세이브 용량 : 435KB 이상

2004년 발매작 『드세요, 낭만다방』의 염가판. 화과자 가게 점주의 외동딸이 되어, 최고의 화과자로 마음에 둔 남성의 고백을 받는 게 목적이다. 만들 수 있는 화과자는 884종류. 계절에 맞춘 화과자를 선보여 가게를 번창시키자.

### 머나먼 시공 속에서 3 : 운명의 미궁
- 코에이  ● AVG  ● 2006년 3월 23일  ● 4,800엔
- 플레이 명수 : 1인  ● 세이브 용량 : 858KB 이상

『머나먼 시공 속에서 3』의 속편인 여성용 연애 어드벤처 게임. 다키니텐과의 싸움을 끝낸 후, 팔엽들이 주인공 '카스가 노조미'의 세계인 현대로 오게 되었다. 현대의 가마쿠라에서, 새로운 사랑과 추억의 이야기가 막을 연다.

### 마법선생 네기마! : 과외수업 - 소녀의 두근두근♡비치사이드
- 코나미  ● ACT  ● 2006년 3월 23일  ● 5,980엔
- 플레이 명수 : 1인  ● 세이브 용량 : 40KB 이상

'마법선생 네기마!'에 등장하는 3학년 A반 학생들과, 리조트 시설 자유이용권을 걸고 다양한 미니게임으로 경쟁하는 작품. 게임에서 승리하여 받은 상금으로 수영복을 사서 캐릭터에게 갈아입힐 수도 있다.

### 메모리즈 오프 : 그 이후 again
- 키드  ● AVG  ● 2006년 3월 23일  ● 4,800엔
- 플레이 명수 : 1인  ● 세이브 용량 : 138KB 이상

『메모리즈 오프 : 그 이후』의 속편인 연애 어드벤처 게임. 전작의 히로인 '미사키 이노리'・'후지와라 미야비'・'하나마츠리 카린' 3명의 후일담이, '두 사람의 시간'이란 테마를 지닌 3편의 독립된 스토리로 펼쳐진다.

### 낙승! 파치슬로 선언 4 : 진 모구모구 풍림화산・리오 데 카니발
- 테크모  ● SLG  ● 2006년 3월 23일  ● 5,800엔
- 플레이 명수 : 1인  ● 세이브 용량 : 77KB 이상

파치슬로 기기 '진 모구모구 풍림화산'과 재수록된 '리오 데 카니발', 2개 기종을 즐길 수 있는 실기 시뮬레이터. '공략 플레이' 모드를 사용하면 각 기기가 내부적으로 어떻게 동작하는지를 전부 확인할 수 있다.

### 프로 사커 클럽을 만들자! : 유럽 챔피언십
- 세가  ● SLG  ● 2006년 3월 29일  ● 6,800엔  ● 플레이 명수 : 1~2인
- 세이브 용량 : 800KB 이상  ● PlayStation BB Unit (캐시) 지원 : 2.5GB 이상

전작인 J리그에서 유럽으로 무대를 옮겨, 유럽 최고의 클럽을 목표로 삼아 운영하는 육성 시뮬레이션 게임. 실명 클럽들과 약 9,000명의 실명 선수가 등장한다. 시합도 실시간 진행 형태로 진화되었다.

### IGPX
- 반다이  ● RCG  ● 2006년 3월 30일  ● 6,800엔
- 플레이 명수 : 1~2인  ● 세이브 용량 : 105KB 이상

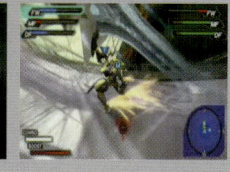

같은 제목의 TV 애니메이션이 원작인 배틀 레이싱 게임. 3 : 3 팀전으로 로봇과 격투하면서 서킷을 달려 골인을 노린다. 획득한 상금으로 파츠를 구입해 자신만의 머신으로 커스터마이즈시킬 수도 있다.

## Another Century's Episode 2

- 반프레스토　● ACT　● 2006년 3월 30일　● 6,980엔
- 플레이 명수 : 1~2인　● 세이브 용량 : 95KB 이상

인기 애니메이션에 등장하는 로봇들을 조종하는 3D 액션 게임의 속편. 이번엔 14개 애니메이션 작품에서 선정된 80기체 이상의 로봇이 사용 가능해졌다. 게다가 작품의 경계를 초월하는 '콤비네이션 배틀'도 추가되었다.

## 이스 V : LOST KEFIN, KINGDOM OF SAND

- 타이토　● RPG　● 2006년 3월 30일　● 5,800엔
- 플레이 명수 : 1인　● 세이브 용량 : 300KB 이상

슈퍼 패미컴판 「이스 V」를 바탕으로 시스템·스토리를 개변한 리메이크작. 「이스 VI」의 '유익인' 설정을 도입해 시리즈의 모순을 바로잡았다. 전작까지의 세이브 데이터가 있다면 전용 장비를 입수할 수 있다.

## 카시마시 : 걸 미츠 걸 - 「첫 여름 이야기」

- 마벨러스 인터랙티브　● AVG　● 2006년 3월 30일　● 6,800엔
- 플레이 명수 : 1인　● 세이브 용량 : 120KB 이상

만화·애니메이션으로 인기를 얻었던 같은 제목의 작품을 게임화한 연애 어드벤처 게임. 남자로 태어났으나 여자가 되어버린 주인공의 '소녀로서 보내는 첫 여름방학'에 벌어지는, 여행지에서의 러브스토리를 그렸다.

## 건퍼레이드 오케스트라 : 녹색의 장 - 늑대와 그의 소년

- 소니컴퓨터엔터테인먼트　● AVG　● 2006년 3월 30일　● 6,800엔
- 플레이 명수 : 1인　● 세이브 용량 : 482KB 이상

3부작의 2번째 작품. 츄고쿠 지방의 산악지대가 무대로서, 사람들을 지키기 위해 퇴각명령을 무시하고 싸우는 사단의 스토리를 그렸다. '백색의 장'의 세이브 데이터를 불러와 새로운 플레이어 후보로 삼을 수도 있다.

## 실전 파치슬로 필승법! : 나의 하늘

- 세가　● SLG　● 2006년 3월 30일　● 3,800엔
- 플레이 명수 : 1인　● 세이브 용량 : 120KB 이상

모토미야 히로시의 만화 '나의 하늘'을 소재로 삼은 파치슬로 기기의 실기 시뮬레이터. 각종 레어 팟을 성립시켰을 때의 보너스 방출이나, 찬스 존 '나의 타임'에서 리플레이 연속 성립을 통해 보너스 연장을 노려보자.

## 시노비도 타쿠미

- 스파이크　● AVG　● 2006년 3월 30일　● 3,333엔
- 플레이 명수 : 1인　● 세이브 용량 : 97KB 이상

닌자로서 적진에 숨어들어 임무를 수행하는 3D 액션 게임. 닌자다운 공격과, 닌자도구 홀더에 담긴 각종 닌자도구를 활용해 전투를 유리하게 끌고 가보자. 때로는 적과의 거리를 계산해 일단 도주할 필요도 있다.

## 신세기 에반게리온 : 강철의 걸프렌드 특별편

- 사이버프론트　● AVG　● 2006년 3월 30일　● 7,800엔　● 플레이 명수 : 1인
- 세이브 용량 : 60KB 이상　● 돌비 디지털 프로로직 II, 480p 출력 지원

인기 애니메이션 '신세기 에반게리온'을 소재로 삼은 비주얼 노벨. 어느 날 전학 온 여학생 '키리시마 마나'의 정체는? 같은 반이 된 이카리 신지에게 접근하는 그녀의 모습을 지켜보는 친구들 및 신지와의 이야기가 시작된다.

## 절체절명도시 2 : 얼어붙은 기억들

- 아이렘 소프트웨어 엔지니어링　● AVG　● 2006년 3월 30일　● 6,800엔
- 플레이 명수 : 1인　● 세이브 용량 : 300KB 이상

재난이 덮친 도시를 탈출한다는 테마의 시리즈, 그 2번째 작품. 이번엔 하천 붕괴로 수몰되기 시작하는 지하도시에서 탈출해야 한다. 여러 주인공이 등장하는 옴니버스 스토리로서, 각자의 시점에서 재난 드라마가 펼쳐진다.

# PlayStation2 Game Software Catalogue

### 파치슬로 노부나가의 야망 : 천하창세
- CERO A
- 코에이 ● SLG ● 2006년 3월 30일 ● 4,800엔
- 플레이 명수 : 1인 ● 세이브 용량 : 440KB 이상

전국시대 시뮬레이션 게임 「노부나가의 야망」의 당시 최신작이 테마인 파치슬로 기기의 실기 시뮬레이터. 노멀(A타입)기 기준이며, 성립된 보너스로 차근차근 구슬을 늘려가는 특유의 게임성에 매료된 팬들도 많았다.

### 블랙 캣 : 기계로 만들어진 천사
- CERO A
- 캡콤 ● ACT ● 2006년 3월 30일 ● 6,800엔
- 플레이 명수 : 1인 ● 세이브 용량 : 45KB 이상

야부키 켄타로 원작의 인기 애니메이션을 게임화했다. 오리지널 스토리로 전개되는 액션 어드벤처 게임이다. 간단한 조작으로 원작에 등장했던 기술을 구사할 수 있으며, 애니메이션 판과 같은 성우진으로 풀보이스화됐다.

### 마법총술사 쿠로히메
- CERO B
- 타카라토미 ● STG ● 2006년 3월 30일 ● 6,800엔
- 플레이 명수 : 1~2인 ● 세이브 용량 : 52KB 이상

만화 '마법총술사 쿠로히메'를 게임화했다. 주인공 '쿠로히메'가 마총과 격투술을 구사해 싸우는 3D 건 액션 게임이다. 마총탄을 사용하여 다양한 마총수를 소환하거나 파워 업시킬 수 있다.

### SIMPLE 2000 시리즈 Vol.96 THE 해적 - 해골투성이 파이어렛!
- CERO B
- D3 퍼블리셔 ● ACT ● 2006년 4월 6일 ● 2,000엔
- 플레이 명수 : 1인 ● 세이브 용량 : 65KB 이상

요검과 핸드 건을 무기 삼아, 해골·유령·좀비 등과 싸우는 액션 게임. 배를 타고 광대한 맵을 항해하면서, 100척 이상의 유령선을 퇴치해야 한다. 해적들의 혼을 모아 '소울 버닝' 시스템을 발동시켜 싸우자.

### SIMPLE 2000 시리즈 얼티밋 Vol.31 K-1 WORLD MAX 2005 - 세계 챔피언으로 가는 길
- CERO A
- D3 퍼블리셔 ● ACT ● 2006년 4월 6일 ● 2,000엔
- 플레이 명수 : 1~2인 ● 세이브 용량 : 88KB 이상

2005년 발매되었던 「K-1 WORLD MAX 2005」의 염가판. 21명의 선수들이 실명으로 등장하며, 미들급 특유의 스피디하고 어그레시브한 시합이 펼쳐진다. 오리지널 선수를 제작해 세계 챔피언을 노려보자.

### SIMPLE 2000 시리즈 얼티밋 Vol.32 : 아즈미
- CERO D
- D3 퍼블리셔 ● ACT ● 2006년 4월 6일 ● 2,000엔
- 플레이 명수 : 1인 ● 세이브 용량 : 45KB 이상

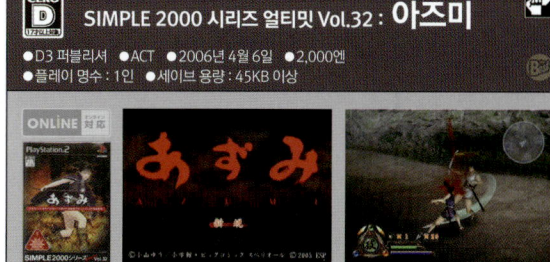

에도 시대가 배경이며, 암살자로서 길러진 소녀가 주인공인 인기 만화 '아즈미'의 액션 게임판이 'SIMPLE 2000 시리즈'로 저렴하게 재발매되었다. 게임 자체는 2005년 ESP 사가 발매했던 같은 제목의 작품과 동일하다.

### 봄의 발소리 : Step of Spring
- CERO C
- 알케미스트 ● ETC ● 2006년 4월 6일 ● 6,800엔
- 플레이 명수 : 1인 ● 세이브 용량 : 92KB 이상

PC용 게임의 이식작. 주인공과 3명의 소녀들이 저마다의 고민을 품고서도 이를 극복해 나간다는 스토리다. 오리지널 컨텐츠로서, 신카이 마코토가 제작한 풀 애니메이션 오프닝·엔딩 동영상의 논크레딧 버전을 수록했다.

### 블랙
- CERO C
- 일렉트로닉 아츠 ● ACT ● 2006년 4월 6일 ● 4,800엔
- 플레이 명수 : 1인 ● 세이브 용량 : 59KB 이상

플레이어 주변 360도 상의 온갖 물체를 파괴할 수 있는 FPS 게임. 특수부대 멤버가 되어 국제 테러조직을 섬멸하자. 우회나 매복 등의 찌질한 짓은 집어치우고, 남자답게 뛰쳐나와 모든 것을 파괴하는 쾌감을 맛보도록.

135

### 프로야구 열스타 2006

- 남코
- SPT
- 2006년 4월 6일
- 6,800엔
- 플레이 명수: 1~2인
- 세이브 용량: 52KB 이상

『패밀리 스타디움』 발매 20주년을 기념해 제작된 타이틀. 리얼한 3D 그래픽으로 야구를 즐기는 메인 모드를 비롯해, 패미컴판의 게임화면을 재현한 이색적인 모드인 '패미스타 2006'도 제공한다.

### 프로야구 스피리츠 3

- 코나미디지털엔터테인먼트
- SPT
- 2006년 4월 6일
- 6,800엔
- 플레이 명수: 1~2인
- 세이브 용량: 4150KB 이상

리얼한 그래픽이 특징인 야구게임 시리즈의 신작. 2006년도 데이터를 탑재했고, 수비를 연습할 수 있는 '트라이얼 모드' 등이 추가됐다. 투수·타자의 난이도를 개별 설정 가능해, 자신의 실력에 맞춰 난이도를 조정할 수 있다.

### 허니×허니 드롭스 : LOVE×LOVE HONEY LIFE

- 아이디어 팩토리
- AVG
- 2006년 4월 6일
- 6,800엔
- 플레이 명수: 1인
- 세이브 용량: 119KB 이상

만화잡지 '소녀 코믹'에 연재되었던 인기 만화를 게임화했다. 양갓집 아들인 'MASTER'에 'HONEY'라는 돌보미가 붙는다는 독특한 제도 하에서, 주인공의 연애 스토리가 전개된다. 주인공 이름은 자유롭게 설정 가능하다.

### 길티기어 이그젝스 슬래시

- 세가
- ACT
- 2006년 4월 13일
- 4,800엔
- 플레이 명수: 1~2인
- 세이브 용량: 43KB 이상

전작 『길티기어 이그젝스 샤프 리로드』를 기반으로, 밸런스를 추가 조정하고 일부 캐릭터에 신규 기술을 넣었으며 'A.B.A'와 '성기사단 솔' 두 캐릭터를 추가한 버전. 구버전 성능의 캐릭터도 사용할 수 있다.

### 코엔지 여자축구

- 스타피시
- AVG
- 2006년 4월 13일
- 6,800엔
- 플레이 명수: 1인
- 세이브 용량: 400KB 이상

도쿄 코엔지 지역의 상류층 사립여학교에 부임한 열혈교사 주인공이, 여자축구부 지도교사가 되어 개성적인 소녀들을 지도하는 열혈 스포츠계 연애 어드벤처 게임. 시합 전개는 플레이어의 지휘에 따라 결과가 달라진다.

### 마작패왕 : 단급 배틀 II

- 마이니치 커뮤니케이션즈
- TBL
- 2006년 4월 13일
- 3,300엔
- 플레이 명수: 1인
- 세이브 용량: 1000KB 이상

일본프로마작협회가 공인하는 2단 인증서를 취득할 수 있는 마작 소프트. 사기 기술을 일체 배제한 본격 4인대국 마작으로서, 현역 프로 마작사 12명이 실명으로 등장한다. 어떤 조건을 만족시키면 특별 모드도 출현한다.

### 오오카미

- 캡콤
- AVG
- 2006년 4월 20일
- 6,800엔
- 플레이 명수: 1인
- 세이브 용량: 170KB 이상

일본의 신화와 전래동화가 모티브인 세계를 일본화풍의 그래픽으로 형상화해 낸 3D 액션 어드벤처 게임. 흰 늑대 모습의 신 '아마테라스'를 조작하여, 화면 상에 붓으로 선을 그리는 '붓놀림' 시스템을 통해 물건을 부수거나 꽃을 피우는 등의 기적을 일으켜 퍼즐을 풀어가며 게임을 진행하게 된다.

## PlayStation2 Game Software Catalogue

### 황금기사 가로 〈GARO〉
CERO B
- 반다이남코게임즈 ● ACT ● 2006년 4월 20일 ● 6,800엔
- 플레이 명수 : 1인 ● 세이브 용량 : 109KB 이상

특촬 TV드라마와 파친코로 인기를 얻었던 '황금기사 가로 〈GARO〉'를 소재로 삼은 액션 게임. 주인공을 조작하여, 앞을 가로막는 적들에게 체인 콤보를 작렬시키며 각 미션을 클리어해 가는 작품이다.

### 더 킹 오브 파이터즈 : 오로치 편 - 네오지오 온라인 컬렉션 vol.3
CERO B
- SNK 플레이모어 ● ACT ● 2006년 4월 20일 ● 4,800엔
- 플레이 명수 : 1~2인 ● 세이브 용량 : 60KB 이상 ● 네트워크 어댑터 지원

SNK 사의 올스타 격투게임 「더 킹 오브 파이터즈」 시리즈 중, 쿠사나기 쿄와 야가미 이오리의 사투를 그린 '오로치 편 3부작'을 수록했다. 컬러 에디트 기능과 어레인지 버전 BGM 전환 기능도 탑재되어 있다.

### 슈팅 러브. : 트라이질
CERO A
- 데이팀 폴리스타 ● STG ● 2006년 4월 20일 ● 6,800엔
- 플레이 명수 : 1~2인 ● 세이브 용량 : 60KB 이상 ● 프로그레시브 출력 지원

3가지 형태로 변신하는 플레이어 기체의 공격을 전환해가며 진행하는 종스크롤 슈팅 게임. 적을 어떻게 격파하느냐에 따라 고난이도·고득점 지역으로 분기할 수 있는 것이 특징이다. 슈팅 기능 검정 모드도 수록하였다.

### 스펙트럴 VS 제네레이션
CERO B
- 아이디어 팩토리 ● ACT ● 2006년 4월 20일 ● 6,800엔
- 플레이 명수 : 1~2인 ● 세이브 용량 : 80KB 이상

아케이드판 원작을 이식한 대전격투 게임. 「스펙트럴 포스」와 「제네레이션 오브 카오스」 두 시리즈의 캐릭터들이 시공을 뛰어넘어 대전한다. 원작을 재현한 모드를 비롯해, 신규 시스템과 추가 모드를 수록하였다.

### 드래곤 퀘스트 : 소년 얀거스와 이상한 던전
CERO A
- 스퀘어 에닉스 ● RPG ● 2006년 4월 20일 ● 6,800엔
- 플레이 명수 : 1인 ● 세이브 용량 : 652KB 이상

「드래곤 퀘스트」 세계관의 로그라이크 RPG. 「드래곤 퀘스트 VIII」의 캐릭터 '얀거스'가 소년 시절이었을 때의 활약을 그렸다. 몬스터를 동료로 삼아 합성시킬 수 있으며, 얀거스 자신과 합체시키는 것까지도 가능하다.

### 파이널 판타지 XI : 아토르간의 보물
CERO B
- 스퀘어 에닉스 ● RPG ● 2006년 4월 20일 ● 3,979엔
- 플레이 명수 : 1인 ● USB 키보드·USB 마우스 지원, PlayStation BB Unit 필수

온라인 MMORPG 「파이널 판타지 XI」의 확장팩 디스크 제3탄. 월드 맵에 신대륙 '엘라지아'가 추가되었으며, 대국 '아토르간'에 대대로 전해져 온 신비의 직업 '청마도사'·'커세어'·'인형사'도 추가되었다.

### IZUMO 2 : 용맹한 검의 성기
CERO C
- 굿내비게이트 ● AVG ● 2006년 4월 27일 ● 6,800엔
- 플레이 명수 : 1인 ● 세이브 용량 : 400KB 이상

PC용 게임의 이식작. 전작의 20년 후 배경으로서, 이세계로 워프된 주인공이 원래 세계로 돌아가기 위해 분투를 펼친다. 캐릭터와 필드를 리뉴얼했으며, 주도 더욱 깔끔하게 다듬었다. RPG 파트의 전략성도 강화했다.

### 에튀드 프롤로그 : 흔들리는 마음의 형태
CERO B
- TAKUYO ● AVG ● 2006년 4월 27일 ● 6,800엔
- 플레이 명수 : 1인 ● 세이브 용량 : 108KB 이상

PC판 원작을 리메이크한 연애 어드벤처 게임. 고등학교 졸업을 앞둔 옛 애인 관계인 남녀 둘 중 하나를 선택해, 장래의 진로를 결정해 간다. 각기 다른 두 사람의 시점을 통해, 등장인물들 간의 관계성을 묘사했다.

## 가필드 : 알린을 구하라!

- 타이터스 재팬 ● ACT ● 2006년 4월 27일 ● 5,800엔
- 플레이 명수 : 1인 ● 세이브 용량 : 214KB 이상

같은 제목 미국 인기 만화의 캐릭터 '가필드'가 주인공인 3D 액션 게임. 납치된 가필드의 애인인 암컷 고양이 '알린'을 구출하는 게 목적이다. 비글 개 '오디'와 협력하여, 마을 내를 탐색하고 다양한 함정을 돌파하자.

## 키미스타 : 너와 스터디

- 프리마베라 ● AVG ● 2006년 4월 27일 ● 6,800엔
- 플레이 명수 : 1인 ● 세이브 용량 : 256KB 이상

PS2용 오리지널 작품인 BL 어드벤쳐 게임. 플레이어는 명문 고교의 비상근 강사가 되어, 수재들만이 모였다는 반 내의 문제아 5명의 담임을 맡아 전원을 졸업시키기 위해 갖은 대책을 시도한다.

## KOF MAXIMUM IMPACT 2

- SNK 플레이모어 ● ACT ● 2006년 4월 27일 ● 6,800엔 ● 플레이 명수 : 1~2인
- 세이브 용량 : 84KB 이상 ● 네트워크 어댑터 또는 PlayStation BB Unit 지원

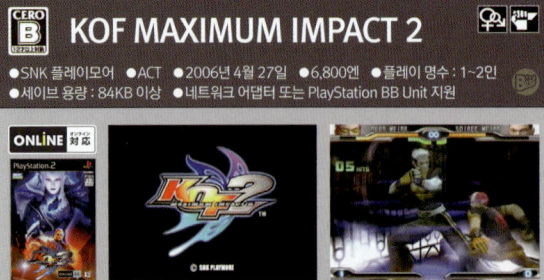

3D 격투 게임이 된, 「더 킹 오브 파이터즈」의 외전 시리즈 제2탄. 다른 SNK 작품 캐릭터의 게스트 참전 등으로 캐릭터가 대폭 늘어났으며, 챌린지 모드 등의 파고들기 요소도 추가되었다. 본가 시리즈처럼 3:3 팀전도 가능하다.

## THE 편의점 4 : 저 동네를 독점하라

- 햄스터 ● SLG ● 2006년 4월 27일 ● 5,800엔
- 플레이 명수 : 1인 ● 세이브 용량 : 257KB 이상

편의점 경영 시뮬레이션 게임 시리즈의 제4탄. 플레이어가 경영하는 편의점에 신사·주유소·카페 등을 병설할 수 있게 되었다. 실존하는 카페 프랜차이즈 '도토루'와 제휴하여, 도토루풍으로 외관·인테리어를 재현 가능하다.

## SIMPLE 2000 시리즈 Vol.99 : THE 원시인

- D3 퍼블리셔 ● SLG ● 2006년 4월 27일 ● 2,000엔
- 플레이 명수 : 1인 ● 세이브 용량 : 163KB 이상

인류 무리를 지휘하여 맘모스·공룡 등을 물리치는 원시인 리더 체험 게임. 동료들을 데리고 사냥이나 모험에 나서보자. 개척과 식량 확보를 통해 문화 레벨을 올리면, 마을이 발전하여 더욱 강한 적과 싸울 수 있다.

## SEGA AGES 2500 시리즈 Vol.26 : 다이너마이트 형사

- 세가 ● ACT ● 2006년 4월 27일 ● 2,500엔
- 플레이 명수 : 1~2인

로켓 런처부터 후추에 대걸레까지, 온갖 사물을 무기로 쓸 수 있는 액션 게임. 원작인 아케이드판보다 그래픽을 강화시킨 이식작이다. 보너스 컨텐츠로서 고전 기계식 아케이드 게임 「페리스코프」도 즐길 수 있다.

## SEGA AGES 2500 시리즈 Vol.27 : 판처 드라군

- 세가 ● STG ● 2006년 4월 27일 ● 2,500엔
- 플레이 명수 : 1인 ● 세이브 용량 : 254KB 이상

세가새턴용 게임의 이식작. 렌더링 속도와 그래픽을 수정한 '어레인지 버전'과 원작인 세가새턴판을 그대로 재현한 '오리지널 버전'을 수록했다. 360도로 자유롭게 시점을 돌리며, 적을 조준해 일격에 소탕하자.

## 2006 FIFA 월드컵

- 일렉트로닉 아츠 ● SPT ● 2006년 4월 27일 ● 5,800엔
- 플레이 명수 : 1~2인 ● 세이브 용량 : 446KB 이상 ● 멀티탭 지원(2~8인)

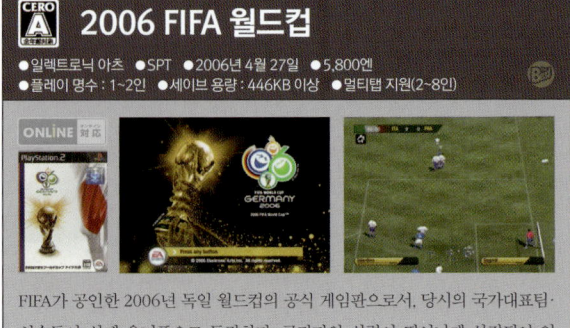

FIFA가 공인한 2006년 독일 월드컵의 공식 게임판으로서, 당시의 국가대표팀·선수들이 실제 유니폼으로 등장한다. 골키퍼의 실력이 뛰어나게 설정되어 있어, 다른 축구 게임에 비해 '1점'의 무게가 실로 묵직한 작품이다.

## PlayStation2 Game Software Catalogue

### 야마사 Digi 월드 SP : 불타라! 쿵푸 레이디
- 야마사 엔터테인먼트 ● SLG ● 2006년 4월 27일 ● 4,800엔
- 플레이 명수 : 1인 ● 세이브 용량 : 180KB 이상

4호기 시대의 인기 파치슬로 기기 '불타라! 쿵푸 레이디'의 실기 시뮬레이터. 스톡 방출 타입의 파치슬로기다. 팬더 선생과 함께 만리장성에서 수행하다 보면 보너스 연장이 발생하여 잭팟 찬스가 온다.

### 로젠 메이든 duellwalzer(두엘발처)
- 타이토 ● AVG ● 2006년 4월 27일 ● 6,800엔
- 플레이 명수 : 1인 ● 세이브 용량 : 500KB 이상

PEACH-PIT 원작의 인기 애니메이션을 게임화했다. 주인공이 되어, '신쿠' 등의 인형들과 함께 다양한 이벤트를 경험하여 신뢰도를 올리자. TV 애니메이션 제1기를 재현한 스토리로서, 앨리스 게임에서 승리해야 한다.

### 월드 사커 위닝 일레븐 10
- 코나미디지털엔터테인먼트 ● SPT ● 2006년 4월 27일 ● 6,980엔
- 플레이 명수 : 1~2인 ● 세이브 용량 : 1996KB 이상 ● 멀티탭 지원(~8인)

코나미를 대표하는 간판 축구 게임 시리즈의 신작. 이번 작품에선 유럽·남미 리그가 실명화되어 사용 가능하며, 일부 해외 리그는 실제와 다른 가명 형태로 등장한다. 전작과 달리 오프라인 플레이 전용 타이틀이 되었다.

### 유레카 세븐 : NEW VISION
- 반다이남코게임즈 ● RPG ● 2006년 5월 11일 ● 6,800엔
- 플레이 명수 : 1인 ● 세이브 용량 : 149KB 이상

TV 애니메이션 '유레카 세븐'을 소재로 삼은 두 번째 타이틀. 어드벤처 파트와 배틀 파트의 2부 구성으로 총 6장에 달하는 스토리를 진행하며, 원작의 독특한 세계관을 게임으로 마음껏 맛볼 수 있다.

### 실황 파워풀 메이저리그
- 코나미디지털엔터테인먼트 ● SPT ● 2006년 5월 11일 ● 6,980엔 ● 플레이 명수 : 1~2인
- 세이브 용량 : 1322KB 이상 ● PlayStation BB Unit (캐시) 지원 : 512MB 이상

「실황 파워풀 프로야구」시리즈의 번외편으로서, 미국 메이저리그가 소재인 작품. 대전·페넌트 모드도 있으며, 석세스 모드에선 미국의 독립 리그에서 활약하며 메이저리그 진출을 목표로 삼는 주인공의 스토리가 펼쳐진다.

### 용호의 권 천·지·인 : 네오지오 온라인 컬렉션 vol.4
- SNK 플레이모어 ● ACT ● 2006년 5월 11일 ● 4,800엔 ● 플레이 명수 : 1~2인
- 세이브 용량 : 55KB 이상 ● 네트워크 어댑터, PlayStation BB Unit 지원

패왕상후권·용호난무 등의 일발역전 초필살기가 매력인 대전격투 게임 3개 작품을 즐길 수 있는 타이틀. 「용호의 권」과 속편 「용호의 권 2」, 「ART OF FIGHTING : 용호의 권 외전」을 수록하였다.

### .hack//G.U. Vol.1 : 재탄
- 반다이남코게임즈 ● RPG ● 2006년 5월 18일 ● 3,200엔
- 플레이 명수 : 1인 ● 세이브 용량 : 489KB 이상

가상의 MMORPG 'The World'에서 벌어진 이변과, 거기에 말려든 플레이어들을 그린 작품 시리즈의 제2기 3부작 중 첫 작품이다. PK(플레이어 킬)당한 영향으로 실제 세계에서도 의식불명 상태인 '미귀환자'가 된 '시노'를 구해내기 위해 숙적 '트라이엣지'를 쫓는 PK 사냥꾼이 된 주인공 '하세오'의 싸움을 그렸다.

### 쥬스드 : 튠업 카 전설
- 세가 ● RCG ● 2006년 5월 18일 ● 6,800엔 ● 플레이 명수 : 1~2인
- 세이브 용량 : 82KB 이상 ● GT FORCE Pro 지원

차량을 자유롭게 튜닝하면서 즐기는 3D 카 레이싱 게임. 다양한 차종이 등장하며 커스터마이즈의 자유도도 높으나, 각종 파츠를 마음껏 사들여 장착하려면 일단 상금을 최대한 많이 벌어두어야 한다.

### 비트매니아 IIDX 11 : II DX RED
- 코나미디지털엔터테인먼트 ● SLG ● 2006년 5월 18일 ● 6,980엔
- 플레이 명수 : 1~2인 ● 세이브 용량 : 400KB 이상 ● 비트매니아 IIDX 전용 컨트롤러 지원

아케이드판 원작을 이식한 DJ 시뮬레이션 게임의 신작. 이 작품부터 연주 도중의 하이스피드 변경이 가능해졌으며, 라이벌 등록 기능이 추가되고 화면 커스터마이징도 할 수 있게 되었다. 수록곡은 총 89곡이다.

### 플러스 플럼 2
- TAKUYO ● PZL ● 2006년 5월 18일 ● 5,800엔
- 플레이 명수 : 1~2인 ● 세이브 용량 : 75KB 이상

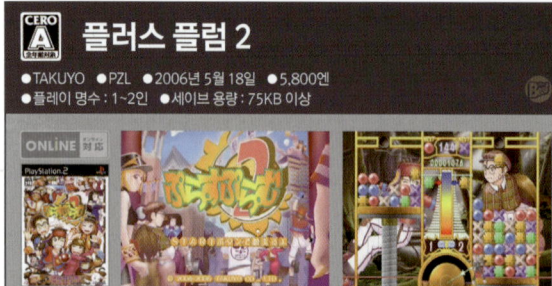

화면 상단에서 떨어지는 돌을 같은 색끼리 3개 붙여 없애나가는 대전형 낙하계 퍼즐 게임. 필드인 천칭대가 지면에 붙은 상태로 3카운트를 넘기면 패배하게 된다. 스토리 모드, 대전 모드, 연습 모드 등을 탑재했다.

### 우주형사 혼
- 반다이남코게임즈 ● ACT ● 2006년 5월 25일 ● 6,800엔
- 플레이 명수 : 1인 ● 세이브 용량 : 85KB 이상

히어로물 특촬 TV드라마 '우주형사 갸반'을 기타 우주형사계 시리즈 작품들과 함께 액션 게임화했다. '갸반'이 되어 미션을 클리어하는 '갸반 모드'를 비롯해, 배틀로얄 모드 등을 즐길 수 있다.

### 오우카 : 마음이 반짝이는 벚꽃
- 피오네소프트 ● AVG ● 2006년 5월 25일 ● 6,800엔
- 플레이 명수 : 1인 ● 세이브 용량 : 680KB 이상

PC용 게임의 이식작. 기적을 일으켜주지만 대가를 치러야 하는 영목과, 마음에 어두운 일면이 있는 캐릭터들이 엮이는 잔잔하고 훈훈한 이야기다. 이식 과정에서 공략대상 히로인 2명, 신규 시나리오 및 이벤트 CG를 추가했다.

### 우리는 오락실 족 : 악마성 드라큘라
- 햄스터 ● ACT ● 2006년 5월 25일 ● 1,905엔
- 플레이 명수 : 1~2인 ● 세이브 용량 : 40KB 이상

1988년 발매되었던 아케이드판 「악마성 드라큘라」의 이식작. 결혼식 도중에 납치당한 신부를 구출하기 위해, 채찍을 들고 총 6개 스테이지로 이루어진 드라큘라 성에 직접 뛰어드는 2D 액션 게임이다.

### 우리는 오락실 족 : 혼두라
- 햄스터 ● ACT ● 2006년 5월 25일 ● 1,905엔
- 플레이 명수 : 1~2인 ● 세이브 용량 : 40KB 이상

근육질의 마초 엘리트 해병대원이 되어, 적진에 뛰어들어 적들을 섬멸하는 액션 슈팅 게임. 다양한 아이템으로 파워 업하여 신나게 총을 난사하자. 특전이 가득한 호화 아이템 7종 세트로 구성되어 있다.

### 우리는 오락실 족 : 푸얀
- 햄스터 ● ACT ● 2006년 5월 25일 ● 1,905엔
- 플레이 명수 : 1~2인 ● 세이브 용량 : 40KB 이상

엄마돼지가 되어, 아기돼지들을 늑대에게 잡혀가지 않도록 지켜내자. 늑대는 풍선을 잡고 아래로 내려오므로, 곤돌라를 상하로 이동시켜 화살을 발사해 풍선을 격추해야 한다. 고기를 잘 노려 던지면 일망타진도 가능하다.

## 키미키스
- CERO B
- 엔터브레인 ● SLG ● 2006년 5월 25일 ● 6,800엔
- 플레이 명수: 1인 ● 세이브 용량: 240KB 이상

'키스'를 테마로 삼아, 6명의 히로인들과 학교 내에서의 대화를 중심으로 관계를 쌓아가는 연애 시뮬레이션 게임. 각 히로인별로 '애인 루트'와 '친구 루트'라는 2종류의 스토리가 준비되어 있다.

## SAMURAI 7
- CERO A
- 아이디어 팩토리 ● AVG ● 2006년 5월 25일 ● 6,800엔
- 플레이 명수: 1인 ● 세이브 용량: 131KB 이상

구로사와 아키라의 걸작 영화 '7인의 사무라이'를 모티브로 삼은 TV 애니메이션을 어드벤처 게임화했다. 원작의 스토리를 따라가나, 사무라이들의 과거에 관한 이벤트를 대거 추가했다. 애니메이션의 장면도 다수 수록했다.

## 신 호혈사 일족 : 번뇌해방
- CERO B
- 익사이트 ● ACT ● 2006년 5월 25일 ● 6,800엔 ● 플레이 명수: 1~2인
- 세이브 용량: 100KB 이상 ● 네트워크 어댑터 또는 PlayStation BB Unit 지원

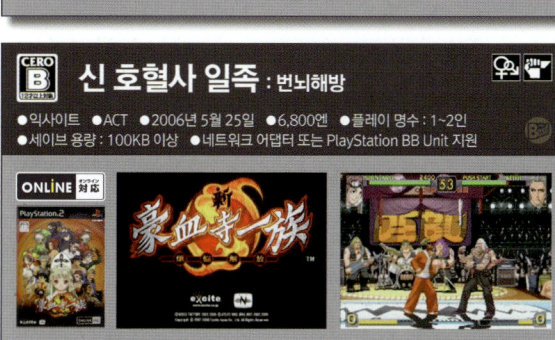

우승하면 소원 하나를 이뤄준다는 대회에 도전하는 인기 대전격투 게임 시리즈의 PS2 오리지널 신작. 심플한 게임성으로 초보자도 쉽게 즐길 수 있는 시스템과, 옵션 중 하나인 '카드 컬렉션 모드'가 특징이다.

## 스트리트 파이터 ZERO : Fighter's Generation
- CERO B
- 캡콤 ● ACT ● 2006년 5월 25일 ● 4,800엔 ● 플레이 명수: 1~2인
- 세이브 용량: 51KB 이상 ● PlayStation BB Unit (캐시) 지원: 2048MB 이상 필요

아케이드판 『스트리트 파이터 ZERO』 시리즈 4개 작품과 『포켓 파이터』까지 한 디스크로 합본한 작품. 조건을 만족시키면 어나더 버전이 개방되며, 모든 버전의 캐릭터들이 총출동하는 '하이퍼 버전'도 숨겨져 있다.

## 그리고 이 우주에 빛나는 너의 노래
- CERO C
- 데이타 폴리스타 ● AVG ● 2006년 5월 25일 ● 6,800엔
- 플레이 명수: 1인 ● 세이브 용량: 100KB 이상

아즈미 토오루가 캐릭터 디자인을 담당한 연애 어드벤처 게임. 공주가 주인공인 왕도 스토리를, 시네마틱 모드와 풀보이스로 즐길 수 있다. 목소리 연기에 당시 인기였던 남성 성우를 다수 기용하였다.

## 츠요키스 : Mighty Heart
- CERO A
- 프린세스 소프트 ● AVG ● 2006년 5월 25일 ● 7,000엔
- 플레이 명수: 1인 ● 세이브 용량: 229KB 이상

소꿉친구 및 학생회 일원들과 펼치는 개그 투성이 일상을 그린 성인용 PC 게임의 이식작. 이식 과정에서 시나리오·CG를 추가했고, 요시미 루트의 돌입 조건이 에리카 루트에서 분기되는 식으로 변경되어 막장도도 상승했다.

## TT 슈퍼바이크 : 리얼 로드 레이싱
- CERO A
- 타이토 ● RCG ● 2006년 5월 25일 ● 5,800엔
- 플레이 명수: 1~2인 ● 세이브 용량: 523KB 이상

유명한 오토바이 경기인 '맨섬 TT' 레이스를 리얼하게 재현한 게임. 유명 제조사들의 실제 바이크가 등장하며, 레이스에서 승리하면 새로운 머신을 획득할 수 있다. 화면분할 형태의 2인 대전도 가능하다.

## 필승 파친코★파치슬로 공략 시리즈 Vol.4 CR 내일이 있잖아 - 요시모토 월드
- CERO A
- D3 퍼블리셔 ● SLG ● 2006년 5월 25일 ● 4,800엔
- 플레이 명수: 1인 ● 세이브 용량: 621KB 이상

요시모토 흥업 소속의 탤런트들이 SD 캐릭터화되어 디지털 파치슬로에 대집합한 작품. '내일이 있잖아'의 BGM과 함께 등장하는 하마모토와 동료들의 리치 액션을 즐길 수 있다. 실사 동료 캐릭터가 출현하면 찬스일지도.

### 미스터리트 : 야소가미 카오루의 사건파일

- ●예티 ●AVG ●2006년 5월 25일 ●6,800엔
- ●플레이 명수 : 1인 ●세이브 용량 : 285KB 이상

PC용 게임의 이식작. 「불확정세계의 탐정신사」의 속편으로서, 5개의 사건과 60가지 수수께끼에 도전하는 성인 취향의 본격 추리 어드벤처 게임이다. 사건의 핵심에 다가갈수록 포인트가 오르는 '디텍티브 차지 시스템'을 탑재했다.

### 라디르기 프레셔스

- ●마일스톤 ●STG ●2006년 5월 25일 ●5,800엔
- ●플레이 명수 : 1인 ●세이브 용량 : 52KB 이상

아케이드용 게임 「라디르기」의 이식작. 샷을 비롯해 소드·실드 등의 무기를 활용하여 싸우는 종스크롤 슈팅 게임이다. 팝 스타일의 게임화면도 특징. '스코어 어택 모드'와 고난도의 '곰빼기 모드'를 새로 추가했다.

### 선라이즈 영웅담 3

- ●선라이즈 인터랙티브 ●RPG ●2006년 6월 1일 ●6,800엔
- ●플레이 명수 : 1~2인 ●세이브 용량 : 44KB 이상

행성 선라이즈가 무대인 게임 시리즈의 제3탄. 선라이즈 사의 인기 애니메이션들에서 180명 이상의 캐릭터와 100종 이상의 메카닉이 등장한다. 전투 시스템을 RPG식으로 변경했고, 플레이어의 행동에 따라 엔딩도 변화한다.

### 월드 풋볼 클라이맥스

- ●세가 ●SPT ●2006년 6월 1일 ●6,800엔
- ●플레이 명수 : 1~2인 ●세이브 용량 : 400KB 이상

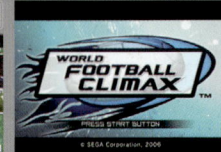

'1:1의 중독성!'이라는 캐치카피가 인상적인 축구 게임. 대부분의 축구 게임은 팀 단위로 플레이해 시합을 진행하지만, 이 작품은 플레이어가 선수 1명만을 조작한다는 독특한 게임성이 특징이다.

### 전생팔견사 봉마록

- ●석세스 ●AVG ●2006년 6월 8일 ●5,800엔
- ●플레이 명수 : 1인 ●세이브 용량 : 241KB 이상

일본의 고전소설 '난소 사토미 팔견전'이 모티브인 학원물 전기 어드벤처 게임. 학교에서 빈발하는 괴사건을 해결하려, 주인공이 현대로 전생해온 팔견사를 모은다는 스토리다. 도중의 선택에 따라 팔견사와의 친밀도가 오른다.

### 필승 파친코★파치슬로 공략 시리즈 Vol.5 : CR 신세기 에반게리온 세컨드 임팩트 & 파치슬로 신세기 에반게리온

- ●D3 퍼블리셔 ●SLG ●2006년 6월 8일 ●5,980엔
- ●플레이 명수 : 1인 ●세이브 용량 : 1325KB 이상

'신세기 에반게리온'을 기반으로 제작한 2개 기종을 수록한 실기 시뮬레이터. 수록 기종은 파친코 'CR 신세기 에반게리온 세컨드 임팩트'와, 최초의 5호기로서 출시된 '파치슬로 신세기 에반게리온'이다.

### 장미나무에 장미꽃 피다 : Das Versprechen

- ●인터채널 홀론 ●AVG ●2006년 6월 15일 ●6,800엔
- ●플레이 명수 : 1인 ●세이브 용량 : 117KB 이상

PC용 게임을 이식한 여성용 연애 어드벤처 게임. 20세기 초중반의 전원 기숙사제 남학교가 배경으로서, 주인공이 엽기적인 사건에 말려든다. 신규 루트 및 CG를 추가하였으며, 바스트업과 입 애니메이션 등의 연출을 강화했다.

### 페르시아의 왕자 : 두개의 왕좌

- ●UBISOFT ●ACT ●2006년 6월 15일 ●6,800엔
- ●플레이 명수 : 1인 ●세이브 용량 : 113KB 이상

「~시간의 모래」·「~전사의 길」에 이은, 「페르시아의 왕자」 제2세대 시리즈 3부작의 완결편. 주인공 '왕자'와 그의 다른 인격 '어둠의 왕자'를 조작하게 된다. 특유의 아크로바틱한 액션은 이 작품도 여전하다.

## PlayStation2 Game Software Catalogue

### 발키리 프로파일 2 실메리아
CERO A
- 스퀘어 에닉스  ● RPG  ● 2006년 6월 22일  ● 7,800엔
- 플레이 명수: 1~2인  ● 세이브 용량: 67KB 이상

북유럽 신화를 모티브로 삼은 RPG. PS1으로 나왔던 전작「발키리 프로파일」의 수백 년 전이 배경으로서, 하나의 육체에 인간과 발키리의 혼이 깃든 소녀의 이야기다. 전투 중에도 이동이 가능해져, 포지션 선점이 매우 중요해졌다.

### 퍼니 퍼니 학원 앨리스 : 반짝반짝☆메모리 키스
CERO B
- 키즈 스테이션  ● SLG  ● 2006년 6월 22일  ● 6,800엔
- 플레이 명수: 1인  ● 세이브 용량: 316KB 이상

히구치 타치바나 원작의 인기 애니메이션을 게임화했다. 미래에서 온 소녀가 되어, 인기 캐릭터들과 함께 학교생활을 보내자. 원작과 다른 오리지널 스토리로서 미캉·호타루와 친구가 될 수도 있고, 두근거리는 전개도 있다.

### 갤럭시 엔젤 II : 절대영역의 문
CERO B
- 브로콜리  ● SLG  ● 2006년 6월 22일  ● 6,800엔
- 플레이 명수: 1인  ● 세이브 용량: 268KB 이상

「갤럭시 엔젤」3부작의 속편. 주인공과 메인 캐릭터를 모두 교체하였으며, 전투 시 플레이어가 직접 적을 격추할 수 있는 슈팅 시스템을 추가했다. 전작의 히로인들도「문 엔젤 부대」로서 수시로 등장한다.

### 더 킹 오브 파이터즈 XI
CERO B
- SNK 플레이모어  ● ACT  ● 2006년 6월 22일  ● 6,800엔
- 플레이 명수: 1~2인  ● 세이브 용량: 225KB 이상

「더 킹 오브 파이터즈」시리즈 최초의 넘버링 표기작으로서,「애쉬 편」의 제2장. 5버튼제가 되었으며, KOF 2003에선 빠졌던 날리기 공격이 부활했다. 숨겨진 캐릭터로서,「네오지오 배틀 컬리시엄」에서 7명을 추가했다.

### 격투미신 무룡
CERO B
- 반다이남코게임즈  ● ACT  ● 2006년 6월 22일  ● 6,800엔
- 플레이 명수: 1~2인  ● 세이브 용량: 45KB 이상

이시카와 유고 원작의 인기 만화를 격투 게임화했다. 중국권법의 모션을 리얼하게 재현하였으며, 원작의 스토리를 따라가며 다양한 캐릭터들과 싸운다. 섹시한 3D 모델링과 코스튬을 감상할 수 있는 모드도 탑재했다.

### 이리스의 아틀리에 : 그랑 판타즘
CERO A
- 거스트  ● RPG  ● 2006년 6월 29일  ● 6,800엔
- 플레이 명수: 1인  ● 세이브 용량: 300KB 이상

전투와 아이템 합성을 양립시킨 RPG인「이리스의 아틀리에」시리즈의 3번째 작품. 이전 두 작품과는 스토리의 연결성이 없으며, 이리스·엣지·넬 3명이 보옥을 모으기 위해 모험 여행을 떠난다는 내용이다.

### 윈백 2 : PROJECT POSEIDON
CERO C
- 코에이  ● ACT  ● 2006년 6월 29일  ● 6,800엔  ● 플레이 명수: 1~2인  ● 세이브 용량: 75KB 이상
- 멀티탭 지원(2~4인), PlayStation BB Unit (캐시) 지원 1024MB 이상 필요

「윈백」의 속편. 특수부대 멤버가 되어 국제 테러조직과 싸우는 건 액션 게임이다. 두 가지 루트가 평행으로 진행되는 '링크 시스템'을 탑재하여, 플레이어의 행동에 따라 게임의 흐름이 변화한다.

### 콜 오브 듀티 2 : 빅 레드 원
CERO C
- 코나미디지털엔터테인먼트  ● STG  ● 2006년 6월 29일  ● 6,980엔
- 플레이 명수: 1인  ● 세이브 용량: 45KB 이상

PC용 FPS 게임「콜 오브 듀티 2」의 스핀오프작으로서, 스토리성을 중시한 오리지널 작품. 미군 보병사단의 일원이 되어, 제2차 세계대전 중의 다양한 임무를 드라마틱한 시나리오와 함께 체험한다.

## CTSF 테러 특수부대 : 네메시스의 습격

- 타이터스 재팬 ● ACT ● 2006년 6월 29일 ● 6,800엔
- 플레이 명수 : 1인 ● 세이브 용량 : 164KB 이상

다양한 중화기를 다룰 수 있는 '랩터'와 잠입행동이 특기인 '오울', 두 요원을 적절히 전환 조작하며 다양한 미션을 돌파하는 스텔스 액션 게임. 근미래를 배경으로, 세계 각지에서 테러리스트들에 맞서 싸우자.

## SIMPLE 2000 시리즈 Vol.100 : THE 남자들의 기관총좌

- D3 퍼블리셔 ● STG ● 2006년 6월 29일 ● 2,000엔
- 플레이 명수 : 1~2인 ● 세이브 용량 : 61KB 이상

실력과 기총사수가 되어 몰려오는 적들을 격추시키는 슈팅 게임. 정확히 조준하여 전투기·로봇·거대전함 등을 집중 공격해 격파하자. 다채로운 미션이 수록되어 있으며, 전투 결과와 선택지에 따라 시나리오도 분기된다.

## SIMPLE 2000 시리즈 Vol.101 : THE 오네짬뽕 - THE 오네찬바라 2 특별편

- D3 퍼블리셔 ● ACT ● 2006년 6월 29일 ● 2,000엔
- 플레이 명수 : 1~2인 ● 세이브 용량 : 90KB 이상

누님이 좀비들을 신나게 썰어버리는 검술 액션 게임 「~THE 오네찬바라 2」의 특별편. 'SIMPLE 2000' 시리즈 전통의 후타바 자매와, 「~THE 싸우는 소녀」의 기계장갑 수호 소녀 자매가 플레이어 캐릭터로 추가되었다.

## 초 드래곤볼Z

- 반다이남코게임즈 ● ACT ● 2006년 6월 29일 ● 6,800엔
- 플레이 명수 : 1~2인 ● 세이브 용량 : 110KB 이상

아케이드용 게임의 이식작. 프레임 단위의 커맨드 입력으로 다양한 '초Z 콤보'를 구사할 수 있는 대전 액션 게임이다. 등장 캐릭터는 18명. 대전을 거듭하여 경험치를 잔뜩 모아, 캐릭터를 커스터마이징해 보자.

## SEGA AGES 2500 시리즈 Vol.24 : 라스트 브롱크스 - 도쿄 번외지

- 세가 ● ACT ● 2006년 6월 29일 ● 2,500엔
- 플레이 명수 : 1~2인 ● 세이브 용량 : 46KB 이상

도쿄를 배경으로 팀머(8~90년대 일본의 불량배 집단) 간의 결투를 묘사한 아케이드 3D 대전격투 게임. 모든 캐릭터들이 삼절곤·쌍절곤 등의 고유 무기를 활용해 싸우는 것이 특징이다. 어택 캔슬을 잘 활용하는 게 중요하다.

## 소울 링크 익스텐션

- 인터채널 홀론 ● AVG ● 2006년 6월 29일 ● 6,800엔
- 플레이 명수 : 1인 ● 세이브 용량 : 220KB 이상

PC용 게임의 이식작. 근미래의 우주정거장이 배경인 SF 어드벤처 게임으로서, 서스펜스 요소가 강한 시나리오가 특징이다. 이식 과정에서 시나리오와 CG를 늘렸고, 신규 히로인 '카렌'을 추가하였다.

## 타마유라 : 혼을 떠나보내는 노래

- 예티 ● AVG ● 2006년 6월 29일 ● 6,800엔
- 플레이 명수 : 1인 ● 세이브 용량 : 100KB 이상

PC용 게임의 이식작. 현대를 배경으로 삼아 원령과 요괴를 퇴치하는 영능력자들의 싸움을 그린 연애 어드벤처 게임. 원작의 세계관을 유지하면서 시나리오를 전면 재구성했고, 전투 장면에 실시간 배틀 시스템을 도입했다.

## 파르페 : Chocolat Second Style

- 알케미스트 ● AVG ● 2006년 6월 29일 ● 6,800엔
- 플레이 명수 : 1인 ● 세이브 용량 : 34KB 이상

「쇼콜라」(90p)의 2년 후를 그린 속편. 새로 생긴 쇼핑몰에 출점한 카페에서의 연애 드라마를 그렸다. 신 캐릭터의 시나리오를 추가했으며, 듀얼 보이스 시스템을 채용하여 각 캐릭터의 성우를 2종류 중에서 선택 가능하다.

## PlayStation2 Game Software Catalogue

### FIFA 스트리트 2
- 일렉트로닉 아츠 ● SPT ● 2006년 6월 29일 ● 5,800엔
- 플레이 명수: 1~2인 ● 세이브 용량: 430KB 이상 ● 멀티탭 지원(2~4인)

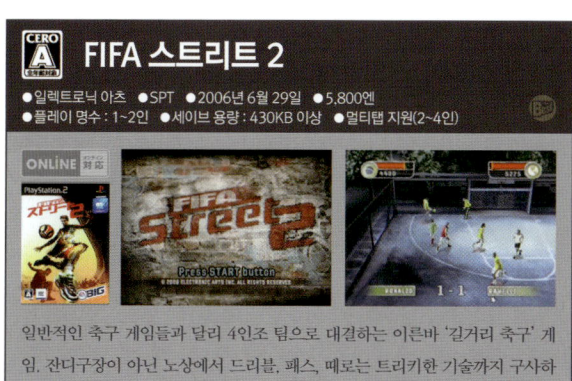

일반적인 축구 게임들과 달리 4인조 팀으로 대결하는 이른바 '길거리 축구' 게임. 잔디구장이 아닌 노상에서 드리블, 패스, 때로는 트리키한 기술까지 구사하면서 신나게 골을 넣어 보자.

### 페스타!! : 하이퍼 걸즈 파티
- 키드 ● AVG ● 2006년 6월 29일 ● 6,800엔
- 플레이 명수: 1인 ● 세이브 용량: 150KB 이상

PC용 게임의 이식작. 사이에 경계선을 그을 만큼 관계가 나쁜 두 동네가 존재하는 마호로바 시를 무대로, 주인공과 히로인들의 스토리가 전개되는 코믹 연애 어드벤처 게임. 이식 과정에서 신 캐릭터와 신규 오프닝을 추가했다.

### 풀 스펙트럼 워리어
- 세가 ● SLG ● 2006년 6월 29일 ● 3,800엔
- 플레이 명수: 1인 ● 세이브 용량: 109KB 이상

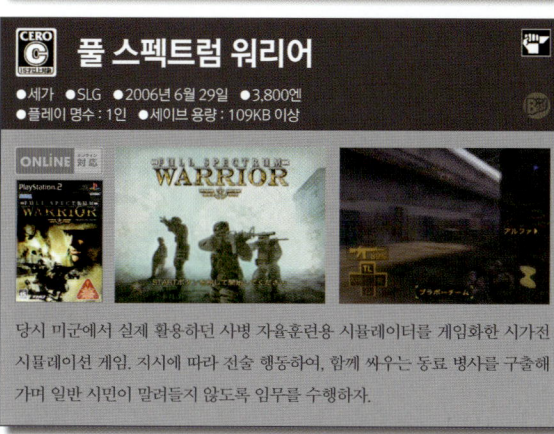

당시 미군에서 실제 활용하던 사병 자율훈련용 시뮬레이터를 게임화한 시가전 시뮬레이션 게임. 지시에 따라 전술 행동하여, 함께 싸우는 동료 병사를 구출해 가며 일반 시민이 말려들지 않도록 임무를 수행하자.

### 메탈 슬러그
- SNK 플레이모어 ● STG ● 2006년 6월 29일 ● 6,800엔
- 플레이 명수: 1인 ● 세이브 용량: 110KB 이상

시리즈 제1탄의 이식작이 아니라, 3D 폴리곤 그래픽으로 제작한 가정용 오리지널 신작 TPS 게임. 3D 공간 형태의 맵을 이동하며 미션을 클리어해 가자. 물론 타이틀명대로 '메탈 슬러그'에 탑승할 수도 있다.

### 카
- THQ 재팬 ● RCG ● 2006년 7월 6일 ● 5,800엔
- 플레이 명수: 1~2인 ● 세이브 용량: 255KB 이상

픽사의 CG 영화 '카'의 게임판. 원작과 마찬가지로 의인화된 차량들이 사는 세계를 자유로이 달리며, 곳곳에서 미니게임과 레이스를 통해 영화의 스토리를 따라간다. 조작을 간략화한 아동용 모드도 따로 준비돼 있다.

### 제노사가 에피소드 III : 차라투스트라는 이렇게 말했다
- 반다이남코게임즈 ● RPG ● 2006년 7월 6일 ● 6,980엔
- 플레이 명수: 1인 ● 세이브 용량: 95KB 이상

「제노사가」 시리즈 3부작의 완결편. 전작 『~선악을 넘어서』의 1년 후가 배경이며, 거의 모든 캐릭터의 모델링과 코스튬을 리뉴얼했다. 전투 모드는 캐릭터가 직접 싸우는 모드와, 로봇으로 전투하는 모드 2종류가 있다.

### 다이토기켄 프리미엄 파치슬로 컬렉션 : 요시무네
- 다이토기켄 ● SLG ● 2006년 7월 6일 ● 4,200엔 ● 플레이 명수: 1인
- 세이브 용량: 262KB 이상 ● 파치슬로 컨트롤러, 실전 파치슬로 컨트롤러 지원

「다이토기켄 공식 파치슬로 시뮬레이터 : 요시무네」(58p)의 리뉴얼 버전. 실기 시뮬레이션 모드와 홀 내에서 플레이하는 모드를 추가하고, 그래픽 및 사운드를 한층 더 강화하였다.

### 화귀장
- 프로토타입 ● AVG ● 2006년 7월 6일 ● 4,800엔
- 플레이 명수: 1인 ● 세이브 용량: 43KB 이상

PC용 게임의 이식작. 종말을 부르는 눈이 그치도록 해야 한다는 운명에 휘둘리는 남자들의 고뇌와 비극을 그린 여성용 비주얼 어드벤처 게임이다. 이식 과정에서 시나리오를 가필했고, 비주얼 신과 음악을 추가하였다.

## 비색의 조각

- 아이디어 팩토리  ● AVG  ● 2006년 7월 6일  ● 8,800엔
- 플레이 명수 : 1인  ● 세이브 용량 : 123KB 이상

갑작스레 '오니키리마루'라는 검을 봉인한다는 사명을 안게 된 소녀 '타마키' 와, 그녀의 수호자들 간의 로맨스를 그린 일본풍 전기물 어드벤처 게임. 망설이면서도 자신의 역할을 서서히 자각해가는 타마키의 성장을 그렸다.

## 브레이브 스토리 : 와타루의 모험

- 소니컴퓨터엔터테인먼트  ● AVG  ● 2006년 7월 6일  ● 6,800엔
- 플레이 명수 : 1인  ● 세이브 용량 : 120KB 이상

미야베 미유키의 소설이 원작인 극장판 애니메이션을 기반으로 제작한 3D 액션 어드벤처 게임. 주인공 '와타루'가 되어 동료와 함께 여행하며 다양한 던전에 도전한다. 영화관에 없는 게임판만의 오리지널 이벤트도 추가되었다.

## 삐뽀사루 겟츄 : 밀리언 몽키즈

- 소니컴퓨터엔터테인먼트  ● ACT  ● 2006년 7월 13일  ● 5,800엔
- 플레이 명수 : 1~2인  ● 세이브 용량 : 191KB 이상  ● 멀티탭 지원(~4인)

「가챠메카 스타디움 : 사루바토~레」(30p)의 속편으로서, 플레이어에게 선전포고해 온 삐뽀사루들을 가챠메카로 쓰러뜨려 잡는 액션 게임. 전통의 악역 '스펙터'를 사용할 수 있게 됐으며, 대전 모드도 탑재하였다.

## 실황 파워풀 프로야구 13

- 코나미디지털엔터테인먼트  ● SPT  ● 2006년 7월 13일  ● 6,980엔  ● 플레이 명수 : 1~2인
- 세이브 용량 : 1960KB 이상  ● 네트워크 어댑터, PlayStation BB Unit (캐시) 지원 : 512MB 이상 필요

인기 야구 게임 시리즈의 제13탄. 2006년도 데이터를 수록했다. '마이 라이프'는 각기 다른 상황에서 시작하는 3가지 모드를 추가했고, '석세스'는 고교야구 테마의 4개 시나리오를 수록했다. 전체적으로 타고투저 경향이 강하다.

## 여신전생 페르소나 3

- 아틀러스  ● RPG  ● 2006년 7월 13일  ● 6,800엔
- 플레이 명수 : 1인  ● 세이브 용량 : 67KB 이상

전작에서 대폭적으로 디자인을 방향 전환한, 인기 RPG「페르소나」시리즈의 신작. 페르소나 능력을 지닌 주인공이 학교생활을 보내며 동료들과 교류하여, 괴물 '쉐도'와 싸우는 과정에서 성장해간다는 스토리다. 페르소나간의 합체 등,「진 여신전생」시리즈에서 친숙했던 시스템도 대거 도입했다.

## 도시ing 메이커 2 : 속·나의 도시 만들기

- D3 퍼블리셔  ● SLG  ● 2006년 7월 13일  ● 5,800엔
- 플레이 명수 : 1인  ● 세이브 용량 : 1017KB 이상

주민들의 민원을 해결하면서 나만의 도시를 만들어나가는 시뮬레이션 게임의 속편. 그래픽이 깔끔해졌으며, 실존하는 점포 등 설치 가능한 시설을 대폭 늘렸다. 마이 홈을 구입할 수도 있게 되었다.

## 러브 콤플렉스 : 펀치 DE 콩트

- AQ 인터랙티브  ● AVG  ● 2006년 7월 13일  ● 5,800엔
- 플레이 명수 : 1인  ● 세이브 용량 : 210KB 이상

나카하라 아야의 인기 만화가 원작인 어드벤처 게임. 상대의 대사에 맞춰 다양한 리액션으로 되받아칠 수 있는 '만담 주고받기 시스템'을 탑재해, 원작의 묘미였던 빠른 템포의 만담 핑퐁 리액션을 잘 재현했다.

# PlayStation2 Game Software Catalogue

## 아랑전설 배틀 아카이브즈 1 : 네오지오 온라인 컬렉션 vol.5
- CERO B
- SNK 플레이모어  ● ACT  ● 2006년 7월 20일  ● 4,800엔
- 플레이 명수 : 1~2인  ● 세이브 용량 : 30KB 이상

대인기 격투 게임인 「아랑전설」 시리즈 중 1편·2편·스페셜·3편의 초기 4개 작품을 합본 수록한 타이틀. 「아랑전설 스페셜」의 숨겨진 캐릭터를 처음부터 개방해 두었으며, 어레인지 BGM과 컬러 에디트 기능 등도 추가했다.

## 건퍼레이드 오케스트라 : 청색의 장 - 빛의 바다에서 편지를 보냅니다
- CERO B
- 소니컴퓨터엔터테인먼트  ● AVG  ● 2006년 7월 20일  ● 6,800엔
- 플레이 명수 : 1인  ● 세이브 용량 : 482KB 이상

3부작의 마지막 작품. 오가사와라 제도를 배경으로, 천체관측시설을 관리하는 부대에서 별들을 관측하며 추억을 만들어가는 스토리를 그렸다. 이전 2개 작품의 세이브데이터를 연동시키면 특별한 엔딩을 볼 수 있다.

## 스쿨 럼블 2학기 : 공포의(?) 여름 합숙! 저택에선 유령 등장!? 보물을 둘러싼 진검승부!!! 편
- CERO A
- 마벨러스 인터랙티브  ● AVG  ● 2006년 7월 20일  ● 6,800엔
- 플레이 명수 : 1인  ● 세이브 용량 : 270KB 이상

코바야시 진의 인기 만화를 게임화한 작품의 제2탄으로서, 여름 합숙을 소재로 삼은 게임판 완전 오리지널 스토리의 어드벤처 게임이다. 같은 장면을 다른 캐릭터의 시점으로 즐기는 '멀티 시점 시스템'을 채용하였다.

## 배틀 스타디움 D.O.N
- CERO A
- 반다이남코게임즈  ● ACT  ● 2006년 7월 20일  ● 6,800엔
- 플레이 명수 : 1~2인  ● 세이브 용량 : 65KB 이상  ● 멀티탭 지원(~4인)

만화잡지 '소년 점프'를 대표하는 3대 배틀 만화 '드래곤볼'·'원피스'·'나루토'의 인기 캐릭터들이 집결하는 배틀 액션 게임. 최대 4인 대전이 가능하며, 필살기를 발동시키면 화려한 컷인이 화면을 수놓는다.

## 레슬 킹덤
- CERO B
- 유크스  ● SPT  ● 2006년 7월 20일  ● 6,800엔
- 플레이 명수 : 1~2인  ● 세이브 용량 : 328KB 이상  ● 멀티탭 지원(~4인)

신일본 프로레슬링을 비롯해 전일본 프로레슬링, NOAH, 프리랜서 선수까지 수많은 실존 레슬러들이 등장하는 프로레슬링 게임. 직접 제작한 레슬러로, 유명 레슬러의 제자에서 시작해 육성시켜 나가는 '드라마 모드'도 있다.

## 놀러갈게! : 지구가 위기인 혼약 선언
- CERO B
- 아이디어 팩토리  ● AVG  ● 2006년 7월 27일  ● 6,800엔
- 플레이 명수 : 1인  ● 세이브 용량 : 133KB 이상

카미노 오카나의 라이트 노벨을 어드벤처 게임화한 작품. 주인공 '키오'와 행성 캐티아의 지상조사원 겸 대사관 대표 '엘리스' 앞에 캐티아의 소녀가 나타나 동거하게 된다는 오리지널 스토리가 전개된다.

## We Are*
- CERO B
- 키드  ● AVG  ● 2006년 7월 27일  ● 8,800엔
- 플레이 명수 : 1인  ● 세이브 용량 : 108KB 이상

서기 2026년 여름이 배경인 SF 연애 어드벤처 게임. 초능력 병기를 실용화한 마니트 공화국의 습격을 받은 도쿄에서, 주인공과 미래를 예지하는 소녀를 중심으로 하여 등장인물들의 생존을 건 스토리가 전개된다.

## 카마이타치의 밤×3 : 초승달섬 사건의 진상
- CERO C
- 세가  ● AVG  ● 2006년 7월 27일  ● 5,800엔
- 플레이 명수 : 1인  ● 세이브 용량 : 200KB 이상

「카마이타치의 밤」 3부작의 완결편. 시나리오에 아비코 타케마루, 음악에 하케타 타케후미를 기용해 1편에 가까운 분위기로 회귀했다. 여러 주인공의 시점으로 진행되는 다중구조 미스터리물로서, 1·2편의 메인 시나리오도 수록했다.

147

## 오늘부터 마왕 : 여행의 시작

- 반다이남코게임즈  ● RPG  ● 2006년 7월 27일  ● 6,800엔
- 플레이 명수 : 1인  ● 세이브 용량 : 94KB 이상

타카바야시 토모 원작의 인기 애니메이션을 게임화했다. 지구에서 이세계로 넘어와 제27대 마왕이 된 시부야 유리의 이야기다. 기본적으로 애니메이션판 스토리를 따라가지만, 클리어시 호감도에 따라서는 'if'의 세계도 펼쳐진다.

## 근육맨 머슬 그랑프리 MAX

- 반다이남코게임즈  ● ACT  ● 2006년 7월 27일  ● 6,800엔
- 플레이 명수 : 1~2인  ● 세이브 용량 : 46KB 이상

근육맨과 뜨거운 우정으로 이어진 동료들이 링 위에서 싸움을 펼치는 3D 대전 격투 게임. 등장 캐릭터들의 필살기를 원작 그대로 구현하였으며, 기술이 걸릴 때는 화려한 연출과 자막으로 소개해주기까지 한다.

## SIMPLE 2000 시리즈 Vol.103 : THE 지구방위군 택틱스

- D3 퍼블리셔  ● SLG  ● 2006년 7월 27일  ● 2,000엔
- 플레이 명수 : 1인  ● 세이브 용량 : 130KB 이상

2005년 발매되었던 『지구방위군 2』를 전략 시뮬레이션 게임화한 작품. 지구방위군 EDF의 사령관이 되어 정체불명 외계인들의 침략을 저지하자. 스테이지는 50종류 이상이며, 250종 이상의 병기가 등장한다.

## ZERO PILOT : 제로

- 카도카와쇼텐  ● SLG  ● 2006년 7월 27일  ● 6,800엔
- 플레이 명수 : 1~2인  ● 세이브 용량 : 220KB 이상  ● USB 연결식 조종간 지원

태평양전쟁을 배경으로 삼아, 도그파이트에 이어 대 함선 공격에 초점을 맞춘 플라이트 슈팅 게임. 자연현상의 영향이 한층 커지기에 섬세한 조작이 필요한 '슈퍼 플라이트 모드'도 탑재하였다.

## 전국 바사라 2

- 캡콤  ● ACT  ● 2006년 7월 27일  ● 6,980엔
- 플레이 명수 : 1인  ● 세이브 용량 : 148KB 이상

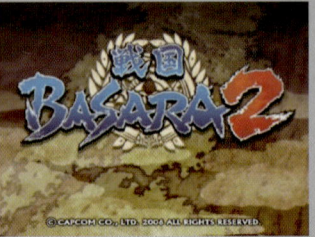

독자적인 세계관으로 전국시대를 재해석한 스타일리시 액션 게임의 속편. 이 작품부터 추가된 '스토리 모드'에서는, 천하통일 외에도 저마다의 목적을 위해 싸우는 무장들의 드라마가 펼쳐진다. 적을 100명 단위로 물리치면 모이는 '전극 드라이브' 등의 신 시스템과, 마에다 케이지 등의 신 무장도 추가했다.

## 트루 크라임 : 뉴욕 시티

- 스파이크  ● ACT  ● 2006년 7월 27일  ● 6,800엔
- 플레이 명수 : 1인  ● 세이브 용량 : 130KB 이상

뉴욕 시경 경찰관이 되어 무수한 범죄를 제압하는 바이올런스 액션 게임. 사복 경찰답게 자유로운 수사법을 활용해, 범죄의 규모에 따라 유연하게 대처하자. 공격법은 저격·폭파·가라테·봉술 등등 그야말로 매우 다양하다.

## 새장의 저편

- TAKUYO  ● AVG  ● 2006년 7월 27일  ● 6,800엔
- 플레이 명수 : 1인  ● 세이브 용량 : 100KB 이상

퍼즐과 연애 어드벤처, 두 장르를 융합시킨 타이틀. '펜토'라 불리는 이세계에서 사람들의 마음을 해방시켜 보자. 히로인과의 친밀도를 쌓아가는 어드벤처 파트와, 마음을 해방시키는 퍼즐 파트로 진행된다.

PlayStation2 Game Software Catalogue

### 브라더스 인 암스 : 언드 인 블러드 (CERO D)
- UBISOFT ● STG ● 2006년 7월 27일 ● 6,800엔 ● 플레이 명수 : 1~2인
- 세이브 용량 : 75KB 이상 ● 로지텍 USB 헤드셋, 네트워크 어댑터, PlayStation BB Unit 지원

2005년 발매되었던「브라더스 인 암스 : ROAD TO HILL 30」의 속편. 전작과 동일한 노르망디 상륙작전을 무대로, 새로운 스토리가 펼쳐진다. 신규 기능으로서 미션의 룰을 선택해 플레이하는 '모의전' 모드를 탑재했다.

### 블러드 플러스 : 쌍익의 배틀 론도 (CERO A)
- 소니컴퓨터엔터테인먼트 ● AVG ● 2006년 7월 27일 ● 6,800엔
- 플레이 명수 : 1인 ● 세이브 용량 : 59KB 이상

같은 제목의 TV 애니메이션을 게임화했다. 애니메이션판에서 다루지 않은 에피소드를 오리지널 스토리로 즐길 수 있다. 실시간으로 진행되는 어드벤처 파트, 익수와 싸우는 액션 파트가 번갈아 진행된다.

### 여섯별이 반짝 : 별이 내리는 고향 (CERO B)
- 치세 ● AVG ● 2006년 7월 27일 ● 6,800엔
- 플레이 명수 : 1인 ● 세이브 용량 : 808KB 이상

PC용 게임의 이식작. 천문부 소속의 주인공과 소꿉친구, 천문부원들이 펼치는 와자지껄 코미디물이다. 임의의 캐릭터로 시선을 돌리는 '사이팅 시스템'과, 밤하늘을 보며 별자리 설명을 듣는 '천체관측 모드'를 탑재했다.

### 라스트 에스코트 : 검은 나비 스페셜 나이트 (CERO D)
- D3 퍼블리셔 ● SLG ● 2006년 7월 27일 ● 3,979엔
- 플레이 명수 : 1인 ● 세이브 용량 : 226KB 이상

「라스트 에스코트」(125p)의 추가 디스크. 미나즈키 점장이 공략 가능 캐릭터로 승격됐고, 동생인 카즈키 시점의 어드벤처 모드도 즐길 수 있게 되었다. 전작 보유자라면 기존 캐릭터에도 신규 엔딩이 추가된다.

### 위저드리 외전 : 전투의 감옥 (CERO A)
- 타이토 ● RPG ● 2006년 8월 3일 ● 6,800엔 ● 플레이 명수 : 1인
- 세이브 용량 : 190KB 이상 ● 프로그레시브(525p) 모드 지원

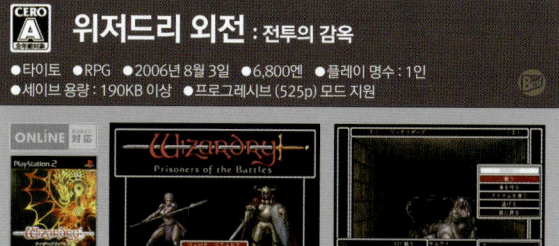

PC판 오리지널「위저드리」시리즈로의 원점회귀를 표방하여 제작된「위저드리 외전」의 이식판. 시나리오 5까지의 캐릭터 크리에이션 시스템 기준으로 캐릭터를 제작해, 다양하게 제공되는 3D 던전을 답파하며 진행하자.

### 그로우랜서 V : Generations (CERO A)
- 아틀러스 ● RPG ● 2006년 8월 3일 ● 6,800엔
- 플레이 명수 : 1인 ● 세이브 용량 : 112KB 이상

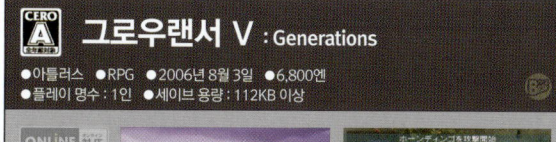

논스톱 드라마틱 RPG 시리즈의 제5탄. 캐릭터가 3D화되었으며, 전투 시스템에 액션성이 강해졌다. 장 단위로 스토리가 진행되어 각 장별로 조작 캐릭터가 바뀌며, 최종장이 되면 주요 캐릭터들이 집결한다.

### 실전 파치슬로 필승법! : 북두의 권 SE (CERO A)
- 세가 ● SLG ● 2006년 8월 3일 ● 4,200엔 ● 플레이 명수 : 1인
- 세이브 용량 : 120KB 이상 ● 실전 파치슬로 컨트롤러, 실전 파치슬로 컨트롤러 mini 지원

대인기 기종 '북두의 권'의 후계기로서 홀에 화려하게 데뷔한 파치슬로 기기의 실기 시뮬레이터. 전작의 게임성을 계승하면서도, 새로운 적 캐릭터가 다수 등장한다. 친숙한 중단 체리도 여전하다.

### SIMPLE 2000 시리즈 Vol.102 : THE 보병 – 전장의 개들 (CERO B)
- D3 퍼블리셔 ● ACT ● 2006년 8월 3일 ● 2,000엔
- 플레이 명수 : 1인 ● 세이브 용량 : 60KB 이상

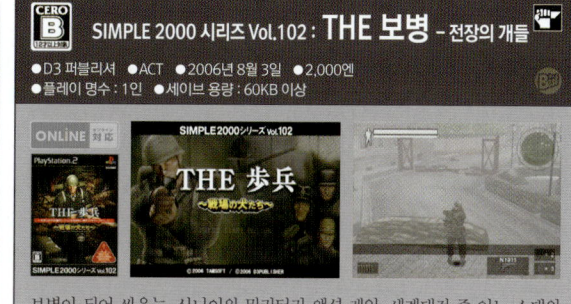

보병이 되어 싸우는, 사나이의 밀리터리 액션 게임. 세계대전 중 어느 소대의 일개 보병이 되어, 적 소부대 격파나 제한시간 내 생환 등 30종 이상의 미션에서 살아남자. 적을 물리쳐 경험치를 얻으면 스스로를 강화시킬 수 있다.

### 두근두근 메모리얼 Girl's Side 2nd Kiss

- 코나미디지털엔터테인먼트 ● SLG ● 2006년 8월 3일 ● 6,980엔
- 플레이 명수: 1인 ● 세이브 용량: 86KB 이상

여성용 연애 시뮬레이션 게임의 제2탄. 하바타키 시의 다른 학교인 하네가사키 학원을 무대로 삼아, 3년간의 고고생활 내에 마음에 드는 남성에게서 고백을 받아보자. 이번엔 엔딩이 여럿 존재하는 캐릭터도 있다.

### 필승 파친코★파치슬로 공략 시리즈 Vol.6 7cafe - 형식명 봄버 파워풀 2

- D3 퍼블리셔 ● SLG ● 2006년 8월 3일 ● 3,800엔
- 플레이 명수: 1인 ● 세이브 용량: 271KB 이상

SANKYO의 인기 기종 '7cafe'(나나카페)·'BOMBER POWERFUL' 2종류의 기기를 수록한 실기 시뮬레이터. 액정 연출에서 올 프루츠가 뜨면 주목해보자. 4호기가 막을 내리던 시대의 작품 중 하나다.

### 팬텀 브레이브 : 2주차 시작했습니다.

- 니폰이치 소프트웨어 ● RPG ● 2006년 8월 3일 ● 2,667엔
- 플레이 명수: 1인 ● 세이브 용량: 287KB 이상

2004년 발매되었던 「팬텀 브레이브」의 업그레이드 염가판. 크고 작은 섬들로 이루어진 '이부아'라는 세계를 배경으로, 총 20화의 스토리를 체험하자. 원작의 세이브데이터를 반영할 수 있는 등, 다수의 추가 기능을 탑재했다.

### SIMPLE 2000 : 시리즈 Vol.104 THE 로봇을 만들자! - 격투! 로봇 파이트

- D3 퍼블리셔 ● SLG ● 2006년 8월 10일 ● 2,000엔
- 플레이 명수: 1~2인 ● 세이브 용량: 96KB 이상

오리지널 로봇을 디자인하여 로봇 배틀 전국대회의 우승을 노리는 시뮬레이션 게임. 282종류의 파츠가 등장하며, 다양한 조합으로 자신만의 로봇을 제작할 수 있다. 어드벤처 파트에서는 열혈 스토리가 펼쳐진다.

### SIMPLE 2000 : 시리즈 Vol.105 THE 메이드복과 기관총

- D3 퍼블리셔 ● ACT ● 2006년 8월 10일 ● 2,000엔
- 플레이 명수: 1인 ● 세이브 용량: 105KB 이상

다양한 무기를 구해 주인님을 지키는 메이드 스타일리시 액션 게임. 위협해 오는 로봇 군단을 다양한 액션으로 격파해 가며 싸우자. 전투 중에 귀여운 포즈를 취하면 메이드 스타일 포인트를 얻을 수 있다.

### 멜티 블러드 : Act Cadenza

- 에콜 소프트웨어 ● ACT ● 2006년 8월 10일 ● 5,800엔
- 플레이 명수: 1~2인 ● 세이브 용량: 40KB 이상

동인 게임 「월희」의 캐릭터들이 싸우는 대전격투 게임. 아케이드판의 이식작으로서, 스토리 및 승리시 대사가 모두 풀보이스화되었으며 신규 캐릭터로서 '네코 아르크 카오스'가 추가되었다.

### 다이토기켄 공식 파치슬로 시뮬레이터 : 비보전

- 다이토기켄 ● SLG ● 2006년 8월 17일 ● 4,200엔 ● 플레이 명수: 1인
- 세이브 용량: 385KB 이상 ● 파치슬로 컨트롤러, 실전 파치슬로 컨트롤러 지원

현재도 6호기 타입의 후계기가 가동 중인 다이토기켄의 '비보전' 시리즈 중 초대 기기의 실기 시뮬레이터. 통상시 찬스 성립부터 발전하는 고확률 존이 핵심. 보너스 종료 후 전설 모드로 이행하면 대연장도 꿈은 아니다.

### 얼티밋 스파이더맨

- 타이토 ● ACT ● 2006년 8월 24일 ● 6,800엔
- 플레이 명수: 1인 ● 세이브 용량: 808KB 이상

마블 코믹스의 히어로 '스파이더맨'이 되어 빌런들과 싸우는 액션 게임. 원작의 심비오트 편이 기반인 스토리로서, 베놈을 쓰러뜨리는 것이 목적이다. 스토리 도중 도처에 미국 코믹스 풍의 컷인이 삽입된다.

 PlayStation2 Game Software Catalogue

### _summer## (언더바 서머 더블 샤프)
CERO B
- 굿나비게이트 ●AVG ●2006년 8월 24일 ●6,800엔
- 플레이 명수: 1인 ●세이브 용량: 138KB 이상

PC용 게임의 이식작. 지방 해변도시가 배경으로서, 학기말부터 여름방학까지 마음에 둔 여성과 맺어지는 것이 목적인 연애 어드벤처 게임. 선택지를 고르는 시간에 따라 히로인의 표정이 변화하며, CG·시나리오도 대거 추가했다.

### 최강 쇼기: 게키사시 스페셜
CERO A
- 마이니치 커뮤니케이션즈 ●TBL ●2006년 8월 24일 ●2,800엔
- 플레이 명수: 1~2인 ●세이브 용량: 200KB 이상

제15회 세계컴퓨터쇼기선수권에서 전승 우승한 사고엔진을 탑재한 쇼기 소프트. 160만 수 이상의 정석을 수록했고, CPU의 난이도를 10단계로 설정 가능하다. 기보는 4명의 프로 기사들이 읽어준다.

### 스트로베리 패닉!
CERO B
- 미디어웍스 ●AVG ●2006년 8월 24일 ●6,800엔
- 플레이 명수: 1인 ●세이브 용량: 280KB 이상

잡지 '전격 G's magazine'의 독자 참여형 기획이 원작인 어드벤처 게임. 명문 여학교에서 펼쳐지는 소녀들의 만남과 교류를 그린 이야기다. 주인공 3명과 히로인 9명이 등장하며, 27종류의 엔딩이 준비되어 있다.

### 플라네타리안: 작은 별의 꿈
CERO A
- 프로토타입 ●AVG ●2006년 8월 24일 ●2,800엔
- 플레이 명수: 1인 ●세이브 용량: 27KB 이상 ●프로그레시브 출력 지원

선택지를 최대한 배제하고 비교적 단시간에 완결되는 '키네틱 노벨' 시리즈의 PC판 제1탄을 이식했다. 황폐한 세계의 어느 플라네타륨에서 주인공과 안내 로봇이 만난다는 스토리로서, PS2판은 풀보이스화되었다.

### 레슬엔젤스 서바이버
CERO C
- 석세스 ●SLG ●2006년 8월 24일 ●6,800엔
- 플레이 명수: 1인 ●세이브 용량: 1738KB 이상

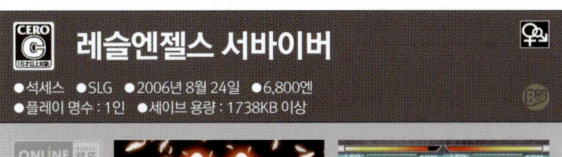

여자 프로레슬링 선수 육성 & 단체경영 시뮬레이션 게임. 100개 이상의 여자 레슬러들 중에서 스카우트로 선수를 모아 육성하여, 경기의 흥행수입으로 단체를 성장시키자. 시합은 카드 배틀 스타일로 진행된다.

### 아야카시비토: 환요이문록
CERO B
- 딤플 ●AVG ●2006년 8월 31일 ●7,200엔
- 플레이 명수: 1인 ●세이브 용량: 165KB 이상

PC용 게임의 이식작. 가상의 세계대전 후 일본이 배경으로서, 상상을 초월하는 힘을 지닌 주인공과 정부기관, 사악한 존재 간의 암투를 그린 스토리다. 전투 신에 컷인을 삽입하는 등, 다이내믹한 연출을 가득 넣었다.

### 이브: new generation
CERO D
- 카도카와쇼텐 ●AVG ●2006년 8월 31일 ●6,800엔
- 플레이 명수: 1인 ●세이브 용량: 110KB 이상

2명의 시점을 전환해가며 스토리를 진행하는 '멀티 사이트 시스템'이 특징인 인기 어드벤처 게임 시리즈의 신작. 우치코시 코타로가 시나리오를 맡았으며, 시리즈 이전작들과는 달리 '기억'을 테마로 삼은 스토리가 펼쳐진다.

### 카미와자: KAMIWAZA
CERO B
- 어콰이어 ●ACT ●2006년 8월 31일 ●6,800엔
- 플레이 명수: 1인 ●세이브 용량: 362KB 이상

의적 '에비조'가 되어 다양한 물건을 훔치는 스텔스 액션 게임. 병에 걸린 딸의 약값을 벌기 위해, 상대의 주의를 돌리며 원 버튼 스텔스를 구사하여 최대한 은신하면서 무사히 도둑질을 완수해내자.

## 기타 프릭스 & 드럼매니아 마스터피스 실버

- 코나미디지털엔터테인먼트 ● SLG ● 2006년 8월 31일 ● 6,980엔 ● 플레이 명수: 1~2인
- 세이브 용량: 104KB 이상 ● 멀티탭 지원(~3인), 기타 프릭스 전용 컨트롤러·드럼매니아 전용 컨트롤러 지원

「기타 프릭스」와 「드럼매니아」두 게임을 합본한 소프트. '마스터피스'라는 서브 타이틀명대로, PS2로 이식되지 못한 과거 아케이드 시리즈 작품 등에서 유저 인기투표를 바탕으로 70곡 이상을 뽑아 수록하였다.

## 스파르탄 : 고대 그리스 영웅전

- 세가 ● ACT ● 2006년 8월 31일 ● 6,800엔
- 플레이 명수: 1인 ● 세이브 용량: 171KB 이상

고대 그리스를 무대로 삼아, 스파르탄을 조작해 동료들과 함께 로마군에 맞서는 3D 액션 게임. 대군 VS 대군의 박력 넘치는 전투가 펼쳐진다. 거인상이나 메두사 등, 인간이 아닌 괴물도 적으로 등장한다.

## 판타지 스타 유니버스

- 세가 ● RPG ● 2006년 8월 31일 ● 6,800엔 ● 플레이 명수: 1인
- 세이브 용량: 236KB 이상 ● USB 키보드·네트워크 어댑터·PlayStation BB Unit 지원

드림캐스트로 서비스된 바 있는 SF 온라인 RPG 「판타지 스타 온라인」의 후계작품. 온라인 네트워크 플레이(현재는 서비스 종료)는 물론이고, 오프라인 형태의 스토리 모드도 플레이 가능하다.

## 블러드 플러스 : 원 나이트 키스

- 반다이남코게임즈 ● AVG ● 2006년 8월 31일 ● 6,800엔
- 플레이 명수: 1인 ● 세이브 용량: 90KB 이상

TV 애니메이션 「블러드 플러스」 내에서 등장하는 '공백의 1일'을 그린 액션 어드벤처 게임. 주인공 '사야'와 오리지널 캐릭터 '아오야마' 두 명의 시점으로 스토리가 전개되며, 검술과 총이라는 2가지 액션을 즐길 수 있다.

## 야마사 Digi 월드 SP : 자이언트 펄서

- 야마사 엔터테인먼트 ● SLG ● 2006년 9월 7일 ● 4,800엔 ● 플레이 명수: 1인
- 세이브 용량: 519KB 이상 ● 파치슬로 컨트롤러 쿠로토, 파치슬로 컨트롤러 스탠다드 지원

야마사 사의 기기 '자이언트 펄서'의 실기 시뮬레이터. 기술개입을 통한 최대 711매의 메달 획득이나 연장 성능 등으로 많은 유저들을 매료시킨 기종이다. 통상시 리플레이 연속을 성공시키면 보너스 방출 찬스도 터진다.

## 클러스터 엣지 : 그대를 기다리는 미래로의 증표

- 마벨러스 인터랙티브 ● AVG ● 2006년 9월 14일 ● 6,800엔
- 플레이 명수: 1인 ● 세이브 용량: 300KB 이상

같은 제목의 애니메이션이 원작인 어드벤처 게임. 20세기 초두의 유럽을 닮은 세계에서, 주인공 일행이 어른의 사회에 맞선다는 스토리. 캐릭터들과 학교 생활을 보내면서, 학교의 비밀을 파헤쳐 새로운 미래를 개척하자.

## 갓 핸드

- 캡콤 ● ACT ● 2006년 9월 14일 ● 6,800엔
- 플레이 명수: 1인 ● 세이브 용량: 150KB 이상

'신의 오른팔'을 얻은 주인공이 다양한 '갓 액션'을 구사하며 정신 나간 세계관의 적들과 싸우는 3D 액션 게임. 게이지를 해방시키면 사용 가능한 '갓 핸드 해방'으로 무적상태가 되면 일발 역전을 노릴 수도 있다.

## GI 자키 4 2006

- 코에이 ● RCG ● 2006년 9월 14일 ● 6,800엔 ● 플레이 명수: 1~2인
- 세이브 용량: 484KB 이상 ● PlayStation BB Unit (캐시) 지원: 1024MB 이상 필요

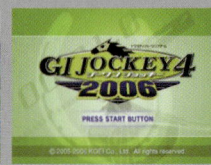

2006년 타카라즈카 기념까지의 데이터를 수록한 기수 체험 레이싱 게임. 해당 년도에 주역이었던 인기 경주마를 탈 수 있으며, 유저 요망이 많았던 가상마 세대도 연말에 다음 해의 2세마로서 등장하도록 설정 가능하다.

- D3 퍼블리셔 ● ACT ● 2006년 9월 14일 ● 2,000엔
- 플레이 명수: 1~2인 ● 세이브 용량: 78KB 이상

PS1으로 발매됐었던 「~THE 블록깨기」의 진화판. 거대한 보스를 물리치고 120개 스테이지에 도전해보자. RPG와 슈팅을 융합시킨 시스템으로서, 전작에 있었던 스쿼시 샷이나 벽 흔들기도 사용 가능하다.

- D3 퍼블리셔 ● ACT ● 2006년 9월 14일 ● 2,000엔
- 플레이 명수: 1~2인 ● 세이브 용량: 74KB 이상

자신만의 '짱'을 육성시켜 최강의 자리를 노리는 대전 액션 게임. 처음에는 펀치와 킥만 사용 가능하지만, 미니게임으로 능력치를 올리면 상대의 기술을 배울 수 있게 된다. 배운 기술로 최강의 콤보를 만들어내보자.

- D3 퍼블리셔 ● ACT ● 2006년 9월 14일 ● 2,000엔
- 플레이 명수: 1인 ● 세이브 용량: 83KB 이상

특수부대 대원이 되어 흉악범을 제압하는 3D 액션 게임. 편의점 강도부터 하이재킹까지, 총 37개 미션에 도전해 보자. 상황을 재빨리 판단하고 동료에게 적확한 지시를 내려 어려운 사건을 해결해보도록.

### 메탈 슬러그 6
- SNK 플레이모어 ● STG ● 2006년 9월 14일 ● 4,800엔
- 플레이 명수: 1~2인 ● 세이브 용량: 100KB 이상

인기 액션 슈팅 게임 시리즈의 넘버링 제7탄. 「더 킹 오브 파이터즈」의 '이카리 팀' 2명이 새로 참전했다. 캐릭터별로 성능 차이를 두었으며, 무기 변경과 스코어 배율 등의 신규 시스템이 추가되었다.

### 모두의 테니스
- 소니컴퓨터엔터테인먼트 ● SPT ● 2006년 9월 14일 ● 4,571엔
- 플레이 명수: 1~2인 ● 세이브 용량: 256KB 이상 ● 멀티탭 지원(~4인)

히트작 「모두의 GOLF」 시리즈를 개발했던 스탭들이 제작한 테니스 게임. 간단한 조작으로 저마다 특기가 다른 개성적인 캐릭터 14명을 조작해 랭크를 올려가며 테니스계의 정상을 노리는 '챌린지 모드'와, 최대 4명까지 다양한 룰을 설정하여 테니스 경기를 즐길 수 있는 '모두의 테니스 모드'가 있다.

### 바람의 검심: 메이지 검객 낭만기 - 불타오르라! 교토 윤회
- 반프레스토 ● ACT ● 2006년 9월 14일 ● 6,980엔
- 플레이 명수: 1인 ● 세이브 용량: 128KB 이상

원작 만화의 '교토 편'을 기반으로 삼은 스토리를 '켄신 편'·'사노스케 편'·'사이토 편' 3가지 루트로 전개하는 3D 액션 게임. 배틀 파트와 어드벤처 파트로 구성되어 있으며, 게임 오리지널 스토리도 수록하였다.

### 럭비 06
- 일렉트로닉 아츠 ● SPT ● 2006년 9월 21일 ● 6,800엔
- 플레이 명수: 1~2인 ● 세이브 용량: 1035KB 이상 ● 멀티탭 지원(~4인)

서유럽의 식스 네이션스 챔피언십, 호주의 슈퍼 14(현 슈퍼 럭비 퍼시픽) 등의 국제 럭비 대회들을 체험하는 럭비 게임. 세계 22개국 대표팀과 48개 클럽 팀을 수록했다. 리그전으로 자신의 팀을 강화시켜가는 모드도 있다.

### NHL 06
- 일렉트로닉 아츠 ● SPT ● 2006년 9월 21일 ● 6,800엔
- 플레이 명수: 1~2인 ● 세이브 용량: 4437KB 이상 ● 멀티탭 지원(~8인)

NHL이 공인한 아이스하키 게임. 2006년의 모든 선수들이 실명으로 등장하며, TV 중계를 방불케 하는 박력 있는 화면으로 리그·토너먼트를 플레이할 수 있다. 보너스로 GENESIS판 「NHL '94」도 수록하였다.

### 카오스 워즈
- 아이디어 팩토리 ● SLG ● 2006년 9월 21일 ● 6,800엔
- 플레이 명수: 1인 ● 세이브 용량: 250KB 이상

아이디어 팩토리·아루제·아틀러스·레드 엔터테인먼트 4개사가 콜라보한 시뮬레이션 RPG. 4개사 대표작의 인기 캐릭터들이 총 50명 이상 등장한다. 인기 캐릭터들과 함께 와자지껄 배틀을 즐겨보자.

### 신족가족 : 응원 소망
- 도라스 ● AVG ● 2006년 9월 21일 ● 5,000엔
- 플레이 명수: 1인 ● 세이브 용량: 200KB 이상

쿠와시마 요시카즈 원작의 인기 애니메이션을 어드벤처 게임화했다. 신족의 아이인 '카미아마 사마타로'를 중심으로 펼쳐지는 가족 코미디물이며, 도중 선택지에 따라 텐코·쿠미코·게임 오리지널 히로인 루트로 분기된다.

### 오락실 USA : 미드웨이 아케이드 트레저즈
- 석세스 ● ETC ● 2006년 9월 21일 ● 4,800엔
- 플레이 명수: 1~2인 ● 세이브 용량: 148KB 이상

미드웨이·윌리엄스·아타리 3개사가 제작한 미국산 아케이드 게임 32개 작품을 즐길 수 있는 컬렉션계 타이틀. 일본에서도 인기가 있었던 「건틀렛」·「마블 매드니스」·「클랙스」 등, 고난이도로도 유명했던 작품들이 가득하다.

### 코만도스 : 스트라이크 포스
- 스파이크 ● STG ● 2006년 9월 21일 ● 6,800엔
- 플레이 명수: 1인 ● 세이브 용량: 494KB 이상

제2차 세계대전이 배경인 잠입계 FPS 게임. 그린베레·스파이·스나이퍼 3명 중에서 하나를 선택해 다양한 미션을 완수하자. 백병전·암살·변장·저격 등, 각 캐릭터별로 지닌 고유의 특기를 잘 활용해야 한다.

### 머나먼 시공 속에서 : 무일야
- 코에이 ● AVG ● 2006년 9월 21일 ● 6,800엔
- 플레이 명수: 1인 ● 세이브 용량: 654KB 이상

헤이안쿄를 닮은 이세계 '쿄'가 배경인 여성용 연애 어드벤처 게임. 시리즈의 번외편 격 작품으로서, 극장판 『~무일야』를 기반으로 삼아 스토리를 전개한다. 귀족사회의 중심지 '다이리'에서 펼쳐지는 러브스토리를 즐겨보자.

### 용각(龍刻)
- 키드 ● AVG ● 2006년 9월 21일 ● 6,800엔
- 플레이 명수: 1인 ● 세이브 용량: 128KB 이상

'일본풍'이 컨셉인 전기물 연애 어드벤처 게임. 주인공 '미즈우치 츠카사'가 히로인들과 협력하여, 주변에서 벌어지는 기묘한 사건 및 자신을 노리는 존재 '아야카시'와 맞선다는 스토리. 여러 인물들과 교류해 미래를 개척하자.

### ARIA The NATURAL : 머나먼 기억의 미라주
- 알케미스트 ● AVG ● 2006년 9월 28일 ● 6,800엔
- 플레이 명수: 1인 ● 세이브 용량: 200KB 이상

만화 『ARIA』를 게임화하여 애니메이션 연출을 믹스한 비주얼 노벨 작품이다. 업무상의 이유로 아쿠아를 방문하게 된 주인공이, 수상안내원 '미즈나시 아카리'와 함께 행동하게 된다는 스토리.

## PlayStation2 Game Software Catalogue

### 소녀의 사정
- Nine's fox ● AVG ● 2006년 9월 28일 ● 6,800엔
- 플레이 명수: 1인 ● 세이브 용량: 265KB 이상

'소녀의 비밀'이 테마인 어드벤처 게임. 주인공 소년이 소꿉친구나 선배, 반 친구 등의 비밀을 알고 만다는 스토리. 시나리오는 2가지 시점에서 진행되며, 그녀의 의외의 일면을 알 수 있게 된다.

### Quartett! : THE STAGE OF LOVE
- 프린세스 소프트 ● AVG ● 2006년 9월 28일 ● 7,800엔
- 플레이 명수: 1인 ● 세이브 용량: 865KB 이상

오오아리 아시토가 원화를 담당한 PC용 게임의 이식작. 만화의 컷 분할처럼 화면이 구성되는 'FFD 시스템'을 바탕으로 게임이 진행되며, 바이올린 연주자인 주인공과 쿼닛(4중주) 유닛을 짠 세 히로인과의 연애를 그렸다.

### 구룡요마학원기 재장전
- 아틀러스 ● RPG ● 2006년 9월 28일 ● 5,980엔
- 플레이 명수: 1인 ● 세이브 용량: 512KB 이상

전원 기숙사제 고교에 잠입하여, 학교 지하에 있는 유적 조사에 도전하는 학원물 전기 쥬브나일 어드벤처+RPG 「구룡요마학원기」의 완전판. 무한계층의 자동생성 던전과 신 아이템 도입을 비롯해, 원작의 시나리오 북에 게재되었던 에필로그 '멀고도 아득한' 등 다수의 추가 컨텐츠를 수록하였다.

### 고스트 리콘 : 어드밴스드 워파이터
- UBISOFT ● STG ● 2006년 9월 28일 ● 6,800엔 ● 플레이 명수: 1인
- 세이브 용량: 191KB 이상 ● 온라인 시 최대 8인, USB 헤드셋, 네트워크 어댑터 또는 PlayStation BB Unit 지원

PS2로는 4번째 작품에 해당하는, 전술 밀리터리 슈터 게임 「고스트 리콘」 시리즈의 신작. 다시 FPS 스타일로 돌아왔다. 쿠데타가 발생한 멕시코를 무대로 삼아, 특수부대 공작원이 되어 새로운 임무에 도전하자.

### 삼국지 11
- 코에이 ● SLG ● 2006년 9월 28일 ● 8,800엔 ● 플레이 명수: 1~8인
- 세이브 용량: 1489KB 이상 ● PlayStation BB Unit (캐시) 지원: 512MB 이상 필요

삼국지를 테마로 삼은 정통 역사 시뮬레이션 게임 시리즈의 제11탄. 중국대륙을 큼직한 3D 맵 한 장으로 표현했으며, 샌드박스식 내정에서 전투로 부드럽게 넘어간다. 'if'를 포함해 총 8개 시나리오를 수록하였다.

### 여고생 GAME'S-HIGH!!
- 아이디어 팩토리 ● AVG ● 2006년 9월 28일 ● 6,800엔
- 플레이 명수: 1인 ● 세이브 용량: 135KB 이상

TV 애니메이션 '여고생 GIRL'S HIGH'가 원작인 어드벤처 게임. 여름방학 직전에 교육실습생으로 부임해온 주인공이, 하나같이 문제아인 여고생들과 3주간을 함께 보낸다. 신뢰와 실습의 밸런스를 잘 잡는 것이 중요하다.

### 세계의 전부 : two of us
- 예티 ● AVG ● 2006년 9월 28일 ● 6,800엔
- 플레이 명수: 1인 ● 세이브 용량: 80KB 이상

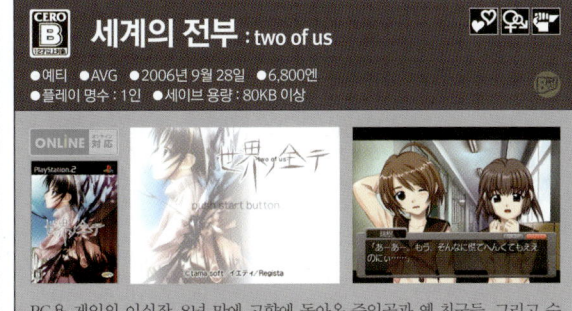

PC용 게임의 이식작. 8년 만에 고향에 돌아온 주인공과 옛 친구들, 그리고 수수께끼의 히로인이 얽혀가는 청춘 어드벤처 게임이다. 이식 과정에서 대량의 신규 시나리오를 추가하여, 새로운 이야기를 즐길 수 있다.

### SEGA AGES 2500 시리즈 Vol.28 : 테트리스 컬렉션

- 세가 ● PZL ● 2006년 9월 28일 ● 2,500엔
- 플레이 명수 : 1~2인 ● 세이브 용량 : 85KB 이상

세가가 내놓았던 「테트리스」계 게임들을 망라한 컬렉션 소프트. T-스핀 등의 테크닉을 사용할 수 있는 최신 규칙판, 메가 드라이브판 및 아케이드판 「테트리스」를 비롯해, 「블록시드」와 「플래시 포인트」도 수록했다.

### .hack//G.U. Vol.2 : 너를 그리는 목소리

- 반다이남코게임즈 ● RPG ● 2006년 9월 28일 ● 6,800엔
- 플레이 명수 : 1인 ● 세이브 용량 : 489KB 이상

인기 RPG 시리즈 제2기의 제2탄. 같은 해 5월 발매되었던 「.hack//G.U. Vol.1 : 재탄」의 속편이다. 'The World' 내에 갇혀버린 하세오와 오반의 싸움이 펼쳐진다. 제2기 시리즈 타 작품과의 세이브데이터 컨버트도 가능하다.

### 풍우래기

- 포그 ● AVG ● 2006년 9월 28일 ● 4,800엔
- 플레이 명수 : 1인 ● 세이브 용량 : 287KB 이상

여행을 테마로 삼은 연애 어드벤처 게임. 홋카이도를 투어링하는 여행작가인 주인공과 여행지에서 만난 히로인들 간의 만남과 이별의 이야기를 그렸다. 80곳에 달하는 실존 홋카이도 관광지들을 자유롭게 돌아다닐 수 있다.

### 풀 스펙트럼 워리어 : 텐 해머즈

- 세가 ● SLG ● 2006년 9월 28일 ● 6,800엔
- 플레이 명수 : 1인 ● 세이브 용량 : 131KB 이상

같은 해 6월 발매되었던 「풀 스펙트럼 워리어」의 속편. 미국 육군의 군사 시뮬레이터를 기반으로 개발한 작품이며, 장갑차 조종과 전투헬기 지휘 등의 신규 시스템을 추가하여 입체적인 작전을 펼칠 수 있게 되었다.

### 팝픈 뮤직 13 카니발

- 코나미 ● SLG ● 2006년 9월 28일 ● 6,980엔 ● 플레이 명수 : 1~2인
- 세이브 용량 : 808KB 이상 ● 팝픈 컨트롤러, 팝픈 컨트롤러 2, 팝픈 뮤직 아케이드 스타일 컨트롤러 지원

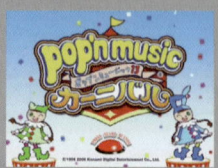

'카니발'을 테마로 삼은, 인기 음악 시뮬레이션 게임 시리즈의 제13탄. 애니메이션·드라마·게임 등의 유명 곡 100곡 이상을 수록하였다. 전작에서 호평 받았던 '챌린지 모드'와 '인조이 모드'를 탑재해, 초보자도 배려했다.

### 드래곤볼Z 스파킹! 네오

- 반다이남코게임즈 ● ACT ● 2006년 10월 5일 ● 6,800엔
- 플레이 명수 : 1~2인 ● 세이브 용량 : 75KB 이상

2005년 발매되었던 「드래곤볼Z 스파킹!」의 속편. 공중전·수중전 등, 장소에 구애받지 않는 종합무진 배틀을 즐길 수 있다. 캐릭터는 변신 형태를 포함해 120명 이상이 등장하여, 전작에 비해 대폭 늘어났다.

### 아이스 에이지 2

- 타이토 ● ACT ● 2006년 10월 6일 ● 3,800엔
- 플레이 명수 : 1인 ● 세이브 용량 : 89KB 이상

같은 해 개봉했던 CG 애니메이션 영화를 게임화했다. 원작 영화를 충실히 재현한 11개 스테이지를 즐길 수 있다. 온난화가 닥쳐오고 있는 빙하기에, 주인공 동물 3마리를 전환해 가며 동료들을 대홍수의 위기에서 구해내자.

### SIMPLE 2000 시리즈 Vol.109 : THE 택시 2 - 운전사는 역시 너다!

- D3 퍼블리셔 ● SLG ● 2006년 10월 12일 ● 2,000엔
- 플레이 명수 : 1인 ● 세이브 용량 : 66KB 이상

택시운전사가 되어 다양한 손님을 운송해주는 드라이브 게임의 제2탄. 맵의 범위가 4개 지역으로 넓어졌고 차량 커스터마이징도 대폭 업그레이드됐다. 손님의 상황도 다양화되어, 게임에 깊이가 더해졌다.

## PlayStation2 Game Software Catalogue

### SIMPLE 2000 시리즈 Vol.110 THE 탈옥수 - 로스 시티, 진실을 향한 10시간
- CERO D
- D3 퍼블리셔 ● ACT ● 2006년 10월 12일 ● 2,000엔
- 플레이 명수 : 1인 ● 세이브 용량 : 90KB 이상

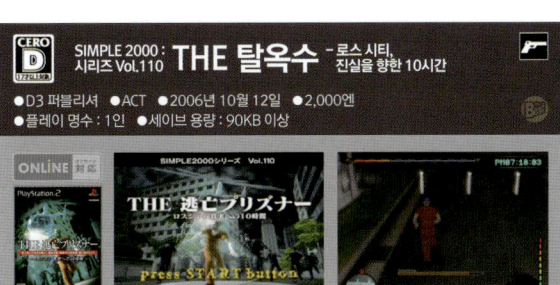

범죄도시가 배경인 술래잡기 논스톱 액션 게임. 억울하게 누명을 쓴 주인공이 되어, 주인공에게 죄를 뒤집어씌운 진범을 찾아야 한다. 제한시간은 10시간. 주인공의 행동에 따라 10종류 이상의 결말이 기다린다.

### 드라이버 : 패럴렐 라인즈
- CERO Z
- AQ 인터랙티브 ● ACT ● 2006년 10월 12일 ● 6,800엔
- 플레이 명수 : 1인 ● 세이브 용량 : 148KB 이상

「드라이버 3」(50p)에 이은, 드라이브 액션 게임 시리즈의 4번째 작품. 1978년과 2006년의 뉴욕을 무대로 삼아, 동료에게 배신당한 주인공의 복수극을 그렸다. 맵은 실제 당시 뉴욕 지도를 기준으로 재현돼 있다.

### 네버랜드 연구사
- CERO A
- 아이디어 팩토리 ● RPG ● 2006년 10월 12일 ● 4,800엔
- 플레이 명수 : 1인 ● 세이브 용량 : 256KB 이상

이세계 '네버랜드'를 무대로 삼은 명작들을 한꺼번에 즐길 수 있는 컬렉션 소프트. 「스펙트럴 포스」시리즈를 비롯해 시뮬레이션 RPG 5개 작품을 플레이할 수 있으며, 캐릭터·CG 컬렉션 등의 자료집을 수록했다.

### BLEACH 블레이드 배틀러즈
- CERO A
- 소니컴퓨터엔터테인먼트 ● ACT ● 2006년 10월 12일 ● 6,800엔
- 플레이 명수 : 1~2인 ● 세이브 용량 : 65KB 이상 ● 멀티탭 지원(~4인)

쿠보 타이토 원작의 인기 애니메이션을 대전격투 게임화했다. 3D로 모델링된 캐릭터들이, 진화된 조작계와 화려한 연출로 손에 땀을 쥐는 배틀을 펼친다. 아이젠 등의 대장을 포함해, 총 23명의 캐릭터가 등장한다.

### Gift : prism
- CERO B
- 브로콜리 ● AVG ● 2006년 10월 19일 ● 6,800엔
- 플레이 명수 : 1인 ● 세이브 용량 : 115KB 이상

PC용 게임의 이식작. 항상 무지개가 걸려있는 마을 나라사키쵸에서 주인공과 소꿉친구, 재회한 의붓여동생을 중심으로 이야기가 전개되는 연애 어드벤처 게임이다. 이식하며 신규 이벤트 CG와 공략 가능 히로인 3명을 추가했다.

### 캡틴 츠바사
- CERO A
- 반다이남코게임즈 ● SPT ● 2006년 10월 19일 ● 6,800엔
- 플레이 명수 : 1~2인 ● 세이브 용량 : 151KB 이상

인기 축구만화 「캡틴 츠바사」를 게임화한 타이틀. 애니메이션처럼 결정적인 장면에서 화려한 컷과 연출이 펼쳐지는 탓에 숯이 잘 들어가지 않는 편이지만, 등장인물들이 계속 강조되어 보는 맛이 있는 시합을 즐길 수 있다.

### 속독 마스터
- CERO A
- 매그놀리아 ● ETC ● 2006년 10월 19일 ● 5,800엔
- 플레이 명수 : 1인

1주일간의 프로그램으로 독서속도 향상을 훈련하는 소프트. 눈을 움직이는 근육 트레이닝, 실제로 문자를 인식하는 트레이닝, 상상력을 단련하는 우뇌 계발 트레이닝 등의 다양한 프로그램을 수록하였다.

### 불꽃 택배기사
- CERO A
- 석세스 ● ACT ● 2006년 10월 19일 ● 5,800엔
- 플레이 명수 : 1인 ● 세이브 용량 : 75KB 이상

만화가 시마모토 카즈히코가 캐릭터 디자인과 시나리오 감수를 담당한 3D 택배 액션 게임. 정의의 택배기사가 되어, 악의 배달차량을 몸통박치기로 날려버리면서 제한시간 내에 택배화물을 목적지까지 실어 나르자.

## 칭송받는 자 : 흩어져가는 자들을 위한 자장가

- 아쿠아플러스
- SLG
- 2006년 10월 26일
- 6,800엔
- 플레이 명수 : 1인
- 세이브 용량 : 128KB 이상

PC용 어드벤처+SRPG의 이식작. 기억을 잃은 주인공과 동물귀가 달린 아인종 간의 교류, 그리고 부족들 간의 싸움을 그렸다. 등장인물들이 풀보이스화되었으며, 성인 취향의 장면을 삭제한 대신 새로운 시나리오를 추가하였다.

## 코로봇 어드벤처

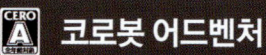

- 테크모
- AVG
- 2006년 10월 26일
- 5,800엔
- 플레이 명수 : 1인
- 세이브 용량 : 110KB 이상

PSP로 발매됐던 작품 「카라쿠리」에 신규 요소를 추가해 PS2로 이식한 액션 어드벤처 게임. 트레저 마스터가 목표인 소년이, 조그만 로봇들과 함께 적과 함정이 잔뜩 도사린 고대유적을 탐험한다.

## 죠죠의 기묘한 모험 : 팬텀 블러드

- 반다이남코게임즈
- AVG
- 2006년 10월 26일
- 6,800엔
- 플레이 명수 : 1인
- 세이브 용량 : 129KB 이상

아라키 히로히코의 초인기 만화가 원작인 액션 게임. 원작의 제1부인 '팬텀 블러드'의 분위기를 '아라키 셰이딩' 기법으로 재현했다. 작품의 상징인 포즈 잡기, '디오'가 주인공인 모드 등의 오리지널 컨텐츠를 탑재했다.

## 신세기 GPX 사이버 포뮬러 : Road To The Infinity 3

- 선라이즈 인터랙티브
- RCG
- 2006년 10월 26일
- 6,800엔
- 플레이 명수 : 1~2인
- 세이브 용량 : 1800KB 이상
- GT FORCE Pro 지원

TV 애니메이션이 원작인 SF 레이싱 게임의 제3탄. 원작에 없는 오리지널인 제19회 대회가 배경인 스토리 모드를 중심으로 하여, 새로운 코스와 머신을 추가하는 등 게임만의 오리지널 컨텐츠를 대폭 늘렸다.

## SIMPLE 2000 시리즈 Vol.111 : THE 강탈 라이더 - 네 바이크는 내 것이다 / Jacked

- D3 퍼블리셔
- RCG
- 2006년 10월 26일
- 2,000엔
- 플레이 명수 : 1~2인
- 세이브 용량 : 81KB 이상

강력한 오토바이로 미션을 클리어하는 바이크 레이싱 게임. 레이스 도중 상대 오토바이를 빼앗아 탈 수 있으며, 노상의 무기를 장착하거나 더욱 강력한 오토바이, 니트로 등의 부품까지 얻을 수 있다. 영국산 게임 「Jacked」의 일본어판.

## 파치파라 13 : 슈퍼 바다와 파치프로 풍운록

- 아이렘 소프트웨어 엔지니어링
- SLG
- 2006년 10월 26일
- 4,800엔
- 플레이 명수 : 1인
- 세이브 용량 : 680KB 이상

파치코 실기 시뮬레이터 '슈퍼 바다이야기'의 완벽 재현 모드와, 도박생활을 즐기는 '파치프로 풍운록'의 2가지 모드를 수록한 소프트. 확률변동이 확정되는 프리미엄 연출인 '샘 등장'만큼은 꼭 눈으로 직접 확인해보자.

## 필살 파친코☆파치슬로 : CR 피버 파워풀 ZERO 공략 시리즈 Vol.7

- D3 퍼블리셔
- SLG
- 2006년 10월 26일
- 4,800엔
- 플레이 명수 : 1인
- 세이브 용량 : 317KB 이상

산쿄 사의 인기 기종을 수록한 파치슬로 실기 시뮬레이터. 'CR 피버 파워풀 ZERO'를 수록하였으며, 올 프루츠 리치와 파워풀 러시, 파워풀 찬스 등 이 기종만의 독특하고 매력적인 기능을 재현하였다.

## 프린세스 프린세스 : 공주들의 위험한 방과 후

- 마벨러스 인터랙티브
- AVG
- 2006년 10월 26일
- 6,800엔
- 플레이 명수 : 1인
- 세이브 용량 : 126KB 이상

츠다 미키요 원작의 애니메이션을 어드벤처 게임화했다. 어여쁜 남학생을 여장시키는 '공주' 제도가 있는 남학교를 배경으로, '공주'가 되어버린 주인공이 다양한 이벤트에 직면한다. 원작에 없던 오리지널 스토리를 즐겨보자.

## PlayStation2 Game Software Catalogue

### 머메이드 프리즘
- D3 퍼블리셔 ● SLG ● 2006년 10월 26일 ● 4,800엔
- 플레이 명수 : 1인 ● 세이브 용량 : 160KB 이상

동화 '인어공주'가 모티브인 연애 시뮬레이션 게임. 이세계로 워프되어 온 주인공이 인어공주가 되어버린다는 스토리다. 레벨 업 시스템이 있어, 각 능력치에 포인트를 배분함으로써 주인공을 플레이어 마음대로 육성할 수 있다.

### 물의 선율 2 : 비(緋)의 기억
- 키드 ● AVG ● 2006년 10월 26일 ● 6,800엔
- 플레이 명수 : 1인 ● 세이브 용량 : 128KB 이상

2005년 발매되었던 「물의 선율」의 속편. 전작으로부터 2년 후, 주인공이 '이치요'・'쿠소'・'야타'라 불리는 일족들을 둘러싼 싸움에 말려든다는 스토리다. 시나리오는 전작의 약 1.8배이며, 주인공 이름은 자유롭게 정할 수 있다.

### Yo-Jin-Bo : 운명의 프로이데
- 투파이브 ● AVG ● 2006년 10월 26일 ● 6,800엔
- 플레이 명수 : 1인 ● 세이브 용량 : 60KB 이상

PC용 게임의 이식작. 귀한 집안 아가씨와 개성 넘치는 요진보(경호원)들이 펼치는 코믹한 시대극 연애 어드벤처 게임이다. 이식 과정에서 후마 카스미마루・오노 하루모토가 공략대상으로 승격됐고, 전원의 캐릭터 송 18곡을 수록했다.

### 갤롭 레이서 인브리드
- 테크모 ● RCG ● 2006년 11월 2일 ● 4,800엔
- 플레이 명수 : 1~2인 ● 세이브 용량 : 816KB 이상

「갤롭 레이서」 시리즈 탄생 10주년을 기념하는 스페셜 패키지. 스토리 중심인 7편과 라이브 레이스 중심인 8편 두 작품을 합본한 컬렉션으로서, 스케줄을 2006년도판으로 갱신했고 지방・해외 등 다수의 레이스를 추가하였다.

### 슬로터 UP 코어 9 : 저그 제패! 파이널 저글러
- 도라스 ● SLG ● 2006년 11월 2일 ● 2,800엔 ● 플레이 명수 : 1인
- 세이브 용량 : 290KB 이상 ● 파치슬로 컨트롤러, 슬롯컨, 실전 파치슬로 컨트롤러 지원

키타 덴시의 '파이널 저글러'를 수록한 파치슬로 실기 시뮬레이터. 패널 6종 전체를 수록하였으며, 타이밍 맞춰 누르기, 리플레이 스킵 연습도 가능하다. BGM과 효과음을 들어볼 수 있는 등, 게임이기에 가능한 기능도 넣었다.

### 레고 스타워즈 II
- 일렉트로닉 아츠 ● ACT ● 2006년 11월 2일 ● 6,800엔
- 플레이 명수 : 1~2인 ● 세이브 용량 : 82KB 이상

레고 블록으로 영화 '스타워즈'의 세계를 재현한 게임의 제2탄. 원작 영화의 첫 3부작인 에피소드 IV~VI의 스토리를 재현하였으며, 레고의 특성을 활용하여 오리지널 주인공을 제작할 수도 있다.

### 아이즈 퓨어
- 타카라토미 ● AVG ● 2006년 11월 9일 ● 6,800엔
- 플레이 명수 : 1인 ● 세이브 용량 : 1800KB 이상

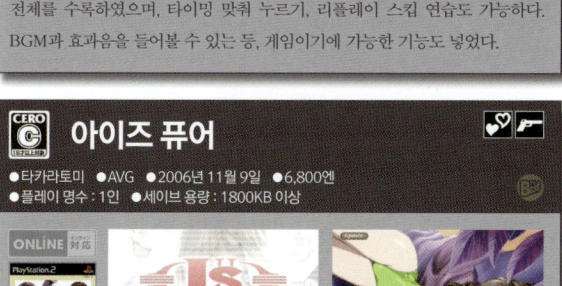

카츠라 마사카즈 원작의 인기 OVA '아이즈'를 연애 어드벤처 게임화했다. 주인공 '세토 이치타카'가 되어 히로인들과 3년간을 보내며, '역 폭군 시스템'과 '재팽 시스템' 등, 원작의 특징을 재현한 시스템을 다수 탑재했다.

### 에어리어 51
- 석세스 ● ACT ● 2006년 11월 9일 ● 5,800엔
- 플레이 명수 : 1인 ● 세이브 용량 : 332KB 이상

북미 PC 게임의 이식작. 미 육군 특수부대의 멤버가 되어 '에어리어 51'의 비밀을 밝혀내자. 돌연변이화된 연구원부터 시작해 경비병, 정체불명의 무장 공작원 집단, 심지어 외계인 '그레이'까지도 적으로 등장한다.

159

| CERO A | SIMPLE 2000 시리즈 얼티밋 Vol.33 : 우루룬 퀘스트 - 연유기 |
|---|---|

- D3 퍼블리셔  ● SLG+RPG  ● 2006년 11월 9일  ● 2,000엔
- 플레이 명수 : 1인  ● 세이브 용량 : 170KB 이상

2005년 발매되었던「우루룬 퀘스트 : 연유기」의 염가판. 주인공이 되어 멋진 남자들과 함께 모험하는 여성용 시뮬레이션 RPG다. 전투 장면에서는 호감도가 높은 남자가 주인공의 피격을 대신 방어해주기도 한다.

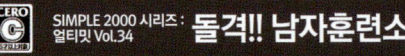

| CERO C | SIMPLE 2000 시리즈 얼티밋 Vol.34 : 돌격!! 남자훈련소 |
|---|---|

- D3 퍼블리셔  ● ACT  ● 2006년 11월 9일  ● 2,000엔
- 플레이 명수 : 1~2인  ● 세이브 용량 : 49KB 이상

미야시타 아키라의 인기 만화를 3D 격투게임화했다. 원작의 인기 캐릭터들은 물론, '새벽!! 남자훈련소'의 츠루기 시시마루도 등장해 세대를 초월한 대결을 펼친다. 필살기를 날리면 민명서방의 잡지식을 소장이 직접 해설해준다.

| CERO A | 마이오토메 : 소녀 무투사!! |
|---|---|

- 선라이즈 인터랙티브  ● ACT  ● 2006년 11월 9일  ● 6,800엔
- 플레이 명수 : 1~2인  ● 세이브 용량 : 100KB 이상

같은 제목의 인기 애니메이션이 원작인 3D 격투 액션 게임. 원작에도 등장했던 가련한 소녀들이 로브를 두르고 하이스피드로 싸운다. 애니메이션에서는 볼 수 없었던 마테리얼라이즈 영상과 비장의 설정자료도 수록했다.

| CERO A | 3D 마작 + 마작패 따먹기 |
|---|---|

- 매그놀리아  ● TBL  ● 2006년 11월 16일  ● 2,000엔
- 플레이 명수 : 1인

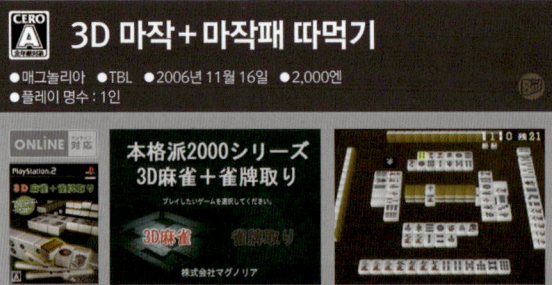

마작패와 주사위까지 3D로 디자인해, 플레이 도중 시점을 자유롭게 바꿀 수 있는 마작 게임. 세세한 룰 설정도 가능하다. 마작패를 한 쌍씩 따내며 진행하는 퍼즐 게임 '마작패 따먹기'도 보너스 게임으로 수록하였다.

| CERO B | 전국무쌍 2 Empires |
|---|---|

- 코에이  ● ACT  ● 2006년 11월 16일  ● 4,280엔  ● 플레이 명수 : 1~2인
- 세이브 용량 : 677KB 이상  ● PlayStation BB Unit (캐시) 지원 1024MB 이상 필요

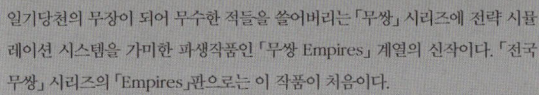

일기당천의 무장이 되어 무수한 적들을 쓸어버리는「무쌍」시리즈에 전략 시뮬레이션 시스템을 가미한 파생작품인「무쌍 Empires」계열의 신작이다.「전국무쌍」시리즈의「Empires」판으로는 이 작품이 처음이다.

| CERO A | NARUTO -나루토- : 나뭇잎 스피릿츠!! |
|---|---|

- 반다이남코게임즈  ● ACT  ● 2006년 11월 16일  ● 6,800엔
- 플레이 명수 : 1~2인  ● 세이브 용량 : 136KB 이상

인기 애니메이션 'NARUTO -나루토-'의 세계를 재현한 3D 액션 게임. 의문의 백을 일족을 퇴치하여 나뭇잎 마을을 지켜내야 한다. 인기 캐릭터들을 3인 1조로 조합해, 각 캐릭터가 지닌 인술로 호쾌하게 싸워보자.

| CERO B | 네기마!? 3교시 : 사랑과 마법과 세계수 전설! |
|---|---|

- 코나미디지털엔터테인먼트  ● ACT  ● 2006년 11월 16일
- 5,980엔 (연극판 6,980엔)  ● 플레이 명수 : 1인  ● 세이브 용량 : 95KB 이상

'마법선생 네기마!'의 PS2판 게임화 제4탄. 학교 축제의 전시품을 결정하는 스토리를 어드벤처 파트와 3D 배틀 액션 파트로 구성하였다. 배틀 도중엔 학생 2명이 파트너로서 지원해준다. '연극판'과 '라이브판' 2종류로 발매됐다.

| CERO A | NBA 라이브 07 |
|---|---|

- 일렉트로닉 아츠  ● SPT  ● 2006년 11월 22일  ● 6,800엔
- 플레이 명수 : 1~2인  ● 세이브 용량 : 660KB 이상  ● 멀티탭 지원(~8인)

「NBA 라이브」시리즈의 2007년도판. 대부분의 농구 게임은 사이드뷰 시점으로 진행되지만, 이 게임은 특이하게도 골포스트를 안쪽에 두고 아래에서 위로 올라가는 부감 시점을 채용했다. 3점 슛이 상쾌한 재미가 있는 작품이다.

## PlayStation2 Game Software Catalogue

### 기타 프릭스 V2 & 드럼매니아 V2
- 코나미디지털엔터테인먼트 ● ACT ● 2006년 11월 22일 ● 6,980엔
- 플레이 명수: 1~2인
- 세이브 용량: 98KB 이상 ● 멀티탭 지원(~3인), RU018-J2 및 RU021-J2 지원

2006년 3월 발매되었던 『기타 프릭스 V & 드럼매니아 V』의 속편. '프렌티스 모드'와 허든곡 해금 이벤트 '기타도장코' 등의 가정용 오리지널 컨텐츠는 물론, 아케이드판 '~V3'의 곡까지 총 60곡 이상을 수록했다.

### K-1 WORLD GP 2006
- D3 퍼블리셔 ● ACT ● 2006년 11월 22일 ● 6,800엔
- 플레이 명수: 1~2인 ● 세이브 용량: 46KB 이상

수많은 실존 선수 및 직접 육성한 오리지널 선수로, 입식격투기 이벤트 'K-1'의 챔피언이 되어보자. 입은 대미지는 머리·복부·팔다리 등의 부위별로 축적되며, 팔 부상을 당하면 공격력이 저하되는 등으로 시합에 영향이 미친다.

### J리그 위닝 일레븐 10 + 유럽 리그 '06-'07
- 코나미디지털엔터테인먼트 ● SPT ● 2006년 11월 22일 ● 6,980엔
- 플레이 명수: 1~2인 ● 세이브 용량: 2163KB 이상 ● 멀티탭 지원(~8인)

코나미의 간판 축구 게임 시리즈 중 J리그 판의 신작. 그래픽이 더욱 리얼해졌고, J리그뿐만 아니라 유럽 리그도 수록하여 조작 가능한 팀이 대거 늘어났다. 선수들의 표정도 폴리곤으로 더욱 리얼하게 재현하였다.

### 전생학원 월광록
- 아스믹 에이스 엔터테인먼트 ● AVG ● 2006년 11월 22일 ● 6,800엔
- 플레이 명수: 1인 ● 세이브 용량: 170KB 이상

2004년 발매되었던 『전생학원 환창록』의 속편. 전작으로부터 5년 후, 새로운 주인공과 천마의 치열한 전투를 그린 학원물 전기 어드벤처 게임이다. 호화 성우진의 풀보이스화를 실현했고, 친숙한 요소도 다수 탑재하였다.

### 화이트 브레스 : 인연
- 키드 ● AVG ● 2006년 11월 22일 ● 6,800엔
- 플레이 명수: 1인 ● 세이브 용량: 136KB 이상

PC용 게임의 이식작. 시한부 인생을 선고받은 주인공과 히로인들 간의 감정을 그린 연애 어드벤처 게임. 이야기는 7개의 PHASE로 나뉘며, 입 움직임에 맞춰 하얀 입김이 나오는 등 상황에 맞춘 연출을 넣은 것도 특징이다.

### 어린양 포획계획!
- 아이디어 팩토리 ● AVG ● 2006년 11월 24일 ● 6,800엔
- 플레이 명수: 1인 ● 세이브 용량: 179KB 이상

미나미 카즈카의 인기 만화가 원작인 여성향 BL 어드벤처 게임. 전원 기숙사제 남학교인 사립 요카 학원 내에서, 소년들 간의 금단의 연애를 즐겨보자. 노리는 캐릭터의 호감도를 올려 연애관계로 발전시켜야 한다.

### 가면라이더 가부토
- 반다이남코게임즈 ● ACT ● 2006년 11월 30일 ● 5,980엔
- 플레이 명수: 1~2인 ● 세이브 용량: 85KB 이상

같은 제목의 특촬 TV 드라마를 게임화한, 3D 필드를 활보하며 싸우는 격투 액션 게임. 등장하는 라이더 및 웜은 총 20명 이상으로서, 원작 특유의 '캐스트 오프'와 '클록 업' 등의 연출도 잘 재현하였다.

### 서몬 나이트 4
- 반프레스토 ● SLG ● 2006년 11월 30일 ● 6,800엔
- 플레이 명수: 1인 ● 세이브 용량: 120KB 이상

인기 시리즈의 제4탄. 여관을 경영하는 주인공이 되어 새로운 모험에 도전하자. 전투 중 대화와 서포트 유닛 등의 신규 시스템을 탑재하였으며, 요리 관련 이벤트와 미니게임도 즐길 수 있다. 역대 인기 캐릭터들도 등장한다.

### 실전 파친코 필승법! : CR 멋진남자 김태랑

- 세가 ● SLG ● 2006년 11월 30일 ● 4,800엔
- 플레이 명수 : 1인 ● 세이브 용량 : 155KB 이상

모토미야 히로시 원작의 만화 '멋진남자 김태랑'의 주인공, '김태랑'의 삶을 소재로 삼은 파친코의 실기 시뮬레이터. 평소에는 스타트 체커에 구슬을 넣고, 확률변동 시에는 오른쪽 쏘기로 오른쪽 어태커에 구슬을 넣자.

### 테일즈 오브 데스티니

- 반다이남코게임즈 ● RPG ● 2006년 11월 30일 ● 6,800엔
- 플레이 명수 : 1인 ● 세이브 용량 : 65KB 이상 ● 멀티탭 지원(~4인)

PS1으로 발매되었던 같은 제목 RPG의 리메이크작. 그래픽은 물론 대사·스토리도 변경했으며, 새로운 전투 시스템을 도입하고 파고들기 요소를 추가하는 등, 대폭적인 업그레이드를 가해 풀 리메이크하였다.

### 디지몬 세이버즈 : 어나더 미션

- 반다이남코게임즈 ● RPG ● 2006년 11월 30일 ● 6,800엔
- 플레이 명수 : 1인 ● 세이브 용량 : 319KB 이상

당시 방영했던 TV 애니메이션의 게임판. 디지몬과 마음을 합쳐 배틀하는 RPG다. 디지몬월드에 발생한 이변의 비밀을 밝혀내고 거대한 악과 맞서자. 이 작품의 오리지널 디지몬을 포함해, 130종 이상의 디지몬이 등장한다.

### 파치슬로 완전공략 : 슬롯 원시인·오니하마 폭주건달 - 격투 편

- 석세스 ● SLG ● 2006년 11월 30일 ● 5,800엔 ● 플레이 명수 : 1인
- 세이브 용량 : 593KB 이상 ● 파치슬로 컨트롤러 쿠로토·스탠다드 지원

원시인 러시 & 루프가 구슬 대량 획득의 트리거인 파치슬로 기기 '슬롯 원시인'과, 90p에서 소개했던 '오니하마 폭주건달 - 격투 편' 두 기종을 합본한 실기 시뮬레이터. 두 작품 모두 액정감상 모드를 탑재했다.

### 필승 파친코★파치슬로 공략 시리즈 Vol.8 : CR 마츠우라 아야

- D3 퍼블리셔 ● SLG ● 2006년 11월 30일 ● 4,800엔
- 플레이 명수 : 1인 ● 세이브 용량 : 459KB 이상

'아야'라는 별명으로도 사랑받았던 아이돌 가수 '마츠우라 아야'가 등장하는 파친코의 실기 시뮬레이터. 리치 액션에선 테니스복·우주복 등의 다양한 코스프레를 즐길 수 있다. 그녀의 매력을 체험할 수 있는 타이틀이다.

### 양호실에 어서 오세요

- 프린세스 소프트 ● AVG ● 2006년 11월 30일 ● 6,800엔
- 플레이 명수 : 1인 ● 세이브 용량 : 210KB 이상

PC용 게임의 이식작. 갑자기 양호위원으로 임명된 주인공과, 양호선생 '카스가 마리나'를 중심으로 전개되는 코믹 학원물 어드벤처 게임. 마리나의 연애 레슨을 받으며, 애인이 생기길 갈망하는 주인공의 소원을 이뤄주자.

### REC : ☆두근두근 성우 파라다이스☆

- 아이디어 팩토리 ● AVG ● 2006년 11월 30일 ● 6,800엔
- 플레이 명수 : 1인 ● 세이브 용량 : 133KB 이상

하나미즈와 Q타로의 만화가 원작인 인기 애니메이션을 게임화했다. 평범한 샐러리맨이 되어 신인 성우와 동거 생활하는 연애 어드벤처 게임. 오리지널 캐릭터 '엔도 모미지'의 성우는 실존 인기 성우 5명 중에서 자유롭게 고를 수 있다.

### 기동전사 건담 SEED DESTINY : 연합 vs. Z.A.F.T. II PLUS

- 반다이남코게임즈 ● ACT ● 2006년 12월 7일 ● 6,800엔
- 플레이 명수 : 1~2인 ● 세이브 용량 : 92KB 이상

「기동전사 건담 SEED : 연합 vs. Z.A.F.T.」(112p)의 속편. 기체가 80종 이상으로 대폭 증가했으며, 캐릭터도 40명 이상이나 등장한다. 각성 시스템은 3종류가 되었고, 미션 클리어 식의 'P.L.U.S. 모드'도 추가되었다.

## PlayStation2 Game Software Catalogue

### 태고의 달인 : 딱! 곱빼기로 7대째
- 반다이남코게임즈 ● ACT ● 2006년 12월 7일 ● 4,500엔
- 플레이 명수 : 1~2인 ● 세이브 용량 : 115KB 이상 ● 타타콘 지원

인기 큰북 리듬 액션 게임 시리즈의 신작. 다양한 장르에 걸쳐 48곡을 수록했고, 동러 랜드를 모험한다는 스토리가 붙은 '어드벤처 모드'가 신규 추가되었다. 새로운 미니게임도 4종류 수록되어 있다.

### 툼 레이더 레전드
- 스파이크 ● ACT ● 2006년 12월 7일 ● 6,800엔
- 플레이 명수 : 1인 ● 세이브 용량 : 155KB 이상

고고학자이자 트레져 헌터인 여걸 '라라 크로프트'가 주인공인 액션 게임. 네팔의 산 정상, 도쿄의 고층 빌딩군 등 세계 각지를 무대로 삼아, 라라가 유체역학을 응용한 부드러운 모션으로 활약한다.

### 매든 NFL 07
- 일렉트로닉 아츠 ● SPT ● 2006년 12월 7일 ● 6,800엔
- 플레이 명수 : 1~2인 ● 세이브 용량 : 1413KB 이상 ● 멀티탭 지원(~8인)

2006년도 데이터를 수록한 인기 NFL 미식축구 게임. 볼 캐리어를 지키는 '리드 블로킹 컨트롤' 시스템과 '프랜차이즈 모드' 등이 추가되었으며, '슈퍼스타 모드'는 플레이어 시점으로 변경되었다.

### 모모타로 전철 16 : 홋카이도 대이동 편!
- 허드슨 ● TBL ● 2006년 12월 7일 ● 6,800엔
- 플레이 명수 : 1~4인 ● 세이브 용량 : 230KB 이상

일본을 대표하는 보드게임 시리즈의 16번째 작품. 이번엔 게임의 부제대로, 일정 조건이 충족되면 게임 도중에 홋카이도 맵이 시코쿠 인근으로 이동하는 이벤트가 발생하여 게임 전개가 대폭적으로 변화한다.

### [류가 고토쿠2] 용과 같이2
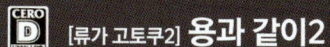
- 세가 ● ACT ● 2006년 12월 7일 ● 6,800엔
- 플레이 명수 : 1인 ● 세이브 용량 : 220KB 이상

야쿠자 사회를 묘사한 인기 액션 어드벤처 게임 시리즈의 제2탄. 이번엔 오사카의 환락가를 모티브로 삼은 '소텐보리' 지역을 배경으로 삼아, 전작으로부터 1년 후의 새로운 스토리가 전개된다. 카바레 클럽 경영과 호스트·마작 등의 플레이 스팟을 추가하여, 스토리 외적인 즐길거리도 한층 더 강화시켰다.

### 새벽녘보다도 짙푸른 : Brighter than dawning blue
- ARIA ● AVG ● 2006년 12월 7일 ● 6,800엔
- 플레이 명수 : 1인 ● 세이브 용량 : 128KB 이상

PC용 게임의 이식작. 달에서 홈스테이 차 찾아온 공주와 주인공의 사랑 이야기를 그린 연애 어드벤처 게임. 이식 과정에서 '토오야마 미도리'의 시나리오와 신 캐릭터 '에스텔' 등, 오리지널 컨텐츠를 잔뜩 추가했다.

### 노부나가의 야망 온라인 : 파천의 장
- 코에이 ● RPG ● 2006년 12월 13일 ● 6,800엔
- 플레이 명수 : 1인 ● PlayStation BB Unit 필수, USB 키보드 지원

인기 MMORPG의 확장팩 제2탄. 우아하고 화사한 제8의 직업 '카부키모노' 추가를 비롯하여, 숨겨진 마을과 아이템 매매, 침입형 던전 등의 신규 컨텐츠를 탑재했다. '카부키모노'는 전투시 속성과 지형을 조작할 수 있다.

### 최강 도다이 쇼기 6

- 마이니치 커뮤니케이션즈 ● TBL ● 2006년 12월 14일 ● 2,800엔
- 플레이 명수: 1~2인 ● 세이브 용량: 200KB 이상

제13회 세계컴퓨터쇼기선수권에서 우승한 사고엔진을 탑재한 쇼기 소프트. CPU의 실력은 10급부터 4단까지 자유롭게 설정 가능하다. 박보장기 문제 자동생성 기능과, 수읽기 및 형세를 판단하는 '연구 모드'도 탑재했다.

### 실황 파워풀 프로야구 13 결정판

- 코나미디지털엔터테인먼트 ● SPT ● 2006년 12월 14일 ● 6,980엔 ● 플레이 명수: 1~2인
- 세이브 용량: 1960KB 이상 ● 네트워크 어댑터, PlayStation BB Unit (512MB 이상 필요) 지원

2006년도 페넌트 종료 시의 데이터를 탑재한 결정판. CPU전의 밸런스를 조정하였으며, 석세스 모드는 신규 시나리오인 '세계 고교야구 대회 편'을 추가했다. 플레이어는 일본 대표가 되어 세계 대표들과 대전한다.

### 대전략 VII 익시드

- 시스템소프트 알파 ● SLG ● 2006년 12월 14일 ● 6,800엔
- 플레이 명수: 1~4인 ● 세이브 용량: 135KB 이상

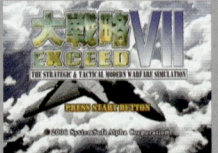

현대전을 테마로 삼은 턴제 전술 시뮬레이션 게임. 맵이 계층으로 구분돼 있고, 3D 표시 형태로 높이 개념을 도입했다. 특정한 국면을 타파하는 임무에 도전하는 '미션 모드'도 탑재하였다.

### TOCA 레이스 드라이버 2 : 얼티밋 레이싱 시뮬레이터

- 인터채널 홀론 ● SLG ● 2006년 12월 14일 ● 6,800엔 ● 플레이 명수: 1~2인
- 세이브 용량: 1084KB 이상 ● GT FORCE, GT FORCE Pro 완전 지원

투어링 카 레이스부터 랠리·오프로드에 이르기까지 다채로운 종류의 레이스를 한 소프트 내에 집약시킨 드라이빙 게임. 차량 종류도 풍부하며, 50종류 이상의 코스를 수록했다. 철저하게 리얼함을 지향한 작품이다.

### 비트매니아 IIDX 12 : HAPPY SKY☆

- 코나미디지털엔터테인먼트 ● SLG ● 2006년 12월 14일 ● 6,980엔 ● 플레이 명수: 1~2인
- 세이브 용량: 410KB 이상 ● RU029, CT013, ASC-0515BM, RU038 지원

아케이드판 원작을 이식한 DJ 시뮬레이션 게임의 신작. 난이도 표기가 12단계로 변경되어, 현행 아케이드판과 같은 기준이 되었다. 서브 타이틀명처럼 밝고 청량감 있는 곡들을 다수 선정하여, 총 90곡을 수록했다.

### 와일드 암즈 The Vth Vanguard

- 소니컴퓨터엔터테인먼트 ● RPG ● 2006년 12월 14일 ● 6,648엔
- 플레이 명수: 1인 ● 세이브 용량: 26KB 이상

인기 RPG 시리즈의 제6탄. 시리즈 탄생 10주년 기념작이기도 해, 과거작의 캐릭터도 등장한다. 전작의 HEX 배틀이 진화되었으며 과거의 시스템을 부활시켰고 풍부한 파고들기 요소도 탑재한, 시리즈의 집대성적 작품이다.

### SNK 슬롯 패닉 : 야구소년

- SNK 플레이모어 ● SLG ● 2006년 12월 21일 ● 3,800엔
- 플레이 명수: 1인 ● 세이브 용량: 125KB 이상 ● 파치슬로 컨트롤러 스탠다드 지원

SNK가 출시한 파치슬로 기기 '야구소년'을 즐길 수 있는 실기 시뮬레이터. 감독과 팀메이트의 도움을 받으며 특훈과 시합에서 좋은 성적을 남기면 보너스 성립 찬스가 온다. 슬롯머신 초보자도 쉽게 즐길 수 있는 타이틀이다.

### 시크릿 오브 에반게리온

- 사이버프론트 ● AVG ● 2006년 12월 21일 ● 6,800엔
- 플레이 명수: 1인 ● 세이브 용량: 150KB 이상

같은 제목의 인기 애니메이션이 원작인 어드벤처 게임. TV 시리즈의 후반과 1997년 개봉된 극장판이 기반인 내용으로서, 오리지널 캐릭터가 네르프와 재래의 비밀을 파헤친다. 10종류의 엔딩이 준비되어 있다.

## PlayStation2 Game Software Catalogue

### School Love! : 사랑과 희망의 메트로놈
- CERO C
- ●아벨 ●AVG ●2006년 12월 21일 ●6,800엔
- ●플레이 명수 : 1인 ●세이브 용량 : 193KB 이상

PC용 게임의 이식작. 칸노 히로유키가 프로듀스한 학원물 연애 어드벤처 게임으로서, 여동생·츤데레·선배 등의 다채로운 '모에' 캐릭터들이 등장한다. 다양한 소녀들과 대화해 가며 '진짜로 하고 싶은 일'을 찾아내 보자.

### 성검전설 4
- CERO A
- ●스퀘어 에닉스 ●ACT ●2006년 12월 21일 ●6,800엔
- ●플레이 명수 : 1인 ●세이브 용량 : 125KB 이상

「성검전설」 시리즈 최초의 풀 3D 그래픽 신작. '원점회귀'를 테마로 잡은 타이틀로서, 성검전설의 시작을 그렸다. 검을 비롯한 3종류의 무기가 제공되며, 통나무와 같은 물체를 활용하는 등의 다채로운 액션을 즐길 수 있다.

### 테니스의 왕자 : 두근두근 서바이벌 - 산기슭의 Mystic
- CERO A
- ●코나미디지털엔터테인먼트 ●AVG ●2006년 12월 21일 ●5,980엔
- ●플레이 명수 : 1인 ●세이브 용량 : 128KB 이상

인기 만화 '테니스의 왕자'가 원작인 연애 어드벤처 게임의 제2탄. 무인도에 표류해온 캐릭터들과 서바이벌 생활을 즐기며 인연을 다져가자. 「~해변의 Secret」(167p)과는 세이브데이터 연동이 가능하다.

### 니드 포 스피드 카본
- CERO B
- ●일렉트로닉 아츠 ●RCG ●2006년 12월 21일 ●6,800엔
- ●플레이 명수 : 1~2인 ●세이브 용량 : 291KB 이상 ●GT FORCE, GT FORCE Pro 지원

PS2로는 시리즈 5번째 작품이자, 「니드 포 스피드 모스트 원티드」(120p)의 속편. 스트리트 팀끼리의 분쟁을 메인 테마로 삼았으며, 팀 멤버를 늘려가면서 패로 레이스에 참가하는 것이 게임의 기본 진행법이다.

### SIMPLE 2000 시리즈 Vol.112 THE 도주 하이웨이 2 - ROAD WARRIOR 2050
- CERO C
- ●D3 퍼블리셔 ●ACT ●2006년 12월 28일 ●2,000엔
- ●플레이 명수 : 1인 ●세이브 용량 : 62KB 이상

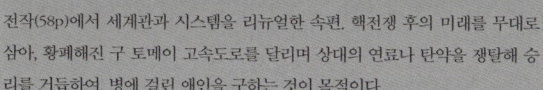

전작(58p)에서 세계관과 시스템을 리뉴얼한 속편. 핵전쟁 후의 미래를 무대로 삼아, 황폐해진 구 토메이 고속도로를 달리며 상대의 연료나 탄약을 쟁탈해 승리를 거듭하여, 병에 걸린 애인을 구하는 것이 목적이다.

### 히메히비 : Princess Days
- CERO B
- ●TAKUYO ●AVG ●2006년 12월 28일 ●6,800엔
- ●플레이 명수 : 1인 ●세이브 용량 : 150KB 이상

어디를 둘러봐도 남자밖에 없는 세계에서 역 하렘을 즐기는 여성용 학원물 어드벤처 게임. 극히 평범한 여고생이 되어, 엘리트 남학교에 편입하자. 마음에 드는 남자를 따라다니다 보면 두근거리는 이벤트도 즐길 수 있다.

### Formula One 2006
- CERO A
- ●소니컴퓨터엔터테인먼트 ●RCG ●2006년 12월 28일 ●5,800엔
- ●플레이 명수 : 1~2인 ●세이브 용량 : 439KB 이상 ●GT FORCE Pro 지원

FOM이 공인한 F1 레이싱 게임. 2006년도 개막시 데이터를 수록했다. 신인 F1 드라이버가 되어 5년간 커리어를 쌓는 모드가 추가되었으며, 그랑프리 모드에서는 포메이션 랩 방식의 롤링 스타트를 도입했다.

### 몽견사
- CERO C
- ●프리세스 소프트 ●AVG ●2006년 12월 28일 ●6,800엔
- ●플레이 명수 : 1인 ●세이브 용량 : 260KB 이상

전형적인 텍스트+그래픽 스타일의 연애 어드벤처 게임. 같은 하루를 2번 반복하는 능력을 지닌 주인공과, 소녀 3명간의 교류를 그린 이야기. 주인공이 경험하는 사랑과, 괴로운 결단을 지켜보자.

# 2007

## PlayStation2 Game Software Catalogue

2007년에 발매된 PS2용 소프트는 총 241개 타이틀이다. 전년에 비해 100종 가까이 줄어들었으니, PS2의 기세가 서서히 떨어지는 기미였음이 엿보인다. 동시에 눈에 띄는 점이, 미소녀 게임과 여성용 게임 등 좁고 특수한 유저층을 노린 타이틀의 증가세다. 같은 이유로 TV 애니메이션을 비롯한 미디어믹스계 타이틀 역시 늘어났다는 점에서도 인상적인 해였다.

### THE BATTLE OF 유☆유☆백서 : 샤투! 암흑무술대회 120%

- ●반프레스토  ●ACT  ●2007년 1월 11일  ●6,800엔
- ●플레이 명수 : 1~2인  ●세이브 용량 : 80KB 이상

아케이드로 가동되었던 '유☆유☆백서'의 3D 대전격투 게임판을 이식했다. 원작 중 '암흑무술대회 편'의 명장면을 재현한 스토리 모드를 추가했고, 토우야·주작·센스이·이츠키 4명의 캐릭터도 사용 가능해졌다.

### .hack//G.U. Vol.3 : 걷는 듯한 속도로

- ●반다이남코게임즈  ●RPG  ●2007년 1월 18일  ●6,800엔
- ●플레이 명수 : 1인  ●세이브 용량 : 489KB 이상

인기 RPG의 제2기 시리즈 중 제3탄. 온라인 게임 'The World'를 무대로 삼은 액션 RPG로서, 하세오와 쿠비아의 마지막 싸움을 그렸다. 신규 폼과 무기도 추가되어, 화려한 배틀을 즐길 수 있다.

### 샤이닝 포스 이쿠사

- ●세가  ●RPG  ●2007년 1월 18일  ●6,980엔
- ●플레이 명수 : 1인  ●세이브 용량 : 130KB 이상

히어로와 히로인, 두 명의 주인공을 전환해 가며 싸우는 액션 RPG. 인간과 마족 간의 분쟁이 격화되어 가는 세계에서, 성검 '샤이닝 포스'를 지닌 열혈 소년과 쿨한 성격의 소녀를 중심으로 하여 모험을 펼치게 된다. 주인공 중 한쪽이 원정을, 다른 한쪽이 요새 방어를 맡는다는 시스템이 특징이다.

### 드래곤 섀도우 스펠

- ●플라이트 플랜  ●SLG  ●2007년 1월 18일  ●6,800엔
- ●플레이 명수 : 1인  ●세이브 용량 : 88KB 이상

「서몬 나이트」, 「블랙 매트릭스」 등의 개발사인 플라이트 플랜이 직접 퍼블리싱한 첫 타이틀. 현대를 무대로 삼은 시뮬레이션 RPG로서, 신출내기 마법사인 주인공이 고대유적을 조사한다는 스토리.

### 바이오니클 히어로즈

- ●일렉트로닉 아츠  ●STG  ●2007년 1월 18일  ●6,800엔
- ●플레이 명수 : 1인  ●세이브 용량 : 64KB 이상

레고의 인기 시리즈 '바이오니클'이 원작인 액션 게임. 폴리네시아 신화와 4대 원소 기반의 세계관으로서, 용사 '토아'의 마스크에 숨겨진 6가지 힘을 활용해 싸운다. 상황에 따라 마스크를 바꿔 쓰며, 보야 누이 섬의 평화를 되찾자.

## PlayStation2 Game Software Catalogue

### 명탐정 에반게리온
- 브로콜리  ● AVG  ● 2007년 1월 18일  ● 6,800엔
- 플레이 명수 : 1인  ● 세이브 용량 : 125KB 이상

애니메이션 '신세기 에반게리온'에 등장하는 캐릭터들이 추리에 도전한다. 커맨드 선택과 3D로 묘사된 액션 장면으로 진행되는 총 6장의 시나리오를 수록하였다. 중요한 장면에선 일본 유명 드라마의 패러디 등도 삽입했다.

### 제비뽑기 언밸런스 : 회장님 부탁 드립니다~아 파이트☆
- 마벨러스 인터랙티브  ● ACT  ● 2007년 1월 25일  ● 6,800엔
- 플레이 명수 : 1인  ● 세이브 용량 : 99KB 이상

키오 시모쿠의 만화 '현시연'이 출전인 애니메이션을 3D 액션 게임화했다. 뭐든 '제비뽑기'로 결정하는 릿쿄인 학원의 구걸물을 파트너 2명과 함께 조사하자. 행동에 따라 호감도가 변하는 '츤데레 언밸런스 시스템'을 탑재했다.

### 그랜드 셉트 오토 : 산 안드레아스
- 캡콤  ● ACT  ● 2007년 1월 25일  ● 6,980엔
- 플레이 명수 : 1인  ● 세이브 용량 : 400KB 이상

미국의 어두운 면을 생생히 묘사하는 것이 매력인 「GTA」 시리즈의 신작. 이번 작품은 맵 규모가 한층 더 방대해졌음에도 심리스화시켜 로딩 타임을 개선했으며, 캐릭터의 모션도 더욱 부드러워져 플레이가 한층 쾌적하다.

### 타이토 메모리즈 II 상편
- 타이토  ● ETC  ● 2007년 1월 25일  ● 4,800엔
- 플레이 명수 : 1~2인  ● 세이브 용량 : 100KB 이상  ● GT FORCE 지원

70년대부터 90년대까지에 걸쳐 발매된 타이토 사 아케이드 타이틀들의 모음집. 총 25개 타이틀 중 17개 타이틀이 당시 가정용 최초 이식으로서, 시리즈 최다량이었다. 세로화면 사양의 게임은 모니터 회전도 지원한다.

### WWE 스맥다운 대 로우 2007
- THQ 재팬  ● ACT  ● 2007년 1월 25일  ● 6,800엔
- 플레이 명수 : 1~2인  ● 세이브 용량 : 540KB 이상  ● 멀티탭 지원(~6인)

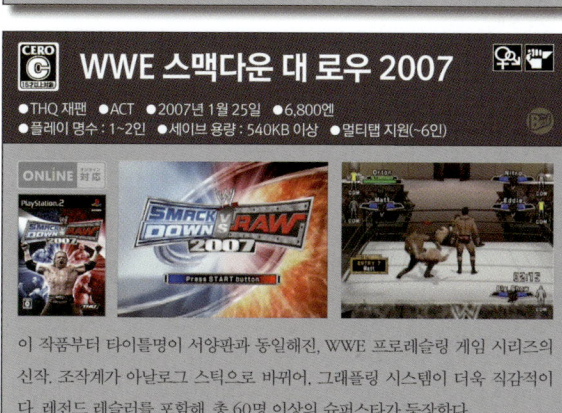

이 작품부터 타이틀명이 서양판과 동일해진, WWE 프로레슬링 게임 시리즈의 신작. 조작계가 아날로그 스틱으로 바뀌어, 그래플링 시스템이 더욱 직감적이다. 레전드 레슬러를 포함해, 총 60명 이상의 슈퍼스타가 등장한다.

### 댄스 댄스 레볼루션 슈퍼노바
- 코나미디지털엔터테인먼트  ● SLG  ● 2007년 1월 25일  ● 6,980엔  ● 플레이 명수 : 1~2인
- 세이브 용량 : 191KB 이상  ● 아이토이 카메라, RU017, RU023, RU026, RU031, RU039 지원

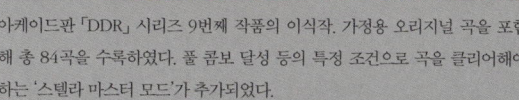

아케이드판 「DDR」 시리즈 9번째 작품의 이식작. 가정용 오리지널 곡을 포함해 총 84곡을 수록하였다. 풀 콤보 달성 등의 특정 조건으로 곡을 클리어해야 하는 '스텔라 마스터 모드'가 추가되었다.

### 테니스의 왕자 : 두근두근 서바이벌 - 해변의 Secret
- 코나미디지털엔터테인먼트  ● AVG  ● 2007년 1월 25일  ● 5,980엔
- 플레이 명수 : 1인  ● 세이브 용량 : 128KB 이상

「~산기슭의 Mystic」(165p)과 연동되는 연애 어드벤처 게임. 기본적인 구성은 전작과 동일하나, 함께 지낼 수 있는 총 20명의 캐릭터를 전부 전작과 차별화시켜, 두 작품을 합하면 총 40명과의 연애가 가능해진다.

### 토모요 애프터 : It's a Wonderful Life
- 프로토타입  ● AVG  ● 2007년 1월 25일  ● 5,800엔  ● 플레이 명수 : 1인
- 세이브 용량 : 233KB 이상  ● USB 마우스, 프로그레시브 출력 지원

PC용 게임의 이식작. 2006년 발매됐던 「CLANNAD」의 히로인 중 하나인 '사카가미 토모요'에 초점을 맞춘 연애 어드벤처 게임이다. 이식 과정에서 시나리오와 CG를 대폭 늘렸으며, 택티컬 RPG도 미니게임으로 등장한다.

### 트러블 포춘 COMPANY☆ : 해피 CURE
- 프리마베라 ● SLG ● 2007년 1월 25일 ● 6,800엔
- 플레이 명수 : 1인 ● 세이브 용량 : 265KB 이상

'점술'을 테마로 삼은 코미디풍의 여성용 연애 시뮬레이션 게임. 주인공이 집을 지켜내기 위해 점술사 수업을 받으면서 매력적인 남성들과 만난다는 스토리다. 초회한정판에는 음악 CD를 동봉했다.

### 파치코 겨울연가 : 파치로 상투 달인 10
- 쿄라쿠 ● SLG ● 2007년 1월 25일 ● 6,800엔
- 플레이 명수 : 1인 ● 세이브 용량 : 159KB 이상

쿄라쿠 사의 인기 기종을 수록한 파치슬로 실기 시뮬레이터. 실기 연구를 도와주는 '공략 모드'를 비롯하여 원작의 명장면을 재현한 리치 액션, 원작 드라마의 요약판을 감상하는 모드 등을 탑재하였다.

### 해피니스! 디럭스
- 마벨러스 인터랙티브 ● AVG ● 2007년 1월 25일 ● 6,800엔
- 플레이 명수 : 1인 ● 세이브 용량 : 480KB 이상

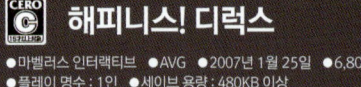

PC용 게임의 이식작. 마법에 소질이 있는 주인공이 매력적인 히로인들과 판타지 만장한 1개월을 보내는 연애 어드벤처 게임이다. 도중에 등장하는 선택지에 따라 스토리가 변화하여, 특수한 이벤트가 펼쳐진다.

### 플랫아웃 2
- 코나미디지털엔터테인먼트 ● RCG ● 2007년 1월 25일 ● 5,980엔
- 플레이 명수 : 1~2인 ● 세이브 용량 : 290KB 이상

「플랫아웃」(107p)의 속편. 파괴 가능한 지형지물이 늘었고, 엔진도 강화시켜 크래시가 더욱 화끈해진 레이싱 게임이다. 운전석의 더미 드라이버를 충돌로 날리는 등의 여러 미니게임도 수록했다. 일본판은 'GTR'이란 부제가 붙었다.

### 루츠 PE
- 아쿠아플러스 ● AVG ● 2007년 1월 25일 ● 5,800엔
- 플레이 명수 : 1인 ● 세이브 용량 : 114KB 이상

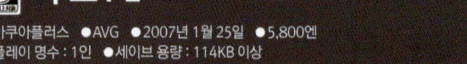

PC용 게임의 이식작. 평범한 학생으로 보이지만 실은 세계 최강의 첩보요원이라는 주인공과 히로인들이 펼치는, 스파이 액션물과 전기물을 뒤섞은 게임이다. 이식 과정에서 풀보이스화를 완료했으며, 신규 히로인을 추가했다.

### J리그 프로 사커 클럽을 만들자! 5
- 세가 ● SLG ● 2007년 2월 1일 ● 6,980엔 ● 플레이 명수 : 1~2인
- 세이브 용량 : 900KB 이상 ● PlayStation BB Unit (캐시) 지원 : 2560MB 이상 필요

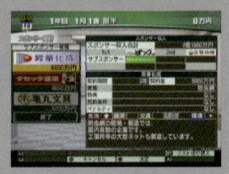

인기 시리즈의 넘버링 제5탄. 자신의 도시에 J리그 클럽을 설립하여 리그 제패를 노려보자. 초기보다 꽤 복잡해진 조작계와 시스템을 재정리했고, 편성회의 도입과 홈타운 어프로치 등의 신규 요소를 도입하였다.

### 세인트 세이야 : 명왕 하데스 12궁 편
- 반다이 ● ACT ● 2007년 2월 1일 ● 6,800엔
- 플레이 명수 : 1~2인 ● 세이브 용량 : 78KB 이상

인기 TV 애니메이션 '세인트 세이야'의 스토리를 충실하게 재현한 작품. 스토리 파트와 커맨드 입력으로 싸우는 대전격투 게임의 시스템을 결합시켜, 플레이어가 직접 코스모의 세계를 체험할 수 있도록 하였다.

### 아웃런 2 SP : OUTRUN2 SPECIAL TOURS
- 세가 ● RCG ● 2007년 2월 8일 ● 6,800엔 ● 플레이 명수 : 1인
- 세이브 용량 : 1473KB 이상 ● GT FORCE, GT FORCE PRO, 휠 컨트롤러 지원

상쾌함이 넘치는 경치를 만끽하며 드라이브하는 게임「아웃런」의 속편. 골인이 목적인 '아웃런 모드'를 비롯해, 조수석의 여성이 연이어 내는 리퀘스트에 도전하는 '하트 어택 모드' 등을 제공한다.

## PlayStation2 Game Software Catalogue

### 우리는 오락실 족 : 선더 크로스
- 햄스터 ●STG ●2007년 2월 8일 ●1,905엔
- 플레이 명수 : 1~2인 ●세이브 용량 : 40KB 이상

아케이드용 게임의 이식작. 아이템으로 파워 업하는 횡스크롤 슈팅 게임이다. 입수한 옵션은 플레이어 기체의 위아래에 붙으며, 옵션의 간격은 버튼을 눌러 신축시킬 수 있다. 최적의 포메이션을 연구하며 공략해보자.

### 우리는 오락실 족 : 트리오 더 펀치
- 햄스터 ●ACT ●2007년 2월 8일 ●1,905엔
- 플레이 명수 : 1~2인 ●세이브 용량 : 40KB 이상

1989년 가동되었던 아케이드용 게임의 이식작. 총 35스테이지 구성의 횡스크롤 액션 게임이다. 시종일관 부조리 개그가 넘쳐흐르며, '카르노프'·'체르노브' 등 과거 데이터 이스트 사 작품들의 캐릭터도 등장한다.

### 애플시드 EX
- 세가 ●ACT ●2007년 2월 15일 ●6,800엔
- 플레이 명수 : 1인 ●세이브 용량 : 52KB 이상

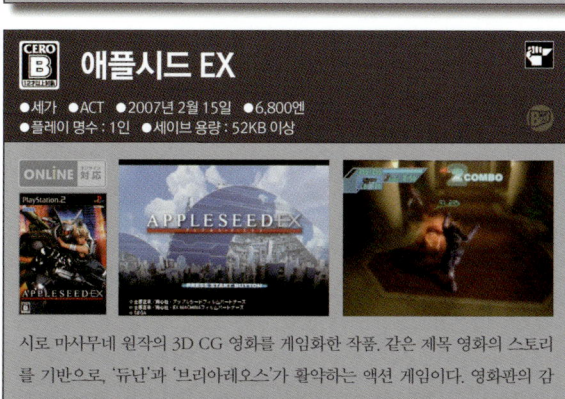
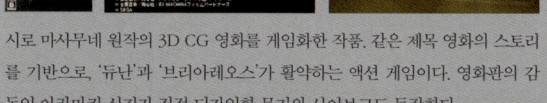

시로 마사무네 원작의 3D CG 영화를 게임화한 작품. 같은 제목 영화의 스토리를 기반으로, '듀난'과 '브리아레오스'가 활약하는 액션 게임이다. 영화판의 감독인 아라마키 신지가 직접 디자인한 무기와 사이보그도 등장한다.

### 제로의 사역마 : 소악마와 봄바람의 협주곡
- 마벨러스 인터랙티브 ●AVG ●2007년 2월 15일 ●6,800엔
- 플레이 명수 : 1인 ●세이브 용량 : 80KB 이상

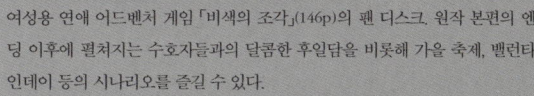

야마구치 노보루의 라이트 노벨이 원작인 '츤데레 어드벤처' 게임. 게임판만의 오리지널 스토리다. 루이즈의 '츤 패러미터'가 폭발하지 않도록 잘 조절해 가며 다른 히로인들과의 관계를 키워나가야 한다.

### 소울 크레이들 : 세계를 집어삼키는 자
- 니폰이치 소프트웨어 ●SLG ●2007년 2월 15일 ●6,800엔
- 플레이 명수 : 1인 ●세이브 용량 : 523KB 이상

파괴의 힘으로 '세계를 집어삼키는 자'를 물리치는 SRPG. 과거에 세계를 멸망시켰던 '기그'의 강대한 힘을 사용하여, 그의 혼에 몸을 빼앗기지 않도록 주의하며 세계를 구하자. 유력 캐릭터를 부대에 배치해 연계기를 발동하도록.

### 비색의 조각 : 저 하늘 아래에서
- 아이디어 팩토리 ●AVG ●2007년 2월 15일 ●4,800엔
- 플레이 명수 : 1인 ●세이브 용량 : 190KB 이상

여성용 연애 어드벤처 게임 「비색의 조각」(146p)의 팬 디스크. 원작 본편의 엔딩 이후에 펼쳐지는 수호자들과의 달콤한 후일담을 비롯해 가을 축제, 밸런타인데이 등의 시나리오를 즐길 수 있다.

### 오! 나의 여신님
- 마벨러스 인터랙티브 ●ACT ●2007년 2월 22일 ●6,800엔
- 플레이 명수 : 1인 ●세이브 용량 : 42KB 이상

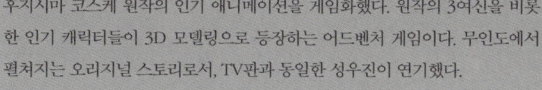

후지시마 코스케 원작의 인기 애니메이션을 게임화했다. 원작의 3여신을 비롯한 인기 캐릭터들이 3D 모델링으로 등장하는 어드벤처 게임이다. 무인도에서 펼쳐지는 오리지널 스토리로서, TV판과 동일한 성우진이 연기했다.

### 푸른 하늘의 네오스피어 : 나노카 프랑카 발명공방기 2
- 니폰이치 소프트웨어 ●SLG ●2007년 2월 22일 ●6,800엔
- 플레이 명수 : 1인 ●세이브 용량 : 141KB 이상

「푸른 바다의 트리스티아」(99p)의 속편. '나노카 프랑카'가 새로운 무대인 공중 도시 네오스피어로 이주하여, 1년 기한 내로 도시를 부흥시켜야 한다. 나노카의 '컨디션' 수치를 관리하는 시스템이 새로 추가되었다.

169

## 아랑전설 배틀 아카이브즈 2 : 네오지오 온라인 컬렉션 vol.6

- SNK 플레이모어　● ACT　● 2007년 2월 22일　● 4,800엔
- 플레이 명수 : 1~2인　● 세이브 용량 : 30KB 이상　● 네트워크 어댑터 지원

「리얼 바웃 아랑전설」부터 이어지는 시리즈 3개 작품을 수록한 타이틀. 아케이드판에서는 선택할 수 없었던 캐릭터를 추가했고, 편곡판 BGM과 프랙티스 모드 등의 신규 컨텐츠를 탑재하였다.

## 기갑장병 아모다인

- 소니컴퓨터엔터테인먼트　● SLG　● 2007년 2월 22일　● 6,648엔
- 플레이 명수 : 1인　● 세이브 용량 : 87KB 이상

로봇이 배치된 소대의 지휘관이 되어 전투를 치르는 시뮬레이션 게임. 경영 파트에서 대원들을 단련시키고, 전략 파트에서 다양한 미션에 도전한다. 대원들 사이에는 우정·연애·존경 등의 다양한 인간관계가 존재한다.

## 소녀마법학 리틀위치 로마네스크 : 아리아와 카야와 검은 탑

- 석세스　● SLG　● 2007년 2월 22일　● 5,800엔
- 플레이 명수 : 1인　● 세이브 용량 : 145KB 이상

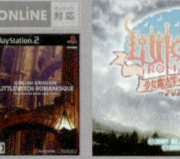  

PC용 게임의 이식작. 마법사인 주인공이, '아리아'와 '카야'라는 두 여학생을 3년간 어엿한 마법사로 키워내야 하는 육성 시뮬레이션 게임이다. 퀘스트를 충분히 클리어하고 매년 열리는 시험까지 돌파해내야 게임오버를 면한다.

## SIMPLE 2000 시리즈 Vol.113 : THE 대량지옥

- D3 퍼블리셔　● ACT　● 2007년 2월 22일　● 2,000엔
- 플레이 명수 : 1인　● 세이브 용량 : 102KB 이상

생리적으로 '무섭고' '기분 나쁜' 생물들이 대량 발생하여 무력한 소녀를 집요하게 쫓아오는 액션 게임. 거미·지네에 최강의 '바' 선생까지 득실대는 지역을 탐색해, 정체불명의 토끼가 훔쳐간 핸드폰을 되찾아내야 한다.

## SIMPLE 2000 시리즈 Vol.114 THE 에도 여탐정 체포록 - 오하루 GOGOGO!

- D3 퍼블리셔　● ACT　● 2007년 2월 22일　● 2,000엔
- 플레이 명수 : 1인　● 세이브 용량 : 64KB 이상

17살로 현재 절찬 애인 모집중인 에도 시대의 당찬 여탐정 '오하루'가 되어 악당들을 사로잡는 액션 게임. 개국을 겪지 않은 가상의 미래도시 '에도'를 배경으로, 악당을 물리치는 쾌감과 건전한 섹시함을 만끽해 보자.

## 그리고 이 우주에 빛나는 너의 노래 XXX (키스×키스×키스)

- 데이텀 폴리스타　● AVG　● 2007년 2월 22일　● 6,800엔
- 플레이 명수 : 1인　● 세이브 용량 : 100KB 이상

2006년 발매되었던 「그리고 이 우주에 빛나는 너의 노래」의 속편. 전작의 시스템과 설정을 계승하며, 마음에 드는 캐릭터와 둘만의 달콤한 시간을 즐길 수 있다. 대화하며 즐기는 미니게임도 수록됐다.

## 디스트로이 올 휴먼즈!

- 세가　● ACT　● 2007년 2월 22일　● 6,800엔
- 플레이 명수 : 1인　● 세이브 용량 : 138KB 이상

우주인이 되어 1950년대 미국을 침략하는 액션 게임. '크립토 137'을 조작하여, 인간의 엉덩이에서 천연 엔돌핀을 채취해야 한다. 일본어판은 북미판 원작의 내용을 대폭 개변했으며, 호화 성우진이 캐릭터를 연기한다.

## 테니스의 왕자 : CARD HUNTER

- 코나미디지털엔터테인먼트　● TBL　● 2007년 2월 22일　● 6,980엔
- 플레이 명수 : 1인　● 세이브 용량 : 320KB 이상

'테니스의 왕자'의 트레이딩 카드 게임을 비디오 게임화했다. 제18탄까지의 카드 중에서 500장 이상을 수록했으며, '테니스의 왕자' 원작의 캐릭터과도 대전할 수 있다. 등장하는 캐릭터는 10개 학교의 총 54명이다.

## PlayStation2 Game Software Catalogue

### 파치슬로 킹!: 독수리 5형제
- 반프레스토 ●SLG ●2007년 2월 22일 ●4,800엔
- 플레이 명수 : 1인 ●세이브 용량 : 40KB 이상

특정 보너스 종료 후에 돌입하는 '갓챠맨 타임'·'G존'으로 코인 소모를 막으면서 다음 보너스에 필요한 사출 구슬을 늘려가는 실기의 시뮬레이터. 보너스 도중엔 시몬 마사토가 부르는 테마송이 흘러나와 가슴을 울린다.

### 파치슬로 클럽 컬렉션: 아임 저글러 EX - 저글러 셀렉션
- 컴시드 ●SLG ●2007년 2월 22일 ●4,810엔 ●플레이 명수 : 1~2인
- 세이브 용량 : 124KB 이상 ●파치슬로 컨트롤러, 실전 파치슬로 컨트롤러 지원

키타 덴시의 대인기 기종 '아임 저글러 EX' 및 구기종 3개 작품을 수록한 파치슬로 실기 시뮬레이터. GOGO 램프가 반짝거리면 잭팟이 터진다. 유저를 기쁘게 만드는 램프 불빛에 매료되었던 실기 팬들을 위한 타이틀.

### 쓰르라미 울 적에 제(祭)
- 알케미스트 ●AVG ●2007년 2월 22일 ●6,980엔
- 플레이 명수 : 1인 ●세이브 용량 : 106KB 이상

인기 동인 게임의 가정용 개변 이식작. 원작의 7개 시나리오에 신규 시나리오 3개를 추가했으며, 게임성을 가미해 어드벤처 게임 스타일로 변경했고, 캐릭터 디자인을 리뉴얼했으며 음성까지 추가 수록했다.

### 루팡 3세 : 루팡에겐 죽음을, 제니가타에겐 사랑을
- 반프레스토 ●ACT ●2007년 2월 22일 ●6,980엔
- 플레이 명수 : 1인 ●세이브 용량 : 160KB 이상

루팡과 제니가타 형사의 라이벌 관계를 두 캐릭터 각자의 시점으로 그려낸 액션 어드벤처 게임. 챕터 시작시의 에피소드 타이틀명 표시는 팬들이 만족할 만큼 공들인 연출이며, 최후에는 두 캐릭터가 힘을 합치는 장면도 있다.

### 아가씨 탐정 : 오피스 러브 사건수첩
- D3 퍼블리셔 ●SLG ●2007년 2월 22일 ●4,800엔
- 플레이 명수 : 1인 ●세이브 용량 : 108KB 이상

회사 내에서 벌어지는 위험한 연애와 사건을 쫓는 여성용 연애·추리 어드벤처 게임. 자살한 선배가 다니던 회사에 근무하면서, 그녀가 자살한 이유를 파헤치자. 특정한 남성과 사건의 진상을 쫓다 보면 친밀도가 올라간다.

### 탐관오리 3
- 글로벌 A 엔터테인먼트 ●ACT ●2007년 3월 1일 ●5,800엔
- 플레이 명수 : 1인 ●세이브 용량 : 43KB 이상

인기 시리즈의 제3탄. 탐관오리 '아쿠다이칸'이 되어 자신의 저택에 함정을 깔고 경호원을 배치해 정의의 사자를 물리치는 시대극 액션 게임. 풀 3D 시점으로 진화하였다. 물론 악덕상인과의 음흉한 대화와 허리띠 풀기 장면도 있다.

### 우격자의 관
- 니폰이치 소프트웨어 ●AVG ●2007년 3월 8일 ●6,800엔
- 플레이 명수 : 1인 ●세이브 용량 : 608KB 이상

   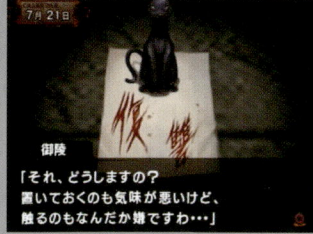

'본격 추리 어드벤처'를 표방한 작품. 사건에 잘 휘말리는 체질인 주인공 '이치야나기 나고무'가 우연한 트러블로 당도한 저택에서 연쇄살인 사건에 말려든다는 스토리. 저택에는 영화촬영을 위해 모인 배우들이 있었다. 살인 시에 드러나는 '낌새'를 간파하여, 살인을 저지하는 것이 목적이다.

## 기타 프릭스 & 드럼매니아 마스터피스 골드

- 코나미디지털엔터테인먼트 ● SLG ● 2007년 3월 8일 ● 6,980엔
- 플레이 명수: 1~2인
- 세이브 용량: 118KB 이상 ● 멀티탭 지원(~3인), RU018-J2, RU021-J2 지원

「기타 프릭스」와 「드럼매니아」를 커플링한 합본 소프트로서, 「기타 프릭스 & 드럼매니아 마스터피스 실버」(152p)의 속편. 인터넷 인기투표로 선정된 곡 등, 총 76곡을 수록하였다. 전작 세이브 데이터와의 연동 시스템도 있다.

## 싸움대장 2 : 풀 스로틀

- 스파이크 ● ACT ● 2007년 3월 8일 ● 6,800엔
- 플레이 명수: 1인 ● 세이브 용량: 240KB 이상

2005년 발매되었던 「싸움대장」의 속편. '광견'에서 '똥개'(포치)로 위신이 추락한 주인공이 다시 정상에 올라선다는 스토리. 기본 시스템은 전작과 같으며, 320종이 넘는 싸움기술을 자유롭게 커스터마이즈 가능하다.

## SEGA AGES 2500 시리즈 Vol.29 : 몬스터 월드 컴플리트 컬렉션

- 세가 ● RPG ● 2007년 3월 8일 ● 2,500엔
- 플레이 명수: 1~2인 ● 세이브 용량: 30KB 이상

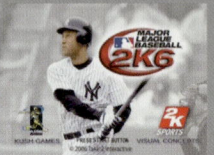 

「몬스터 월드」와 「원더 보이」, 두 시리즈의 모든 타이틀을 망라한 컬렉션. 6타이틀/16종류의 게임을 수록하여, 'SEGA AGES 2500 시리즈' 중 최대 볼륨을 자랑한다. 원작은 물론이고 서양판·이식판까지 즐길 수 있다.

## 필승 파친코★파치슬로 공략 시리즈 Vol.9 : CR 피버 캡틴 하록

- D3 퍼블리셔 ● SLG ● 2007년 3월 8일 ● 4,800엔
- 플레이 명수: 1인 ● 세이브 용량: 442KB 이상

애니메이션 '캡틴 하록'의 파친코 실기 시뮬레이터. 왼쪽으로 스크롤되는 그림을 모두 맞추면 잭팟이 발생하며, 상하 더블 텐파이 시에는 신뢰도도 올라간다. 연출도 비교적 심플한 편이라, 즐기기 쉬운 기종이기도 하다.

## 메이저리그 베이스볼 2K6

- 스파이크 ● SPT ● 2007년 3월 8일 ● 6,800엔
- 플레이 명수: 1~2인 ● 세이브 용량: 1904KB 이상

2006년도 메이저리그 데이터를 탑재한 야구 게임. MLB 시합 외에도 국제대회인 WBC 모드가 탑재돼 있어, 일본을 비롯한 세계의 총 16개 팀까지도 사용할 수 있다. 당시 메이저리그에서 활약하던 이치로와 마쓰이도 등장한다.

## 아랑전 Breakblow : Fist or Twist

- ESP ● ACT ● 2007년 3월 15일 ● 6,800엔
- 플레이 명수: 1~2인 ● 세이브 용량: 73KB 이상

2005년 발매됐던 「아랑전 Breakblow」의 속편. 유메마쿠라 바쿠 원작, 이타가키 케이스케 작화의 인기 만화가 원작인 대전격투 게임으로서, '부위 대미지 시스템'을 신규 탑재했고 신 캐릭터 4명을 추가했다.

## 금색의 코르다 2

- 코에이 ● SLG ● 2007년 3월 15일 ● 6,800엔
- 플레이 명수: 1인 ● 세이브 용량: 643KB 이상

음악을 테마로 삼은 여성용 연애 시뮬레이션 게임의 제2탄. 이번 작품은 앙상블을 편성하여 콘서트에 참가한다는 스토리. 교내 이벤트를 대거 확충했으며, 신규 캐릭터 2명도 추가했다.

## 사상최강의 제자 켄이치 : 격투! 래그나뢰크 팔권호

- 캡콤 ● ACT ● 2007년 3월 15일 ● 6,800엔
- 플레이 명수: 1~2인 ● 세이브 용량: 72KB 이상

인기 만화의 게임판으로서, 원작의 초기 에피소드인 '래그나뢰크 편'이 테마인 3D 대전격투 게임이다. 타격기·허실기·반격기가 서로 물고 물리는 가위바위보 공방이 특징. 그래픽은 원작 만화의 터치를 재현한 툰 셰이더 스타일이다.

## PlayStation2 Game Software Catalogue

### 보글보글 스폰지 밥 : 좌충우돌 대모험
- THQ 재팬  ● ACT  ● 2007년 3월 15일  ● 5,800엔
- 플레이 명수 : 1인  ● 세이브 용량 : 138KB 이상

같은 제목의 미국 TV 애니메이션을 게임화한 작품. 스폰지 밥과 친구들을 조작하여, 각자가 꾸는 꿈속의 세계를 모험하는 3D 액션 게임이다. 레이스・플라이트 등 다양한 장르의 미니게임이 가득하다.

### 타이거 우즈 PGA TOUR 07
- 일렉트로닉 아츠  ● SPT  ● 2007년 3월 15일  ● 6,800엔
- 플레이 명수 : 1~2인  ● 세이브 용량 : 830KB 이상  ● 멀티탭 지원(2~4인)

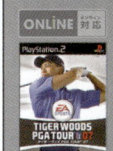

PGA가 공인한 골프 게임. 세계의 프로 골퍼 22명을 조작하여, 실존하는 21개 코스에서 플레이할 수 있다. 오리지널 골퍼를 육성해 타이거 우즈 등의 실명 선수에 도전하는 모드도 플레이할 수 있다.

### 삼국지 11 with 파워업 키트
- 코에이  ● SLG  ● 2007년 3월 21일  ● 9,800엔  ● 플레이 명수 : 1~8인
- 세이브 용량 : 1592KB 이상  ● PlayStation BB Unit (캐시) 지원 : 512MB 이상 필요

「삼국지 11」(155p)의 업그레이드판. 새로운 시나리오와 함께, 삼국지의 유명한 전투를 재현한 스테이지 클리어식의 '결전제패 모드'를 추가하였다. 일정 조건을 만족시키면 수호지의 인기 무장들도 개방되어 등장한다.

### 파친코 화왕(華王) 미소라 히바리
- 핵베리  ● SLG  ● 2007년 3월 21일  ● 6,200엔
- 플레이 명수 : 1인  ● 세이브 용량 : 159KB 이상

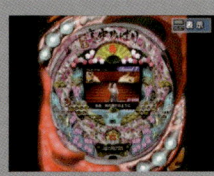

일본의 경제성장기를 상징하는 가수, 미소라 히바리의 영상과 노래를 만끽할 수 있는 파친코의 실기 시뮬레이터. 잭팟 중에 나오는 대히트곡 '흐르는 강물처럼'은 인상적이다. 홀수 그림이 맞으면 확률변동 모드에 돌입한다.

### 뿌요뿌요! Puyopuyo 15th anniversary
- 세가  ● PZL  ● 2007년 3월 21일  ● 4,800엔
- 플레이 명수 : 1~2인  ● 세이브 용량 : 256KB 이상  ● 멀티탭 지원(~4인)

「뿌요뿌요」시리즈 탄생 15주년을 기념하여 발매된 낙하계 퍼즐 게임. 같은 색 뿌요를 4개 붙이면 사라진다는 룰이 기본이며, 「뿌요뿌요」「뿌요뿌요 투」 「뿌요뿌요 피버」기준의 모드를 비롯해 '발굴'・'폭탄'・'얼음뿌요' 등의 개성적인 시스템으로 구성된 다양한 게임 룰을 선택하여 대전할 수 있다.

### 무쌍 오로치
- 코에이  ● ACT  ● 2007년 3월 21일  ● 6,800엔  ● 플레이 명수 : 1~2인
- 세이브 용량 : 230KB 이상  ● PlayStation BB Unit (캐시) 지원 : 1024MB 이상 필요

「전국무쌍 2」와 「진 삼국무쌍 4」, 두 세계가 융합된 액션 게임. 이세계를 무대로 삼아, 양대 「무쌍」시리즈의 영웅들이 꿈의 올스타전을 펼친다. 3명의 캐릭터를 선택해, 게임 도중 실시간으로 전환시키며 싸울 수 있다.

### 로그 갤럭시 : 디렉터즈 컷
- 소니컴퓨터엔터테인먼트  ● RPG  ● 2007년 3월 21일  ● 3,790엔
- 플레이 명수 : 1인  ● 세이브 용량 : 129KB 이상

2005년 발매되었던 「로그 갤럭시」의 기능 강화판. 게임 밸런스를 조정한 북미판을 기반으로 삼아 전투 시스템을 변경했고, 물의 행성 알리스타어를 추가하였다. 전투 도중의 라이브 토크도 대화량을 대폭 늘렸다.

## 대부

- 일렉트로닉 아츠 ● ACT ● 2007년 3월 22일 ● 6,800엔
- 플레이 명수: 1인 ● 세이브 용량: 165KB 이상

1972년에 개봉됐던 걸작 영화 '대부'를 액션 게임화한 작품. 플레이어는 마피아의 조직원이 되어, 각종 무기를 활용하며 주어진 지령을 수행해야 한다. 원작 영화의 분위기를 실제로 맛볼 수 있는 타이틀이다.

## 로젠 메이든 gebetgarten (게베트가르텐)

- 타이토 ● ACT ● 2007년 3월 22일 ● 6,800엔
- 플레이 명수: 1~2인 ● 세이브 용량: 440KB 이상

2006년 발매되었던 「로젠 메이든 duellwalzer」의 속편. 애니메이션 제2기 기반의 세계관을 만끽하는 타이틀이다. 공중 대전격투 요소를 추가하여, 인형에 깃든 로자 미스티카를 쟁탈하는 원작의 전개를 체험할 수 있다.

## 위닝 포스트 7 MAXIMUM 2007

- 코에이 ● SLG ● 2007년 3월 29일 ● 6,800엔 ● 플레이 명수: 1인
- 세이브 용량: 2483KB 이상 ● PlayStation BB Unit (캐시) 지원: 1024MB 이상 필요

2006년의 최신 레이싱 프로그램에 대응시킨 경마 시뮬레이션 게임. 마주가 되어, 최강마를 목표로 말을 육성해보자. 게임 개시년도에 2008년이 추가되어, 당시 현역이었던 말과 번식종마도 등장하게 되었다.

## 학원 유토피아 마나비 스트레이트! : 반짝반짝☆Happy Festa!

- 마벨러스 인터랙티브 ● AVG ● 2007년 3월 29일 ● 6,800엔
- 플레이 명수: 1인 ● 세이브 용량: 195KB 이상

같은 제목 인기 애니메이션의 게임판. 여름방학을 테마로 삼아, 주인공인 학생회 멤버들이 여름축제 부활에 도전한다는 스토리. '허슬 매니지먼트 시스템' 덕에, 동료가 위기에 빠졌을 때 주인공이 도우미로 참전할 수 있다.

## 킹덤 하츠 II 파이널 믹스+

- 스퀘어 에닉스 ● RPG ● 2007년 3월 29일 ● 7,600엔
- 플레이 명수: 1인 ● 세이브 용량: 155KB 이상(II FM), 100KB 이상(Re:COM)

「킹덤 하츠 II」의 기능 강화판. 북미판 기반의 영어 음성 수록판인 「킹덤 하츠 II 파이널 믹스」와, 게임보이 어드밴스로 발매되었던 외전작의 3D 리메이크판인 「킹덤 하츠 Re: 체인 오브 메모리즈」를 DVD 2장에 나누어 수록했다.

## SIMPLE 2000 시리즈 Vol.115 : THE 룸 셰어링이라는 생활.

- D3 퍼블리셔 ● SLG ● 2007년 3월 29일 ● 2,000엔
- 플레이 명수: 1인 ● 세이브 용량: 150KB 이상

두근거리는 공동생활을 체험하는 뉴 라이프스타일 시뮬레이터. 대학교 합격을 목표로, 1년간의 룸 셰어링 생활을 보내보자. 조건이 충족되면 그라비아 아이돌과 카리스마 호스트가 등장해, 이들과의 공동생활도 가능해진다.

## 신 목장이야기 Pure : 이노센트 라이프

- 마벨러스 인터랙티브 ● RPG ● 2007년 3월 29일 ● 6,800엔
- 플레이 명수: 1인 ● 세이브 용량: 160KB 이상

근미래를 배경으로, 인공생명체 '이노센트 라이프'인 주인공 소년이 자동화된 목장을 경영하면서 인간다움의 의미를 배운다. PSP용 게임 「이노센트 라이프 : 신 목장이야기」의 이식작으로서, 이벤트와 연애 요소가 추가되었다.

## 타이토 메모리즈 II 하편

- 타이토 ● ETC ● 2007년 3월 29일 ● 4,800엔
- 플레이 명수: 1~2인 ● 세이브 용량: 100KB 이상 ● GT FORCE 지원

 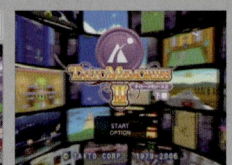 

70년대부터 90년대까지에 걸쳐 출시된 타이토 사 아케이드 게임 모음집의 최종작. 이번에도 총 25개 타이틀을 수록했으며, 그중 14개 작품이 가정용 최초 이식이다. 이번엔 상·하편 모두 휠 컨트롤러인 GT FORCE를 지원한다.

## PlayStation2 Game Software Catalogue

### 비타민 X
- CERO: B
- D3 퍼블리셔 ● AVG ● 2007년 3월 29일 ● 5,800엔
- 플레이 명수: 1인 ● 세이브 용량: 110KB 이상

비타민제처럼 기운을 북돋아주는 여성용 연애 어드벤처 게임. 신임 여교사가 되어 초 문제아 집단 'B6'를 지도하여, 1년 후 대학에 진학시키자. 한 캐릭터 당 총 12장의 스토리로 구성되므로, TV 드라마처럼 즐길 수 있다.

### 북두의 권: 심판의 쌍창성 권호열전
- CERO: B
- 세가 ● ACT ● 2007년 3월 29일 ● 6,800엔
- 플레이 명수: 1~2인 ● 세이브 용량: 44KB 이상

만화 '북두의 권'을 원작으로 삼아, 켄시로의 영원한 라이벌 라오우의 승천까지의 내용을 다룬 대전격투 게임. 아케이드용 게임의 이식작이며, 이식 과정에서 원작의 명 배틀을 재현하는 'HISTORY 모드'를 새로 추가하였다.

### 프로야구 스피리츠 4
- CERO: A
- 코나미디지털엔터테인먼트 ● SPT ● 2007년 4월 1일 ● 6,980엔
- 플레이 명수: 1~2인 ● 세이브 용량: 174KB 이상

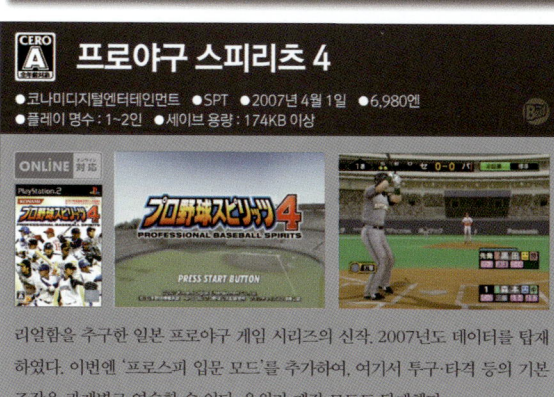

리얼함을 추구한 일본 프로야구 게임 시리즈의 신작. 2007년도 데이터를 탑재하였다. 이번엔 '프로스피 입문 모드'를 추가하여, 여기서 투구·타격 등의 기본 조작을 과제별로 연습할 수 있다. 응원가 제작 모드도 탑재했다.

### NARUTO -나루토- 질풍전: 나루티밋 엑셀
- CERO: A
- 반다이 ● ACT ● 2007년 4월 5일 ● 6,800엔
- 플레이 명수: 1~2인 ● 세이브 용량: 87KB 이상

「~나루티밋 히어로」의 흐름을 계승하여, 원작의 '질풍전' 편을 무대로 삼은 닌자 격투 액션 게임 신작. 원작의 스토리를 따라가는 '마스터 모드'와, 나루토가 초기에 겪은 사건을 따라가는 '히어로 모드'를 수록하였다.

### 프로야구 열스타 2007
- CERO: A
- 남코 ● SPT ● 2007년 4월 5일 ● 6,800엔
- 플레이 명수: 1~2인 ● 세이브 용량: 53KB 이상

실제 야구중계를 방불케 하는 리얼한 그래픽이 특징인 일본 프로야구 게임. 본편과는 별도로, 패미컴판을 연상시키는 '패미스타 모드'도 수록하였다. 특정 조건 만족시 출현하는 숨겨진 팀 '리얼 남코 스타즈'도 등장한다.

### 낙승! 파치슬로 선언 5: 리오 파라다이스
- CERO: C
- 테크모 ● SLG ● 2007년 4월 5일 ● 5,800엔
- 플레이 명수: 1인 ● 세이브 용량: 94KB 이상

카지노·해변·에도 등의 7가지 스테이지에서 활약하는 '리오'를 볼 수 있는 인기 파치슬로 기종의 실기 시뮬레이터로 등장했다. 전작에서 호평 받았던 '리오 모드'도 여전히 들어가 있다. 그녀의 멋진 포즈를 만끽하자.

### 그림그리모어
- CERO: A
- 니폰이치 소프트웨어 ● SLG ● 2007년 4월 12일 ● 6,800엔
- 플레이 명수: 1인 ● 세이브 용량: 170KB 이상

옛 마왕성을 활용해 세운 마법학교를 무대로 삼은 실시간 전략 시뮬레이션 게임. 부활한 마왕의 위협에서 유일하게 살아남은 소녀가, 입학부터 전멸까지 반복하는 5일간의 루프에서 빠져나오기 위해 마왕에 맞선다. 12종류의 마법진과 다양한 마술·사역마를 활용해 아군을 강화시키며 각 스테이지를 돌파하자.

## 실전 파치슬로 필승법! : 미스터 매직 네오

- 세가 ● SLG ● 2007년 4월 12일 ● 3,800엔 ● 플레이 명수 : 1인
- 세이브 용량 : 147KB 이상 ● 실전 파치슬로 컨트롤러, 실전 파치슬로 컨트롤러 mini 지원

전작 '미스터 매직'을 계승한 파치슬로 기기의 실기 시뮬레이터. 릴이 돌다 미끄러짐이 발생하면 보너스 성립의 빅 찬스가 온다. 보너스 알림을 램프 점등으로 심플하게 연출함으로써 수많은 유저를 사로잡은 기종이다.

## SIMPLE 2000 시리즈 Vol.116 : THE 고양이 마을 사람들 - 버그 대신의 온갖 악행

- D3 퍼블리셔 ● ACT ● 2007년 4월 12일 ● 2,000엔
- 플레이 명수 : 1인 ● 세이브 용량 : 87KB 이상

모습을 감춘 고양이 공주님을 찾는 고양이들의 여정을 그린 액션 게임. 5개 지역에 흩어져 있는 다양한 지점들을 공략해보자. 동료 고양이는 최대 30마리까지 데리고 다닐 수 있으며, 7가지 직업으로 각각 분배할 수 있다.

## 스플린터 셀 : 더블 에이전트

- UBISOFT ● ACT ● 2007년 4월 12일 ● 6,800엔
- 플레이 명수 : 1~2인 ● 세이브 용량 : 1211KB 이상

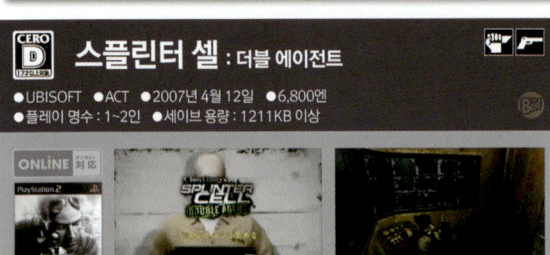

인기 스텔스 액션 게임 시리즈의 4번째 작품. 외동딸을 잃고 만 주인공 '샘'은, 자포자기하는 심정으로 위험한 이중 스파이 임무를 받아들인다. 두 조직 모두에게 신용을 얻기 위해 '신뢰도 게이지'를 잘 조절하는 것이 키포인트다.

## 오란고교 호스트부

- 아이디어 팩토리 ● AVG ● 2007년 4월 19일 ● 6,800엔
- 플레이 명수 : 1인 ● 세이브 용량 : 157KB 이상

인기 만화 '오란고교 호스트부'를 게임화한 작품. 호스트가 되어 직업체험을 한다는 이색적인 내용의 게임으로서, 원작의 분위기와 게임 내의 오리지널 요소를 잘 섞어내 '호스트'라는 직업을 PS2로 체험해볼 수 있다.

## Fate/stay night [Realta Nua]

- 카도카와쇼텐 ● AVG ● 2007년 4월 19일 ● 6,800엔
- 플레이 명수 : 1인 ● 세이브 용량 : 200KB 이상

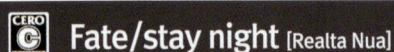

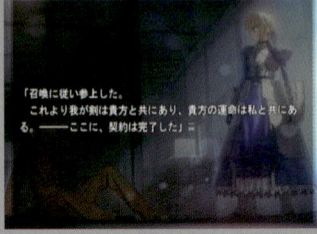

어떤 소원이든 이루어준다는 성배를 걸고, 7명의 마술사들이 자신과 계약한 서번트와 함께 '성배전쟁'이라는 살육전을 벌이는 전기물 활극 비주얼 노벨. PC용 게임의 이식작으로서 원작의 성인용 묘사는 삭제했지만, 대신 캐릭터 음성과 시나리오를 추가했고 신규 이벤트 CG로 전투 묘사 등을 강화했다.

## 더 킹 오브 파이터즈 : 네스츠 편 - 네오지오 온라인 컬렉션 vol.7

- SNK 플레이모어 ● ACT ● 2007년 4월 19일 ● 4,800엔 ● 플레이 명수 : 1~2인
- 세이브 용량 : 74KB 이상 ● 네오지오 스틱, 네오지오 스틱 3, 네트워크 어댑터 지원

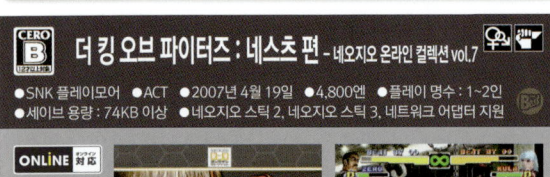
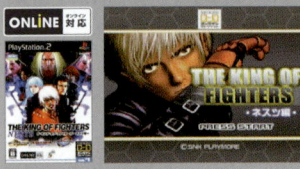
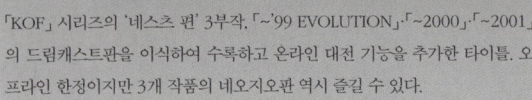

「KOF」 시리즈의 '네스츠 편' 3부작, 「~'99 EVOLUTION」, 「~2000」, 「~2001」의 드림캐스트판을 이식하여 수록하고 온라인 대전 기능을 추가한 타이틀. 오프라인 한정이지만 3개 작품의 네오지오판 역시 즐길 수 있다.

## 여신전생 페르소나 3 FES

- 아틀러스 ● RPG ● 2007년 4월 19일 ● 7,800엔 ● 플레이 명수 : 1인
- 세이브 용량 : 78KB 이상 ● 어펜드판 별도 판매

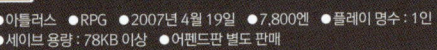

「여신전생 페르소나 3」(146p)에 엔딩 후의 신규 시나리오와 신규 이벤트, 페르소나를 추가하고 하드 모드를 탑재하는 등 다양한 추가 컨텐츠를 넣은 타이틀. 일반판 외에, 기존판 보유자용으로서 저렴한 '어펜드판'도 별매했다.

## PlayStation2 Game Software Catalogue

### 약혼자
- 프린세스 소프트  ● AVG  ● 2007년 4월 26일  ● 6,800엔
- 플레이 명수: 1인  ● 세이브 용량: 260KB 이상

귀여운 약혼자와 메이드들에 둘러싸여 고백과 번뇌의 하루하루를 보내는 학원물 러브 코미디 어드벤처 게임. 중세 판타지풍의 세계관으로 펼쳐지는 두근거리는 스토리를 즐길 수 있다. 히로인으로는 5명이 등장한다.

### 엘반디아 스토리
- 스파이크  ● SLG  ● 2007년 4월 26일  ● 6,800엔
- 플레이 명수: 1인  ● 세이브 용량: 474KB 이상

호화 크리에이터들이 참여한 시뮬레이션 RPG. 주인공이 되어 동료들과 함께 대륙 전토를 휩쓰는 전쟁에서 살아남자. 사람들의 투쟁을 그린 장대한 스토리가 전개되며, 멀티 엔딩·클래스 체인지 등의 파고들기성 요소도 있다.

### 아가씨 조곡 : Sweet Concert
- M3 엔터테인먼트  ● AVG  ● 2007년 4월 26일  ● 6,800엔
- 플레이 명수: 1인  ● 세이브 용량: 823KB 이상

PC용 게임의 이식작. 미네자쿠라 여학교의 유일한 남학생이 되어 '아가씨'의 몸가짐을 배우는 연애 어드벤처 게임. 이식하면서 신 캐릭터 '이와모토 나나세'를 추가했고, 기존 캐릭터 '우에하라 무츠코'가 공략 가능해졌다.

### 오렌지 허니 : 나는 너를 사랑한다
- 마벨러스 인터랙티브  ● AVG  ● 2007년 4월 26일  ● 6,800엔
- 플레이 명수: 1인  ● 세이브 용량: 400KB 이상

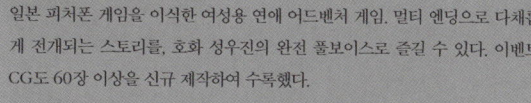

일본 피처폰 게임을 이식한 여성용 연애 어드벤처 게임. 멀티 엔딩으로 다채롭게 전개되는 스토리를, 호화 성우진의 완전 풀보이스로 즐길 수 있다. 이벤트 CG도 60장 이상 신규 제작하여 수록했다.

### THE DOG ISLAND : 꽃 한 송이의 이야기
- 유크스  ● ACT  ● 2007년 4월 26일  ● 6,800엔
- 플레이 명수: 1인  ● 세이브 용량: 278KB 이상

개를 테마로 삼은 인기 브랜드 'THE DOG'의 캐릭터를 사용한 3D 액션 어드벤처 게임. 총 48견종의 강아지들 중에서 주인공을 골라, 병에 걸린 형제를 구하기 위해 만병을 치료해준다는 꽃을 찾아 나선다는 스토리다.

### 신곡주계 폴리포니카
- 프로토타입  ● AVG  ● 2007년 4월 26일  ● 2,800엔
- 플레이 명수: 1인  ● 세이브 용량: 44KB 이상  ● 프로그레시브 출력 지원

인간과 정령이 공존하는 이세계에서, 신곡악사가 되고 싶어 하는 소년의 이야기를 그린 키네틱 노벨. PC판의 제0화부터 제2화까지를 완전 풀보이스로 수록하였으며, 이벤트 CG를 추가했다.

### 네기마!? : 드림 택틱 - 꿈꾸는 소녀는 프린세스♥
- 코나미디지털엔터테인먼트  ● SLG  ● 2007년 4월 26일  ● 5,980엔
- 플레이 명수: 1인  ● 세이브 용량: 198KB 이상

'마법선생 네기마!' 계 PS2용 게임으로는 제5탄. 사로잡힌 학생을 구출하기 위해 악몽의 책 속 세계에서 싸운다는 오리지널 스토리의 전술 시뮬레이션 게임이다. '프리마'(무희) 편과 '디바'(가희) 편으로 나뉘어 별매됐다.

### 빙쵸탄 : 행복 달력
- 마벨러스 인터랙티브  ● ETC  ● 2007년 4월 26일  ● 6,800엔
- 플레이 명수: 1인  ● 세이브 용량: 90KB 이상

'모에 캐릭터'의 효시 격인 '빙쵸탄'이 등장하는 '키우기' 계 게임. 산속에 사는 빙쵸탄과 친구들이 사계절을 만끽하는 생활을, 화면을 흔들거나 날씨를 바꾸는 등으로 간섭하며 느긋하게 감상하는 게임이다.

177

### 로그 : 하츠 던전

- 컴파일 하트 ● RPG ● 2007년 4월 26일 ● 6,800엔
- 플레이 명수 : 1인 ● 세이브 용량 : 32KB 이상

플레이할 때마다 미궁의 구조가 변화하는 고전 컴퓨터 RPG「로그」를 현대화시킨 작품. 최하층에 있는 로그 하츠를 찾아, 플레이어는 단신으로 던전에 잠입한다. 숨겨진 컨텐츠로서, 원작인「로그」풍의 모드도 탑재하였다.

### SIMPLE 2000 시리즈 Vol.117 : THE 제로센

- D3 퍼블리셔 ● SLG ● 2007년 5월 10일 ● 2,000엔
- 플레이 명수 : 1인 ● 세이브 용량 : 96KB 이상

태평양전쟁을 배경으로, 일본의 제로센이나 미국의 와일드캣 등의 전투기를 조종하여 싸우는 3D 슈팅 게임. 게이지를 모아 발동하는 필살기와, 다른 아군 기체로 조작을 전환하는 스왑 기능이 특징이다.

### 레슬 킹덤 2 : 프로레슬링 세계대전

- 유크스 ● ACT ● 2007년 5월 10일 ● 6,800엔
- 플레이 명수 : 1~2인 ● 세이브 용량 : 328KB 이상 ● 멀티탭 지원(~4인)

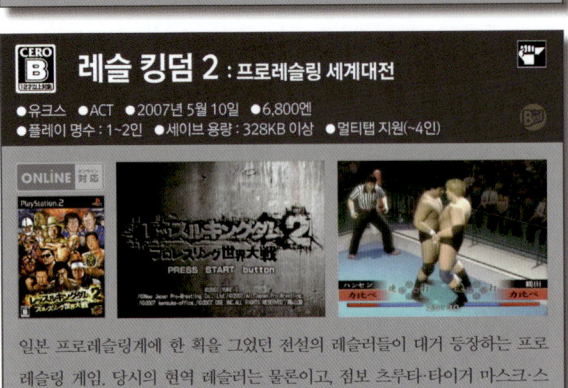
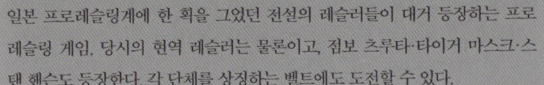

일본 프로레슬링계에 한 획을 그었던 전설의 레슬러들이 대거 등장하는 프로레슬링 게임. 당시의 현역 레슬러는 물론이고, 점보 츠루타・타이거 마스크・스탠 핸슨도 등장한다. 각 단체를 상징하는 벨트에도 도전할 수 있다.

### 오딘 스피어

- 아틀러스 ● RPG ● 2007년 5월 17일 ● 6,980엔
- 플레이 명수 : 1인 ● 세이브 용량 : 200KB 이상

바그너의 오페라 '니벨룽의 반지'가 모티브인 액션 RPG. '에리온'이라 불리는 대륙 내에서 벌어진 전쟁이 종언에 이르기까지를, 총 5장으로 구성된 장대한 스토리로 그렸다. 전투는 사이드뷰 형태의 2D 액션 스타일이다.

### 샤이닝 윈드

- 세가 ● RPG ● 2007년 5월 17일 ● 6,980엔
- 플레이 명수 : 1~2인 ● 세이브 용량 : 545KB 이상

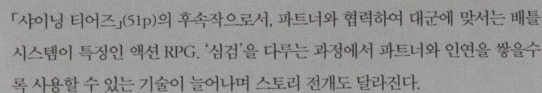

「샤이닝 티어즈」(51p)의 후속작으로서, 파트너와 협력하여 대군에 맞서는 배틀 시스템이 특징인 액션 RPG. '심검'을 다루는 과정에서 파트너와 인연을 쌓을수록 사용할 수 있는 기술이 늘어나며 스토리 전개도 달라진다.

### 스테이트 오브 이머전시 리벤지

- 스파이크 ● ACT ● 2007년 5월 24일 ● 6,800엔
- 플레이 명수 : 1~2인 ● 세이브 용량 : 110KB 이상 ● 멀티탭 지원(~4인)

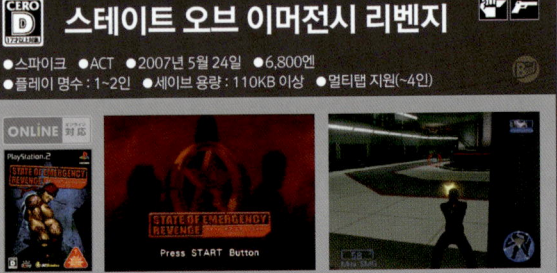

탈옥수인 주인공이 동료와 함께 거대한 악의 조직에 맞서 싸우는 3D 액션 슈터 게임. 100명 이상의 NPC가 동시에 출현할 수 있는 덕에, 적과 아군이 뒤섞여 대거 난전을 펼친다. 최대 4인까지 대전도 가능하다.

### 파친코 울트라맨 : 파치로 상투 달인 12

- 핵베리 ● SLG ● 2007년 5월 24일 ● 5,800엔
- 플레이 명수 : 1인 ● 세이브 용량 : 159KB 이상

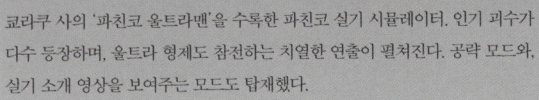

쿄라쿠 사의 '파친코 울트라맨'을 수록한 파친코 실기 시뮬레이터. 인기 괴수가 다수 등장하며, 울트라 형제도 참전하는 치열한 연출이 펼쳐진다. 공략 모드와, 실기 소개 영상을 보여주는 모드도 탑재했다.

### 메달 오브 아너 : 뱅가드

- 일렉트로닉 아츠 ● STG ● 2007년 5월 24일 ● 6,800엔
- 플레이 명수 : 1~2인 ● 세이브 용량 : 76KB 이상 ● 멀티탭 지원(~4인)

PS2판「메달 오브 아너」시리즈 중에선 제4탄인 FPS 게임. 제2차 세계대전 당시 공수사단의 일개 병사가 되어, 낙하산 강하로 시작해 부대를 선도하는 역할을 맡는다. 이번 작품에서도 실제 역사상의 작전을 재현한다.

## PlayStation2 Game Software Catalogue

### 길티기어 이그젝스 액센트 코어
- 아크시스템웍스　● ACT　● 2007년 5월 31일　● 4,800엔
- 플레이 명수: 1~2인　● 세이브 용량: 89KB 이상

「길티기어 이그젝스」 시리즈의 3번째 업그레이드판. 포스 브레이크, 잡기 풀기 등의 신규 시스템을 추가했다. 가정용판 한정으로, 초대 「길티기어」 및 「길티기어 젝스」의 성능을 재현한 캐릭터도 사용할 수 있다.

### 퀼트 : 그대와 함께 짜는 꿈과 사랑의 드레스
- Nine's fox　● AVG　● 2007년 5월 31일　● 7,000엔
- 플레이 명수: 1인　● 세이브 용량: 387KB 이상

PC용 게임의 이식작. 주인공이 되어 여성을 하나 골라, 그녀에게 가장 잘 어울리는 옷을 만들어 콘테스트 우승을 노리자. CARNELIAN·스기야마 겐쇼·니시와키 유리 등의 인기 일러스트레이터들이 각 캐릭터의 일러스트를 맡았다.

### 이 푸른 하늘에 약속을 : melody of the sun and sea
- TGL　● AVG　● 2007년 5월 31일　● 6,800엔
- 플레이 명수: 1인　● 세이브 용량: 30KB 이상

외딴섬이 배경인 좌충우돌 청춘 연애 어드벤처 게임. 친구들과 함께, 폐쇄가 결정된 츠구미 기숙사를 지키며 이별하기 전까지 1년간을 지내는 이야기다. PS2판은 '이 겨울 하늘에 노랫소리를' 등, 다수의 에피소드를 추가했다.

### 실전 파친코 필승법! : CR 알라딘 데스티니 EX
- 세가　● SLG　● 2007년 5월 31일　● 3,800엔
- 플레이 명수: 1인　● 세이브 용량: 256KB 이상

파치슬로 업계에서 일세를 풍미했던 '알라딘' 시리즈가 파친코로 재등장했다. 통상 잭팟은 물론, 경이적인 구슬 사출 속도를 체감할 수 있는 '알라딘 찬스'도 PS2의 멋진 그래픽 성능으로 다시 맛볼 수 있다.

### SIMPLE 2000 시리즈 Vol.118 THE 패잔 무사 - 초 마조 사무라이 등장
- D3 퍼블리셔　● ACT　● 2007년 5월 31일　● 2,000엔
- 플레이 명수: 1인　● 세이브 용량: 60KB 이상

패잔병 무사인 아케치 미츠히데가 되어 도요토미 히데요시의 목숨을 노리는 총 8스테이지의 액션 게임. 적의 공격을 맞으며 견뎌, '초 마조 파워'를 개방시키자. 획득한 곤봉·화승총 등의 무기는 원 버튼으로 전환 가능하다.

### 패닉 팔레트
- TAKUYO　● AVG　● 2007년 5월 31일　● 6,800엔
- 플레이 명수: 1인　● 세이브 용량: 150KB 이상

주인공이 되어 '계약의 증표'를 풀어내야 하는 여성용 연애 어드벤처 게임. 다양한 남성들의 우정과 애정을 모아 '쥬얼 아우라'를 만들어내자. 계약을 해제하지 못하면 이세계 주민들에 의해 강제 결혼당하고 만다.

### 메탈 슬러그 컴플리트
- SNK 플레이모어　● ACT　● 2007년 5월 31일　● 4,800엔
- 플레이 명수: 1~2인　● 세이브 용량: 82KB 이상

아케이드에서 인기였던 액션 슈팅 게임 「메탈 슬러그」 시리즈의 역대 총 7개 작품을 디스크 하나로 즐길 수 있는 염가판 컬렉션 소프트. 조건을 만족시키면 갤러리 모드가 개방되어, 일러스트 등을 감상할 수 있다.

### 러브☆드롭 : LoveDrops
- 딤플　● AVG　● 2007년 5월 31일　● 6,800엔　● 플레이 명수: 1인
- 세이브 용량: 61KB 이상　● 프로그레시브 출력 지원

PC용 원작을 이식한 여성용 연애 어드벤처 게임. 주인공이 되어 5명의 '몬스터'와 동거한다는 스토리. 여기에 자칭 엑소시스트인 소년과 소꿉친구, 친구의 오빠까지 등장하여 달콤하고도 애절한 연애 스토리가 펼쳐진다.

179

## 리버 라이드 어드벤처 : featuring SALOMON

- 레드 엔터테인먼트 ● ACT ● 2007년 5월 31일 ● 4,800엔
- 플레이 명수 : 1~2인 ● 세이브 용량 : 76KB 이상 ● 멀티탭 지원(~4인)

시시각각 변화하는 강의 흐름을 읽으며 격류를 타고 내려가는 다운 리버 액션 게임. 아날로그 스틱과 연동되는 패들을 돌려, 세계 각국의 격류를 공략하자. 래프팅 모드에서는 최대 4명까지 협력 플레이를 즐길 수 있다.

## 필승 파친코★파치스로 공략 시리즈 Vol.10 CR 신세기 에반게리온 - 기적의 가치는

- D3 퍼블리셔 ● SLG ● 2007년 6월 7일 ● 5,800엔
- 플레이 명수 : 1인 ● 세이브 용량 : 766KB 이상

'CR 신세기 에반게리온'의 제3탄으로서 홀에 데뷔한 파친코 기기의 실기 시뮬레이터. 확률변동에 들어간 연장이 발생했을 때의 쾌감이 일품이다. 시리즈 전통의 '폭주 모드'·'각성 모드'도 여전히 건재하다.

## 매지션즈 아카데미

- 엔터브레인 ● RPG ● 2007년 6월 7일 ● 6,800엔
- 플레이 명수 : 1인 ● 세이브 용량 : 480KB 이상

같은 제목의 인기 라이트 노벨을 기반으로 제작한 시뮬레이션 RPG. 어드벤처 파트와 시뮬레이션 파트가 교대로 진행되는 구성으로서, 원작자가 직접 감수한 게임판만의 오리지널 스토리가 전개된다.

## 내 밑에서 발버둥쳐라

- D3 퍼블리셔 ● SLG ● 2007년 6월 21일 ● 6,800엔
- 플레이 명수 : 1인 ● 세이브 용량 : 78KB 이상

앨리스 소프트의 자매 브랜드가 발매했던 BL 게임의 이식작. PS2판은 원작과 스토리가 크게 달라져, 한 번 죽었던 주인공이 악마와 계약해 되살아난 후, 표적의 혼을 빼앗기 위해 다양한 꿍꿍이를 꾸며 빚을 지게 만든다는 전개다.

## 그로우랜서 VI

- 아틀러스 ● RPG ● 2007년 6월 21일 ● 6,980엔
- 플레이 명수 : 1인 ● 세이브 용량 : 112KB 이상

논스톱 드라마틱 RPG 시리즈의 제6탄. 「그로우랜서 V」의 1년 후가 배경으로서, 남아있던 비밀이 밝혀지는 스토리다. 시스템은 5편을 기반으로 개량했으며, 미션 실패시에도 컨티뉴로 재도전할 수 있도록 했다.

## 시문 : 이장미전쟁 - 봉인의 리머전

- 마벨러스 인터랙티브 ● SLG ● 2007년 6월 21일 ● 6,800엔
- 플레이 명수 : 1인 ● 세이브 용량 : 200KB 이상

같은 제목의 TV 애니메이션이 원작인 시뮬레이션 게임. 총 14장의 오리지널 스토리로서, 비공정 '시문'을 타고 다니는 '아엘' 등의 콜 템페스트 일행이 국경 부근에서 발견된 고대유적 조사에 도전한다.

## 스모모모모모모 : 지상 최강의 신부 - 계승해보죠!? 사랑의 신랑 쟁탈전!!

- 마벨러스 인터랙티브 ● AVG ● 2007년 6월 21일 ● 6,800엔
- 플레이 명수 : 1인 ● 세이브 용량 : 80KB 이상

고무술 계승자들이 활약하는 러브 코미디 만화의 어드벤처 게임판. 분위기에 휩쓸리지 말고 적절히 '태클'을 날리며 스토리를 진행하자, 코우시를 유혹하는 네코미야 일족의 미인 3자매는 원작자가 디자인한 오리지널 캐릭터다.

## 전투국가 개(改) LEGEND

- 솔리톤 소프트웨어 ● SLG ● 2007년 6월 21일 ● 6,800엔
- 플레이 명수 : 1~3인 ● 세이브 용량 : 710KB 이상

PS1으로 발매되었던 「전투국가 개 IMPROVED」를 기반으로 삼아, 전력 밸런스를 조정하고 신병기를 추가한 개변 이식판이다. 적의 사고시간은 PS2의 빠른 처리속도에 힘입어 대폭 단축되었다.

## PlayStation2 Game Software Catalogue

### 마나케미아 : 학교의 연금술사들
- 거스트　● RPG　● 2007년 6월 21일　● 6,800엔
- 플레이 명수 : 1인　● 세이브 용량 : 350KB 이상

「아틀리에」시리즈의 흐름을 계승하여, 연금술사 양성학교를 무대로 이야기를 펼치는 새로운 전개의 판타지 RPG. 주인공 '베인'이 아이템 조합, 전투 훈련, 아르바이트 등의 다채로운 학창생활을 보내며 친구들과 우정을 쌓아가다, 결국 그를 찾아오는 커다란 운명에 휘둘리게 된다는 스토리다.

### 풍운 슈퍼 콤보 : 네오지오 온라인 컬렉션 vol.8
- SNK 플레이모어　● ACT　● 2007년 6월 21일　● 3,800엔　● 플레이 명수 : 1~2인
- 세이브 용량 : 85KB 이상　● 네트워크 어댑터 또는 PlayStation BB Unit 지원

네오지오용 대전격투 게임「풍운묵시록 : 격투창세」와「풍운 슈퍼 태그 배틀」을 합본 수록한 소프트. 다양한 연습이 가능한 모드와, 캐릭터 컬러를 자유롭게 재배색하는 기능을 추가했다. 온라인 대전도 지원했다.

### 어반 카오스
- 스파이크　● ACT　● 2007년 6월 28일　● 6,800엔
- 플레이 명수 : 1인　● 세이브 용량 : 90KB 이상

특수부대에 소속된 주인공을 조작하여 갱단 '버너즈'와 싸우는 FPS 게임. 소방관·구급대원 등의 동료들과 연계하며 미션을 달성해야 한다. 공격과 방어 양면에 유용한 방패를 잘 활용하는 것이 공략의 키포인트다.

### Que : 에인션트 리프의 요정
- 프린세스 소프트　● AVG　● 2007년 6월 28일　● 7,000엔
- 플레이 명수 : 1인　● 세이브 용량 : 229KB 이상

사쿠라 치오마루가 기획·원안을 담당한 어드벤처 게임. 남성은 입장금지인 버추얼 월드 '에인션트 리프'에 성별을 숨기고 참가한 주인공이, 가상과 현실 양쪽의 세계에서 히로인들의 진면목을 알아간다는 스토리.

### 십차원입방체 사이퍼 : 게임 오브 서바이벌
- 뷰즈　● AVG　● 2007년 6월 28일　● 6,800엔
- 플레이 명수 : 1인　● 세이브 용량 : 282KB 이상

실시간으로 스토리가 진행되는 미스터리 어드벤처 게임. 임상실험의 피험자들이 1주일간을 저택에서 지내던 도중 참극에 휘말리고 만다. PC용 게임의 이식작으로서, 시나리오·음성을 추가하고 일부 내용을 변경하였다.

### 신세기 에반게리온 : 배틀 오케스트라
- 브로콜리　● ACT　● 2007년 6월 28일　● 6,800엔
- 플레이 명수 : 1~2인　● 세이브 용량 : 69KB 이상　● 멀티탭 지원(~4인)

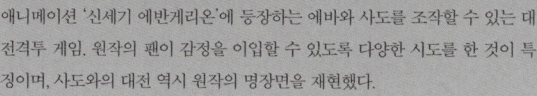

애니메이션 '신세기 에반게리온'에 등장하는 에바와 사도를 조작할 수 있는 대전격투 게임. 원작의 팬이 감정을 이입할 수 있도록 다양한 시도를 한 것이 특징이며, 사도와의 대전 역시 원작의 명장면을 재현했다.

### 슈퍼로봇대전 OG 오리지널 제네레이션즈
- 반프레스토　● RPG　● 2007년 6월 28일　● 6,980엔
- 플레이 명수 : 1인　● 세이브 용량 : 324KB 이상

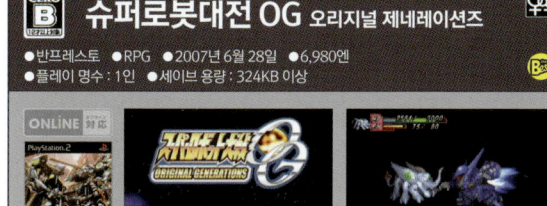

게임보이 어드밴스로 발매되었던「슈퍼로봇대전 오리지널 제네레이션」및 속편을 합본하고, 신규 컨텐츠인 후일담 시나리오를 추가한 리메이크작. 조건을 만족시킨 두 기체가 '합류'하는 신규 시스템 등을 탑재하였다.

## 테일즈 오브 팬덤 Vol.2

- ●반다이남코게임즈 ●AVG ●2007년 6월 28일 ●5,800엔 ●플레이 명수 : 1인
- ●세이브 용량 : 110KB 이상 ●티아 버전과 루크 버전 2종류로 발매(내용은 동일)

「테일즈 오브」 시리즈의 2번째 팬 디스크. 후지시마 코스케가 디자인한 「~판타지아」·「~심포니아」·「~디 어비스」의 캐릭터들이 한자리에 모이며, 외전 에피소드의 어드벤처 게임과 미니게임을 제공한다.

## 바로크

- ●스팅 ●RPG ●2007년 6월 28일 ●6,476엔
- ●플레이 명수 : 1인 ●세이브 용량 : 150KB 이상

이전 PS1으로 발매되었던 같은 제목의 게임을 리뉴얼한 작품. 신경탑을 탐색하면서 세계의 수수께끼와 자신의 과거를 파헤치는 것이 게임의 목적이다. 원작의 1인칭 시점을 3인칭으로 변경하여 플레이하기 쉽도록 했다.

## 무장연금 : 어서 오세요, 빠삐용 파크에

- ●마벨러스 인터액티브 ●ACT ●2007년 6월 28일 ●6,800엔
- ●플레이 명수 : 1인 ●세이브 용량 : 46KB 이상

만화가 원작인 TV 애니메이션 '무장연금'의 뒷이야기를 그린 액션 게임. 빠삐용의 초대를 받아 빠삐용 파크로 향한다는 게임판만의 오리지널 스토리가 전개된다. 자신만의 오리지널 캐릭터도 만들 수 있다.

## 마법소녀 아 라 모드 II : 마법과 검의 스트러글

- ●굿내비게이트 ●SLG ●2007년 6월 28일 ●6,800엔
- ●플레이 명수 : 1인 ●세이브 용량 : 182KB 이상 ●초회한정판도 발매

PC용 게임의 이식작. 마법학교 '트윙클 매지션 아카데미'를 무대로 삼아, 주인공과 히로인들이 스토리를 이끌어나간다. 이식 과정에서 공략 가능 캐릭터를 2명 추가했고, 이벤트 CG와 시나리오도 증량하였다.

## IZUMO 제로 : 요코하마 괴이 두루마리

- ●석세스 ●SLG ●2007년 7월 12일 ●6,800엔
- ●플레이 명수 : 1인 ●세이브 용량 : 110KB 이상

PC용 게임의 이식작. 인기 시리즈의 제3탄으로서, 메이지 시대의 요코하마가 배경인 시뮬레이션 RPG다. 시리즈 최초로 택티컬 배틀 시스템을 채용했으며, 이식 과정에서 신규 맵과 CG 등을 추가하였다.

## 팝픈 뮤직 14 FEVER!

- ●코나미디지털엔터테인먼트 ●ACT ●2007년 7월 12일 ●6,980엔 ●플레이 명수 : 1~2인
- ●세이브 용량 : 85KB 이상 ●팝픈 컨트롤러, 팝픈 컨트롤러 2, 팝픈 뮤직 아케이드 스타일 컨트롤러 지원

인기 음악 시뮬레이션 게임의 제14탄. 아케이드판의 곡은 물론이고 'Romantic이 멈추지 않아'·'양보할 수 없는 소원'·'춤추는 폼포코링' 등을 추가 수록하였으며, BEMANI 아티스트들의 신곡도 즐길 수 있다.

## 메모리즈 오프 #5 앙코르

- ●사이버프론트 ●AVG ●2007년 7월 12일 ●4,800엔
- ●플레이 명수 : 1인 ●세이브 용량 : 108KB 이상

2005년 발매된 「메모리즈 오프 #5 : 끊어진 필름」의 후일담. 전작의 마지막 장면에서 반년이 지난 후를 그린 연애 어드벤처 게임이다. '히나 아스카'와 '센도 마히로' 루트를 신규 수록해, 전작과는 다른 이야기를 즐길 수 있다.

## 실황 파워풀 프로야구 14

- ●코나미디지털엔터테인먼트 ●SPT ●2007년 7월 19일 ●6,980엔 ●플레이 명수 : 1~2인
- ●세이브 용량 : 2215KB 이상 ●네트워크 어댑터, PlayStation BB Unit 지원

인기 야구 게임 시리즈의 제14탄. 2007년도 일본 프로야구 데이터를 수록했다. 석세스 모드는 '레볼루션 리그'라는 다른 리그의 프로선수로 뛰는 시나리오와, 고교야구팀 감독이 되어 선수들을 이끄는 '영관 나인'을 준비했다.

# PlayStation2 Game Software Catalogue

## 소년음양사 : 날개여 지금, 하늘로 돌아가라
- 카도카와쇼텐 ● AVG ● 2007년 7월 19일 ● 6,800엔
- 플레이 명수 : 1인 ● 세이브 용량 : 288KB 이상

유키 미즈루의 인기 라이트 노벨이 원작인 여성용 어드벤처 게임. 아베노 세이메이의 자손인 '아베노 마사히로'가 이방의 요괴 '메이다'와 맞선다는 이야기다. 스토리는 오리지널이지만, 원작자가 직접 완전 감수했다.

## 노다메 칸타빌레
- 반프레스토 ● SLG ● 2007년 7월 19일 ● 5,980엔
- 플레이 명수 : 1인 ● 세이브 용량 : 392KB 이상

인기 음악 만화를 게임화한 작품. 어드벤처 파트와 콘서트 파트로 나뉘어 진행되며, 원작에 있었던 에피소드들을 따라가는 가운데 실제로 오케스트라 연주나 지휘를 직접 플레이하는 모드가 삽입된다.

## 일기당천 Shining Dragon
- 마벨러스 엔터테인먼트 ● ACT ● 2007년 7월 26일 ● 6,800엔
- 플레이 명수 : 1인 ● 세이브 용량 : 34KB 이상

삼국지를 모티브로 삼은 인기 만화를 격투 액션 게임화했다. 3D 모델링된 캐릭터가 커다란 가슴을 강조하며 대량의 적과 맞서 싸운다. 다양한 코스튬을 입힐 수 있으며, 원작과 마찬가지로 옷이 찢어지는 연출도 나온다.

## KOF MAXIMUM IMPACT REGULATION "A"
- SNK 플레이모어 ● ACT ● 2007년 7월 26일 ● 4,800엔 ● 플레이 명수 : 1~2인
- 세이브 용량 : 82KB 이상 ● 네트워크 어댑터 또는 PlayStation BB Unit 지원

기술을 추가하고 밸런스를 조정한 같은 이름의 아케이드용 게임을 역이식한 버전. 「KOF MAXIMUM IMPACT 2」(138p)를 기반으로 하여, 대전형식을 3:3 팀 배틀 중심으로 개량하였다. 네트워크 대전도 가능했다.

## 월면토병기 미나 : 두 가지의 PROJECT M
- 아이디어 팩토리 ● SLG ● 2007년 7월 26일 ● 6,800엔
- 플레이 명수 : 1인 ● 세이브 용량 : 184KB 이상

TV 드라마 '전차남'의 스핀오프 작품을 게임화했다. 스토리는 완전 오리지널로서, 캐릭터들과 교류하면서 이벤트를 즐기고 우주인과도 싸우는 내용이다. 애니메이션에서는 볼 수 없었던 '미나' 등의 일면도 즐길 수 있다.

## SEGA AGES 2500 시리즈 Vol.30 : 갤럭시 포스 Ⅱ - 스페셜 익스텐디드 에디션
- 세가 ● STG ● 2007년 7월 26일 ● 2,500엔
- 플레이 명수 : 1인 ● 세이브 용량 : 27KB 이상

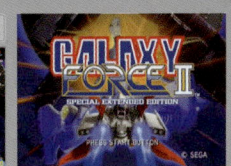

1980년대의 같은 제목 아케이드용 3D 슈팅 게임을 리바이벌 이식한 작품. 스펙 문제로 폴리곤 구현이 어렵던 시대에, 스프라이트를 교묘히 활용해 입체감을 구현했다. 16:9 비율의 '네오 클래식' 판 등, 4개 버전을 제공한다.

## 다이토기켄 공식 파치슬로 시뮬레이터 : 셰이크 Ⅱ
- 파온 ● SLG ● 2007년 7월 26일 ● 4,800엔 ● 플레이 명수 : 1인 ● 세이브 용량 : 184KB 이상
- 파치슬로 컨트롤러 스탠더드·쿠로토, 실전 파치슬로 컨트롤러, 실전 파치슬로 컨트롤러 mini 지원

다이토기켄 사의 인기 기종을 수록한 파치슬로 실기 시뮬레이터. 획득매수 400매가 넘는 빅 보너스와, 흥겨운 BGM 및 연출로 화제였던 기종이다. 통상 시에 '사보하니' 그림을 맞추는 데 성공하면 보너스 찬스가 온다.

## 마호로바 Stories : Library of Fortune
- 딤플 ● SLG ● 2007년 7월 26일 ● 6,800엔
- 플레이 명수 : 1인 ● 세이브 용량 : 212KB 이상

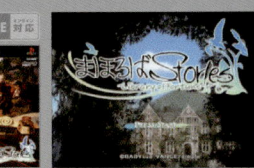

그림책의 세계를 모험하는 액션 시뮬레이션 게임. 4명의 여고생이 그림책의 세계로 들어와, 사악한 감정 '이드'를 복구시킨다는 스토리다. 개성 넘치는 복구사의 기술을 활용하여, 통쾌한 연속 공격을 날려보자.

### 파치파라 14 : 바람과 구름과 슈퍼 바다 IN 오키나와

- 아이렘 소프트웨어 엔지니어링　● RPG　● 2007년 7월 26일　● 4,800엔
- 플레이 명수 : 1인　● 세이브 용량 : 680KB 이상

'CR 슈퍼 바다이야기 IN 오키나와'의 실기 시뮬레이터. 핀 조정이 가능하여, 홀에서는 체험 불가능한 구슬의 궤적을 만들어볼 수도 있다. 연애 묘사가 충실한 갬블러 RPG 모드 '파치프로 풍운록 6'에서는, 누명을 뒤집어쓴 승부사가 정처 없이 떠돌다 만난 히로인과 사랑에 빠진다는 스토리가 펼쳐진다.

### 메이저리그 베이스볼 2K7

- 스파이크　● SPT　● 2007년 7월 26일　● 5,800엔
- 플레이 명수 : 1~2인　● 세이브 용량 : 1904KB 이상

2007년도 메이저리그 데이터를 탑재한 미국 프로야구 게임. 마쓰자카 다이스케 등, 당시 메이저리그에 진출했던 일본인 선수들도 등장한다. 과거 4시즌 분량의 데이터를 반영했고, 실존 선수들의 얼굴과 체형, 폼 등을 재현했다.

### 야토히메 참귀행 : 검 편

- Nine's fox　● AVG　● 2007년 7월 26일　● 6,800엔
- 플레이 명수 : 1인　● 세이브 용량 : 147KB 이상

PC판 원작을 이식한 어드벤처 게임. 정전기가 잘 모이는 특이체질인 주인공과 일본도를 지닌 소녀가 만나면서 의외의 스토리 전개가 펼쳐지는 작품으로서, 주인공은 자신에 얽힌 문제의 근원과 싸우기로 결의한다.

### J리그 위닝 일레븐 2007 : 클럽 챔피언십

- 코나미디지털엔터테인먼트　● SPT　● 2007년 8월 2일　● 6,980엔
- 플레이 명수 : 1~2인　● 세이브 용량 : 2072KB 이상　● 멀티탭 지원(~8인)

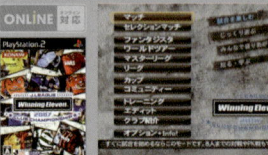

매 작품마다 꾸준히 히트해온 축구 게임 「위닝 일레븐」 시리즈의 2007년도판 클럽 버전. 제시되는 조건에 도전하는 'J 모드'의 미션들을 클리어해 가며 플레이어 스킬을 향상시켜 보자.

### 라따뚜이

- THQ 재팬　● ACT　● 2007년 8월 2일　● 5,800엔
- 플레이 명수 : 1~4인　● 세이브 용량 : 346KB 이상

요리 만들기를 좋아하는 생쥐 '레미'가 주인공인, 같은 제목의 디즈니/픽사 만화영화를 액션 게임화했다. 식재료를 모으거나 동료로부터 힌트를 받는 등의 원작 장면도 재현했으며, 요리 신에서는 미니게임도 펼쳐진다.

### 캐슬 판타지아 : 아리하트 전기

- 굿내비게이트　● SLG　● 2007년 8월 9일　● 6,800엔
- 플레이 명수 : 1인　● 세이브 용량 : 248KB 이상

PC로 발매되어 인기를 얻었던 시뮬레이션 RPG 「성마대전」과, 이 작품의 프리퀄 스토리를 다룬 어드벤처 게임 「아리하트 전기」를 합본 수록한 작품. CG는 전부 PS2용으로 새로 제작하여 교체하였다.

### SIMPLE 2000 시리즈 Vol.119 : THE 서바이벌 게임 2

- D3 퍼블리셔　● ACT　● 2007년 8월 9일　● 2,000엔
- 플레이 명수 : 1~2인　● 세이브 용량 : 57KB 이상　● 멀티탭 지원(~4인)

2004년 발매되었던 「~THE 서바이벌 게임」의 속편. 맵 수가 14종으로 대폭 늘어났으며, 등장 캐릭터들도 리얼하게 진화했다. 전작처럼 '도쿄 마루이'와 '팬텀'이 감수하여, 밀리터리 팬도 납득할 만한 퀄리티가 되었다.

## 비취 물방울 : 비색의 조각 2

- 아이디어 팩토리 ● AVG ● 2007년 8월 9일 ● 6,800엔
- 플레이 명수 : 1인 ● 세이브 용량 : 160KB 이상

여성용 일본풍 전기물 어드벤처 게임의 2번째 작품. 거울을 관리하는 와타츠미 마을로 무대를 옮겨, 새로운 '타마요리히메'와 그녀의 수호자들 사이의 로맨스를 그렸다. 전작의 캐릭터도 진행 도중에 등장한다.

## 파이널 판타지 XII 인터내셔널 조디악 잡 시스템

- 스퀘어 에닉스 ● RPG ● 2007년 8월 9일 ● 6,476엔
- 플레이 명수 : 1인 ● 세이브 용량 : 100KB 이상

『파이널 판타지 XII』의 서양판을 기반으로 신규 컨텐츠를 추가한 업그레이드판이다. 타이틀명에 있는 '조디악 잡 시스템'이란 라이센스 보드를 12종류로 변경했다는 의미로서, 캐릭터를 특정 직업 특화형으로 성장시킬 수 있다.

## xxx HOLiC : 와타누키의 이자요이 이야기

- 마벨러스 엔터테인먼트 ● AVG ● 2007년 8월 9일 ● 6,800엔
- 플레이 명수 : 1인 ● 세이브 용량 : 370KB 이상

CLAMP의 인기 만화가 원작인 어드벤처 게임. 원작 특유의 신비로운 분위기를 잘 표현한 작품으로서, 선택지에 따라 전개가 달라지는 멀티 스토리 시스템이다. 디지털 코믹 같은 느낌으로 즐길 수 있다.

## 퀴즈 & 버라이어티 : 쑥쑥 이누후쿠 2 – 어서어서 쑥쑥

- 컴파일 하트 ● QIZ ● 2007년 8월 23일 ● 5,800엔
- 플레이 명수 : 1~2인 ● 세이브 용량 : 80KB 이상

정체불명의 생물 '이누후쿠'를 육성하는 퀴즈 & 미니게임의 제2탄. 어떻게 기르느냐에 따라, 90종류 이상의 이누후쿠로 변모한다. 퀴즈 문제 수와 미니게임도 대폭 증가했다. 게임 도중 세이브도 가능해졌다.

## 전국무쌍 2 맹장전

- 코에이 ● ACT ● 2007년 8월 23일 ● 4,280엔 ● 플레이 명수 : 1~2인
- 세이브 용량 : 274KB 이상 ● 멀티탭 지원(2~4인), PlayStation BB Unit (캐시) 지원 1024MB 이상 필요

이 타이틀 단독으로도 플레이 가능하나, 『전국무쌍 2』와 연동시키면 더 많은 추가 요소를 즐길 수 있는 확장팩. 신규 모드 '용병연무'와 신규 난이도 '천국'·'수라', 이마가와 요시모토 등의 신 캐릭터를 추가했다.

## Pure×Cure Re:covery

- 카가 크리에이트 ● AVG ● 2007년 8월 23일 ● 6,800엔
- 플레이 명수 : 1인 ● 세이브 용량 : 53KB 이상

PC용 게임 『Pure×Cure』를 PS2로 개변 이식한 작품. 양호교사로서 학교에 부임해온 주인공과 학생·동료들 간의 순애를 그린 스토리다. 이식 과정에서 시나리오를 추가·수정하고, 이벤트 CG를 추가했다.

## 가정교사 히트맨 REBORN! : 드림 하이퍼 배틀! 필사의 불꽃과 검은 기억

- 마벨러스 엔터테인먼트 ● ACT ● 2007년 8월 30일 ● 6,800엔
- 플레이 명수 : 1~2인 ● 세이브 용량 : 84KB 이상

같은 제목의 인기 만화가 3D 대전격투 게임화되어 등장했다. '고쿠요 편'까지의 스토리를 츠나 시점과 무쿠로 시점에서 체험하는 '에피소드' 모드와, 자유롭게 패밀리를 만들 수 있는 '드림 하이퍼 배틀' 모드가 있다.

## 은혼 : 긴 씨와 함께! 나의 카부키쵸 일기

- 반다이남코게임즈 ● AVG ● 2007년 8월 30일 ● 6,800엔
- 플레이 명수 : 1인 ● 세이브 용량 : 415KB 이상

같은 제목의 인기 애니메이션이 원작인 어드벤처 게임. 기억상실증에 걸린 주인공이 해결사 사무소에서 숙식하면서 오에도 사람들과 교류한다는 내용이다. 90화 이상에 달하는, 게임판만의 오리지널 스토리를 수록하였다.

## Chanter(샨테) : 너의 노래가 닿으면#

- 인터채널 홀론　● AVG　● 2007년 8월 30일　● 6,800엔
- 플레이 명수 : 1인　● 세이브 용량 : 28KB 이상

PC용 게임의 이식작. 이식 과정에서 메인 히로인과 이벤트 CG를 추가했고, 추가된 컨텐츠에 맞춰 시나리오 역시 가필·수정했다. 원작의 각본가였던 다나카 로미오가 새로 쓴 단편 스토리도 추가 수록돼 있다.

## SIMPLE 2000 시리즈 Vol.120 THE 일본 최후의 병사 - 아름다운 국토 탈환작전

- D3 퍼블리셔　● ACT　● 2007년 8월 30일　● 2,000엔
- 플레이 명수 : 1인　● 세이브 용량 : 45KB 이상

점령된 일본 국토를 탈환하는 액션 게임. 일본에 남은 단 한 명의 자위대원이 되어, 정체불명의 적에게 점령된 47도도부현을 전부 해방시켜야 한다. 미션을 클리어하여 경험치를 획득하면 능력치도 강화시킬 수 있다.

## 스이카 A.S+ : Eternal Name

- 브로콜리　● AVG　● 2007년 8월 30일　● 6,800엔
- 플레이 명수 : 1인　● 세이브 용량 : 85KB 이상

PC판 성인용 어드벤처 게임의 이식작. 시골 마을을 무대로 삼아, '죽음'이 테마인 총 4장의 스토리가 펼쳐진다. 오프닝·엔딩 테마곡을 교체했고 신규 동영상을 추가하였으며, 시나리오 텍스트도 다시 다듬었다.

## 비트매니아 II DX 13 : DistorteD

- 코나미디지털엔터테인먼트　● SLG　● 2007년 8월 30일　● 6,980엔　● 플레이 명수 : 1~2인
- 세이브 용량 : 370KB 이상　● RU038, RU029, ASC-0515BM, CT013 지원

아케이드판 원작을 이식한 DJ 시뮬레이션 게임. '비트틀'을 테마로 삼았기에, 하드코어한 곡들을 대거 수록했다. 「비트매니아」 시리즈 10주년 기념작이기도 하기에, 초대 「비트매니아」의 일부 곡까지 복각하여 총 96곡을 수록하였다.

## 요귀공주전 : 괴이 환등화

- 아이디어 팩토리　● AVG　● 2007년 8월 30일　● 6,800엔
- 플레이 명수 : 1인　● 세이브 용량 : 165KB 이상

일본을 무대로 삼은 전기물 어드벤처 게임. 주인공은 오행의 속성으로 차별화된 히로인들과 관계를 쌓아가며, 마물의 위협을 받는 소꿉친구를 지켜내야 한다. 전투는 제한시간 내에 버튼을 입력하는 커맨드 형식이다.

## 럭비 08

- 일렉트로닉 아츠　● SPT　● 2007년 9월 6일　● 6,800엔
- 플레이 명수 : 1~2인　● 세이브 용량 : 1035KB 이상　● 멀티탭 지원(~4인)

선수들의 리얼한 모션을 재현한 럭비 게임. 2007년 월드컵 모드를 탑재하였으며, 승리조건이 설정된 역대 명승부 30개 시합에 도전하는 챌린지 모드도 수록했다. 세계 각지의 리그전도 플레이할 수 있다.

## Another Century's Episode 3 : THE FINAL

- 반프레스토　● ACT　● 2007년 9월 6일　● 6,980엔
- 플레이 명수 : 1~2인　● 세이브 용량 : 110KB 이상

전작으로부터 2년 후의 세계를 그린 액션 게임. 평범한 고등학생인 주인공이 자신의 파일럿 적성을 발견한 것을 계기로 론도 벨에 배속되어 세계를 지키기 위해 싸운다는 스토리다. 시리즈 최초로 보컬이 있는 주제가 15곡이 수록되었다. 슈퍼로봇으로는 최초로 '진 겟타 로보'가 참전한 작품이기도 하다.

## PlayStation2 Game Software Catalogue

### 윌 오 위스프
- 아이디어 팩토리 ● AVG ● 2007년 9월 6일 ● 6,800엔
- 플레이 명수 : 1인 ● 세이브 용량 : 166KB 이상

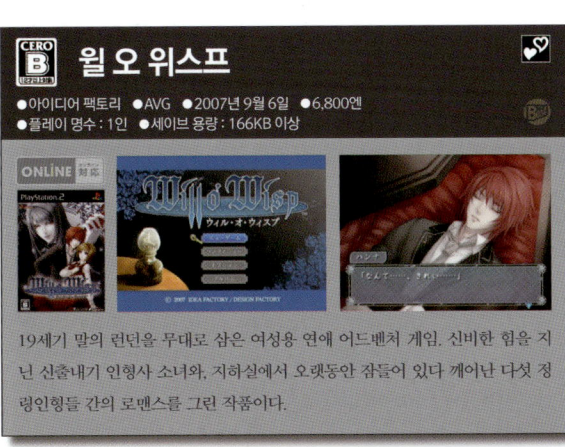

19세기 말의 런던을 무대로 삼은 여성용 연애 어드벤처 게임. 신비한 힘을 지닌 신출내기 인형사 소녀와, 지하실에서 오랫동안 잠들어 있다 깨어난 다섯 정령인형들 간의 로맨스를 그린 작품이다.

### DEAR MY SUN!! : 아들★육성★카프리치오
- D3 퍼블리셔 ● SLG ● 2007년 9월 6일 ● 6,800엔
- 플레이 명수 : 1인 ● 세이브 용량 : 175KB 이상

어머니가 되어 쌍둥이 아들 중 하나를 키우는 육성 시뮬레이션 게임. 3세부터 18세까지의 육성기간을 거치는 동안, 아들은 성격과 목소리가 변화하며 장래도 달라져간다. 다른 캐릭터와 얽히는 여성용 게임적 요소도 있다.

### 그랜드 셉트 오토 : 리버티 시티 스토리즈
- 캡콤 ● ACT ● 2007년 9월 6일 ● 3,980엔
- 플레이 명수 : 1인 ● 세이브 용량 : 330KB 이상

 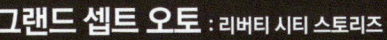 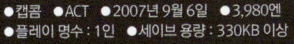 

「그랜드 셉트 오토 Ⅲ」계열로는 5번째 작품.「그랜드 셉트 오토 Ⅲ」로부터 3년 전의 리버티 시티가 배경인 외전 격 게임이다. 실적을 쌓고 돌아온 주인공 '토니'는, 간부 지위를 얻기 위해 일거리를 맡아 처리하는 과정에서 리버티 시티 전체가 휘말려드는 혈투에 몸을 던지게 된다.

### 사각탐정 공의 세계 : Thousand Dreams
- Nine's fox ● AVG ● 2007년 9월 13일 ● 4,800엔
- 플레이 명수 : 1인 ● 세이브 용량 : 98KB 이상

사건의 이면, 즉 사각(死角)을 볼 수 있는 특수능력을 지닌 주인공이, 외딴섬 내의 저택에서 벌어진 사건을 해결하는 추리 어드벤처 게임. 수사 도중 버튼에 대응되는 행동을 직접 행하는 'RE-ACT' 모드가 특징이다.

### 실전 파친코 필승법! : CR 사쿠라대전
- 세가 ● SLG ● 2007년 9월 13일 ● 4,800엔
- 플레이 명수 : 1인 ● 세이브 용량 : 256KB 이상

대인기 게임「사쿠라대전」이 드디어 파친코화되어 등장했다. '신구지 사쿠라'를 비롯한 원작의 인기 캐릭터들이 다수 등장하여, 다양한 리치 액션을 보여준다. 잭팟 연출시 연주되는 '격! 제국화격단'은 팬의 심금을 울린다.

### 금색의 코르다 2 앙코르
- 코에이 ● SLG ● 2007년 9월 20일 ● 4,800엔
- 플레이 명수 : 1인 ● 세이브 용량 : 702KB 이상

「금색의 코르다 2」의 후일담을 그린 속편. 졸업식 직전의 계절에, 이사장으로부터 오케스트라 악장으로 지명된 주인공이 동료들과 함께 과제에 도전한다. 2편의 엔딩 세이브데이터가 있다면 처음부터 연인 상태로 시작한다.

### 세인트 비스트 : 나선의 장
- 마벨러스 엔터테인먼트 ● AVG ● 2007년 9월 20일 ● 6,800엔
- 플레이 명수 : 1인 ● 세이브 용량 : 330KB 이상

원작인 TV 애니메이션 중 '성수강림 편'의 설정을 기준으로 진행되는 어드벤처 게임. 지상에 내려온 4성수와 함께, 연달아 실종되는 수호천사의 행방을 쫓는다는 스토리. 이번엔 요마가 적 캐릭터로 등장한다.

### 일곱빛깔★드롭스 Pure!!
- 미디어웍스  ● AVG  ● 2007년 9월 20일  ● 6,800엔
- 플레이 명수: 1인  ● 세이브 용량: 416KB 이상

PC판인 원작을 이식한 연애 어드벤쳐 게임. 해가 지면 봉제인형이 되어버리고 마는 주인공이, 완전한 인간으로 돌아오기 위해 반 친구인 '아키히메 스모모'와 함께 '별의 물방울'을 모으게 된다는 스토리다.

### 번아웃 도미네이터
- 일렉트로닉 아츠  ● RCG  ● 2007년 9월 20일  ● 6,800엔
- 플레이 명수: 1~4인  ● 세이브 용량: 113KB 이상

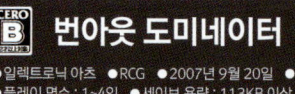

일부러 위험하게 주행해야 하는 공공도로 레이싱 게임 시리즈의 외전작. 조건을 만족시키면 부스트 종료시 게이지가 완전 회복되어 부스트가 지속되는 '번아웃 체인' 시스템 덕에, 한층 더 속도감 넘치는 레이스가 펼쳐진다.

### 프린세스 콘체르토
- 브로콜리  ● SLG  ● 2007년 9월 20일  ● 6,800엔
- 플레이 명수: 1인  ● 세이브 용량: 52KB 이상

'에터니아'라는 이세계를 무대로 삼아 펼쳐지는 마왕군과의 싸움을 그린 시뮬레이션 RPG. 어드벤처 파트와 시뮬레이션 파트로 나뉘어 진행되며, 플레이어의 선택에 따라 시나리오가 변화해간다.

### 매든 NFL 08
- 일렉트로닉 아츠  ● SPT  ● 2007년 9월 20일  ● 6,800엔
- 플레이 명수: 1~2인  ● 세이브 용량: 1478KB 이상  ● 멀티탭 지원(~8인)

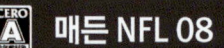

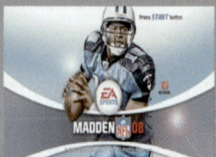

NFL의 공식 라이선스를 받은, EA 스포츠의 간판 미식축구 시리즈 신작. 이 시리즈의 정체성인 명 해설자 존 매든의 해설이 게임 도처에 실려 있다. '스킬 드릴', '판타지 챌린지' 등의 신규 컨텐츠를 탑재하였다.

### 엔젤 프로파일
- 사이버프론트  ● SLG  ● 2007년 9월 27일  ● 6,800엔
- 플레이 명수: 1인  ● 세이브 용량: 380KB 이상

미소년을 훌륭한 용사로 육성시켜야 하는 시뮬레이션 게임. 천사 집사와 악마 집사의 의견을 들어가며 공부·아르바이트 등의 스케줄을 결정하자. 플레이어의 육성법에 따라 선한 용사도 악한 용사도 될 수 있다.

### 오늘부터 마왕 : 진마국의 휴일 - 리미티드 BOX
- 반다이남코게임즈  ● AVG  ● 2007년 9월 27일  ● 12,800엔
- 플레이 명수: 1인  ● 세이브 용량: 702KB 이상

당시 여성층에 인기였던 애니메이션 '오늘부터 마왕'이 원작인 어드벤처 게임. 주인공 '유리'와, 그를 둘러싼 캐릭터들 간의 연애 이야기를 그린 작품이다. 이 작품은 선행 발매된 한정판으로서, 드라마 CD·피규어 등을 동봉했다.

### 최종시험 고래 : Alive
- 브로콜리  ● AVG  ● 2007년 9월 27일  ● 6,800엔
- 플레이 명수: 1인  ● 세이브 용량: 170KB 이상

PC판 원작을 이식한 어드벤처 게임. 하늘을 헤엄쳐 다니는 고래가 존재하는 아부 시를 배경으로 다양한 만남이 전개되는 스토리다. PS2판은 히로인이 3명 추가되어, 더욱 불가사의하고도 부조리한 세계로 플레이어를 이끈다.

### 제네레이션 오브 카오스 디자이어
- 아이디어 팩토리  ● SLG  ● 2007년 9월 27일  ● 6,800엔
- 플레이 명수: 1인  ● 세이브 용량: 353KB 이상

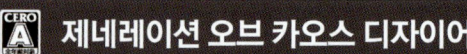

「제네레이션 오브 카오스」와「제네레이션 오브 카오스 넥스트」를 소프트 하나로 합본해 수록한 타이틀. 전투 시스템은「제네레이션 오브 카오스 V」기준으로 제작해, 신선한 감각으로 플레이할 수 있다.

## PlayStation2 Game Software Catalogue

### 유구의 벚꽃
CERO B
- 아이디어 팩토리 ● AVG ● 2007년 9월 27일 ● 6,800엔
- 플레이 명수 : 1인 ● 세이브 용량 : 598KB 이상

여성용 연애 어드벤처 게임. 주인공 나루미가 '현대'·'다이쇼 시대'·'에도 시대'·'무로마치 시대'의 4가지 시대를 왕래하면서, 수령이 천년을 넘는다 하는 '유구의 벚꽃'이 피는 나무의 비밀을 풀어낸다는 스토리다.

### 필승 파친코★파치슬로 공략 시리즈 Vol.11 신세기 에반게리온 - 진심을, 너에게
CERO B
- D3 퍼블리셔 ● SLG ● 2007년 9월 27일 ● 5,200엔
- 플레이 명수 : 1인 ● 세이브 용량 : 523KB 이상

비스티 사의 인기 기종을 수록한 파치슬로 실기 시뮬레이터. 오리지널 애니메이션 등의 연출을 강화했고, 실기의 '레이 타임'에선 '폭주 모드'가 탑재되었다. 임의의 설정·환경으로 플레이하는 '연구 모드'도 수록했다.

### 판타지 스타 유니버스 : 일루미너스의 야망
CERO B
- 세가 ● RPG ● 2007년 9월 27일 ● 4,800엔 ● 플레이 명수 : 1인
- 세이브 용량 : 235KB 이상 ● 네트워크 어댑터 또는 PlayStation BB Unit 지원

「판타지 스타 유니버스」(152p)의 속편. 온라인으로 배포했던 '에피소드 2'의 오프라인용 시나리오를 플레이할 수 있다. 또한 온라인으로 연결하여 '에피소드 3' 미션을 플레이할 수도 있었다.

### BLEACH 블레이드 배틀러즈 2nd
CERO A
- 소니컴퓨터엔터테인먼트 ● ACT ● 2007년 9월 27일 ● 6,648엔
- 플레이 명수 : 1~2인 ● 세이브 용량 : 130KB 이상 ● 멀티탭 지원(~4인)

인기 만화 'BLEACH'가 원작인 검술 액션 게임의 속편. '아란칼'과 '가면의 군세(바이자드)'에서도 다수가 참전하여, 총 36명의 캐릭터가 등장한다. 이번 작품에선 미션 모드의 볼륨이 크게 확장되어 '배틀러즈 모드'로 바뀌었다.

### 기타 프릭스 V3 & 드럼매니아 V3
CERO A
- 코나미디지털엔터테인먼트 ● ACT ● 2007년 10월 4일 ● 6,980엔 ● 플레이 명수 : 1~2인
- 세이브 용량 : 137KB 이상 ● 멀티탭 지원(~3인), 기타 프릭스 전용 컨트롤러, 드럼매니아 전용 컨트롤러 지원

기타(및 베이스)와 드럼 파트의 합주 세션을 2~3인조 락 밴드 기분으로 즐길 수 있는 인기 시리즈의 제3탄. 배틀 모드에서는 CPU와의 대전도 가능하다. 오리지널 곡은 물론, 아케이드판 V4의 일부 곡도 선행 수록되었다.

### 실황 파워풀 메이저리그 2
CERO A
- 코나미디지털엔터테인먼트 ● SPT ● 2007년 10월 4일 ● 6,980엔
- 플레이 명수 : 1~2인 ● 세이브 용량 : 740KB 이상 ● PlayStation BB Unit 지원

미국 메이저리그를 테마로 삼은 '파워프로' 시리즈의 제2탄. 2007년도 데이터를 수록하였다. 석세스 모드는 미국의 대학교를 무대로 삼은 캠퍼스 라이프 편으로서, 3년 내로 스카우트되어 마이너리그에 진입해야 한다.

### 신세기 GPX 사이버 포뮬러 : Road To The Infinity 4
CERO A
- 선라이즈 인터랙티브 ● RCG ● 2007년 10월 4일 ● 6,800엔
- 플레이 명수 : 1~2인 ● 세이브 용량 : 76KB 이상

애니메이션이 원작인 SF 레이싱 게임의 제4탄. 전작까지의 모든 머신이 등장하며, 신규 머신·코스도 추가되었다. 라이벌이 슬로모션화되는 '제로의 영역'을 재현했고, 게임의 속도감도 향상시켜 박력을 늘렸다.

### 막말연화 화류검사전
CERO C
- D3 퍼블리셔 ● AVG ● 2007년 10월 4일 ● 6,800엔
- 플레이 명수 : 1인 ● 세이브 용량 : 251KB 이상

신선조에 입대한 주인공이 다양한 대원들과 사랑에 빠진다는 내용의 여성용 연애 어드벤처 게임. 스토리는 총 21장으로 구성돼 있으며, 대원과의 친밀도에 따라 다음 장의 구성이 변화되는 것이 특징이다.

## 드래곤볼Z 스파킹! 메테오

- 반다이남코게임즈　● ACT　● 2007년 10월 4일　● 6,800엔
- 플레이 명수 : 1~2인　● 세이브 용량 : 61KB 이상

인기 3D 대전액션 게임 시리즈의 제3탄. 전작 「드래곤볼Z 스파킹! 네오」의 디스크를 넣으면 이번 작품의 시스템으로 전작을 플레이할 수 있는 '디스크 퓨전 시스템'을 탑재했다. 'Z버스트 대시'와 '소닉 스웨이'·'Z 카운터' 등의 신규 시스템을 도입해 테크니컬한 공방전을 구현하였다.

## 아이돌 작사 스치파이 IV

- 잘레코　● TBL　● 2007년 10월 11일　● 6,800엔
- 플레이 명수 : 1인　● 세이브 용량 : 40KB 이상

이번엔 가정용 오리지널 작품이 된, 마작 게임 시리즈의 제4탄. 스치파이가 메이드 카페를 개업해, 라이벌 점포의 미소녀들과 스카우트를 걸고 마작 승부를 벌인다. 승리하면 보너스 모드로 코스프레 촬영을 즐길 수 있다.

## 아라비안즈 로스트 : The engagement on desert

- 비주얼아츠　● AVG　● 2007년 10월 11일　● 6,400엔
- 플레이 명수 : 1인　● 세이브 용량 : 84KB 이상

PC판 원작을 이식한 여성용 연애 어드벤처 게임. 범죄대국의 공주인 주인공이 결혼을 회피하기 위해 어떤 조건을 달성하려 한다는 스토리로서, 등장하는 캐릭터가 전부 악인이라는 특이한 설정이 특징이다.

## 아르카나 하트

- AQ 인터랙티브　● ACT　● 2007년 10월 11일　● 5,800엔
- 플레이 명수 : 1~2인　● 세이브 용량 : 50KB 이상

플레이어블 캐릭터 전원이 미소녀로서 아르카나를 활용하여 싸우는 아케이드용 대전격투 게임의 이식작. 데모의 풀보이스화, 원작의 밸런스를 수정한 신버전 「아르카나 하트 FULL!」의 추가 수록 등 가정용판다운 특전이 많다.

## 실전 파치슬로 필승법! : 북두의 권 2 - 난세패왕전 천패의 장

- 세가　● SLG　● 2007년 10월 11일　● 4,800엔　● 플레이 명수 : 1인
- 세이브 용량 : 529KB 이상　● 실전 파치슬로 컨트롤러 지원

'파치슬로 북두의 권' 시리즈 최초의 5호기. 스톡 방출이 폐지된 새로운 룰 상에서 구슬을 획득하기 위해 노멀 보너스에 RT 기능을 탑재하였다. 레어 그림패를 맞추면 보너스 추첨이 터지는 등, 중단 체리가 이번에도 활약한다.

## 스파이더맨 3

- 액티비전　● ACT　● 2007년 10월 17일　● 5,980엔
- 플레이 명수 : 1인　● 세이브 용량 : 90KB 이상

거미줄로 웹 스윙을 펼치며 고층빌딩들 사이를 누비는 액션이 상쾌한 영화 '스파이더맨 3'가 원작인 판권물 게임. 실제 뉴욕을 재현한 넓은 도시에서, 영화판의 적들 및 게임판만의 오리지널 적과 대결해 보자.

## 갤럭시 엔젤 II : 무한회랑의 열쇠

- 브로콜리　● SLG　● 2007년 10월 18일　● 7,800엔
- 플레이 명수 : 1인　● 세이브 용량 : 247KB 이상

「갤럭시 엔젤 II : 절대영역의 문」의 속편. 새로운 적 '암즈 얼라이언스'가 카즈야 및 문 엔젤 부대 앞을 가로막는다. 전작을 더욱 세련되게 개선한 조작성과, 아름다운 그래픽으로 전개되는 전투가 특징이다.

## PlayStation2 Game Software Catalogue

### 시맨 2 : 베이징 원인 육성 키트
- 세가 ● SLG ● 2007년 10월 18일 ● 6,800엔
- 플레이 명수 : 1인 ● 세이브 용량 : 400KB 이상 ● 시마이크 컨트롤러 전용

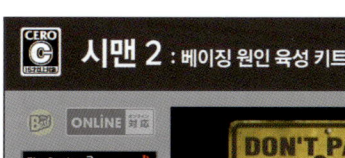

2001년 발매되었던 『시맨』의 속편. 이번 작품에선 인어어가 아니라 베이징 원인을 육성하게 된다. 시마이크 컨트롤러를 사용하여 화면 내의 베이징 원인과 대화할 수 있다. 식사를 주거나 말을 가르치는 등으로 애정을 담아 잘 돌봐주면, 일본어로 대답해주기도 하고 새로운 캐릭터가 등장하는 경우도 있다.

### 파레 드 레느
- 인터채널 홀론 ● SLG ● 2007년 10월 18일 ● 6,800엔
- 플레이 명수 : 1인 ● 세이브 용량 : 130KB 이상

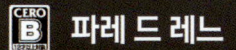

왕위를 계승하게 된 공주가 되어, 1년 동안 산하 영주들의 신임을 얻고 영지를 통치하면서 기사들과의 관계도 다져가는 시뮬레이션 게임. 다채로운 캐릭터와의 엔딩이 30종류 이상에 달한다.

### 월드 히어로즈 고저스 : 네오지오 온라인 컬렉션 vol.9
- SNK 플레이모어 ● ACT ● 2007년 10월 18일 ● 4,800엔
- 플레이 명수 : 1~2인 ● 세이브 용량 : 55KB 이상 ● 네트워크 어댑터 지원

세계의 영웅들이 시대를 초월해 한 자리에 모여 싸우는 대전격투 게임 『월드 히어로즈』 시리즈의 총 4개 작품을 디스크 1장에 합본 수록한 작품. 컬러 에디트 기능과 어레인지 BGM 전환 등의 컨텐츠를 추가하였다.

### 알 토네리코 2 : 세계에 울리는 소녀들의 창조시
- 반프레스토 ● RPG ● 2007년 10월 25일 ● 6,800엔
- 플레이 명수 : 1인 ● 세이브 용량 : 380KB 이상

'노래'를 테마로 삼은 RPG 시리즈의 제2탄. 노래 마법을 비롯한 전투 시스템이 진화했고, 마법 격인 노래 '휴므느스'도 대폭 늘어났다. 제2의 탑인 '메타 팔스'를 무대로 삼아, '인연'이 테마인 스토리가 펼쳐진다.

### 언젠가, 닿을, 저 하늘에. : 붓 드는 길과 주홍빛 황혼과
- 러셀 큐어 ● AVG ● 2007년 10월 25일 ● 6,800엔
- 플레이 명수 : 1인 ● 세이브 용량 : 206KB 이상

PC용 게임의 이식작. 밤이 되면 구름이 하늘을 뒤덮어버리는 불가사의한 곳인 코메이 시가 배경인 연애 어드벤처 게임이다. PS2판은 메인 히로인의 언니 더 스토리를 수록했고, '미토라 메메메'가 메인 히로인으로 승격되었다.

### 가정교사 히트맨 REBORN! : Let's 암살!? 위험해진 10대째!
- 마벨러스 엔터테인먼트 ● AVG ● 2007년 10월 25일 ● 6,800엔
- 플레이 명수 : 1인 ● 세이브 용량 : 291KB 이상

같은 제목의 대인기 만화가 원작인 어드벤처 게임. 플레이어는 신입 닌자가 되어, 수장의 명령으로 본고래 보스의 목숨을 노리며 암약한다. 주인공은 닌자지라, 다양한 캐릭터로 변장할 수 있다.

### 컬러풀 아쿠아리움 : My Little Mermaid
- Nine's fox ● AVG ● 2007년 10월 25일 ● 6,800엔
- 플레이 명수 : 1인 ● 세이브 용량 : 141KB 이상

PC판 원작을 이식한 연애 어드벤처 게임. 주인공의 옆집에 살고 있는 '시이하 이즈미'와 10년 만에 재회한 '알리사 엑스레반' 두 소꿉친구와 주인공이 함께 하는 시간을 그린, 가슴이 훈훈해지는 스토리의 작품이다.

## 갓 오브 워 II

- 캡콤  ● ACT  ● 2007년 10월 25일  ● 6,990엔
- 플레이 명수 : 1인  ● 세이브 용량 : 525KB 이상

「갓 오브 워」의 속편. 전작에서 군신 아레스를 물리치고 강대한 힘을 얻은 주인공 '크레토스'의 이야기가 계속 이어지며, 시작부터 초거대 보스와의 박력만점 전투가 펼쳐진다. 초보자부터 숙련자까지의 폭넓은 유저층에 맞춰 다양한 난이도를 제공하는 등, 시스템 면에서도 호평을 받은 작품이다.

## 고배율 지하 마작열전 무코우부치 : 이거 죄송합니다, 종료로군요

- π아츠  ● TBL  ● 2007년 10월 25일  ● 4,800엔
- 플레이 명수 : 1인  ● 세이브 용량 : 530KB 이상

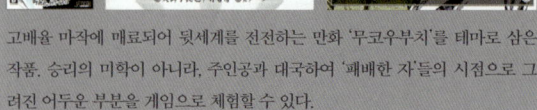

고배율 마작에 매료되어 뒷세계를 전전하는 만화 '무코우부치'를 테마로 삼은 작품. 승리의 미학이 아니라, 주인공과 대국하여 '패배한 자'들의 시점으로 그려진 어두운 부분을 게임으로 체험할 수 있다.

## 열대저기압 소녀

- Nine's fox  ● AVG  ● 2007년 10월 25일  ● 6,800엔
- 플레이 명수 : 1인  ● 세이브 용량 : 145KB 이상

이상기후를 불러일으키는 전학생 소녀와, 기상예보사를 지망하는 주인공 간의 요절복통 학교생활을 묘사한 연애 어드벤처 게임. 관측사상 최대급의 열대저기압이 마을로 다가오는 위기를 돌파해야 한다.

## SEGA AGES 2500 시리즈 Vol.31 : 전뇌전기 버추얼 온

- 세가  ● STG  ● 2007년 10월 25일  ● 2,500엔
- 플레이 명수 : 1~2인  ● 세이브 용량 : 53KB 이상

아케이드로 출시되었던 같은 제목 인기 로봇 대전 액션 게임의 이식작. 아케이드판과 동일한 초당 57.5프레임의 렌더링과 대전 플레이 시의 라이브 모니터를 구현해냈다. 심지어 16:9 와이드스크린 표시와 가정용 오리지널 모드, VR 모델링 감상 기능 등의 다양한 신규 컨텐츠까지도 추가하였다.

## 발드 불릿 이퀼리브리엄

- 알케미스트  ● ACT  ● 2007년 10월 25일  ● 6,800엔
- 플레이 명수 : 1인  ● 세이브 용량 : 550KB 이상

PC용 게임의 이식작. 선택지를 골라 진행하는 어드벤처 모드와, 로봇에 탑승하여 싸우는 액션 모드를 번갈아 진행하며 스토리를 즐기는 게임이다. 다양한 무장을 장착한 로봇을, 여러 버튼으로 디테일하게 조작한다.

## 발리볼 월드컵 : 비너스 에볼루션

- 스파이크  ● SPT  ● 2007년 10월 25일  ● 6,800엔
- 플레이 명수 : 1~2인  ● 세이브 용량 : 222KB 이상

2007년도 전일본 여자배구팀 선수들이 실명으로 등장하는, 일본배구협회가 공인한 배구 게임. 3D로 모델링된 선수들을 조작하여 배구 경기를 플레이할 수 있으며, 리얼한 모션으로 선수의 움직임을 재현하였다.

# PlayStation2 Game Software Catalogue

## 슈퍼로봇대전 스크램블 커맨더 the 2nd
- 반프레스토 ● SLG ● 2007년 11월 1일 ● 6,980엔
- 플레이 명수 : 1인 ● 세이브 용량 : 67KB 이상

원작과 동일한 등신으로 모델링된 로봇들이 활약하는 실시간 전략 시뮬레이션 게임 「슈퍼로봇대전 스크램블 커맨더」의 속편. 「슈퍼로봇대전」 시리즈의 친숙한 정신 커맨드와 강화 파츠 기능을 적용했고, 컷인 연출까지도 도입하였다. 공중 유닛 및 항모 등의 새로운 유닛도 추가하였다.

## GI 자키 4 2007
- 코에이 ● RCG ● 2007년 11월 1일 ● 6,800엔 ● 플레이 명수 : 1~2인
- 세이브 용량 : 87KB 이상 ● PlayStation BB Unit (캐시) 지원 : 1024MB 이상 필요

신인 기수로 데뷔한 주인공을 육성하는 기수 체험형 경마 게임. 다양한 레이스를 체험하면서 GI 제패 등의 목표를 달성하고, 모든 기수들의 꿈인 3연패를 비롯해 각종 대회에서 우승할 수 있는 자키로 성장하여 활약해보자.

## MotoGP 07
- 캡콤 ● RCG ● 2007년 11월 1일 ● 6,990엔 ● 플레이 명수 : 1~2인
- 세이브 용량 : 740KB 이상 ● 슈퍼 바이크 컨트롤러 지원

이탈리아 Milestone 사가 제작한, 실제 MotoGP 경기를 재현한 바이크 레이싱 게임. 조작 스타일은 심플한 '아케이드'부터 치밀한 컨트롤을 요구하는 '시뮬레이션'까지의 3단계 중에서 선택할 수 있도록 했다.

## NBA 라이브 08
- 일렉트로닉 아츠 ● SPT ● 2007년 11월 8일 ● 6,800엔
- 플레이 명수 : 1~2인 ● 세이브 용량 : 1007KB 이상 ● 멀티탭 지원(~8인)

NBA가 공인한 농구 게임 시리즈의 신작. 선수들을 자유롭게 조합하여 팀을 만드는 '퀵 픽 플레이 모드'로 꿈의 대전을 연출해볼 수도 있다. 멀티탭을 사용하면 오프라인으로 최대 8인 동시 플레이가 가능하다.

## 별빛 선물
- TAKUYO ● AVG ● 2007년 11월 8일 ● 6,800엔
- 플레이 명수 : 1인 ● 세이브 용량 : 185KB 이상

학생이 3명뿐인 폐교 직전의 학교가 있는 시골을 무대로 삼아, 졸업 때까지 남성들과 교류하는 과정을 그린 여성용 게임. 점성술로 대상 인물의 호감도와 앞으로 벌어질 일상의 변화를 미리 알 수 있는 것이 특징이다.

## 장갑기병 보톰즈
- 반다이남코게임즈 ● ACT ● 2007년 11월 15일 ● 6,800엔
- 플레이 명수 : 1~2인 ● 세이브 용량 : 82KB 이상

1980년대 일본에서 방영된 TV 애니메이션 '장갑기병 보톰즈'를 소재로 삼은 타이틀. 원작의 오랜 팬들이 바라마지 않은 '추억의 기체들의 직접조작'이 드디어 가능해진 게임이다. 원작의 명곡들과 효과음도 다수 사용했다.

## 하야리가미 2 : 경시청 괴이 사건 파일
- 니폰이치 소프트웨어 ● AVG ● 2007년 11월 15일 ● 6,800엔
- 플레이 명수 : 1인 ● 세이브 용량 : 100KB 이상

도시전설을 다룬 「하야리가미」(37p)의 속편. 기본 시스템은 전작과 거의 동일하지만 시나리오량은 대폭 늘렸다. 분기 트리 기능으로 아직 읽지 않은 루트를 간편하게 확인할 수 있는 등, 진화된 시스템도 있다.

### 주식거래 말판놀이 카부코로

- 어테인  ● TBL  ● 2007년 11월 15일  ● 5,800엔
- 플레이 명수: 1~4인
- 세이브 용량: 188KB 이상  ● 멀티탭 지원(~4인)

'웃음과 눈물이 교차하는 주식투자 이야기'가 캐치카피인 주사위 말판놀이 게임. 멈춘 칸에서 발생하는 이벤트나 게임 도중에 나오는 뉴스 등이 플레이어들의 이후 전개에 영향을 준다. 게임으로 재미있게 주식을 배워보자.

### 우미쇼 수영부

- 5pb.  ● AVG  ● 2007년 11월 22일  ● 6,800엔
- 플레이 명수: 1인  ● 세이브 용량: 144KB 이상

만화 '건강 질라계 수영부 우미GO!'가 원작인 TV 애니메이션을 어드벤처 게임화했다. 주인공인 매니저 '카나메'와 부원들과의 교류를 오리지널 에피소드로 묘사했다. 연동에 따라 표정이 바뀌는 '리액션 셀렉트' 시스템이 있다.

### 사십팔(가칭)

- 반프레스토  ● AVG  ● 2007년 11월 22일  ● 6,800엔
- 플레이 명수: 1인  ● 세이브 용량: 705KB 이상

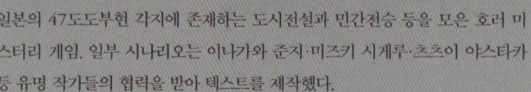

일본의 47도부현 각지에 존재하는 도시전설과 민간전승 등을 모은 호러 미스터리 게임. 일부 시나리오는 이나가와 준지·미즈키 시게루·츠이 야스타카 등 유명 작가들의 협력을 받아 텍스트를 제작했다.

### 도카폰 킹덤

- 스팅  ● TBL  ● 2007년 11월 22일  ● 6,476엔  ● 플레이 명수: 1~4인
- 세이브 용량: 312KB 이상  ● 멀티탭 지원(~4인)

슈퍼 패미컴 「도카폰 3·2·1 : 폭풍을 부르는 우정」의 리메이크작. 말판놀이 스타일의 맵에서 재산을 모은다는 기본 규칙은 원작과 동일하지만, '전직' 도입과 아이템·이벤트 증가 등으로 컨텐츠를 업그레이드시켰다.

### 파친코 필살 청부인 III : 파치로 상투 달인 13

- 핵베리  ● SLG  ● 2007년 11월 22일  ● 6,200엔
- 플레이 명수: 1인  ● 세이브 용량: 159KB 이상

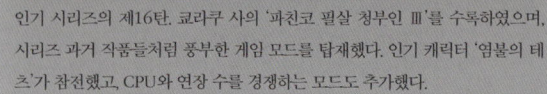

인기 시리즈의 제16탄. 쿄라쿠 사의 '파친코 필살 청부인 III'를 수록하였으며, 시리즈 과거 작품들처럼 풍부한 게임 모드를 탑재했다. 인기 캐릭터 '염불의 테츠'가 참전했고, CPU와 연장 수를 경쟁하는 모드도 추가했다.

### 해리포터와 불사조 기사단

- 일렉트로닉 아츠  ● ACT  ● 2007년 11월 22일  ● 6,800엔
- 플레이 명수: 1인  ● 세이브 용량: 82KB 이상

세계적으로 히트한 같은 제목의 영화를 게임화한 작품. 주인공 '해리'가 되어 호그와트 마법학교를 탐색하고 퍼즐을 풀며 마법을 획득하는 등으로 진행한다. 원작 영화에 등장하는 게임도 작품 내에서 즐겨볼 수 있다.

### 파이널 판타지 XI : 알타나의 신병

- 스퀘어 에닉스  ● RPG  ● 2007년 11월 22일  ● 3,979엔
- 플레이 명수: 1인  ● USB 키보드·USB 마우스 지원, PlayStation BB Unit 필수

「파이널 판타지 XI」의 확장팩 디스크 제4탄. 20년 전으로 타임 슬립하여, 이제까지의 스토리의 원인이었던 전쟁에 직접 관여한다는 내용이다. 이번 확장팩에서는 '댄서'와 '학자' 2종의 신규 직업이 추가되었다.

### 프리사가! : 프린세스를 찾아라!

- 뷰즈  ● SLG  ● 2007년 11월 22일  ● 6,800엔
- 플레이 명수: 1인  ● 세이브 용량: 200KB 이상

PC용 게임의 이식작. 느닷없이 왕위를 계승해야만 하게 된 주인공이 계승의 증표를 얻기 위해 분투하는 시뮬레이션 게임이다. '좋은 성적을 받는 것'과 '왕비를 맞이하는 것'의 두 조건을 만족시키면 증표를 얻을 수 있다.

 PlayStation2 Game Software Catalogue

## 월드 사커 위닝 일레븐 2008

- 코나미디지털엔터테인먼트 ● SPT ● 2007년 11월 22일 ● 6,600엔 ● 플레이 명수: 1~2인
- 세이브 용량: 1945KB 이상 ● 멀티탭 지원(~8인), 네트워크 어댑터・PlayStation BB Unit 지원

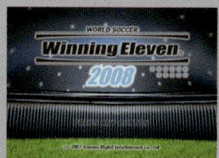

인기 축구 게임 시리즈의 2008년도판. 에디트 기능이 충실해진 것이 특징이다. 온라인 대전도 이 작품부터 부활하였다. 커버 아트에서도 알 수 있듯이, 이번 작품의 이미지 캐릭터는 크리스티아누 호날두 선수다.

## Another Century's Episode 2 : Special Vocal Version

- 반프레스토 ● ACT ● 2007년 11월 29일 ● 3,800엔
- 플레이 명수: 1~2인 ● 세이브 용량: 95KB 이상

「A.C.E. 2」(134p)에 보컬이 있는 주제가 10곡을 추가 수록한 염가판. 원작의 BGM 11곡도 수록했다. 기본적인 컨텐츠는 「A.C.E. 2」와 동일하므로, 「A.C.E. 2」의 세이브데이터도 그대로 불러올 수 있다.

## SD건담 G제네레이션 스피릿츠

- 반다이남코게임즈 ● SLG ● 2007년 11월 29일 ● 6,800엔
- 플레이 명수: 1인 ● 세이브 용량: 112KB 이상

PS2용 「SD건담 G제네레이션」 시리즈로는 3번째 작품. 유닛 비주얼을 리뉴얼하고 전투 신을 3D화해 박력을 더했다. 우주세기를 무대로 삼은 36개 작품으로 게임을 구성했으며, 650종 이상의 유닛이 등장한다.

## SIMPLE 2000 시리즈 Vol.121 THE 나의 도시 만들기 2 - 도시ing 메이커 2.1

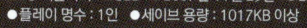

- D3 퍼블리셔 ● SLG ● 2007년 11월 29일 ● 2,000엔
- 플레이 명수: 1인 ● 세이브 용량: 1017KB 이상

2003년 발매되었던 「~THE 나의 도시 만들기」의 기능 강화판. 도시개발 프로듀서가 되어, 주민들과 소통하면서 도시를 발전시켜보자. 실존 프랜차이즈를 포함해, 300종 이상의 다양한 점포들이 등장한다.

## SIMPLE 2000 시리즈 Vol.122 THE 인어공주 이야기 - 머메이드 프리즘

- D3 퍼블리셔 ● SLG ● 2007년 11월 29일 ● 2,000엔
- 플레이 명수: 1인 ● 세이브 용량: 160KB 이상

2006년 발매되었던 「머메이드 프리즘」의 염가판. 인어공주가 된 여고생이 이 세계와 현실세계를 왕래하는 여성용 연애 시뮬레이션 게임이다. 이세계의 왕자님과 함께 로맨틱한 연애를 즐겨보자.

## StarTRain(스타티레인) : your past makes your future

- 프린세스 소프트 ● AVG ● 2007년 11월 29일 ● 6,800엔
- 플레이 명수: 1인 ● 세이브 용량: 147KB 이상

PC판 원작을 이식한 연애 어드벤처 게임. 연애의 즐거움뿐만 아니라 이별의 괴로움까지도 그린 시나리오로 호평을 받은 작품으로서, 실연에서 시작하여 새로운 사랑을 찾아간다는 스토리가 펼쳐진다.

## 제로의 사역마 : 몽마가 엮어내는 밤바람의 환상곡

- 마벨러스 엔터테인먼트 ● AVG ● 2007년 11월 29일 ● 6,980엔
- 플레이 명수: 1인 ● 세이브 용량: 206KB 이상

라이트 노벨 「제로의 사역마」가 원작인 어드벤처 게임의 제2탄. 사이토가 매일 밤 꾸는 신비한 꿈에서 시작되는 스토리로서, 게임판의 오리지널 히로인도 등장한다. '츤데레 파라미터'도 업그레이드시켜 탑재하였다.

## 전국 바사라 2 영웅외전

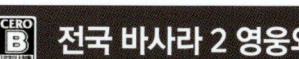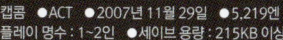

- 캡콤 ● ACT ● 2007년 11월 29일 ● 5,219엔
- 플레이 명수: 1~2인 ● 세이브 용량: 215KB 이상

「전국 바사라 2」에서는 조작할 수 없었던 무장들에 초점을 맞춘 액션 게임. 이 작품부터 처음으로 2인 동시 플레이가 가능해졌다. '외전 스토리 모드'에서는 전작인 2편의 스토리를 다른 측면에서 묘사한다.

## 그랜드 셉트 오토 : 바이스 시티 스토리즈

- 캡콤
- ACT
- 2007년 12월 6일
- 3,979엔
- 플레이 명수 : 1인
- 세이브 용량 : 326KB 이상

2004년 발매되었던 「그랜드 셉트 오토 : 바이스 시티」의 외전작. 주인공은 「~바이스 시티」에서의 '랜스'의 형인 '빅터'로서, 랜스와 작당하여 범죄에 손을 담그게 된다. 전작보다 탈것이 늘어나, 헬리콥터도 조종할 수 있게 되었다.

## 소환소녀 : ElementalGirl Calling

- 카도카와쇼텐
- SLG
- 2007년 12월 6일
- 6,800엔
- 플레이 명수 : 1인
- 세이브 용량 : 885KB 이상

휴대폰을 갖게 된 주인공이 현실세계의 소녀를 소환하여, 힘을 합쳐 함께 모험하는 판타지 시뮬레이션 게임. 휴대폰을 사용하여 소녀와의 통화부터 소환, 통신판매 구입과 경매지도 할 수 있는 것이 특징이다.

## 디즈니 프린세스 : 마법의 세계로

- 디즈니 인터랙티브 스튜디오
- AVG
- 2007년 12월 6일
- 5,800엔
- 플레이 명수 : 1~2인
- 세이브 용량 : 1020KB 이상

나쁜 마녀에게 사로잡히고 만 디즈니 작품의 공주들을 구출하는 액션 게임. 각 작품들의 세계에서 사건을 해결해주며 진행해, 모든 공주들을 구출해내는 데 성공하면 저주의 마법이 풀리게 된다.

## 캐리비안의 해적 : 세상의 끝에서

- 월트 디즈니 재팬
- ACT
- 2007년 12월 6일
- 5,800엔
- 플레이 명수 : 1~2인
- 세이브 용량 : 233KB 이상

같은 제목의 영화를 기반으로 제작한 3D 액션 어드벤처 게임. '잭 스패로우' 일당을 조작해 탈옥과 섬 탐색을 즐기고, 검을 휘두르며 적 및 몬스터와의 싸움을 체험하자. 원작 영화의 장면을 재현한 세계를 모험할 수 있다.

## 유희왕 듀얼몬스터즈 GX 태그 포스 에볼루션

- 코나미
- PZL
- 2007년 12월 6일
- 6,980엔
- 플레이 명수 : 1인
- 세이브 용량 : 120KB 이상

PSP로 발매된 같은 제목의 작품이 '에볼루션'화되어 등장했다. 애니메이션의 캐릭터를 파트너로 삼아 박력만점의 듀얼을 즐길 수 있다. 이식 과정에서 수록 카드가 2,800장으로 늘어났고, 새로운 공식 익스퍼트 룰도 지원한다.

## 스펙트럴 진

- 아이디어 팩토리
- SLG
- 2007년 12월 13일
- 6,800엔
- 플레이 명수 : 1인
- 세이브 용량 : 250KB 이상

마신이 부활하는 3년 후를 대비해 아군을 육성하는 시뮬레이션 RPG. 플레이어는 영주가 되어, 도시를 발전시키고 군비를 강화해야 한다. 유닛의 능력을 다른 병사에 계승시키는 '연마전승'이라는 시스템이 특징이다.

## 하카레나 하트 : 너를 위해 이 빛을

- 러셀 퓨어
- AVG
- 2007년 12월 13일
- 5,800엔
- 플레이 명수 : 1인
- 세이브 용량 : 206KB 이상

PC용 게임의 이식작. 주인공이 지닌 보석을 둘러싼 스토리가 펼쳐지는 여성용 연애 어드벤처 게임이다. 주인공의 집에 온갖 남자들이 들이닥쳐 동거생활이 시작된다. 이식 과정에서 인기 캐릭터의 엔딩을 추가했다.

## 실황 파워풀 프로야구 14 결정판

- 코나미디지털엔터테인먼트
- SPT
- 2007년 12월 20일
- 6,980엔
- 플레이 명수 : 1~2인
- 세이브 용량 : 2260KB 이상
- 네트워크 어댑터, PlayStation BB Unit 지원

2007년도 페넌트 종료시의 데이터를 탑재한 결정판. 석세스 모드에서는 WBC를 모티브로 삼아, 실존 선수들 중에서 선발하여 구성한 팀으로 세계 정상을 노리는 '드림 JAPAN'이라는 모드가 새로 추가되었다.

# PlayStation2 Game Software Catalogue

## CERO A | NARUTO -나루토- 질풍전 : 나루티밋 엑셀 2
- 반다이남코게임즈 ● ACT ● 2007년 12월 20일 ● 6,476엔
- 플레이 명수 : 1~2인 ● 세이브 용량 : 103KB 이상

인기 애니메이션이 원작인 인술 격투액션 게임 시리즈의 신작. 시리즈 최초로 연계 액션 시스템이 추가되었으며, 서포트 캐릭터 선택 가능 등으로 대전의 폭이 넓어졌다. 캐릭터는 역대 최다인 62명을 선택할 수 있다.

## CERO C | Pia♡캐럿에 어서 오세요!! G.O. : SUMMER FAIR
- 피아치 ● AVG ● 2007년 12월 20일 ● 7,200엔
- 플레이 명수 : 1인 ● 세이브 용량 : 204KB 이상

PC용 게임의 이식작. 패밀리 레스토랑을 무대로 삼은 연애 어드벤처+시뮬레이션 게임이다. 15명의 히로인이 등장하며, 신규 이벤트 및 CG를 추가했고 팬 디스크의 내용도 일부 수록하였다.

## CERO D | 쓰르라미 울 적에 제(祭) : 조각놀이
- 카카 크리에이트 ● AVG ● 2007년 12월 20일 ● 3,979엔
- 플레이 명수 : 1인 ● 세이브 용량 : 51KB 이상

「쓰르라미 울 적에 제」(171p)의 업그레이드판. 플로우차트가 개량되었고 장면 점프 기능이 탑재되었으며, 케이이치가 풀보이스화되었고, 신규 시나리오 '뒤풀이 모임'이 추가되었다. 원작 보유자를 위한 어펜드 판도 별매했다.

## CERO B | Myself; Yourself
- 예티 ● AVG ● 2007년 12월 20일 ● 6,800엔
- 플레이 명수 : 1인 ● 세이브 용량 : 100KB 이상

「후타코이」등의 제작에 참여했던 일러스트레이터, 사사키 무츠미가 캐릭터 디자인을 담당한 연애 어드벤처 게임. 5년 만에 고향에 돌아온 주인공과 히로인들 사이의 고민과 엇갈림을 소재로 다룬 작품이다.

## CERO A | 로빈슨 가족 : 윌버의 위험한 시간여행
- 디즈니 인터랙티브 스튜디오 ● AVG ● 2007년 12월 20일 ● 5,800엔
- 플레이 명수 : 1~2인 ● 세이브 용량 : 60KB 이상

CG 애니메이션 영화 '로빈슨 가족'의 프리퀄 스토리를 다룬 액션 게임. '윌버'를 조작하여 누군가가 훔쳐간 타임머신을 쫓아 모험한다는 내용이다. 과거와 미래를 무대로 삼은 40종류 이상의 미션을 달성해보자.

## CERO B | 신곡주계 폴리포니카 : 3&4화 완결편
- 비주얼아츠 ● AVG ● 2007년 12월 27일 ● 2,800엔
- 플레이 명수 : 1인 ● 세이브 용량 : 41KB 이상 ● 프로그레시브 출력 지원

다양한 형태로의 미디어믹스를 전개했던, 인간과 성령 간의 교류를 그린 키네틱 노벨 게임의 제2탄. PC판의 제3화와 제4화를 합본해 수록했다. 완전 풀보이스화하였으며, 새로운 CG를 추가하였다.

## CERO B | 슈퍼로봇대전 OG 외전
- 반프레스토 ● ETC ● 2007년 12월 27일 ● 5,800엔
- 플레이 명수 : 1~2인 ● 세이브 용량 : 281KB 이상

판권물 원작과 무관한 「슈퍼로봇대전」 시리즈의 오리지널 캐릭터들만으로 새로운 스토리를 전개하는 「슈퍼로봇대전 OG」의 외전이 PS2로 등장했다. 새로운 스토리로 자유롭게 대전이 가능한 '프리 배틀 모드'를 추가했다.

## CERO A | 슬로터 UP 매니아 9 : 오키나와가 뜨겁다! 멘소레-30 & 멘소레 2-30
- 도라스 ● SLG ● 2007년 12월 27일 ● 4,000엔 ● 플레이 명수 : 1인
- 세이브 용량 : 310KB 이상 ● 파치슬로 컨트롤러, 슬롯컨, 실전 파치슬로 컨트롤러 지원

'멘소레', '멘소레 2' 2개 기종을 수록한 파치슬로 실기 시뮬레이터. 4호기에서 5호기로 넘어가는 과도기에 연달아 가동되었던 '멘소레', '멘소레 2' 두 작품의 매력을 마음껏 체험할 수 있는 타이틀이다.

# 2008

## PlayStation2 Game Software Catalogue

2008년에 발매된 PS2용 타이틀 수는 총 149종으로서, 작년과 마찬가지로 전년 대비 100종 가까이나 줄어드는 등 PS2 시장의 쇠퇴경향이 여실히 드러난 한 해였다. 그런 와중에도 「기타 히어로 3」와 「BULLY」 등 서양에서 큰 인기를 누렸던 타이틀과, 「무쌍 오로치 마왕 재림」 및 「슈퍼로봇대전 Z」 등의 일본 내수 히트작들도 발매되었다.

### 스쿨 데이즈 L×H

- 인터채널 홀론
- AVG
- 2008년 1월 17일
- 6,800엔
- 플레이 명수: 1인
- 세이브 용량: 100KB 이상

PC에서 인기를 얻었던 「스쿨 데이즈」를 이식한 작품. 그 해의 화제를 독차지했던 TV 애니메이션판의 일본 방영 4개월 뒤에 발매되었으며, 원작의 풀 애니메이션 시스템을 유지하면서도 오리지널 엔딩을 대폭 추가하였다.

### 드리프트 나이츠: 쥬스드 2

- THQ 재팬
- RCG
- 2008년 1월 17일
- 4,800엔
- 플레이 명수: 1~2인
- 세이브 용량: 188KB 이상

차량 커스터마이징 시스템이 충실하여 호쾌한 드리프트를 펼칠 수 있는 3D 레이싱 게임. 튠업한 차량으로 세계의 공공도로를 달리며 라이벌 차량을 속속 제치는 쾌감을 맛보자. 노면의 컨디션도 체크하며 달려야 한다.

### TOCA 레이스 드라이버 3: 디 얼티밋 레이싱 시뮬레이터

- 인터채널 홀론
- SLG
- 2008년 1월 24일
- 6,800엔
- 플레이 명수: 1~2인
- 세이브 용량: 210KB 이상
- GT FORCE Pro 완전 지원

차량의 리얼한 거동 재현에 공을 들인 레이싱 게임. 거동 시뮬레이션에 중력·공력 개념까지 도입했다. 35종류의 레이스, 70종류 이상의 차종, 80종류 이상의 코스로 전작 대비 대폭 늘어난 볼륨을 자랑한다.

### 러키☆스타: 료오 고등학교 앵등제

- 카도카와쇼텐
- AVG
- 2008년 1월 24일
- 6,800엔
- 플레이 명수: 1인
- 세이브 용량: 253KB 이상

같은 제목의 인기 만화가 원작인 어드벤처 게임. 학교의 축제 직전에 전학 온 주인공이, 원작의 캐릭터들과 교류하면서 축제를 성공시키기 위해 활동한다는 스토리다. 축제 당일로 루프되는 이상현상의 수수께끼를 밝혀내자.

### IZUMO 2: 학원광상곡 - 더블 팩트

- GN 소프트웨어
- AVG
- 2008년 1월 31일
- 6,800엔
- 플레이 명수: 1인
- 세이브 용량: 190KB 이상

「IZUMO 2: 용맹한 검의 섬기」(137p)의 속편. 싸움을 끝내고 현대로 돌아온 주인공 일행의 학교생활을 그린 어드벤처 게임이다. 이세계에서 사쿠야가 찾아온다는 왁자지껄 스토리가 전개된다.

### 사이어나이드

- 어테인
- STG
- 2008년 1월 31일
- 5,800엔
- 플레이 명수: 1~2인
- 세이브 용량: 247KB 이상

360도 전방향에서 몬스터가 공격해오는 3D 슈팅 게임. 1인용인 '스토리 모드'는 스테이지를 클리어하면 다음 스테이지에서 분기되며, 선택한 스테이지에 따라 난이도가 변화한다. 무기를 자유롭게 조합하며 즐길 수 있다.

## PlayStation2 Game Software Catalogue

### 스즈미야 하루히의 당황
- 반프레스토 ● AVG ● 2008년 1월 31일 ● 6,800엔
- 플레이 명수: 1인 ● 세이브 용량: 256KB 이상

인기 라이트 노벨 '스즈미야 하루히' 시리즈를 소재로 삼은 어드벤처 게임. 게임 개발을 선언한 하루히가, 마음에 드는 게임으로 완성될 때까지 시간을 루프시키고 만다. 그 루프에서 빠져나가기 위해 분투한다는 스토리다.

### 태평양의 폭풍 : 전함 야마토, 새벽녘에 출격하다!
- 시스템소프트 알파 ● SLG ● 2008년 1월 31일 ● 6,800엔
- 플레이 명수: 1인 ● 세이브 용량: 1550KB 이상

태평양전쟁을 무대로 삼은 전략 시뮬레이션 게임. 전함 야마토 등 역사상에선 미완성으로 끝난 병기군까지 포함된 370종류의 병기를 활용해, 실제 역사상의 전투에서 선전하여 아군을 승리로 이끌어보자.

### 테일즈 오브 데스티니 : 디렉터즈 컷
- 반다이남코게임즈 ● RPG ● 2008년 1월 31일 ● 5,800엔
- 플레이 명수: 1인 ● 세이브 용량: 60KB 이상 ● 멀티탭 지원(~4인)

「테일즈 오브 데스티니」(162p)에 추가 컨텐츠를 더해 업그레이드한 마이너 체인지 버전. '리온'이 주인공인 모드를 신규 추가하여, 「테일즈 오브 데스티니」의 세계를 더욱 깊이 즐길 수 있다. 전작에서는 공식 웹페이지를 통해 알아낸 패스워드를 입력해야만 해금되었던 특전도 처음부터 개방돼 있다.

### 니드 포 스피드 프로스트리트
- 일렉트로닉 아츠 ● RCG ● 2008년 1월 31일 ● 6,800엔
- 플레이 명수: 1~2인 ● 세이브 용량: 540KB 이상

「니드 포 스피드」 시리즈로서는 이색적이게도, 공공도로가 아니라 서킷을 달리는 레이싱 게임. 파츠를 조합하여 커스터마이즈하는 시스템이 차량의 성능에 큰 영향을 끼치므로, 튜닝의 재미가 크게 늘어났다.

### 유어 메모리즈 오프 : 걸즈 스타일
- 5pb. ● AVG ● 2008년 1월 31일 ● 6,800엔
- 플레이 명수: 1인 ● 세이브 용량: 109KB 이상

「메모리즈 오프」 시리즈의 컨셉을 계승한, 시리즈 최초의 여성용 타이틀. 고등학교 졸업을 앞두고 카페에서 아르바이트를 시작한 주인공이, 동경하던 밴드 '유어'의 멤버들과 친근해져 교류하게 된다는 스토리다.

### 트랜스포머 THE GAME
- 액티비전 ● ACT ● 2008년 2월 7일 ● 6,800엔
- 플레이 명수: 1인 ● 세이브 용량: 57KB 이상

같은 제목의 할리우드 3D 영화를 게임화했다. 정체불명의 기계생명체를 둘러싼 전쟁에, '오토봇'과 '디셉티콘' 두 진영 중 한쪽을 선택하여 참전하는 3D 액션 게임이다. 원 버튼으로 원작 영화처럼 스피디하게 변신할 수 있다.

### 프린세스 메이커 5
- 사이버프론트 ● SLG ● 2008년 2월 7일 ● 6,800엔
- 플레이 명수: 1인 ● 세이브 용량: 192KB 이상

딸을 육성하여 다양한 결말로 이끄는 육성 시뮬레이션 게임 시리즈의 5번째 작품. 이세계와의 병렬세계 형태로 존재하는 현대의 인간계가 배경이라, 육성 시스템에도 현대의 개념과 문명의 이기가 반영되어 있다.

## 에비코레 플러스 : 키미키스

- 엔터브레인 ● SLG ● 2008년 2월 14일 ● 3,800엔
- 플레이 명수 : 1인 ● 세이브 용량 : 240KB 이상

「키미키스」(141p)의 게임 밸런스를 개선하고, 백로그와 음성 재생 기능 등의 자잘한 시스템을 개량해 업데이트한 염가판. 힌트가 표시되는 등, 전반적인 게임의 난이도를 낮추어 초보자를 배려했다.

## 실전 파치슬로 필승법! Selection : 멋진남자 김태랑・슬로터 김태랑・나의 하늘

- 세가 ● SLG ● 2008년 2월 14일 ● 2,800엔 ● 플레이 명수 : 1인
- 세이브 용량 : 120KB 이상 ● 실전 파치슬로 컨트롤러 지원

사미 사의 3개 기종을 수록한 파치슬로 실기 시뮬레이터. 모토미야 히로시의 인기 만화를 모티브로 제작한 '멋진남자 김태랑'과 '슬로터 김태랑', '나의 하늘'을 수록했고, 실기 공략 모드와 미니게임도 넣었다.

## WWE 스맥다운 대 로우 2008

- THQ 재팬 ● ACT ● 2008년 2월 14일 ● 5,800엔
- 플레이 명수 : 1~2인 ● 세이브 용량 : 570KB 이상 ● 멀티탭 지원(~6인)

WWE를 테마로 삼은 프로레슬링 게임 시리즈의 신작. 관절기 시스템 등의 자잘한 조작계를 변경한 것은 물론, 익스트림 룰 매치가 최대 특징인 ECW를 새로 추가함으로써 ECW 소속 슈퍼스타들도 대거 참전했다.

## D.C. the Origin : 다 카포 디 오리진

- 브로콜리 ● AVG ● 2008년 2월 14일 ● 6,800엔
- 플레이 명수 : 1인 ● 세이브 용량 : 85KB 이상

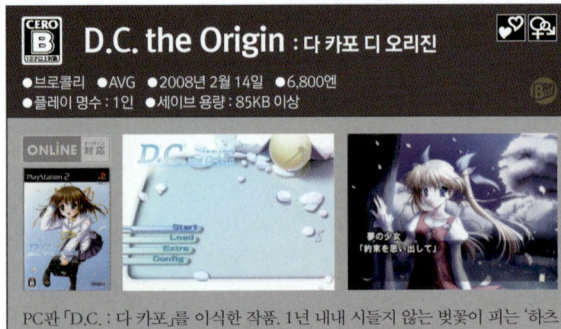

PC판 「D.C. : 다 카포」를 이식한 작품. 1년 내내 시들지 않는 벚꽃이 피는 '하츠네 섬'에서 펼쳐지는 순애 스토리를 그린 어드벤처 게임이다. PC판의 성우를 재기용하는 등, 시리즈 첫 작품을 최대한 충실히 재현했다.

## 포이즌 핑크

- 반프레스토 ● SLG ● 2008년 2월 14일 ● 6,800엔
- 플레이 명수 : 1인 ● 세이브 용량 : 475KB 이상

행방불명된 공주를 구하기 위해, 수많은 마신이 사는 옥계(獄界) '베세크'를 모험하는 시뮬레이션 RPG. 적인 마신을 사로잡아, 스킬을 빼앗거나 유닛으로 부려 아군을 강화시키면서 게임을 진행하자.

## 스턴트맨★이그니션

- THQ 재팬 ● ACT ● 2008년 2월 21일 ● 5,800엔
- 플레이 명수 : 1~2인 ● 세이브 용량 : 70KB 이상

할리우드 영화의 스턴트맨이 하는 일을 체험해보는 액션 게임. 지시에 맞춰 차량을 조작해, 카메라맨이 촬영하는 가운데 화려한 액션을 성공시키자. 찍은 장면은 리플레이 영상이 되므로, 앵글을 바꾸거나 슬로모션으로 볼 수도 있다.

## 댄스 댄스 레볼루션 슈퍼노바 2

- 코나미디지털엔터테인먼트 ● SLG ● 2008년 2월 21일 ● 6,980엔 ● 플레이 명수 : 1~2인
- 세이브 용량 : 179KB 이상 ● 아이토이 카메라, 댄스 댄스 레볼루션 전용 컨트롤러 지원

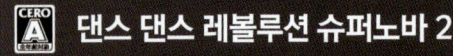

아케이드판 10번째 작품의 이식작으로서, 가정용 신곡과 스페셜 채보를 포함해 총 80곡 이상을 수록하였다. 곡 및 캐릭터 커스터마이즈 등은 상점에서 포인트를 지불하고 개방하는 시스템으로 바뀌었다.

## 나이츠 : into Dreams…

- 세가 ● ACT ● 2008년 2월 21일 ● 3,800엔 ● 플레이 명수 : 1인
- 세이브 용량 : 162KB 이상 ● 프로그레시브 출력(480p) 지원

세가새턴의 명작 액션 게임을 리메이크한 작품. 스테이지를 자유롭게 날아다닐 수 있는 것이 특징인 타이틀이다. 새턴판의 그래픽을 그대로 재현한 모드와 그래픽을 리메이크한 모드, 2종류 중에서 선택해 즐길 수 있다.

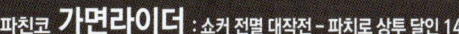

## PlayStation2 Game Software Catalogue

---

**CERO A** 파치코 가면라이더 : 쇼커 전멸 대작전 - 파치로 상투 달인 14
- 핵베리  ●SLG  ●2008년 2월 21일  ●6,200엔
- 플레이 명수 : 1인  ●세이브 용량 : 159KB 이상

코라쿠 사의 인기 기종을 수록한 파친코 실기 시뮬레이터. 실기 연구를 도와주는 '공략 모드', 게임을 즐기는 감각으로 플레이하는 '챌린지 모드', 리치 연출과 실기 소개영상을 즐기는 '감상 모드'를 탑재하였다.

---

**CERO C** 라스트 에스코트 2 : 심야의 달콤한 가시
- D3 퍼블리셔  ●SLG  ●2008년 2월 21일  ●5,800엔
- 플레이 명수 : 1인  ●세이브 용량 : 590KB 이상

호스트 클럽이 배경인 연애 어드벤처 게임의 제2탄. 리뉴얼된 호스트 클럽에서, 전원이 신 캐릭터인 호스트들과의 새로운 연애가 전개된다. 전작의 세이브 데이터를 연동시키면 특별 시나리오도 플레이할 수 있다.

---

**CERO A** 건담무쌍 Special
- 반다이남코게임즈  ●ACT  ●2008년 2월 28일  ●6,476엔  ●플레이 명수 : 1~2인
- 세이브 용량 : 644KB 이상  ●PlayStation BB Unit (캐시) 지원 : 512MB 이상 필요

'무쌍' 시리즈와 '건담', 두 IP가 과감하게 콜라보레이션한 게임으로서 PS3로 선행 발매되었던 '건담무쌍'을 PS2로 역이식한 작품. '무사건담 Mk-Ⅱ' 등, PS3판에는 없는 컨텐츠가 추가되었다.

---

**CERO D** 흡혈기담 문 타이즈
- 인터채널 홀론  ●AVG  ●2008년 2월 28일  ●6,800엔
- 플레이 명수 : 1인  ●세이브 용량 : 215KB 이상  ●USB 마우스 지원

흡혈귀 당주의 피를 잇게 된 주인공을 둘러싸고 벌어지는 스토리를 그린 어드벤처 게임. 각자의 꿍꿍이를 품고 주인공 앞에 나타난 히로인들과 주인공 사이의 두근두근 아슬아슬 전개를 즐길 수 있다.

---

**CERO A** 새의 별 : Aerial Planet
- 니폰이치 소프트웨어  ●AVG  ●2008년 2월 28일  ●6,800엔
- 플레이 명수 : 1인  ●세이브 용량 : 200KB 이상

글라이더를 조종하여 새들과 함께 하늘을 누비는 SF 스카이 어드벤처 게임. 해양행성이 무대로서, 주인공이 되어 행성 반대편에 있는 조사기지까지 귀환한다는 스토리다. 컨디션을 잘 관리하며 가혹한 환경에 대처하자.

---

**CERO A** 나이트 위저드 The VIDEO GAME : Denial of the World
- 5pb.  ●AVG  ●2008년 2월 28일  ●6,800엔
- 플레이 명수 : 1인  ●세이브 용량 : 138KB 이상

인기 테이블 토크 RPG '나이트 위저드' 시리즈를 기반으로 삼아 제작한 어드벤처 게임. 전투 등, 주인공이 취하는 다양한 행동의 성패를 주사위 굴림으로 판정하는 '저지 셀렉트 시스템'이 작품의 특징이다.

---

**CERO B** 파이널 어프로치 2 : 1st Priority
- 프린세스 소프트  ●AVG  ●2008년 2월 28일  ●6,800엔
- 플레이 명수 : 1인  ●세이브 용량 : 150KB 이상

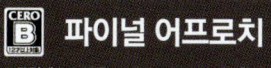  

인기 시리즈의 제2탄. 전작(46p)과 마찬가지로, 밸런타인데이에 소녀가 찾아오는 장면으로 시작되는 연애 어드벤처 게임이다. 이번엔 아이돌과의 사이에서 벌어진 결혼소동을 중심으로 새로운 해프닝이 펼쳐진다.

---

**CERO B** 프티 푸르
- 아이디어 팩토리  ●AVG  ●2008년 2월 28일  ●6,800엔
- 플레이 명수 : 1인  ●세이브 용량 : 171KB 이상

식당을 경영하는 연애 어드벤처 게임. 할아버지의 건강이 나빠져 폐점 위기에 처한 식당을 남성 스탭들과 함께 재건시켜야 한다는 스토리. 플레이어가 뽑은 스탭과 함께 신 메뉴를 고안하며 깊은 사이가 되어보자.

### 방과 후는 백은의 선율

- 딤플  ● AVG  ● 2008년 2월 28일  ● 6,800엔
- 플레이 명수: 1인  ● 세이브 용량: 121KB 이상

퇴마사인 주인공 소녀가 남장을 하고서 남학교에 잠입하는 여성용 연애 어드벤처 게임. 남성 캐릭터와 협력해 가며, 사건 해결을 의뢰받은 학교에서 일어나는 괴사건을 해결해 간다는 스토리다.

### 기타 히어로 3 : 레전드 오브 락

- 액티비전  ● ACT  ● 2008년 3월 6일  ● 11,111엔  ● 플레이 명수: 1~2인
- 세이브 용량: 325KB 이상  ● 무선 크레이머 스트라이커 컨트롤러 전용

기타 컨트롤러로 실감나는 연주를 펼치는 미국산 음악 게임. 1970~80년대에 활약했던 락 뮤지션들의 명곡 70곡 이상을 라이브 공연처럼 연주해보자. 전설의 기타리스트도 등장한다. 전용 무선 기타 컨트롤러를 동봉했다.

### 나락의 성 : 이치야나기 나고무, 2번째 수난

- 니폰이치 소프트웨어  ● AVG  ● 2008년 3월 6일  ● 6,800엔
- 플레이 명수: 1인  ● 세이브 용량: 615KB 이상

「우격자의 관」(171p)의 속편. 전작에서 구면이 된 배우 '타카토 히오리'의 초대로 유럽의 산속 어느 성을 방문했다가, 그곳에서 벌어진 살인극에 휘말리는 나고무. 살인사건의 비밀을 풀어 다음 범행을 막을 수 있을까?

### 노부나가의 야망 : 혁신 with 파워업 키트

- 코에이  ● SLG  ● 2008년 3월 6일  ● 9,800엔  ● 플레이 명수: 1인
- 세이브 용량: 1373KB 이상  ● PlayStation BB Unit (캐시) 지원: 512MB 이상 필요

「노부나가의 야망 : 혁신」(125p)의 업그레이드판. 신규 시나리오를 추가했고 전투 등의 밸런스도 조정했다. 기존의 기술혁신보다 강력한 '남만 기술'을 추가했고, 다이묘 외의 다양한 신규 세력도 등장한다.

### 위닝 포스트 7 MAXIMUM 2008

- 코에이  ● SLG  ● 2008년 3월 13일  ● 6,800엔  ● 플레이 명수: 1인
- 세이브 용량: 2486KB 이상  ● PlayStation BB Unit (캐시) 지원: 1024MB 이상 필요

2008년도 레이스 프로그램에 대응시킨 타이틀. 「위닝 포스트 7」(100p)의 시스템이 기반이지만 인물 데이터부터 말 데이터까지 당시 최신 기준으로 갱신했으며, 실제 경주마 관련 이벤트를 60종 이상이나 추가하였다.

### 다이토기켄 공식 파치슬로 시뮬레이터 : 신 요시무네

- 파온  ● SLG  ● 2008년 3월 13일  ● 4,800엔  ● 플레이 명수: 1인  ● 세이브 용량: 288KB 이상
- 파치슬로 컨트롤러 스탠더드·쿠로토, 실전 파치슬로 컨트롤러, 실전 파치슬로 컨트롤러 mini 지원

다이토기켄 사의 인기 기종을 수록한 파치슬로 실기 시뮬레이터. 히트작 '요시무네'의 후계기인 5호기를 디테일하고 충실하게 재현하였다. 실전감각을 연마하는 '실전 배틀' 기능과, 액정 연출을 재현한 '갤러리' 모드를 탑재했다.

### 12Riven : the Ψcliminal of integral

- 사이버프론트  ● AVG  ● 2008년 3월 13일  ● 6,800엔
- 플레이 명수: 1인  ● 세이브 용량: 98KB 이상

 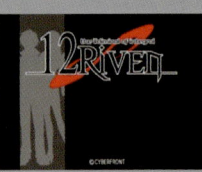 

「infinity」 시리즈의 스탭들이 참여한 신규 시리즈의 어드벤처 게임. 고등학생과 여형사 두 사람이 받은 메일에서 시작되는 사건이, 두 사람의 시점을 교대로 체험하는 동안 한 줄기로 합쳐진다는 스토리다.

### 노부나가의 야망 온라인 : 쟁패의 장

- 코에이  ● RPG  ● 2008년 3월 26일  ● 6,800엔  ● 플레이 명수: 1인
- PlayStation BB Unit 필수, USB 키보드 지원

전국시대를 무대로 삼아 일개 캐릭터로서 세계를 모험하는 MMORPG 「노부나가의 야망 온라인」의 확장팩 제3탄. '큐슈'가 던전 스테이지로 등장하며, 새로운 필드 타입 던전과 성 타입 던전을 공략할 수 있도록 했다.

## 엘미나쥬 : 어둠의 무녀와 신들의 반지

- ●스타피시 ●RPG ●2008년 3월 27일 ●6,800엔
- ●플레이 명수 : 1인 ●세이브 용량 : 200KB 이상

검과 마법의 세계를 무대로 삼은 왕도 던전 RPG. 9가지 종족과 16가지 직업을 조합해 캐릭터를 제작하여 미궁을 탐색하자. 어둠의 무녀에게 빼앗긴 5개의 반지를 탈환하여, 세계에 평화를 되찾아주어야 한다.

## 그대가 주인이고 집사가 나 : 봉사일기

- ●미나토 스테이션 ●AVG ●2008년 3월 27일 ●6,800엔
- ●플레이 명수 : 1인 ●세이브 용량 : 141KB 이상

PC용 게임의 이식작. 누나와 함께 쿠온지 가문에 들어가게 된 주인공이, 집사가 되어 아가씨들을 돌보는 연애 코미디 어드벤처 게임이다. 이식되면서 PC판의 인기 캐릭터였던 쿠키 아게하가 공략대상으로 승격됐다.

## 길티기어 이그젝스 액센트 코어 플러스

- ●아크시스템웍스 ●ACT ●2008년 3월 27일 ●5,800엔
- ●플레이 명수 : 1~2인 ●세이브 용량 : 89KB 이상

「길티기어 이그젝스」 시리즈의 4번째 업그레이드판. 구작의 버그를 수정했고, 풀보이스화된 스토리 모드와 미션 모드·서바이벌 모드를 새로 추가했으며, 클리프·저스티스 두 캐릭터가 부활하는 등, 전반적으로 파고들기성 컨텐츠를 대거 추가하고 완성도를 높인 작품이라는 성격이 강한 게임이다.

## SEGA AGES 2500 시리즈 Vol.32 : 판타지 스타 - 컴플리트 컬렉션

- ●세가 ●RPG ●2008년 3월 27일 ●2,500엔
- ●플레이 명수 : 1인 ●세이브 용량 : 117KB 이상

세가의 간판 RPG 「판타지 스타」 시리즈의 전 작품을 유한회사 M2가 합본 이식한 타이틀. 세가 마크 III로 발매된 1편부터 메가 드라이브로 발매된 시리즈 2~4편은 물론이고, 온라인 서비스 '게임 도서관'을 통해 배포됐던 텍스트 어드벤처판까지 망라했다. 숨겨진 컨텐츠로서, 게임 기어판 2개 작품도 수록했다.

## 코드 기어스 반역의 를르슈 : 로스트 컬러즈

- ●반다이남코게임즈 ●AVG ●2008년 3월 27일 ●6,476엔
- ●플레이 명수 : 1인 ●세이브 용량 : 101KB 이상

같은 제목의 인기 애니메이션이 원작인 풀보이스 어드벤처 게임. 게임 오리지널 캐릭터인 기억상실 소년이 주인공으로서, 를르슈 일행과의 학교생활을 즐길 수 있다. 새로 제작한 애니메이션 장면도 수록했다.

## 툼 레이더 애니버서리

- ●스파이크 ●ACT ●2008년 3월 27일 ●5,800엔
- ●플레이 명수 : 1인 ●세이브 용량 : 295KB 이상

시리즈의 시작인 「툼 레이더」 첫 작품의 리메이크작. 섹시하고 야심만만한 주인공 '라라 크로프트'가 되어, 다양한 퍼즐과 액션에 도전하자. 전작의 게임 시스템을 기반으로, 원작의 퍼즐과 내용을 재구성하였다.

## 네오 안젤리크 풀보이스

- 코에이 ● AVG ● 2008년 3월 27일 ● 3,979엔
- 플레이 명수 : 1인 ● 세이브 용량 : 700KB 이상

2006년 3월 발매되었던 「네오 안젤리크」(130p)를 완전 풀보이스화하고, 신규 제작한 CG 및 스페셜 이벤트를 추가한 업그레이드 버전이다. 정가도 낮췄기에 염가판이라는 역할도 겸하고 있다.

## 프로야구 스피리츠 5

- 코나미디지털엔터테인먼트 ● SPT ● 2008년 4월 1일 ● 6,648엔
- 플레이 명수 : 1~2인 ● 세이브 용량 : 153KB 이상

리얼한 그래픽이 특징인 야구 게임 시리즈의 신작. 2008년도 데이터를 탑재했다. CPU 측의 타자가 투구시의 완급에 잘 대처하는지를 확인하는 '완급대응 게이지'를 새로 추가하여, 투수일 때 이를 고려해 공을 던질 수 있도록 했다.

## 무쌍 오로치 마왕재림

- 코에이 ● ACT ● 2008년 4월 3일 ● 6,800엔 ● 플레이 명수 : 1~2인
- 세이브 용량 : 280KB 이상 ● PlayStation BB Unit (캐시) 지원 : 1024MB 이상 필요

「무쌍 오로치」를 기반으로 삼아 다양한 컨텐츠를 추가한 타이틀. 플레이어블 캐릭터가 대거 추가되어, 타이라 키요모리・미나모토 요시츠네처럼 다른 시대의 인물부터 시작해 복희・여와 등 신화에서 따온 캐릭터까지도 등장한다. 합체기도 추가되어, 한층 더 통쾌한 플레이를 즐길 수 있다.

## 신곡주계 폴리포니카 : 0~4화 풀팩

- 비주얼아츠 ● AVG ● 2008년 4월 10일 ● 4,300엔
- 플레이 명수 : 1인 ● 세이브 용량 : 42KB 이상 ● 프로그레시브 출력 지원

두 편으로 분할 발매되었던 「신곡주계 폴리포니카」를 디스크 한 장으로 통합해 재발매한 컴플리트 팩. 모든 곡과 CG를 감상할 수 있는 모드를 탑재했고, 일부 그래픽에 새로운 서브 컷을 추가했다.

## 배틀 오브 선라이즈

- 선라이즈 인터랙티브 ● SLG ● 2008년 4월 10일 ● 7,800엔
- 플레이 명수 : 1인 ● 세이브 용량 : 280KB 이상

선라이즈 창사 30주년을 기념하여 발매된, 선라이즈 사의 역대 로봇 애니메이션들이 한 자리에 모이는 크로스오버 작품. 기동력이 높아야 유리한 3D 기동 전투 시스템을 탑재하여, 신감각의 전투를 즐길 수 있다.

## 욕심쟁이 엠푸사

- TAKUYO ● SLG ● 2008년 4월 17일 ● 6,800엔
- 플레이 명수 : 1~4인 ● 세이브 용량 : 88KB 이상

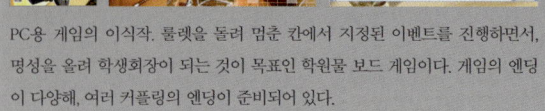

PC용 게임의 이식작. 룰렛을 돌려 멈춘 칸에서 지정된 이벤트를 진행하면서, 명성을 올려 학생회장이 되는 것이 목표인 학원물 보드 게임이다. 게임의 엔딩이 다양해, 여러 커플링의 엔딩이 준비되어 있다.

## H2O 플러스

- 카도카와쇼텐 ● AVG ● 2008년 4월 24일 ● 6,800엔
- 플레이 명수 : 1인 ● 세이브 용량 : 196KB 이상

PC용 게임의 이식작. TV 애니메이션도 방영된 인기작으로서, 어린 시절 사고로 맹인이 된 주인공과 소녀들 간의 만남과 인간관계를 그린 작품이다. 타이틀명인 'H2O'는 3명의 히로인인 하야미・히나타・오토하를 가리킨다.

## PlayStation2 Game Software Catalogue

### 에델 블루메
- CERO B
- 아이디어 팩토리 ● AVG ● 2008년 4월 24일 ● 6,800엔
- 플레이 명수 : 1인 ● 세이브 용량 : 149KB 이상

판타직 호러의 세계를 배경으로 삼은 러브 스토리물. 주인공 '메어리'가 귀족인 '제럴드'에게 구혼을 받는 장면에서부터 이야기가 시작된다. '윤회'가 메인 테마인지라, 다회차 플레이를 전제로 진행하는 작품이다.

### 프리즘 아크 : 어웨이크
- CERO C
- 5pb. ● AVG ● 2008년 4월 24일 ● 6,800엔
- 플레이 명수 : 1인 ● 세이브 용량 : 152KB 이상

PC판 성인용 게임 '프리즘 아크'의 가정용판 이식작. 치밀한 판타지 세계관과 개성적인 캐릭터, 3D CG로 제작된 전투 파트 등이 특징으로서, 코믹하면서도 중후한 스토리를 자랑하는 작품이기도 하다.

### 아오이시로
- CERO C
- 석세스 ● AVG ● 2008년 5월 15일 ● 6,800엔
- 플레이 명수 : 1인 ● 세이브 용량 : 466KB 이상

「아카이이토」(48p)와 같은 세계관을 공유하는 전기물 어드벤처 게임. 검도부의 소녀 '오사나이 쇼코'를 둘러싸고 얽히는 인연을, 백합물 요소를 곁들여 그려낸다. 루트 점프와 퀵 세이브 등의 편의성 시스템도 강화시켰다.

### 슬로터 UP 코어 10 : 달려라 번개호 2
- CERO A
- 도라스 ● SLG ● 2008년 5월 15일 ● 4,338엔 ● 플레이 명수 : 1인 ● 세이브 용량 : 580KB 이상
- 파치슬로 컨트롤러 쿠로토 · Pro · Pro2 · 스탠더드, 슬롯컨, 실전 파치슬로 컨트롤러 지원

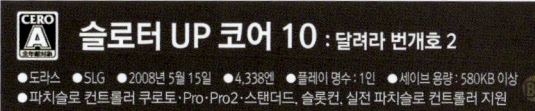

60년대생에게 각별한 추억인 같은 제목의 TV 애니메이션(원제는 '바하 GoGoGo')이 소재인 파치슬로 실기 시뮬레이터. 순수한 보너스인 구슬 사출과, 통상 성립시의 그림패 맞추기에 성공하면 구슬이 늘어나는 ART 기능이 있다.

### 슬로터 UP 매니아 10 : 파이오니어 스페셜 III
- CERO A
- 도라스 ● SLG ● 2008년 5월 22일 ● 4,200엔 ● 플레이 명수 : 1인 ● 세이브 용량 : 256KB 이상
- 파치슬로 컨트롤러 쿠로토 · Pro · Pro2 · 스탠더드, 슬롯컨, 실전 파치슬로 컨트롤러 지원

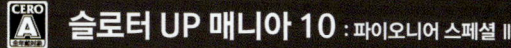

'오키슬롯' 계열의 팬들이 좋아하는 '뉴 하나하나'와 '하나이치방'을 수록한 실기 시뮬레이터. 기체 상단에 있는 히비스커스 꽃이 반짝반짝 빛나면 잭팟이라는 심플한 게임성으로 많은 팬들을 매료시킨 기종이다.

### 프린세스 나이트메어
- CERO C
- 뷰즈 ● AVG ● 2008년 5월 22일 ● 6,800엔
- 플레이 명수 : 1인 ● 세이브 용량 : 215KB 이상

흡혈귀를 테마로 삼은 여성용 연애 어드벤처 게임. 뱀파이어 사냥을 피해 일본까지 도망쳐온 3명의 흡혈귀 중 하나인 '리틀 드라큘레아'가 되어, 헬싱 교수와 싸운다는 스토리의 작품이다.

### 종말소녀환상 앨리스매틱 APOCALYPSE
- CERO C
- 러셀 ● AVG ● 2008년 5월 29일 ● 6,800엔
- 플레이 명수 : 1인 ● 세이브 용량 : 206KB 이상

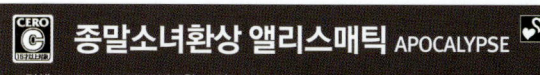

PC용 게임의 이식작. 2022년, 멸망의 위기에 직면한 종말 직전의 세계를 구하기 위해 모인 소년·소녀들의 일상을 그린 스토리다. PS2판에서는 팬 디스크 '~의욕상자 2'에 처음 수록되었던 후일담 컨텐츠도 추가되었다.

### D.C. II P.S. : 다 카포 II 플러스 시츄에이션
- CERO C
- 카도카와쇼텐 ● AVG ● 2008년 5월 29일 ● 7,600엔
- 플레이 명수 : 1인 ● 세이브 용량 : 331KB 이상

PC판 「D.C. II」를 이식한 타이틀. 장르명은 '낯간지러운 학원물 연애 어드벤처'다. 이식 과정에서 신 캐릭터를 추가했고, 신규 시나리오와 이벤트 CG도 대거 집어넣었다. 성우진은 애니메이션판 기준으로 전면 교체했다.

## 토가이누의 피 : True Blood

- 카도카와쇼텐  ● AVG  ● 2008년 5월 29일  ● 6,800엔
- 플레이 명수 : 1인  ● 세이브 용량 : 47KB 이상

제3차 세계대전 후 국토가 둘로 분단된 가상의 일본이 배경이다. 억울한 누명을 뒤집어쓴 주인공은, 해방되는 대신 조건으로서 도쿄 내의 한 도시 '토시마'를 지배하는 범죄조직 '비스키오'의 박멸을 의뢰받는다.

## 하나요이 로마네스크 : 사랑과 슬픔, 그것은 너를 위한 마리아

- 마벨러스 엔터테인먼트  ● AVG  ● 2008년 5월 29일  ● 6,800엔
- 플레이 명수 : 1인  ● 세이브 용량 : 294KB 이상

같은 제목의 일본 피처폰용 게임을 이식한 작품. 교사가 된 주인공은 권력자인 호쇼 가문의 선대로부터 호출을 받아, 호쇼가 일족을 구하기 위해 학교에 다니는 일족의 학생 중 하나와 결혼해달라는 부탁을 받게 된다.

## 비트매니아 II DX 14 : GOLD

- 코나미디지털엔터테인먼트  ● SLG  ● 2008년 5월 29일  ● 6,952엔
- 플레이 명수 : 1~2인  ● 세이브 용량 : 380KB 이상  ● ASC-0515BM, RU029, CT013 지원

아케이드판을 이식한 DJ 시뮬레이션 게임의 신작. 가정용 전용 곡은 물론, 유저 앙케트로 선정된 아티스트의 콜라보레이션 곡도 수록되었다. 초대 「비트매니아」가 원전인 곡도 일부 복각해, 총 96곡을 수록하였다.

## 환상게임 : 주작이문

- 아이디어 팩토리  ● AVG  ● 2008년 5월 29일  ● 6,800엔
- 플레이 명수 : 1인  ● 세이브 용량 : 183KB 이상

같은 제목의 인기 만화가 원작인 어드벤처 게임. 원작의 평행세계라는 설정으로의 스토리로서, 주인공은 게임판 오리지널 캐릭터인 '오오토리 마도카'다. 선택지에 따라 미래가 바뀌는 'if'로서의 '환상게임'의 세계를 즐겨보자.

## 마나케미아 2 : 폐쇄 직전의 학교와 연금술사들

- 거스트  ● RPG  ● 2008년 5월 29일  ● 6,800엔
- 플레이 명수 : 1인  ● 세이브 용량 : 350KB 이상

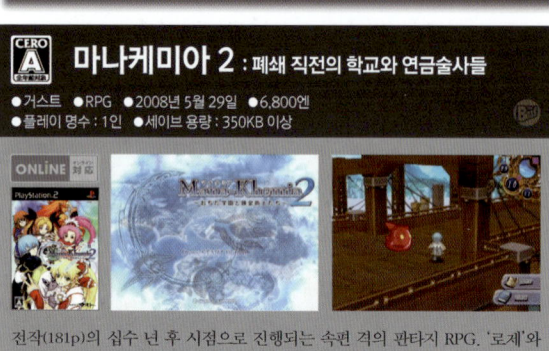

전작(181p)의 십수 년 후 시점으로 진행되는 속편 격의 판타지 RPG. '로제'와 '울리카' 두 주인공이 각자의 시점에서 1년간의 학교생활을 보내면서, 인간계에서 마나가 사라져간다는 문제에 접근하기 시작한다.

## 오오쿠 기

- 글로벌 A 엔터테인먼트  ● SLG  ● 2008년 6월 5일  ● 5,800엔
- 플레이 명수 : 1인  ● 세이브 용량 : 60KB 이상

막부에 의해 살해당한 아버지의 복수를 위해, 쇼군의 안사람이 지배하는 규방 '오오쿠'에 잠입해 출세를 노리는 '토키코'가 주인공인 게임. 권모술수의 오오쿠에서, 누명을 쓴 토키코는 오오쿠를 뒤져 증거를 모아 결백을 증명해야 한다.

## 야마사 Digi 월드 콜라보레이션 SP : 파치슬로 릿지 레이서

- 반다이남코게임즈  ● SLG  ● 2008년 6월 5일  ● 4,800엔
- 플레이 명수 : 1인  ● 세이브 용량 : 300KB 이상

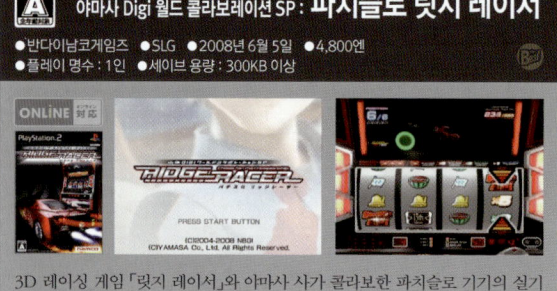

3D 레이싱 게임 '릿지 레이서'와 야마사 사가 콜라보한 파치슬로 기기의 실기 시뮬레이터. 통상 릴 & 4번째 릴 '배율'의 조합이 참신하며, 보너스 성립 기대치를 암시하는 연출도 풍부한 타이틀이다.

## 소라유메

- TAKUYO  ● AVG  ● 2008년 6월 19일  ● 6,800엔
- 플레이 명수 : 1인  ● 세이브 용량 : 200KB 이상

평범한 소녀가 세계의 이변에 맞서는 어드벤처 게임. 악마에게 소원을 빌고, 이를 이뤄주는 대신 마석 '헬리오트로프'를 찾아내야 한다는 스토리. 악마를 사역마로 소환할 수 있으며, 사역마에 따라 선택지가 변화한다.

## PlayStation2 Game Software Catalogue

### 머나먼 시공 속에서 4
- CERO B
- 코에이 ● AVG ● 2008년 6월 19일 ● 8,800엔
- 플레이 명수: 1인 ● 세이브 용량: 975KB 이상

Wii판과 동시 발매된, 여성용 연애 어드벤처 게임 시리즈의 신작. 주인공이 실은 이세계의 나라 '나카츠쿠니'의 공주였기에, 멸망해버린 자신의 나라를 부흥시키기 위해 동료들과 함께 노력한다는 스토리다.

### ARIA The ORIGINATION : 푸른 별의 엘 시엘로
- CERO A
- 알케미스트 ● AVG ● 2008년 6월 26일 ● 6,800엔
- 플레이 명수: 1인 ● 세이브 용량: 200KB 이상

만화 'ARIA'의 게임화 제2탄. 원작의 제1권부터 제10권까지를 기반으로 삼아 오리지널 에피소드 중심으로 구성한 비주얼 노벨로서, 주인공은 신입 운디네가 되어 아카리 등의 원작 캐릭터들과 깊이 교류하게 된다.

### 더 킹 오브 파이터즈 '98 ULTIMATE MATCH - 네오지오 온라인 컬렉션 vol.10
- CERO B
- SNK 플레이모어 ● ACT ● 2008년 6월 26일 ● 4,800엔 ● 플레이 명수: 1~2인
- 세이브 용량: 250KB 이상 ● 네트워크 어댑터 또는 PlayStation BB Unit 지원

네오지오용 게임 「더 킹 오브 파이터즈 '98」을 리메이크한 작품. 신규 시스템인 '얼티밋 모드'를 추가하였으며, 신 캐릭터와 새로운 기술도 대량으로 추가했다. 밸런스도 전면적으로 수정해, 그야말로 KOF '98의 결정판이다.

### 선 소프트 컬렉션 : 네오지오 온라인 컬렉션 vol.11
- CERO B
- SNK 플레이모어 ● ACT ● 2008년 6월 26일 ● 4,800엔 ● 플레이 명수: 1~2인
- 세이브 용량: 62KB 이상 ● 네트워크 어댑터 또는 PlayStation BB Unit 지원

선 소프트가 네오지오로 출시했던 격투 게임 2개 작품을 합본 이식한 소프트. 우주를 무대로 삼은 SF 세계관의 격투 게임 「갤럭시 파이트」와, '두근두근 불'을 둘러싼 싸움을 그린 「두근두근 7」이 수록돼 있다.

### 전국 바사라 X(크로스)
- CERO B
- 캡콤 ● ACT ● 2008년 6월 26일 ● 5,990엔
- 플레이 명수: 1~2인 ● 세이브 용량: 45KB 이상

「전국 바사라」의 캐릭터들이 호쾌하게 대결하는 아케이드판 원작을 이식한 2D 대전격투게임. 원 버튼으로 각 캐릭터의 고유 원군을 호출하는 '원군 시스템'이 특징이다. 실제 개발은 아크시스템웍스 사가 맡았다.

### 필승 파친코★파치슬로 공략 시리즈 Vol.12 : CR 신세기 에반게리온 - 사도, 또 다시
- CERO B
- D3 퍼블리셔 ● SLG ● 2008년 6월 26일 ● 6,200엔
- 플레이 명수: 1인 ● 세이브 용량: 772KB 이상

홀에서 많은 유저들을 사로잡았던 「CR 신세기 에반게리온 : 사도, 또 다시」를 수록한 실기 시뮬레이터. 유저들의 요망에 부응하여, 잭팟 확률을 자유롭게 변경 가능하도록 했다. 모든 리치 액션을 꼭 감상해보도록.

### L의 계절 2 : invisible memories
- CERO C
- 5pb. ● AVG ● 2008년 7월 3일 ● 6,800엔
- 플레이 명수: 1인 ● 세이브 용량: 98KB 이상

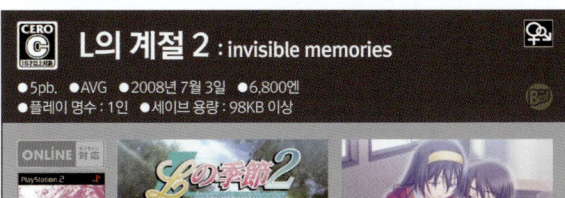

두 세계가 서로 얽히며 이야기가 펼쳐지는 어드벤처 게임. 스토리상으로는 전작에서 바로 이어지는 속편이며, '현실계'와 '환상계'에 각각 주인공이 존재한다. 스토리를 진행하다 보면 점차 진실이 밝혀져 간다.

### SIMPLE 2000 시리즈 Vol.123 THE 오피스 러브 사건수첩 - 아가씨 탐정
- CERO C
- D3 퍼블리셔 ● AVG ● 2008년 7월 3일 ● 2,000엔
- 플레이 명수: 1인 ● 세이브 용량: 108KB 이상

「아가씨 탐정」(171p)의 염가판. 본격 추리물에 연애 요소를 더한 여성용 어드벤처 게임이다. 대기업의 비서로 근무하며, 동경하던 언니의 죽음의 진상을 밝혀내자. 등장하는 남성 6명에게 반복적으로 접근해 친밀도를 올리도록.

## 여신전생 페르소나 4

- 아틀러스　● RPG　● 2008년 7월 10일　● 6,980엔
- 플레이 명수: 1인　● 세이브 용량: 230KB 이상

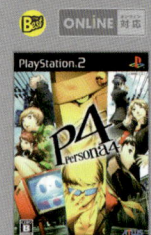 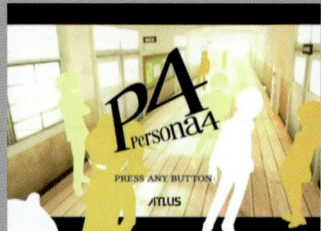  

「페르소나」 시리즈의 4번째 작품. 현대 일본의 시골 소도시를 배경으로 삼아, 도시전설인 '심야 TV'와 기괴한 연쇄살인사건의 수수께끼를 쫓는다는 스토리다. 페르소나의 힘을 얻게 된 주인공 및 친구들은, 사건을 해결하고 이세계의 비밀을 파헤치기 위해 위험이 가득한 심야 TV의 던전에 도전한다.

## 라쳇 & 클랭크 : 공구들고 바캉스

- 소니컴퓨터엔터테인먼트　● ACT　● 2008년 7월 3일　● 4,743엔
- 플레이 명수: 1~2인　● 세이브 용량: 340KB 이상

3D 액션 게임 시리즈의 제5탄으로서, PSP판을 역이식한 작품. 행성을 탐색하는 스타일로 되돌렸으며, 클랭크가 다른 메카닉과 합체하는 '플러그인'과 공격에도 다양하게 활용되는 '아머' 시스템 등의 신규 요소를 추가했다.

## 「보이!」: 한여름의 경험!?

- 아이디어 팩토리　● AVG　● 2008년 7월 17일　● 6,800엔
- 플레이 명수: 1인　● 세이브 용량: 168KB 이상

아마자키 타카코의 같은 제목 인기 만화가 원작인 어드벤처 게임. 오리지널 주인공 '사와하라 아스미'가 타이라·반리 등 원작의 등장인물들과 만나 두근거리는 여름방학을 함께 보낸다는 스토리.

## 사무라이 스피리츠 : 6번의 승부 ─ 네오지오 온라인 컬렉션 vol.12

- SNK 플레이모어　● ACT　● 2008년 7월 24일　● 4,800엔　● 플레이 명수: 1~2인
- 세이브 용량: 136KB 이상　● 네트워크 어댑터 또는 PlayStation BB Unit 지원

「사무라이 스피리츠」 시리즈의 6개 타이틀 전부를 수록한 소프트. '~천하제일검객전'의 경우 캐릭터 대부분의 음성을 재녹음하였다. 프랙티스 모드·온라인 대전 등 가정용 이식판이기에 가능한 기능도 빠짐없이 넣었다.

## 실황 파워풀 프로야구 15

- 코나미디지털엔터테인먼트　● SPT　● 2008년 7월 24일　● 6,648엔
- 플레이 명수: 1~2인　● 세이브 용량: 2219KB 이상　● PlayStation BB Unit 지원: 512MB 이상 필요

인기 야구 게임 시리즈의 당시 최신작으로서, 넘버링이 붙은 마지막 작품이다. 2008년도 데이터를 반영했다. 석세스 모드는 사회인야구가 테마인 '백구 드림' 편과, 전작의 컨텐츠를 개량한 '영관 나인' 편을 수록하였다.

## BULLY

- 베데스다 소프트웍스　● ACT　● 2008년 7월 24일　● 4,800엔
- 플레이 명수: 1인　● 세이브 용량: 278KB 이상

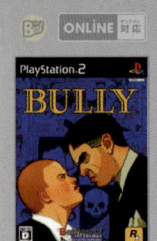 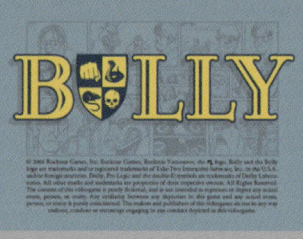  

사립계 고등학교가 배경인, 자유도 높은 샌드박스계 액션 게임. 주인공 '지미 홉킨스'를 조작해, 미국에서 가장 험악하기로 악명 높은 불워스 아카데미에서 1년간을 지내자. 학교생활을 통해 '자신이 살아갈 곳'이 어디인지를 정해야 한다. 학교에서는 수업 외에도 약 100종류의 미션을 수행할 수 있다.

## PlayStation2 Game Software Catalogue

### 카노콘 에스이
- 5pb. ● AVG ● 2008년 7월 31일 ● 6,800엔
- 플레이 명수 : 1인 ● 세이브 용량 : 115KB 이상

인기 소설을 원작으로 삼아 오리지널 스토리를 전개하는 어드벤처 게임. '코타'와 '타유라' 두 명의 시점전환과, 선택지를 결정하는 시간으로 감정의 강도를 표현하는 '이모셔널 리서치' 시스템을 이용해 다양한 전개로 분기한다.

### 은의 에클립스
- Nine's fox ● AVG ● 2008년 7월 31일 ● 6,800엔
- 플레이 명수 : 1인 ● 세이브 용량 : 87KB 이상

PC용 게임「FANATICA」를 완전 리메이크한 작품. 바스트업 및 이벤트 CG 전체를 재제작했고, 스토리 역시 전부 재집필했다. 여기에 신 캐릭터인 '리 페이홍'까지도 추가해, 완전 신작으로서 즐길 수 있다.

### 드라스틱 킬러
- 반다이남코게임즈 ● AVG ● 2008년 7월 31일 ● 6,800엔
- 플레이 명수 : 1인 ● 세이브 용량 : 472KB 이상

주인공의 능력을 각성시키기 위해 마력을 올리는 것이 목적인 여성용 연애 어드벤처 게임. 마력을 높이려면 남자와 친한 사이가 되어 사랑의 에너지를 흡수해야만 하는데, 남자와 친해지는 방법이 독특한 타이틀이다.

### 호시후루 : 별이 내리는 거리
- 피아치 ● AVG ● 2008년 7월 31일 ● 7,200엔
- 플레이 명수 : 1인 ● 세이브 용량 : 224KB 이상

PC용 게임의 이식작. '짝사랑'을 키워드로 삼은, 달콤쌉싸름한 학원물 청춘 드라마가 전개된다. PS2판은 신규 히로인이 추가되고 기존 히로인들에도 추가 이벤트가 들어가는 등 원작보다 대폭 업그레이드되었다.

### 창흑의 쐐기 : 비색의 조각 3
- 아이디어 팩토리 ● AVG ● 2008년 8월 7일 ● 6,800엔
- 플레이 명수 : 1인 ● 세이브 용량 : 175KB 이상

여성용 일본풍 전기물 어드벤처 게임 시리즈의 제3탄. 1편으로부터 1년 후의 평화로운 나날, 돌연 일어난 새로운 이변으로부터 시작되는 스토리를 그렸다. '우츠시카가미'를 입수하면 다른 시점의 단편 스토리를 즐길 수 있다.

### 트루 티어즈
- 브로콜리 ● AVG ● 2008년 8월 7일 ● 7,800엔
- 플레이 명수 : 1인 ● 세이브 용량 : 134KB 이상

PC판 원작을 이식한 연애 어드벤처 게임. 히로인들의 고민이나 슬픔을 수치화시킨 '티어 포인트' 시스템이 특징으로서, 히로인들의 고민과 슬픔을 해결해주어 이 포인트를 낮추는 것이 중요한 작품이다.

### 노을빛으로 물드는 언덕 : 패러렐
- GN 소프트웨어 ● AVG ● 2008년 8월 14일 ● 7,200엔
- 플레이 명수 : 1인 ● 세이브 용량 : 180KB 이상

PC용 게임의 이식작. 장르는 '츤데레 계 학원물 연애 어드벤처'로서, 장르명대로 메인 히로인들 전원이 '츤데레'라는 파격적인 작품이다. PS2판은 시나리오를 리뉴얼했으며 신규 츤데레 히로인도 추가하였다.

### J리그 위닝 일레븐 2008 : 클럽 챔피언십
- 코나미디지털엔터테인먼트 ● SPT ● 2008년 8월 21일 ● 6,648엔
- 플레이 명수 : 1~2인 ● 세이브 용량 : 2114KB 이상 ● 멀티탭 지원(~8인)

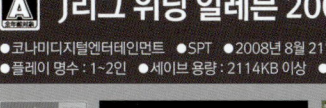 

J리그와 세계의 강호 153개 클럽 팀을 수록한「위닝 일레븐」시리즈 신작. 전작에서 호평 받았던 '판타지스타' 모드를 진화시켜, 더욱 개성적인 선수를 제작할 수 있다. 총 11개 모드를 탑재해 혼자라도 여럿이라도 재미있다.

## 시크릿 게임 : KILLER QUEEN

- 뷰즈
- AVG
- 2008년 8월 21일
- 6,800엔
- 플레이 명수 : 1인
- 세이브 용량 : 80KB 이상

동인 게임 「킬러 퀸」을 정규 발매작으로서 리메이크한 작품. 폐쇄된 폐허에 갇혀버린 13명의 플레이어들이 목숨을 걸고 데스 게임에 도전하여, 때로는 협력하고 때로는 배신을 일삼는 인간 드라마를 그렸다. 살아남으려면 각자에게 부여된 특수한 해제 조건을 달성해야만 한다.

## 메모리즈 오프 6 : T-wave

- 5pb.
- AVG
- 2008년 8월 21일
- 6,800엔
- 플레이 명수 : 1인
- 세이브 용량 : 108KB 이상

「메모리즈 오프」시리즈의 제작사가 5pb로 바뀐 후의 첫 넘버링 신작 타이틀. '원점회귀'가 작품의 컨셉으로서, 캐릭터의 조형과 시나리오 등 여러 면에서 시리즈 제1편을 셀프 오마주한 부분이 많은 작품이다.

## 가정교사 히트맨 REBORN! : 노려라!? 링×본고레 트레이너즈

- 마벨러스 엔터테인먼트
- AVG
- 2008년 8월 28일
- 6,980엔
- 플레이 명수 : 1인
- 세이브 용량 : 270KB 이상

링 쟁탈전 후 평온히 지내던 츠나 일행. 플레이어는 츠나의 동료가 되고 싶은 고양이로서, 여신 '리보문'에 의해 7일간 인간 모습으로 츠나 일행과 함께 생활하게 된다. 단, 7일 내로 링을 빼앗을 만한 실력을 키워야 하는데…….

## 피요탄 : 저택 잠입☆대작전

- 프로토타입
- AVG
- 2008년 8월 28일
- 6,400엔
- 플레이 명수 : 1인
- 세이브 용량 : 159KB 이상

PC판 원작을 이식한 보이즈 러브 어드벤처 게임. 신입 탐정 '니노미야 토오루'가 대저택에 침투해, 관리인 일을 병행하면서 잠입 조사를 펼친다는 스토리. 등장하는 남성 캐릭터들과의 연애를 즐겨보자.

## 마인탐정 네우로 : 배틀이다! 범인 집합!

- 컴파일 하트
- ACT
- 2008년 8월 28일
- 6,800엔
- 플레이 명수 : 1인
- 세이브 용량 : 100KB 이상

같은 제목의 인기 만화를 게임화한 작품. 어드벤처 파트에서는 어거지 추리로 범인을 추궁해 코너로 몰고, 본색을 드러낸 범인들의 반격을 다양한 미니게임 배틀로 격퇴한다는 2부 구성이다. 게임판의 오리지널 범인도 등장한다.

## 요츠노하 : a journey of sincerity

- 뷰즈
- AVG
- 2008년 8월 28일
- 6,800엔
- 플레이 명수 : 1인
- 세이브 용량 : 215KB 이상

PC용 게임의 이식작. 추억을 단서로 삼아, 누군가가 숨겨놓은 타임캡슐을 찾는다는 스토리. 4명의 소꿉친구는 과거를 떠올리면서, 당시엔 말하지 못했던 마음이나 변해버린 마음을 서서히 터놓고 밝히게 된다.

## 얼티밋 히츠 더지 오브 케르베로스 : 파이널 판타지 VII 인터내셔널

- 스퀘어 에닉스
- RPG
- 2008년 9월 4일
- 2,800엔
- 플레이 명수 : 1인
- 세이브 용량 : 67KB 이상, USB 키보드, USB 마우스 지원

「더지 오브 케르베로스 : 파이널 판타지 VII」(124p)를 북미판 기반으로 리뉴얼해 다시 일본어화한 작품. 이전에는 없었던 2단 점프, 점프 사격, 점프 격투를 추가한 덕분에, 많은 유저가 불만을 토로했던 게임의 액션성이 대폭 강화되었다.

## PlayStation2 Game Software Catalogue

### SEGA AGES 2500 : 판타지 존 - 컴플리트 컬렉션
- 세가 ●STG ●2008년 9월 11일 ●2,500엔
- 플레이 명수 : 1~2인 ●세이브 용량 : 55KB 이상

세가 슈팅 게임의 대표작 「판타지 존」의 11개 버전을 수록한 타이틀. 시리즈 4개 작품과 자매작 2개 작품을 포함해, 시리즈 전 작품을 즐겨보자. 아케이드 사양으로 역이식한 SYSTEM 16판 「판타지 존 II」도 수록했다.

### D.Gray-man : 연주자의 자격
- 코나미디지털엔터테인먼트 ●AVG ●2008년 9월 11일 ●6,648엔
- 플레이 명수 : 1인 ●세이브 용량 : 200KB 이상

같은 제목의 인기 애니메이션이 원작인 어드벤처 게임. 각 장별로 5명의 캐릭터 중 하나를 선택해 플레이하며, 캐릭터가 바뀌면 시나리오 전개도 변화된다. 동료와의 인연이 깊어지면 이벤트가 발생하기도 한다.

### 캡콤 VS. SNK 2 : 밀리어네어 파이팅 2001 / 스트리트 파이터 III 3rd STRIKE : Fight for the Future 밸류 팩
- 캡콤 ●ACT ●2008년 9월 18일 ●2,990엔 ●플레이 명수 : 1~2인
- 세이브 용량 : 61KB 이상 ●PlayStation BB Unit 지원

캡콤의 명작 대전격투 게임 2개 작품을 플레이할 수 있는 염가판 합본 소프트 제1탄. 「캡콤 VS. SNK 2」와 「스트리트 파이터 III 3rd STRIKE」를 수록하였으며, 온라인 통신대전 기능도 탑재되었다.

### GI 자키 4 2008
- 코에이 ●RCG ●2008년 9월 18일 ●6,800엔 ●플레이 명수 : 1~2인
- 세이브 용량 : 87KB 이상 ●PlayStation BB Unit (캐시) 지원 : 1024MB 이상 필요

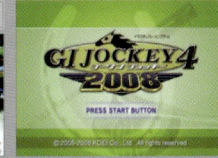

경마 기수가 된 기분을 체험할 수 있는 레이싱 게임. 2008년도 경마 데이터로 갱신했고, 명마의 전적 등을 소개하는 「명마열전」 모드를 탑재하였다. 레이스 알고리즘도 강화시켜, 리얼한 레이스를 즐길 수 있다.

### 하트 나라의 앨리스
- 프로토타입 ●AVG ●2008년 9월 18일 ●6,400엔
- 플레이 명수 : 1인 ●세이브 용량 : 98KB 이상 ●프로그레시브 출력 지원

PC에서 인기를 얻었던 여성용 연애 어드벤처 게임의 이식작. '이상한 나라의 앨리스'를 모티브로 하여, 환상의 세계를 헤매다 위험한 '하트 나라'로 들어오게 된 앨리스의 이야기를 그렸다. 이식하면서 시나리오·CG를 늘렸다.

### 하이퍼 스트리트 파이터 II : 애니버서리 에디션 / 뱀파이어 : 다크스토커즈 컬렉션 밸류 팩
- 캡콤 ●ACT ●2008년 9월 18일 ●2,990엔 ●플레이 명수 : 1~2인
- 세이브 용량 : 43KB 이상 ●PlayStation BB Unit (캐시) 지원 : 1024MB 이상 필요

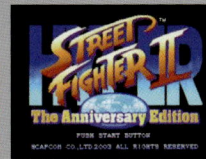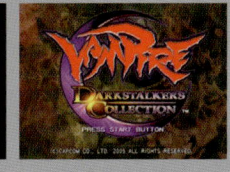

캡콤을 대표하는 대전격투 게임 두 작품을 즐길 수 있는 염가판 합본 소프트 제2탄. 「하이퍼 스트리트 파이터 II」와 「뱀파이어 : 다크스토커즈 컬렉션」 두 작품을 수록하여, 당시의 느낌 그대로 즐길 수 있다.

### 박앵귀
- 아이디어 팩토리 ●AVG ●2008년 9월 18일 ●6,800엔
- 플레이 명수 : 1인 ●세이브 용량 : 163KB 이상

막부 말기를 무대로 삼은 여성용 연애 어드벤처 게임. 주인공 '유키무라 치즈루'는 신선조와 엮이는 과정에서 실제 막부 말기의 역사적인 사건 등을 겪게 된다. 플레이어의 선택에 따라 스토리가 분기된다.

### 근육맨 머슬 그랑프리 2 왕좀배기
- 반다이남코게임즈 ●ACT ●2008년 9월 25일 ●6,800엔
- 플레이 명수 : 1~2인 ●세이브 용량 : 46KB 이상

「근육맨」 탄생 29주년에 맞춰 발매된 대전격투 게임. 역대 강적들을 포함해 총 39명의 초인이 등장한다. 신규 시스템을 도입했으며, 패미컴판 「근육맨 머슬 태그매치」와 「근육맨 : 근육별 왕위쟁탈전」도 수록되었다.

## 슈퍼로봇대전 Z

- 반다이남코게임즈  ● SLG  ● 2008년 9월 25일  ● 7,980엔
- 플레이 명수: 1인  ● 세이브 용량: 237KB 이상

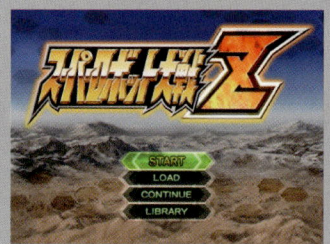

다양한 로봇 애니메이션의 기체들이 한 자리에 모여 싸우는 「슈퍼로봇대전」 시리즈의 신작. '브레이크 더 월드'의 발생으로 인해 수많은 세계가 뒤섞여 융합된 '다원세계'를 무대로 삼았다. 「슈퍼로봇대전 α」의 소대 시스템을 한층 더 진화시킨 '트라이 배틀 시스템'을 탑재하였다.

## Sugar+Spice! : 그 아이는 뭐든지 멋져

- 알케미스트  ● AVG  ● 2008년 9월 25일  ● 6,800엔
- 플레이 명수: 1인  ● 세이브 용량: 57KB 이상

PC용 게임의 이식작. 1년간의 학교생활 도중이라면 언제든지 고백할 수 있다는 시스템이 특징이다. 신규 히로인을 추가했고, 원작에서 인기였던 서브 히로인 '미야마 아야'와 '혼미 린'의 루트도 새로 수록했다.

## 대전략 대동아흥망사 : 토라토라토라 아군은 기습에 성공하였음

- 시스템소프트 알파  ● SLG  ● 2008년 9월 25일  ● 6,800엔
- 플레이 명수: 1인  ● 세이브 용량: 1085KB 이상

태평양전쟁을 무대로 삼은 2차대전 시뮬레이션 게임. 태평양전쟁의 'if' 전개를 실현했다. 수록된 맵은 130종이 넘으며, 일본군과 미군 두 진영 중에서 선택하여 캠페인 시나리오를 즐길 수도 있다.

## 트루 포춘

- 엔터브레인  ● SLG  ● 2008년 9월 25일  ● 6,800엔
- 플레이 명수: 1인  ● 세이브 용량: 270KB 이상

여성용 연애 어드벤처 게임. '점술'이 테마인 게임이라, 게임 내에서 점을 본 결과는 좋든 나쁘든 반드시 그대로 이루어진다. 하교시 매칭 대화 시스템이 탑재되어, 호감도를 잘 쌓으면 하굣길 데이트가 가능하다.

## 노기자카 하루카의 비밀 : 코스프레 시작했습니다♥

- 아스키 미디어웍스  ● AVG  ● 2008년 9월 25일  ● 6,800엔
- 플레이 명수: 1인  ● 세이브 용량: 251KB 이상

애니메이션화까지 된 같은 제목의 소설이 원작인 어드벤처 게임. 부잣집 따님이지만 오타쿠임을 숨기고 있는 '숨덕'인 하루카가, 주인공과 함께 상품 획득을 위해 코스프레 콘테스트에서 우승을 노린다는 스토리.

## 카누치 : 하얀 날개 편

- 아이디어 팩토리  ● AVG  ● 2008년 10월 2일  ● 6,800엔
- 플레이 명수: 1인  ● 세이브 용량: 340KB 이상

여성용 연애 어드벤처 게임. 후일 발매되는 「카누치 : 검은 날개 편」(222p)과는 대극을 이루는 스토리. 주인공 '아키'에게 타카마하라 국의 초대 국왕 '카야나'의 혼이 깃드는 바람에, 둘의 불가사의한 공동생활이 시작된다.

## 실황 파워풀 메이저리그 3

- 코나미디지털엔터테인먼트  ● SPT  ● 2008년 10월 2일  ● 6,648엔
- 플레이 명수: 1~2인  ● 세이브 용량: 872KB 이상  ● PlayStation BB Unit 지원: 512MB 이상 필요

MLB를 테마로 삼은 「파워프로」 시리즈의 제3탄. 2008년도 데이터를 수록하였다. 선수 하나의 야구인생을 체험하는 '메이저 라이프'라는 모드가 추가되었다. 석세스 모드는 마이너리그 선수가 메이저리그 진출을 노린다는 스토리.

## PlayStation2 Game Software Catalogue

### 진 삼국무쌍 5 Special
- 코에이 ● ACT ● 2008년 10월 2일 ● 6,800엔 ● 플레이 명수 : 1~2인
- 세이브 용량 : 300KB 이상 ● PlayStation BB Unit (캐시) 지원 : 512MB 이상 필요

PS3와 Xbox 360으로 발매되었던 「진 삼국무쌍 5」에 새로운 컨텐츠를 추가해 역이식한 타이틀. 월영 등 6명의 신규 무장에 무쌍 모드의 시나리오를 추가했고, 모션을 전부 새로 제작해 완전 고유 무장으로 승격시켰다.

### 윌 오 위스프 : 이스터의 기적
- 아이디어 팩토리 ● AVG ● 2008년 10월 9일 ● 4,800엔
- 플레이 명수 : 1인 ● 세이브 용량 : 166KB 이상

「윌 오 위스프」(187p)의 팬 디스크. 전작으로부터 1년 후의 세계를 그렸다. 전작에서 인기가 있었던 '에밀리'와, 팬북에서 먼저 소개되었던 '에밀리오'가 공략대상 캐릭터로 승격되어 게임에 등장한다.

### 카미요리 학원 환광록 : 크루 누 기 아
- 아이디어 팩토리 ● RPG ● 2008년 10월 9일 ● 6,800엔
- 플레이 명수 : 1인 ● 세이브 용량 : 180KB 이상

현대와 100년 전의 두 시대에 걸친 지옥의 요마들과의 싸움을 그린 롤플레잉 게임. 100년에 한 번 찾아오는, 명계와 근접하는 '카미요리'의 해. 주인공이 사는 도쿄의 카미요리쵸를 무대로 삼아 싸움이 시작된다.

### 기타 히어로 : 에어로스미스
- 액티비전 ● ACT ● 2008년 10월 9일 ● 5,800엔 ● 플레이 명수 : 1~2인
- 세이브 용량 : 325KB 이상 ● 무선 크레이머 스트라이커 컨트롤러 전용

실존하는 기타 모양의 컨트롤러로 기타 연주를 즐기는 「기타 히어로」 시리즈의 신작. 실존하는 락 밴드 '에어로스미스'를 테마로 삼은 작품으로서, 에어로스미스의 명곡들을 비롯한 40곡 이상을 수록하였다.

### 스타워즈 : 포스 언리쉬드
- 액티비전 ● ACT ● 2008년 10월 9일 ● 5,524엔
- 플레이 명수 : 1인 ● 세이브 용량 : 60KB 이상

인기 영화 시리즈인 '스타워즈'의 에피소드 Ⅲ와 에피소드 Ⅳ 사이에서 벌어지는 스토리를 소재로 삼은 오리지널 에피소드의 3D 액션 게임. 다스 베이더의 제자가 되어, 주어지는 임무를 수행해야 한다.

### 다이토기켄 공식 파치슬로 시뮬레이터 : 24 - TWENTY FOUR
- 파온 ● SLG ● 2008년 10월 9일 ● 4,800엔 ● 플레이 명수 : 1인
- 세이브 용량 : 131KB 이상 ● 파치슬로 컨트롤러, 실전 파치슬로 컨트롤러 지원

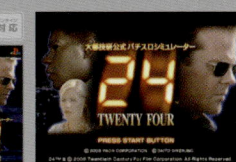 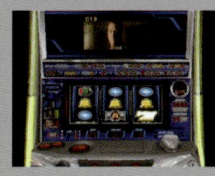

같은 제목의 미국 TV 드라마와 제휴한 파치슬로 기기의 실기 시뮬레이터. 일부 보너스의 종료 후엔 100게임의 RT(리플레이 타임)가 붙는다. 설정을 4단계로 적용 가능하며, 고배율 설정시엔 서서히 사출구슬이 늘어난다.

### 기동전사 건담 00 : 건담 마이스터즈
- 반다이남코게임즈 ● ACT ● 2008년 10월 16일 ● 6,476엔
- 플레이 명수 : 1~2인 ● 세이브 용량 : 261KB 이상

TV 애니메이션 '기동전사 건담 00(더블오)'의 제1기 방송 후에 발매된 액션 게임. 제1기의 스토리를 건담 마이스터 4명의 시점으로 따라가는 '미션 모드'와, MS를 자유롭게 골라 조작할 수 있는 '마이스터 모드'가 있다.

### 백은의 솔레이유 : Contract to the Future - 미래를 향한 계약
- 러셀 ● AVG ● 2008년 10월 16일 ● 6,800엔
- 플레이 명수 : 1인 ● 세이브 용량 : 206KB 이상

PC용 게임의 이식작. 여전사 '솔 발키리'와, 그녀의 계약자가 된 주인공의 싸움을 그려낸 스토리다. 종말의 짐승 '베르세르크'를 쓰러뜨리고 세계를 구하는 것이 목적으로서, 전투 장면은 카드 배틀 형식으로 진행된다.

## 데빌 서머너 : 쿠즈노하 라이도 대 아바돈 왕

- 아틀러스 ● RPG ● 2008년 10월 23일 ● 9,980엔
- 플레이 명수: 1인 ● 세이브 용량: 121KB 이상

  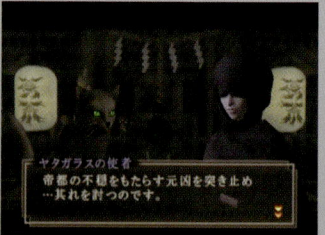 

다이쇼 시대가 배경인 「쿠즈노하 라이도」 시리즈의 제2탄. 의뢰를 받아 진행하던 도중, 도쿄에 위기가 닥치고 있음을 알아내 이를 해결한다는 스토리다.

이번엔 시스템이 크게 변경되었으며, 특히 동료 악마 관련 시스템이 대폭 달라져 스피디하면서도 깊이 있는 전투를 만끽할 수 있다.

## NBA 라이브 09

- 일렉트로닉 아츠 ● SPT ● 2008년 10월 23일 ● 6,800엔
- 플레이 명수: 1~2인 ● 세이브 용량: 1080KB 이상 ● 멀티탭 지원(~8인)

NBA 공인 농구 게임 시리즈의 2009년도판. NBA는 물론이고 FIBA 농구 월드컵에 출전한 24개국 대표팀의 선수들도 전원 실명으로 등장하며, 일본판의 경우 로컬라이징의 일환으로서 일본 대표팀도 추가로 등장한다.

## 바로크 인터내셔널

- 스팅 ● RPG ● 2008년 10월 23일 ● 3,800엔
- 플레이 명수: 1인 ● 세이브 용량: 210KB 이상

「바로크」(182p)에 추가 컨텐츠를 더해 재발매한 염가판. 음성을 일본어 혹은 영어로 전환하는 것도 가능해졌다. 시점 역시 3인칭과 1인칭 두 종류로 전환 가능해졌으며, 전작의 세이브데이터도 불러올 수 있다.

## 썬더 포스 VI

- 세가 ● STG ● 2008년 10월 30일 ● 5,800엔
- 플레이 명수: 1인 ● 세이브 용량: 100KB 이상

게이지를 소비하는 강력한 오버웨폰과 일반 샷을 적절히 병용하는 게 공략의 키포인트인 슈팅 게임. 과거 타사에서 명작 슈팅 게임의 음악을 작곡했던 TAMAYO와 후루카와 모토아키 등의 작곡가들이 음악에 참여했다.

## 스칼렛 : 일상의 경계선

- 카도카와쇼텐 ● AVG ● 2008년 10월 30일 ● 6,800엔
- 플레이 명수: 1인 ● 세이브 용량: 65KB 이상

PC용 게임의 이식작. 일상의 이면에서 벌어지는 스파이들의 교섭과 심리전이 오가는 비일상을 그린 어드벤처 게임. 평범한 고교생과, 첩보원 가문에서 태어난 청년이라는 두 시점을 오가며 스토리가 펼쳐진다.

## 꿈의 백서 : second dream

- 프린세스 소프트 ● AVG ● 2008년 10월 30일 ● 6,800엔
- 플레이 명수: 1인 ● 세이브 용량: 145KB 이상

PC용 게임의 이식작. 교통사고로 사망하고 만 히로인 '타마키'를 부활시키기 위해 분투한다는 스토리다. 이식하는 과정에서 신 히로인 추가, 시나리오 분기 추가, 이벤트 CG 추가 등으로 원작의 컨텐츠를 보강했다.

## 제로의 사역마 : 미아의 종지부와 수천의 교향곡

- 마벨러스 엔터테인먼트 ● AVG ● 2008년 11월 6일 ● 6,980엔
- 플레이 명수: 1인 ● 세이브 용량: 206KB 이상

라이트 노벨 '제로의 사역마'가 원작인 어드벤처 게임의 제3탄. 도서관에서 책의 세계에 갇혀버리고 만 루이즈의 마음을 찾아내 보자. 책 속에서는 루이즈 등의 소녀들이 다양한 코스프레로 등장한다. 츤데레 시스템도 여전하다.

## PlayStation2 Game Software Catalogue

### 레슬엔젤스 서바이버 2
- 트라이퍼스트 ● SLG ● 2008년 11월 6일 ● 6,800엔
- 플레이 명수 : 1~4인 ● 세이브 용량 : 700KB 이상

 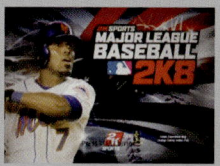 

2006년 발매되었던 「레슬엔젤스 서바이버」의 속편. 총 120명의 캐릭터가 등장한다. 기존의 시합형식에 '단체전'을 추가하여, 플레이의 폭이 더욱 넓어졌다. 캐릭터 음성에는 유명한 여성 성우들을 대거 기용했다.

### 메이저리그 베이스볼 2K8
- 사이버프론트 ● SPT ● 2008년 11월 13일 ● 4,800엔
- 플레이 명수 : 1~2인 ● 세이브 용량 : 1723KB 이상

메이저리그의 2008년도 데이터를 탑재한 야구 게임. 최초로 마이너리그도 커버하게 되었으며, 당시 메이저리그에서 활약하던 일본인 선수도 여럿 등장한다. AI도 개량하여, 수비·주루 동작도 실감나게 표현했다.

### 가정교사 히트맨 REBORN! : 금단의 어둠의 델타
- 마벨러스 엔터테인먼트 ● ACT ● 2008년 11월 20일 ● 6,980엔
- 플레이 명수 : 1~2인 ● 세이브 용량 : 27KB 이상

같은 제목의 만화가 원작인 3D 액션 게임. 원작의 '미래 편'을 바탕으로, 수수께끼의 델타 박스가 개방되자 괴사건이 차례차례 발생한다는 오리지널 스토리다. 원작의 인기 캐릭터인 본고레 1세가 최초로 참전했다.

### 사랑하는 소녀와 수호의 방패 : The shield of AIGIS
- 카가 크리에이트 ● AVG ● 2008년 11월 20일 ● 6,800엔
- 플레이 명수 : 1인 ● 세이브 용량 : 129KB 이상

PC용 게임의 이식작. 대상을 호위하기 위해 주인공이 전원 기숙사제 여학교에 여장으로 입학하게 된다는 스토리다. PS2판은 주인공 역에 인기 성우 쿠기미야 리에를 기용하고, 신규 히로인도 2명 등장하며 신규 오프닝까지 추가했다.

### 연희몽상 : 두근☆소녀들만의 삼국지연의
- 뷰즈 ● AVG ● 2008년 11월 20일 ● 6,800엔
- 플레이 명수 : 1인 ● 세이브 용량 : 90KB 이상

PC용 게임의 이식작. 삼국지의 인기 무장들이 미소녀화된 세계에서, 전쟁과 연애가 엇갈리는 스토리가 전개된다. 이식 과정에서 등장 캐릭터들의 전용 시나리오를 완비했고, 전용 엔딩이 있는 히로인도 대거 늘렸다.

### 머시너리즈 2 : 월드 인 플레임스
- 일렉트로닉 아츠 ● ACT ● 2008년 11월 20일 ● 5,800엔
- 플레이 명수 : 1인 ● 세이브 용량 : 476KB 이상

「머시너리즈」(82p)의 속편인 3인칭 슈터 게임. 플레이어는 용병(머시너리)이 되어 임무를 수행한다. 작전지역은 내전이 격화중인 베네수엘라로서, 실제 역사를 기반으로 삼아 적절히 개변한 스토리가 전개된다.

### 보랏빛 불꽃
- 아이디어 팩토리 ● AVG ● 2008년 11월 27일 ● 6,800엔
- 플레이 명수 : 1인 ● 세이브 용량 : 151KB 이상

여성용 보이즈 러브 어드벤처 게임. 주인공 '타카츠카사 아키토'가 당주를 계승하는 의식 당일까지의 사이에 벌어지는 사건과 배반에 휘둘리면서도, 돌아가신 아버지의 유언이 가리키는 '약속의 날'의 진상과 맞선다는 스토리.

### 순정 로맨티카 : 사랑의 두근두근 대작전
- 마벨러스 엔터테인먼트 ● AVG ● 2008년 11월 27일 ● 6,980엔
- 플레이 명수 : 1인 ● 세이브 용량 : 320KB 이상

만화가 나카무라 슌기쿠의 '순정' 시리즈가 원작인 보이즈 러브 어드벤처 게임. '순정 로맨티카'와 '순정 에고이스트', '순정 테러리스트'에 각각 등장했던 세 커플이 펼치는 오리지널 스토리를 즐길 수 있다.

## CR 갤럭시 엔젤

- 카가 크리에이트 ● SLG ● 2008년 11월 27일 ● 5,800엔
- 플레이 명수 : 1인 ● 세이브 용량 : 200KB 이상

타이요 일렉 사의 인기 기종을 수록한 파친코 실기 시뮬레이터. MTZ·LTX·ATX 3개 타입을 수록했고, 원작의 인기 연출을 망라하였다. 실기 공략을 도와주는 기능과, 실기 전용으로 제작한 오리지널 그래픽도 감상할 수 있다.

## 모에모에 2차대전(략)☆디럭스

- 시스템소프트 알파 ● SLG ● 2008년 11월 27일 ● 6,800엔
- 플레이 명수 : 1인 ● 세이브 용량 : 385KB 이상

2차대전에 등장했던 실존 병기들이 미소녀화되어 싸우는 시뮬레이션+어드벤처 게임. 유닛이 대미지를 입으면 코스튬이 파손되는 CG가 펼쳐진다. 시나리오는 실제 전쟁사를 기반으로 삼아 코믹하게 개변하였다.

## 모노크롬 팩터 : cross road

- 5pb. ● AVG ● 2008년 11월 27일 ● 6,800엔
- 플레이 명수 : 1인 ● 세이브 용량 : 122KB 이상

애니메이션화까지 된 같은 제목의 만화가 원작인 어드벤처 게임. 오리지널 주인공으로 오리지널 스토리를 펼치며, 선택지에 따라서는 전개가 달라지거나 마음에 둔 캐릭터와 친해지게 될 수도 있다.

## 드래곤볼Z 인피니트 월드

- 반다이남코게임즈 ● ACT ● 2008년 12월 4일 ● 5,800엔
- 플레이 명수 : 1~2인 ● 세이브 용량 : 75KB 이상

'드래곤볼Z'를 소재로 삼은 대전격투 게임. 메인 모드인 '드래곤 미션'에서는 130종류 이상의 미션이 제공되며, 원작 중에서 '사이어인 편'·'마인 부우 편'·'드래곤볼 GT'까지의 스토리를 따라가게 된다.

## 프로야구 스피리츠 5 완전판

- 코나미디지털엔터테인먼트 ● SPT ● 2008년 12월 4일 ● 6,648엔
- 플레이 명수 : 1~2인 ● 세이브 용량 : 146KB 이상

「프로야구 스피리츠 5」(204p)의 데이터를 최신판으로 업데이트하고 밸런스를 조정한 업그레이드판. 일본야구기구 소속 팀들 및 선수 전원의 데이터를 등록했으며, 시즌 중에 사용됐던 유니폼과 스타디움 인테리어도 재현했다.

## 리얼 로데

- 카도카와쇼텐 ● SLG ● 2008년 12월 4일 ● 6,800엔
- 플레이 명수 : 1인 ● 세이브 용량 : 85KB 이상

주인공은 여고생이면서 게임 오타쿠다. 그런 주인공이 너무나 좋아하던 게임인 '로데'의 세계로 전생되는 바람에, 현실화된 로데의 세계에서 좋아하던 캐릭터들과 모험한다는 스토리의 여성용 연애 시뮬레이션 게임이다.

## ADK 혼

- SNK 플레이모어 ● ETC ● 2008년 12월 18일 ● 4,800엔
- 플레이 명수 : 1~2인 ● 세이브 용량 : 80KB 이상

ADK 사의 5개 타이틀을 디스크 한 장에 합본 수록한 컬렉션계 소프트. 닌자가 소재인 '닌자 컴뱃'·'닌자 코만도'·'NINJA MASTER'S'와, 대전 슈팅 게임 '트윙클 스타 스프라이츠' 등 ADK답게 임팩트가 강렬한 이색작들의 향연이다.

## 건담무쌍 2

- 반다이남코게임즈 ● ACT ● 2008년 12월 18일 ● 6,476엔 ● 플레이 명수 : 1~2인
- 세이브 용량 : 627KB 이상 ● PlayStation BB Unit (캐시) 지원 : 512MB 이상 필요

「건담무쌍」 시리즈의 제2탄. '역습의 샤아'와 '건담 SEED DESTINY' 등이 새로 참전함으로써, 사용 가능 기체가 대거 늘어났다. 거대 모빌슈트와 모빌아머 간의 대전도 이 작품에서 드디어 구현되었다.

## PlayStation2 Game Software Catalogue

### 니드 포 스피드 언더커버
- 일렉트로닉 아츠 ●RCG ●2008년 12월 18일 ●5,800엔
- 플레이 명수: 1~2인 ●세이브 용량: 319KB 이상

무대를 다시 공공도로로 옮긴, 인기 레이싱 게임 시리즈의 신작. 스토리 모드는 잠입수사관이 되어 레이스로 명성을 올려가며 범죄조직에 접근한다는 시나리오로, 진행 도중 도처에서 실사 이벤트 동영상이 재생된다.

### 비트매니아 IIDX 15: DJ TROOPERS
- 코나미디지털엔터테인먼트 ●SLG ●2008년 12월 18일 ●6,952엔
- 플레이 명수: 1~2인 ●세이브 용량: 480KB 이상 ●비트매니아 IIDX 전용 컨트롤러 지원

아케이드판 원작을 이식한 DJ 시뮬레이션 게임의 신작. '전투'를 테마로 삼은 곡들이 대거 추가되었다. 상급자용 컨텐츠로서, 속칭 '흑채보'라 불리는 가정용 전용 고난이도 채보도 내장했다. 총 95곡을 수록하였다.

### 필승 파친코★파치슬로 공략 시리즈 Vol.13 신세기 에반게리온 - 약속의 때
- D3 퍼블리셔 ●SLG ●2008년 12월 18일 ●5,200엔
- 플레이 명수: 1인 ●세이브 용량: 528KB 이상

TV 애니메이션 '신세기 에반게리온'의 세계관을 게임성에 치밀하게 짜 맞춘 명작 기종의 실기 시뮬레이터. 400매가 넘는 사출 보너스와, 다음회 보너스까지 계속하여 사출을 유지할 수 있는 '폭주 모드'가 특징이다.

### FIFA 09
- 일렉트로닉 아츠 ●SPT ●2008년 12월 18일 ●5,800엔
- 플레이 명수: 1~2인 ●세이브 용량: 735KB 이상 ●멀티탭 지원(~8인)

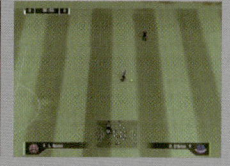

FIFA가 공인한 축구 게임 시리즈의 신작. 시리즈 전통의 게임성을 유지하면서도, 선수 단 한 명만을 조작해 선수의 입장에서 시합을 진행하는 시스템을 새로 추가했다. 오펜스 및 디펜스 실력을 게임으로 연마해보자.

### Fate/unlimited codes
- 캡콤 ●ACT ●2008년 12월 18일 ●6,990엔
- 플레이 명수: 1~2인 ●세이브 용량: 45KB 이상

「Fate」 시리즈의 캐릭터들이 3D화되어 싸우는 2D 대전격투 게임. 아케이드용 게임의 이식작으로서, PS2판은 4명의 신 캐릭터를 추가했으며 캐릭터별로 정해진 과제를 달성하는 '미션 모드' 등도 즐길 수 있다.

### 눈소녀 대선풍: 사유키와 코유키의 오싹오싹 대소동
- 스타피시 SD ●ACT ●2008년 12월 18일 ●5,800엔
- 플레이 명수: 1~2인 ●세이브 용량: 48KB 이상

Wii용 게임의 이식작. 설녀 '사유키'가 짝사랑하는 청년의 저주를 풀어주기 위해 영약의 재료를 모으러 여행을 떠난다는 스토리의 코믹한 액션 슈팅 게임. 일정 조건을 만족시키면 보스 타임어택 모드도 열린다.

### 레고 배트맨
- 액티비전 ●ACT ●2008년 12월 18일 ●5,980엔
- 플레이 명수: 1~2인 ●세이브 용량: 90KB 이상

레고로 배트맨의 세계를 재현한 액션 게임. 팀 버튼 감독의 영화판이 기반으로서, 영화에서의 친숙한 인기 캐릭터들이 레고식으로 간략화되어 등장해 온갖 소동을 벌인다. 빌런 쪽의 스토리도 제대로 준비돼 있다.

### 파친코 겨울연가 2: 파치로 상투 달인 15
- 핵베리 ●SLG ●2008년 12월 25일 ●6,800엔
- 플레이 명수: 1인 ●세이브 용량: 159KB 이상

쿄라쿠 사의 인기 기종을 수록한 파친코 실기 시뮬레이터. 전작과 마찬가지로 원작 TV드라마의 명장면을 재현했다. 풍부한 공략 기능은 물론, 연출 감상 모드 및 초보자용 재킷 고화질판 'Sweet Version'도 탑재했다.

# 2009

## PlayStation2 Game Software Catalogue

2009년에 발매된 PS2용 소프트 수는 77타이틀. 플레이스테이션 3로의 세대교체가 거의 완료되어, 연간 발매 타이틀 수가 드디어 두 자릿수로 내려갔다. 그런 만큼 이 해엔 메가히트 타이틀이 딱히 없지만, 「기동전사 건담 : 기렌의 야망 - 액시즈의 위협 V」, 「신주쿠의 이리」 등 PS2로만 발매됐음에도 완성도가 준수한 수작 타이틀이 여전히 출시되어 만족도가 높았던 한 해였다.

---

### 신곡주계 폴리포니카 THE BLACK
- 비주얼아츠 ● AVG ● 2009년 1월 15일 ● 2,800엔
- 플레이 명수 : 1인 ● 세이브 용량 : 45KB 이상 ● 프로그레시브 출력 지원

PC용 게임의 이식작. 「신곡주계 폴리포니카」의 세계 설정을 기반으로 새로운 스토리를 전개하는 키네틱 노벨로서, 소설판의 프리퀄 격이다. 정령과 형사인 '마티아'와 '마나가'의 만남을 그렸다. 애절한 CG도 다수 추가됐다.

### Pia♡캐럿에 어서 오세요!! G.P. ~학교 프린세스~
- 굿내비게이트 ● AVG ● 2009년 1월 22일 ● 7,200엔
- 플레이 명수 : 1인 ● 세이브 용량 : 159KB 이상

PC용 게임의 이식작. 시리즈 전통의 패밀리 레스토랑 경영 파트를 없애고 비주얼 노벨 식으로 시스템을 변경한 타이틀이다. 학생들이 직접 운영하는 특구의 신규 지점을 배경으로, 지점 스탭들의 와자지껄 연애 스토리가 펼쳐진다.

---

### 댄스 댄스 레볼루션 X
- 코나미디지털엔터테인먼트 ● SLG ● 2009년 1월 29일 ● 6,648엔 ● 플레이 명수 : 1~2인
- 세이브 용량 : 184KB 이상 ● 아이토이 카메라, 댄스 댄스 레볼루션 전용 컨트롤러 지원

DDR 시리즈 10주년 기념작품으로서, 아케이드판과 거의 같은 시기에 출시되었다. 구곡의 신규 채보를 포함해 80곡 이상을 수록하였으며, 등장하는 캐릭터의 스토리를 즐길 수 있는 모드도 수록했다. PS2판에서 편집한 자신만의 채보를 USB 메모리에 복사해 가져가 아케이드판에서 플레이하는 기능도 있었다.

---

### 소울이터 : 배틀 레조넌스
- 반다이남코게임즈 ● ACT ● 2009년 1월 29일 ● 5,800엔
- 플레이 명수 : 1~2인 ● 세이브 용량 : 38KB 이상

애니메이션화되었던 같은 제목의 인기 만화가 원작인 대전격투 게임. 간단한 조작으로 원작과 같은 박력 있고 속도감 넘치는 대전을 즐길 수 있으며, 어드벤처 모드에서는 원작의 스토리를 체험할 수도 있다.

### 머나먼 시공 속에서 : 몽부교 Special
- 코에이 ● AVG ● 2009년 1월 29일 ● 6,800엔
- 플레이 명수 : 1인 ● 세이브 용량 : 475KB 이상

「머나먼 시공 속에서」 시리즈 3개 작품의 모든 주인공들과 팔엽이 총출동하는 팬 디스크. 신규 컷과 15종류의 신규 엔딩을 수록했고 90종류 이상의 서브 이벤트까지 추가하는 등, 시리즈 팬이라면 소장할 만한 소프트다.

## PlayStation2 Game Software Catalogue

### 불확정세계의 탐정신사 : 아쿄 소마의 사건파일
- 뷰스 ● AVG ● 2009년 1월 29일 ● 6,800엔
- 플레이 명수 : 1인 ● 세이브 용량 : 285KB 이상

PC용 게임 「불확정세계의 탐정신사 Rebirth!」를 이식한 타이틀. 운은 최악이지만 실력은 최고인 사립탐정 '아쿄 소마'가 활약하는 하드보일드한 어드벤처 게임이다. 이식 과정에서 캐릭터 디자인·원화를 새로 작업하여 대폭적으로 리파인시켰다. 원작에 없던 오리지널 신규 사건도 추가하였다.

### 기동전사 건담 : 기렌의 야망 – 액시즈의 위협 V
- 반다이남코게임즈 ● SLG ● 2009년 2월 12일 ● 6,476엔
- 플레이 명수 : 1인 ● 세이브 용량 : 70KB 이상

PSP로 발매되었던 「기동전사 건담 : 기렌의 야망 – 액시즈의 위협」의 속편에 해당하는 작품. 등장 작품에 '섬광의 하사웨이'와 '건담 센티넬' 등이 추가되었으며, 유닛 역시 80종류 이상 늘어났다. 난이도 역시 'HELL'과 'SPECIAL'을 추가시킴으로써 전작보다 훨씬 더 난이도 높은 게임이 되었다.

### 신주쿠의 이리
- 스파이크 ● AVG ● 2009년 2월 19일 ● 4,980엔
- 플레이 명수 : 1인 ● 세이브 용량 : 170KB 이상

'신주쿠의 이리'라는 별명을 지닌 형사가 주인공인 오픈월드 액션 어드벤처 게임. 형사임에도 불구하고 독단으로 체포하거나 차량까지 강탈하는 등의 비합법적 수단까지 구사하며 수사활동을 한다. 때로는 경위서를 쓰거나 도망자까지 되어가면서도, 신주쿠에서 벌어진 사건의 진상을 쫓아야 한다.

### 월드 사커 위닝 일레븐 2009
- 코나미디지털엔터테인먼트 ● SPT ● 2009년 1월 29일 ● 6,648엔
- 플레이 명수 : 1~2인 ● 세이브 용량 : 2111KB 이상 ● 멀티탭 지원(~8인)

「월드 사커 위닝 일레븐」 시리즈의 2009년도판. 리그 및 선수 정보 등을 갱신하였으며, PSP판과는 세이브데이터 공유가 가능하다. '비컴 어 레전드' 모드에서는 프로 축구선수의 인생을 체험해볼 수 있다.

### 세이크리드 블레이즈
- 플라이트 플랜 ● SLG ● 2009년 2월 19일 ● 6,800엔
- 플레이 명수 : 1인 ● 세이브 용량 : 120KB 이상

「서몬 나이트」 시리즈를 제작했던 플라이트 플랜 사의 오리지널 시뮬레이션 RPG. 플레이어는 빛의 신이 되어, 어둠에 지배당한 세계에 빛을 되돌려주어야 한다. 신의 힘 '휘력'을 이용하여 사람들을 도와주자.

## 키라☆키라 : ROCK'N'ROLL SHOW

- 프린세스 소프트  ● AVG  ● 2009년 2월 26일  ● 6,800엔
- 플레이 명수: 1인  ● 세이브 용량: 246KB 이상

PC용 게임의 이식작. 폐부가 결정된 제2문예부의 4명이 걸즈 밴드를 결성해, 문화제에서의 라이브 공연에 성공하는 시점부터 이야기가 시작된다. PS2판의 추가 시나리오에선 일본의 실존 밴드인 '뉴로티카'가 등장한다.

## 클리어 : 새로운 바람이 부는 언덕에서

- 브로콜리  ● AVG  ● 2009년 2월 26일  ● 6,800엔
- 플레이 명수: 1인  ● 세이브 용량: 90KB 이상

PC용 게임의 이식작. 이식 과정에서 신규 히로인인 '키사키 유즈루'가 추가되었으며, 서브 히로인 '아리마 히사메'는 메인 히로인으로 승격됐고, 이에 따라 시나리오와 이벤트 CG 등이 추가되었다.

## 더 킹 오브 파이터즈 2002 : UNLIMITED MATCH

- SNK 플레이모어  ● ACT  ● 2009년 2월 26일  ● 4,800엔
- 플레이 명수: 1~2인  ● 세이브 용량: 250KB 이상

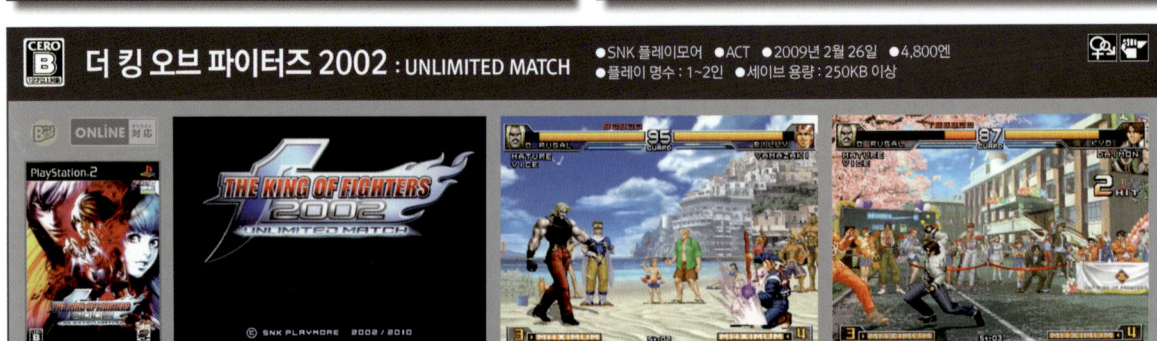

호평을 받았던 「더 킹 오브 파이터즈 2002」의 리메이크작. K9999를 삭제한 대신, 신 캐릭터 '네임리스'를 추가하였다. 배경과 BGM은 전부 신규 제작해 교체했으며, 게임 밸런스 조정에 신규 기술 추가, 시스템 개량 등등 손대지 않은 구석이 없을 정도다. 추가 컨텐츠로서 네오지오판 원작도 플레이 가능하다.

## 슈퍼로봇대전 Z 스페셜 디스크

- 반다이남코게임즈  ● ETC  ● 2009년 3월 5일  ● 4,980엔
- 플레이 명수: 1인  ● 세이브 용량: 276KB 이상

PS2로는 최후의 「슈퍼로봇대전」. 「슈퍼로봇대전 Z」 본편의 후일담과 적·아군 양쪽 시점의 사이드 스토리를 추가 시나리오로서 즐기는 '엑스트라 스테이지'와, '라이브러리'·'스페셜 시어터'·'배틀 뷰어' 모드를 수록했다.

## 갤럭시 엔젤 II : 영겁회귀의 시간

- 브로콜리  ● SLG  ● 2009년 3월 12일  ● 7,800엔
- 플레이 명수: 1인  ● 세이브 용량: 247KB 이상

「갤럭시 엔젤 II」 시리즈의 마지막 작품. 전작에서 밝혀졌던 새로운 적 '월'과의 싸움을 그렸다. 문 엔젤 부대도 등장하여, 「갤럭시 엔젤」 시리즈 최대급 볼륨의 스토리가 펼쳐지는 작품이다.

## 아마가미

- 엔터브레인  ● SLG  ● 2009년 3월 19일  ● 6,800엔
- 플레이 명수: 1인  ● 세이브 용량: 631KB 이상

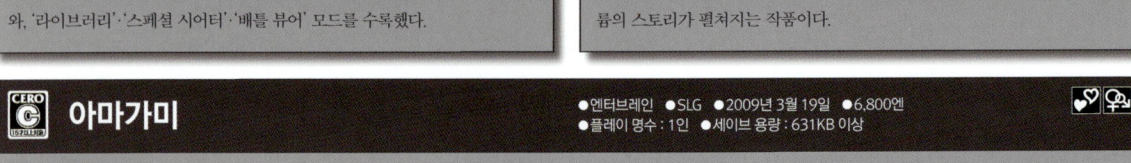

「키미키스」의 장점을 이어받은, 대화 중심으로 진행되는 학원물 연애 어드벤처 게임. 40일 후의 크리스마스 날까지 마음에 둔 소녀와 친해져, 크리스마스 당일을 함께 보내는 것이 목적이다. 등장 히로인은 총 6명이며, 각 히로인별로 애인·친구·서먹함 등의 다채로운 엔딩이 마련되어 있다.

# PlayStation2 Game Software Catalogue

## 실황 파워풀 프로야구 2009
- 코나미디지털엔터테인먼트 ● SPT ● 2009년 3월 19일 ● 4,743엔 ● 플레이 명수: 1~2인
- 세이브 용량: 2213KB 이상 ● PlayStation BB Unit 지원: 512MB 이상 필요

PS2용 「실황 파워풀 프로야구」 시리즈로는 마지막 작품. 2009년도 페넌트레이스 개막 직전의 데이터를 수록했고, 석세스 모드에서는 '드림 JAPAN' 편과 '영관 나인' 편을 즐길 수 있으며, 패스워드로 추가 컨텐츠도 개방 가능하다.

## NBA 2K9 (영어판)
- 스파이크 ● SPT ● 2009년 3월 26일 ● 4,800엔
- 플레이 명수: 1~2인 ● 세이브 용량: 976KB 이상 ● 멀티탭 지원(~5인)

NBA가 공인한 농구 게임 시리즈의 신작. 2009년도의 NBA 소속팀 및 선수 정보를 실명으로 등록하여, 본토 NBA 농구의 세계를 만끽할 수 있다. 멀티탭을 활용하면 최대 5명까지의 동시 플레이도 가능해진다.

## 슬로터 UP 코어 11 : 거인의 별 IV - 청춘군상 편
- 도라스 ● SLG ● 2009년 3월 26일 ● 4,500엔 ● 플레이 명수: 1인
- 세이브 용량: 590KB 이상 ● 파치슬로 컨트롤러, 슬롯컨, 실전 파치슬로 컨트롤러 지원

'거인의 별 IV' 파치슬로 기기의 실기 시뮬레이터. 스톡기가 폐지된 5호기 체제에서 구작의 게임성을 대체할 특징을 RT 기능으로 보완하여 인기를 얻었던 기종이다. 호시 휴마의 대전 상대가 누구냐로 보너스 기대도가 달라진다.

## 전국 천하통일
- 시스템소프트 알파 ● SLG ● 2009년 3월 26일 ● 6,800엔
- 플레이 명수: 1인 ● 세이브 용량: 1450KB 이상

2008년 PC로 발매되었던 「천하통일 V」의 이식작. 전국시대를 테마로 삼은 전국 시뮬레이션 게임으로서, 추가 시나리오를 수록하였다. '당주 에디트' 기능을 사용하면 자신만의 나라를 만들어 플레이할 수도 있다.

## 트리거하트 이그젤리카 인핸스드
- 카가 크리에이트 ● STG ● 2009년 3월 26일 ● 7,800엔
- 플레이 명수: 1인 ● 세이브 용량: 46KB 이상

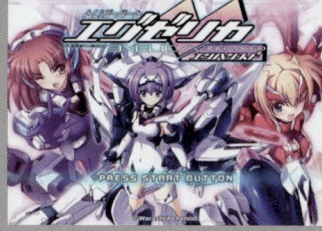

아케이드용 게임 「트리거하트 이그젤리카」의 PS2 이식작. 무장한 소녀들이 적기를 집아채 공방에 활용하는 '앵커 숏' 시스템을 구사하여 싸우는 종스크롤 슈팅 게임이다. PS2판에서는 캐릭터 보이스와 함께 펼쳐지는 스토리 모드를 추가하였으며, 새로운 기체로서 '페인티어'를 사용할 수 있게 되었다.

## 007 퀀텀 오브 솔러스
- 스퀘어 에닉스 ● ACT ● 2009년 3월 26일 ● 6,800엔
- 플레이 명수: 1인 ● 세이브 용량: 90KB 이상

영화 '007'의 세계를 재현한 액션 게임. '카지노 로얄'과 '퀀텀 오브 솔러스'의 스토리를 모두 수록하여, 긴박감 있는 미션을 체험할 수 있다. 원작 영화를 충실히 재현한 스테이지에서 리얼한 잠입 임무를 즐겨보자.

## 비타민 Z
- D3 퍼블리셔 ● AVG ● 2009년 3월 26일 ● 6,800엔
- 플레이 명수: 1인 ● 세이브 용량: 160KB 이상

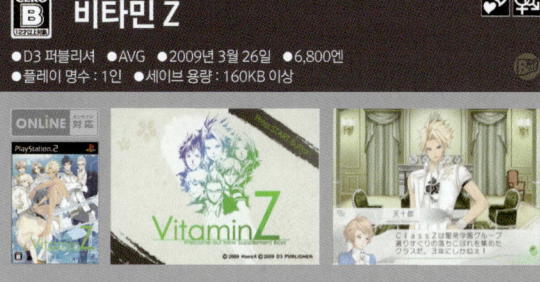

2007년 발매되었던 「비타민 X」(175p)의 속편. 등장 캐릭터가 전부 교체됐고, 스토리는 장 단위로 진행된다. 전작의 5년 후를 배경으로, 슈퍼 바보 집단 'Class Z'의 담임교사가 되어 그들을 무사히 졸업시켜보자.

## 위닝 포스트 월드

- 코에이  ● SLG  ● 2009년 4월 2일  ● 6,800엔  ● 플레이 명수: 1인
- 세이브 용량: 123KB 이상  ● PlayStation BB Unit (캐시) 지원: 1024MB 이상 필요

경마의 세계를 맛볼 수 있는, 「위닝 포스트」 시리즈의 완전 신작. '마주'·'조교사'·'기수' 중 하나가 되어 경마 라이프를 즐기자. 게임 내 기간은 2년간. 월드 모드에서는 육성한 말을 레이스에서 우승시키기까지를 체험한다.

## 햣코 : 해결사 사건수첩!

- 5pb.  ● AVG  ● 2009년 4월 2일  ● 6,980엔
- 플레이 명수: 1인  ● 세이브 용량: 111KB 이상

애니메이션화까지 된 인기 만화 '햣코'가 원작인 어드벤처 게임. 원작과는 다른 완전 오리지널 스토리로서, 토라코·타츠키·스즈메·아유미 네 사람의 시점을 전환해 가면서 문제를 해결해야 한다.

## 대단해! 아르카나 하트 2

- AQ 인터랙티브  ● ACT  ● 2009년 4월 9일  ● 5,800엔
- 플레이 명수: 1~2인  ● 세이브 용량: 50KB 이상

미소녀들이 싸우는 아케이드용 대전격투 게임 「아르카나 하트」의 제2탄 중 신 버전을 이식한 작품. '아르카나 블래스트'라는 공격 시스템과 신 캐릭터, 신 아르카나를 추가하여 더욱 다채로운 대전이 가능해지게 됐다.

## 카누치 : 검은 날개 편

- 아이디어 팩토리  ● AVG  ● 2009년 4월 23일  ● 6,800엔
- 플레이 명수: 1인  ● 세이브 용량: 200KB 이상

「카누치 : 하얀 날개 편」(212p)의 대극에 위치한 작품. 주인공 '아키'가 이번에는 야스나 국을 무대로 활약한다. 전작의 세이브데이터를 불러오면 소지금과 무기 데이터가 연동되며, 세이브 연동 전용 루트도 개방된다.

## 툼 레이더 언더월드

- 스파이크  ● ACT  ● 2009년 4월 23일  ● 5,800엔
- 플레이 명수: 1인  ● 세이브 용량: 388KB 이상

인기 액션 어드벤처 게임인 「툼 레이더」 시리즈의 9번째 작품. 「툼 레이더 레전드」(163p) 이후를 그린 작품으로서, 뇌신 토르의 망치 '묠니르'를 입수하는 것이 게임의 목적이다. 풀 모션 캡처 기술을 채택하여 주인공 '라라'의 모션이 자연스러워졌으며, 액션도 박력이 증가하였다.

## 리틀 앵커

- D3 퍼블리셔  ● AVG  ● 2009년 4월 23일  ● 6,800엔
- 플레이 명수: 1인  ● 세이브 용량: 294KB 이상

자원고갈의 위기에 직면한 미래가 배경인 어드벤처 게임. 평화의 상징이라는 기념물 목적으로 제작된 신조 전함 '엘뤼시온'의 형식적인 함장이 될 예정이었던 주인공이 전쟁에 휘말려, 동료들과 함께 이를 극복한다는 스토리.

## NHL 2K9 (영어판)

- 스파이크  ● SPT  ● 2009년 4월 29일  ● 4,800엔
- 플레이 명수: 1~2인  ● 세이브 용량: 2401KB 이상  ● 멀티탭 지원(~8인)

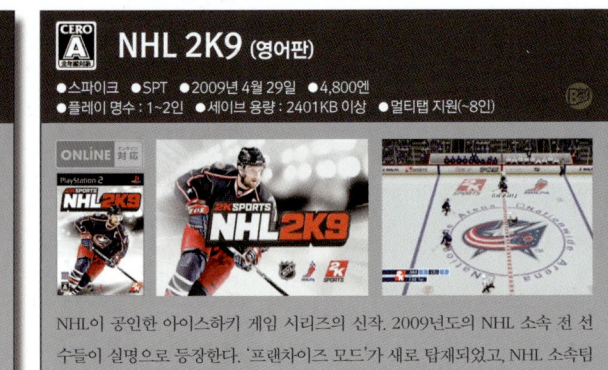

NHL이 공인한 아이스하키 게임 시리즈의 신작. 2009년도의 NHL 소속 전 선수들이 실명으로 등장한다. '프랜차이즈 모드'가 새로 탑재되었고, NHL 소속팀을 직접 경영해보는 '시뮬레이션 모드'도 즐길 수 있다.

## 실황 파워풀 메이저리그 2009

- 코나미디지털엔터테인먼트  ● SPT  ● 2009년 4월 29일  ● 5,695엔
- 플레이 명수: 1~2인  ● 세이브 용량: 889KB 이상
- PlayStation BB Unit 지원: 1024MB 이상 필요

미국 메이저리그를 테마로 삼은 「실황 파워풀 프로야구」 파생작 시리즈의 신작. 2009년도 데이터에 대응되며, 일본어 실황으로 미국 대 일본의 꿈의 대결도 즐길 수 있다. 캐릭터의 표정에도 주목해 보자.

## D.C.I.F. : 다 카포 이노센트 피날레

- 브로콜리  ● AVG  ● 2009년 4월 29일  ● 6,800엔
- 플레이 명수: 1인  ● 세이브 용량: 327KB 이상

OVA 'D.C.i.f. : 다 카포 이프'와의 연동 작품인 팬 디스크로서, 팬들 사이에 인기가 많은 '시라카와 코토리'에 초점을 맞춘 스토리. 코토리와의 연애, 그리고 그녀의 가족과 얽히게 되는 드라마를 묘사하였다.

## 티르 나 노그 : 유구의 인(仁)

- 시스템소프트 알파  ● RPG  ● 2009년 4월 29일  ● 6,800엔
- 플레이 명수: 1인  ● 세이브 용량: 1199KB 이상

켈트 신화를 모티브로 삼은 RPG. PC판 「티르 나 노그 V」의 이식작으로서, 100억 가지가 넘는 조합이 펼쳐지는 '시나리오 제네레이트' 기능을 탑재하여 플레이할 때마다 다른 세계가 생성되는 것이 특징이다.

## 백작과 요정 : 꿈과 인연을 그리는 마음으로

- 5pb.  ● AVG  ● 2009년 4월 30일  ● 6,800엔
- 플레이 명수: 1인  ● 세이브 용량: 112KB 이상

19세기의 런던이 무대인, 라이트 노벨 원작의 여성용 연애 어드벤처 게임. 플레이어는 요정과 대화할 수 있는 소녀 '리디아'가 되어, 청기사 백작 '에드거' 등과 함께 정령에 관한 의뢰를 해결해가며 인연을 쌓는다는 스토리다.

## 아르코발레노!

- 아이디어 팩토리  ● AVG  ● 2009년 5월 14일  ● 6,800엔
- 플레이 명수: 1인  ● 세이브 용량: 187KB 이상

이탈리아 요리의 셰프가 목표인 '카아노 유나'가 주인공인 여성용 연애 어드벤처 게임. 요리점 '아르코발레노'에서 연수를 받으며 심·기·체를 단련하여, 어엿한 한 사람의 셰프가 될 수 있도록 성장해보자.

## 낙승! 파치슬로 선언 6 : 리오 2 - 크루징 바나디스

- 테크모  ● SLG  ● 2009년 5월 14일  ● 5,800엔
- 플레이 명수: 1인  ● 세이브 용량: 161KB 이상

수많은 기종이 출시되었던 '리오' 시리즈 중에서 '리오 2 : 크루징 바나디스'를 수록한 파치슬로 실기 시뮬레이터. 카지노에서 활약하는 '리오'의 귀여운 그래픽을 감상하는 모드는 시리즈 팬이라면 꼭 접해보자.

## 바람색 서프

- 러셀  ● AVG  ● 2009년 5월 28일  ● 6,800엔
- 플레이 명수: 1인  ● 세이브 용량: 206KB 이상

제1차 세계대전 직후를 배경으로 삼아, 신인 여성 항공정비사로 배속된 주인공과 남성 대원들 간의 관계를 그린 여성용 연애 어드벤처 게임이다. 다양한 사건들을 통해 깊은 인연을 쌓아가 보자.

## SuperLite 2000 어드벤처 : 아오이시로

- 석세스  ● AVG  ● 2009년 5월 28일  ● 2,000엔
- 플레이 명수: 1인  ● 세이브 용량: 466KB 이상

「아오이시로」(205p)의 PC 이식판을 다시 PS2로 역이식해 발매한 염가판. 최초 발매판에 있었던 모순점과 플래그의 버그를 수정하고 신규 CG를 추가한 것은 물론, 일부 장면을 가필하고 외전 시나리오까지도 수록했다.

## 스킵 비트!

- 5pb.　● AVG　● 2009년 5월 28일　● 6,800엔
- 플레이 명수 : 1인　● 세이브 용량 : 114KB 이상

같은 제목의 소녀만화가 원작인 오리지널 스토리의 어드벤처 게임. 소꿉친구를 향한 복수심을 불태우며 여배우의 길을 걷고 있는 주인공 '쿄코'는, 드라마 'DARK MOON' 촬영 과정에서 등장인물들과 사랑이나 우정을 쌓는다.

## Myself; Yourself : 각자의 피날레

- 예티　● AVG　● 2009년 5월 28일　● 6,800엔
- 플레이 명수 : 1인　● 세이브 용량 : 90KB 이상

두 주인공과 히로인들 간의 다양한 사랑을 그려낸 「Myself; Yourself」의 자매작품. 각 히로인과 맺어진 이후를 그린 애프터 스토리와, 전작에서는 다뤄지지 않았던 에피소드를 수록하였다.

## 에반게리온 : 서

- 반다이남코게임즈　● AVG　● 2009년 6월 4일　● 5,800엔
- 플레이 명수 : 1인　● 세이브 용량 : 156KB 이상

같은 제목의 극장판 영화와 TV판의 전개를 믹스한 액션 어드벤처 게임. 제3신도쿄 시에 방위시설을 배치하고, 한정된 예산으로 초호기를 강화시켜 사도 습격에 대비하자. 전투결과에 따라 주변의 신지에 대한 평가도 바뀐다.

## Under The Moon : Crescent

- 월　● AVG　● 2009년 6월 25일　● 6,800엔
- 플레이 명수 : 1인　● 세이브 용량 : 60KB 이상

여성용 성인 PC 게임의 이식작. 인간계로 흘러들어온 마왕의 딸이 처음으로 사랑을 경험하는 어드벤처 게임으로서, 차기 마왕 후보인 쌍둥이 형제와 동거하면서 마계로 돌아갈 방법을 찾는다는 스토리가 전개된다.

## 히메히비 : New Princess Days!! - 속! 2학기

- TAKUYO　● AVG　● 2009년 6월 25일　● 6,800엔
- 플레이 명수 : 1인　● 세이브 용량 : 198KB 이상

엘리트 남학교에서 유일한 여학생으로서 학교생활을 보내는 여성용 게임 「히메히비 : Princess Days」의 속편. 집안 사정으로 학교를 옮겨 다니던 주인공 '나나미'가, 텐죠지 고교 역사상 두 번째 여학생이 된다.

## 완드 오브 포춘

- 아이디어 팩토리　● AVG　● 2009년 6월 25일　● 6,800엔
- 플레이 명수 : 1인　● 세이브 용량 : 208KB 이상

마법사가 되는 것이 꿈인 소녀 '루루'가, 자신의 마법에 부족한 '속성'을 찾아 학업에 매진하는 여성용 연애 어드벤처 게임. 배경인 마법도시에서는 마법의 속성도 목표도 저마다 다른 영웅들과의 만남이 펼쳐진다.

## MLB 2K9 (영어판)

- 스파이크　● SPT　● 2009년 7월 9일　● 4,800엔
- 플레이 명수 : 1~2인　● 세이브 용량 : 1725KB 이상

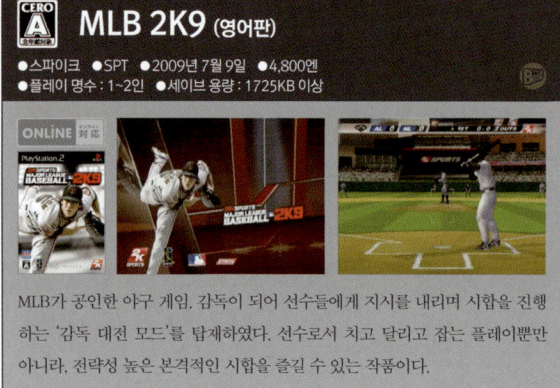

MLB가 공인한 야구 게임. 감독이 되어 선수들에게 지시를 내리며 시합을 진행하는 '감독 대전 모드'를 탑재하였다. 선수로서 치고 달리고 잡는 플레이뿐만 아니라, 전략성 높은 본격적인 시합을 즐길 수 있는 작품이다.

## 프로야구 스피리츠 6

- 코나미디지털엔터테인먼트　● SPT　● 2009년 7월 16일　● 6,648엔
- 플레이 명수 : 1~2인　● 세이브 용량 : 135KB 이상

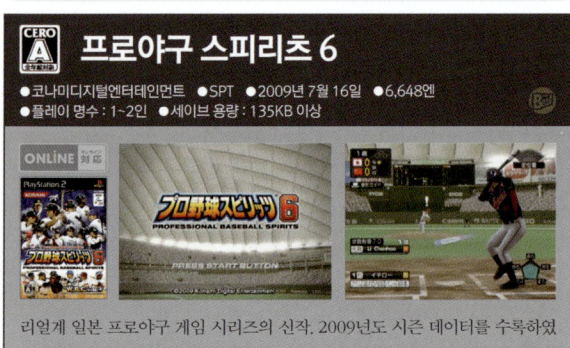

리얼계 일본 프로야구 게임 시리즈의 신작. 2009년도 시즌 데이터를 수록하였으며, 총 16개국 대표팀이 모이는 'WBC 모드'도 탑재하였다. 액션적인 시스템을 배제하고 작전지시에만 집중하는 '감독 플레이 모드'도 즐길 수 있다.

## PlayStation2 Game Software Catalogue

### 로자리오와 뱀파이어 CAPU2 : 사랑과 꿈의 랩소디아
- 컴파일 하트 ● AVG ● 2009년 7월 23일 ● 6,800엔
- 플레이 명수 : 1인 ● 세이브 용량 : 137KB 이상

인기 만화가 원작인 TV 애니메이션을 어드벤처 게임화했다. 뱀파이어·설녀 등의 다양한 존재들이 모인 요카이 학원에 다니는 인간 소년 '츠쿠네'가, 매일 밤마다 야한 꿈을 꾸기 시작하면서 이상한 소동에 말려든다는 스토리다.

### 츠요키스 2학기 : Swift Love
- 레볼루션 ● AVG ● 2009년 7월 30일 ● 6,800엔
- 플레이 명수 : 1인 ● 세이브 용량 : 450KB 이상

괴짜들이 가득한 학교에서의 나날을 코믹하게 그려낸 「츠요키스」의 PC판 속편을 개변 이식한 작품. 서브 히로인 '우라가 마나'와 '앙 톤파'가 공략대상으로 승격됐고, 각 히로인의 에피소드와 이벤트 CG 등이 추가됐다.

### NUGA-CEL!
- 아이디어 팩토리 ● SLG ● 2009년 7월 30일 ● 6,800엔
- 플레이 명수 : 1인 ● 세이브 용량 : 131KB 이상

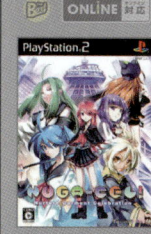

23구역으로 나뉜 대륙 '도쿄 23'의 통일이 목표인 탈계열 전략 시뮬레이션 게임. 자신의 구역을 투자·탐색하면서 타 구역을 침공해 지배 지역을 넓히자. 전투 시에는 캐릭터의 '코스튬'이 곧 파워가 되며, 코스튬의 내구도가 바닥나면 벗겨져 능력이 대폭 다운된다. 캐릭터 디자인은 '하츠네 미쿠'의 KEI가 맡았다.

### CR 신세기 에반게리온 - 최후의 사자
필승 파친코★파치슬로 공략 시리즈 Vol.14
- D3 퍼블리셔 ● SLG ● 2009년 7월 30일 ● 6,200엔
- 플레이 명수 : 1인 ● 세이브 용량 : 972KB 이상

극장판 애니메이션 '에반게리온 신극장판 : 서'의 영상도 도처에 집어넣은, 나기사 카오루에 초점을 맞춘 인기 파친코 기기의 시뮬레이터. 잭팟 확률 변경과 핀 조정 등을 자유롭게 설정해보며 기기를 연구할 수 있다.

### 루시안 비즈 : 레저렉션 슈퍼노바
- 5pb. ● AVG ● 2009년 7월 30일 ● 6,800엔
- 플레이 명수 : 1인 ● 세이브 용량 : 390KB 이상

비밀조직 '루시안 비즈'의 요원이 되어, 글러먹은 쓰레기 남자들을 '개조'하는 임무를 비밀리에 수행하는 스타일리시한 어드벤처 게임. 표적에게 반하지 말고, 정체를 들키지 말고, 항상 아름다워야 한다는 것이 요원의 사명이다.

### SD건담 G제네레이션 워즈
- 반다이남코게임즈 ● SLG ● 2009년 8월 6일 ● 6,980엔
- 플레이 명수 : 1인 ● 세이브 용량 : 220KB 이상

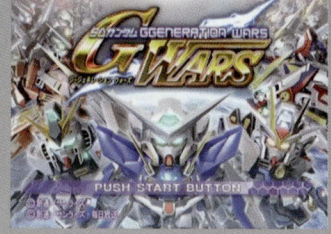

PS2판 「SD건담 G제네레이션」 시리즈의 4번째 작품. '기동전사 건담 00'를 비롯한 신규 작품들이 다수 참전했으며, 각 맵별로 작품의 벽을 뛰어넘는 적이 출현하는 '워즈 브레이크' 시스템을 탑재하였다. 게임 템포와 자잘한 시스템도 개량되어, 한층 더 완성도 높은 게임으로 진화하였다.

225

## 가면라이더 클라이맥스 히어로즈

- 반다이남코게임즈 ● ACT ● 2009년 8월 6일 ● 5,980엔
- 플레이 명수 : 1~2인 ● 세이브 용량 : 36KB 이상

역대 헤이세이 라이더들이 집결하여 최강을 겨루는 대전격투 게임. '가면라이더 디케이드'까지의 라이더들이 등장하며, 등장 폼이 40종류가 넘는 막대한 볼륨을 자랑한다. 아홉 세계를 여행하는 '디케이드 모드'를 탑재했다.

## J리그 위닝 일레븐 2009 : 클럽 챔피언십

- 코나미디지털엔터테인먼트 ● SPT ● 2009년 8월 6일 ● 5,695엔
- 플레이 명수 : 1~2인 ● 세이브 용량 : 2144KB 이상 ● 멀티탭 지원(~8인)

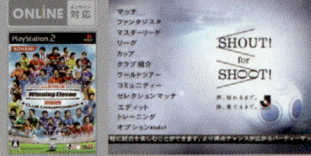 

「J리그 위닝 일레븐」시리즈의 2009년도판. 팬들의 요청이 많았던 JFA 전일본축구선수권대회가 드디어 최초로 재현되어, '마스터 리그'·'판타지스타' 모드 도중에 참전할 수 있게 되었다.

## S.Y.K : 신설 서유기

- 아이디어 팩토리 ● AVG ● 2009년 8월 20일 ● 6,800엔
- 플레이 명수 : 1인 ● 세이브 용량 : 192KB 이상

고전 '서유기'를 모티브로 삼은 여성용 연애 어드벤처 게임. 플레이어는 현장(삼장법사)이 되어, 오공·팔계·오정·옥룡이라는 꽃미남 일행들에게 휘둘리면서도 트러블을 돌파하며 천축을 향해 전진한다.

## L2 : Love×Loop

- 아이디어 팩토리 ● AVG ● 2009년 8월 20일 ● 6,800엔
- 플레이 명수 : 1인 ● 세이브 용량 : 183KB 이상

인간과 로봇 사이에 전쟁이 벌어지고 있는 미래가 배경인 어드벤처 게임. 로봇에게 누나가 희생당한 주인공이, 시간이동 능력을 지닌 로봇 '카고메'의 힘을 빌려 과거를 개변시키기 위한 여행을 떠난다는 스토리다.

## 멜티 블러드 : Actress Again

- 에콜 소프트웨어 ● ACT ● 2009년 8월 20일 ● 5,800엔
- 플레이 명수 : 1~2인 ● 세이브 용량 : 50KB 이상

 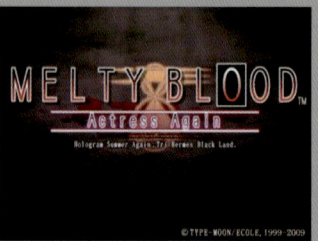  

동인 게임의 전설인 「월희」의 캐릭터들이 싸우는 아케이드용 격투 게임 최신판의 이식작. 공격으로 가드를 무너뜨리는 '가드 브레이크', 스타일별로 성능·필살기가 달라지는 '스타일 셀렉트' 등의 시스템을 추가했다. '네코 아르크'·'메카 히스이' 등의 신 캐릭터는 물론, '공의 경계'의 료기 시키도 등장한다.

## 박앵귀 수상록

- 아이디어 팩토리 ● AVG ● 2009년 8월 27일 ● 4,800엔
- 플레이 명수 : 1인 ● 세이브 용량 : 191KB 이상

인기가 많았던 여성용 게임 「박앵귀」(211p)의 팬 디스크. 수록 컨텐츠 중 본편에 해당하는 '수상록' 내에는 하나의 사건을 추적하는 '사건상기', 메인 캐릭터 6명의 개별 스토리를 즐기는 '연모상기', 콘도 등 서브 캐릭터들의 일상을 그린 '일상상기'라는 3종류의 모드가 들어있다.

## PlayStation2 Game Software Catalogue

### 현대대전략 : 일촉즉발 군사 밸런스 붕괴
- 시스템소프트 알파 ● SLG ● 2009년 8월 27일 ● 6,800엔
- 플레이 명수 : 1인 ● 세이브 용량 : 1080KB 이상

당시의 세계정세를 테마로 삼아, 가상의 국제분쟁 등을 묘사한 군사 전술 시뮬레이션 게임. PC판 과거 시리즈에서 인기가 있었던 시나리오 70종을 수록했고, PS2판 오리지널 컨텐츠로서 '월드 배틀 모드'를 탑재하였다.

### 메모리즈 오프 6 : 넥스트 릴레이션
- 5pb. ● AVG ● 2009년 8월 27일 ● 6,800엔
- 플레이 명수 : 1인 ● 세이브 용량 : 106KB 이상

「메모리즈 오프 6 : T-wave」(210p)에서의 반년 후를 그린 애프터 스토리를 다룬 작품. 초반의 선택지에서 전작의 히로인 5명 중 누구를 선택했는지를 결정한 후, 그 히로인과 달콤한 시간을 보낼 수 있다.

### 스위트 허니커밍
- 카도카와쇼텐 ● AVG ● 2009년 9월 3일 ● 8,800엔
- 플레이 명수 : 1인 ● 세이브 용량 : 80KB 이상

PC판 원작을 이식한 어드벤처 게임. '연애수업'이라는 특이한 과목이 있는 학교에서의 다양한 연애를 그린 작품이다. PS2판은 원작에선 서브 히로인이었던 '이치고'와 '료코'가 공략대상으로 승격됐고 시나리오·CG도 추가되었다.

### 캔버스 3 : 옅은 색 파스텔
- GN 소프트웨어 ● AVG ● 2009년 9월 17일 ● 7,200엔
- 플레이 명수 : 1인 ● 세이브 용량 : 200KB 이상

PC용 게임 「캔버스 3 : 은빛 포트레이트」를 이식한 타이틀. PS2판에서는 '츠카하라 칸나'라는 신 캐릭터가 추가되었으며, 일부 캐릭터의 음성이 엔도 아야·난죠 요시노 등의 인기 성우로 변경되었다.

### 지옥소녀 미오요스가
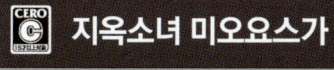
- 컴파일 하트 ● AVG ● 2009년 9월 17일 ● 6,800엔
- 플레이 명수 : 1인 ● 세이브 용량 : 145KB 이상

TV 애니메이션 '지옥소녀 미츠가나에'가 원작인 어드벤처 게임. 애니메이션과 마찬가지로, '엔마 아이'가 육체를 잃고서 '미카게 유즈키'에 빙의된 상태로 시작한다. 유즈키가 방문한 히메쿠마 마을에서 벌어진 연쇄살인사건과, 그 원인으로 지목된 '리쿠도 루이'라는 이름의 지옥소녀에 얽힌 수수께끼를 쫓게 된다.

### 81 다이버
- 실버 스타 재팬 ● AVG ● 2009년 9월 17일 ● 4,743엔
- 플레이 명수 : 1~2인 ● 세이브 용량 : 100KB 이상

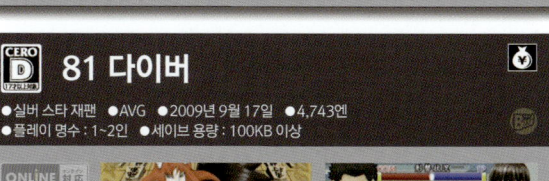

같은 제목의 인기 만화가 원작인 쇼기 어드벤처 게임. 원작을 따라가며 쇼기 대국을 진행하는 '스토리 모드', 각 캐릭터와의 '대국 모드', 미루쿠가 가르쳐주는 '쇼기 교실', '박보장기', '하사미 쇼기' 등을 즐길 수 있다.

### 청소전대 클린 키퍼 H (하이퍼)
- 아이디어 팩토리 ● AVG ● 2009년 10월 1일 ● 5,800엔
- 플레이 명수 : 1인 ● 세이브 용량 : 184KB 이상

Wii로 발매되었던 연애 어드벤처 게임의 이식작. 청소 정령과 계약할 수 있는 소녀들을 찾아내, 학교를 더럽히는 악의 조직과 맞서 싸우자. 배틀 모드에서는 적인 병균을 해치워가며, 소녀에 묻은 더러움을 직접 닦아줘야 한다.

### 진 비취 물방울 : 비색의 조각 2
- 아이디어 팩토리 ● AVG ● 2009년 10월 1일 ● 5,800엔
- 플레이 명수 : 1인 ● 세이브 용량 : 169KB 이상

「비취 물방울 : 비색의 조각 2」(185p)의 리메이크작. 스토리를 재구축하고 시나리오를 다시 썼으며, 음성도 신규 수록했고 이벤트 CG도 추가하였다. 게임 도중의 루트 확인 기능을 추가하는 등으로 시스템도 개선했다.

### 도화월탄 : 광풍의 능왕
- 카도카와쇼텐 ● AVG ● 2009년 10월 1일 ● 6,800엔
- 플레이 명수 : 1인 ● 세이브 용량 : 665KB 이상

CARNELIAN이 그려낸 아름다운 캐릭터들과 중후한 스토리로 인기를 얻었던 PC용 게임을 이식한 작품. PS2판은 등장인물들이 풀보이스화되었으며, 전투 장면에서는 필살기가 추가됐다. 보너스 시나리오도 수록하였다.

### 비색의 조각 애장판
- 아이디어 팩토리 ● AVG ● 2009년 10월 1일 ● 4,800엔
- 플레이 명수 : 1인 ● 세이브 용량 : 200KB 이상

「비색의 조각」과 팬 디스크를 합본한 염가판. 본편 디스크는 닌텐도 DS·PSP 이식판에서 추가된 시나리오와 컬트 퀴즈 등의 보너스 컨텐츠를 추가한 완전판이다. 각 기종판의 오프닝 동영상들도 수록되어 있다.

### 비색의 조각 : 신 타마요리히메 전승
- 아이디어 팩토리 ● AVG ● 2009년 10월 1일 ● 6,800엔
- 플레이 명수 : 1인 ● 세이브 용량 : 174KB 이상

「비색의 조각」 시리즈의 외전작. 첫 작품 이후 약 100년이 지난 시대인 근미래의 도시에서 펼쳐지는, 타마요리히메와 수호자들의 새로운 이야기를 그린 연애 어드벤처 게임이다. 제1탄 캐릭터들의 자손도 등장한다.

### 비트매니아 IIDX 16 : EMPRESS + PREMIUM BEST
- 코나미디지털엔터테인먼트 ● SLG ● 2009년 10월 15일 ● 7,600엔
- 플레이 명수 : 1~2인 ● 세이브 용량 : 875KB 이상 ● 비트매니아 II DX 전용 컨트롤러 지원

   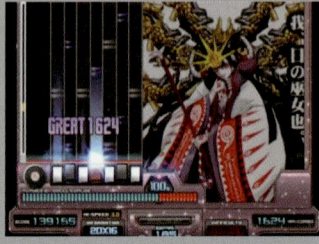

아케이드판을 이식한 DJ 시뮬레이션 게임 최신작이자, PS2로는 시리즈 마지막 작품. 「비트매니아 IIDX」 시리즈의 집대성으로서, 역대 결과화면의 아카이브를 열람할 수 있으며 구곡에 온갖 난이도의 신 채보를 대거 추가하는 등 시리즈 최대급 볼륨의 게임이 되었다. 총 수록곡은 무려 198곡에 달한다.

### 슬로터 UP 매니아 11 : 2027 VS 2027 II
- 도라스 ● SLG ● 2009년 10월 15일 ● 6,000엔 ● 플레이 명수 : 1인 ● 세이브 용량 : 1280KB 이상
- 파치슬로 컨트롤러 쿠로토·Pro·Pro2·스탠더드, 슬롯컨, 실전 파치슬로 컨트롤러 지원

JPS 사의 인기 기종 '2027'과 '2027 II'를 수록한 파치슬로 실기 시뮬레이터. '2027'의 패널 3종을 전부 수록했고, 풍부한 공략기능을 탑재하였다. 라이브러리 모드에서는 효과음과 BGM을 자유롭게 감상할 수 있다.

### FIFA 10
- 일렉트로닉 아츠 ● SPT ● 2009년 10월 22일 ● 5,800엔
- 플레이 명수 : 1~2인 ● 세이브 용량 : 3546KB 이상 ● 멀티탭 지원(2~8인)

FIFA가 공인한 축구 게임 시리즈의 2010년도판. 세계의 강호 리그에 소속된 클럽 및 선수들이 모두 실명으로 등장하며, 자신만의 토너먼트전도 플레이해볼 수 있다. 선수 하나를 조작하는 모드와, 감독으로서 지휘하는 모드도 있다.

## PlayStation2 Game Software Catalogue

### 세키레이 : 미래에서 온 선물
- 카가 크리에이트
- AVG
- 2009년 10월 29일
- 6,800엔
- 플레이 명수 : 1인
- 세이브 용량 : 72KB 이상

같은 제목의 인기 만화가 원작인 어드벤처 게임. 전투기술밖에 모르는 세키레이들이 육아에 도전한다는 완전 오리지널 스토리의 작품이다. 원작 특유의 온갖 서비스 신들도 애니메이션 형태로 수록하였다.

### 나데프로!! : 너도 성우 한 번 해봐라!
- 겅호 웍스
- AVG
- 2009년 10월 29일
- 6,800엔
- 플레이 명수 : 1인
- 세이브 용량 : 990KB 이상

플레이어가 성우가 되어 음성 연기를 가상 체험해보는 어드벤처 게임. 오만방자한 매니저에게 성우로 발탁된 여고생이 되어, 일과 사랑에 파묻혀 정신없이 1년을 보내자. 미남 성우나 매니저와의 연애도 즐길 수 있다.

### 센고쿠히메 : 전란에 춤추는 소녀들
- 뷰즈
- SLG
- 2009년 11월 12일
- 6,800엔
- 플레이 명수 : 1인
- 세이브 용량 : 336KB 이상

PC판 원작을 이식한 전국시대 시뮬레이션 게임. 전국시대 무장들이 50명 이상이나 미소녀화되어 등장하는 작품으로서, 연애 어드벤처 게임의 속성도 띠고 있다. PS2판은 무장 스킬 및 육성 시스템도 추가되었다.

### 파이널 판타지 XI : 바나 딜 컬렉션 2
- 스퀘어 에닉스
- RPG
- 2009년 11월 12일
- 5,800엔
- 플레이 명수 : 1인
- USB 키보드·USB 마우스 지원, PlayStation BB Unit 필수

FF 시리즈 최초의 온라인 게임인 「파이널 판타지 XI」의 확장판 데이터 모음집. '지라트의 환영'·'프로마시아의 주박'·'아토르간의 보물'·'알타나의 신병' 총 4개 데이터를 디스크 한 장에 수록했다.

### 세계최강 은성바둑 강좌
- 실버 스타 재팬
- TBL
- 2009년 11월 19일
- 5,800엔
- 플레이 명수 : 1~2인
- 세이브 용량 : 109KB 이상

최강의 사고엔진을 표방하는 「은성바둑」 시리즈의 신작. 실력별 대국은 물론이고 이후의 전개를 예측해 표시해주는 수읽기 기능, 문제를 풀며 배우는 바둑강좌를 탑재했다. 바둑 묘수풀이 300문제도 수록하였다.

### 월드 사커 위닝 일레븐 2010
- 코나미디지털엔터테인먼트
- SPT
- 2009년 12월 10일
- 5,695엔
- 플레이 명수 : 1~2인
- 세이브 용량 : 2200KB 이상
- 멀티탭 지원(~8인)

인기 축구 게임 시리즈의 2009~2010 시즌 대응판. 그래픽이 전작 이상으로 향상되었으며, 드리블도 전작까지의 8방향에서 360도로 확장되었다. 유럽 최고봉의 대회 'UEFA 챔피언스 리그'도 완벽하게 재현하였다.

### 데스 커넥션
- 아이디어 팩토리
- AVG
- 2009년 12월 17일
- 6,800엔
- 플레이 명수 : 1인
- 세이브 용량 : 152KB 이상

1960년대의 이탈리아가 배경인 여성용 연애 어드벤처 게임. 마피아가 습격해 오는 교회를 탈출한 주인공 '아멜리아'가 자신을 도와준 남자가 남겨준 펜던트를 쥐자, '사신'을 자처하는 3명의 인간이 나타난다.

### 리틀 버스터즈! : 컨버티드 에디션
- 프로토타입
- AVG
- 2009년 12월 24일
- 6,400엔
- 플레이 명수 : 1인
- 세이브 용량 : 430KB 이상
- 프로그레시브 출력 지원

PC판 원작을 이식한 어드벤처 게임. 「리틀 버스터즈!」와 「리틀 버스터즈! 엑스터시」를 디스크 하나에 합본 이식했다. 우정에 초점을 맞춘 스토리로서, 플레이어를 눈물짓게 하는 감동적인 내용의 작품이다.

# 2010

## PlayStation2 Game Software Catalogue

이 해에 발매된 소프트 수는 40개 타이틀. 전년 대비로 거의 절반까지 다시 줄어, PS2 시장은 사실상 종언기로 접어들었다 할 수 있다. 2010년 전후의 PS2를 지탱해준 라인업은 미소녀 게임 및 여성용 게임 위주로서, 특히 여성 유저가 타깃인 여성용 게임은 플레이스테이션 포터블(PSP)과 공동전선을 이루며 이 당시에 전성기를 누렸다.

---

### 프린세스 러버! : Eternal Love For My Lady

- 해피넷
- AVG
- 2010년 1월 28일
- 6,800엔
- 플레이 명수: 1인
- 세이브 용량: 282KB 이상

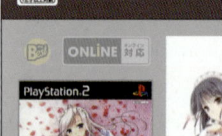

PC판 원작을 이식한 어드벤처 게임. 이식 과정에서 시나리오를 개정했으며, 각 히로인들과의 관계가 비교적 수평적으로 변경되었다. 또한 신규 히로인을 추가하고, 기존 캐릭터 데이트 등의 이벤트에 CG 및 텍스트를 덧붙이는 등 컨텐츠를 보강하여, 기존 팬들로부터도 호평 받는 작품이 되었다.

---

### 모에모에 2차대전(략) 2 [chu~♪]

- 시스템소프트 알파
- SLG
- 2010년 2월 4일
- 6,800엔
- 플레이 명수: 1인
- 세이브 용량: 500KB 이상

미소녀 캐릭터들이 싸우는 「대전략」 시리즈 스핀오프작의 제2탄. 신규 유닛을 추가했고, 병기 소녀들을 육성하는 시스템도 강화시켰다. 시나리오는 동시 개발된 PSP판과 차별화시켜, 4종류를 수록하였다.

### 라스트 에스코트 : 클럽 캇체

- D3 퍼블리셔
- SLG
- 2010년 2월 18일
- 5,800엔
- 플레이 명수: 1인
- 세이브 용량: 110KB 이상

가정용이면서도 제법 성인 취향의 내용을 즐길 수 있는 시뮬레이션 게임. 등장하는 간판 호스트들이 플레이어에게 달콤한 시간을 선사해준다. 기존 시리즈와는 완전 별개 작품이라, 배경과 캐릭터는 전부 교체되었다.

---

### 금색의 코르다 3

- 코에이
- SLG
- 2010년 2월 25일
- 5,800엔
- 플레이 명수: 1인
- 세이브 용량: 614KB 이상

인기작 「금색의 코르다」 시리즈의 신작. 전작의 8년 후를 그린 작품이라, 캐릭터도 전부 교체되었다. 주인공은 발표회의 연주 후에 받은 편지를 읽고서 영향을 받아, 세이소 학원으로의 전학을 결심한다. 세이소 학원에서 오케스트라부에 가입해, 전국 음악 콩쿠르의 우승을 노린다는 스토리.

# PlayStation2 Game Software Catalogue

## 완드 오브 포춘 : 미래를 향한 프롤로그
●아이디어 팩토리 ●AVG ●2010년 2월 25일 ●4,800엔 ●플레이 명수 : 1인 ●세이브 용량 : 176KB 이상

224p에서 소개했던 「완드 오브 포춘」의 팬 디스크. 신 캐릭터 '에드거'가 주인공인 '에드거의 마법 돋보기', 서브 캐릭터의 연애를 응원하는 '신시아의 우울', 전작의 애프터 스토리를 담은 '당신과의 이야기'까지의 총 3가지 시나리오로 나뉘어 있어, 자유롭게 즐길 수 있도록 하였다.

## 서몬 나이트 그란테제 : 멸망의 검과 약속의 기사
●반다이남코게임즈 ●RPG ●2010년 3월 11일 ●6,980엔 ●플레이 명수 : 1인 ●세이브 용량 : 121KB 이상

새로운 세계인 '주얼노츠'를 무대로 삼아, 3명의 아이들이 소환해낸 '로스트'와 '미레트'가 주인공으로서 활약하는 액션 RPG. 플레이어는 로스트와 미레트를 전환해 가며 스토리를 진행하게 된다. 이 작품은 반다이남코게임즈가 플레이스테이션 2로 발매한 마지막 타이틀이기도 하다.

## S.Y.K : 연소전
●아이디어 팩토리 ●AVG ●2010년 3월 11일 ●4,800엔 ●플레이 명수 : 1인 ●세이브 용량 : 180KB 이상

'S.Y.K : 신설 서유기(226p)'에선 다뤄지지 않았던 과거의 스토리와, 캐릭터들과의 연애 이야기 등을 즐길 수 있는 팬 디스크. 패러렐 스토리 등도 수록돼 있어, 팬이라면 꼭 즐겨봐야 할 작품이 되었다.

## 프로야구 스피리츠 2010
●코나미디지털엔터테인먼트 ●SPT ●2010년 4월 1일 ●6,648엔 ●플레이 명수 : 1~2인 ●세이브 용량 : 125KB 이상

「프로야구 스피리츠」 시리즈 9번째 작품이자, PS2로는 마지막 작품. 2010년 시즌 개막 전의 데이터를 수록한 리얼계 일본 프로야구 게임 신작이다. 구장의 인테리어와 신규 유니폼도 반영했고, 온라인 업데이트 기능도 지원했다.

## 사일런트 힐 : 섀터드 메모리즈
●코나미디지털엔터테인먼트 ●AVG ●2010년 3월 25일 ●5,000엔 ●플레이 명수 : 1인 ●세이브 용량 : 774KB 이상

PS1의 「사일런트 힐」 첫 작품을 '리이미지네이션'한 타이틀. 주인공은 원작과 동일한 '해리 메이슨'으로서, 행방불명된 딸을 찾아 사일런트 힐 곳곳을 탐색한다. 메인 테마가 '싸울 수 없는 데에서 오는 공포'라, 플레이어에겐 적을 물리칠 공격수단이 전혀 없다. 결말에서는 충격적인 사실이 밝혀지게 된다.

## 클로버 나라의 앨리스

- 프로토타입 ● AVG ● 2010년 4월 15일 ● 6,600엔
- 플레이 명수: 1인 ● 세이브 용량: 182KB 이상 ● 프로그레시브 출력 지원

고전 '이상한 나라의 앨리스'를 모티브로 삼아 제작된 연애 어드벤처 게임. 같은 개발사의 이전작 「하트 나라의 앨리스」(211p)에서 이어지는 후일담에 해당되며, 이상한 나라에 남은 앨리스가 이 세계에 익숙해질 무렵 천재지변이 일어나 클로버의 탑이 갑자기 출현하고 만다는 스토리다.

## 위닝 포스트 월드 2010

- 코에이 ● SLG ● 2010년 4월 2일 ● 6,800엔 ● 플레이 명수: 1인
- 세이브 용량: 123KB 이상 ● PlayStation BB Unit (캐시) 지원 1024MB 이상 필요

「위닝 포스트 월드」의 기능 강화판. 데이터를 2010년도 기준으로 갱신했고, 마주·조교사·기수 시점으로 즐길 수 있다. '신 월드 모드'에서는 20년 주기로 경주마가 다음 대로 넘어가며, 혈통으로 라이벌과 경쟁하게 된다.

## 파치슬로 쓰르라미 울 적에 제(祭)

- 카가 크리에이트 ● SLG ● 2010년 4월 22일 ● 6,800엔
- 플레이 명수: 1인 ● 세이브 용량: 600KB 이상

  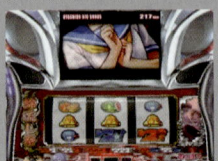

기술 개입이 필요해 호불호가 갈리는 기기로 유명했던 '파치슬로 쓰르라미 울 적에 제'의 실기 시뮬레이터. 원작은 타이밍 맞추기에 능하면 코인 절약이 가능했던 고수 취향의 기종이지만, PS2판은 이를 오토로 설정할 수 있다.

## 개구리 밭에서 잡아줘

- TAKUYO ● AVG ● 2010년 4월 28일 ● 6,800엔
- 플레이 명수: 1인 ● 세이브 용량: 200KB 이상

등장인물들이 개구리로 변하는 여성용 어드벤처 게임. 마을의 7대 불가사의를 조사하던 도중 노후화된 사당을 부쉈다가 저주에 걸려 개구리가 되어버린 동료들을 인간으로 되돌리기 위해 토지 정화활동을 벌인다는 스토리다. 토지를 정화시키며, 기숙사에서 공동생활하는 동료들과 깊이 교류해보자.

## 러브 루트 제로 : kisskiss☆래비린스

- 딤플 ● AVG ● 2010년 4월 28일 ● 6,800엔
- 플레이 명수: 1인 ● 세이브 용량: 130KB 이상

같은 제목의 일본 휴대폰 만화가 원작인 여성용 연애 어드벤처 게임. 같은 반 친구인 '카즈야'의 고백을 거절한 순간, 카즈야와 함께 이공간 '래비린스'로 휘말려 버린 주인공 '아에코'. 카즈야와 둘이서 래비린스를 공략하는 도중에 애인 '코이치'와도 재회하면서, 아에코는 두 사람 사이에서 갈팡질팡하게 된다.

## ef : a fairy tale of the two.

- 해피넷  ● AVG  ● 2010년 4월 29일  ● 6,800엔
- 플레이 명수 : 1인  ● 세이브 용량 : 173KB 이상

PC로 발매되었던 같은 제목 원작을, 전편 「ef : the first tale」과 후편 「ef : the latter tale」의 합본 형태로 이식한 타이틀. 이식 과정에서 이벤트 CG를 추가하고, 호화 성우진을 기용하여 스토리에 깊이를 더했다. 오프닝 동영상은 신카이 마코토 감독이 제작하여 아름다운 영상미로 호평을 받았다.

## 루시안 비즈 : 이블 바이올렛

- 5pb.  ● AVG  ● 2010년 5월 20일  ● 5,800엔
- 플레이 명수 : 1인  ● 세이브 용량 : 139KB 이상

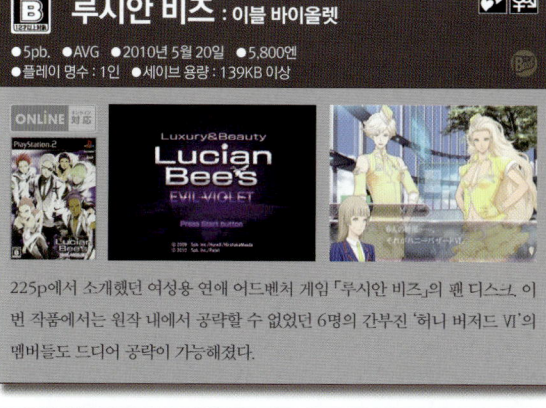

225p에서 소개했던 여성용 연애 어드벤처 게임 「루시안 비즈」의 팬 디스크. 이번 작품에서는 원작 내에서 공략할 수 없었던 6명의 간부진 '허니 버저드 Ⅵ'의 멤버들도 드디어 공략이 가능해졌다.

## 루시안 비즈 : 저스티스 옐로

- 5pb.  ● AVG  ● 2010년 5월 20일  ● 5,800엔
- 플레이 명수 : 1인  ● 세이브 용량 : 139KB 이상

왼쪽의 「루시안 비즈 : 이블 바이올렛」과 동일한, 「루시안 비즈」의 팬 디스크. 이 버전에서는 '메트로폴리스 V' 멤버들을 공략할 수 있다. 이 작품의 오프닝 및 엔딩 곡은 메트로폴리스 V의 멤버가 담당하였다.

## 월드 사커 위닝 일레븐 2010 : 푸른 사무라이의 도전

- 코나미디지털엔터테인먼트  ● SPT  ● 2010년 5월 20일  ● 4,743엔
- 플레이 명수 : 1~2인  ● 세이브 용량 : 2148KB 이상  ● 멀티탭 지원(~8인)

「월드 사커 위닝 일레븐 2010」(229p)에 '재팬 챌린지 모드'를 추가한 타이틀. 패키지 커버에 실존 선수 사진이 아니라, 당시 일본 대표팀의 청색 유니폼을 입은 선수들을 폴리곤 모델링으로 재현한 CG를 수록했다.

## 스즈노네 세븐! : Rebirth knot

- 카가 크리에이트  ● AVG  ● 2010년 5월 27일  ● 6,800엔
- 플레이 명수 : 1인  ● 세이브 용량 : 150KB 이상

PC용 연애 어드벤처 게임의 이식작. 마법학교의 성적 최하위인 일곱 멤버들이 진급을 걸고 과제에 도전하면서 시작되는 연애 스토리로서, PS2판은 신규 히로인 2명을 비롯해 다양한 컨텐츠를 추가했다.

## 스트라이크 위치스 : 당신과 할 수 있는 일 - A Little Peaceful Days

- 러셀  ● AVG  ● 2010년 5월 27일  ● 6,800엔
- 플레이 명수 : 1인  ● 세이브 용량 : 206KB 이상

인기 애니메이션이 원작인 어드벤처 게임. 게임판 오리지널 스토리로서, 남국의 섬에서 야외 연습으로 교류하는 '위치스' 부대의 모습을 그렸다. 만화판 오리지널 캐릭터도 보이스가 추가되어 게임 내에 등장한다.

## 데저트 킹덤

- 아이디어 팩토리  ● AVG  ● 2010년 5월 27일  ● 6,800엔
- 플레이 명수 : 1인  ● 세이브 용량 : 187KB 이상

마신으로서 부활하기 위해 인간 세계를 찾아온 주인공과, 크고 작은 야망을 지닌 인간들이 엮어내는 이야기를 그린 어드벤처 게임. 제한기간 내에 마력을 모으지 못하면 주인공은 그대로 인간이 되어버리고 만다.

## 파친코 필살 청부인 III 축제 버전 : 파치로 상투 달인 16

- 코라쿠 산업 홀딩스  ● SLG  ● 2010년 5월 27일  ● 6,200엔
- 플레이 명수 : 1인  ● 세이브 용량 : 250KB 이상

인기 시대극 드라마 '필살 청부인'을 테마로 삼은 디지털 파친코 시리즈 중 3편의 축제 버전을 수록한 파친코 실기 시뮬레이터. SD로 디자인된 원작의 캐릭터들이 애니메이션화되어 액정화면에서 활기차게 움직인다.

## 맹수 조련사와 왕자님

- 아이디어 팩토리  ● AVG  ● 2010년 6월 24일  ● 6,800엔
- 플레이 명수 : 1인  ● 세이브 용량 : 175KB 이상

저주에 걸려 동물이 되어버린 4명의 왕자들과, 맹수 조련사를 꿈꾸는 주인공 사이의 연애 스토리를 그린 어드벤처 게임. 동물이 된 왕자들의 저주를 무사히 풀어내고 서로 맺어지는 것이 목적이다.

## 더 킹 오브 파이터즈 2002 : UNLIMITED MATCH - 투극 Ver.

- SNK 플레이모어  ● ACT  ● 2010년 6월 24일  ● 2,800엔
- 플레이 명수 : 1~2인  ● 세이브 용량 : 250KB 이상

2009년 발매되었던 작품(220p)을 개선한 특별판. 게임 밸런스를 PS2판 이후 출시된 아케이드판에 맞춰 재조정하여, 발매 당시 개최 직전이었던 격투 게임 이벤트 '투극 '10'의 연습에도 활용할 수 있도록 했다. 기타 모드는 기존 발매판과 동일하며, 네오지오판 「더 킹 오브 파이터즈 2002」도 그대로 남아있다.

## 스카렛 라이더 젝스

- 레드 엔터테인먼트  ● AVG  ● 2010년 7월 1일  ● 6,800엔
- 플레이 명수 : 1인  ● 세이브 용량 : 400KB 이상

정체불명의 침략자로부터 세계를 지킨다는 장대한 스토리의 연애 어드벤처 게임. 전멸을 반복하고서 6번째 팀이 결성되기에 이르지만, 돌연 적의 침공이 멈춰버린다. 팀 멤버들은 언제 올지 알 수 없는 침공에 안절부절못하면서도, 그 울분을 풀어내기 위해 음악 밴드를 결성하게 된다.

## 꽃과 소녀에게 축복을 : 봄바람의 선물

- 카카 크리에이트  ● AVG  ● 2010년 7월 8일  ● 6,800엔
- 플레이 명수 : 1인  ● 세이브 용량 : 120KB 이상

병약한 쌍둥이 여동생을 대신해 학교에 다니게 된 오빠 '아키라'를 둘러싸고 벌어지는 요절복통 학교생활을 그린 어드벤처 게임. PC판 원작을 이식하는 과정에서 시나리오를 가필하고 CG를 추가하였다.

## 여름하늘의 모놀로그

- 아이디어 팩토리  ● AVG  ● 2010년 7월 29일  ● 6,800엔
- 플레이 명수 : 1인  ● 세이브 용량 : 150KB 이상

'루프'가 소재인 연애 어드벤처 게임. 주인공이 소속된 과학부의 폐부일 전날, 30년 전 돌연 나타났던 의문의 초고층건물 '트리'를 관측하러 갔다가 갑자기 트리에서 노래가 흐르며 7월 29일로의 무한루프가 시작된다.

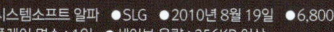 PlayStation2 Game Software Catalogue

### 진 마스터 오브 몬스터즈 Final EX : 무구한 한탄, 천명의 재앙
CERO B
● 시스템소프트 알파  ● SLG  ● 2010년 8월 19일  ● 6,800엔
● 플레이 명수 : 1인  ● 세이브 용량 : 256KB 이상

북유럽 신화를 기반으로 삼은 세계에서 4대 세력이 대립하는 턴제 판타지 전술 시뮬레이션 게임. 11가지 서로 다른 종족 중에서 마스터를 선택해, 몬스터를 소환하여 상대 마스터를 격파하자. 4가지 세계의 맵 총 75곳을 자유롭게 선택할 수 있으며, 침공 방식에 따라 시나리오도 변화한다.

### J리그 위닝 일레븐 2010 : 클럽 챔피언십
CERO A
● 코나미디지털엔터테인먼트  ● SPT  ● 2010년 8월 5일  ● 5,695엔
● 플레이 명수 : 1~2인  ● 세이브 용량 : 2197KB 이상  ● 멀티탭 지원(~8인)

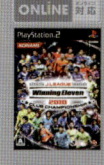 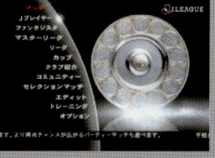 

J1·J2에 소속된 37개 팀과 일본 외 120개 팀들의 데이터를 수록한, 『J리그 위닝 일레븐』 시리즈의 2010년도판. 등록된 선수들 중 한 명을 선택해 직접 경기를 뛰는 'J플레이어' 모드가 추가되었다.

### 배신자는 내 이름을 알고 있다 : 황혼에 떨어진 기도
CERO A
● 카도카와쇼텐  ● AVG  ● 2010년 10월 28일  ● 5,700엔
● 플레이 명수 : 1인  ● 세이브 용량 : 300KB 이상

만화잡지 『월간 Asuka』에서 연재되었던, 전생을 소재로 삼은 만화를 어드벤처 게임화한 작품. 인연을 확인한 동료들과 함께 악마가 벌이는 연쇄살인사건을 추적한다는 게임판 오리지널 스토리가 펼쳐진다.

### 박앵귀 여명록
CERO C
● 아이디어 팩토리  ● AVG  ● 2010년 10월 28일  ● 6,800엔
● 플레이 명수 : 1인  ● 세이브 용량 : 306KB 이상

삶의 목표를 잃고 방황하던 류노스케가 주인공인 어드벤처 게임. 절망에 빠져있던 차에, 세리자와 카모가 그를 거두어 신선조로 데려간다. 신선조 대원들과 생활하며, 자신이 가야 할 길을 발견한다는 스토리.

### 신곡주계 폴리포니카 : 애프터 스쿨
CERO C
● 프로토타입  ● AVG  ● 2010년 11월 11일  ● 2,800엔
● 플레이 명수 : 1인  ● 세이브 용량 : 55KB 이상  ● 프로그레시브 출력 지원

「신곡주계 폴리포니카」(204p)의 수개월 후 이야기를 그린 키네틱 노벨의 이식작. 새로운 혼란이 발생하여 다시 싸움에 투신하게 되는 주인공 '폴론'의 이야기다. 신규 CG가 추가되었고 전 캐릭터가 풀보이스화되었다.

### 월드 사커 위닝 일레븐 2011
CERO A
● 코나미디지털엔터테인먼트  ● SPT  ● 2010년 11월 18일  ● 5,695엔
● 플레이 명수 : 1~2인  ● 세이브 용량 : 2202KB 이상  ● 멀티탭 지원(~8인)

「월드 사커 위닝 일레븐」 시리즈의 2011년도판. 실명 선수 데이터를 매년 갱신하여 게임 내에 반영시킨다. 이번 작품에서는 남미 팀들이 출전하는 대회인 '코파 리베르타도레스'가 신규 추가되었다.

### PANDORA : 너의 이름을 나는 알고 있다
CERO B
● 아이디어 팩토리  ● AVG  ● 2010년 11월 25일  ● 6,800엔
● 플레이 명수 : 1인  ● 세이브 용량 : 194KB 이상

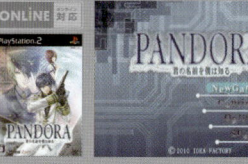 

여성용 연애 어드벤처 게임. 평범한 여성이었던 주인공의 유전자에 숨겨져 있던 암호와 무력을 둘러싸고 전쟁이 벌어지는 과정에서, 자신을 지켜주는 남성들과의 연심에 갈팡질팡하기 시작한다는 스토리.

## CLOCK ZERO : 종언의 1초

- 아이디어 팩토리 ●AVG ●2010년 11월 25일 ●6,800엔
- 플레이 명수 : 1인 ●세이브 용량 : 180KB 이상

주인공의 행동과, 진행 도중 출제되는 과제의 결과에 따라 시나리오가 변화되는 어드벤처 게임. 주인공은 초등학교 6학년인 '쿠로 나데시코'. 어느 날부터 매일 꾸게 된 황폐한 세계의 꿈이 현실세계를 침식하기 시작하다. 드디어 꿈 속 세계의 인물과 현실세계에서 다시 만나고 만다.

## 슬로터 UP 매니아 12 : 핑퐁

- 도라스 ●SLG ●2010년 12월 2일 ●4,500엔 ●플레이 명수 : 1인
- 세이브 용량 : 512KB 이상 ●파치슬로 컨트롤러, 슬롯컨, 실전 파치슬로 컨트롤러 지원

만화잡지 '빅 코믹 스피리츠'에서 연재되었던 만화 '핑퐁'이 파치슬로화되어 홀에 등장했다. 실기 시뮬레이터로 완벽하게 재현한 연출과 실전 후의 상세정보를 관찰하면서 승리로 가는 길을 열어보자.

## 센고쿠히메 2 아라시 : 백화, 전란 진풍과도 같이

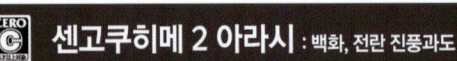

- 시스템소프트 알파 ●SLG ●2010년 12월 2일 ●6,800엔
- 플레이 명수 : 1인 ●세이브 용량 : 610KB 이상

미소녀화된 전국시대 무장들과 함께 천하통일을 노리는 시뮬레이션 게임. 만화판의 작화를 담당했던 카미요시가 디자인한 '오니니와 사게츠' 등의 신 캐릭터도 등장한다. 시나리오를 더욱 다듬었고, CG도 재제작했다.

## 아멘 느와르

- 아이디어 팩토리 ●AVG ●2010년 12월 9일 ●6,800엔
- 플레이 명수 : 1인 ●세이브 용량 : 180KB 이상

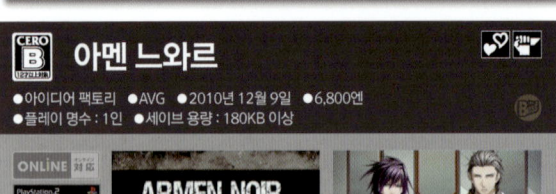   

잔혹한 세계를 무대로 삼은 여성용 어드벤처 게임. 사람을 죽이지 못하는 헌터인 소녀 '느스카'가, 상대를 죽이지 못하면 자신이 죽는 가혹한 명령을 받으면서부터 작품의 스토리가 시작된다.

## 크림즌 엠파이어

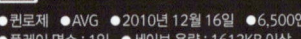

- 퀸로제 ●AVG ●2010년 12월 16일 ●6,500엔
- 플레이 명수 : 1인 ●세이브 용량 : 1612KB 이상

제2왕자의 전속 메이드장이 되어, 주인님을 왕위에 올리기 위해 분투하는 어드벤처 게임. 주인공은 주인인 에드와르드를 위해 다양한 인간을 이용해가는 과정에서 여러 인물들의 마음을 사로잡게 된다.

## 개구리 밭에서 잡아줘 : 여름, 치기라 참전!

- TAKUYO ●AVG ●2010년 12월 28일 ●5,800엔
- 플레이 명수 : 1인 ●세이브 용량 : 330KB 이상

「개구리 밭에서 잡아줘」(232p)의 팬 디스크. 본편에서는 이뤄지지 않았던 새로운 가능성의 이야기가 펼쳐지는 '어나더 스토리', 본편 각 캐릭터와의 후일담을 그린 '애프터 스토리', 본편에서는 밝혀지지 않았던 비밀이 드러나는 '진상 루트'를 수록하였다. 트럼프 등의 미니게임도 즐길 수 있다.

# 2011

## PlayStation2 Game Software Catalogue

2011년에 발매된 PS2용 소프트는 총 6개 타이틀. 「월드 사커 위닝 일레븐 2012」를 제외한 모든 타이틀이 미소녀 게임 혹은 여성용 게임인데. 다다음해에 발매되는 「파이널 판타지 XI : 아두린의 마경」은 독립적인 게임이 아니라 추가 시나리오 팩이므로, 사실상 2011년이 PS2 시장 최후의 해라고 할 수 있겠다.

### 맹수 조련사와 왕자님 : Snow Bride

- 아이디어 팩토리
- AVG
- 2011년 2월 24일
- 5,800엔
- 플레이 명수 : 1인
- 세이브 용량 : 173KB 이상
- 한정판 및 트윈 팩 별매

전작(234p)의 팬 디스크에 해당하는 작품. 전작과는 전혀 다른 세계를 그린 '어나더 스토리'부터 전작의 후일담을 다룬 '애프터 스토리', 전작의 이야기 도중 일상의 풍경을 그린 '사이드 스토리', 주인공의 부모가 간직한 비밀을 밝히는 '프란츠의 수기'까지, 총 4가지 스토리를 수록하였다.

### 에비코레 플러스 : 아마가미

- 카도카와 게임스
- SLG
- 2011년 3월 31일
- 3,800엔
- 플레이 명수 : 1인
- 세이브 용량 : 640KB 이상
- FM음원 악곡 사용

「아마가미」(220p)의 염가판 겸 업그레이드판. 대화 모드에서의 특정 장면 재생이 가능해지는 등 자잘한 시스템을 개량했고, 「아마가미」와 「키미키스」의 캐릭터들이 등장하는 미니게임 '훈훈한 마작'을 추가하여 마작을 즐기면서 새로운 스토리 이벤트를 즐길 수도 있다. 이 모드는 프리 대국도 지원한다.

### 삼국연전기 : 소녀의 병법!

- 프로토타입
- AVG
- 2011년 6월 16일
- 6,500엔
- 플레이 명수 : 1인
- 세이브 용량 : 100KB 이상
- 프로그레시브 출력 지원

평범한 여고생이었던 주인공이 삼국지의 세계로 워프돼 버리면서 시작되는 여성용 연애 어드벤처 게임. 어째서인지 제갈공명의 제자가 되어 유비 현덕 진영의 일원이 된 주인공은 군사로 임명돼 버려 전쟁에 휘말리고, 삼국지의 영웅들과 힘을 합쳐 싸우는 과정에서 서로에게 이끌리기 시작한다.

### 스카렛 라이더 젝스 : 스타더스트 러버즈

- 레드 엔터테인먼트　● AVG　● 2011년 6월 23일　● 6,800엔
- 플레이 명수 : 1인　● 세이브 용량 : 400KB 이상

「스카렛 라이더 젝스」(234p)의 팬 디스크. 본편의 트랙 5부터 트랙 8까지의 사이드 스토리를 다룬 작품으로서, 주인공들의 교류 및 레조넌스에 의해 발동되는 인격 침식에 대한 고뇌가 그려진다.

### 월드 사커 위닝 일레븐 2012

- 코나미디지털엔터테인먼트　● SPT　● 2011년 11월 3일　● 4,743엔
- 플레이 명수 : 1~2인　● 세이브 용량 : 2171KB 이상　● 멀티탭 지원(~8인)

2011~2012년 시즌의 데이터를 수록한 「월드 사커 위닝 일레븐」 시리즈의 신작. 실명으로 등록된 클럽이 더욱 늘어났으며, 무회전 프리킥도 도입되었다. 챔피언스 리그와 UEFA 컵, 코파 리베르타도레스도 즐길 수 있다.

### 진 연희몽상 : 소녀요란☆삼국지연의

- 예티　● AVG　● 2011년 11월 10일　● 14,800엔
- 플레이 명수 : 1인　● 세이브 용량 : 360KB 이상

삼국지의 인기 무장들이 미소녀화된 세계에서 스토리가 펼쳐지는 연애 어드벤처 게임의 제2탄. PSP판에서는 3개 작품으로 분할 발매되었던 컨텐츠를 디스크 1장으로 통합했고, 총 50명 이상의 히로인에 전용 시나리오를 배정했다. 이 작품이 단독구동형 소프트로는 일본 PS2 최후의 타이틀이 되었다.

# 2013

**PlayStation2 Game Software Catalogue**

2012년은 발매된 타이틀이 없고, 다음 해인 2013년 「파이널 판타지 XI : 아두린의 마경」의 발매를 마지막으로 일본의 PS2 시장은 막을 내리게 되었다. PS2는 '레트로 게임'이라 불리기에는 아직 시간이 충분히 지나지 않았다는 선입관이 있어서인지, 명작 타이틀이 많은 플랫폼 치고는 리마스터나 다운로드 등으로 현세대에 재발매된 타이틀이 아직 매우 적은 편이다. 앞으로의 전개를 기대해보도록 하자.

### 파이널 판타지 XI : 아두린의 마경

- 스퀘어 에닉스　● RPG　● 2013년 3월 27일　● 3,790엔
- 플레이 명수 : 1인　● USB 키보드·USB 마우스 지원, PlayStation BB Unit 필수

2025년 지금까지도 서비스 중인 「파이널 판타지 XI」의 당시 최신 스토리 확장팩 '아두린의 마경'을 수록한 타이틀. 새로운 미션과 맵, '마도검사'와 '풍수사' 2개 직업을 추가하였다. 이 작품이 일본 PS2의 마지막 발매작이 되었으며, 게임 자체도 2016년 3월 31일을 끝으로 PS2판의 서비스를 종료했다.

# CHAPTER 3
# 플레이스테이션 2
# 일본 게임 소프트 색인
**INDEX OF PLAYSTATION2 GAME SOFTWARE**

# 플레이스테이션 2 일본 게임 소프트 가나다순 색인
## Index of PlayStation2 Game Software

원하는 타이틀을 바로 찾아낼 수 있는 소프트웨어 색인

이 페이지는 본서 상권·하권에서 소개한, 일본에서 발매된 플레이스테이션 2용 게임 소프트 총 2,927개 타이틀을 가나다순으로 정렬한 색인이다.

이 책에 수록된 해당 게재 페이지도 소개하였으므로, 추억의 게임을 찾는 데 참고자료로 활용해준다면 감사하겠다.

**범례**
초록색 페이지 번호 …… 상권에 게재
붉은색 페이지 번호 …… 하권에 게재

| 한국어 제목 | 일본어 제목 | 페이지 |
|---|---|---|
| .hack//G.U. Vol.1 : 재탄 | .hack//G.U. Vol.1 再誕 | 139 |
| .hack//G.U. Vol.2 : 너를 그리는 목소리 | .hack//G.U. Vol.2 君想フ声 | 156 |
| .hack//G.U. Vol.3 : 걷는 듯한 속도로 | .hack//G.U. Vol.3 歩くような速さで | 166 |
| .hack//감염확대 Vol.1 | .hack//感染拡大 Vol.1 | 122 |
| .hack//악성변이 Vol.2 | hack//悪性変異 Vol.2 | 134 |
| .hack//침식오염 Vol.3 | .hack//侵食汚染 Vol.3 | 145 |
| .hack//절대포위 Vol.4 | hack//絶対包囲 Vol.4 | 163 |
| .hack//프래그먼트 | .hack//フラグメント | 113 |
| _summer## (언더바 서머 더블 샤프) | アンダーバーサマー ダブルシャープ | 151 |
| 007 나이트파이어 | 007 ナイトファイア | 151 |
| 007 에브리씽 오아 나씽 | 007 エブリシング オア ナッシング | 215 |
| 007 위기일발 | 007 ロシアより愛をこめて | 129 |
| 007 퀀텀 오브 솔러스 | 007 慰めの報酬 | 221 |
| 120엔의 봄 | ¥120 Stories | 72 |
| 12Riven : the Ψcliminal of integral | 12RIVEN ザ サイクリミナル オブ インテグラル | 202 |
| 2002 FIFA 월드컵 | 2002 FIFA ワールドカップ | 118 |
| 2003년 개막 힘내라 구계왕 : 말하자면 프로야구네요~ | 2003年開幕 がんばれ球界王 いわゆるプロ野球ですね~ | 168 |
| 2006 FIFA 월드컵 | 2006 FIFA ワールドカップ ドイツ大会 | 138 |
| 3D 격투 만들기 2 | 3D格闘ツクール2 | 132 |
| 3D 마작 + 마작패 따먹기 | 3D麻雀+雀牌取り | 160 |
| 3LDK♥ 행복해지자 | 3LDK♥ 幸せになろうよ | 30 |
| 3학년 B반 킨파치 선생님 : 전설의 교단에 서라! | 3年B組金八先生 伝説の教壇に立て! | 237 |
| 3학년 B반 킨파치 선생님 : 전설의 교단에 서라! 완전판 | 3年B組金八先生 伝説の教壇に立て! 完全版 | 95 |
| 5분 후의 세계 | 五分後の世界 | 87 |
| 81 다이버 | ハチワンダイバー | 227 |
| ADK 혼 | ADK魂 | 216 |
| After… : 잊지 못할 인연 | After… 忘れえぬ絆 | 217 |
| AI 마작 2003 | AI麻雀2003 | 164 |
| AI 바둑 2003 | AI囲碁2003 | 164 |
| AI 쇼기 2003 | AI将棋2003 | 164 |
| AIR | AIR | 130 |
| Angel's Feather | エンジェルズフェザー | 220 |
| Angel's Feather : 검은 잔영 | エンジェルズフェザー 黒の残影 | 89 |
| Another Century's Episode | アナザーセンチュリーズ エピソード | 65 |
| Another Century's Episode 2 | アナザーセンチュリーズ エピソード2 | 134 |
| Another Century's Episode 2 : Special Vocal Version | アナザーセンチュリーズ エピソード2 スペシャルボーカルバージョン | 195 |
| Another Century's Episode 3 : THE FINAL | アナザーセンチュリーズ エピソード3 ザ ファイナル | 186 |
| ARIA The NATURAL : 머나먼 기억의 미라주 | アリア ザ ナチュラル 遠い記憶のミラージュ | 154 |
| ARIA The ORIGINATION : 푸른 별의 엘 시엘로 | アリア ジ オリジネーション 蒼い惑星のエルシエロ | 207 |
| A열차로 가자 6 | A列車で行こう6 | 54 |
| A열차로 가자 2001 | A列車で行こう2001 | 75 |
| A열차로 가자 2001 : 퍼펙트 세트 | A列車で行こう2001 パーフェクトセット | 104 |
| BECK the game | BECK the game | 78 |
| BLEACH 블레이드 배틀러즈 | BLEACH ブレイド・バトラーズ | 157 |
| BLEACH 블레이드 배틀러즈 2nd | BLEACHブレイド・バトラーズ2nd | 189 |
| BLEACH 선택받은 혼 | BLEACH 選ばれし魂 | 98 |
| BLEACH 해방된 야망 | BLEACH 放たれし野望 | 126 |
| BULLY | BULLY | 208 |
| BUSIN : Wizardry Alternative | ブシン ウィザードリィ オルタナティブ | 96 |
| BUSIN 0(제로) : Wizardry Alternative NEO | ブシンゼロ ウィザードリィ オルタナティブネオ | 195 |
| C@M STATION (캠 스테이션) | カム・ステーション | 81 |
| Castlevania | キャッスルヴァニア | 198 |
| Castlevania : Curse of Darkness | 悪魔城ドラキュラ 闇の呪印 | 114 |
| Chanter(샨테) : 너의 노래가 닿으면# | シャンテ キミの歌がとどいたら# | 186 |
| Check-i-TV | チェキッティービー | 80 |
| CLANNAD | クラナド | 127 |
| CLOCK ZERO : 종언의 1초 | クロック ゼロ 終焉の一秒 | 236 |
| COOL GIRL | COOL GIRL クールガール | 216 |
| CR 가면라이더 : 파치로 상투 달인 5 | CR仮面ライダー パチってちょんまげ達人5 | 228 |
| CR 열투 파워프로 : 파치로 상투 달인 | CR熱闘パワプロクン パチってちょんまげ達人 | 101 |
| CR 파친코 야구짱! 도카벤 : 파치로 상투 달인 7 | CRぱちんこドカベン パチってちょんまげ達人7 | 46 |
| CR 파친코 옐로 캡 : 파치로 상투 달인 8 | CRぱちんこイエローキャブ パチってちょんまげ達人6 | 31 |
| CR 필살 청부인 격투편 : 파치로 상투 달인 4 | CR必殺仕事人激闘編 パチってちょんまげ達人4 | 169 |
| Crimson Sea 2 : 붉은 바다 2 | 紅の海2 クリムゾンシー | 228 |
| CTSF 테러 특수부대 : 네메시스의 습격 | CTSFテロ特殊部隊:ネメシスの襲来 | 144 |
| D→A : BLACK | ディーエー : ブラック | 208 |
| D→A : WHITE | ディーエー : ホワイト | 56 |
| D.C. Four Seasons : 다 카포 포 시즌즈 | D.C. Four Seasons ダ・カーポ フォーシーズンズ | 118 |
| D.C. the Origin : 다 카포 디 오리진 | D.C. ダ・カーポ ジ オリジン | 200 |
| D.C.Ⅱ P.S. : 다 카포Ⅱ 플러스 시추에이션 | D.C.Ⅱ P.S. ダ・カーポⅡ プラスシチュエーション | 205 |
| D.C.I.F. : 다 카포 이노센트 피날레 | D.C.I.F. ダ・カーポイノセントフィナーレ | 223 |
| D.C.P.S. : 다 카포 - 플러스 시추에이션 | D.C.P.S. ダ・カーポ プラスシチュエーション | 192 |
| D.Gray-man : 연주자의 자격 | D.Gray-man 奏者ノ資格 | 211 |
| D.N.A. : Dark Native Apostle | D.N.A. Dark Native Apostle | 90 |
| D·N·ANGEL TV Animation Series – 붉은 날개 | | |

# PlayStation2 Game Software Catalogue

| | | |
|---|---|---|
| | D·N·ANGEL TV Animation Series 紅の翼 | 187 |
| D1 그랑프리 | D1グランプリ | 69 |
| D1 그랑프리 2005 | D1グランプリ2005 | 107 |
| DDR FESTIVAL : 댄스 댄스 레볼루션 | DDR Festival ダンスダンスレボリューション | 53 |
| DDRMAX : 댄스 댄스 레볼루션 6th MIX | DDRMAX ダンスダンスレボリューション 6th MIX | 118 |
| DDRMAX2 : 댄스 댄스 레볼루션 7th Mix | DDRMAX2 ダンスダンスレボリューション 7th Mix | 166 |
| DEAR BOYS : Fast Break! | ディア・ボーイズ ファーストブレイク | 185 |
| Dear My Friend : Love like powdery snow | ディア・マイ・フレンド ラブ・ライク・パウダリースノー | 81 |
| DEAR MY SUN!! : 아들★육성★카프리치오 | ディア マイ サン!! ムスコ★育成★狂騒曲 | 187 |
| DESIRE | デザイア | 45 |
| DJbox | DJbox | 35 |
| E.O.E : 붕괴의 전야 | E.O.E 崩壊の前夜 | 119 |
| ef : a fairy tale of the two. | エフ ア フェアリー テイル オブ ザ トゥー | 233 |
| ESPN NBA 2night | ESPN NBA 2Night | 69 |
| ESPN NBA 2Night 2002 | ESPN NBA 2Night 2002 | 112 |
| ESPN winter XGames snowboarding | ESPN ウィンターエックスゲームズ スノーボーディング | 66 |
| ESPN winter XGames snowboarding 2002 | ESPN ウィンターエックスゲームズ スノーボーディング 2002 | 97 |
| ESPN XGames skateboarding | ESPN エックスゲームズ スケートボーディング | 91 |
| ESPN 내셔널 하키 나이트 | ESPN ナショナルホッケーナイト | 75 |
| Ever17 : the out of infinity | エバー・セブンティーン the out of infinity | 132 |
| Ever17 : the out of infinity PREMIUM EDITION | エバー・セブンティーン the out of infinity Premium Edition | 197 |
| EX 빌리어드 | EXビリヤード | 62 |
| EX 억만장자 게임 | EX億万長者ゲーム | 102 |
| EX 인생게임 | EX人生ゲーム | 110 |
| EX 인생게임 II | EX人生ゲーム II | 193 |
| F : 파나틱 | F ファナティック | 34 |
| F1 2001 | F1 2001 | 91 |
| F1 2002 | F1 2002 | 120 |
| F1 레이싱 챔피언십 | F1 レーシング チャンピオンシップ | 86 |
| F1 챔피언십 시즌 2000 | F1チャンピオンシップ シーズン2000 | 74 |
| F1 커리어 챌린지 | F1キャリアチャレンジ | 175 |
| Fate/stay night [Realta Nua] | フェイト／ステイナイト ［レアルタ・ヌア］ | 176 |
| Fate/unlimited codes | フェイト／アンリミテッドコード | 217 |
| FEVER6 : SANKYO 공식 파친코 시뮬레이션 | FEVER6 SANKYO公式パチンコシミュレーション | 139 |
| FEVER7 : SANKYO 공식 파친코 시뮬레이션 | FEVER7 SANKYO公式パチンコシミュレーション | 160 |
| FEVER8 : SANKYO 공식 파친코 시뮬레이션 | FEVER8 SANKYO公式パチンコシミュレーション | 183 |
| FEVER9 : SANKYO 공식 파친코 시뮬레이션 | FEVER9 SANKYO公式パチンコシミュレーション | 209 |
| FIFA 사커 월드 챔피언십 | FIFA サッカー ワールドチャンピオンシップ | 58 |
| FIFA 스트리트 | FIFA ストリート | 94 |
| FIFA 스트리트 2 | FIFA ストリート2 | 145 |
| FIFA 토탈 풋볼 | FIFA トータルフットボール | 223 |
| FIFA 토탈 풋볼 2 | FIFA トータルフットボール2 | 58 |
| FIFA 2001 | FIFA 2001 ワールドチャンピオンシップ | 67 |
| FIFA 2002 | FIFA 2002 ロード・トゥ・FIFAワールドカップ | 98 |
| FIFA 2003 | FIFA 2003 ヨーロッパサッカー | 144 |
| FIFA 09 | FIFA 09 ワールドクラスサッカー | 217 |
| FIFA 10 | FIFA 10 ワールドクラス サッカー | 228 |
| for Symphony : with all one's heart | フォーシンフォニー ウィズ オールワンズ ハート | 85 |
| Formula One 2001 | フォーミュラワン 2001 | 93 |
| Formula One 2002 | フォーミュラワン 2002 | 155 |
| Formula One 2004 | フォーミュラワン 2004 | 44 |
| Formula One 2005 | フォーミュラワン 2005 | 104 |
| Formula One 2006 | フォーミュラワン 2006 | 165 |
| Game Select 5 : 양(洋) | ゲームセレクト 5 洋 | 73 |
| Game Select 5 : 화(和) | ゲームセレクト 5 和 | 63 |
| GANTZ | GANTZ | 74 |
| GENJI | GENJI | 90 |
| Get Ride! 암드라이버 : 상극의 진실 | Get Ride! アムドライバー 相克の真実 | 75 |
| GI 자키 2 | ジーワンジョッキー2 | 64 |
| GI 자키 2 2001 | ジーワンジョッキー2 2001 | 77 |
| GI 자키 3 | ジーワンジョッキー3 | 148 |
| GI 자키 3 2003 | ジーワンジョッキー3 2003 | 191 |
| GI 자키 3 2005년도판 | ジーワンジョッキー3 2005年度版 | 70 |
| GI 자키 4 | ジーワンジョッキー4 | 119 |
| GI 자키 4 2006 | ジーワンジョッキー4 2006 | 152 |
| GI 자키 4 2007 | ジーワンジョッキー4 2007 | 193 |
| GI 자키 4 2008 | ジーワンジョッキー4 2008 | 211 |
| Gift : prism | ギフト プリズム | 157 |
| GIRLS 브라보 : Romance15's | GIRLSブラボー Romance15's | 65 |
| G-taste 마작 | G-taste麻雀 | 165 |
| GTC AFRICA | GTC AFRICA | 146 |
| G-세이비어 | Gセイバー | 62 |
| H2O 플러스 | H2Oプラス | 204 |
| Hello Kitty 구출대작전 | ハローキティのピコピコ大作戦! | 82 |
| HOMURA | HOMURA | 115 |
| I Love Baseball : 프로야구를 너무나 사랑하는 사람들에게 | アイラブベースボール プロ野球をこよなく愛する人達へ | 34 |
| I.Q REMIX + | I.Q REMIX+ | 55 |
| I/O | I/O | 123 |
| ICO | ICO | 98 |
| IGPX | IGPX | 133 |
| Iris : 이리스 | イリス | 155 |
| IZUMO 2 : 용맹한 검의 섬기 | IZUMO2 猛き剣の閃記 | 137 |
| IZUMO 2 : 학원광상곡 - 더블 택트 | IZUMO2 学園狂想曲 ダブルタクト | 198 |
| IZUMO 제로 : 요코하마 괴이 두루마리 | IZUMO零 横濱あやかし絵巻 | 182 |
| IZUMO 컴플리트 | IZUMO コンプリート | 67 |
| J리그 위닝 일레븐 5 | Jリーグ ウイニングイレブン5 | 94 |
| J리그 위닝 일레븐 6 | Jリーグ ウイニングイレブン6 | 134 |
| J리그 위닝 일레븐 8 아시아 챔피언십 | Jリーグ ウイニングイレブン8 アジアチャンピオンシップ | 53 |
| J리그 위닝 일레븐 9 아시아 챔피언십 | Jリーグ ウイニングイレブン9 アジアチャンピオンシップ | 112 |
| J리그 위닝 일레븐 10 + 유럽 리그 '06-'07 | Jリーグ ウイニングイレブン10+欧州リーグ '06-'07 | 161 |
| J리그 위닝 일레븐 2007 : 클럽 챔피언십 | Jリーグ ウイニングイレブン2007 クラブチャンピオンシップ | 184 |
| J리그 위닝 일레븐 2008 : 클럽 챔피언십 | Jリーグ ウイニングイレブン2008 クラブチャンピオンシップ | 209 |
| J리그 위닝 일레븐 2009 : 클럽 챔피언십 | Jリーグ ウイニングイレブン2009 クラブチャンピオンシップ | 226 |
| J리그 위닝 일레븐 2010 : 클럽 챔피언십 | Jリーグ ウイニングイレブン2010 クラブチャンピオンシップ | 235 |
| J리그 위닝 일레븐 택틱스 | Jリーグ ウイニングイレブンタクティクス | 202 |
| J리그 택틱스 매니저 | Jリーグ タクティクスマネージャー | 154 |
| J리그 프로 사커 클럽을 만들자! 3 | Jリーグ プロサッカークラブをつくろう!3 | 170 |
| J리그 프로 사커 클럽을 만들자! '04 | Jリーグ プロサッカークラブをつくろう!'04 | 237 |
| J리그 프로 사커 클럽을 만들자! 5 | J.リーグ プロサッカークラブをつくろう!5 | 168 |
| K-1 PREMIUM 2004 : Dynamite!! | K-1 プレミアム 2004 ダイナマイト!! | 60 |
| K-1 WORLD GP 2005 | K-1 ワールドグランプリ 2005 | 115 |
| K-1 WORLD GP 2006 | K-1 ワールドグランプリ 2006 | 161 |
| K-1 WORLD MAX 2005 : 세계 챔피언으로 가는 길 | K-1 WORLD MAX 世界王者への道 | 93 |
| K-1 월드 그랑프리 : THE BEAST ATTACK! | K-1 ワールドグランプリ THE BEAST ATTACK! | 178 |
| K-1 월드 그랑프리 2001 | K-1 ワールドグランプリ 2001 | 99 |
| K-1 월드 그랑프리 2002 | K-1 ワールドグランプリ 2002 | 142 |
| K-1 월드 그랑프리 2003 | K-1 ワールドグランプリ 2003 | 199 |
| KAIDO : 고갯길의 전설 | KAIDO 峠の伝説 | 95 |
| Kanon | Kanon | 110 |
| KOF MAXIMUM IMPACT | KOF マキシマムインパクト | 38 |
| KOF MAXIMUM IMPACT 2 | KOF マキシマムインパクト2 | 138 |
| KOF MAXIMUM IMPACT MANIAX | KOF マキシマムインパクト マニアックス | 132 |
| KOF MAXIMUM IMPACT REGULATION "A" | | |

| | | |
|---|---|---|
| | KOF マキシマムインパクト レギュレーション "A" | 183 |
| L2：Love×Loop | L2 ラブ アンド ループ | 226 |
| Let's 브라보 뮤직 | Let's ブラボーミュージック | 145 |
| LikeLife an hour | ライク・ライフ アン・アワー | 83 |
| Love Songs♪ADV：후타바 리호 14세 - 여름 | LoveSongs♪ADV 双葉理保14歳 夏 | 45 |
| Love Songs♪ADV：후타바 리호 19세 - 겨울 | LoveSongs♪ADV 双葉理保19歳 冬 | 52 |
| L의 계절 2：invisible memories | Lの季節2 invisible memories | 207 |
| MARVEL VS. CAPCOM 2：New Age of Heroes | マーヴル VS. カプコン2 ニューエイジ オブ ヒーローズ | 134 |
| MLB 2003 | MLB 2003 | 171 |
| MLB 2004 | MLB 2004 | 232 |
| MLB 2K9 (영어판) | MLB 2K9(英語版) | 224 |
| MotoGP | MotoGP | 64 |
| MotoGP 2 | MotoGP2 | 102 |
| MotoGP 3 | MotoGP3 | 157 |
| MotoGP 4 | MotoGP4 | 104 |
| MotoGP 07 | MotoGP 07 | 193 |
| MVP 베이스볼 2003 | MVPベースボール 2003 | 170 |
| MVP 베이스볼 2005 | MVPベースボール 2005 | 91 |
| Myself; Yourself | マイセルフ；ユアセルフ | 197 |
| Myself; Yourself：각자의 피날레 | マイセルフ；ユアセルフ それぞれのフィナーレ | 224 |
| NANA | NANA | 74 |
| NANOBREAKER | ナノブレイカー | 66 |
| NARUTO -나루토-：나루티밋 히어로 | NARUTO -ナルト- ナルティメットヒーロー | 191 |
| NARUTO -나루토-：나루티밋 히어로 2 | NARUTO -ナルト- ナルティメットヒーロー2 | 45 |
| NARUTO -나루토-：나루티밋 히어로 3 | NARUTO -ナルト- ナルティメットヒーロー3 | 120 |
| NARUTO -나루토-：나뭇잎 스피릿츠!! | NARUTO -ナルト- 木ノ葉スピリッツ | 160 |
| NARUTO -나루토-：우즈마키 인전 | NARUTO -ナルト- うずまき忍伝 | 100 |
| NARUTO -나루토- 질풍전：나루티밋 엑셀 | NARUTO -ナルト- 疾風伝 ナルティメットアクセル | 175 |
| NARUTO -나루토- 질풍전：나루티밋 엑셀 2 | NARUTO -ナルト- 疾風伝 ナルティメットアクセル2 | 197 |
| Natural 2：Duo - 벚꽃빛 계절 | ナチュラル2 デュオ 桜の季節 | 71 |
| NBA 2K2 | NBA 2K2 | 119 |
| NBA 2K3 | NBA 2K3 | 159 |
| NBA 2K9 (영어판) | NBA 2K9(英語版) | 221 |
| NBA 라이브 2001 | NBAライブ 2001 | 74 |
| NBA 라이브 2002 | NBAライブ 2002 | 104 |
| NBA 라이브 2003 | NBAライブ 2003 | 142 |
| NBA 라이브 2004 | NBA ライブ 2004 | 194 |
| NBA 라이브 2005 | NBAライブ 2005 | 56 |
| NBA 라이브 06 | NBAライブ 06 | 110 |
| NBA 라이브 07 | NBAライブ 07 | 160 |
| NBA 라이브 08 | NBAライブ 08 | 193 |
| NBA 라이브 09 | NBAライブ 09 | 214 |
| NBA 스타팅 파이브 | NBA スターティング ファイブ | 143 |
| NBA 스타팅 파이브 2005 | NBA スターティング ファイブ 2005 | 52 |
| NBA 스트리트 | NBAストリート | 88 |
| NBA 스트리트 2：덩크 천국 | NBAストリート2 ダンク天国 | 167 |
| NBA 스트리트 V3 | NBA ストリートV3 | 97 |
| NEO CONTRA | ネオコントラ | 51 |
| Never7：the end of infinity | ネバーセブン the end of infinity | 173 |
| NEW 인생게임 | NEW人生ゲーム | 57 |
| NFL 2K2 | NFL 2K2 | 113 |
| NFL 2K3 | NFL 2K3 | 148 |
| NHL 2002 | NHL 2002 | 107 |
| NHL 06 | NHL 06 | 154 |
| NHL 2K9 (영어판) | NHL 2K9(英語版) | 222 |
| North Wind：영원한 약속 | ノース・ウィンド 永遠の約束 | 82 |
| NUGA-CEL! | NUGA-CEL! | 225 |
| Only you：리벨크로스 | Only you リベルクルス | 138 |
| OVER THE MONOCHROME RAINBOW featuring SHOGO HAMADA | OVER THE MONOCHROME RAINBOW featuring SHOGO HAMADA | 159 |
| OZ(오즈) | オズ | 89 |

| | | |
|---|---|---|
| PANDORA：너의 이름을 나는 알고 있다 | パンドラ 君の名前を僕は知る | 235 |
| Pia♡캐럿에 어서 오세요!! 3 | Pia♡キャロットへようこそ!!3 | 162 |
| Pia♡캐럿에 어서 오세요!! G.O.：SUMMER FAIR | Pia♡キャロットへようこそ!!G.O.サマーフェア | 197 |
| Pia♡캐럿에 어서 오세요!! G.P.：학교 프린세스 | Pia♡キャロットへようこそ!!G.P.学園プリンセス | 218 |
| PRIDE | プライド | 155 |
| PRIDE GP 2003 | プライド GP 2003 | 195 |
| Princess Holiday：굴러가는 사과정의 천일야화 | Princess Holiday 転がるりんご亭千夜一夜 | 235 |
| Pure×Cure Re:covery | ピュア×キュア リカバリー | 185 |
| Quartett！：THE STAGE OF LOVE | カルテット！ THE STAGE OF LOVE | 155 |
| Que：에인션트 리프의 요정 | Que エンシェントリーフの妖精 | 181 |
| R：레이싱 에볼루션 | R：レーシング エボリューション | 197 |
| RASETSU 얼터너티브 | 羅刹 オルタネイティブ | 107 |
| RC 리벤지 Pro | RC リベンジ Pro | 83 |
| REC：☆두근두근 성우 파라다이스☆ | REC ☆ドキドキ声優パラダイス☆ | 162 |
| Remember11：the age of infinity | Remember 11 the age of infinity | 224 |
| Rez | Rez | 97 |
| RPG 만들기 5 | RPGツクール5 | 130 |
| RPG 만들기 | RPGツクール | 59 |
| R-TYPE FINAL | アールタイプ ファイナル | 174 |
| RUMBLE ROSES | ランブルローズ | 69 |
| S.L.A.I.：스틸 랜서 아레나 인터내셔널 | S.L.A.I. スティール ランサー アリーナ インターナショナル | 104 |
| S.Y.K：신설 서유기 | S.Y.K 新説西遊記 | 226 |
| S.Y.K：연소전 | S.Y.K 蓮咲伝 | 231 |
| SAKURA：설월화 | SAKURA 雪月華 | 178 |
| SAMURAI 7 | SAMURAI 7 | 141 |
| School Love!：사랑과 희망의 메트로놈 | すくぅ~る・らぶっ! 恋と希望のメトロノーム | 165 |
| SD건담 G제네레이션 SEED | SDガンダム ジージェネレーション SEED | 215 |
| SD건담 G제네레이션 네오 | SDガンダム ジージェネレーション ネオ | 141 |
| SD건담 G제네레이션 스피릿츠 | SDガンダム ジージェネレーション スピリッツ | 195 |
| SD건담 G제네레이션 워즈 | SDガンダム ジージェネレーション ウォーズ | 225 |
| SD건담포스：대결전! 차원해적 데 스카르!! | SDガンダムフォース 大決戦! 次元海賊デ・スカール!! | 51 |
| SEGA AGES 2500 시리즈 Vol.1：판타지 스타 generation:1 | セガエイジス2500シリーズ Vol.1 ファンタシースター generation:1 | 183 |
| SEGA AGES 2500 시리즈 Vol.2：모나코 GP | セガエイジス2500シリーズ Vol.2 モナコGP | 183 |
| SEGA AGES 2500 시리즈 Vol.3：판타지 존 | セガエイジス2500シリーズ Vol.3 ファンタジーゾーン | 183 |
| SEGA AGES 2500 시리즈 Vol.4：스페이스 해리어 | セガエイジス2500シリーズ Vol.4 スペースハリアー | 187 |
| SEGA AGES 2500 시리즈 Vol.5：골든 액스 | セガエイジス2500シリーズ Vol.5 ゴールデンアックス | 187 |
| SEGA AGES 2500 시리즈 Vol.6：하나 둘 탄트알과 보난자 브라더스 | セガエイジス2500シリーズ Vol.6 イチニのタントアールとボナンザブラザーズ | 211 |
| SEGA AGES 2500 시리즈 Vol.7：컬럼스 | セガエイジス2500シリーズ Vol.7 コラムス | 206 |
| SEGA AGES 2500 시리즈 Vol.8：버추어 레이싱 - 플랫 아웃 | セガエイジス2500シリーズ Vol.8 バーチャレーシング フラットアウト | 218 |
| SEGA AGES 2500 시리즈 Vol.9：게인 그라운드 | セガエイジス2500シリーズ Vol.9 ゲイングランド | 218 |
| SEGA AGES 2500 시리즈 Vol.10：애프터 버너 II | セガエイジス2500シリーズ Vol.10 アフターバーナーII | 224 |
| SEGA AGES 2500 시리즈 Vol.11：북두의 권 | セガエイジス2500シリーズ Vol.11 北斗の拳 | 225 |
| SEGA AGES 2500 시리즈 Vol.12：뿌요뿌요 투[通] - 퍼펙트 세트 | セガエイジス2500シリーズ Vol.12 ぷよぷよ通 パーフェクトセット | 232 |
| SEGA AGES 2500 시리즈 Vol.13：아웃런 | セガエイジス2500シリーズ Vol.13 アウトラン | 233 |
| SEGA AGES 2500 시리즈 Vol.14：에일리언 신드롬 | セガエイジス2500シリーズ Vol.14 エイリアンシ |

| | | | |
|---|---|---|---|
| | ンドローム 35 | | シンプル2000本格思考シリーズVol.5 THE 棋力検定 楽しく学べる囲碁入門 199 |
| SEGA AGES 2500 시리즈 Vol.15 : 데카슬리트 컬렉션 | | SIMPLE 2000 본격사고 시리즈 Vol.6 : THE 카드 – 블랙잭·대부호·드로우 포커·스피드·페이지 원 etc. | |
| | セガエイジス2500シリーズ Vol.15 デカスリート・コレクション 35 | | シンプル2000本格思考シリーズVol.6 THE カード ブラックジャック・大富豪・ドローポーカー・スピード・ページワンetc. 194 |
| SEGA AGES 2500 시리즈 Vol.16 : 버추어 파이터 2 | | SIMPLE 2000 시리즈 2in1 Vol.1 : THE 테니스 & THE 스노보드 | |
| | セガエイジス2500シリーズ Vol.16 バーチャファイター2 47 | | シンプル2000シリーズ 2in1 Vol.1 THE テニス & THE スノーボード 86 |
| SEGA AGES 2500 시리즈 Vol.17 : 판타지 스타 generation:2 | | SIMPLE 2000 시리즈 2in1 Vol.2 : THE 배스 피싱 & THE 볼링 HYPER | |
| | セガエイジス2500シリーズ Vol.17 ファンタシースター generation:2 76 | | シンプル2000シリーズ 2in1 Vol.2 THE バスフィッシング & THE ボウリングHYPER 86 |
| SEGA AGES 2500 시리즈 Vol.18 : 드래곤 포스 | | SIMPLE 2000 시리즈 2in1 Vol.3 : THE 퍼즐 컬렉션 2,000문제 & THE 동양 3대 점술 | |
| | セガエイジス2500シリーズ Vol.18 ドラゴンフォース 100 | | シンプル2000シリーズ 2in1 Vol.3 THE パズルコレクション2,000問 & THE 東洋三大占術 86 |
| SEGA AGES 2500 시리즈 Vol.19 : 파이팅 바이퍼즈 | | SIMPLE 2000 시리즈 2in1 Vol.4 : THE 무사도 & THE 스나이퍼 2 | |
| | セガエイジス2500シリーズ Vol.19 ファイティングバイパーズ 81 | | シンプル2000シリーズ 2in1 Vol.4 THE 武士道 辻斬り一代 & THE スナイパー2 悪夢の銃弾 98 |
| SEGA AGES 2500 시리즈 Vol.20 : 스페이스 해리어 Ⅱ – 스페이스 해리어 컴플리트 컬렉션 | | SIMPLE 2000 시리즈 2in1 Vol.5 : THE 슈팅 – 더블 자염룡 & THE 헬리콥터 | |
| | セガエイジス2500シリーズ Vol.20 スペースハリアー Ⅱ スペースハリアーコンプリートコレクション 109 | | シンプル2000シリーズ 2in1 Vol.5 THE シューティング ダブル紫炎龍 & THE ヘリコプター 98 |
| SEGA AGES 2500 시리즈 Vol.21 : SDI & 쿼텟 – SEGA SYSTEM16 COLLECTION | | SIMPLE 2000 시리즈 Vol.1 : THE 테이블 게임 | |
| | セガエイジス2500シリーズ Vol.21 SDI&カルテット SEGA SYSTEM 16 COLLECTION 109 | | シンプル2000シリーズ Vol.1 THE テーブルゲーム 82 |
| SEGA AGES 2500 시리즈 Vol.22 : 어드밴스드 대전략 – 독일 전격작전 | | SIMPLE 2000 시리즈 Vol.2 : THE 파티 게임 | |
| | セガエイジス2500シリーズ Vol.22 アドバンスド大戦略 ドイツ電撃作戦 127 | | シンプル2000シリーズ Vol.2 THE パーティーゲーム 95 |
| SEGA AGES 2500 시리즈 Vol.23 : 세가 메모리얼 셀렉션 | | SIMPLE 2000 시리즈 Vol.3 : THE 배스 피싱 | |
| | セガエイジス2500シリーズ Vol.23 セガ メモリアルセレクション 120 | | シンプル2000シリーズ Vol.3 THE バスフィッシング 114 |
| SEGA AGES 2500 시리즈 Vol.24 : 라스트 브롱크스 – 도쿄 번외지 | | SIMPLE 2000 시리즈 Vol.4 : THE 더블 마작 퍼즐 | |
| | セガエイジス2500シリーズ Vol.24 ラストブロンクス 東京番外地 144 | | シンプル2000シリーズ Vol.4 THE ダブル麻雀パズル 117 |
| SEGA AGES 2500 시리즈 Vol.25 : 건스타 히어로즈 – 트레저 박스 | | SIMPLE 2000 시리즈 Vol.5 : THE 블록 – HYPER | |
| | セガエイジス2500シリーズ Vol.25 ガンスターヒーローズ トレジャーボックス 127 | | シンプル2000シリーズ Vol.5 THE ブロックくずしHYPER 120 |
| SEGA AGES 2500 시리즈 Vol.26 : 다이너마이트 형사 | | SIMPLE 2000 시리즈 Vol.6 : THE 스노보드 | シンプル2000シリーズ Vol.6 THE スノーボード 128 |
| | セガエイジス2500シリーズ Vol.26 ダイナマイト刑事 138 | SIMPLE 2000 시리즈 Vol.7 : THE 복싱 – REAL FIST FIGHTER | |
| SEGA AGES 2500 시리즈 Vol.27 : 판처 드라군 | | | シンプル2000シリーズ Vol.7 THE ボクシング REAL FIST FIGHTER 128 |
| | セガエイジス2500シリーズ Vol.27 パンツァードラグーン 138 | SIMPLE 2000 시리즈 Vol.8 : THE 테니스 | シンプル2000シリーズ Vol.8 THE テニス 133 |
| SEGA AGES 2500 시리즈 Vol.28 : 테트리스 컬렉션 | | SIMPLE 2000 시리즈 Vol.9 : THE 연애 어드벤처 – BITTERSWEET FOOLS | |
| | セガエイジス2500シリーズ Vol.28 テトリスコレクション 156 | | シンプル2000シリーズ Vol.9 THE 恋愛アドベンチャー BITTERSWEET FOOLS 133 |
| SEGA AGES 2500 시리즈 Vol.29 : 몬스터 월드 컴플리트 컬렉션 | | SIMPLE 2000 시리즈 Vol.10 : THE 테이블 게임 세계편 | |
| | セガエイジス2500シリーズ Vol.29 モンスターワールド コンプリートコレクション 172 | | シンプル2000シリーズ Vol.10 THE テーブルゲーム 世界編 134 |
| SEGA AGES 2500 시리즈 Vol.30 : 갤럭시 포스 Ⅱ – 스페셜 익스텐디드 에디션 | | SIMPLE 2000 시리즈 Vol.11 : THE 오프로드 버기 | |
| | セガエイジス2500シリーズ Vol.30 ギャラクシーフォースⅡ スペシャル エクステンデッド エディション 183 | | シンプル2000シリーズ Vol.11 THE オフロードバギー 136 |
| SEGA AGES 2500 시리즈 Vol.31 : 전뇌전기 버추얼 온 | | SIMPLE 2000 시리즈 Vol.12 : THE 퀴즈 20,000문제 | |
| | セガエイジス2500シリーズ Vol.31 電脳戦機バーチャロン 192 | | シンプル2000シリーズ Vol.12 THE クイズ20,000問 139 |
| SEGA AGES 2500 시리즈 Vol.32 : 판타지 스타 – 컴플리트 컬렉션 | | SIMPLE 2000 시리즈 Vol.13 : 여성을 위한 THE 연애 어드벤처 – 유리의 숲 | |
| | セガエイジス2500シリーズ Vol.32 ファンタシースターコンプリートコレクション 203 | | シンプル2000シリーズ Vol.13 女の子のための THE 恋愛アドベンチャー 硝子の森 137 |
| SEGA AGES 2500 시리즈 Vol.33 : 판타지 존 – 컴플리트 컬렉션 | | SIMPLE 2000 시리즈 Vol.14 : THE 당구 | シンプル2000シリーズ Vol.14 THE ビリヤード 140 |
| | セガエイジス2500シリーズ Vol.33 ファンタジーゾーンコンプリートコレクション 211 | SIMPLE 2000 시리즈 Vol.15 : THE 럭비 | シンプル2000シリーズ Vol.15 THE ラグビー 140 |
| SEVEN SAMURAI 20XX | SEVEN SAMURAI 20XX 210 | SIMPLE 2000 시리즈 Vol.16 : THE 스나이퍼 2 – 악몽의 총탄 | |
| SIMPLE 2000 본격사고 시리즈 Vol.1 : THE 쇼기 – 모리타 카즈로의 쇼기 강습 | | | シンプル2000シリーズ Vol.16 THE スナイパー2 悪夢の銃弾 142 |
| | シンプル2000本格思考シリーズVol.1 THE 将棋 森田和郎の将棋指南 124 | SIMPLE 2000 시리즈 Vol.17 : THE 추리 – 새로운 20권의 사건수첩 | |
| SIMPLE 2000 본격사고 시리즈 Vol.2 : THE 바둑 | | | シンプル2000シリーズ Vol.17 THE 推理 新たなる20の事件簿 149 |
| | シンプル2000本格思考シリーズVol.2 THE 囲碁 123 | SIMPLE 2000 시리즈 Vol.18 : THE 파티 말판놀이 | |
| SIMPLE 2000 본격사고 시리즈 Vol.3 : THE 체스 | | | シンプル2000シリーズ Vol.18 THE パーティーすごろく 147 |
| | シンプル2000本格思考シリーズVol.3 THE チェス 128 | SIMPLE 2000 시리즈 Vol.19 : THE 연애 시뮬레이션 – 나에게 맡겨 카페 | |
| SIMPLE 2000 본격사고 시리즈 Vol.4 : THE 마작 | | | シンプル2000シリーズ Vol.19 THE 恋愛シミュレーション 私におまカフェ 147 |
| | シンプル2000本格思考シリーズVol.4 THE 麻雀 128 | SIMPLE 2000 시리즈 Vol.20 : THE 던전 RPG – 시노비 : 몬스터가 사는 성 | |
| SIMPLE 2000 본격사고 시리즈 Vol.5 : THE 기력검정 – 즐겁게 배우는 바둑 입문 | | | シンプル2000シリーズ Vol.20 THE ダンジョンRPG 忍 魔物の棲む城 147 |

243

SIMPLE 2000 시리즈 Vol.21 : THE 미소녀 시뮬레이션 RPG – Moonlight Tale
シンプル2000シリーズ Vol.21 THE 美少女シミュレーションRPG MoonLightTale 165

SIMPLE 2000 시리즈 Vol.22 : THE 통근전철 기관사 – 전차로 GO! 3 통근편
シンプル2000シリーズ Vol.22 THE 通勤電車運転士 電車でGO!3通勤編 161

SIMPLE 2000 시리즈 Vol.23 : THE 퍼즐 컬렉션 2,000문제
シンプル2000シリーズ Vol.23 THE パズルコレクション2000問 161

SIMPLE 2000 시리즈 Vol.24 : THE 볼링 HYPER
シンプル2000シリーズ Vol.24 THE ボウリング HYPER 161

SIMPLE 2000 시리즈 Vol.25 : THE 운전면허 시뮬레이션
シンプル2000シリーズ Vol.25 THE 運転免許シミュレーション 163

SIMPLE 2000 시리즈 Vol.26 : THE 핀볼×3
シンプル2000シリーズ Vol.26 THE ピンボール×3 165

SIMPLE 2000 시리즈 Vol.27 : THE 프로야구 – 2003 페넌트레이스
シンプル2000シリーズ Vol.27 THE プロ野球2003ペナントレース 165

SIMPLE 2000 시리즈 Vol.28 : THE 무사도 – 칼부림 일대기
シンプル2000シリーズ Vol.28 THE 武士道 辻斬り一代 170

SIMPLE 2000 시리즈 Vol.29 : THE 연애 보드게임 – 청춘 18 라디오
シンプル2000シリーズ Vol.29 THE 恋愛ボードゲーム 青春18ラヂオ 170

SIMPLE 2000 시리즈 Vol.30 : THE 길거리 농구 – 3 ON 3
シンプル2000シリーズ Vol.30 THE ストリートバスケ 3ON3 170

SIMPLE 2000 시리즈 Vol.31 : THE 지구방위군
シンプル2000シリーズ Vol.31 THE 地球防衛軍 172

SIMPLE 2000 시리즈 Vol.32 : THE 탱크   シンプル2000シリーズ Vol.32 THE 戦車   172

SIMPLE 2000 시리즈 Vol.33 : THE 제트코스터
シンプル2000シリーズ Vol.33 THE ジェットコースター 176

SIMPLE 2000 시리즈 Vol.34 : THE 연애 호러 어드벤처 – 표류소녀
シンプル2000シリーズ Vol.34 THE 恋愛ホラーアドベンチャー 漂流少女 177

SIMPLE 2000 시리즈 Vol.35 : THE 헬리콥터
シンプル2000シリーズ Vol.35 THE ヘリコプター 186

SIMPLE 2000 시리즈 Vol.36 : THE 딸♥육성 시뮬레이션 – 아빠와 함께
シンプル2000シリーズ Vol.36 THE 娘♥育成シミュレーション お父さんといっしょ 189

SIMPLE 2000 시리즈 Vol.37 : THE 슈팅 – 더블 자염룡
シンプル2000シリーズ Vol.37 THE シューティング ダブル紫炎龍 190

SIMPLE 2000 시리즈 Vol.38 사나이를 위한 바이블 : THE 우정 어드벤처 – 호타루 소울
シンプル2000シリーズ Vol.38 漢のためのバイブル THE 友情アドベンチャー 炎多留・魂 192

SIMPLE 2000 시리즈 Vol.39 : THE 나의 도시 만들기 – 도시ing 메이커++
シンプル2000シリーズ Vol.39 THE ぼくの街づくり 街ingメーカー++ 193

SIMPLE 2000 시리즈 Vol.40 : THE 동양 3대 점술 – 풍수・성명판단・역점
シンプル2000シリーズ Vol.40 THE 東洋三大占術 風水・姓名判断・易占 194

SIMPLE 2000 시리즈 Vol.41 : THE 배구   シンプル2000シリーズ Vol.41 THE バレーボール 196

SIMPLE 2000 시리즈 Vol.42 : THE 이종격투기 – 복싱 vs 킥 vs 가라테 vs 프로레슬링 vs 유도 vs…
シンプル2000シリーズ Vol.42 THE 異種格闘技 ボクシングvsキックvs空手vsプロレスvs柔術vs… 206

SIMPLE 2000 시리즈 Vol.43 : THE 재판 – 신참 사법관 모모타 츠카사의 10가지 재판 파일
シンプル2000シリーズ Vol.43 THE 裁判 新米司法官 桃田 司の10の裁判ファイル 223

SIMPLE 2000 시리즈 Vol.44 : THE 입문용 RPG – 전설의 계승자
シンプル2000シリーズ Vol.44 THE はじめてのRPG 伝説の継承者 213

SIMPLE 2000 시리즈 Vol.45 : THE 사랑과 눈물과, 추억과…. – 스레드 컬러즈 : 작별의 저편
シンプル2000シリーズ Vol.45 THE 恋と涙と、追憶と…. スレッドカラーズ さよならの向こう側 223

SIMPLE 2000 시리즈 Vol.46 : THE 한자 퀴즈
シンプル2000シリーズ Vol.46 THE 漢字クイズ 223

SIMPLE 2000 시리즈 Vol.47 : THE 전투 세키가하라
シンプル2000シリーズ Vol.47 THE 合戦 関ヶ原 227

SIMPLE 2000 시리즈 Vol.48 : THE 택시 – 당신이 운전사
シンプル2000シリーズ Vol.48 THE タクシー 運転手は君だ 227

SIMPLE 2000 시리즈 Vol.49 : THE 피구   シンプル2000シリーズ Vol.49 THE ドッヂボール 229

SIMPLE 2000 시리즈 Vol.50 : THE 대미인   シンプル2000シリーズ Vol.50 THE 大美人 231

SIMPLE 2000 시리즈 Vol.51 : THE 전함   シンプル2000シリーズ Vol.51 THE 戦艦 232

SIMPLE 2000 시리즈 Vol.52 : THE 지구침략군 – 스페이스 레이더스
シンプル2000シリーズ Vol.52 THE 地球侵略群 スペースレイダース 232

SIMPLE 2000 시리즈 Vol.53 : THE 카메라맨
シンプル2000シリーズ Vol.53 THE カメラ小僧 238

SIMPLE 2000 시리즈 Vol.54 : THE 해양대괴수
シンプル2000シリーズ Vol.54 THE 大海獣 238

SIMPLE 2000 시리즈 Vol.55 : THE 캣파이트 – 암고양이 전설
シンプル2000シリーズ Vol.55 THE キャットファイト 女猫伝説 238

SIMPLE 2000 시리즈 Vol.56 : THE 서바이벌 게임
シンプル2000シリーズ Vol.56 THE サバイバルゲーム 32

SIMPLE 2000 시리즈 Vol.57 : THE 프로야구 2004
シンプル2000シリーズ Vol.57 THE プロ野球2004 36

SIMPLE 2000 시리즈 Vol.58 : THE 외과의사
シンプル2000シリーズ Vol.58 THE 外科医 40

SIMPLE 2000 시리즈 Vol.59 : THE 우주인과 대화하자! – 우주~인이란 게 뭐~야?
シンプル2000シリーズ Vol.59 THE 宇宙人と話そう! うちゅじんってなぁに? 39

SIMPLE 2000 시리즈 Vol.60 : THE 특촬 변신 히어로
シンプル2000シリーズ Vol.60 THE 特撮変身ヒーロー 40

SIMPLE 2000 시리즈 Vol.61 : THE 오네찬바라
シンプル2000シリーズ Vol.61 THE お姉チャンバラ 39

SIMPLE 2000 시리즈 Vol.62 : THE 수퍼 퍼즐버블 DX
シンプル2000シリーズ Vol.62 THE スーパーパズルボブルDX 43

SIMPLE 2000 시리즈 Vol.63 : 신상 수영복! 여자로 가득한 THE 수영대회
シンプル2000シリーズ Vol.63 もぎたて水着!女まみれの THE 水泳大会 44

SIMPLE 2000 시리즈 Vol.64 : THE 스플래터 액션
シンプル2000シリーズ Vol.64 THE スプラッターアクション 47

SIMPLE 2000 시리즈 Vol.65 : THE 강시 패닉
シンプル2000シリーズ Vol.65 THE キョンシーパニック 47

SIMPLE 2000 시리즈 Vol.66 : THE 파티 우뇌 퀴즈
シンプル2000シリーズ Vol.66 THE パーティー右脳クイズ 52

SIMPLE 2000 시리즈 Vol.67 : THE 추리 – 그리고 아무도 없었다
シンプル2000シリーズ Vol.67 THE 推理 そして誰もいなくなった 52

SIMPLE 2000 시리즈 Vol.68 : THE 도주 하이웨이 – 나고야・도쿄
シンプル2000シリーズ Vol.68 THE 逃走ハイウェイ 名古屋・東京 58

SIMPLE 2000 시리즈 Vol.69 : THE 보드 게임 컬렉션
シンプル2000シリーズ Vol.69 THE ボードゲームコレクション 63

SIMPLE 2000 시리즈 Vol.70 : THE 감식관   シンプル2000シリーズ Vol.70 THE 鑑識官 68

SIMPLE 2000 시리즈 Vol.71 : THE 판타지 연애 어드벤처 – 그녀의 전설, 나의 석판.
シンプル2000シリーズ Vol.71 THE ファンタジー恋愛アドベンチャー 彼女の伝説、僕の石版 68

SIMPLE 2000 시리즈 Vol.72 : THE 임협   シンプル2000シリーズ Vol.72 THE 任侠 68

SIMPLE 2000 시리즈 Vol.73 : THE 서유투원전
シンプル2000シリーズ Vol.73 THE 西遊闘猿伝 74

SIMPLE 2000 시리즈 Vol.74 소녀 전용 : THE 왕자님과 로맨스 – 리플의 알
シンプル2000シリーズ Vol.74 女の子専用 THE 王子様とロマンス リプルのたまご 74

SIMPLE 2000 시리즈 Vol.75 : THE 특종 – 일본 전국 스쿠프 열도
シンプル2000シリーズ Vol.75 THE 特ダネ 日本全国スクープ列島 77

SIMPLE 2000 시리즈 Vol.76 : THE 회화로 영어여행
　　　　シンプル2000シリーズ Vol.76 THE 話そう英語
　　　　の旅　　　　　　　　　　　　　　　80
SIMPLE 2000 시리즈 Vol.77 : THE 회화로 한국어여행
　　　　シンプル2000シリーズ Vol.77 THE 話そう韓国
　　　　語の旅　　　　　　　　　　　　　80
SIMPLE 2000 시리즈 Vol.78 : THE 우주대전쟁
　　　　シンプル2000シリーズ Vol.78 THE 宇宙大戦争　84
SIMPLE 2000 시리즈 Vol.79 : THE 앗코에게 맡겨줘! THE 파티 퀴즈
　　　　シンプル2000シリーズ Vol.79 アッコにおまか
　　　　せ! THE パーティークイズ　　　　107
SIMPLE 2000 시리즈 Vol.80 : THE 오네참프루 – THE 오네찬바라 특별편
　　　　シンプル2000シリーズ Vol.80 THE お姉チャン
　　　　プルゥ THE 姉チャン 特別編　　　88
SIMPLE 2000 시리즈 Vol.81 : THE 지구방위군 2
　　　　シンプル2000シリーズ Vol.81 THE 地球防衛軍2　96
SIMPLE 2000 시리즈 Vol.82 : THE 쿵푸　シンプル2000シリーズ Vol.82 THE カンフー　96
SIMPLE 2000 시리즈 Vol.83 : THE 곤충채집
　　　　シンプル2000シリーズ Vol.83 THE 昆虫採集　103
SIMPLE 2000 시리즈 Vol.84 : THE 나에게 맡겨봐 – 변덕쟁이 스트로베리 카페
　　　　シンプル2000シリーズ Vol.84 THE 僕におまカ
　　　　フェ きまぐれストロベリーカフェ　　98
SIMPLE 2000 시리즈 Vol.85 : THE 세계명작극장 퀴즈
　　　　シンプル2000シリーズ Vol.85 THE 世界名作劇
　　　　場クイズ　　　　　　　　　　　　100
SIMPLE 2000 시리즈 Vol.86 : THE 면허취득 시뮬레이션 – 개정 도로교통법 반영판
　　　　シンプル2000シリーズ Vol.86 THE 免許取得シ
　　　　ミュレーション 改正道路交通法対応版　106
SIMPLE 2000 시리즈 Vol.87 : THE 싸우는 소녀
　　　　シンプル2000シリーズ Vol.87 THE 戦娘　　111
SIMPLE 2000 시리즈 Vol.88 : THE 미니 미녀경찰
　　　　シンプル2000シリーズ Vol.88 THE ミニ美女警官　111
SIMPLE 2000 시리즈 Vol.89 : THE 파티 게임 2
　　　　シンプル2000シリーズ Vol.89 THE パーティー
　　　　ゲーム2　　　　　　　　　　　　111
SIMPLE 2000 시리즈 Vol.90 : THE 오네찬바라 2
　　　　シンプル2000シリーズ Vol.90 THE お姉チャン
　　　　バラ2　　　　　　　　　　　　　119
SIMPLE 2000 시리즈 Vol.91 : THE ALL★STAR 격투축제
　　　　シンプル2000シリーズ Vol.91 THE ALL★STAR
　　　　格闘祭　　　　　　　　　　　　　118
SIMPLE 2000 시리즈 Vol.92 : THE 저주의 게임
　　　　シンプル2000シリーズ Vol.92 THE 呪いのゲーム　116
SIMPLE 2000 시리즈 Vol.93 : THE 우뇌 단련
　　　　シンプル2000シリーズ Vol.93 THE 右脳ドリル　130
SIMPLE 2000 시리즈 Vol.94 : THE 아기챔피언 – 컴온 베이비!
　　　　シンプル2000シリーズ Vol.94 THE 赤ちゃんぴ
　　　　おん　　　　　　　　　　　　　　121
SIMPLE 2000 시리즈 Vol.95 : THE 좀비 V.S. 구급차
　　　　シンプル2000シリーズ Vol.95 THE ゾンビV.S.救
　　　　急車　　　　　　　　　　　　　　126
SIMPLE 2000 시리즈 Vol.96 : THE 해적 – 해골투성이 파이어렛!
　　　　シンプル2000シリーズ Vol.96 THE 海賊 ガイコ
　　　　ツいっぱいれーつ!　　　　　　　135
SIMPLE 2000 시리즈 Vol.97 : THE 사랑의 엔진
　　　　シンプル2000シリーズ Vol.97 THE 恋のエンジン　133
SIMPLE 2000 시리즈 Vol.98 : THE 낭만다방
　　　　シンプル2000シリーズ Vol.98 THE 浪漫茶房　133
SIMPLE 2000 시리즈 Vol.99 : THE 원시인
　　　　シンプル2000シリーズ Vol.99 THE 原始人　138
SIMPLE 2000 시리즈 Vol.100 : THE 남자들의 기관총좌
　　　　シンプル2000シリーズ Vol.100 THE 男たちの機
　　　　銃砲座　　　　　　　　　　　　　144
SIMPLE 2000 시리즈 Vol.101 : THE 오네짬뽕 – THE 오네찬바라 2 특별편
　　　　シンプル2000シリーズ Vol.101 THE お姉チャン
　　　　ポン THE お姉チャンバラ2特別編　144
SIMPLE 2000 시리즈 Vol.102 : THE 보병 – 전장의 개들
　　　　シンプル2000シリーズ Vol.102 THE 歩兵 戦場の
　　　　犬たち　　　　　　　　　　　　　149
SIMPLE 2000 시리즈 Vol.103 : THE 지구방위군 택틱스
　　　　シンプル2000シリーズ Vol.103 THE 地球防衛軍
　　　　タクティクス　　　　　　　　　148

SIMPLE 2000 시리즈 Vol.104 : THE 로봇을 만들자! - 격투! 로봇 파이
　　　　シンプル2000シリーズ Vol.104 THE ロボットつ
　　　　くろうぜっ! 激闘! ロボットファイト　150
SIMPLE 2000 시리즈 Vol.105 : THE 메이드복과 기관총
　　　　シンプル2000シリーズ Vol.105 THE メイド服と
　　　　機関銃　　　　　　　　　　　　150
SIMPLE 2000 시리즈 Vol.106 : THE 블록깨기 퀘스트 – Dragon Kingdom
　　　　シンプル2000シリーズ Vol.106 THE ブロックく
　　　　ずしクエスト DragonKingdom　153
SIMPLE 2000 시리즈 Vol.107 : THE 불꽃의 격투짱
　　　　シンプル2000シリーズ Vol.107 THE 炎の格闘番長　153
SIMPLE 2000 시리즈 Vol.108 : THE 일본 특수부대 – 흉악범죄 열도 24시
　　　　シンプル2000シリーズ Vol.108 THE 日本特殊部
　　　　隊 凶悪犯罪列島24時　　　　　　153
SIMPLE 2000 시리즈 Vol.109 : THE 택시 2 - 운전사는 역시 너다!
　　　　シンプル2000シリーズ Vol.109 THE タクシー2
　　　　運転手はやっぱり君だ!　　　　156
SIMPLE 2000 시리즈 Vol.110 : THE 탈옥수 – 로스 시티, 진실을 향한 10시간
　　　　シンプル2000シリーズ Vol.110 THE 逃亡プリズ
　　　　ナー ロスシティ 真実への10時間　157
SIMPLE 2000 시리즈 Vol.111 : THE 강탈 라이더 – 네 바이크는 내 것이다/Jacked
　　　　シンプル2000シリーズ Vol.111 THE いただきラ
　　　　イダー お前のバイクは俺のモノ/Jacked　158
SIMPLE 2000 시리즈 Vol.112 : THE 도주 하이웨이 2 – ROAD WARRIOR 2050
　　　　シンプル2000シリーズ Vol.112 THE 逃走ハイウ
　　　　ェイ2 ROAD WARRIOR 2050　　165
SIMPLE 2000 시리즈 Vol.113 : THE 대량지옥
　　　　シンプル2000シリーズ Vol.113 THE 大量地獄　170
SIMPLE 2000 시리즈 Vol.114 : THE 에도 여탐정 체포록 – 오하루 GOGOGO!
　　　　シンプル2000シリーズ Vol.114 THE 女岡っピチ
　　　　捕物長 お春ちゃんGOGOGO!　　170
SIMPLE 2000 시리즈 Vol.115 : THE 룸 셰어링이라는 생활.
　　　　シンプル2000シリーズ Vol.115 THE ルームシェ
　　　　アという生活。　　　　　　　　174
SIMPLE 2000 시리즈 Vol.116 : THE 고양이 마을 사람들 – 버그 대신의 온갖 악행
　　　　シンプル2000シリーズ Vol.116 THE ネコ村の人
　　　　々 バグ代官の悪行三昧　　　　　176
SIMPLE 2000 시리즈 Vol.117 : THE 제로센
　　　　シンプル2000シリーズ Vol.117 THE 零戦　　178
SIMPLE 2000 시리즈 Vol.118 : THE 패장 무사 – 초 마조 사무라이 등장
　　　　シンプル2000シリーズ Vol.118 THE 落武者 怒獲
　　　　武サムライ登場　　　　　　　　179
SIMPLE 2000 시리즈 Vol.119 : THE 서바이벌 게임 2
　　　　シンプル2000シリーズ Vol.119 THE サバイバル
　　　　ゲーム2　　　　　　　　　　　　184
SIMPLE 2000 시리즈 Vol.120 : THE 일본 최후의 병사 – 아름다운 국토 탈환작전
　　　　シンプル2000シリーズ Vol.120 THE 最後の日本
　　　　兵 美しき国土奪還作戦　　　　　186
SIMPLE 2000 시리즈 Vol.121 : THE 나의 도시 만들기 2 – 도시ing 메이커 2.1
　　　　シンプル2000シリーズ Vol.121 THE ぼくの街づ
　　　　くり2 街ingメーカー2.1　　　　195
SIMPLE 2000 시리즈 Vol.122 : THE 인어공주 이야기 – 머메이드 프리즘
　　　　シンプル2000シリーズ Vol.122 THE 人魚姫物語
　　　　マーメイドプリズム　　　　　　195
SIMPLE 2000 시리즈 Vol.123 : THE 오피스 러브 사건수첩 – 아가씨 탐정
　　　　シンプル2000シリーズ Vol.123 THE オフィスラ
　　　　ブ事件簿 令嬢探偵　　　　　　207
SIMPLE 2000 시리즈 얼티밋 Vol.1 : 러브★스매시
　　　　シンプル2000シリーズアルティメット Vol.1 ラ
　　　　ブ★スマッシュ!　　　　　　　　105
SIMPLE 2000 시리즈 얼티밋 Vol.2 : 에디트 레이싱
　　　　シンプル2000シリーズアルティメット Vol.2 エ
　　　　ディット・レーシング　　　　　114
SIMPLE 2000 시리즈 얼티밋 Vol.3 : 최속! 폭주 킹 – 압승전설
　　　　シンプル2000シリーズアルティメット Vol.3 最
　　　　速!族車キング 仏駆義理伝説　　135
SIMPLE 2000 시리즈 얼티밋 Vol.4 : 비기 사가마작의 거리 – 형씨, 눈치챘구먼
　　　　シンプル2000シリーズアルティメット Vol.4 裏
　　　　技イカサ麻雀街 兄イさん、つかんじまったようだ
　　　　だね　　　　　　　　　　　　　137
SIMPLE 2000 시리즈 얼티밋 Vol.5 : THE 러브★마작

245

| | | | | |
|---|---|---|---|---|
| | | シンプル2000シリーズアルティメット Vol.5 ラブ★マージャン! | 140 | |
| SIMPLE 2000 시리즈 얼티밋 Vol.6 : 러브★어퍼! | | | | |
| | | シンプル2000シリーズアルティメット Vol.6 ラブ★アッパー! | 156 | |
| SIMPLE 2000 시리즈 얼티밋 Vol.7 : 최강! 백색 오토바이 킹 – SECURITY POLICE | | | | |
| | | シンプル2000シリーズアルティメット Vol.7 最強! 白バイキング SECURITY POLICE | 165 | |
| SIMPLE 2000 시리즈 얼티밋 Vol.8 : 격투! 미로 킹 | | | | |
| | | シンプル2000シリーズアルティメット Vol.8 激闘! 迷路キング | 165 | |
| SIMPLE 2000 시리즈 얼티밋 Vol.9 : 격주 맨해튼 – 런어바웃 3 네오 에이지 | | | | |
| | | シンプル2000シリーズアルティメット Vol.9 爆走マンハッタン ランナバウト3 neoAGE | 181 | |
| SIMPLE 2000 시리즈 얼티밋 Vol.10 : 러브★송즈♪ – 아이돌이 클래스메~이트 | | | | |
| | | シンプル2000シリーズアルティメット Vol.10 ラブ★ソングス♪ アイドルがクラスメ〜ト | 181 | |
| SIMPLE 2000 시리즈 얼티밋 Vol.11 : 원더바 스타일 – 돌격! 믹스 생JUICE | | | | |
| | | シンプル2000シリーズアルティメット Vol.11 ワンダバスタイル 突撃! みっくす生JUICE | 194 | |
| SIMPLE 2000 시리즈 얼티밋 Vol.12 : 스트리트 골퍼 | | | | |
| | | シンプル2000シリーズアルティメット Vol.12 ストリートゴルファー | 186 | |
| SIMPLE 2000 시리즈 얼티밋 Vol.13 : 폭주! 오토바이 킹 – 달려라! 부릉부릉 전설 | | | | |
| | | シンプル2000シリーズアルティメット Vol.13 狂走! 単車キング喝斗美! 罵離罵離伝説 | 190 | |
| SIMPLE 2000 시리즈 얼티밋 Vol.14 : 투패! 드라마틱 마작 – 텐 천화거리의 쾌남아 | | | | |
| | | シンプル2000シリーズアルティメット Vol.14 闘牌! ドラマチック麻雀 天 天和通りの快男児 | 202 | |
| SIMPLE 2000 시리즈 얼티밋 Vol.15 : 러브★핑퐁 | | | | |
| | | シンプル2000シリーズアルティメット Vol.15 ラブ★ピンポン | 202 | |
| SIMPLE 2000 시리즈 얼티밋 Vol.16 : 전국 VS 현대 | | | | |
| | | シンプル2000シリーズアルティメット Vol.16 戦国VS現代 | 216 | |
| SIMPLE 2000 시리즈 얼티밋 Vol.17 : 대전! 폭탄 던져던져 | | | | |
| | | シンプル2000シリーズアルティメット Vol.17 対戦! 爆弾ポイポイ | 218 | |
| SIMPLE 2000 시리즈 얼티밋 Vol.18 : 러브★에어로빅 | | | | |
| | | シンプル2000シリーズアルティメット Vol.18 ラブ★エアロビ | 218 | |
| SIMPLE 2000 시리즈 얼티밋 Vol.19 : 아카기 – 어둠에 강림한 천재 | | | | |
| | | シンプル2000シリーズアルティメット Vol.19 アカギ 闇に降り立った天才 | 47 | |
| SIMPLE 2000 시리즈 얼티밋 Vol.20 : 러브★마작! 2 | | | | |
| | | シンプル2000シリーズアルティメット Vol.20 ラブ★マージャン!2 | 47 | |
| SIMPLE 2000 시리즈 얼티밋 Vol.21 : 덤벼라! 불량배 두목 | | | | |
| | | シンプル2000シリーズアルティメット Vol.21 喧嘩上等!ヤンキー番長 | 52 | |
| SIMPLE 2000 시리즈 얼티밋 Vol.22 : 스타일리시 마작 – 우사기 : 야성의 투패 & 우사기 : 야성의 투패 THE ARCADE 더블 팩 | | | | |
| | | シンプル2000シリーズアルティメット Vol.22 スタイリッシュ麻雀 兎-野性の闘牌&兎-野性の闘牌 ジ・アーケード-ダブルパック | 58 | |
| SIMPLE 2000 시리즈 얼티밋 Vol.23 : 프로젝트 미네르바 프로페셔널 | | | | |
| | | シンプル2000シリーズアルティメット Vol.23 プロジェクト・ミネルヴァ プロフェッショナル | 63 | |
| SIMPLE 2000 시리즈 얼티밋 Vol.24 : 마계전생 | | | | |
| | | シンプル2000シリーズアルティメット Vol.24 魔界転生 | 63 | |
| SIMPLE 2000 시리즈 얼티밋 Vol.25 : 최고속! 폭주 킹 BU의 BU – 압승전설 2 개 | | | | |
| | | シンプル2000シリーズアルティメット Vol.25 超最速!族車キングBUのBU 仏恥義理伝説2改 | 84 | |
| SIMPLE 2000 시리즈 얼티밋 Vol.26 : 러브★스매시! 5.1 – 테니스 로봇의 반란 | | | | |
| | | シンプル2000シリーズアルティメット Vol.26 ラブ★スマッシュ!5.1 テニスロボの反乱 | 88 | |
| SIMPLE 2000 시리즈 얼티밋 Vol.27 : 방과 후의 러브★비트♪ | | | | |
| | | シンプル2000シリーズアルティメット Vol.27 放課後のラブ★ビート♪ | 106 | |
| SIMPLE 2000 시리즈 얼티밋 Vol.28 : 투주! 좌충우돌 그랑프리 – Drive to Survive | | | | |
| | | シンプル2000シリーズアルティメット Vol.28 闘走!喧嘩グランプリ Drive to Survive | 118 | |
| SIMPLE 2000 시리즈 얼티밋 Vol.29 : K-1 PREMIUM 2005 Dynamite!! | | | | |
| | | シンプル2000シリーズアルティメット Vol.29 K-1 PREMIUM 2005 Dynamite!! | 119 | |
| SIMPLE 2000 시리즈 얼티밋 Vol.30 : 강림! 폭주 GOD – 압승★아이러브유 | | | | |
| | | シンプル2000シリーズアルティメット Vol.30 降臨! 族車ゴッド 仏恥義理★愛羅武勇 | 125 | |
| SIMPLE 2000 시리즈 얼티밋 Vol.31 : K-1 WORLD MAX 2005 – 세계 챔피언으로 가는 길 | | | | |
| | | シンプル2000シリーズアルティメット Vol.31 K-1 WORLD MAX 2005 世界王者への道 | 135 | |
| SIMPLE 2000 시리즈 얼티밋 Vol.32 : 아즈미 | | | | |
| | | シンプル2000シリーズアルティメット Vol.32 あずみ | 135 | |
| SIMPLE 2000 시리즈 얼티밋 Vol.33 : 우루룬 퀘스트 – 연유기 | | | | |
| | | シンプル2000シリーズアルティメット Vol.33 うるるんクエスト 恋遊記 | 160 | |
| SIMPLE 2000 시리즈 얼티밋 Vol.34 : 돌격!! 남자훈련소 | | | | |
| | | シンプル2000シリーズアルティメット Vol.34 魁!!男塾 | 160 | |
| SIMPLE 2000 시리즈 헬로키티 Vol.1 : 스트라이트★퍼즐 – 바쁘게 큐브를★쿠쿵 부둥부둥♥ | | | | |
| | | シンプル2000シリーズ ハローキティ Vol.1 スターライト★パズル いそがしキューブ★どっすんフワワ♥ | 140 | |
| SIMPLE 2000 시리즈 헬로키티 Vol.2 : 모두 함께 말판놀이 – 신비한 세계에서 사이좋게 말판놀이 | | | | |
| | | シンプル2000シリーズ ハローキティ Vol.2 みんなですごろく 不思議な世界の仲良しすごろく | 140 | |
| SLOT! PRO DX : 후지코 2 | | SLOT! PRO DX 不二子2 | 156 | |
| SNK VS. CAPCOM : SVC CHAOS | | SNK VS. CAPCOM SVC CHAOS | 208 | |
| SNK 슬롯 패닉 : 야구소년 | | SNKスロットパニック 球児 | 164 | |
| SNOW | | SNOW | 218 | |
| SOCOM : U.S.NAVY SEALs | | SOCOM U.S.NAVY SEALs | 177 | |
| SOCOM II : U.S. NAVY SEALs | | SOCOM II : U.S. NAVY SEALs | 37 | |
| SSX 3 | | SSX3 | 204 | |
| SSX On Tour | | SSX On Tour | 114 | |
| SSX 트리키 | | SSX トリッキー | 107 | |
| StarTRain(스타트레인) : your past makes your future | | | | |
| | | スターティレイン your past makes your future | 195 | |
| Sugar+Spice! : 그 아이는 뭐든지 멋져 | | シュガー・スパイス あのこのステキな何もかも | 212 | |
| SuperLite 2000 낚시 : 빅 배스 – 배스 낚시 완전 공략 | | | | |
| | | SuperLite2000 釣り ビッグバス バス釣り完全攻略 | 194 | |
| SuperLite 2000 슈팅 : 사이바리아 MEDIUM UNIT | | | | |
| | | SuperLite2000 シューティング サイヴァリア ミディアムユニット | 184 | |
| SuperLite 2000 슈팅 : 사이바리아 REVISION | | | | |
| | | SuperLite2000 シューティング サイヴァリア リビジョン | 189 | |
| SuperLite 2000 스포츠 : 도전! 슈퍼 보울러 | | | | |
| | | SuperLite2000 スポーツ めざせ! スーパーボウラー | 73 | |
| SuperLite 2000 시뮬레이션 : 샌드박스 철도 – 블루 트레인 · 특급 편 | | | | |
| | | SuperLite2000 シミュレーション 箱庭鉄道 ブルートレイン・特急編 | 228 | |
| SuperLite 2000 어드벤처 : 아오이시로 | | SuperLite2000 アドベンチャー アオイシロ | 223 | |
| SuperLite 2000 어드벤처 : 코노하나 팩 – 3가지 사건수첩 | | | | |
| | | SuperLite2000 アドベンチャー 此花パック 3つの事件簿 | 31 | |
| SuperLite 2000 연애 어드벤처 : Ever17 – the out of infinity PREMIUM EDITION | | | | |
| | | SuperLite2000 恋愛アドベンチャー エバーセブンティーン the out of infinity Premium Edition | 50 | |
| SuperLite 2000 테이블 : UNO | | SuperLite2000 テーブル UNO | 221 | |
| SuperLite 2000 테이블 : 도전! 슈퍼 허슬러 | | SuperLite2000 めざせ!スーパーハスラー | 68 | |
| SuperLite 2000 테이블 : 도전! 체스 챔피언 | | SuperLite2000 テーブル めざせ! チェスチャンピオン | 59 | |
| SuperLite 2000 테이블 : 마작 | | SuperLite2000 テーブル 麻雀 | 178 | |
| SuperLite 2000 테이블 : 바둑 | | SuperLite2000 テーブル 囲碁 | 178 | |
| SuperLite 2000 테이블 : 쇼기 | | SuperLite2000 テーブル 将棋 | 178 | |
| SuperLite 2000 테이블 : 오델로 | | SuperLite2000 テーブル オセロ | 178 | |
| SuperLite 2000 테이블 : 화투 | | SuperLite2000 テーブル 花札 | 231 | |
| SuperLite 2000 퍼즐 : ZOOO | | SuperLite2000 パズル ZOOO | 215 | |
| SuperLite 2000 퍼즐 : 넘버 크로스워드 | | SuperLite2000 パズル ナンクロ | 189 | |
| SuperLite 2000 퍼즐 : 네모네모 로직 | | SuperLite2000 パズル おえかきパズル | 184 | |
| SuperLite 2000 퍼즐 : 스도쿠 | | SuperLite2000 パズル 数独 | 201 | |
| SuperLite 2000 퍼즐 : 크로스워드 | | SuperLite2000 パズル クロスワード | 212 | |

## ○ × △ □ PlayStation2 Game Software Catalogue

| 한글 제목 | 원제 | 페이지 |
|---|---|---|
| SuperLite 2000 퍼즐 : 테트리스 KIWAMEMICHI | SuperLite2000 パズル テトリス KIWAMEMICHI | 206 |
| SuperLite 2000 퍼즐 : 헤이세이 박도전 | SuperLite2000 パズル 平成博徒伝 | 52 |
| TAISEN : ① 쇼기 | TAISEN ①将棋 | 225 |
| TAISEN : ② 바둑 | TAISEN ②囲碁 | 225 |
| TAISEN : ③ 마작 | TAISEN ③麻雀 | 225 |
| TAISEN : ④ 솔저 – 기업전사 장기 | TAISEN ④ソルジャー 企業戦士将棋 | 225 |
| TBS 올스타 감사제 VOL.1 : 초호화! 퀴즈 결정판 | TBSオールスター感謝祭VOL.1 超豪華! クイズ決定版 | 164 |
| TBS 올스타 감사제 2003 가을 : 초호화! 퀴즈 결정판 | TBSオールスター感謝祭2003秋 超豪華! クイズ決定版 | 187 |
| TETSU ONE 전차로 배틀! | 鉄1 電車でバトル! | 85 |
| TETSU ONE 전차로 배틀! : WORLD GRAND PRIX | 鉄1 電車でバトル! ワールドグランプリ | 109 |
| THE DOG ISLAND : 꽃 한 송이의 이야기 | THE DOG ISLAND ひとつの花の物語 | 177 |
| THE 경찰관 : 신주쿠 24시 | ザ・警察官 新宿24時 | 95 |
| THE 야마노테선 : TRAIN SIMULATOR REAL | THE 山手線 トレイン・シミュレーター リアル | 93 |
| THE 케이힌 급행 : TRAIN SIMULATION REAL | トレイン・シミュレーター リアル ザ 京浜急行 | 139 |
| THE 편의점 3 : 저 동네를 독점하라 | ザ・コンビニ3 あの町を独占せよ | 165 |
| THE 편의점 4 : 저 동네를 독점하라 | ザ・コンビニ4 あの町を独占せよ | 138 |
| This Is Football 2003 : 세계최강축구 | This Is Football サッカー世界戦記2003 | 167 |
| To Heart 2 | トゥハート2 | 62 |
| TOCA 레이스 드라이버 2 : 얼티밋 레이싱 시뮬레이터 | TOCA レースドライバー2 アルティメット レーシング シミュレータ | 164 |
| TOCA 레이스 드라이버 3 : 디 얼티밋 레이싱 시뮬레이터 | TOCA レースドライバー3 ジ アルティメット レーシング シミュレータ | 198 |
| Tom Clancy's GHOST RECON | トム・クランシーシリーズ ゴーストリコン | 158 |
| Tom Clancy's GHOST RECON : JUNGLE STORM | トム・クランシーシリーズ ゴーストリコン ジャングルストーム | 88 |
| Tom Clancy's GHOST RECON 2 | トム・クランシーシリーズ ゴーストリコン2 | 100 |
| Train Simulator + 전차로GO! : 동경급행편 | トレイン・シミュレーター + 電車でGO! 東京急行編 | 207 |
| tsugunai : 츠구나이 | tsugunai つぐない | 74 |
| TT 슈퍼바이크 : 리얼 로드 레이싱 | TT スーパーバイクス リアルロード レーシング | 141 |
| THE BATTLE OF 유☆유☆백서 : 사투! 암흑무술대회 120% | THE BATTLE OF 幽☆遊☆白書 死闘!暗黒武術会 120% | 166 |
| TVDJ | TVDJ | 59 |
| TVware 정보혁명 시리즈 : 가정의학 | TVware情報革命シリーズ 家庭の医学 | 99 |
| TVware 정보혁명 시리즈 : 신세기 에반게리온 타이핑 E계획 | TVware情報革命シリーズ 新世紀エヴァンゲリオン タイピングE計画 | 87 |
| TVware 정보혁명 시리즈 : 일본어 대사전 | TVware情報革命シリーズ 日本語大辞典 | 99 |
| TVware 정보혁명 시리즈 : 프로 아틀라스 for 긴키 | TVware情報革命シリーズ プロアトラス for TV 近畿 | 103 |
| TVware 정보혁명 시리즈 : 프로 아틀라스 for 도카이 | TVware情報革命シリーズ プロアトラス for TV 東海 | 103 |
| TVware 정보혁명 시리즈 : 프로 아틀라스 for 수도권 | TVware情報革命シリーズ プロアトラス for TV 首都圏 | 103 |
| TVware 정보혁명 시리즈 : 프로 아틀라스 for 전국판 | TVware情報革命シリーズ プロアトラス for TV 全国版 | 103 |
| TVware 정보혁명 시리즈 : 현대용어 기초지식 2001 | TVware情報革命シリーズ 現代用語の基礎知識 2001 | 99 |
| -U- 언더워터 유니트 | U アンダーウォーターユニット | 118 |
| UFC2 : 탭아웃 | UFC2 タップアウト | 130 |
| UFC 2004 | UFC2004 | 229 |
| Under The Moon : Crescent | アンダー ザ ムーン クレセント | 224 |
| US OPEN 2002 A USTA EVENT | US OPEN 2002 A USTA EVENT | 153 |
| VM JAPAN | ブイエムジャパン | 67 |
| V-RALLY 3 | V-RALLY 3 | 151 |
| WAR OF THE MONSTERS : 괴수대격전 | 怪獣大激戦 ウォー・オブ・ザ・モンスターズ | 224 |
| We Are* | We Are* | 147 |
| White Princess the second : 역시 일편단심이든 아니든 OK인 편의주의 학원물 연애 어드벤쳐!! | ホワイト・プリンセス・ザ・セカンド やっぱり一途にいってもそうじゃなくてもOKなご都合主義学園恋愛アドベンチャー!! | 101 |
| Wind : a breath of heart | ウインド a breath of heart | 203 |
| wordimagesoundplay | wordimagesoundplay | 220 |
| WORLD TANK MUSEUM for GAME : 동부전선 | ワールド タンク ミュージアム フォー ゲーム 東部戦線 | 116 |
| WRC : 월드 랠리 챔피언십 | WRC ワールド・ラリー・チャンピオンシップ | 112 |
| WRC II : 익스트림 | WRC II エクストリーム | 166 |
| WRC 3 | WRC3 | 233 |
| WRC 4 | WRC4 | 79 |
| WTA TOUR TENNIS | WTA TOUR TENNIS | 92 |
| WWE 스맥다운 대 로우 2007 | WWE2007 SmackDown! VS RAW | 167 |
| WWE 스맥다운 대 로우 2008 | WWE2008 SmackDown VS RAW | 200 |
| XI5 : 아쿠이 오형제 | XI⁵ | 146 |
| XIII (서틴) : 대통령을 죽인 남자 | サーティーン 大統領を殺した男 | 36 |
| xxx HOLiC : 와타누키의 이자요이 이야기 | 四月一日の十六夜草話 | 185 |
| Yo-Jin-Bo : 운명의 프로이데 | 用心棒 運命のフロイデ | 159 |
| Z.O.E : ZONE OF THE ENDERS | Z.O.E ゾーン オブ エンダーズ | 74 |
| ZERO PILOT : 제로 | ZERO PILOT 零 | 148 |
| Zill O'll infinite | ジルオール インフィニット | 88 |
| 가디언 엔젤 | ガーディアンエンゼル | 155 |
| 가라오케 레볼루션 : J-POP 베스트 Vol.1 | カラオケレボリューション J-POPベスト Vol.1 | 198 |
| 가라오케 레볼루션 : J-POP 베스트 Vol.2 | カラオケレボリューション J-POPベスト Vol.2 | 198 |
| 가라오케 레볼루션 : J-POP 베스트 Vol.3 | カラオケレボリューション J-POPベスト Vol.3 | 198 |
| 가라오케 레볼루션 : J-POP 베스트 Vol.4 | カラオケレボリューション J-POPベスト Vol.4 | 198 |
| 가라오케 레볼루션 : J-POP 베스트 Vol.5 | カラオケレボリューション J-POPベスト Vol.5 | 204 |
| 가라오케 레볼루션 : J-POP 베스트 Vol.6 | カラオケレボリューション J-POPベスト Vol.6 | 204 |
| 가라오케 레볼루션 : J-POP 베스트 Vol.7 | カラオケレボリューション J-POPベスト Vol.7 | 205 |
| 가라오케 레볼루션 : J-POP 베스트 Vol.8 | カラオケレボリューション J-POPベスト Vol.8 | 205 |
| 가라오케 레볼루션 : J-POP 베스트 Vol.9 | カラオケレボリューション J-POPベスト Vol.9 | 221 |
| 가라오케 레볼루션 : 가족 아이돌화 선언 | カラオケレボリューション 家族アイドル化宣言 | 32 |
| 가라오케 레볼루션 : 나이트 셀렉션 2003 | カラオケレボリューション ナイトセレクション2003 | 198 |
| 가라오케 레볼루션 : 드림즈 앤 메모리즈 | カラオケレボリューション ドリームズ アンド メモリーズ | 222 |
| 가라오케 레볼루션 : 러브 앤 발라드 | カラオケレボリューション ラブアンドバラッド | 198 |
| 가라오케 레볼루션 : 스노우 앤 파티 | カラオケレボリューション スノーアンドパーティ | 205 |
| 가라오케 레볼루션 : 애니메 송 셀렉션 | カラオケレボリューション アニメソングセレクション | 204 |
| 가라오케 레볼루션 : 키즈 송 셀렉션 | カラオケレボリューション キッズソングセレクション | 228 |
| 가라오케 레볼루션 : 패밀리 팩 | カラオケレボリューション ファミリーパック | 32 |
| 가르쳐줘! 포포탄 | おしえて! ぽぽたん | 220 |
| 가면라이더 : 정의의 계보 | 仮面ライダー 正義の系譜 | 198 |
| 가면라이더 가부토 | 仮面ライダーカブト | 161 |
| 가면라이더 블레이드 | 仮面ライダー剣 | 57 |
| 가면라이더 클라이맥스 히어로즈 | 仮面ライダー クライマックスヒーローズ | 226 |
| 가면라이더 파이즈(555) | 仮面ライダー555 | 204 |
| 가면라이더 히비키 | 仮面ライダー響鬼 | 114 |
| 가이자드 레볼루션 : 우리는 마음을 몸에 두른다 | ガイザード・レヴォリューション 僕らは想いを身に纏う | 72 |
| 가정교사 히트맨 REBORN! : Let's 암살!? 위험해진 10대째! | 家庭教師ヒットマンREBORN! Let's暗殺!? 狙われた10代目! | 191 |
| 가정교사 히트맨 REBORN! : 금단의 어둠의 델타 | 家庭教師ヒットマンREBORN! 禁断の闇のデルタ | 215 |
| 가정교사 히트맨 REBORN! : 노려라!? 링×본고레 트레이너즈 | 家庭教師ヒットマンREBORN! 狙え!? リング×ボンゴレトレーナーズ | 210 |
| 가정교사 히트맨 REBORN! : 드림 하이퍼 배틀! 필사의 불꽃과 검은 기억 | 家庭教師ヒットマンREBORN! ドリームハイパーバトル! 死ぬ気の炎と黒き記憶 | 185 |
| 가족계획 : 마음의 인연 | 家族計画 心の絆 | 70 |
| 가챠로쿠 | ガチャろく | 143 |
| 가챠로쿠 2 | ガチャろく2 | 204 |
| 가챠메카 스타디움 : 사루바토~레 | ガチャメカスタジアム サルバト~レ | 30 |
| 가필드 : 알린을 구하라! | ガーフィールド アーリーンを救え! | 138 |
| 갈레리언즈 : 애시 | ガレリアンズ：アッシュ | 116 |

| 갓 오브 워 : 영혼의 반역자 | ゴッド・オブ・ウォー | 112 |
| --- | --- | --- |
| 갓 오브 워 II | ゴッド・オブ・ウォーII 終焉への序曲 | 192 |
| 갓 핸드 | ゴッドハンド | 152 |
| 갓츠다!! 숲의 이시마츠 | ガッツだ!! 森の石松 | 77 |
| 강습기갑부대 : 공격 헬리콥터 전기 | 強襲機甲部隊 攻撃ヘリコプター戦記 | 44 |
| 강아지와 놀자 : dogstation | 犬とあそぼう dogstation | 152 |
| 강의 누시 낚시 : 원더풀 저니 | 川のぬし釣り ワンダフルジャーニー | 65 |
| 강철의 연금술사 : 날 수 없는 천사 | 鋼の錬金術師 翔べない天使 | 209 |
| 강철의 연금술사 2 : 드림 카니발 | 鋼の錬金術師 ドリームカーニバル | 39 |
| 강철의 연금술사 2 : 붉은 엘리시르의 악마 | 鋼の錬金術師2 赤きエリクシルの悪魔 | 43 |
| 강철의 연금술사 3 : 신을 계승한 소녀 | 鋼の錬金術師3 神を継ぐ少女 | 94 |
| 강철의 포효 : 워십 커맨더 | 鋼鉄の咆哮 ウォーシップコマンダー | 79 |
| 강철의 포효 2 : 워십 거너 | 鋼鉄の咆哮2 ウォーシップガンナー | 162 |
| 강철의 포효 2 : 워십 커맨더 | 鋼鉄の咆哮2 ウォーシップコマンダー | 211 |
| 개가의 호포 | 凱歌の号砲 | 182 |
| 개골개골 킹 : 슈퍼 디럭스 | ケロケロキング スーパーデラックス | 205 |
| 개구리 밭에서 잡아줘 | カエル畑DEつかまえて☆彡 | 232 |
| 개구리 밭에서 잡아줘 : 여름, 치가라 참전! | カエル畑DEつかまえて☆彡 夏 千木良参戦! | 236 |
| 개구리 중사 케로로 : 불꽃튀는 배틀로얄 | ケロロ軍曹 メロメロバトルロイヤル | 44 |
| 개구리 중사 케로로 : 불꽃튀는 배틀로얄Z | ケロロ軍曹 メロメロバトルロイヤルZ | 112 |
| 갤럭시 엔젤 | ギャラクシーエンジェル | 163 |
| 갤럭시 엔젤 : 문리트 러버즈 | ギャラクシーエンジェル ムーンリットラヴァーズ | 217 |
| 갤럭시 엔젤 : 이터널 러버즈 | ギャラクシーエンジェル エターナルラヴァーズ | 70 |
| 갤럭시 엔젤 II : 무한회랑의 열쇠 | ギャラクシーエンジェルII 無限回廊の鍵 | 190 |
| 갤럭시 엔젤 II : 영겁회귀의 시간 | ギャラクシーエンジェルII 永劫回帰の刻 | 220 |
| 갤럭시 엔젤 II : 절대영역의 문 | ギャラクシーエンジェルII 絶対領域の扉 | 143 |
| 갤롭 레이서 5 | ギャロップレーサー5 | 78 |
| 갤롭 레이서 6 : 레볼루션 | ギャロップレーサー6 レボリューション | 144 |
| 갤롭 레이서 럭키 7 | ギャロップレーサー ラッキー7 | 215 |
| 갤롭 레이서 8 : 라이브 호스 레이싱 | ギャロップレーサー8 ライヴホースレーシング | 117 |
| 갤롭 레이서 인브리드 | ギャロップレーサー インブリード | 159 |
| 건 서바이버 2 : 바이오하자드 코드 베로니카 | ガンサバイバー2 バイオハザード コード：ベロニカ | 95 |
| 건 서바이버 3 : 디노 크라이시스 | ガンサバイバー3 ディノクライシス | 123 |
| 건 서바이버 4 : 바이오하자드 HEROES NEVER DIE | ガンサバイバー4 バイオハザード ヒーローズ ネバーダイ | 154 |
| 건그레이브 | ガングレイヴ | 126 |
| 건그레이브 O.D. | ガングレイヴO.D. | 219 |
| 건그리폰 블레이즈 | ガングリフォン ブレイズ | 61 |
| 건담무쌍 Special | ガンダム無双 Special | 201 |
| 건담무쌍 2 | ガンダム無双2 | 216 |
| 건담 트루 오디세이 : 잊혀진 G의 전설 | ガンダムトゥルーオデッセイ 失われしGの伝説 | 89 |
| 건바리 컬렉션 + 타임 크라이시스 | ガンバリコレクション プラス タイムクライシス | 144 |
| 건버드 1&2 | ガンバード 1&2 | 215 |
| 건설중장비 난투배틀 : 열받았다 콘고!! | 建設重機喧嘩バトル ぶちギレ金剛!! | 58 |
| 건슬링거 걸 Volume. I | ガンスリンガー・ガール Volume. I | 227 |
| 건슬링거 걸 Volume. II | ガンスリンガー・ガール Volume. II | 236 |
| 건슬링거 걸 Volume. III | ガンスリンガー・ガール Volume. III | 38 |
| 건틀릿 : 다크 레거시 | ガントレット・ダークレガシー | 128 |
| 건퍼레이드 오케스트라 : 녹색의 장 - 늑대와 그의 소년 | ガンパレード・オーケストラ 緑の章 狼と彼の少年 | 134 |
| 건퍼레이드 오케스트라 : 백색의 장 - 아오모리 펭귄 전설 | ガンパレード・オーケストラ 白の章 青森ペンギン伝説 | 122 |
| 건퍼레이드 오케스트라 : 청색의 장 - 빛의 바다에서 편지를 보냅니다 | ガンパレード・オーケストラ 青の章 光の海から手紙を送ります | 147 |
| 검호 | 剣豪 | 67 |
| 검호 2 | 剣豪2 | 123 |
| 검호 3 | 剣豪3 | 43 |
| 게게게의 키타로 : 이문 요괴기담 | ゲゲゲの鬼太郎 異聞妖怪奇譚 | 202 |
| 게임으로 나왔어! 도쿠로 건강진단 대작전 | ゲームになったよ!ドクロちゃん 健康診断大作戦 | 110 |
| 겟 백커스 탈환대 : 뒷세계 신주쿠 최강배틀 | ゲットバッカーズ 奪還屋 裏新宿最強バトル | 230 |
| 겟 백커스 탈환대 : 빼앗긴 무한성 | ゲットバッカーズ 奪還屋 奪われた無限城 | 135 |
| 겟 백커스 탈환대 : 탈환이다! 전원집합!! | ゲットバッカーズ 奪還屋 奪還だヨ!全員集合!! | 151 |
| 겟배스 배틀 | ゲットバス バトル | 137 |
| 겟어웨이 | ゲタウェイ | 196 |
| 겟어웨이 : 블랙 먼데이 | ゲタウェイ ブラックマンデー | 111 |
| 격사 보이 2 : 특종대국 일본 | 激写ボーイ2 特ダネ大国ニッポン | 81 |
| 격투 프로야구 : 미즈시마 신지 올스타즈 VS 프로구 | 激闘プロ野球 水島新司オールスターズVSプロ野球 | 184 |
| 격투맨 바키 : 바키 최강열전 | グラップラー刃牙 バキ最強烈伝 | 64 |
| 격투머신 무룡 | 格闘美神 武龍 | 143 |
| 결전 | 決戦 KESSEN | 54 |
| 결전 II | 決戦II | 78 |
| 결전 III | 決戦III | 60 |
| 경영 시뮬레이션 : 쥬라기 공원 | 経営シミュレーション ジュラシックパーク | 189 |
| 고갯길 3 | 峠3 | 93 |
| 고배율 지하 마작열전 무코우부치 : 이거 죄송합니다, 종료로군요 | 高レート裏麻雀列伝 むこうぶち 御無礼、終了ですね | 192 |
| 고속기동대 : World Super Police | 高速機動隊 World Super Police | 110 |
| 고스트 리콘 : 어드밴스드 워파이터 | ゴーストリコン アドバンスウォーファイター | 155 |
| 고스트 바이브레이션 | ゴーストヴァイブレーション | 125 |
| 고스트 헌터 | ゴーストハンター | 40 |
| 고질라 괴수대난투 : 지구 최종결전 | ゴジラ怪獣大乱闘 地球最終決戦 | 57 |
| 골드 X | ゴールドX | 199 |
| 골든 아이 : 로그 에이전트 | ゴールデンアイ ダーク・エージェント | 64 |
| 골풀 GOLF | ゴルフルGOLF | 81 |
| 골프 내비게이터 Vol.1 | ゴルフ・ナビゲーター Vol.1 | 83 |
| 골프 내비게이터 Vol.2 | ゴルフ・ナビゲーター Vol.2 | 84 |
| 골프 내비게이터 Vol.3 | ゴルフ・ナビゲーター Vol.3 | 90 |
| 골프 내비게이터 Vol.4 | ゴルフ・ナビゲーター Vol.4 | 91 |
| 골프 파라다이스 | ゴルフパラダイス | 56 |
| 골프 파라다이스 DX | ゴルフパラダイスDX | 67 |
| 공각기동대 STAND ALONE COMPLEX | 攻殻機動隊 STAND ALONE COMPLEX | 219 |
| 공전 | 空戦 | 74 |
| 공전 II | 空戦II | 214 |
| 공포신문 [헤이세이 편] : 괴기! 심령 파일 | 恐怖新聞【平成版】怪奇! 心霊ファイル | 180 |
| 광속 타니가와 쇼기 | 光速谷川将棋 | 74 |
| 괴도 애프리컷 완전판 | 怪盗アプリコット 完全版 | 64 |
| 괴혼 : 굴려라! 왕자님! | 塊魂 | 222 |
| 구룡요마학원기 | 九龍妖魔學園紀 | 42 |
| 구룡요마학원기 재장전 | 九龍妖魔學園紀 再装填 | 155 |
| 구원(九怨) | 九怨 kuon | 226 |
| 구원의 반 : 재림조 | 久遠の絆 再臨詔 | 127 |
| 귀무자 | 鬼武者 | 72 |
| 귀무자 2 | 鬼武者2 | 111 |
| 귀무자 3 | 鬼武者3 | 217 |
| 귀무자 무뢰전 | 鬼武者 無頼伝 | 197 |
| 그녀의 전설, 나의 석판. | 彼女の伝説、僕の石版。 | 204 |
| 그대가 바라는 영원 : 럼블링 하츠 | 君が望む永遠 ランブリング ハーツ | 167 |
| 그대가 주인이고 집사가 나 : 봉사일기 | 君が主で執事が俺で お仕え日記 | 203 |
| 그라디우스 III&IV : 부활의 신화 | グラディウスIII&IV 復活の神話 | 57 |
| 그라디우스 V | グラディウスV | 33 |
| 그란 투리스모 3 A-spec | グランツーリスモ3 A-spec | 80 |
| 그란 투리스모 4 | グランツーリスモ4 | 62 |
| 그란 투리스모 4 Prologue | グランツーリスモ4 プロローグ版 | 201 |
| 그란 투리스모 컨셉 2001 TOKYO | グランツーリスモ コンセプト 2001 TOKYO | 104 |
| 그란디아 II | グランディアII | 109 |
| 그란디아 III | グランディアIII | 97 |
| 그란디아 익스트림 | グランディア エクストリーム | 106 |
| 그랑프리 챌린지 | グランプリ チャレンジ | 168 |
| 그랜드 셉트 오토 III | グランド・セフト・オートIII | 186 |
| 그랜드 셉트 오토 : 리버티 시티 스토리즈 | グランド・セフト・オート・リバティーシティ・ストーリーズ | 187 |
| 그랜드 셉트 오토 : 바이스 시티 | グランド・セフト・オート・バイスシティ | 231 |
| 그랜드 셉트 오토 : 바이스 시티 스토리즈 | グランド・セフト・オート・サンアンドレアス | 196 |
| 그랜드 셉트 오토 : 산 안드레아스 | グランド・セフト・オート・バイスシティ・ストーリーズ | 167 |
| 그레고리 호러쇼 : 소울 컬렉터 | グレゴリーホラーショー ソウルコレクター | 180 |
| 그레이티스트 스트라이커 | グレイテストストライカー | 66 |
| 그로우랜서 II | グローランサーII | 86 |
| 그로우랜서 III | グローランサーIII | 99 |
| 그로우랜서 IV | グローランサーIV | 205 |
| 그로우랜서 IV Return | グローランサーIV リターン | 73 |
| 그로우랜서 V : Generations | グローランサーV ジェネレーションズ | 149 |
| 그로우랜서 VI | グローランサーVI | 180 |
| 그로우랜서 컬렉션 | グローランサー コレクション | 205 |
| 그리고 이 우주에 빛나는 너의 노래 | そしてこの宇宙にきらめく君の詩 | 141 |
| 그리고 이 우주에 빛나는 너의 노래 XXX (키스×키스×키스) | そしてこの宇宙にきらめく君の詩XXX | 170 |

| 한국어 | 일본어 | 페이지 |
|---|---|---|
| 그리하여 우리는, : …and he said | そして僕らは、…and he said | 90 |
| 그린 그린 : 종소리 다이내믹 | グリーングリーン 鐘ノ音ダイナミック | 164 |
| 그린 그린 : 종소리 로맨틱 | グリーングリーン 鐘ノ音ロマンティック | 164 |
| 그림그리모어 | グリムグリモア | 175 |
| 극공간 프로야구 | 劇空間プロ野球 | 62 |
| 극락작 프리미엄 | 極楽作 プレミアム | 178 |
| 극상학생회 | 極上生徒会 | 103 |
| 근육 랭킹 : 머슬 워즈 21 | 筋肉番付 マッスルウォーズ21 | 87 |
| 근육맨 머슬 그랑프리 MAX | キン肉マン マッスルグランプリマックス | 148 |
| 근육맨 머슬 그랑프리 2 왕곱빼기 | キン肉マン マッスルグランプリ2 特盛 | 211 |
| 근육맨 제네레이션즈 | キン肉マン ジェネレーションズ | 229 |
| 글래디에이터 : 로드 투 프리덤 | グラディエーター ロード トゥ フリーダム | 68 |
| 글래디에이터 : 로드 투 프리덤 리믹스 | グラディエーター ロード トゥ フリーダム リミックス | 102 |
| 글로벌 포크테일 | グローバル フォークテイル | 94 |
| 금광맥 탐사 시뮬레이션 : 잉갓 79 | 金鉱脈探偵 シミュレーション インゴット79 | 140 |
| 금색의 갓슈!! : 격투! 최강의 마물들 | 金色のガッシュベル!! 激闘!最強の魔物達 | 56 |
| 금색의 갓슈!! : 고! 고! 마물 파이트!! | 金色のガッシュベル!! ゴー!ゴー!魔物ファイト!! | 117 |
| 금색의 갓슈!! : 우정 태그 배틀 | 金色のガッシュベル!! 友情タッグバトル | 224 |
| 금색의 갓슈!! : 우정 태그 배틀 2 | 金色のガッシュベル!! 友情タッグバトル2 | 75 |
| 금색의 코르다 | 金色のコルダ | 222 |
| 금색의 코르다 2 | 金色のコルダ2 | 172 |
| 금색의 코르다 2 앙코르 | 金色のコルダ2 アンコール | 187 |
| 금색의 코르다 3 | 金色のコルダ3 | 230 |
| 기간틱 드라이브 | ギガンティック ドライブ | 132 |
| 기갑무장 G브레이커 : 레전드 오브 클라우디아 | 機甲武装Gブレイカー レジェンド オブ クラウディア | 139 |
| 기갑무장 G브레이커 : 제3차 클라우디아 대전 | 機甲武装Gブレイカー 第三次クラウディア大戦 | 116 |
| 기갑무장 G브레이커 2 : 동맹의 반격 | 機甲武装Gブレイカー2 同盟の反撃 | 130 |
| 기갑병단 J-PHOENIX | 機甲兵団 J-PHOENIX | 83 |
| 기갑병단 J-PHOENIX : 버스트 택틱스 | 機甲兵団 J-PHOENIX バーストタクティス | 116 |
| 기갑병단 J-PHOENIX : 서장 편 | 機甲兵団 J-PHOENIX 序章編 | 73 |
| 기갑병단 J-PHOENIX : 코발트 소대 편 | 機甲兵団 J-PHOENIX コバルト小隊篇 | 143 |
| 기갑병단 J-PHOENIX 2 | 機甲兵団J-PHOENIX2 | 217 |
| 기갑병단 J-PHOENIX 2 : 서장 편 | 機甲兵団J-PHOENIX2 序章編 | 182 |
| 기갑장병 아모다인 | 機甲装兵アーモダイン | 170 |
| 기동 신선조 : 피어라 검 | 機動新撰組 萌えよ剣 | 148 |
| 기동전사 Z건담 : 에우고 vs. 티탄즈 | 機動戦士Zガンダム エゥーゴvs.ティターンズ | 201 |
| 기동전사 건담 | 機動戦士ガンダム | 69 |
| 기동전사 건담 : 1년전쟁 | 機動戦士ガンダム 一年戦争 | 79 |
| 기동전사 건담 : 건담 vs. Z건담 | 機動戦士ガンダム ガンダム vs. Zガンダム | 57 |
| 기동전사 건담 : 기렌의 야망 – 액시즈의 위협 V | 機動戦士ガンダム ギレンの野望 アクシズの脅威V | 219 |
| 기동전사 건담 : 기렌의 야망 – 지온 독립전쟁기 | 機動戦士ガンダム ギレンの野望 ジオン独立戦争記 | 118 |
| 기동전사 건담 : 기렌의 야망 – 지온 독립전쟁기 공략지령서 | 機動戦士ガンダム ギレンの野望 ジオン独立戦争記 攻略指令書 | 155 |
| 기동전사 건담 : 연방 vs. 지온 DX | 機動戦士ガンダム 連邦vs.ジオン DX | 98 |
| 기동전사 건담 : 클라이막스 U.C. | 機動戦士ガンダム クライマックスU.C. | 129 |
| 기동전사 건담 : 해후의 우주 | 機動戦士ガンダム めぐりあい宇宙 | 184 |
| 기동전사 건담 00 : 건담 마이스터즈 | 機動戦士ガンダム00 ガンダムマイスターズ | 213 |
| 기동전사 건담 SEED | 機動戦士ガンダムSEED | 177 |
| 기동전사 건담 SEED : 끝나지 않는 내일로 | 機動戦士ガンダムSEED 終わらない明日へ | 46 |
| 기동전사 건담 SEED : 연합 vs. Z.A.F.T. | 機動戦士ガンダムSEED 連合vs.Z.A.F.T. | 112 |
| 기동전사 건담 SEED DESTINY : GENERATION of C.E. | 機動戦士ガンダムSEED DESTINY GENERATION of C.E. | 100 |
| 기동전사 건담 SEED DESTINY : 연합 vs. Z.A.F.T. II PLUS | 機動戦士ガンダムSEED DESTINY 連合vs.Z.A.F.T. II PLUS | 162 |
| 기동전사 건담 전기 | 機動戦士ガンダム戦記 | 129 |
| 기신포후 데몬베인 | 機神咆吼デモンベイン | 30 |
| 기타 프릭스 & 드럼매니아 마스터피스 골드 | ギターフリークス&ドラムマニア マスターピース ゴールド | 172 |
| 기타 프릭스 & 드럼매니아 마스터피스 실버 | ギターフリークス&ドラムマニア マスターピース シルバー | 152 |
| 기타 프릭스 3rd MIX & 드럼매니아 2nd MIX | ギターフリークス 3rd MIX&ドラムマニア 2nd MIX | 66 |
| 기타 프릭스 V & 드럼매니아 V | ギターフリークスV&ドラムマニアV | 131 |
| 기타 프릭스 V2 & 드럼매니아 V2 | ギターフリークスV2&ドラムマニアV2 | 161 |
| 기타 프릭스 V3 & 드럼매니아 V3 | ギターフリークスV3&ドラムマニアV3 | 189 |
| 기타 히어로 : 에어로스미스 | ギターヒーロー エアロスミス | 213 |
| 기타 히어로 3 : 레전드 오브 락 | ギターヒーロー3 レジェンド オブ ロック 専用 ワイヤレスコントローラ同梱セット | 202 |
| 기타도라! 기타 프릭스 4th MIX & 드럼매니아 3rd MIX | ギタドラ! ギターフリークス 4thMIX & ドラムマニア 3rdMIX | 91 |
| 기타루 맨 | ギタルマン | 83 |
| 기타루 맨 원 | ギタルマン ワン | 79 |
| 기타카타 겐조 삼국지 | 北方謙三 三国志 | 82 |
| 길티기어 이그젝스 | ギルティギア イグゼクス | 145 |
| 길티기어 이그젝스 샤프 리로드 | ギルティギア イグゼクス シャープリロード | 178 |
| 길티기어 이그젝스 슬래시 | ギルティギア イグゼクス スラッシュ | 136 |
| 길티기어 이그젝스 액센트 코어 | ギルティギア イグゼクス アクセントコア | 179 |
| 길티기어 이그젝스 액센트 코어 플러스 | ギルティギア イグゼクス アクセントコア プラス | 203 |
| 길티기어 이스카 | ギルティギア イスカ | 34 |
| 길티기어 젝스 플러스 | ギルティギア セクス プラス | 97 |
| 깜짝 마우스 | びっくりマウス | 59 |
| 꺾고 붙이고 달리~고 : 나, 데드히트 | まげるつけるはしーる 俺デットヒート | 130 |
| 꽃과 소녀에게 축복을 : 봄바람의 선물 | 花と乙女に祝福を 春風の贈り物 | 234 |
| 꽃과 태양과 비와 | 花と太陽と雨と | 81 |
| 꿈의 백서 : second dream | 夢見白書 second dream | 214 |
| 나그자트 소프트 리치 매니아 vol.1 : CR 갤럭시 엔젤 | ナグザットソフト リーチマニア vol.1 CRギャラクシーエンジェル | 216 |
| 나는 작다 | ボクは小さい | 126 |
| 나니아 연대기 : 사자, 마녀 그리고 옷장 | ナルニア国物語 第1章 ライオンと魔女 | 130 |
| 나데프로! : 너도 성우 한 번 해봐라! | ナデプロ!! キサマも声優やってみろ! | 229 |
| 나락의 성 : 이치야나기 나고무, 2번째 수난 | 奈落の城 ―柳和、2度目の受難 | 202 |
| 나와 마왕 | ボクと魔王 | 76 |
| 나의 여름방학 2 : 바다 모험 편 | ぼくのなつやすみ2 海の冒険篇 | 126 |
| 나의 용을 보라 | 我が竜を見よ | 51 |
| 나이츠 : into Dreams… | ナイツ into Dreams. | 200 |
| 나이트 위저드 The VIDEO GAME : Denial of the World | ナイトウィザード ザ ビデオゲーム ディナイアル オブ ザ ワールド | 201 |
| 나츠이로 : 별들의 기억 | なついろ 星屑のメモリー | 61 |
| 나츠이로 코마치 : 일일천하【一日千夏】 | 夏色小町【一日千夏】 | 187 |
| 낙서 왕국 2 : 마왕성의 싸움 | ラクガキ王国2 魔王城の戦い | 44 |
| 낙승! 파치스로 선언 | 楽勝! パチスロ宣言 | 191 |
| 낙승! 파치스로 선언 2 : 데카단·십자가 | 楽勝! パチスロ宣言2 デカダン・十字架 | 51 |
| 낙승! 파치스로 선언 3 : 리오 데 카니발·십자가 600식 | 楽勝! パチスロ宣言3 リオデカニーバル・ジュウジカ600式 | 89 |
| 낙승! 파치스로 선언 4 : 진 모구모구 풍림화산·리오 데 카니발 | 楽勝! パチスロ宣言4 真モグモグ風林火山・リオデカーニバル | 133 |
| 낙승! 파치스로 선언 5 : 리오 파라다이스 | 楽勝! パチスロ宣言5 リオパラダイス | 175 |
| 낙승! 파치스로 선언 6 : 리오 2 – 크루징 바나디스 | 楽勝! パチスロ宣言6 リオ2 クルージング ヴァナディース | 223 |
| 날려라!! 골프 | カットビ!! ゴルフ | 161 |
| 남코 뮤지엄 아케이드 HITS! | ナムコミュージアム アーケード HITS! | 124 |
| 남코 크로스 캡콤 | ナムコ クロス カプコン | 85 |
| 남콜렉션 | ナムコレクション | 94 |
| 내 밑에서 발버둥쳐라 | 俺の下でAGAKE | 180 |
| 내가 감독이다! : 격투 페넌트레이스 | オレが監督だ! 激闘ペナントレース | 65 |
| 내가 감독이다! Volume.2 : 격투 페넌트레이스 | オレが監督だ! Volume.2 激闘ペナントレース | 110 |
| 내일의 죠 : 새하얗게 타 스러져라! | あしたのジョー まっ白に燃え尽きろ! | 200 |
| 내일의 죠 투타(鬪打) | あしたのジョー 闘打 | 78 |
| 너스 위치 코무기 매지카르테 | ナースウィッチ小麦ちゃんマジカルて | 219 |
| 네기마!? : 드림 택틱 - 꿈꾸는 소녀는 프린세스♥ | ネギま!? どりーむたくてぃっく 夢見る乙女はプリンセス 歌姫版 | 177 |
| 네기마!? 3교시 : 사랑과 마법과 세계수 전설! | ネギま!? 3時間目 恋と魔法と世界樹伝説! ライブ版 | 160 |

| 네버랜드 연구사 | ネバーランド研究史 | 157 |
| 네뷸러 : 에코 나이트 | ネビュラ エコーナイト | 212 |
| 네오 아틀라스 Ⅲ | ネオアトラス3 | 68 |
| 네오 안젤리크 | ネオ アンジェリーク | 130 |
| 네오 안젤리크 풀보이스 | ネオ アンジェリーク フルボイス | 204 |
| 네오지오 배틀 컬리시엄 | ネオジオバトルコロシアム | 120 |
| 넷파치 Gold : CR 몬스터 맨션 | ネッパチGold CRモンスターマンション | 131 |
| 노기자카 하루카의 비밀 : 코스프레 시작했습니다♥ | 乃木坂春香の秘密 こすぷれ、はじめました♥ | 212 |
| 노다메 칸타빌레 | のだめカンタービレ | 183 |
| 노래방 하자! 드림 오디션 3 | カラオケしよう! ドリームオーディション3 | 84 |
| 노래하는♪텀블링 다이스 : 우리들 셋을 줄·게·요 | うたう♪タンブリング・ダイス 私たち3人、あ・げ・る | 38 |
| 노려라! 명문 야구부 2 | めざせ! 名門野球部2 | 88 |
| 노르망디의 비밀무기 | シークレット・ウェポン・オーバー・ノルマンディ | 213 |
| 노부나가 전기 | 信長戦記 | 235 |
| 노부나가의 야망 : 람세기 | 信長の野望 嵐世記 | 115 |
| 노부나가의 야망 : 람세기 with 파워업 키트 | 信長の野望 嵐世記 with パワーアップキット | 136 |
| 노부나가의 야망 : 창천록 | 信長の野望 蒼天録 | 152 |
| 노부나가의 야망 : 창천록 with 파워업 키트 | 信長の野望 蒼天録 with パワーアップキット | 207 |
| 노부나가의 야망 : 천하창세 | 信長の野望 天下創世 | 227 |
| 노부나가의 야망 : 천하창세 with 파워업 키트 | 信長の野望 天下創世 with パワーアップキット | 64 |
| 노부나가의 야망 : 혁신 | 信長の野望 革新 | 125 |
| 노부나가의 야망 : 혁신 with 파워업 키트 | 信長の野望 革新 with パワーアップキット | 202 |
| 노부나가의 야망 온라인 | 信長の野望オンライン | 170 |
| 노부나가의 야망 온라인 : 비룡의 장 | 信長の野望オンライン 飛龍の章 | 59 |
| 노부나가의 야망 온라인 : 쟁패의 장 | 信長の野望オンライン 争覇の章 | 202 |
| 노부나가의 야망 온라인 : 파천의 장 | 信長の野望オンライン 破天の章 | 163 |
| 노을빛으로 물드는 언덕 : 패러렐 | あかね色に染まる坂 ぱられる | 209 |
| 녹아웃 킹즈 2001 | ノックアウトキング2001 | 81 |
| 녹아웃 킹즈 2002 | ノックアウトキング2002 | 115 |
| 놀러갈게! : 지구가 위기인 혼약 선언 | あそびにいくヨ! ちきゅうぴんちのこんやくせんげん | 147 |
| 눈 이야기 : 리뉴얼 판 | 雪語り リニューアル版 | 97 |
| 눈소녀 대선풍 : 사유키와 코유키의 오싹오싹 대소동 | 雪ん娘大旋風 さゆきとこゆきのひえひえ大騒動 | 217 |
| 니드 포 스피드 모스트 원티드 | ニード・フォー・スピード モスト・ウォンテッド | 120 |
| 니드 포 스피드 언더그라운드 | ニード・フォー・スピード アンダーグラウンド | 209 |
| 니드 포 스피드 언더그라운드 2 | ニード・フォー・スピード アンダーグラウンド2 | 61 |
| 니드 포 스피드 언더커버 | ニード・フォー・スピード アンダーカバー | 217 |
| 니드 포 스피드 카본 | ニード・フォー・スピード カーボン | 165 |
| 니드 포 스피드 프로스트리트 | ニード・フォー・スピード プロストリート | 199 |
| 니모를 찾아서 | ファインディング・ニモ | 202 |
| 닌자어썰트 | ニンジャアサルト | 134 |
| 다운포스 | ダウンフォース | 149 |
| 다이너소어 | ダイナソー | 73 |
| 다이어트 채널 | ダイエット チャンネル | 220 |
| 다이토기켄 공식 파치슬로 시뮬레이터 : 24 – TWENTY FOUR | 大都技研公式パチスロシミュレーター 24 -TWENTY FOUR- | 213 |
| 다이토기켄 공식 파치슬로 시뮬레이터 : 비보전 | 大都技研公式パチスロシミュレーター 秘宝伝 | 150 |
| 다이토기켄 공식 파치슬로 시뮬레이터 : 셰이크 Ⅱ | 大都技研公式パチスロシミュレーター シェイクⅡ | 183 |
| 다이토기켄 공식 파치슬로 시뮬레이터 : 신 요시무네 | 大都技研公式パチスロシミュレーター 新・吉宗 | 202 |
| 다이토기켄 공식 파치슬로 시뮬레이터 : 요시무네 | 大都技研公式パチスロシミュレーター 吉宗 | 58 |
| 다이토기켄 공식 파치슬로 시뮬레이터 : 으랏차! 번장 | 大都技研公式パチスロシミュレーター 押忍!番長 | 110 |
| 다이토기켄 프리미엄 파치슬로 컬렉션 : 요시무네 | 大都技研プレミアムパチスロコレクション 吉宗 | 145 |
| 다크 크로니클 | ダーククロニクル | 142 |
| 다크 클라우드 | ダーククラウド | 68 |
| 단어퍼즐 모지핏탄 | ことばのパズル もじぴったん | 150 |
| 달링 스페셜 : 백래시 – 사랑의 이그조스트 히트 | ダーリンスペシャル バックラッシュ 恋のエキゾースト・ヒート | 37 |
| 달은 동쪽에, 해는 서쪽에 : Operation Sanctuary | 月は東に日は西に Operation Sanctuary | 46 |
| 달은 찢어발긴다 : 탐정 사가라 코이치로 | 月は切り裂く 探偵 相楽恭一郎 | 71 |
| 당구 : 빌리어드 마스터 2 | 撞球 ビリヤードマスター2 | 56 |
| 당기린다 | ひっぱリンダ | 99 |
| 대국마작 넷으로 론! | 対局麻雀 ネットでロン! | 101 |
| 대단해! 아르카나 하트 2 | すっごい!アルカナハート2 | 222 |
| 대부 | ゴッドファーザー | 174 |
| 대전 핫 기믹 : 액세스 작 | 対戦ホットギミック アクセス雀 | 81 |
| 대전 핫 기믹 : 코스프레 마작 | 対戦ホットギミック コスプレ雀 | 230 |
| 대전략 1941 : 역전의 태평양 | 大戦略1941 逆転の太平洋 | 135 |
| 대전략 Ⅶ 익시드 | 大戦略Ⅶ エクシード | 164 |
| 대전략 대동아흥망사 : 토라·토라·토라 아군은 기습에 성공하였음 | 大戦略 大東亜興亡史 トラ・トラ・トラ ワレ奇襲ニ成功セリ | 212 |
| 대탈주 : THE GREAT ESCAPE | 大脱走 THE GREAT ESCAPE | 47 |
| 댄스 댄스 레볼루션 : 파티 컬렉션 | ダンスダンスレボリューション パーティーコレクション | 203 |
| 댄스 댄스 레볼루션 X | ダンスダンスレボリューション X | 218 |
| 댄스 댄스 레볼루션 슈퍼노바 | ダンスダンスレボリューション スーパーノヴァ | 167 |
| 댄스 댄스 레볼루션 슈퍼노바 2 | ダンスダンスレボリューション スーパーノヴァ2 | 200 |
| 댄스 댄스 레볼루션 스트라이크 | ダンスダンスレボリューション ストライク | 126 |
| 댄스 댄스 레볼루션 익스트림 | ダンスダンスレボリューション エクストリーム | 189 |
| 댄스 서밋 2001 : 버스트 어 무브 | ダンスサミット2001 バスト・ア・ムーブ | 65 |
| 더 나이트메어 오브 드루아가 : 이상한 던전 | ザ・ナイトメア・オブ・ドルアーガ 不思議のダンジョン | 34 |
| 더 다큐먼트 오브 메탈기어 솔리드 2 | ザ・ドキュメント・オブ・メタルギアソリッド2 | 133 |
| 더 럼블 피시 | ザ・ランブルフィッシュ | 74 |
| 더 마에스트로무지크 Ⅱ | ザ・マエストロムジーク Ⅱ | 87 |
| 더 매트릭스 : 패스 오브 네오 | マトリックス : パス・オブ・ネオ | 121 |
| 더 베이스볼 2002 : 배틀 볼 파크 선언 | ザ・ベースボール 2002 バトルボールパーク宣言 | 113 |
| 더 베이스볼 2003 : 배틀 볼 파크 선언 – 퍼펙트 플레이 프로야구 | ザ ベースボール 2003 バトルボールパーク宣言 パーフェクトプレープロ野球 | 159 |
| 더 베이스볼 2003 : 배틀 볼 파크 선언 – 퍼펙트 플레이 프로야구 가을호 | ザ ベースボール 2003 バトルボールパーク宣言 パーフェクトプレープロ野球 秋季号 | 184 |
| 더 씽 | 遊星からの物体X episode Ⅱ | 157 |
| 더 킹 오브 파이터즈 : 네스츠 편 – 네오지오 온라인 컬렉션 vol.7 | ザ・キング・オブ・ファイターズ ネスツ編 ネオジオ オンラインコレクション vol.7 | 176 |
| 더 킹 오브 파이터즈 : 오로치 편 – 네오지오 온라인 컬렉션 vol.3 | ザ・キング・オブ・ファイターズ オロチ編 ネオジオ オンラインコレクション vol.3 | 137 |
| 더 킹 오브 파이터즈 2000 | ザ・キング・オブ・ファイターズ 2000 | 142 |
| 더 킹 오브 파이터즈 2001 | ザ・キング・オブ・ファイターズ 2001 | 190 |
| 더 킹 오브 파이터즈 2002 | ザ・キング・オブ・ファイターズ 2002 | 224 |
| 더 킹 오브 파이터즈 2002 : UNLIMITED MATCH | ザ・キング・オブ・ファイターズ 2002 アンリミテッドマッチ | 220 |
| 더 킹 오브 파이터즈 2002 : UNLIMITED MATCH – 투극 Ver. | ザ・キング・オブ・ファイターズ 2002 アンリミテッドマッチ 闘劇ver. | 234 |
| 더 킹 오브 파이터즈 2003 | ザ・キング・オブ・ファイターズ 2003 | 49 |
| 더 킹 오브 파이터즈 '94 RE-BOUT | ザ・キング・オブ・ファイターズ'94 RE-BOUT | 62 |
| 더 킹 오브 파이터즈 '98 : ULTIMATE MATCH – 네오지오 온라인 컬렉션 vol.10 | ザ・キング・オブ・ファイターズ'98アルティメットマッチ ネオジオ オンラインコレクション vol.10 | 207 |
| 더 킹 오브 파이터즈 XI | ザ・キング・オブ・ファイターズ XI | 143 |
| 더 킹 오브 파이터즈 네오웨이브 | ザ・キング・オブ・ファイターズ NEOWAVE | 94 |
| 더 타이핑 오브 더 데드 : 좀비 패닉 | ザ・タイピング・オブ・ザ・デッド | 61 |
| 더 피어 | ザ・フィアー | 86 |
| 더블 리액션! 플러스 | ダブルリアクション! プラス | 43 |
| 더블 위시 | ダブルウィッシュ | 45 |
| 더비 말을 만들자! 5 | ダービー馬をつくろう!5 | 122 |
| 더비 스탈리온 04 | ダービースタリオン04 | 229 |
| 더비쿠 3 : 더비 말을 만들자! | ダビつく3 ダービー馬をつくろう! | 203 |
| 더비쿠 4 : 더비 말을 만들자! | ダビつく4 ダービー馬をつくろう! | 56 |
| 더욱더 골풀 GOLF | もっとゴルフルGOLF | 111 |
| 더지 오브 케르베로스 : 파이널 판타지 Ⅶ | ダージュ オブ ケルベロス ファイナルファンタジーⅦ | 124 |
| 데굴데굴~ 쫀득쫀득~ 괴혼 | みんな大好き塊魂 | 91 |

| 한국어 | 일본어 | 페이지 |
|---|---|---|
| 데드 오어 얼라이브 2 | デッド オア アライブ2 | 56 |
| 데드 오어 얼라이브 2 하드코어 | デッド オア アライブ2 ハードコア | 68 |
| 데드 투 라이츠 | デッド トゥ ライツ | 180 |
| 데멘토 | デメント | 80 |
| 데몬 스톤 | デーモンストーン | 76 |
| 데빌 메이 크라이 | デビル メイ クライ | 88 |
| 데빌 메이 크라이 2 | デビル メイ クライ2 | 152 |
| 데빌 메이 크라이 3 | デビル メイ クライ3 | 69 |
| 데빌 메이 크라이 3 : 스페셜 에디션 | デビル メイ クライ3 スペシャル エディション | 128 |
| 데빌 서머너 : 쿠즈노하 라이도 대 아바돈 왕 | デビルサマナー 葛葉ライドウ対アバドン王 | 214 |
| 데빌 서머너 : 쿠즈노하 라이도 대 초력병단 | デビルサマナー 葛葉ライドウ対 超力兵団 | 129 |
| 데스 바이 디그리스 철권 니나 | デス・バイ・ディグリーズ 鉄拳：ニーナ・ウィリアムス | 66 |
| 데스 커넥션 | デス・コネクション | 229 |
| 데스 크림즌 OX+ | デスクリムゾンOX+ | 199 |
| 데저트 킹덤 | デザート・キングダム | 233 |
| 데프 잼 벤데타 | デフジャム ヴェンデッタ | 182 |
| 데프 잼 파이트 뉴욕 | デフジャム・ファイト・フォー・NY | 71 |
| 도그 오브 베이 | ドッグ オブ ベイ | 68 |
| 도널드 덕의 구출대작전!! | ドナルドダック レスキュー大作戦!! | 75 |
| 도다이 쇼기 : 사간비차 도장 | 東大将棋 四間飛車道場 | 67 |
| 도다이 쇼기 정석도장 : 완결편 | 東大将棋 定跡道場 完結編 | 41 |
| 도돈파치 대왕생 | 怒首領蜂 大往生 | 163 |
| 도로로 | どろろ | 41 |
| 도시ing 메이커 | 街ingメーカー | 92 |
| 도시ing 메이커 2 : 속·나의 도시 만들기 | 街ingメーカー2 続・ぼくの街づくり | 146 |
| 도시의 심즈 | ザ・アーブズ シムズ・イン・ザ・シティ | 64 |
| 도카폰 DX : 세상에 온통 도깨비 가득 | ドカポンDX わたる世界はオニだらけ | 31 |
| 도카폰 더 월드 | ドカポン・ザ・ワールド | 51 |
| 도카폰 킹덤 | ドカポンキングダム | 194 |
| 도쿄 버스 안내 : 오늘부터 너도 운전기사 | 東京バス案内 今日からキミも運転手 | 81 |
| 도쿄 버스 안내 2 | 東京バス案内2 | 103 |
| 도쿄마인학원 외법첩 : 혈풍록 | 東京魔人學園外法帖 血風録 | 38 |
| 도화월탄 : 광풍의 능왕 | 桃華月憚 光風の陵王 | 228 |
| 독스 라이프 | ドッグズライフ | 85 |
| 돌격! 아미맨 : 사상 최소의 작전 | 突撃!アーミーマン 史上最小の作戦 | 152 |
| 돌격!! 남자훈련소 | 魁!!男塾 | 111 |
| 돌격!! 크로마티 고교 | 魁!!クロマティ高校 | 155 |
| 돌격!! 크로마티 고교 : 이거 혹시 게임인가!? 편 | 魁!!クロマティ高校 これはひょっとしてゲームなのか!?編 | 220 |
| 돌아오지 않는 숲 | 帰らずの森 | 148 |
| 동거인 : 포근함과 햇살 속에서 | あいかぎ ぬくもりと日だまりの中で | 186 |
| 두근두근 메모리얼 2 : 뮤직비디오 클립 – 서커스에서 만나요 | ときめきメモリアル2 ミュージックビデオクリップ サーカスで逢いましょう | 115 |
| 두근두근 메모리얼 3 : 약속한 저 곳에서 | ときめきメモリアル3 約束のあの場所で | 102 |
| 두근두근 메모리얼 Girl's Side | ときめきメモリアル Girl's Side | 122 |
| 두근두근 메모리얼 Girl's Side 2nd Kiss | ときめきメモリアル Girl's Side 2nd Kiss | 150 |
| 두근두근 배구 2 | わくわくバレー2 | 152 |
| 둘이서 판타비전 | ふたりのファンタビジョン | 125 |
| 듀얼 마스터즈 : 사봉초용전생 | デュエル・マスターズ 邪封超龍転生 | 76 |
| 듀얼 세이비어 데스티니 | デュエルセイヴァー デスティニー | 120 |
| 듀얼 하츠 | デュアルハーツ | 108 |
| 드라스틱 킬러 | ドラスティックキラー | 209 |
| 드라이버 : 패럴렐 라인즈 | ドライバー パラレルラインズ | 157 |
| 드라이버 3 | ドライバー3 | 50 |
| 드라이빙 이모션 TYPE-S | ドライビングエモーション TYPE-S | 56 |
| 드래곤 섀도우 스펠 | ドラゴンシャドウスペル | 166 |
| 드래곤 퀘스트 & 파이널 판타지 in 포춘 스트리트 Special | ドラゴンクエスト&ファイナルファンタジー in いただきストリートSpecial | 61 |
| 드래곤 퀘스트 : 소년 얀거스와 이상한 던전 | ドラゴンクエスト 少年ヤンガスと不思議のダンジョン | 137 |
| 드래곤 퀘스트 V : 창공의 신부 | ドラゴンクエストV 天空の花嫁 | 225 |
| 드래곤 퀘스트 VIII : 하늘과 바다와 대지와 저주받은 공주 | ドラゴンクエストVIII 空と海と大地と呪われし姫君 | 55 |
| 드래곤 퀘스트 캐릭터즈 토르네코의 대모험 3 : 이상한 던전 | ドラゴンクエストキャラクターズ トルネコの大冒険3 不思議のダンジョン | 138 |
| 드래곤볼Z | ドラゴンボールZ | 154 |
| 드래곤볼Z 2 | ドラゴンボールZ2 | 214 |
| 드래곤볼Z 3 | ドラゴンボールZ3 | 68 |
| 드래곤볼Z 스파킹! | ドラゴンボールZ スパーキング! | 106 |
| 드래곤볼Z 스파킹! 네오 | ドラゴンボールZ スパーキング! ネオ | 156 |
| 드래곤볼Z 스파킹! 메테오 | ドラゴンボールZ スパーキング! メテオ | 186 |
| 드래곤볼Z 인피니트 월드 | ドラゴンボールZ インフィニットワールド | 210 |
| 드래그 온 드라군 | ドラッグ オン ドラグーン | 185 |
| 드래그 온 드라군 2 : 봉인의 홍색, 배덕의 흑색 | ドラッグ オン ドラグーン2 封印の紅、背徳の黒 | 87 |
| 드럼매니아 | ドラムマニア | 55 |
| 드리프트 나이츠 : 쥬스드 2 | ドリフトナイツ：ジュースド2 | 198 |
| 드림 믹스 TV : 월드 파이터즈 | ドリームミックスTVワールドファイターズ | 207 |
| 드림 오디션 | ドリームオーディション | 60 |
| 드림 오디션 : 슈퍼 히트 disc1 | ドリームオーディション スーパーヒットdisc1 | 96 |
| 드림 오디션 : 슈퍼 히트 disc2 | ドリームオーディション スーパーヒットdisc2 | 96 |
| 드림 오디션 2 | ドリームオーディション2 | 68 |
| 드세요, 낭만다방 | 召しませ浪漫茶房 | 48 |
| 디 애니메이션 슈퍼 리믹스 : 거인의 별 | ジ・アニメスーパーリミックス 巨人の星 | 122 |
| 디 애니메이션 슈퍼 리믹스 : 내일의 죠 2 | ジ・アニメスーパーリミックス あしたのジョー2 | 122 |
| 디스트로이 올 휴먼즈! | デストロイ オール ヒューマンズ! | 170 |
| 디어스 | ディアーズ | 238 |
| 디오라마 전선 이상 무 : 스탈린그라드로 가는 길 | ジオラマ戦線異状なし スターリングラードへの道 | 88 |
| 디저트 러브 : 스위트 플러스 | デザートラブ スィートプラス | 128 |
| 디즈니 골프 클래식 | ディズニーゴルフ クラシック | 120 |
| 디즈니 프린세스 : 마법의 세계로 | ディズニープリンセス 魔法の世界へ | 196 |
| 디지몬 배틀 크로니클 | デジモンバトルクロニクル | 35 |
| 디지몬 세이버즈 : 어나더 미션 | デジモンセイバーズ アナザーミッション | 162 |
| 디지몬월드 X | デジモンワールドX | 63 |
| 디지캐럿 판타지 엑설런트 | デ・ジ・キャラット ファンタジー エクセレント | 196 |
| 디지털 데빌 사가 : 아바탈 튜너 | デジタル・デビル・サーガ アバタール・チューナー | 32 |
| 디지털 데빌 사가 : 아바탈 튜너 2 | デジタル・デビル・サーガ アバタール・チューナー2 | 66 |
| 디지털 홈즈 | ディジタル・ホームズ | 102 |
| 따끈따끈 대중목욕탕 | ほっかほか銭湯 | 129 |
| 딸기 100% : 스트로베리 다이어리 | いちご100% ストロベリーダイアリー | 67 |
| 딸기 마시마로 | 苺ましまろ | 99 |
| 라 퓌셀 : 빛의 성녀 전설 | ラ・ピュセル 光の聖女伝説 | 107 |
| 라 퓌셀 : 빛의 성녀 전설 – 2주차 시작했습니다 | ラ・ピュセル 光の聖女伝説 2周目はじめました。 | 49 |
| 라디르기 프레셔스 | ラジルギ プレシャス | 142 |
| 라디아타 스토리즈 | ラジアータ ストーリーズ | 67 |
| 라따뚜이 | レミーのおいしいレストラン | 184 |
| 라무네 : 유리병에 비친 바다 | ラムネ ガラスびんに映る海 | 101 |
| 라스트 에스코트 : 검은 나비 스페셜 나이트 | ラスト・エスコート 黒蝶スペシャルナイト | 149 |
| 라스트 에스코트 : 심야의 검은 나비 이야기 | ラスト・エスコート 深夜の黒蝶物語 | 125 |
| 라스트 에스코트 : 클럽 캇체 | ラスト・エスコート クラブカッツェ | 230 |
| 라스트 에스코트 2 : 심야의 달콤한 가시 | ラスト・エスコート2 深夜の甘い棘 | 201 |
| 라이덴 III | 雷電III | 105 |
| 라이딩 스피리츠 | ライディング スピリッツ | 129 |
| 라이딩 스피리츠 II | ライディング スピリッツII | 219 |
| 라이벨리트 : 이페머럴 판타지아 | ライゼリート エフェメラル ファンタジア | 61 |
| 라임빛 전기담☆순 | らいむいろ戦奇譚☆純 | 226 |
| 라제폰 : 창궁환상곡 | ラーゼフォン 蒼穹幻想曲 | 181 |
| 라쳇 & 클랭크 | ラチェット&クランク | 143 |
| 라쳇 & 클랭크 : 공구들고 바캉스 | ラチェット&クランク5 激突!ドデカ銀河のミリミリ軍団 | 208 |
| 라쳇 & 클랭크 : 공구전사 대박몰이 | ラチェット&クランク2 ガガガ! 銀河のコマンドーっス | 203 |
| 라쳇 & 클랭크 : 공구전사 리로디드 | ラチェット&クランク3 突撃!ガラクチック★レンジャーズ | 55 |
| 라쳇 & 클랭크 : 공구전사 위기일발 | ラチェット&クランク4th ギリギリ銀河のギガバトル | 113 |
| 랑그릿사 III | ラングリッサーIII | 109 |
| 랠리 챔피언십 | ラリー・チャンピオンシップ | 162 |
| 랩소디아 | ラプソディア | 105 |
| 러브 루트 제로 : kisskiss☆래버린스 | ラブルートゼロ kisskiss☆ラビリンス | 232 |
| 러브 송즈 : 아이돌이 클래스메~이트 | ラブソングス アイドルがクラスメート | 80 |
| 러브 콤플렉스 : 펀치 DE 콩트 | ラブ★コン パンチDEコント | 146 |
| 러브☆드롭 : LoveDrops | らぶ☆どろ LoveDrops | 179 |
| 러브★스매시 5 : 테니스 로보의 반란 | ラブ★スマッシュ!5 テニスロボの反乱 | 195 |
| 러브돌 : Lovely Idol | らぶドル Lovely Idol | 83 |

| 한국어 | 일본어 | 페이지 |
|---|---|---|
| 러브스토리 | ラブストーリー | 57 |
| 러브히나 고~저스 : 슬쩍 해프닝!! | ラブひな ご〜じゃす チラっとハプニング!! | 169 |
| 러키☆스타 : 료오 고등학교 앵등제 | らき☆すた 陵桜学園 桜藤祭 | 198 |
| 럭비 06 | EAスポーツ ラグビー06 | 153 |
| 럭비 08 | EAスポーツ ラグビー08 | 186 |
| 런 라이크 헬 | ラン・ライク・ヘル | 41 |
| 런어바웃 3 : 네오 에이지 | ランナバウト3 ネオエイジ | 119 |
| 레가이아 : 듀얼 사가 | レガイア デュエルサーガ | 98 |
| 레고 레이서 2 | レゴレーサー2 | 131 |
| 레고 배트맨 | レゴ バットマン | 217 |
| 레고 스타워즈 | レゴ スター・ウォーズ | 92 |
| 레고 스타워즈 II | レゴ スター・ウォーズII | 159 |
| 레드 닌자 : 분노의 복수 | 紅忍 血河の舞 | 72 |
| 레드 데드 리볼버 | レッド・デッド・リボルバー | 85 |
| 레드 카드 | レッド・カード | 124 |
| 레디 투 럼블 복싱 : 라운드 2 | レディ トゥ ランブル ボクシング ラウンド2 | 107 |
| 레슬 킹덤 | レッスルキングダム | 147 |
| 레슬 킹덤 2 : 프로레슬링 세계대전 | レッスルキングダム2 プロレスリング世界大戦 | 178 |
| 레슬엔젤스 서바이버 | レッスルエンジェルス サバイバー | 151 |
| 레슬엔젤스 서바이버 2 | レッスルエンジェルス サバイバー2 | 215 |
| 레이맨 레볼루션! | レイマン レボリューション! | 82 |
| 레이싱 배틀 : C1 GRAND PRIX | レーシングバトル C1 GRAND PRIX | 85 |
| 레이징블레스 : 항마묵시록 | レイジングブレス 降魔黙示録 | 121 |
| 레이크 마스터즈 EX | レイクマスターズEX | 69 |
| 레이크 마스터즈 EX Super | レイクマスターズEX Super | 86 |
| 레전더 : 격투! 사가 배틀 | レジェンズ 激闘!サガバトル | 60 |
| 렛츠 플레이 스포츠! | レッツプレイスポーツ! | 32 |
| 로그 : 하츠 던전 | ローグ ハーツ ダンジョン | 178 |
| 로그 갤럭시 | ローグギャラクシー | 117 |
| 로그 갤럭시 : 디렉터즈 컷 | ローグギャラクシー ディレクターズカット | 173 |
| 로그 옵스 | ローグオプス | 219 |
| 로맨싱 사가 : 민스트럴 송 | ロマンシング サガ ミンストレルソング | 81 |
| 로보캅 : 새로운 위기 | ロボコップ 新たなる危機 | 174 |
| 로봇 | ロボッツ | 97 |
| 로빈슨 가족 : 윌버의 위험한 시간여행 | ルイスと未来泥棒 ウィルバーの危険な時間旅行 | 197 |
| 로스트 아야 소피아 | ロスト・アヤ・ソフィア | 235 |
| 로스트 패시지 : 잊혀진 구절 | ロストパッセージ 失われた一節 | 191 |
| 로우 라이더 : Round The World | ローライダー Round The World | 148 |
| 로자리오와 뱀파이어 CAPU2 : 사랑과 꿈의 랩소디아 | ロザリオとバンパイア2 恋と夢の狂想曲 | 225 |
| 로젠 메이든 duellwalzer(두엘발처) | ローゼンメイデン ドゥエルヴァルツァ | 139 |
| 로젠 메이든 gebetgarten(게베트가르텐) | ローゼンメイデン ゲベートガルテン | 174 |
| 로터스 챌린지 | ロータス チャレンジ | 149 |
| 록맨 : 파워 배틀 파이터즈 | ロックマン パワーバトルファイターズ | 38 |
| 록맨 X : 커맨드 미션 | ロックマンX コマンドミッション | 35 |
| 록맨 X7 | ロックマンX7 | 176 |
| 록맨 X8 | ロックマンX8 | 73 |
| 록큰 메가스테이지 | ロックンメガステージ | 58 |
| 록키 | ロッキー | 195 |
| 루나틱 돈 템페스트 | ルナティックドーン テンペスト | 73 |
| 루시안 비즈 : 레저렉션 슈퍼노바 | シアンビーズ リザレクション スーパーノヴァ | 225 |
| 루시안 비즈 : 이블 바이올렛 | ルシアンビーズ イビル ヴァイオレット | 233 |
| 루시안 비즈 : 저스티스 옐로 | ルシアンビーズ ジャスティス イエロー | 233 |
| 루츠 PE | ルーツ PE | 168 |
| 루팡 3세 : 루팡에겐 죽음을, 제니가타에겐 사랑을 | ルパン三世 ルパンには死を、銭形には恋を | 171 |
| 루팡 3세 : 마술왕의 유산 | ルパン三世 魔術王の遺産 | 143 |
| 루팡 3세 : 콜럼버스의 유산은 붉게 물든다 | ルパン三世 コロンブスの遺産は朱に染まる | 55 |
| 루프 시퀀서 : 뮤직 제네레이터 | ループシーケンサー ミュージックジェネレーター | 78 |
| 룬 프린세스 | ルーンプリンセス | 114 |
| 룰 오브 로즈 | ルール オブ ローズ | 123 |
| 룸매니아 #203 | ルーマニア #203 | 129 |
| 룸매니아 : 눈물의 청춘 | ニュールーマニア ポロリ青春 | 160 |
| 룸메이트 아사미 : 사모님은 여고생 | ルームメイト 麻美 おくさまは女子高生 | 122 |
| [류가 고토쿠] 용과 같이 | 龍が如く | 116 |
| [류가 고토쿠] 용과 같이2 | 龍が如く2 | 163 |
| 르망 24 아워즈 | ル・マン24アワーズ | 122 |
| 리락쿠마 : 2주 동안 실례하겠습니다 | リラックマ おじゃまします2週間 | 102 |
| 리리의 아틀리에 : 잘부르그의 연금술사 3 | リリーのアトリエ ザールブルグの錬金術士3 | 83 |
| 리리의 아틀리에 플러스 : 잘부르그의 연금술사 3 | リリーのアトリエ プラス ザールブルグの錬金術士3 | 115 |
| 리모코로론 | リモココロン | 84 |
| 리모트 컨트롤 댄디 SF | リモートコントロールダンディ SF | 80 |
| 리버 라이드 어드벤처 : featuring SALOMON | リバーライドアドベンチャー フィーチャリング サロモン | 180 |
| 리버스 문 | リバースムーン | 114 |
| 리벨 판타지아 : 마리엘과 요정 이야기 | リーヴェルファンタジア マリエルと妖精物語 | 112 |
| 리얼 로데 | リアルロデ | 216 |
| 리얼 로봇 레지먼트 | リアルロボットレジメント | 88 |
| 리얼 배스 피싱 : 탑 앵글러 | リアルバスフィッシング トップアングラー | 111 |
| 리얼 스포츠 프로야구 | リアルスポーツ プロ野球 | 181 |
| 리얼라이즈 : Panorama Luminary | リアライズ Panorama Luminary | 104 |
| 리처드 번즈 랠리 | リチャード・バーンズ・ラリー | 105 |
| 리틀 버스터즈! : 컨버티드 에디션 | リトルバスターズ! コンバーティッド エディション | 229 |
| 리틀 앵커 | リトルアンカー | 222 |
| 리틀 에이드 | リトルエイド | 113 |
| 리플의 알 | リプルのたまご | 171 |
| 릴로&스티치 : 스티치의 대모험 | リロ・アンド・スティッチ スティッチの大冒険 | 162 |
| 림 러너즈 | リムランナーズ | 67 |
| 릿지 레이서 V | リッジレーサーファイブ | 55 |
| 링 오브 레드 | リング オブ レッド | 63 |
| 마검 샤오[爻] | 魔剣爻 | 82 |
| 마계영웅기 마키시모 : 마신 몬스터의 야망 | 魔界英雄記マキシモ マシンモンスターの野望 | 185 |
| 마계전기 디스가이아 | 魔界戦記ディスガイア | 152 |
| 마계전기 디스가이아 2 | 魔界戦記ディスガイア2 | 129 |
| 마계전생 | 魔界転生 | 179 |
| 마그나카르타 : 진홍의 성흔 | マグナカルタ | 53 |
| 마나케미아 : 학교의 연금술사들 | マナケミア 学園の錬金術士たち | 181 |
| 마나케미아 2 : 폐쇄 직전의 학교와 연금술사들 | マナケミア2 おちた学園と錬金術士たち | 206 |
| 마다가스카 | マダガスカル | 101 |
| 마미무메☆모가쵸의 프린트 아워 | まみむめ☆もがちょのプリントアワー | 71 |
| 마법선생 네기마! : 과외수업 - 소녀의 두근두근♡비치사이드 | 魔法先生ネギま! 課外授業 乙女のドキドキ♡ビーチサイド | 133 |
| 마법선생 네기마! 1교시 : 꼬마 선생님은 마법사! | 魔法先生ネギま! 1時間目 お子ちゃま先生は魔法使い! | 65 |
| 마법선생 네기마! 2교시 : 싸우는 소녀들! 마호라 대운동회 SP! | 魔法先生ネギま! 2時間目 戦う乙女たち! 麻帆良大運動会SP! 銀メダル版 | 97 |
| 마법소녀 아 라 모드 : 외워봐, 사랑의 마법! | 魔女っ娘ア・ラ・モード 唱えて、恋の魔法! | 55 |
| 마법소녀 아 라 모드 II : 마법과 검의 스트러글 | 魔女っ娘ア・ラ・モードII 魔法と剣のストラグル | 182 |
| 마법의 펌프킨 : 앤과 그레그의 대모험 | 魔法のパンプキン アンとグレッグの大冒険 | 171 |
| 마법총사 쿠로히메 | 魔砲使い黒姫 | 135 |
| 마비노×스타일 | マビノ×スタイル | 82 |
| 마술사 오펜 | 魔術士オーフェン | 60 |
| 마알 DE 직소 | マールDEジグソー | 96 |
| 마와자 | マワザ | 106 |
| 마음의 문 | こころの扉 | 227 |
| 마이 메리 메이 | マイ・メリー・メイ | 152 |
| 마이 메리 메이 with be | マイ・メリー・メイ・ウィズ・ビー | 91 |
| 마이 메리 메이비 | マイ・メリー・メイビー | 166 |
| 마이 홈을 만들자! | マイホームをつくろう! | 121 |
| 마이 홈을 만들자! 2 : 장인 | マイホームをつくろう2!匠 | 72 |
| 마이 홈을 만들자! 2 : 충실! 간단 설계!! | マイホームをつくろう!2 充実!簡単設計!! | 128 |
| 마이네 리베 : 우아하고 아름다운 기억 | マイネリーベ 優美なる記憶 | 44 |
| 마이네 리베 II : 긍지와 정의와 사랑 | マイネリーベII 誇りと正義と愛 | 126 |
| 마이오토메 : 소녀 무투사!! | 舞-乙HiME 乙女舞闘史!! | 160 |
| 마이트 & 매직 : 데이 오브 더 디스트로이어 | マイト アンド マジック デイ・オブ・ザ・デストロイヤー | 90 |
| 마이히메 : 운명의 계통수 | 舞-HiME 運命の系統樹 | 91 |
| 마인탐정 네우로 : 배틀이다! 범인 집합! | 魔人探偵脳噛ネウロ バトルだよ! 犯人集合! | 210 |
| 마작 오공 : 대성 | 麻雀悟空 大聖 | 65 |
| 마작 파티 : 아이돌과 마작승부 | まーじゃんパーティー アイドルと麻雀勝負 | 226 |
| 마작대회 III : 밀레니엄 리그 | 麻雀大会III ミレニアムリーグ | 55 |
| 마작비룡전설 텐파이 | 麻雀飛龍伝説 天牌 | 183 |
| 마작삼국지 | 麻雀三国志 | 60 |
| 마작선언 : 외쳐라 론! | 麻雀宣言 叫んでロン! | 69 |
| 마작패왕 : 단급 배틀 | 麻雀覇王 段級バトル | 136 |

| | | | | | |
|---|---|---|---|---|---|
| 마작패왕 : 단급 배틀 II | 麻雀覇王 段級バトルII | 136 | 메이저리그 베이스볼 2K7 | メジャーリーグベースボール 2K7 | 184 |
| 마작패왕 : 대회 배틀 | 麻雀覇王 大会バトル | 188 | 메이저리그 베이스볼 2K8 | メジャーリーグベースボール 2K8 | 215 |
| 마작패왕 : 마작장 배틀 | 麻雀覇王 雀荘バトル | 103 | 메이플 컬러즈 : 결전은 학교축제! | メイプルカラーズ 決戦は学園祭! | 78 |
| 마작패왕 : 배틀로얄 | 麻雀覇王 バトルロイヤル | 93 | 메탈 사가 : 흙먼지의 사슬 | メタルサーガ 砂塵の鎖 | 87 |
| 마작패왕 : 진검 배틀 | 麻雀覇王 真剣バトル | 235 | 메탈 슬러그 | メタルスラッグ | 145 |
| 마작하자! 2 | 麻雀やろうぜ!2 | 57 | 메탈 슬러그 3 | メタルスラッグ3 | 172 |
| 마지 : 그때의 머나먼 약속을 | マージ あの時の遠い約束を | 176 | 메탈 슬러그 4 | メタルスラッグ4 | 44 |
| 마크 오브 크리 | マーク・オブ・クリィ | 191 | 메탈 슬러그 5 | メタルスラッグ5 | 82 |
| 마키시모 | マキシモ | 103 | 메탈 슬러그 6 | メタルスラッグ6 | 153 |
| 마탐정 로키 RAGNAROK : 마요화, 잃어버린 미소 | 魔探偵ロキ ラグナロク 魔妖画 失われた微笑 | 121 | 메탈 슬러그 컴플리트 | メタルスラッグ コンプリート | 179 |
| 마호로매틱 : 좀 더≠반짝반짝 메이드 | まほろまてぃっく 萌っと≠きらきらメイドさん。 | 179 | 메탈 울프 REV | メタルウルフ REV | 129 |
| 마호로바 Stories : Library of Fortune | まほろばStories Library of Fortune | 183 | 메탈기어 솔리드 2 : SONS OF LIBERTY | メタルギアソリッド2 サンズ・オブ・リバティ | 98 |
| 막말낭만 월화의 검사 1 · 2 : 네오지오 온라인 컬렉션 vol.2 | 幕末浪漫 月華の剣士1・2 ネオジオ オンライン コレクション vol.2 | 122 | 메탈기어 솔리드 2 SUBSTANCE | メタルギアソリッド2 サブスタンス | 148 |
| | | | 메탈기어 솔리드 3 : SNAKE EATER | メタルギアソリッド3 スネークイーター | 60 |
| | | | 메탈기어 솔리드 3 SUBSISTENCE | メタルギアソリッド3 サブシスタンス | 121 |
| 막말연화 신선조 | 幕末恋華 新選組 | 61 | 멕스미스 런덤 | メックスミス・ランディム | 61 |
| 막말연화 화류검사전 | 幕末恋華 花柳剣士伝 | 189 | 멘 앳 워크! 3 : 사랑과 청춘의 헌터학교 | メンアットワーク!3 愛と青春のハンター学園 | 55 |
| 망국의 이지스 2035 : 워십 거너 | 亡国のイージス2035 ウォーシップガンナー | 95 | 멜티 블러드 : Act Cadenza | メルティブラッド アクトカデンツァ | 150 |
| 맛나니 프린세스 | 暴れん坊プリンセス | 97 | 멜티 블러드 : Actress Again | メルティブラッド アクトレスアゲイン | 226 |
| 매든 NFL 2001 | マッデンNFL スーパーボウル2001 | 72 | 명탐정 에반게리온 | 名探偵エヴァンゲリオン | 167 |
| 매든 NFL 2002 | マッデンNFL スーパーボウル2002 | 106 | 명탐정 코난 : 대영제국의 유산 | 名探偵コナン 大英帝国の遺産 | 54 |
| 매든 NFL 2003 | マッデンNFL スーパーボウル2003 | 148 | 모기 | 蚊 | 82 |
| 매든 NFL 2005 | マッデンNFL スーパーボウル2005 | 54 | 모기 2 : 렛츠 고 하와이 | 蚊2 レッツゴーハワイ | 174 |
| 매든 NFL 06 | マッデンNFL 06 | 115 | 모노노케 이무록 | 大正もののけ異聞録 | 156 |
| 매든 NFL 07 | マッデンNFL 07 | 163 | 모노크롬 | モノクローム | 40 |
| 매든 NFL 08 | マッデンNFL 08 | 188 | 모노크롬 팩터 : cross road | モノクローム・ファクター クロスロード | 216 |
| 매지션즈 아카데미 | まじしゃんず・あかでみい | 180 | 모노폴리 : 노려라!! 대부호 인생!! | モノポリー めざせっ!! 大富豪人生!! | 179 |
| 매지컬 스포츠 : 2000 코시엔 | マジカルスポーツ 2000甲子園 | 61 | 모두의 GOLF 3 | みんなのGOLF3 | 87 |
| 매지컬 스포츠 : 2001 코시엔 | マジカルスポーツ 2001甲子園 | 82 | 모두의 GOLF 4 | みんなのGOLF4 | 200 |
| 매지컬 스포츠 : 2001 프로야구 | マジカルスポーツ 2001プロ野球 | 88 | 모두의 GOLF 온라인 | みんなのGOLF オンライン | 171 |
| 매지컬 스포츠 : GoGoGolf | マジカルスポーツ GoGoGolf | 63 | 모두의 테니스 | みんなのテニス | 153 |
| 매지컬 스포츠 : 하드 히터 | マジカルスポーツ ハードヒッター | 84 | 모리타 쇼기 | 森田将棋 | 55 |
| 매지컬 스포츠 : 하드 히터 2 | マジカルスポーツ ハードヒッター2 | 108 | 모모타로 전철 11 : 블랙 봄비 출현! 편 | 桃太郎電鉄11 ブラックボンビー出現!の巻 | 144 |
| 매지컬 파친코 코튼 : 파친코 실기 시뮬레이션 | マジカルパチンコ コットン パチンコ実機シミュレーション | 168 | 모모타로 전철 12 : 서일본 편도 있구먼아 | 桃太郎電鉄12 西日本編もありまっせー! | 203 |
| | | | 모모타로 전철 15 : 5대 봄비 등장! 편 | 桃太郎電鉄15 五大ボンビー登場!の巻 | 116 |
| | | | 모모타로 전철 16 : 홋카이도 대이동 편! | 桃太郎電鉄16 北海道大移動の巻! | 163 |
| 매지컬☆테일 : 꼬마 마법사 | まじかる☆ている ちっちゃな魔法使い | 83 | 모모타로 전철 USA | 桃太郎電鉄 USA | 54 |
| 맥스 페인 | マックスペイン | 169 | 모모타로 전철 X : 큐슈 편도 있구먼 | 桃太郎電鉄X 九州編もあるばい | 100 |
| 맷 호프먼 프로 BMX 2003 | マット・ホフマン プロBMX 2003 | 235 | 모션 그라비아 시리즈 : MEGUMI | モーショングラビアシリーズ MEGUMI | 167 |
| 맹수 조련사와 왕자님 | 猛獣使いと王子様 | 234 | 모션 그라비아 시리즈 : 네모토 하루미 | モーショングラビアシリーズ 根本はるみ | 167 |
| 맹수 조련사와 왕자님 : Snow Bride | 猛獣使いと王子様 Snow Bride | 237 | 모션 그라비아 시리즈 : 모리 히로코 | モーショングラビアシリーズ 森ひろこ | 167 |
| 머나먼 시공 속에서 : 몽부교 Special | 遙かなる時空の中で 夢浮橋 スペシャル | 218 | 모션 그라비아 시리즈 : 키타가와 토모미 | モーショングラビアシリーズ 北川友美 | 166 |
| 머나먼 시공 속에서 : 무일야 | 遙かなる時空の中で 舞一夜 | 154 | 모에모에 2차대전(략) 2[chu~♪] | 萌え萌え2次大戦(略)2[chu~♪] | 230 |
| 머나먼 시공 속에서 : 팔엽초 | 遙かなる時空の中で 八葉抄 | 78 | 모에모에 2차대전(략)☆디럭스 | 萌え萌え2次大戦(略)☆デラックス | 216 |
| 머나먼 시공 속에서 2 | 遙かなる時空の中で2 | 110 | 모에컴 : 모에코 섬에 어서 오세요 | モエかん 萌え娘島へようこそ | 214 |
| 머나먼 시공 속에서 3 | 遙かなる時空の中で3 | 61 | 모지브리본 | モジブリボン | 197 |
| 머나먼 시공 속에서 3 : 십육야기 | 遙かなる時空の中で3 十六夜記 | 104 | 모험소년 클럽 화보 | 冒険少年クラブ画報 | 188 |
| 머나먼 시공 속에서 3 : 운명의 미궁 | 遙かなる時空の中で3 運命の迷宮 | 133 | 모험시대활극 고에몽 | 冒険時代活劇ゴエモン | 71 |
| 머나먼 시공 속에서 4 | 遙かなる時空の中で4 | 207 | 모험왕 비트 : 다크니스 센추리 | 冒険王ビィト ダークネスセンチュリー | 82 |
| 머메이드 프리즘 | マーメイドプリズム | 159 | 목장이야기 : Oh! 원더풀 라이프 | 牧場物語 Oh! ワンダフルライフ | 53 |
| 머시너리즈 | マーセナリーズ | 82 | 목장이야기 3 : 하트에 불을 붙여 | 牧場物語3 ハートに火をつけて | 85 |
| 머시너리즈 2 : 월드 인 플레임스 | マーセナリーズ2 ワールド イン フレームス | 215 | 몬스터 배스 | モンスターバス | 153 |
| 메달 오브 아너 : 라이징 선 | メダル オブ オナー ライジングサン | 201 | 몬스터 팜 | モンスターファーム | 77 |
| 메달 오브 아너 : 뱅가드 | メダル オブ オナー ヴァンガード | 178 | 몬스터 팜 4 | モンスターファーム4 | 181 |
| 메달 오브 아너 : 유러피언 어썰트 | メダル オブ オナー ヨーロッパ強襲 | 99 | 몬스터 팜 5 : 서커스 캐러밴 | モンスターファーム5 サーカスキャラバン | 116 |
| 메달 오브 아너 : 프론트라인 | メダル オブ オナー 史上最大の作戦 | 138 | 몬스터헌터 | モンスターハンター | 221 |
| 메디컬 91 | メディカル91 | 95 | 몬스터헌터 G | モンスターハンターG | 65 |
| 메르헤븐 : 암 파이트 드림 | メルヘヴン アーム ファイト ドリーム | 110 | 몬스터헌터 2(도스) | モンスターハンター2 | 126 |
| 메모리얼 송 | メモリアルソング | 131 | 몽견사 | 夢見師 | 165 |
| 메모리즈 오프 : 그 이후 | メモリーズ オフ それから | 238 | 몽키 턴 V | モンキーターンV | 31 |
| 메모리즈 오프 : 그 이후 again | メモリーズ オフ それから アゲイン | 133 | 무사시 전 II : 블레이드마스터 | 武蔵伝II ブレイドマスター | 92 |
| 메모리즈 오프 #5 : 끊어진 필름 | メモリーズ オフ #5 とぎれたフィルム | 109 | 무쌍 오로치 | 無双OROCHI | 173 |
| 메모리즈 오프 #5 앙코르 | メモリーズ オフ #5 アンコール | 182 | 무쌍 오로치 마왕재림 | 無双OROCHI 魔王再臨 | 204 |
| 메모리즈 오프 6 : T-wave | メモリーズ オフ6 T-wave | 210 | 무인가 | 武刃街 | 209 |
| 메모리즈 오프 6 : 넥스트 릴레이션 | メモリーズ オフ6 ネクストリレーション | 227 | 무장연금 : 어서 오세요, 빠삐용 파크에 | 武装錬金 ようこそパピヨンパークへ | 182 |
| 메모리즈 오프 Duet | メモリーズ オフ デュエット | 162 | 무적뱅커 크로켓! : 뱅 킹을 위기에서 구하라 | コロッケ! バン王の危機を救え | 31 |
| 메모리즈 오프 애프터 레인 : Vol.1 종이학 | メモリーズ オフ アフターレイン Vol.1 折鶴 | 66 | 무적코털 보보보 : 모여라!! 체감 보보보!! | ボボボーボ・ボーボボ集まれ!!体感ボーボボ!! | 60 |
| 메모리즈 오프 애프터 레인 : Vol.2 상연 | メモリーズ オフ アフターレイン Vol.2 想薬 | 72 | 무적코털 보보보 : 튀어나온 코털 축제 | ボボボーボ・ボーボボ ハジけ祭 | 160 |
| 메모리즈 오프 애프터 레인 : Vol.3 졸업 | メモリーズ オフ アフターレイン Vol.3 卒業 | 78 | 물고기 : 일곱 물속의 전설의 대어 | うお 7つの水の伝説のヌシ | 31 |
| 메모오프 믹스 | メモオフみっくす | 188 | 물의 선율 | 水の旋律 | 105 |
| 메이저리그 베이스볼 2K6 | メジャーリーグベースボール 2K6 | 172 | 물의 선율 2 : 비(緋)의 기억 | 水の旋律2 緋の記憶 | 159 |
| | | | 미국 횡단 울트라 퀴즈 | アメリカ横断ウルトラクイズ | 112 |

| 한글명 | 일본어명 | 쪽 |
|---|---|---|
| 미니어처 철도 : 블루 트레인 특급편 | 箱庭鉄道 ブルートレイン・特急編 | 120 |
| 미드나이트 클럽 : 스트리트 레이싱 | ミッドナイトクラブ ストリートレーシング | 75 |
| 미래소년 코난 | 未来少年コナン | 101 |
| 미션 임파서블 : 오퍼레이션 서마 | ミッション・インポッシブル オペレーション・サルマ | 226 |
| 미스터리트 : 야소가미 카오루의 사건파일 | ミステリート 八十神かおるの事件ファイル | 142 |
| 미스트 Ⅲ : 엑자일 | ミストⅢ エグザイル | 160 |
| 미시간 | michigan | 37 |
| 미싱 블루 | ミッシングブルー | 86 |
| 미싱 파츠 side A : 더 탐정 스토리즈 | ミッシングパーツ sideA the TANTEI STORIES | 200 |
| 미싱 파츠 side B : 더 탐정 스토리즈 | ミッシングパーツ sideB the TANTEI STORIES | 216 |
| 미즈이로 | みずいろ | 149 |
| 미코마이 : 영원한 마음 | 巫女舞 永遠の想い | 103 |
| 민폐성인 패닉메이커 | めいわく星人パニックメーカー | 37 |
| 밀리언 갓 | ミリオンゴッド | 149 |
| 바람색 서프 | 風色サーフ | 223 |
| 바람의 검심 : 메이지 검객 낭만기 – 불타오르라! 교토 윤회 | るろうに剣心 明治剣客浪漫譚 炎上! 京都輪廻 | 153 |
| 바람의 크로노아 2 : Lunatea's Veil | 風のクロノア2 世界が望んだ忘れもの | 77 |
| 바로크 | バロック | 182 |
| 바로크 인터내셔널 | バロック インターナショナル | 214 |
| 바스켈리언 | バスケリアン | 180 |
| 바운서 | バウンサー | 71 |
| 바이오니클 히어로즈 | バイオニクル ヒーローズ | 166 |
| 바이오하자드 4 | バイオハザード 4 | 115 |
| 바이오하자드 아웃브레이크 | バイオハザード アウトブレイク | 203 |
| 바이오하자드 아웃브레이크 FILE2 | バイオハザード アウトブレイク FILE2 | 41 |
| 바이오하자드 코드 : 베로니카 완전판 | バイオハザード コード ベロニカ 完全版 | 77 |
| 박앵귀 | 薄桜鬼 | 211 |
| 박앵귀 수상록 | 薄桜鬼 随想録 | 226 |
| 박앵귀 여명록 | 薄桜鬼 黎明録 | 235 |
| 반 헬싱 | ヴァン・ヘルシング | 41 |
| 반숙영웅 4 : 7인의 반숙영웅 | 半熟英雄 4人の半熟英雄 | 85 |
| 반숙영웅 VS 3D | 半熟英雄 対 3D | 173 |
| 반지의 제왕 : 두 개의 탑 | ロード・オブ・ザ・リング 二つの塔 | 154 |
| 반지의 제왕 : 왕의 귀환 | ロード・オブ・ザ・リング 王の帰還 | 210 |
| 반지의 제왕 : 써드 에이지 | ロード・オブ・ザ・リング 中つ国第三紀 | 62 |
| 발더스 게이트 : 다크 얼라이언스 | バルダーズ・ゲート ダークアライアンス | 135 |
| 발더스 게이트 : 다크 얼라이언스 Ⅱ | バルダーズ・ゲート ダークアライアンス Ⅱ | 61 |
| 발드 불릿 이퀄리브리엄 | バルドバレット イクリブリアム | 192 |
| 발드 포스 EXE | バルドフォースエグゼ | 79 |
| 발리볼 월드컵 : 비너스 에볼루션 | バレーボール ワールドカップ ヴィーナスエボリューション | 192 |
| 발키리 프로파일 2 실메리아 | ヴァルキリープロファイル2 シルメリア | 143 |
| 방과 후의 백은의 선율 | 放課後は白銀の調べ | 202 |
| 방과 후의 Love Beat | 放課後のラブビート | 236 |
| 배스 랜딩 3 | バスランディング3 | 157 |
| 배스 스트라이크 | バス ストライク | 109 |
| 배신자는 내 이름을 알고 있다 : 황혼에 떨어진 기도 | 裏切りは僕の名前を知っている 黄昏に堕ちた祈り | 235 |
| 배우의 길 | しばいみち | 154 |
| 배틀 기어 2 | バトルギア2 | 77 |
| 배틀 기어 3 | バトルギア3 | 209 |
| 배틀 스타디움 D.O.N | バトルスタジアムD.O.N | 147 |
| 배틀 오브 선라이즈 | バトル オブ サンライズ | 204 |
| 배틀필드 2 : 모던 컴뱃 | バトルフィールド2 モダンコンバット | 124 |
| 백야드 레슬링 | バックヤードレスリング | 228 |
| 백야드 레슬링 2 | バックヤードレスリング2 | 79 |
| 백은의 솔레이유 : Contract to the Future – 미래를 향한 계약 | 白銀のソレイユ Contract to the Future 未来への契約 | 213 |
| 백작과 요정 : 꿈과 인연을 그리는 마음으로 | 伯爵と妖精 夢と絆に想いを馳せて | 223 |
| 밸류 2000 시리즈 : 바둑 4 | バリュー2000シリーズ 囲碁4 | 33 |
| 밸류 2000 시리즈 : 쇼기 4 | バリュー2000シリーズ 将棋4 | 35 |
| 뱀파이어 : 다크스토커즈 컬렉션 | ヴァンパイア ダークストーカーズコレクション | 83 |
| 뱀파이어 나이트 | ヴァンパイアナイト | 98 |
| 뱀파이어 유이 : 천야초 | 吸血姫夕維 千夜抄 | 160 |
| 뱀파이어 패닉 | ヴァンパイアパニック | 237 |
| 버기 그랑프리 : 달려라! 대작전 | バギーグランプリ かっとび! 大作戦 | 196 |
| 버즈로드 : 피싱 판타지 | バズロット フィッシングファンタジー | 63 |
| 버추어 캅 Re-Birth | バーチャコップ リ・バース | 131 |
| 버추어 파이터 4 | バーチャファイター4 | 106 |
| 버추어 파이터 4 에볼루션 | バーチャファイター4 エボリューション | 158 |
| 버추어 파이터 사이버 제네레이션 : 저지먼트 식스의 야망 | バーチャファイター サイバージェネレーション ジャッジメントシックスの野望 | 39 |
| 버추얼 뷰 : MEGUMI – 영상 플레이 | ヴァーチャル・ビュー MEGUMI エイゾープレイ | 175 |
| 버추얼 뷰 : R.C.T. – 영상 플레이 | ヴァーチャル・ビュー R.C.T. エイゾープレイ | 175 |
| 버추얼 뷰 : 네모토 하루미 – 영상 플레이 | ヴァーチャル・ビュー 根本はるみ エイゾープレイ | 175 |
| 번아웃 2 : 포인트 오브 임팩트 | バーンアウト2 ポイントオブインパクト | 227 |
| 번아웃 3 : 테이크다운 | バーンアウト3 テイクダウン | 47 |
| 번아웃 도미네이터 | バーンアウト ドミネーター | 188 |
| 번아웃 리벤지 | バーンアウト リベンジ | 107 |
| 벌레공주 | 虫姫さま | 95 |
| 베르세르크 : 천년제국의 매 편 성마전기의 장 | ベルセルク 千年帝国の鷹篇 聖魔戦記の章 | 46 |
| 베이스볼 라이브 2005 | ベースボールライブ2005 | 81 |
| 베이직 스튜디오 : 파워풀 게임 공방 | ベーシックスタジオ パワフルゲーム工房 | 80 |
| 벨벳 파일 | ヴェルベットファイル | 60 |
| 벨벳 파일 Plus | ヴェルベットファイル プラス | 78 |
| 변덕쟁이 스트로베리 카페 | きまぐれストロベリーカフェ | 188 |
| 별빛 선물 | 星色のおくりもの | 193 |
| 별이 떨어질 때 | 星の降る刻 | 104 |
| 보글보글 스폰지 밥 : 좌충우돌 대모험 | スポンジ・ボブ | 173 |
| 보랏빛 불꽃 | 紫の焔 | 215 |
| 「보이! : 한여름의 경험!? | 『っポイ!』 ひと夏の経験!? | 208 |
| 본격적 파칭코 실기 공략 시리즈 : 밀키 바&킬러 퀸 영구보존판 | 本格的パチンコ実機攻略シリーズ ミルキーバー&キラークィーン 永久保存版 | 85 |
| 봄버맨 랜드 2 : 게임 사상 최대의 테마파크 | ボンバーマンランド2 ゲーム史上最大のテーマパーク | 176 |
| 봄버맨 랜드 3 | ボンバーマンランド3 | 98 |
| 봄버맨 랜드 시리즈 : 봄버맨 카트 DX | ボンバーマンランドシリーズ ボンバーマンカートDX | 228 |
| 봄버맨 배틀즈 | ボンバーマンバトルズ | 46 |
| 봄버맨 제터즈 | ボンバーマンジェッターズ | 147 |
| 봄버맨 카트 | ボンバーマンカート | 102 |
| 봄의 발소리 : Step of Spring | はるのあしおと Step of Spring | 135 |
| 봉신연의 2 | 封神演義 2 | 124 |
| 북두의 권 : 심판의 쌍창성 권호열전 | 北斗の拳 審判の双蒼星 拳豪列伝 | 175 |
| 북으로 : Diamond Dust | 北へ。 ダイアモンドダスト | 191 |
| 북으로 : Diamond Dust+Kiss is Beginning. | 北へ。 Diamond Dust + Kiss is Beginning. | 49 |
| 불고기집 점원 : 본 파이어! | 焼肉奉行 ボンファイア! | 182 |
| 불꽃 택배기사 | 炎の宅配便 | 157 |
| 불꽃놀이 백경 | 花火百景 | 193 |
| 불꽃놀이 장인이 되자 2 | 花火職人になろう2 | 173 |
| 불확정세계의 탐정신사 : 아교 소마의 사건파일 | 不確定世界の探偵紳士 悪行双麻の事件ファイル | 219 |
| 뷰티플 죠 : 새로운 희망 | ビューティフル ジョー 新たなる希望 | 42 |
| 뷰티플 죠 2 : 블랙 필름의 수수께끼 | ビューティフル ジョー2 ブラックフィルムの謎 | 60 |
| 브라더스 인 암스 : ROAD TO HILL 30 | ブラザー イン アームズ ロード トゥ ヒルサーティー | 103 |
| 브라더스 인 암스 : 언드 인 블러드 | ブラザー イン アームズ 名誉の代償 | 149 |
| 브라보 뮤직 | ブラボーミュージック | 94 |
| 브라보 뮤직 : 크리스마스 에디션 | ブラボーミュージック クリスマスエディション | 97 |
| 브라보 뮤직 초명곡반 | ブラボーミュージック 超名曲盤 | 105 |
| 브레스 오브 파이어 V : 드래곤 쿼터 | ブレス オブ ファイアV ドラゴンクォーター | 141 |
| 브레이브 스토리 : 와타루의 모험 | ブレイブストーリー ワタルの冒険 | 146 |
| 브로큰 소드 : 잠든 용의 전설 | ブロークン・ソード 眠れる竜の伝説 | 45 |
| 브리트니즈 댄스 비트 | ブリトニーズ ダンスビート | 135 |
| 블랙 | ブラック | 135 |
| 블랙 매트릭스 Ⅱ | ブラックマトリクスⅡ | 114 |
| 블랙 캣 : 기계로 만들어진 천사 | ブラック キャット 機械仕掛けの天使 | 135 |
| 블러드 더 라스트 뱀파이어 : 상권 | ブラッド ザ ラスト ヴァンパイア 上巻 | 71 |
| 블러드 더 라스트 뱀파이어 : 하권 | ブラッド ザ ラスト ヴァンパイア 下巻 | 71 |
| 블러드 플러스 : 쌍익의 배틀 론도 | ブラッドプラス 双翼のバトル輪舞曲 | 149 |
| 블러드 플러스 : 원 나이트 키스 | ブラッドプラス ワンナイトキス | 152 |
| 블러드레인 | ブラッドレイン | 40 |
| 블러디 로어 3 | ブラッディロア3 | 75 |
| 블러디 로어 4 | ブラッディロア4 | 234 |
| 블레이징 소울즈 | ブレイジングソウルズ | 123 |
| 블록스 클럽 with 범피 트롯 | ブロックス倶楽部 with バンピートロット | 113 |

## PlayStation2 Game Software Catalogue

| 한글명 | 원제 | 페이지 |
|---|---|---|
| 비너스 & 브레이브스 : 마녀와 여신과 멸망의 예언 | ヴィーナス&ブレイブス 魔女と女神と滅びの予言 | 153 |
| 비브리플 | ビブリプル | 234 |
| 비색의 조각 | 緋色の欠片 | 146 |
| 비색의 조각 애장판 | 緋色の欠片 愛蔵版 | 228 |
| 비색의 조각 : 신 타마요리히메 전승 | ヒイロノカケラ 新玉依姫伝承 | 228 |
| 비색의 조각 : 저 하늘 아래에서 | 緋色の欠片 あの空の下で | 169 |
| 비스트 샙 | ビーストサップ | 234 |
| 비오라트의 아틀리에 : 그람나트의 연금술사 2 | ヴィオラートのアトリエ グラムナートの錬金術士 2 | 172 |
| 비취 물방울 : 비색의 조각 2 | 翡翠の雫 緋色の欠片2 | 185 |
| 비타민 X | ビタミンX | 175 |
| 비타민 Z | ビタミンZ | 221 |
| 비트 다운 | ビートダウン | 110 |
| 비트매니아 ⅡDX 3rd style | ビートマニアⅡDX 3rdStyle | 65 |
| 비트매니아 ⅡDX 4th style : new songs collection | ビートマニアⅡDX 4th style new songs collection | 78 |
| 비트매니아 ⅡDX 5th style : new songs collection | ビートマニアⅡDX 5th style new songs collection | 90 |
| 비트매니아 ⅡDX 6th style : new songs collection | ビートマニアⅡDX 6th style new songs collection | 127 |
| 비트매니아 ⅡDX 7th style | ビートマニアⅡDX 7thStyle | 37 |
| 비트매니아 ⅡDX 8th style | ビートマニアⅡDX 8thStyle | 53 |
| 비트매니아 ⅡDX 9th style | ビートマニアⅡDX 9thStyle | 76 |
| 비트매니아 ⅡDX 10th style | ビートマニアⅡDX 10thStyle | 113 |
| 비트매니아 ⅡDX 11 ⅡDX RED | ビートマニアⅡDX 11 ⅡDX RED | 140 |
| 비트매니아 ⅡDX 12 HAPPY SKY ☆ | ビートマニアⅡDX 12 HAPPY SKY ☆ | 164 |
| 비트매니아 ⅡDX 13 DistorteD | ビートマニアⅡDX 13 DistorteD | 186 |
| 비트매니아 ⅡDX 14 : GOLD | ビートマニアⅡDX 14 GOLD | 206 |
| 비트매니아 ⅡDX 15 : DJ TROOPERS | ビートマニアⅡDX 15 DJ TROOPERS | 217 |
| 비트매니아 ⅡDX 16 : EMPRESS + PREMIUM BEST | ビートマニアⅡDX 16 エンプレス+プレミアムベスト | 228 |
| 비트매니아 다다다!! | ビートマニア打打打!! | 78 |
| 비트매니아 다다다!다 : THE BEST다 | ビートマニア打打打!!THE BEST打 | 119 |
| 빅토리 윙스 : 제로 파일럿 시리즈 | ヴィクトリー・ウイングス ゼロ・パイロット シリーズ | 57 |
| 빌바쿠 | ビルバク | 112 |
| 빙쵸탄 : 행복 달력 | びんちょうタン しあわせ暦 | 177 |
| 뿌요뿌요 피버 | ぷよぷよフィーバー | 214 |
| 뿌요뿌요 피버 2(츄!) | ぷよぷよフィーバー2【チュー!】 | 114 |
| 뿌요뿌요! Puyopuyo 15th anniversary | ぷよぷよ! Puyopuyo 15th anniversary | 173 |
| 삐리리~ 불어봐! 재규어 : 내일의 점프 | ピューと吹く!ジャガー 明日のジャンプ | 223 |
| 삐뽀사루 2001 | ピポサル2001 | 85 |
| 삐뽀사루 겟츄 2 | サルゲッチュ2 | 127 |
| 삐뽀사루 겟츄 3 | サルゲッチュ3 | 92 |
| 삐뽀사루 겟츄 : 밀리언 몽키즈 | サルゲッチュ ミリオンモンキーズ | 146 |
| 사각탐정 공의 세계 : Thousand Dreams | 死角探偵 空の世界 Thousand Dreams | 187 |
| 사랑하는 소녀와 수호의 방패 : The shield of AIGIS | 恋する乙女と守護の楯 ザ シールド オブ アイギス | 215 |
| 사무라이 | 侍 | 107 |
| 사무라이 스피리츠 : 6번의 승부 - 네오지오 온라인 컬렉션 vol.12 | サムライスピリッツ 六番勝負 ネオジオ オンラインコレクション vol.12 | 208 |
| 사무라이 스피리츠 제로 | サムライスピリッツ零 | 34 |
| 사무라이 스피리츠 : 천하제일검객전 | サムライスピリッツ 天下一剣客伝 | 124 |
| 사무라이 웨스턴 : 활극, 사무라이의 길 | サムライウエスタン 活劇侍道 | 63 |
| 사무라이 참프루 | サムライチャンプルー | 127 |
| 사무라이의 길 2 | 侍道2 | 189 |
| 사상최강의 제자 켄이치 : 격투! 래그나로크 팔권호 | 史上最強の弟子ケンイチ 激闘!ラグナレク八拳豪 | 172 |
| 사십팔(가칭) | 四八(仮) | 194 |
| 사이드와인더 F | サイドワインダーF | 100 |
| 사이드와인더 MAX | サイドワインダーMAX | 67 |
| 사이드와인더 V | サイドワインダーV | 182 |
| 사이바리아 : 컴플리트 에디션 | サイヴァリア コンプリートエディション | 113 |
| 사이바리아 2 : ULTIMATE FINAL | サイヴァリア2 アルティメット ファイナル | 58 |
| 사이버 마작장 : 동풍장 편 | サイバー雀荘 東風荘編 | 113 |
| 사이어나이드 | ザ・ナイド | 198 |
| 사이옵스 : 사이킥 오퍼레이션 | サイオプス サイキック・オペレーション | 111 |
| 사이쿄 슈팅 컬렉션 Vol.1 : 스트라이커즈 1945 Ⅰ&Ⅱ | 彩京シューティングコレクション Vol.1 ストライカーズ1945 Ⅰ&Ⅱ | 36 |
| 사이쿄 슈팅 컬렉션 Vol.2 : 사무라이 에이스 & 텐가이 | 彩京シューティングコレクション Vol.2 戦国エース&戦国ブレード | 56 |
| 사이쿄 슈팅 컬렉션 Vol.3 : 솔 디바이드 & 드래곤 블레이즈 | 彩京シューティングコレクション Vol.3 ソルディバイド&ドラゴンブレイズ | 77 |
| 사이킥 포스 컴플리트 | サイキックフォース コンプリート | 121 |
| 사일런트 스코프 | サイレントスコープ | 65 |
| 사일런트 스코프 2 : Innocent Sweeper | サイレントスコープ2 Innocent Sweeper | 94 |
| 사일런트 스코프 3 | サイレントスコープ3 | 137 |
| 사일런트 힐 2 | サイレントヒル2 | 92 |
| 사일런트 힐 2 : 최후의 시 | サイレントヒル2 最期の詩 | 125 |
| 사일런트 힐 3 | サイレントヒル3 | 174 |
| 사일런트 힐 4 : THE ROOM | サイレントヒル4 ザ・ルーム | 236 |
| 사일런트 힐 : 섀터드 메모리즈 | サイレントヒル シャッタードメモリーズ | 231 |
| 사커 라이프! | サッカーライフ! | 217 |
| 사커 라이프 2 | サッカーライフ2 | 86 |
| 사커츠쿠 2002 : J.LEAGUE 프로 사커 클럽을 만들자! | サカつく2002 Jリーグ プロサッカークラブをつくろう! | 111 |
| 사쿠라대전 : 뜨거운 열정으로 | サクラ大戦 熱き血潮に | 156 |
| 사쿠라대전 3 : 파리는 불타고 있는가 | サクラ大戦3 巴里は燃えているか | 70 |
| 사쿠라대전 V : 안녕, 사랑스런 그대여 | サクラ大戦V さらば愛しき人よ | 91 |
| 사쿠라대전 V EPISODE 0 : 황야의 사무라이 아가씨 | サクラ大戦V エピソード0 荒野のサムライ娘 | 43 |
| 사쿠라대전 이야기 : 미스테리어스 파리 | サクラ大戦物語 ミステリアス巴里 | 222 |
| 사쿠라자카 소방대 | 桜坂消防隊 | 236 |
| 사혼곡 : 사이렌 | サイレン | 193 |
| 사혼곡 2 : 사이렌 | サイレン2 | 125 |
| 산요 파친코 파라다이스 6 : 긴빠니 대수족관 | 三洋パチンコパラダイス6 ギンパニ大水族館 | 84 |
| 산요 파친코 파라다이스 7 : 에도 사나이 겐 씨 | 三洋パチンコパラダイス7 江戸っ子源さん | 123 |
| 산요 파친코 파라다이스 8 : 신 바다이야기 | 三洋パチンコパラダイス8 新海物語 | 161 |
| 산요 파친코 파라다이스 9 : 새로운 바다 추가요! | 三洋パチンコパラダイス9 新海おかわりっ! | 193 |
| 산요 파친코 파라다이스 10 : 겐 씨, 돌아오셨네요! | 三洋パチンコパラダイス10 源さん おかえりっ! | 233 |
| 산요 파친코 파라다이스 11 : 새로운 바다와, 안녕히 은구슬의 늑대 | 三洋パチンコパラダイス11 新海とさらば銀玉の狼 | 70 |
| 삼국연전기 : 소녀의 병법! | 三国恋戦記 オトメの兵法! | 237 |
| 삼국지 Ⅶ | 三國志Ⅶ | 61 |
| 삼국지 Ⅷ | 三國志Ⅷ | 105 |
| 삼국지 Ⅷ with 파워업 키트 | 三國志Ⅷ with パワーアップキット | 163 |
| 삼국지 Ⅸ | 三國志Ⅸ | 208 |
| 삼국지 Ⅸ with 파워업 키트 | 三國志Ⅸ with パワーアップキット | 40 |
| 삼국지 Ⅹ | 三國志Ⅹ | 73 |
| 삼국지 11 | 三國志11 | 155 |
| 삼국지 11 with 파워업 키트 | 三國志11 with パワーアップキット | 173 |
| 삼국지전기 | 三國志戦記 | 108 |
| 삼국지전기 2 | 三國志戦記2 | 172 |
| 상하이 : The Four Elements | 上海フォーエレメント | 64 |
| 상하이 : 삼국패투의 | 上海 三国牌闘儀 | 146 |
| 새벽녘보다도 짙푸른 : Brighter than dawning blue | 夜明け前より瑠璃色な Brighter than dawning blue | 163 |
| 새벽녘의 마리코 | 夜明けのマリコ | 100 |
| 새벽녘의 마리코 2nd Act | 夜明けのマリコ 2ndAct | 105 |
| 새비지 스카이 | サベージスカイ | 158 |
| 새의 별 : Aerial Planet | トリノホシ Aerial Planet | 201 |
| 새장의 저편 | 鳥篭の向こうがわ | 148 |
| 샤먼킹 : 훈바리 스피리츠 | シャーマンキング ふんばりスピリッツ | 227 |
| 샤이닝 윈드 | シャイニング・ウィンド | 178 |
| 샤이닝 티어즈 | シャイニング・ティアーズ | 51 |
| 샤이닝 포스 네오 | シャイニング・フォース ネオ | 75 |
| 샤이닝 포스 이쿠사 | シャイニングフォース イクサ | 166 |
| 샤인 : 말을 엮어서 | シャイン 言葉を紡いで | 117 |

| 샤크 | シャーク・テイル | 74 |
| --- | --- | --- |
| 섀도우 더 헤지혹 | シャドウ・ザ・ヘッジホッグ | 117 |
| 섀도우 오브 로마 | シャドウ オブ ローマ | 73 |
| 섀도우 오브 메모리즈 | シャドウ オブ メモリーズ | 74 |
| 섀도우 타워 어비스 | シャドウタワー アビス | 190 |
| 섀도우 하츠 | シャドウハーツ | 84 |
| 섀도우 하츠 : 프롬 더 뉴 월드 | シャドウハーツ・フロム・ザ・ニューワールド | 95 |
| 섀도우 하츠 II | シャドウハーツII | 216 |
| 섀도우 하츠 II 디렉터즈 컷 : PlayStation 2 the Best | | |
| | シャドウハーツII ディレクターズカット PlayStation 2 the Best | 73 |
| 서몬 나이트 3 | サモンナイト3 | 180 |
| 서몬 나이트 4 | サモンナイト4 | 161 |
| 서몬 나이트 그란테제 : 멸망의 검과 약속의 기사 | | |
| | サモンナイトグランテーゼ 滅びの剣と約束の騎士 | 231 |
| 서몬 나이트 엑스테제 : 여명의 날개 | サモンナイト エクステーゼ 夜明けの翼 | 97 |
| 서베일런스 : 감시자 | サーヴィランス 監視者 | 116 |
| 서풍의 광시곡 | 西風の狂詩曲 | 213 |
| 서프로이드 : 전설의 서퍼 | サーフロイド 伝説のサーファー | 61 |
| 서핑 에어쇼 with RatBoy | サーフィン エアショウ with RatBoy | 127 |
| 선 소프트 컬렉션 : 네오지오 온라인 컬렉션 vol.11 | | |
| | サンソフトコレクション ネオジオ オンライン コレクション vol.11 | 207 |
| 선라이즈 영웅담 2 | サンライズ英雄譚2 | 101 |
| 선라이즈 영웅담 3 | サンライズ英雄譚3 | 142 |
| 선라이즈 영웅담 R | サンライズ英雄譚R | 66 |
| 선라이즈 월드 워 from 선라이즈 영웅담 | サンライズ ワールド ウォー from サンライズ英雄譚 | 186 |
| 성검전설 4 | 聖剣伝説4 | 165 |
| 성계의 전기 | 星界の戦旗 | 80 |
| 세 · 퍼 2001 | セ・パ2001 | 99 |
| 세가 랠리 2006 | セガラリー2006 | 122 |
| 세가 슈퍼스타즈 | セガ スーパースターズ | 53 |
| 세계의 전부 : two of us | 世界ノ全テ two of us | 155 |
| 세계최강 은성바둑 5 | 世界最強 銀星囲碁5 | 236 |
| 세계최강 은성바둑 6 | 世界最強銀星囲碁6 | 99 |
| 세계최강 은성바둑 강좌 | 世界最強銀星囲碁講座 | 229 |
| 세븐 : 몰모스의 기병대 | 7 モールモースの騎兵隊 | 70 |
| 세븐 블레이즈 | セブンブレイズ | 70 |
| 세이크리드 블레이즈 | セイクリッドブレイズ | 219 |
| 세인츠 : 성스러운 몬스터 | セインツ 聖なる魔物 | 223 |
| 세인트 비스트 : 나선의 장 | セイント・ビースト 螺旋の章 | 187 |
| 세인트 세이야 : 명왕 하데스 12궁 편 | 聖闘士星矢 冥王ハーデス十二宮編 | 168 |
| 세인트 세이야 : 성역 12궁 편 | 聖闘士星矢 聖域十二宮編 | 79 |
| 세키레이 : 미래에서 온 선물 | セキレイ 未来からのおくりもの | 229 |
| 세퍼레이트 하츠 | セパレイトハーツ | 128 |
| 센고쿠히메 : 전란에 춤추는 소녀들 | 戦極姫 戦乱に舞う乙女達 | 229 |
| 센고쿠히메 2 아라시 : 백화, 전란 진풍과도 같이 | | |
| | 戦極姫2・嵐 百華、戦乱辰風の如く | 236 |
| 센티멘털 프렐류드 | センチメンタルプレリュード | 50 |
| 셔플 : 온 더 스테이지 | シャッフル! オン・ザ・ステージ | 107 |
| 소녀 요시츠네 전 | 少女義経伝 | 185 |
| 소녀 요시츠네 전 이(弐) : 시간을 초월한 약속 | | |
| | 少女義経伝・弐 刻を超える契り | 87 |
| 소녀는 언니를 사랑한다 | 乙女はお姉さまに恋してる | 121 |
| 소녀마법학 리틀위치 로마네스크 : 아리아와 카야와 검은 탑 | | |
| | 少女魔法学リトルウィッチロマネスク アリアとカヤと黒の塔 | 170 |
| 소녀의 사정 | 乙女の事情 | 155 |
| 소녀적 연애혁명★러브레보!! | 乙女的恋革命★ラブレボ!! | 123 |
| 소년음양사 : 날개여 지금, 하늘로 돌아가라 | 少年陰陽師 翼よいま、天へ還れ | 183 |
| 소닉 라이더즈 | ソニックライダーズ | 128 |
| 소닉 메가 컬렉션 플러스 | ソニック メガコレクション プラス | 58 |
| 소닉 젬즈 컬렉션 | ソニック ジェムズ コレクション | 99 |
| 소닉 히어로즈 | ソニック ヒーローズ | 209 |
| 소라유메 | ソラユメ | 206 |
| 소울 리버 2 | ソウルリーバー2 | 109 |
| 소울 링크 익스텐션 | ソウルリンク エクステンション | 144 |
| 소울 크레이들 : 세계를 집어삼키는 자 | ソウルクレイドル 世界を喰らう者 | 169 |
| 소울이터 : 배틀 레조넌스 | ソウルイーター バトルレゾナンス | 218 |
| 소울 칼리버 II | ソウルキャリバーII | 161 |
| 소울 칼리버 III | ソウルキャリバーIII | 113 |

| 소환소녀 : ElementalGirl Calling | 召喚少女 ElementalGirl Calling | 196 |
| --- | --- | --- |
| 속 아들내미 건드리기 : 변진 구슬 아들내미 | 続けがれいじ 変珍たませがれ | 124 |
| 속독 마스터 | 速読マスター | 157 |
| 손바닥을, 태양에 : 영구의 인연 | てのひらを、たいように 永久の絆 | 225 |
| 솔트레이크 2002 | ソルトレーク2002 | 110 |
| 쇼기 월드 챔피언 : 게키사시 2 | 将棋ワールドチャンピオン 激指2 | 150 |
| 쇼콜라 : maid cafe "curio" | ショコラ maid cafe "curio" | 90 |
| 쇽스 | ラリー ショックス | 150 |
| 숀 파머 프로 스노보더 | ショーン・パーマー プロスノーボーダー | 142 |
| 수도고 배틀 0(제로) | 首都高バトル0 | 76 |
| 수도고 배틀 01(제로원) | 首都高バトル01 | 176 |
| 수왕기 : PROJECT ALTERED BEAST | 獣王記 PROJECT ALTERED BEAST | 65 |
| 수퍼 퍼즐버블 | スーパーパズルボブル | 64 |
| 수퍼 퍼즐버블 2 | スーパーパズルボブル2 | 134 |
| 순정 로맨티카 : 사랑의 두근두근 대작전 | 純情ロマンチカ 恋のドキドキ大作戦 | 215 |
| 슈가슈가 룬 : 사랑도 패션도 픽업! | シュガシュガルーン恋もおしゃれもピックアップ! | 118 |
| 슈렉 2 | シュレック2 | 49 |
| 슈팅 러브. 트라이질 | シューティング ラブ。トライジール | 137 |
| 슈퍼 걸렉릭 아워 | スーパーギャルデリックアワー | 78 |
| 슈퍼 마이크짱 | スーパーマイクチャン | 80 |
| 슈퍼 몽키 볼 디럭스 | スーパーモンキーボール デラックス | 76 |
| 슈퍼 배틀봉신 | 超・バトル封神 | 141 |
| 슈퍼 상하이 2005 | スーパー上海2005 | 54 |
| 슈퍼 트럭스 | スーパートラックス | 206 |
| 슈퍼로봇대전 IMPACT | スーパーロボット大戦 インパクト | 114 |
| 슈퍼로봇대전 MX | スーパーロボット大戦MX | 233 |
| 슈퍼로봇대전 OG 오리지널 제네레이션즈 | スーパーロボット大戦OG オリジナルジェネレーションズ | 181 |
| 슈퍼로봇대전 OG 외전 | スーパーロボット大戦OG外伝 | 197 |
| 슈퍼로봇대전 Z | スーパーロボット大戦Z | 212 |
| 슈퍼로봇대전 Z 스페셜 디스크 | スーパーロボット大戦Z スペシャルディスク | 220 |
| 슈퍼로봇대전 스크램블 커맨더 | スーパーロボット大戦 スクランブルコマンダー | 194 |
| 슈퍼로봇대전 스크램블 커맨더 the 2nd | スーパーロボット大戦 スクランブルコマンダー the 2nd | 193 |
| 슈퍼카 스트리트 챌린지 | スーパーカー ストリート チャレンジ | 141 |
| 스노보드 헤븐 | スノーボードヘヴン | 65 |
| 스레드 컬러즈 : 작별의 저편 | スレッドカラーズ さよならの向こう側 | 140 |
| 스매쉬코트 프로토너먼트 | スマッシュコート プロトーナメント | 108 |
| 스매시코트 프로토너먼트 2 | スマッシュコート プロトーナメント2 | 30 |
| 스모모모모모 : 지상 최강의 신부 – 계승해보죠!? 사랑의 신랑 쟁탈전!! | | |
| | すもももももも 地上最強のヨメ 継承しましょ!? 恋の花ムコ争奪戦!! | 180 |
| 스위~트 시~즌 | すい~とし~ずん | 77 |
| 스위치 | スイッチ | 132 |
| 스위트 레거시 : 나와 그녀의 이름은 없는 과자 | | |
| | スイートレガシー ボクと彼女の名もないお菓子 | 149 |
| 스위트 허니커밍 | スイート ハニー カミング | 227 |
| 스이게츠[水月] : 흔들리는 마음 | 水月 迷心 | 49 |
| 스이스이 Sweet : 달콤한 사랑을 찾는 법 | すいすい Sweet あまい恋のみつけ方 | 208 |
| 스이카 A.S+ : Eternal Name | 水夏 A.S+ Eternal Name | 186 |
| 스즈노네 세븐! : Rebirth knot | スズノネセブン! Rebirth knot | 233 |
| 스즈미야 하루히의 당황 | 涼宮ハルヒの戸惑 | 199 |
| 스카렛 라이더 젝스 | カーレッドライダーゼクス | 234 |
| 스카렛 라이더 젝스 : 스타더스트 러버즈 | スカーレッドライダーゼクス スターダスト・ラバーズ | 238 |
| 스카이 거너 | スカイガンナー | 92 |
| 스카이 서퍼 | スカイサーファー | 57 |
| 스카이 오디세이 | スカイオデッセイ | 73 |
| 스칼렛 : 일상의 경계선 | スカーレット 日常の境界線 | 214 |
| 스캔들 | スキャンダル | 59 |
| 스쿨 데이즈 L×H | スクールデイズ L×H | 198 |
| 스쿨 럼블 : 소녀는 자면서 자란다. | スクールランブル ねる娘は育つ。 | 94 |
| 스쿨 럼블 2학기 : 공포의(?) 여름 합숙! 저택에선 유령 등장!? 보물을 둘러싼 진검승부!!! 편 | | |
| | スクールランブル二学期 恐怖の(?)夏合宿!洋館に幽霊現る!?お宝を巡って真っ向勝負!!!の巻 | 147 |
| | 쑥쑥 이누후쿠 すくすく犬福 | 37 |
| 스키점프 페어 : 리로디드 | スキージャンプ ペア リローデッド | 131 |
| 스킵 비트! | スキップ・ビート! | 224 |
| 스타 오션 : Till the End of Time | スターオーシャン Till the End of Time | 156 |
| 스타 오션 : Till the End of Time 디렉터즈 컷 | | |
| | スターオーシャン Till the End of Time ディレクターズカット | 211 |

| 한국어 | 일본어 | 페이지 |
|---|---|---|
| 스타워즈 : 장고 펫 | スター・ウォーズ ジャンゴ・フェット | 171 |
| 스타워즈 : 제다이 스타파이터 | スター・ウォーズ ジェダイ・スターファイター | 132 |
| 스타워즈 : 포스 언리쉬드 | スター・ウォーズ フォース・アンリーシュド | 213 |
| 스타워즈 배틀프론트 | スター・ウォーズ バトルフロント | 46 |
| 스타워즈 배틀프론트 II | スター・ウォーズ バトルフロントII | 124 |
| 스타워즈 스타파이터 | スター・ウォーズ スターファイター | 93 |
| 스타워즈 에피소드 III : 시스의 복수 | スター・ウォーズ エピソード3 シスの復讐 | 92 |
| 스탠더드 대전략 : 잃어버린 승리 | スタンダード大戦略 失われた勝利 | 86 |
| 스탠더드 대전략 전격전 | スタンダード大戦略 電撃戦 | 52 |
| 스턴트 GP | スタントGP | 115 |
| 스턴트맨 | スタントマン | 102 |
| 스턴트맨★이그니션 | スタントマン★イグニッション | 200 |
| 스테디×스터디 | ステディ×スタディ | 224 |
| 스테이트 오브 이머전시 리벤지 | ステート・オブ・エマージェンシー リベンジ | 178 |
| 스테핑 셀렉션 | ステッピングセレクション | 55 |
| 스텔라 데우스 | ステラデウス | 50 |
| 스트라이크 위치스 : 당신과 할 수 있는 일 – A Little Peaceful Days | ストライクウィッチーズ あなたとできること A Little Peaceful Days | 233 |
| 스트로베리 패닉! | ストロベリー・パニック! | 151 |
| 스트리트 골퍼 | ストリートゴルファー | 124 |
| 스트리트 마작 트랜스 : 마신 2 | ストリート麻雀トランス 麻神2 | 58 |
| 스트리트 파이터 3rd STRIKE : Fight for the Future | ストリートファイター 3rd STRIKE：Fight for the Future | 33 |
| 스트리트 파이터 EX3 | ストリートファイターEX3 | 55 |
| 스트리트 파이터 ZERO : Fighter's Generation | ストリートファイターZERO ファイターズ ジェネレーション | 141 |
| 스팀보이 | スチームボーイ | 87 |
| 스파르탄 : 고대 그리스 영웅전 | スパルタン 古代ギリシャ英雄伝 | 152 |
| 스파이 픽션 | スパイフィクション | 208 |
| 스파이 헌터 | スパイハンター | 117 |
| 스파이더맨 | スパイダーマン | 154 |
| 스파이더맨 2 | スパイダーマン2 | 45 |
| 스파이더맨 3 | スパイダーマン3 | 190 |
| 스페이스 레이더스 | スペースレイダース | 147 |
| 스페이스 비너스 starring 모닝구 무스메. | スペースヴィーナス starring モーニング娘。 | 72 |
| 스페이스 인베이더 애니버서리 | スペースインベーダー アニバーサリー | 179 |
| 스페이스 채널 5 | スペースチャンネル5 | 145 |
| 스페이스 채널 5 Part 2 | スペースチャンネル5 Part2 | 108 |
| 스페이스 피셔맨 | スペースフィッシャーメン | 137 |
| 스펙트럴 VS 제네레이션 | スペクトラル VS ジェネレーション | 137 |
| 스펙트럴 진 | スペクトラルジーン | 196 |
| 스펙트럴 포스 : 래디컬 엘리먼츠 | スペクトラルフォース ラジカルエレメンツ | 42 |
| 스펙트럴 포스 크로니클 | スペクトラルフォース クロニクル | 81 |
| 스폰 - 운명의 사슬 | スポーン 運命の鎖 | 235 |
| 스프린터 셀 | トム・クランシーシリーズ スプリンターセル | 199 |
| 스플래시 다운 | スプラッシュダウン | 125 |
| 스플린터 셀 : PANDORA TOMORROW | トム・クランシーシリーズ スプリンターセル パンドラトゥモロー | 79 |
| 스플린터 셀 : 더블 에이전트 | スプリンターセル 二重スパイ | 176 |
| 스플린터 셀 : 혼돈 이론 | トム・クランシーシリーズ スプリンターセル カオスセオリー | 112 |
| 슬라이 쿠퍼 : 전설의 비법서를 찾아서 | 怪盗スライ・クーパー | 157 |
| 슬라이 쿠퍼 2 : 괴도 브라더스 대작전! | 怪盗スライ・クーパー2 | 87 |
| 슬로터 UP 매니아 : 초 오키슬롯! 파이오니아 스페셜 | スロッターUPマニア 超沖スロ!パイオニアスペシャル | 165 |
| 슬로터 UP 매니아 2 : 안내의 극! 저글러 스페셜 | スロッターUPマニア2 告知の極! ジャグラースペシャル | 184 |
| 슬로터 UP 매니아 3 : 전설 부활! 뉴 페가수스 스페셜 | スロッターUPマニア3 伝説復活! ニューペガサススペシャル | 206 |
| 슬로터 UP 매니아 4 : 남국의 향기! 슈퍼 하나하나&시오마루&오아제 | スロッターUPマニア4 南国の香! スーパーハナハナ&シオマール&オアーゼ | 218 |
| 슬로터 UP 매니아 5 : 통쾌격타! 마하 GoGoGo & 다루마네코 | スロッターＵＰマニア5 爽快激打! マッハGoGoGo&だるま猫 | 50 |
| 슬로터 UP 매니아 6 : 오키 열풍! 파이오니아 스페셜 II | スロッターUPマニア6 沖の熱風!パイオニアスペシャルII | 84 |
| 슬로터 UP 매니아 7 : 최신최강! 파이오니아 MAX | スロッターUPマニア7 最新最強!パイオニアMAX | 102 |
| 슬로터 UP 매니아 8 : 섬광고지! 저글러 스페셜 II | スロッターUPマニア8 閃光告知!ジャグラースペシャルII | 105 |
| 슬로터 UP 매니아 9 : 오키나와가 뜨겁다! 멘소레-30 & 멘소레 2-30 | スロッターUPマニア9 アツ沖だぜ!めんそーれ-30&めんそーれ2-30 | 197 |
| 슬로터 UP 매니아 10 : 파이오니어 스페셜 III | スロッターUPコア10 マッハGoGoGo2 | 205 |
| 슬로터 UP 매니아 11 : 2027 VS 2027 II | スロッターUPマニア11 2027 VS 2027 II | 228 |
| 슬로터 UP 매니아 12 : 핑퐁 | スロッターUPコア12 ピンポン | 236 |
| 슬로터 UP 코어 : 염타! 거인의 별 | スロッターUPコア 炎打! 巨人の星 | 174 |
| 슬로터 UP 코어 2 : 호타! 미나미의 제왕 | スロッターUPコア2 豪打! ミナミの帝王 | 177 |
| 슬로터 UP 코어 3 : 유타! 도론죠에게 맡겨줘 | スロッターUPコア3 憎打!ドロンジョにおまかせ | 236 |
| 슬로터 UP 코어 4 : 톤짱의 실전 파치슬로 내 스타일!! | スロッターUPコア4 ガチスロ! トンちゃんの実戦 パチスロオレ主義!! | 48 |
| 슬로터 UP 코어 5 : 루팡이 좋아! 주역은 제니가타 | スロッターUPコア5 ルパン大好き!主役は銭形 | 54 |
| 슬로터 UP 코어 6 : 폭염타! 거인의 별 II | スロッターUPコア6 爆炎打!巨人の星II | 66 |
| 슬로터 UP 코어 7 : 격투타! 스트리트 파이터 II | スロッターUPコア7 激闘打!ストリートファイターII | 87 |
| 슬로터 UP 코어 8 : 극염타! 거인의 별 III | スロッターUPコア8 極炎打!巨人の星III | 119 |
| 슬로터 UP 코어 9 : 저그 제패! 파이널 저글러 | スロッターUPコア9 ジャグ極めたり! ファイナルジャグラー | 159 |
| 슬로터 UP 코어 10 : 달려라 번개호 2 | スロッターUPマニア10 パイオニアスペシャルIII | 205 |
| 슬로터 UP 코어 11 : 거인의 별 IV - 청춘군상 편 | スロッターUPコア 巨人の星IV 青春群像編 | 221 |
| 슬로터 UP 코어 α : 축! 우승 패널! 신화! 거인의 별 | スロッターUPコアα 祝虎! 優勝パネル! 新化! 巨人の星 | 201 |
| 승부사 전설 테츠야 | 勝負師伝説 哲也 | 83 |
| 승부사 전설 테츠야 2 : 강자 정상결전 | 勝負師伝説 哲也2 玄人頂上決戦 | 173 |
| 승부사 전설 테츠야 DIGEST | 勝負師伝説 哲也 DIGEST | 232 |
| 시골살이 : 남쪽 섬 이야기 | いなか暮らし 南の島の物語 | 133 |
| 시공모험기 젠트릭스 | 時空冒険記ゼントリックス | 80 |
| 시네마 서핑 : 외국영화 대전 | シネマサーフィン 洋画大全 | 103 |
| 시노비 | 忍 Shinobi | 144 |
| 시노비도 이마시메 | 忍道 戒 | 111 |
| 시노비도 타쿠미 | 忍道 匠 | 134 |
| 시드 | シード | 99 |
| 시라츄 탐험부 | 白中探険部 | 183 |
| 시맨 : 금단의 애완동물 – 가제 박사의 실험도 | シーマン 禁断のペット ガゼー博士の実験島 | 95 |
| 시맨 : 금단의 애완동물 (완전판) | 禁断のペット シーマン(完全版) | 156 |
| 시맨 2 : 베이징 원인 육성 키트 | シーマン2 北京原人育成キット | 191 |
| 시문 : 이장미전쟁 – 봉인의 리머전 | シムーン 異薔薇戦争 封印のリ・マージョン | 180 |
| 시작의 일보 ALL☆STARS | はじめの一歩 オールスターズ | 62 |
| 시크릿 게임 : KILLER QUEEN | シークレットゲーム キラークイーン | 210 |
| 시크릿 오브 에반게리온 | シークレット オブ エヴァンゲリオン | 164 |
| 시티 크라이시스 | シティ クライシス | 84 |
| 식신의 성 | 式神の城 | 123 |
| 식신의 성 : 칠야월 환상곡 | 式神の城 七夜月幻想曲 | 99 |
| 식신의 성 II | 式神の城II | 213 |
| 신 귀무자 : DAWN OF DREAMS | 新鬼武者 ドーン オブ ドリームス | 124 |
| 신 목장이야기 Pure : 이노센트 라이프 | 新牧場物語: ピュア イノセントライフ | 174 |
| 신 베스트 플레이 프로야구 | 新ベストプレープロ野球 | 187 |
| 신 컴뱃 쵸로Q | 新コンバットチョロQ | 124 |
| 신 호혈사 일족 : 번뇌해방 | 新・豪血寺一族 煩悩解放 | 141 |
| 신곡주계 폴리포니카 | 神曲奏界ポリフォニカ | 177 |
| 신곡주계 폴리포니카 : 0~4화 풀팩 | 神曲奏界ポリフォニカ 0~4話フルパック | 204 |
| 신곡주계 폴리포니카 : 3&4화 완결편 | 神曲奏界ポリフォニカ 3&4話完結編 | 197 |
| 신곡주계 폴리포니카 : 애프터 스쿨 | 神曲奏界ポリフォニカ アフタースクール | 235 |
| 신곡주계 폴리포니카 THE BLACK | 神曲奏界ポリフォニカ THE BLACK | 218 |

| 한국어 | 일본어 | 페이지 |
|---|---|---|
| 신기환상 : 스펙트럴 소울즈 | 新紀幻想 スペクトラル ソウルズ | 191 |
| 신기환상 : 스펙트럴 소울즈 II | 新紀幻想 スペクトラル ソウルズ II | 66 |
| 신드바드 어드벤처는 에노모토 카나코로 하면 어떨까요 | シンドバッドアドベンチャーは榎本加奈子でどうですか | 44 |
| 신비한 바다의 나디아 : Inherit the Blue Water | ふしぎの海のナディア Inherit the Bluewater | 104 |
| 신선조 군랑전 | 新選組群狼伝 | 68 |
| 신세기 GPX 사이버 포뮬러 : Road To The Infinity | 新世紀GPXサイバーフォーミュラ ROAD TO THE INFINITY | 206 |
| 신세기 GPX 사이버 포뮬러 : Road To The Infinity 2 | 新世紀GPXサイバーフォーミュラ ROAD TO THE INFINITY2 | 99 |
| 신세기 GPX 사이버 포뮬러 : Road To The Infinity 3 | 新世紀GPXサイバーフォーミュラ ROAD TO THE INFINITY3 | 158 |
| 신세기 GPX 사이버 포뮬러 : Road To The Infinity 4 | 新世紀GPXサイバーフォーミュラ ROAD TO THE INFINITY4 | 189 |
| 신세기 에반게리온 : 강철의 걸프렌드 2nd | 新世紀エヴァンゲリオン 鋼鉄のガールフレンド 2nd | 64 |
| 신세기 에반게리온 : 강철의 걸프렌드 특별편 | 新世紀エヴァンゲリオン 鋼鉄のガールフレンド 特別編 | 134 |
| 신세기 에반게리온 : 배틀 오케스트라 | 新世紀エヴァンゲリオン バトルオーケストラ | 181 |
| 신세기 에반게리온 : 아야나미 육성계획 with 아스카 보완계획 | 新世紀エヴァンゲリオン 綾波育成計画 with アスカ補完計画 | 202 |
| 신세기 에반게리온 2 | 新世紀エヴァンゲリオン2 | 196 |
| 신세기 용자 대전 | 新世紀勇者大戦 | 68 |
| 신족가족 : 응원 소망 | 神様家族 応援願望 | 154 |
| 신주쿠의 이리 | 新宿の狼 | 219 |
| 신천마계 : 제네레이션 오브 카오스 IV | 新天魔界ジェネレーション オブ カオスIV | 229 |
| 신천마계 : 제네레이션 오브 카오스 V | 新天魔界ジェネレーション オブ カオスV | 94 |
| 신혼합체 고단나!! | 神魂合体ゴーダンナー!! | 237 |
| 실명실황경마 드림 클래식 : 2001 스프링 | 実名実況競馬ドリームクラシック 2001 スプリング | 79 |
| 실명실황경마 드림 클래식 : 2001 어텀 | 実名実況競馬ドリームクラシック 2001 オータム | 95 |
| 실명실황경마 드림 클래식 2002 | 実名実況競馬ドリームクラシック 2002 | 119 |
| 실전 파치슬로 필승법 : 멋진남자 김태랑 | 実戦パチスロ必勝法! サラリーマン金太郎 | 160 |
| 실전 파치슬로 필승법! : Sammy's Collection | 実戦パチスロ必勝法! Sammy's Collection | 115 |
| 실전 파치슬로 필승법! : Sammy's Collection 2 | 実戦パチスロ必勝法! Sammy Collection2 | 208 |
| 실전 파치슬로 필승법! : 귀무자 3 | 実戦パチスロ必勝法! 鬼武者3 | 92 |
| 실전 파치슬로 필승법! : 나의 하늘 | 実戦パチスロ必勝法! 俺の空 | 134 |
| 실전 파치슬로 필승법! : 맹수왕 S | 実戦パチスロ必勝法! 猛獣王S | 146 |
| 실전 파치슬로 필승법! : 미스터 매직 네오 | 実戦パチスロ必勝法! ミスターマジックネオ | 176 |
| 실전 파치슬로 필승법! : 북두의 권 | 実戦パチスロ必勝法! 北斗の拳 | 233 |
| 실전 파치슬로 필승법! : 북두의 권 2 – 난세패왕전 천패의 장 | 実戦パチスロ必勝法! 北斗の拳2 乱世覇王伝 天覇の章 | 190 |
| 실전 파치슬로 필승법! : 북두의 권 Plus | 実戦パチスロ必勝法! 北斗の拳 プラス | 70 |
| 실전 파치슬로 필승법! : 북두의 권 SE | 実戦パチスロ必勝法! 北斗の拳SE | 149 |
| 실전 파치슬로 필승법! : 사바나 파크 | 実戦パチスロ必勝法! サバンナパーク | 171 |
| 실전 파치슬로 필승법! : 수왕 | 実戦パチスロ必勝法! 獣王 | 94 |
| 실전 파치슬로 필승법! : 알라딘 2 에볼루션 | 実戦パチスロ必勝法! アラジン2エボリューション | 117 |
| 실전 파치슬로 필승법! : 알라딘 A | 実戦パチスロ必勝法! アラジンA | 127 |
| 실전 파치슬로 필승법! : 울트라맨 클럽 ST | 実戦パチスロ必勝法! ウルトラマン倶楽部ST | 131 |
| 실전 파치슬로 필승법! : 킹 캐멀 | 実戦パチスロ必勝法! キングキャメル | 188 |
| 실전 파치슬로 필승법 Selection : 멋진남자 김태랑·슬로터 김태랑·나의 하늘 | 実戦パチスロ必勝法! Selection サラリーマン金太郎・スロッター金太郎・俺の空 | 200 |
| 실전 파치코 필승법! : CR 멋진남자 김태랑 | 実戦パチンコ必勝法! CRサラリーマン金太郎 | 162 |
| 실전 파치코 필승법! : CR 북두의 권 | 実戦パチンコ必勝法! CR北斗の拳 | 119 |
| 실전 파치코 필승법! : CR 사쿠라대전 | 実戦パチンコ必勝法! CRサクラ大戦 | 187 |
| 실전 파치코 필승법! : CR 알라딘 데스티니 EX | 実戦パチンコ必勝法! CRアラジンデスティニーEX | 179 |
| 실피드 : 더 로스트 플래닛 | シルフィード ザ・ロストプラネット | 63 |
| 실황 GI 스테이블 | 実況GIステイブル | 63 |
| 실황 GI 스테이블 2 | 実況GIステイブル2 | 113 |
| 실황 J리그 퍼펙트 스트라이커 3 | 実況Jリーグ パーフェクトストライカー3 | 77 |
| 실황 J리그 퍼펙트 스트라이커 4 | 実況Jリーグ パーフェクトストライカー4 | 103 |
| 실황 J리그 퍼펙트 스트라이커 5 | 実況Jリーグ パーフェクトストライカー5 | 128 |
| 실황 월드 사커 2000 | 実況ワールドサッカー 2000 | 60 |
| 실황 월드 사커 2000 파이널 에디션 | 実況ワールドサッカー 2000 ファイナル エディション | 70 |
| 실황 월드 사커 2001 | 実況ワールドサッカー 2001 | 90 |
| 실황 월드 사커 2002 | 実況ワールドサッカー 2002 | 118 |
| 실황 파워풀 메이저리그 | 実況パワフルメジャーリーグ | 139 |
| 실황 파워풀 메이저리그 2 | 実況パワフルメジャーリーグ2 | 189 |
| 실황 파워풀 메이저리그 3 | 実況パワフルメジャーリーグ3 | 212 |
| 실황 파워풀 메이저리그 2009 | 実況パワフルメジャーリーグ2009 | 223 |
| 실황 파워풀 프로야구 7 | 実況パワフルプロ野球7 | 59 |
| 실황 파워풀 프로야구 7 결정판 | 実況パワフルプロ野球7 決定版 | 70 |
| 실황 파워풀 프로야구 8 | 実況パワフルプロ野球8 | 89 |
| 실황 파워풀 프로야구 8 결정판 | 実況パワフルプロ野球8 決定版 | 101 |
| 실황 파워풀 프로야구 9 | 実況パワフルプロ野球9 | 127 |
| 실황 파워풀 프로야구 9 결정판 | 実況パワフルプロ野球9 決定版 | 146 |
| 실황 파워풀 프로야구 10 | 実況パワフルプロ野球10 | 175 |
| 실황 파워풀 프로야구 10 초결정판 : 2003 메모리얼 | 実況パワフルプロ野球10超決定版 2003メモリアル | 206 |
| 실황 파워풀 프로야구 11 | 実況パワフルプロ野球11 | 32 |
| 실황 파워풀 프로야구 11 초결정판 | 実況パワフルプロ野球11 超決定版 | 59 |
| 실황 파워풀 프로야구 12 | 実況パワフルプロ野球12 | 92 |
| 실황 파워풀 프로야구 12 결정판 | 実況パワフルプロ野球12 決定版 | 117 |
| 실황 파워풀 프로야구 13 | 実況パワフルプロ野球13 | 146 |
| 실황 파워풀 프로야구 13 결정판 | 実況パワフルプロ野球13 決定版 | 164 |
| 실황 파워풀 프로야구 14 | 実況パワフルプロ野球14 | 182 |
| 실황 파워풀 프로야구 14 결정판 | 実況パワフルプロ野球14 決定版 | 196 |
| 실황 파워풀 프로야구 15 | 実況パワフルプロ野球15 | 208 |
| 실황 파워풀 프로야구 2009 | 実況パワフルプロ野球 2009 | 221 |
| 심즈 | シムピープル お茶の間劇場 | 169 |
| 심즈 : 세상 밖으로 | ザ・シムズ | 211 |
| 십이국기 : 혁혁한 왕도, 홍록의 우화 | 十二国記 赫々たる王道 紅緑の羽化 | 236 |
| 십이국기 : 홍련의 표식, 황진의 길 | 十二国記 紅蓮の標 黄塵の路 | 182 |
| 십차원입방체 사이퍼 : 게임 오브 서바이벌 | 十次元立方体サイファー ゲーム・オブ・サバイバル | 181 |
| 싸움대장 | 喧嘩番長 | 86 |
| 싸움대장 2 : 풀 스로틀 | 喧嘩番長2 フルスロットル | 172 |
| 썬더 스트라이크 : OPERATION PHOENIX | サンダーストライク : オペレーションフェニックス | 107 |
| 썬더 포스 VI | サンダーフォースVI | 214 |
| 쓰르라미 울 적에 제(祭) | ひぐらしのなく頃に 祭 | 171 |
| 쓰르라미 울 적에 제(祭) : 조각놀이 | ひぐらしのなく頃に 祭 カケラ遊び | 197 |
| 아가씨 조곡 : Sweet Concert | お嬢様組曲 スイートコンサート | 177 |
| 아가씨 탐정 : 오피스 러브 사건수첩 | 令嬢探偵 オフィスラブ事件簿 | 171 |
| 아누비스 : ZONE OF THE ENDERS | アヌビス ゾーン オブ エンダーズ | 153 |
| 아누비스 : ZONE OF THE ENDERS SPECIAL EDITION | アヌビス ゾーン オブ エンダーズ SPECIAL EDITION | 210 |
| 아라비안즈 로스트 : The engagement on desert | アラビアンズ・ロスト The engagement on desert | 190 |
| 아랑 : 마크 오브 더 울브스 – 네오지오 온라인 컬렉션 vol.1 | 餓狼 マーク オブ ザ ウルヴス ネオジオ オンラインコレクション vol.1 | 89 |
| 아랑전 Breakblow | 餓狼伝 ブレイクブロウ | 112 |
| 아랑전 Breakblow : Fist or Twist | 餓狼伝 ブレイクブロウ フィスト オア ツイスト | 172 |
| 아랑전설 배틀 아카이브즈 1 : 네오지오 온라인 컬렉션 vol.5 | 餓狼伝説バトルアーカイブズ1 ネオジオ オンラインコレクション vol.5 | 147 |
| 아랑전설 배틀 아카이브즈 2 : 네오지오 온라인 컬렉션 vol.6 | 餓狼伝説バトルアーカイブズ2 ネオジオ オンラインコレクション vol.6 | 170 |
| 아르고스의 전사 | アルゴスの戦士 | 143 |
| 아르카나 하트 | アルカナハート | 190 |
| 아르코발레노! | アルコバレーノ! | 223 |
| 아마가미 | アマガミ | 220 |
| 아머드 코어 2 | アーマード・コア2 | 60 |
| 아머드 코어 2 어나더 에이지 | アーマード・コア2 アナザーエイジ | 80 |

# PlayStation2 Game Software Catalogue

| 한글명 | 일본어명 | 페이지 |
|---|---|---|
| 아머드 코어 3 | アーマード・コア3 | 115 |
| 아머드 코어 3 사일런트 라인 | アーマード・コア3 サイレントライン | 151 |
| 아머드 코어 나인 브레이커 | アーマード・コア ナインブレイカー | 49 |
| 아머드 코어 넥서스 | アーマード・コア ネクサス | 221 |
| 아머드 코어 라스트 레이븐 | アーマード・コア ラストレイヴン | 97 |
| 아머드 코어 포뮬러 프론트 | アーマード・コア フォーミュラフロント | 72 |
| 아메리칸 아케이드 | アメリカン・アーケード | 62 |
| 아멘 느와르 | アーメン・ノワール | 236 |
| 아스트로 구단 : 결전!! 빅토리 구단 편 | アストロ球団 決戦!! ビクトリー球団編 | 113 |
| 아야카시비토 : 환요이문록 | あやかしびと 幻妖異聞録 | 151 |
| 아오이시로 | アオイシロ | 205 |
| 아우토 모델리스타 | アウトモデリスタ | 131 |
| 아우토 모델리스타 U.S.-tuned | アウトモデリスタ U.S.-tuned | 184 |
| 아웃런 2 SP : OUTRUN2 SPECIAL TOURS | アウトラン2 SP アウトラン2 スペシャルツアーズ | 168 |
| 아이돌 작사 R : 정글★프로젝트 | アイドル雀士R 雀ぐる★プロジェクト | 145 |
| 아이돌 작사 스치파이 IV | アイドル雀士 スーチーパイIV | 190 |
| 아이스 에이지 2 | アイスエイジ2 | 156 |
| 아이쉴드 21 : 미식축구 하자! Ya-! Ha-! | アイシールド21 アメフトやろうぜ!Ya-!Ha-! | 119 |
| 아이즈 퓨어 I"s Pure | I"s Pure | 159 |
| 아이토이 : 그루브 | アイトーイ フリフリダンス天国 | 237 |
| 아이토이 : 뻬뽀사루 - 모두가 왁자지껄! 신나는 파티게임!! | ルアイトーイ 大騒ぎ! ウッキウキゲームてんこもりっ!! | 36 |
| 아이토이 : 플레이 | アイトーイ プレイ | 214 |
| 아이토이 : 플레이 2 | アイトーイ プレイ2 | 87 |
| 아즈미 | あずみ | 75 |
| 아카가와 지로 : 달빛 - 가라앉은 종의 살인 | 赤川次郎 月の光 沈める鐘の殺人 | 119 |
| 아카기 : 어둠에 내려앉은 천재 | アカギ 闇に降り立った天才 | 144 |
| 아카이토 | アカイイト | 48 |
| 아쿠아쿠아 | アクアクア | 64 |
| 아쿠아키즈 | アクアキッズ | 38 |
| 아크 더 래드 : 정령의 황혼 | アークザラッド 精霊の黄昏 | 159 |
| 아크 더 래드 제네레이션 | アークザラッド ジェネレーション | 51 |
| 아키라 : 사이코 볼 | アキラ サイコボール | 109 |
| 아테네 2004 | アテネ 2004 | 34 |
| 아틀리에 마리+에리 : 잘부르그의 연금술사 1·2 | アトリエ マリー+エリー ザールブルグの錬金術 ±1·2 | 107 |
| 아포크리파/제로 | アポクリファ/ゼロ | 49 |
| 안젤리크 에투알 | アンジェリーク エトワール | 42 |
| 안젤리크 트로와 | アンジェリーク トロワ | 66 |
| 알 토네리코 : 세계의 끝에서 계속 노래하는 소녀 | アルトネリコ 世界の終わりで詩い続ける少女 | 123 |
| 알 토네리코 2 : 세계에 울리는 소녀들의 창조시 | アルトネリコ2 世界に響く少女たちの創造詩 | 191 |
| 알파인 레이서 3 | アルペンレーサー3 | 112 |
| 애니메이션 배틀 불꽃소년 레카 : FINAL BURNING | アニメバトル 烈火の炎 FINAL BURNING | 235 |
| 애니메이션 영어회화 : 15소년 표류기 - 눈동자 속의 소년 | アニメ英会話 十五少年漂流記 瞳のなかの少年 | 89 |
| 애니메이션 영어회화 : 터무니쥐 맹활약 | アニメ英会話 トンデモネズミ大活躍 | 89 |
| 애니메이션 영어회화 : 토토이 | アニメ英会話 トトイ | 89 |
| 애장판 안젤리크 트로와 | 愛蔵版 アンジェリーク トロワ | 86 |
| 애플시드 EX | アップルシード エクス | 169 |
| 액션 로망 범피 트롯 | ポンコツ浪漫大活劇 バンピートロット | 90 |
| 야마사 Digi 월드 2 : LCD 에디션 | 山佐デジワールド2 LCDエディション | 105 |
| 야마사 Digi 월드 3 | 山佐デジワールド3 | 129 |
| 야마사 Digi 월드 4 | 山佐デジワールド4 | 155 |
| 야마사 Digi 월드 SP | 山佐デジワールドSP | 136 |
| 야마사 Digi 월드 SP : 네오 매직 펄서 XX | 山佐デジワールドSP ネオマジックパルサーXX | 194 |
| 야마사 Digi 월드 SP : 바다가 최고 R | 山佐デジワールドSP 海一番R | 168 |
| 야마사 Digi 월드 SP : 불타라! 쿵푸 레이디 | 山佐デジワールドSP 燃えよ!功夫淑女 | 139 |
| 야마사 Digi 월드 SP : 자이언트 펄서 | 山佐デジワールドSP ジャイアントパルサー | 152 |
| 야마사 Digi 월드 콜라보레이션 SP : 파치슬로 럿지 레이서 | 山佐デジワールドコラボレーションSP パチスロ リッジレーサー | 206 |
| 야토히메 참귀행 : 검 편 | 夜刀姫斬鬼行 剣の巻 | 184 |
| 약혼자 | 許嫁 | 177 |
| 얀야 카바지스타 featuring Gawoo | ヤンヤ カバジスタ featuring Gawoo | 85 |
| 양호실에 어서 오세요 | 保健室へようこそ | 162 |
| 어두운 밤에 속삭이다 : 탐정 사가라 코이치로 | 闇夜にささやく 探偵 相楽恭一郎 | 126 |
| 어드벤처 오브 도쿄디즈니씨 : 잃어버린 보석의 비밀 | アドベンチャー・オブ・東京ディズニーシー 失われた宝石の秘密 | 101 |
| 어디로 가는가 그 날은 : 빛나는 내일로… | 何処へ行くのあの日 光る明日へ… | 71 |
| 어디서나 함께 : 나다운 그림책 | どこでもいっしょ 私なえほん | 166 |
| 어디서나 함께 : 토로와 별똥별 | どこでもいっしょ トロと流れ星 | 226 |
| 어디서나 함께 : 토로와 잔뜩 | どこでもいっしょ トロといっぱい | 40 |
| 어른의 걸 마작 : 너에게 하네만! | おとなのギャル雀 きみにハネ満! | 204 |
| 어른의 걸 마작 2 : 사랑으로 바이만! | おとなのギャル雀2 恋して倍満! | 113 |
| 어린양 포획계획! | 仔羊捕獲ケーカク! | 161 |
| 어반 카오스 | アーバンカオス | 181 |
| 어번 레인 | アーバンレイン | 105 |
| 어서 오세요 어린양 마을에 | ようこそ ひつじ村 | 209 |
| 언리미티드 사가 | アンリミテッド:サガ | 146 |
| 언젠가, 닿을, 저 하늘에. : 볕 드는 길과 주홍빛 황혼과 | いつか、届く、あの空に。陽の道と緋の昏と | 191 |
| 얼티밋 스파이더맨 | アルティメット スパイダーマン | 150 |
| 얼티밋 프로 핀볼 | アルティメット プロ ピンボール | 108 |
| 얼티밋 히츠 더지 오브 케르베로스 : 파이널 판타지 VII 인터내셔널 | アルティメットヒッツ ダージュ オブ ケルベロス ファイナルファンタジーVII インターナショナル | 210 |
| 에그매니아 | エッグマニア | 133 |
| 에너지 에어포스 | エナジーエアフォース | 134 |
| 에너지 에어포스 에임스트라이크! | エナジーエアフォース エイムストライク! | 188 |
| 에델 블루메 | エーデルブルーメ | 205 |
| 에도 물 | 江戸もの | 91 |
| 에르데 : 노간주나무 아래서 | エルデ ネズの樹の下で | 146 |
| 에반게리온 : 서 | ヱヴァンゲリヲン:序 | 224 |
| 에버그레이스 | エヴァーグレイス | 57 |
| 에버그레이스 2 | エヴァーグレイス2 | 83 |
| 에버블루 | エバーブルー | 87 |
| 에버블루 2 | エバーブルー2 | 130 |
| 에볼루션 스노보딩 | エボリューション スノーボーディング | 150 |
| 에볼루션 스케이트보딩 | エボリューション スケートボーディング | 144 |
| 에비코레 플러스 : 아마가미 | エビコレ+ アマガミ | 237 |
| 에비코레 플러스 : 키미키스 | エビコレ+ キミキス | 200 |
| 에스프가루다 | エスプガルーダ | 236 |
| 에어 레인저 | レスキューヘリ エアレンジャー | 79 |
| 에어 레인저 2 | レスキューヘリ エアレンジャー2 | 114 |
| 에어 레인저 2 plus | レスキューヘリ エアレンジャー2 plus | 193 |
| 에어로 댄싱 4 : New Generation | エアロダンシング4 New Generation | 125 |
| 에어로빅스 레볼루션 | エアロビクスレボリューション | 158 |
| 에어리어 51 | エリア51 | 159 |
| 에어포스 델타 : 블루 윙 나이츠 | エアフォースデルタ ブルーウイングナイツ | 214 |
| 에이스 컴뱃 04 : 섀터드 스카이 | エースコンバット04 シャッタードスカイ | 91 |
| 에이스 컴뱃 5 : THE UNSUNG WAR | エースコンバット5 ジ・アンサング・ウォー | 48 |
| 에이스 컴뱃 제로 : THE BELKAN WAR | エースコンバット・ゼロ ザ・ベルカン・ウォー | 132 |
| 에이지 오브 엠파이어 II | エイジ オブ エンパイアII | 108 |
| 에이틴 휠러 | エイティーンホイラー | 143 |
| 에튀드 프롤로그 : 흔들리는 마음의 형태 | エチュードプロローグ 揺れ動く心のかたち | 137 |
| 엔도네시아 | エンドネシア | 81 |
| 엔수지아 : 프로페셔널 레이싱 | エンスージア プロフェッショナル レーシング | 73 |
| 엔젤 위시 : 너의 미소에 쪽! | エンジェル☆ウィッシュ 君の笑顔にチュッ! | 69 |
| 엔젤 프로파일 | エンジェル・プロファイル | 188 |
| 엔젤릭 콘서트 | エンジェリック・コンサート | 158 |
| 엔조이 골프! | エンジョイゴルフ! | 88 |
| 엔터 더 매트릭스 | エンター ザ マトリックス | 171 |
| 엘리시온 : 영원의 생츄어리 | エリュシオン 永遠のサンクチュアリ | 167 |
| 엘리멘탈 제라드 : 오라, 취풍의 검이여 | エレメンタル ジェレイド 纏え、翠風の剣 | 89 |
| 엘미나쥬 : 어둠의 무녀와 신들의 반지 | エルミナージュ 闇の巫女と神々の指輪 | 203 |
| 엘반디아 스토리 | エルヴァンディア ストーリー | 177 |
| 여고생 GAME'S-HIGH!! | 女子高生 GAME'S-HIGH!! | 155 |
| 여름빛 모래시계 | 夏色の砂時計 | 120 |
| 여름소녀 : Promised Summer | 夏少女 Promised Summer | 35 |
| 여름하늘의 모놀로그 | 夏空のモノローグ | 234 |
| 여섯별이 반짝 : 별이 내리는 고향 | 六ツ星きらり ほしふるみやこ | 149 |
| 여신전생 페르소나 3 | ペルソナ3 | 146 |
| 여신전생 페르소나 3 FES | ペルソナ3 フェス | 176 |
| 여신전생 페르소나 4 | ペルソナ4 | 208 |
| 연희몽상 : 두근☆소녀들만의 삼국지연의 | 恋姫†夢想 ドキッ☆乙女だらけの三国志演義 | 215 |
| 열대저기압 소녀 | 熱帯低気圧少女 | 192 |
| 열중! 프로야구 2002 | 熱チュー! プロ野球2002 | 116 |

259

| 열중! 프로야구 2003 | 熱チュー! プロ野球2003 | 163 |
| 열중! 프로야구 2003 : 가을의 야간경기 축제 | | |
| | 熱チュー! プロ野球2003 秋のナイター祭り | 191 |
| 열중! 프로야구 2004 | 熱チュー! プロ野球2004 | 226 |
| 영관은 그대에게 : 코시엔으로 가는 길 | 栄冠は君に 甲子園への道 | 59 |
| 영관은 그대에게 : 코시엔의 패자 | 栄冠は君に 甲子園の覇者 | 87 |
| 영관은 그대에게 2002 : 코시엔의 고동 | 栄冠は君に2002 甲子園の鼓動 | 126 |
| 영관은 그대에게 2004 : 코시엔의 고동 | 栄冠は君に2004 甲子園の鼓動 | 31 |
| 영세명인 IV | 永世名人IV | 57 |
| 영세명인 V | 永世名人V | 78 |
| 영세명인 VI : 통신 쇼기 클럽 | 永世名人VI 通信将棋倶楽部 | 109 |
| 영세명인 7 : 통신 쇼기 클럽 | 永世名人7 通信将棋倶楽部 | 158 |
| 영식 함상전투기 | 零式艦上戦闘記 | 220 |
| 영식 함상전투기 이(弐) | 零式艦上戦闘記 弐 | 128 |
| 영원의 아세리아 : 이 대지의 끝에서 | 永遠のアセリア この大地の果てで | 83 |
| 오! 나의 여신님 | ああっ女神さまっ | 169 |
| 오늘부터 마왕 : 여행의 시작 | 今日からマ王!はじマりの旅 | 148 |
| 오늘부터 마왕 : 진마국의 휴일 - 리미티드 BOX | | |
| | 今日からマ王! 眞マ国の休日 リミテッドBOX | 188 |
| 오딘 스피어 | オーディンスフィア | 178 |
| 오락실 USA : 미드웨이 아케이드 트레져즈 | ゲーセンUSA ミッドウェイアーケードトレジャーズ | 154 |
| 오란고교 호스트부 | 桜蘭高校ホスト部 | 176 |
| 오렌지 포켓 : 류트 | オレンジポケット リュート | 229 |
| 오렌지 허니 : 나는 너를 사랑한다 | オレンジハニー 僕はキミに恋してる | 177 |
| 오오카미 | 大神 | 136 |
| 오오쿠 기 | 大奥記 | 206 |
| 오우카 : 마음이 반짝이는 벚꽃 | 桜華 心輝かせる桜 | 140 |
| 오토스타츠 | オトスタツ | 120 |
| 오퍼레이터즈 사이드 | オペレーターズサイド | 151 |
| 온라인 게임즈 : 대 빙글빙글 온천 | オンラインゲームズ 大ぐるぐる温泉 | 138 |
| 온라인 프로레슬링 | オンラインプロレスリング | 230 |
| 온라인으로 봄버맨 | ネットでボンバーマン | 216 |
| 올스타 베이스볼 2002 | オールスターベースボール2002 | 93 |
| 올스타 베이스볼 2003 | オールスターベースボール2003 | 139 |
| 올스타 프로레슬링 | オールスター・プロレスリング | 58 |
| 올스타 프로레슬링 II | オールスター・プロレスリングII | 96 |
| 올스타 프로레슬링 III | オールスター・プロレスリングIII | 179 |
| 와일드 암즈 Advanced 3rd | ワイルドアームズ アドヴァンスドサード | 111 |
| 와일드 암즈 Alter code : F | ワイルドアームズ アルターコード:エフ | 200 |
| 와일드 암즈 The 4th Detonator | ワイルドアームズ ザ フォースデトネイター | 77 |
| 와일드 암즈 The Vth Vanguard | ワイルドアームズ ザ フィフスヴァンガード | 164 |
| 와일드 와일드 레이싱 | ワイルド ワイルド レーシング | 62 |
| 와호장룡 | クラウチングタイガー ヒドゥンドラゴン | 211 |
| 완간 미드나이트 | 湾岸ミッドナイト | 115 |
| 완다와 거상 | ワンダと巨像 | 110 |
| 완드 오브 포춘 | ワンド オブ フォーチュン | 224 |
| 완드 오브 포춘 : 미래를 향한 프롤로그 | ワンド オブ フォーチュン 未来へのプロローグ | 231 |
| 요귀공주전 : 괴이 환등화 | 妖鬼姫伝 あやかし幻灯話 | 186 |
| 요시노야 | 吉野家 | 235 |
| 요시츠네 기 | 義経紀 | 116 |
| 요시츠네 영웅전 | 義経英雄伝 | 64 |
| 요시츠네 영웅전 수라 | 義経英雄伝 修羅 | 109 |
| 요츠노하 : a journey of sincerity | よつのは a journey of sincerity | 210 |
| 욕심쟁이 엠푸사 | ほしがりエンプーサ | 204 |
| 용각(龍刻) | 龍刻 RYU-KOKU | 154 |
| 용호의 권 천·지·인 : 네오지오 온라인 컬렉션 vol.4 | | |
| | 龍虎の拳 天・地・人 ネオジオ オンラインコレクション vol.4 | 139 |
| 우격자의 관 | 雨格子の館 | 171 |
| 우루룬 퀘스트 : 연유기 | うるるんクエスト恋遊記 | 95 |
| 우리는 오락실 족 1 : 스크램블 | オレたちゲーセン族1 スクランブル | 93 |
| 우리는 오락실 족 2 : 크레이지 클라이머 | オレたちゲーセン族2 クレイジー・クライマー | 93 |
| 우리는 오락실 족 3 : 공수도 | オレたちゲーセン族3 空手道 | 93 |
| 우리는 오락실 족 4 : 타임 파일럿 | オレたちゲーセン族4 タイムパイロット | 93 |
| 우리는 오락실 족 5 : 문 크레스타 | オレたちゲーセン族5 ムーンクレスタ | 93 |
| 우리는 오락실 족 6 : 소닉 윙스 | オレたちゲーセン族6 ソニックウィングス | 94 |
| 우리는 오락실 족 : 라비오 레푸스 | オレたちゲーセン族 ラビオレプス | 132 |
| 우리는 오락실 족 : 버거 타임 | オレたちゲーセン族 バーガータイム | 108 |
| 우리는 오락실 족 : 선더 크로스 | オレたちゲーセン族 サンダークロス | 169 |
| 우리는 오락실 족 : 슈퍼 발리볼 | オレたちゲーセン族 スーパーバレーボール | 108 |
| 우리는 오락실 족 : 악마성 드라큘라 | オレたちゲーセン族 悪魔城ドラキュラ | 140 |
| 우리는 오락실 족 : 열혈경파 쿠니오 군 | オレたちゲーセン族 熱血硬派くにおくん | 123 |
| 우리는 오락실 족 : 열혈고교 피구부 | オレたちゲーセン族 熱血高校ドッジボール部 | 132 |
| 우리는 오락실 족 : 이얼 쿵푸 | オレたちゲーセン族 イー・アル・カンフー | 108 |
| 우리는 오락실 족 : 쿼스 | オレたちゲーセン族 クォース | 123 |
| 우리는 오락실 족 : 테라 크레스타 | オレたちゲーセン族 テラクレスタ | 108 |
| 우리는 오락실 족 : 트리오 더 펀치 | オレたちゲーセン族 トリオ・ザ・パンチ | 169 |
| 우리는 오락실 족 : 푸얀 | オレたちゲーセン族 プーヤン | 140 |
| 우리는 오락실 족 : 혼두라 | オレたちゲーセン族 魂斗羅 | 140 |
| 우리들의 가족 | ぼくらのかぞく | 76 |
| 우미쇼 수영부 | ウミショー | 194 |
| 우사기 : 야성의 투패 | 兎 野性の闘牌 | 123 |
| 우사기 : 야성의 투패 - 야마시로 마작 편 | 兎 野性の闘牌 山城麻雀編 | 197 |
| 우사기 : 야성의 투패 THE ARCADE | 兎 野性の闘牌 ジ・アーケード | 160 |
| 우사기 : 야성의 투패 THE ARCADE - 야마시로 마작 편 | | |
| | 兎 野性の闘牌 ジ・アーケード 山城麻雀編 | 42 |
| 우에키의 법칙 : 물리치자, 로베르트 10단!! うえきの法則 倒すぜロベルト十団!! | | 123 |
| 우주~인이란 게 뭐~야? | うちゅ〜じんってなぁに? | 92 |
| 우주소년 아톰 | アストロボーイ・鉄腕アトム | 221 |
| 우주의 스텔비아 | 宇宙のステルヴィア | 211 |
| 우주전함 야마토 : 암흑성단 제국의 역습 | 宇宙戦艦ヤマト 暗黒星団帝国の逆襲 | 65 |
| 우주전함 야마토 : 이스칸다르로의 추억 | 宇宙戦艦ヤマト イスカンダルへの追憶 | 46 |
| 우주전함 야마토 : 이중은하의 붕괴 | 宇宙戦艦ヤマト 二重銀河の崩壊 | 78 |
| 우주형사 혼 | 宇宙刑事魂 | 140 |
| 울트라맨 | ウルトラマン | 231 |
| 울트라맨 넥서스 | ウルトラマンネクサス | 84 |
| 울트라맨 파이팅 에볼루션 2 | ウルトラマン ファイティング エボリューション 2 | 138 |
| 울트라맨 파이팅 에볼루션 3 | ウルトラマン ファイティング エボリューション 3 | 56 |
| 울트라맨 파이팅 에볼루션 Rebirth | ウルトラマン ファイティング エボリューション リバース | 108 |
| 워리어 블레이드 : 라스턴 vs 바바리안 편 | ウォリアーブレード ラスタンVS バーバリアン編 | 162 |
| 워리어즈 오브 마이트 앤 매직 | ウォリアーズ オブ マイト・アンド・マジック | 119 |
| 워십 거너 2 : 강철의 포효 | ウォーシップガンナー2 鋼鉄の咆哮 | 127 |
| 원더 존 | ワンダーゾーン | 136 |
| 원시의 말 | げんしのことば | 94 |
| 원피스 그랜드 배틀! 3 | ワンピース グランドバトル! 3 | 203 |
| 원피스 그랜드 배틀! RUSH | ワンピース グラバト! RUSH | 75 |
| 원피스 라운드 더 랜드! | ワンピース ランドランド! | 36 |
| 원피스 해적 카니발 | ワンピース パイレーツカーニバル | 114 |
| 월드 사커 위닝 일레븐 5 | ワールドサッカー ウイニングイレブン5 | 76 |
| 월드 사커 위닝 일레븐 5 파이널 에볼루션 | ワールドサッカー ウイニングイレブン5 ファイナルエヴォリューション | 100 |
| 월드 사커 위닝 일레븐 6 | ワールドサッカー ウイニングイレブン6 | 117 |
| 월드 사커 위닝 일레븐 6 파이널 에볼루션 | ワールドサッカー ウイニングイレブン6 ファイナルエヴォリューション | 145 |
| 월드 사커 위닝 일레븐 7 | ワールドサッカー ウイニングイレブン7 | 181 |
| 월드 사커 위닝 일레븐 7 인터내셔널 | ワールドサッカー ウイニングイレブン7 インターナショナル | 217 |
| 월드 사커 위닝 일레븐 8 | ワールドサッカー ウイニングイレブン8 | 38 |
| 월드 사커 위닝 일레븐 8 라이브웨어 에볼루션 | | |
| | ワールドサッカー ウイニングイレブン8 ライヴウエアエヴォリューション | 76 |
| 월드 사커 위닝 일레븐 9 | ワールドサッカー ウイニングイレブン9 | 98 |
| 월드 사커 위닝 일레븐 10 | ワールドサッカー ウイニングイレブン10 | 45 |
| 월드 사커 위닝 일레븐 2008 | ワールドサッカー ウイニングイレブン2008 | 195 |
| 월드 사커 위닝 일레븐 2009 | ワールドサッカー ウイニングイレブン2009 | 219 |
| 월드 사커 위닝 일레븐 2010 | ワールドサッカー ウイニングイレブン2010 | 229 |
| 월드 사커 위닝 일레븐 2010 : 푸른 사무라이의 도전 | | |
| | ワールドサッカー ウイニングイレブン2010 蒼き侍の挑戦 | 233 |
| 월드 사커 위닝 일레븐 2011 | ワールドサッカー ウイニングイレブン2011 | 235 |
| 월드 사커 위닝 일레븐 2012 | ワールドサッカー ウイニングイレブン2012 | 238 |
| 월드 판타지스타 | ワールドファンタジスタ | 121 |
| 월드 풋볼 클라이맥스 | ワールド フットボール クライマックス | 142 |
| 월드 히어로즈 고져스 : 네오지오 온라인 컬렉션 vol.9 | | |
| | ワールドヒーローズ ゴージャス ネオジオ オンラインコレクション Vol.9 | 191 |
| 월래스 & 그로밋 : 거대토끼의 저주 | ウォレスとグルミット 野菜畑で大ピンチ | 131 |
| 월면토병기 미나 : 두 가지의 PROJECT M | 月面兎兵器ミーナ ふたつのPROJECT M | 183 |
| 웨이브랠리 | ウェーブラリー | 106 |
| 웰컴 투 유니버설 스튜디오 재팬 | ウェルカム・トゥ・ユニバーサル・スタジオ・ | |

| | | | | | |
|---|---|---|---|---|---|
| | | ジャパン | 185 | | |
| 위닝 포스트 4 MAXIMUM | ウイニングポスト4 マキシマム | 63 | 이시쿠라 노보루 9단의 바둑강좌 중급 편 : 실력 5급을 노리는 사람에게 | | |
| 위닝 포스트 4 MAXIMUM 2001 | ウイニングポスト4 マキシマム2001 | 76 | | 石倉昇九段の囲碁講座 中級編実力5級を目指す人へ | 190 |
| 위닝 포스트 5 | ウイニングポスト5 | 102 | 이자요이 렌카 : 신의 고향 | 十六夜れんか かみふるさと | 221 |
| 위닝 포스트 5 MAXIMUM 2002 | ウイニングポスト5 マキシマム2002 | 134 | 이지브라우저 | イージーブラウザー | 79 |
| 위닝 포스트 5 MAXIMUM 2003 | ウイニングポスト5 マキシマム2003 | 169 | 이지브라우저 BB | イージーブラウザー ビービー | 123 |
| 위닝 포스트 6 | ウイニングポスト6 | 182 | 이지브라우저 라이트 for I-O DATA | イージーブラウザーライト for アイ・オー・データ | 79 |
| 위닝 포스트 6 MAXIMUM 2004 | ウイニングポスト6 マキシマム2004 | 231 | 이터널 링 | エターナルリング | 54 |
| 위닝 포스트 6 2005년도판 | ウイニングポスト6 2005年度版 | 69 | 익사이팅 프로레슬링 3 | エキサイティングプロレス3 | 105 |
| 위닝 포스트 7 | ウイニングポスト7 | 100 | 익사이팅 프로레슬링 4 | エキサイティングプロレス4 | 153 |
| 위닝 포스트 7 MAXIMUM 2006 | ウイニングポスト7 マキシマム2006 | 131 | 익사이팅 프로레슬링 5 | エキサイティングプロレス5 | 213 |
| 위닝 포스트 7 MAXIMUM 2007 | ウイニングポスト7 マキシマム2007 | 174 | 익사이팅 프로레슬링 6 : SMACKDOWN! VS RAW | エキサイティングプロレス6 SMACKDOWN! VS RAW | 67 |
| 위닝 포스트 7 MAXIMUM 2008 | ウイニングポスト7 マキシマム2008 | 202 | 익사이팅 프로레슬링 7 : SMACKDOWN! VS. RAW 2006 | エキサイティングプロレス7 SMACKDOWN! VS. RAW 2006 | 125 |
| 위닝 포스트 월드 | ウイニングポストワールド | 222 | 익스터미네이션 | エクスターミネーション | 75 |
| 위닝 포스트 월드 2010 | ウイニングポストワールド 2010 | 232 | 익스트림 G3 | エクストリームG3 | 133 |
| 위저드리 XTH : 전선의 학부 | ウィザードリィ エクス 前線の学府 | 69 | 익스트림 레이싱 SSX | エクストリーム・レーシング SSX | 64 |
| 위저드리 XTH 2 : 무한의 학도 | ウィザードリィ エクス2 無限の学徒 | 132 | 익신 기가윙 제네레이션즈 | 翼神 ギガウイング ジェネレーションズ | 76 |
| 위저드리 서머너 | ウィザードリィ サマナー | 80 | 인디고 프로페시 | ファーレンハイト | 125 |
| 위저드리 엠파이어 Ⅲ : 패왕의 계보 | ウィザードリィ エンパイアⅢ 覇王の系譜 | 208 | 인크레더블 | Mr.インクレディブル | 57 |
| 위저드리 외전 - 전투의 감옥 | ウィザードリィ・外伝 戦闘の監獄 | 149 | 인크레더블 : 언더마이너의 침공 | Mr.インクレディブル 強敵アンダーマイナー登場 | 126 |
| 윈백 | ウィンバック | 69 | 인터넷 마작 : 동풍장에서 놀자 | インターネット麻雀 東風荘で遊ぼう | 121 |
| 윈백 2 : PROJECT POSEIDON | ウィンバック 2 Project Poseidon | 143 | 인터넷 바둑 : 헤이세이 기원 24 | インターネット囲碁 平成棋院24 | 121 |
| 윌 오 위스프 | ウィル・オ・ウィスプ | 187 | 인터넷 쇼기 : 쇼기 도장 24 | インターネット将棋 将棋道場24 | 121 |
| 윌 오 위스프 : 이스터의 기적 | ウィル・オ・ウィスプ イースターの奇跡 | 213 | 인터넷 오델로 : 오델로 월드 24 | インターネットオセロ オセロワールド24 | 121 |
| 유☆유☆백서 FOREVER | 幽☆遊☆白書 フォーエバー | 83 | 인터루드 | インタールード | 188 |
| 유구의 벚꽃 | 悠久ノ桜 | 189 | 일격살충!! HOIHOISAN | 一撃殺虫!!ホイホイさん | 197 |
| 유니존 | ユニゾン | 66 | 일곱빛깔★드롭스 Pure!! | ななついろ★ドロップス Pure!! | 188 |
| 유디의 아틀리에 : 그람나트의 연금술사 | ユーディーのアトリエ グラムナートの錬金術士 | 124 | 일기당천 Shining Dragon | 一騎当千 シャイニングドラゴン | 183 |
| 유러피언 게임 컬렉션 | ヨーロピアンゲームコレクション | 186 | 일미간 프로야구 : 파이널 리그 | 日米間プロ野球 ファイナルリーグ | 117 |
| 유러피언 클럽 사커 : 위닝 일레븐 택틱스 | ヨーロピアンクラブサッカーウイニングイレブンタクティクス | 59 | 일본 대표 선수가 되자! | 日本代表選手になろう! | 119 |
| 유레카 세븐 : NEW VISION | エウレカセブン NEW VISION | 139 | 일본스모협회공인 일본 오오즈모 격투 편 | 日本相撲協会公認 日本大相撲 格闘編 | 95 |
| 유레카 세븐 TR1: NEW WAVE | エウレカセブン TR1:NEW WAVE | 108 | 일본스모협회공인 일본 오오즈모 혼바쇼 편 | 日本相撲協会公認 日本大相撲 激闘本場所編 | 126 |
| 유리의 장미 | 玻璃の薔薇 | 193 | 일어나요 TV 10th Anniversary : 오늘의 강아지 | めざましテレビ 10th Anniversary きょうのわんこ | 177 |
| 유메리아 | ゆめりあ | 167 | 임협전 : 떠돌이 일대기 | 任侠伝 渡世人一代記 | 130 |
| 유어 메모리즈 오프 : 걸즈 스타일 | ユア・メモリーズオフ Girl's Style | 199 | 자이언트 로보 THE ANIMATION : 지구가 정지하는 날 | ジャイアントロボ ジ・アニメーション 地球が静止する日 | 51 |
| 유희왕 듀얼몬스터즈 GX 태그 포스 에볼루션 | 遊☆戯☆王デュエルモンスターズGX タッグフォースエヴォリューション | 196 | 작 삼국무쌍 | 雀・三國無双 | 132 |
| 유희왕 진 듀얼몬스터즈 Ⅱ : 계승된 기억 | 遊☆戯☆王 真デュエルモンスターズⅡ 継承されし記憶 | 90 | 작안의 샤나 | 灼眼のシャナ | 132 |
| 유희왕 캡슐 몬스터 콜로세움 | 遊☆戯☆王 カプセルモンスターコロシアム | 35 | 잡동사니 명작극장 : 낙서 왕국 | ガラクタ名作劇場 ラクガキ王国 | 112 |
| 은빛 새장 | しろがねの鳥籠 | 106 | 장갑기병 보톰즈 | 装甲騎兵ボトムズ | 193 |
| 은의 에클립스 | 銀のエクリプス | 209 | 장미나무에 장미꽃 피다 : Das Versprechen | 薔薇ノ木ニ薔薇ノ花咲ク Das Versprechen | 142 |
| 은혼 : 긴 씨와 함께! 나의 카부키쵸 일기 | 銀魂 銀さんと一緒!ボクのかぶき町日記 | 185 | 재노사가 프릭스 | ゼノサーガ フリークス | 230 |
| 음양대전기 : 백호연무 | 陰陽大戦記・白虎演舞 | 77 | 잭 & 덱스터 : 구세계의 유산 | ジャック×ダクスター 旧世界の遺産 | 101 |
| 음양대전기 : 패자의 인 | 陰陽大戦記 覇者の印 | 88 | 잭 2 | ジャック×ダクスター2 | 220 |
| 이 맑은 하늘 아래서 | この晴れた空の下で | 77 | 전격 SP 후타코이 / 후타코이 섬 : 후타코이 COLLECTION | 電撃SP 双恋／双恋島 双恋COLLECTION | 130 |
| 이 푸른 하늘에 약속을 : melody of the sun and sea | この青空に約束を melody of the sun and sea | 179 | 전국 바사라 | 戦国BASARA | 94 |
| 이누야샤 : 오의난무 | 犬夜叉 奥義乱舞 | 87 | 전국 바사라 2 | 戦国BASARA2 | 148 |
| 이누야샤 : 저주의 가면 | 犬夜叉 呪詛の仮面 | 221 | 전국 바사라 2 영웅외전 | 戦国BASARA2 英雄外伝 | 195 |
| 이니셜 D : 스페셜 스테이지 | 頭文字D スペシャルステージ | 172 | 전국 바사라 X(크로스) | 戦国BASARAX | 207 |
| 이니셜 D : 타카하시 료스케의 타이핑 최고속이론 | 頭文字D 高橋涼介のタイピング最速理論 | 93 | 전국 천하통일 | 戦国天下統一 | 221 |
| 이데 요스케의 마작가족 2 | 井出洋介の麻雀家族2 | 64 | 전국무쌍 | 戦国無双 | 215 |
| 이리스의 아틀리에 : 그랑 판타즘 | イリスのアトリエ グランファンタズム | 143 | 전국무쌍 맹장전 | 戦国無双 猛将伝 | 42 |
| 이리스의 아틀리에 : 이터널 마나 | イリスのアトリエ エターナルマナ | 232 | 전국무쌍 2 | 戦国無双2 | 129 |
| 이리스의 아틀리에 : 이터널 마나 2 | イリスのアトリエ エターナルマナ2 | 84 | 전국무쌍 2 Empires | 戦国無双2 エンパイアーズ | 160 |
| 이바라 | 鋳薔薇 | 127 | 전국무쌍 2 맹장전 | 戦国無双2 猛将伝 | 185 |
| 이브 : new generation | イヴ ニュージェネレーション | 151 | 전뇌전기 버추얼 온 마즈 | 電脳戦機バーチャロン マーズ | 170 |
| 이브 버스트 에러 플러스 | イヴ バーストエラー プラス | 176 | 전생팔견사 봉마록 | 転生八犬士封魔録 | 142 |
| 이상한 나라의 앨리스 | 不思議の国のアリス | 171 | 전생학원 월광록 | 転生学園 月光録 | 161 |
| 이스 : 나피쉬팀의 상자 | イース ナピシュテムの匣 | 72 | 전생학원 환창록 | 転生学園 幻蒼録 | 234 |
| 이스 Ⅰ・Ⅱ 이터널 스토리 | イースⅠ・Ⅱ エターナルストーリー | 179 | 전신 : 이쿠사가미 | 戦神 いくさがみ | 114 |
| 이스 Ⅲ : 원더즈 프롬 이스 | イースⅢ ワンダラーズフロムイース | 75 | 전차로 GO! 3 통근편 | 電車でGO! 3 通勤編 | 76 |
| 이스 Ⅳ : 마스크 오브 더 선 - a new theory | イースⅣ マスク オブ ザ サン a new theory | 83 | 전차로 GO! FINAL | 電車でGO! ファイナル | 234 |
| 이스 Ⅴ : LOST KEFIN, KINGDOM OF SAND | イースⅤ ロスト ケフィン キングダム オブ サンド | 134 | | | |
| 이시쿠라 노보루 9단의 바둑강좌 상급 편 | 石倉昇九段の囲碁講座 上級編 | 210 | | | |
| 이시쿠라 노보루 9단의 바둑강좌 입문 편 | 石倉昇九段の囲碁講座 入門編 | 186 | | | |

| 한국어 | 일본어 | 쪽 |
|---|---|---|
| 전차로 GO! 신칸센 : 산요 신칸센 편 | 電車でGO! 新幹線 山陽新幹線編 | 92 |
| 전차로 GO! 여정편 | 電車でGO! 旅情編 | 129 |
| 전차로 GO! 프로페셔널 2 | 電車でGO! プロフェッショナル2 | 157 |
| 전투국가 개(改) : NEW OPERATIONS | 戦闘国家・改 NEW OPERATIONS | 78 |
| 전투국가 개(改) LEGEND | 戦闘国家・改 レジェンド | 180 |
| 절체절명도시 | 絶体絶命都市 | 117 |
| 절체절명도시 2 : 얼어붙은 기억들 | 絶体絶命都市2 凍てついた記憶たち | 134 |
| 정문 삼국지 | 鄭問之三國誌 | 94 |
| 정의의 우리 편 | 正義の味方 | 95 |
| 제2차 슈퍼로봇대전α | 第2次スーパーロボット大戦α | 162 |
| 제3제국 흥망기 | 第三帝国興亡記 | 211 |
| 제3제국 흥망기 II | 第三帝国興亡記II | 102 |
| 제3차 슈퍼로봇대전α : 종언의 은하로 | 第3次スーパーロボット大戦α 終焉の銀河へ | 96 |
| 제국 천년기 | 帝国千年紀 | 54 |
| 제네레이션 오브 카오스 | ジェネレーション オブ カオス | 88 |
| 제네레이션 오브 카오스 III : 시간의 봉인 | ジェネレーション オブ カオスIII 時の封印 | 168 |
| 제네레이션 오브 카오스 넥스트 : 잃어버린 인연 | ジェネレーション オブ カオス ネクスト 失われし絆 | 116 |
| 제네레이션 오브 카오스 디자이어 | ジェネレーション オブ カオス ディザイア | 188 |
| 제노사가 에피소드 I : 권력에의 의지 | ゼノサーガ エピソードI 力への意志 | 110 |
| 제노사가 에피소드 I 리로디드 : 권력에의 의지 | ゼノサーガ エピソードI リローデッド 力への意志 | 196 |
| 제노사가 에피소드 II : 선악을 넘어서 | ゼノサーガ エピソードII 善悪の彼岸 | 238 |
| 제노사가 에피소드 III : 차라투스트라는 이렇게 말했다 | ゼノサーガ エピソードIII ツァラトゥストラはかく語りき | 145 |
| 제대로 프로야구 | ガチンコプロ野球 | 179 |
| 제독의 결단 IV | 提督の決断IV | 114 |
| 제독의 결단 IV with 파워업 키트 | 提督の決断IV with パワーアップキット | 218 |
| 제로 | 零 zero | 100 |
| 제로 : 문신의 목소리 | 零 刺青ノ聲 | 96 |
| 제로 : 붉은 나비 | 零 紅い蝶 | 199 |
| 제로 파일럿 : 고공의 기적 | ZERO PILOT 孤空の奇跡 | 202 |
| 제로욘 챔프 시리즈 : 드리프트 챔프 | ゼロヨンチャンプシリーズ ドリフトチャンプ | 141 |
| 제로의 사역마 : 몽마가 엮어내는 밤바람의 환상곡 | ゼロの使い魔 夢魔が紡ぐ夜風の幻想曲 | 195 |
| 제로의 사역마 : 미아의 종지부와 수천의 교향곡 | ゼロの使い魔 迷子の終止符と幾千の交響曲 | 214 |
| 제로의 사역마 : 소악마와 봄바람의 협주곡 | ゼロの使い魔 小悪魔と春風の協奏曲 | 169 |
| 제비뽑기 언밸런스 : 회장님 부탁 드립니다~아 파이트☆ | くじびきアンバランス 会長お願いすま～っしゅファイト☆ | 167 |
| 제트로 GO! 2 | ジェットでGO!2 | 113 |
| 조이드 스트러글 | ゾイド ストラグル | 53 |
| 조이드 인피니티 퓨저스 | ゾイドインフィニティ フューザーズ | 69 |
| 조이드 택틱스 | ゾイド タクティクス | 99 |
| 졸업 2nd Generation | 卒業 2nd Generation | 131 |
| 종말소녀환상 앨리스매틱 APOCALYPSE | 終末少女幻想アリスマチック アポカリプス | 205 |
| 좋은 건 좋으니까 어쩔 수 없어!! : FIRST LIMIT&TARGET†NIGHTS Sukisyo! Episode #01+#02 | 好きなものは好きだからしょうがない!! FIRST LIMIT&TARGET†NIGHTS Sukisyo! Episode #01+#02 | 224 |
| 좋은 건 좋으니까 어쩔 수 없어!! : -RAIN- Sukisyo! Episode #03 | 好きなものは好きだからしょうがない!! -RAIN- Sukisyo! Episode #03 | 48 |
| 죠죠의 기묘한 모험 : 팬텀 블러드 | ジョジョの奇妙な冒険 ファントムブラッド | 158 |
| 죠죠의 기묘한 모험 : 황금의 선풍 | ジョジョの奇妙な冒険 黄金の旋風 | 128 |
| 주식거래 말판놀이 카부코로 | マネーすごろく カブコロ | 194 |
| 주얼스 오션 : 스타 오브 시에라리온 | ジュエルスオーシャン スター・オブ・シェラレオーネ | 127 |
| 중장기병 발켄 | 重装機兵ヴァルケン | 39 |
| 중화 작사 텐호파이냥 | ちゅ～かな雀士 てんほ一牌娘 | 62 |
| 쥬스드 : 튜업 카 전설 | ジュースド チューンドカー伝説 | 140 |
| 지오닉 프론트 : 기동전사 건담 0079 | ジオニックフロント 機動戦士ガンダム0079 | 90 |
| 지옥소녀 미오요스가 | 地獄少女 澪縁 | 227 |
| 지팡구 | ジパング | 84 |
| 진 마스터 오브 몬스터즈 Final EX : 무구한 한탄, 천명의 재앙 | 真・マスターオブモンスターズ Final EX 無垢なる嘆き、天冥の災禍 | 235 |
| 진 비취 물방울 : 비색의 조각 2 | 真・翡翠の雫 緋色の欠片2 | 228 |
| 진 삼국무쌍 | 真・三國無双 | 60 |
| 진 삼국무쌍 2 | 真・三國無双2 | 91 |
| 진 삼국무쌍 2 맹장전 | 真・三國無双2 猛将伝 | 132 |
| 진 삼국무쌍 3 | 真・三國無双3 | 156 |
| 진 삼국무쌍 3 맹장전 | 真・三國無双3 猛将伝 | 186 |
| 진 삼국무쌍 3 Empires | 真・三國無双3 エンパイヤーズ | 222 |
| 진 삼국무쌍 4 | 真・三國無双4 | 71 |
| 진 삼국무쌍 4 맹장전 | 真・三國無双4 猛将伝 | 103 |
| 진 삼국무쌍 4 Empires | 真・三國無双4 エンパイアーズ | 132 |
| 진 삼국무쌍 5 Special | 真・三國無双5 スペシャル | 213 |
| 진 여신전생 III NOCTURNE | 真・女神転生III ノクターン | 155 |
| 진 여신전생 III NOCTURNE 매니악스 | 真・女神転生III ノクターン マニアクス | 213 |
| 진 연희몽상 : 소녀요란☆삼국지연의 | 真・恋姫†夢想 乙女繚乱☆三国志演義 | 238 |
| 진 폭주 데코토라 전설 : 천하통일 정상결전 | 真・爆走デコトラ伝説 天下統一頂上決戦 | 67 |
| 진 혼두라 : SHIN CONTRA | 真魂斗羅 | 140 |
| 짱! 재미있는 인터넷 : 친구 루프 | 超! 楽しいインターネット ともだちのわ | 105 |
| 쪽빛보다 푸르게 | 藍より青し | 159 |
| 창성의 아쿠에리온 | 創聖のアクエリオン | 90 |
| 창천룡 THE ARCADE | 蒼天龍 ジ・アーケード | 161 |
| 창흑의 쐐기 : 비색의 조각 3 | 蒼黒の楔 緋色の欠片3 | 209 |
| 찾으러 가자 | 探しに行こうよ | 72 |
| 천공단죄 스켈터 헤븐 | 天空断罪 スケルターヘブン | 55 |
| 천사의 프레젠트 : 마알 왕국 이야기 | 天使のプレゼント マール王国物語 | 70 |
| 천성 소드 오브 데스티니 | 天星 ソード オブ ディスティニー | 69 |
| 천외마경 II : MANJI MARU | 天外魔境II MANJIMARU | 188 |
| 천외마경 III : NAMIDA | 天外魔境III NAMIDA | 80 |
| 천재 비트 군 : 글라몬 배틀 | NHK 天才ビットくん グラモンバトル | 185 |
| 천주 3 | 天誅 参 | 166 |
| 천주 홍 | 天誅 紅 | 33 |
| 철권 4 | 鉄拳4 | 114 |
| 철권 5 | 鉄拳5 | 78 |
| 철권 태그 토너먼트 | 鉄拳 タッグトーナメント | 56 |
| 철인 28호 | 鉄人28号 | 30 |
| 첫사랑 : first kiss | 初恋 first kiss | 90 |
| 청소전대 클린 키퍼 H(하이퍼) | お掃除戦隊くりーんきーぱーH | 227 |
| 체리 블러섬 | チェリーブロッサム | 62 |
| 체인 다이브 | チェインダイブ | 189 |
| 초 드래곤볼Z | 超ドラゴンボールZ | 144 |
| 초고속 리버시 | 超高速リバーシ | 70 |
| 초고속 마작 | 超高速麻雀 | 70 |
| 초고속 마작 플러스 | 超高速麻雀 プラス | 110 |
| 초고속 바둑 | 超高速囲碁 | 73 |
| 초고속 쇼기 | 超高速将棋 | 74 |
| 초시공요새 마크로스 | 超時空要塞マクロス | 190 |
| 초형귀 : 성스러운 프로틴 전설 | 超兄貴 聖なるプロテイン伝説 | 192 |
| 최강 도다이 쇼기 2003 | 最強 東大将棋2003 | 169 |
| 최강 도다이 쇼기 2004 | 最強 東大将棋2004 | 210 |
| 최강 도다이 쇼기 3 | 最強 東大将棋3 | 81 |
| 최강 도다이 쇼기 4 : 야구라 도장 포함 | 最強 東大将棋4 付・矢倉道場 | 121 |
| 최강 도다이 쇼기 5 | 最強 東大将棋5 | 36 |
| 최강 도다이 쇼기 6 | 最強 東大将棋6 | 164 |
| 최강 도다이 쇼기 스페셜 | 最強 東大将棋スペシャル | 106 |
| 최강 도다이 쇼기 스페셜 II | 最強 東大将棋スペシャルII | 79 |
| 최강 쇼기 : 게키사시 스페셜 | 最強将棋 激指スペシャル | 151 |
| 최강 은상장기 | 最強銀星将棋4 | 233 |
| 최강의 쇼기 2 | 最強の囲碁2 | 116 |
| 최고속! 폭주 킹 BU : 압승전설 2 | 超最速!族車キングBU 仏恥義理伝説2 | 230 |
| 최유기 RELOAD | 最遊記リロード | 222 |
| 최유기 RELOAD GUNLOCK | 最遊記RELOAD GUNLOCK | 36 |
| 최종병기 그녀 | 最終兵器彼女 | 169 |
| 최종시험 고래 : Alive | 最終試験くじら アライブ | 188 |
| 최종전차 | 最終電車 | 116 |
| 쵸로Q HG(하이그레이드) | チョロQ ハイグレード | 70 |
| 쵸로Q HG 2 | チョロQ ハイグレード2 | 104 |
| 쵸로Q HG 3 | チョロQ ハイグレード3 | 145 |
| 쵸로Q HG 4 | チョロQ ハイグレード4 | 199 |
| 쵸로Q 웍스 | チョロQワークス | 84 |
| 쵸비츠 : 치이만의 사람 | ちょびっツ ちいだけのヒト | 168 |
| 추억으로 변하는 그대 : 메모리즈 오프 | 想い出にかわる君 メモリーズオフ | 142 |
| 추억의 파편 : Close to | 想いのかけら Close to | 176 |
| 축구감독 지휘 시뮬레이션 : 포메이션 파이널 | サッカー監督采配シミュレーション フォーメー |  |

# PlayStation2 Game Software Catalogue

| 한글 제목 | 일본어 제목 | 페이지 |
|---|---|---|
| 츄립 | チューリップ | 136 |
| 츠바이!! | ツヴァイ!! | 39 |
| 츠요키스 : Mighty Heart | つよきす マイティ ハート | 141 |
| 츠요키스 2학기 : Swift Love | つよきす2学期 Swift Love | 225 |
| 츠키요니사라바 : 복수의 진혼곡 | ツキヨニサラバ | 71 |
| 치킨 리틀 | チキン・リトル | 118 |
| 칭송받는 자 : 흩어져가는 자들을 위한 자장가 | うたわれるもの 散りゆく者への子守唄 | 158 |
| 카 | カーズ | 145 |
| 카게로 II : 다크 일루전 | 影牢II ダークイリュージョン | 89 |
| 카나리아 : 이 마음을 노래에 실어 | カナリア この想いを歌に乗せて | 163 |
| 카노콘 에스이 | かのこん えすいー | 209 |
| 카누치 : 검은 날개 편 | カヌチ 黒き翼の章 | 222 |
| 카누치 : 하얀 날개 편 | カヌチ 白き翼の章 | 212 |
| 카드캡터 체리 : 체리와 놀자! | カードキャプターさくら さくらちゃんとあそぼ! | 56 |
| 카디널 아크 : 혼돈의 봉인부적 | カルディナルアーク 混沌の封札 | 180 |
| 카레 하우스 코코이찌방야 : 오늘도 건강하게! 카레도 맛있게!! | カレーハウスCoCo壱番屋 今日も元気だ! カレーがうまい!! | 231 |
| 카르타그라 : 혼의 고뇌 | カルタグラ 魂ノ苦悩 | 117 |
| 카마이타치의 밤 2 | かまいたちの夜2 監獄島のわらべ唄 | 126 |
| 카마이타치의 밤 ×3 : 초승달섬 사건의 진상 | かまいたちの夜×3 三日月島事件の真相 | 147 |
| 카미와자 : KAMIWAZA | 神業 KAMIWAZA | 151 |
| 카미요리 학원 환광록 : 크루 누 기 아 | 神代學園幻光録 クル・ヌ・ギ・ア | 213 |
| 카시마시 : 걸 미츠 걸 – 「첫 여름 이야기.」 | かしまし ガール・ミーツ・ガール 「初めての夏物語。」 | 134 |
| 카에나 | ケイナ | 228 |
| 카오스 레기온 | カオス レギオン | 158 |
| 카오스 워즈 | カオスウォーズ | 154 |
| 카오스 필드 : 뉴 오더 | カオスフィールド ニューオーダー | 117 |
| 카우보이 비밥 : 추억의 야곡 | カウボーイビバップ 追憶の夜曲 | 100 |
| 카이도 배틀 : 닛코・하루나・롯코・하코네 | 街道バトル 日光・榛名・六甲・箱根 | 156 |
| 카이도 배틀 2 : CHAIN REACTION | 街道バトル2 CHAIN REACTION | 217 |
| 카키노키 쇼기 IV | 柿木将棋IV | 54 |
| 카타카무나 : 잊혀진 인과율 | 片神名 喪われた因果律 | 54 |
| 카페 리틀 위시 : 마법의 레시피 | カフェ・リトルウィッシュ 魔法のレシピ | 169 |
| 카페 린드버그 : summer season | カフェ・リンドバーグ summer season | 77 |
| 캄브리안 QTS | カンブリアンQTS | 202 |
| 캇파를 기르는 법 | カッパの飼い方 | 47 |
| 캐리비안의 해적 : 세상의 끝에서 | パイレーツ・オブ・カリビアン／ワールド・エンド | 196 |
| 캐슬 판타지아 : 아리하트 전기 | キャッスルファンタジア アリハト戦記 | 184 |
| 캐슬 판타지아 : 엘렌시아 전기 Plus Stories | キャッスルファンタジア エレンシア戦記 プラス ストーリーズ | 70 |
| 캔버스 : 세피아 빛깔의 모티브 | キャンバス セピア色のモチーフ | 163 |
| 캔버스 2 : 무지갯빛 스케치 | キャンバス2 虹色のスケッチ | 124 |
| 캔버스 3 : 옅은 색 파스텔 | キャンバス3 淡色のパステル | 227 |
| 캡콤 VS. SNK 2 : 밀리어네어 파이팅 2001 | CAPCOM VS. SNK 2 ミリオネア ファイティング 2001 | 90 |
| 캡콤 VS. SNK 2 : 밀리어네어 파이팅 2001 / 스트리트 파이터 III 3rd STRIKE : Fight for the Future 밸류 팩 | CAPCOM VS. SNK 2 ミリオネア ファイティング 2001 ストリートファイターIII 3rd STRIKE Fight for the Future バリューパック | 211 |
| 캡콤 클래식스 컬렉션 | カプコン クラシックス コレクション | 129 |
| 캡콤 파이팅 잼 | カプコン ファイティング ジャム | 56 |
| 캡틴 츠바사 | キャプテン翼 | 157 |
| 컨플리트 델타 : 걸프전쟁 1991 | コンフリクト デルタ 湾岸戦争1991 | 205 |
| 컨플리트 델타 II : 걸프전쟁 1991 | コンフリクト・デルタ2 湾岸戦争1991 | 90 |
| 컬드셉트 세컨드 익스팬션 | カルドセプト セカンド エキスパンション | 135 |
| 컬러리오 엽서 프린트 | カラリオ はがきプリント | 67 |
| 컬러풀 BOX : to Love | カラフルBOX to Love | 232 |
| 컬러풀 아쿠아리움 : My Little Mermaid | カラフルアクアリウム My Little Mermaid | 191 |
| 컴뱃 퀸 | コンバットクイーン | 129 |
| 켈리 슬레이터 프로 서퍼 2003 | ケリー・スレーター プロサーファー 2003 | 233 |
| 코노하나 2 : 닿지 않는 레퀴엠 | 此花2 届かないレクイエム | 120 |
| 코노하나 3 : 거짓 그림자 너머에 | 此花3 偽りの影の向こうに | 167 |
| 코노하나 4 : 어둠을 쫓는 기도 | 此花4 闇を祓う祈り | 41 |
| 코드 기어스 반역의 를르슈 : 로스트 컬러즈 | コードギアス 反逆のルルーシュ ロストカラーズ | 203 |
| 코드 에이지 커맨더즈 : 이어주는 자, 이어지는 자 | コード・エイジ コマンダーズ 継ぐ者 継がれる者 | 106 |
| 코로봇 어드벤처 | コロボットアドベンチャー | 158 |
| 코만도스 : 스트라이크 포스 | コマンドス ストライク・フォース | 154 |
| 코시엔 : 짙푸른 하늘 | 甲子園 紺碧の空 | 108 |
| 코엔지 여자축구 | 高円寺女子サッカー | 136 |
| 콘네코 : keep a memory green | こんねこ keep a memory green | 109 |
| 콘스탄틴 | コンスタンティン | 84 |
| 콜 오브 듀티 : 영광의 시간 | コール オブ デューティ ファイネスト アワー | 109 |
| 콜 오브 듀티 2 : 빅 레드 원 | コール オブ デューティ2 ビッグ レッド ワン | 143 |
| 콜로볼 2002 | コロボール2002 | 123 |
| 쾌걸 조로리 : 되어보자! 장난 킹 | かいけつゾロリ めざせ! いたずらキング | 230 |
| 쿠노이치 | Kunoichi 忍 | 201 |
| 쿠리크리 믹스 | くりクリ ミックス | 67 |
| 쿠마우타 | くまうた | 195 |
| 쿨 보더즈 : 코드 에일리언 | クールボーダーズ コードエイリアン | 69 |
| 쿨 샷 : 유카와 케이코의 프로페셔널 빌리어드 | クールショット 夕川景子のプロフェッショナル ビリヤード | 151 |
| 퀘이크 III : 레볼루션 | クエイクIII レボリューション | 89 |
| 퀴즈 & 버라이어티 : 쑥쑥 이누후쿠 2 – 어서어서 쑥쑥 | クイズ&バラエティ すくすく犬福2 もっともっと すく | 185 |
| 퀼트 : 그대와 함께 짜는 꿈과 사랑의 드레스 | きると 貴方と紡ぐ夢と恋のドレス | 179 |
| 큐피드 비스트로 2 | ビストロ・きゅーぴっと2 | 183 |
| 크래쉬 밴디쿳 4 : 마왕의 부활 | クラッシュ・バンディクー4 さくれつ! 魔神パワー | 101 |
| 크래쉬 밴디쿳 5 : 에~엣? 크래시와 코텍스의 야망?!? | クラッシュ・バンディクー5 え～っ クラッシュとコルテックスの野望?!? | 57 |
| 크래시 밴디쿳 : 폭주! 니트로 카트 | クラッシュ・バンディクー 爆走!ニトロカート | 31 |
| 크래시 밴디쿳 : 합체 월드 | クラッシュ・バンディクー がっちゃんこワールド | 115 |
| 크레이지 범프 : 폭주 카 배틀! | クレイジーバンプ かっとびカーバトル! | 71 |
| 크레이지 택시 | クレイジータクシー | 96 |
| 크로스 채널 : To all people | クロスチャンネル to all people | 222 |
| 크로스 파이어 | クロスファイア | 59 |
| 크리티컬 벨로시티 | クリティカル ベロシティ | 106 |
| 크리티컬 블릿 : 7th TARGET | クリティカルバレット 7th TARGET | 137 |
| 크림즌 엠파이어 | クリムゾン・エンパイア | 236 |
| 크림즈 티어즈 | クリムゾンティアーズ | 229 |
| 클라이맥스 테니스 | クライマックステニス | 104 |
| 클락 타워 3 | クロックタワー3 | 145 |
| 클러스터 엣지 : 그대를 기다리는 미래로의 증표 | クラスターエッジ 君を待つ未来への証 | 152 |
| 클로버 나라의 앨리스 | クローバーの国のアリス | 232 |
| 클로버 하츠 : looking for happiness | クローバーハーツ looking for happiness | 39 |
| 클리어 : 새로운 바람이 부는 언덕에서 | クリア 新しい風の吹く丘で | 220 |
| 키노의 여행 : the Beautiful World | キノの旅 the Beautiful World | 175 |
| 키노의 여행 II : the Beautiful World | キノの旅II the Beautiful World | 115 |
| 키라☆키라 : ROCK'N'ROLL SHOW | キラ☆キラ ロックンロールショウ | 220 |
| 키미스타 : 너와 스터디 | きみスタ きみとスタディ | 138 |
| 키미키스 | キミキス | 141 |
| 키보드매니아 | キーボードマニア | 63 |
| 키보드매니아 II 2nd MIX & 3rd MIX | キーボードマニアII 2ndMIX & 3rdMIX | 109 |
| 키와메 마작 DX II : The 4th MONDO21Cup Competition | 極 麻雀DXII The 4th MONDO21Cup Competition | 205 |
| 킬러 7 | キラー7 | 86 |
| 킬존 | キルゾーン | 108 |
| 킹 오브 콜로세움 : 노아×ZERO-ONE 디스크 | キング オブ コロシアム ノア×ZERO-ONE ディスク | 158 |
| 킹 오브 콜로세움 : 신일본×전일본×판크라스 디스크 | キング オブ コロシアム 新日本×全日本×パンクラスディスク | 146 |
| 킹 오브 콜로세움 II | キング オブ コロシアム2 | 41 |
| 킹덤 하츠 | キングダム ハーツ | 113 |
| 킹덤 하츠 파이널 믹스 | キングダム ハーツ ファイナルミックス | 148 |
| 킹덤 하츠 II | キングダムハーツII | 119 |
| 킹덤 하츠 II 파이널 믹스+ | キングダムハーツII ファイナルミックス+ | 174 |
| 킹스 필드 IV | キングスフィールドIV | 93 |
| 타마유라 이야기 2 : 멸망의 벌레 | 玉繭物語2 滅びの蟲 | 89 |
| 타마유라 : 혼을 떠나보내는 노래 | 魂響 御霊送りの詩 | 144 |
| 타이거 우즈 PGA TOUR 2001 | タイガー・ウッズ PGA TOUR 2001 | 83 |

263

| 타이거 우즈 PGA TOUR 2002 | タイガー・ウッズ PGA TOUR 2002 | 127 |
| 타이거 우즈 PGA TOUR 06 | タイガー・ウッズ PGA TOUR 06 | 120 |
| 타이거 우즈 PGA TOUR 07 | タイガー・ウッズ PGA TOUR 07 | 173 |
| 타이코 입전 IV | 太閤立志伝IV | 97 |
| 타이코 입전 V | 太閤立志伝V | 39 |
| 타이토 메모리즈 상편 | タイトーメモリーズ 上巻 | 96 |
| 타이토 메모리즈 하편 | タイトーメモリーズ 下巻 | 100 |
| 타이토 메모리즈 II 상편 | タイトーメモリーズII 下巻 | 167 |
| 타이토 메모리즈 II 하편 | タイトーメモリーズII 上巻 | 174 |
| 타이핑 검호 : 열혈검객 무사시 | タイピング剣豪 六三四の剣 | 105 |
| 타이핑 연애백서 : BOYS BE… | タイピング恋愛白書 BOYS BE… | 111 |
| 타임 스플리터즈 : 시공의 침략자 | タイムスプリッター 時空の侵略者 | 157 |
| 타임 크라이시스 2 | タイムクライシス2+ガンコン2 | 93 |
| 타임 크라이시스 3 | タイムクライシス3 | 196 |
| 타잔 프리라이드 | ターザン フリーライド | 125 |
| 타카하시 나오코와 마라톤하자! | 高橋尚子とマラソンしようよ! | 195 |
| 탐관오리 | 悪代官 | 130 |
| 탐관오리 2 : 망상전 | 悪代官2 妄想伝 | 177 |
| 탐관오리 3 | 悪代官3 | 171 |
| 탐정 진구지 사부로 : Innocent Black | 探偵 神宮寺三郎 イノセント ブラック | 138 |
| 탐정 진구지 사부로 : KIND OF BLUE | 探偵 神宮寺三郎 KIND OF BLUE | 229 |
| 탐정학원 Q : 기옹관의 살의 | 探偵学園Q 奇翁館の殺意 | 207 |
| 탐탐 파라다이스 | タムタムパラダイス | 88 |
| 탑건 : 에이스 오브 더 스카이 | トップガン エース オブ ザ スカイ | 149 |
| 탑기어 데어데블 | トップギア デアデビル | 72 |
| 태고의 달인 : GO! GO! 5대째 | 太鼓の達人 ゴー!ゴー!5代目 | 58 |
| 태고의 달인 : TAIKO DRUM MASTER | 太鼓の達人 タイコ ドラム マスター | 74 |
| 태고의 달인 : 두근! 신곡 가득한 봄 축제 | 太鼓の達人 ドキッ!新曲だらけの春祭り | 162 |
| 태고의 달인 : 두근두근 애니메이션 축제 | 太鼓の達人 わくわくアニメ祭り | 206 |
| 태고의 달인 : 딱! 곱배기로 7대째 | 太鼓の達人 ドカっ!と大盛り七代目 | 163 |
| 태고의 달인 : 모여라! 축제다!! 4대째 | 太鼓の達人 あつまれ!祭りだ!!4代目 | 33 |
| 태고의 달인 : 와글와글 해피! 6대째 | 太鼓の達人 わいわいハッピー!六代目 | 116 |
| 태고의 달인 : 지하자 3대째 | 太鼓の達人 あっぱれ三代目 | 192 |
| 태고의 달인 : 타타콘으로 두둥둥 | 太鼓の達人 タタコンでドドンがドン | 137 |
| 태고의 달인 : 특선! 애니메이션 스페셜 | 太鼓の達人 とびっきり!アニメスペシャル | 98 |
| 태평양의 폭풍 : 전함 야마토, 새벽녘에 출격하다! | 太平洋の嵐 戦艦大和、暁に出撃す | 199 |
| 터미네이터 3 : 더 리뎀션 | ターミネーター3 ザ・レデンプション | 64 |
| 터미네이터 3 : 라이즈 오브 머신 | ターミネーター3 ライズ オブ マシーン | 212 |
| 터프 다크 파이트 | タフ ダークファイト | 115 |
| 테니스의 왕자 : CARD HUNTER | テニスの王子様 CARD HUNTER | 170 |
| 테니스의 왕자 : Kiss of Prince - Flame | テニスの王子様 キス・オブ・プリンス フレイム | 192 |
| 테니스의 왕자 : Kiss of Prince - Ice | テニスの王子様 キス・オブ・プリンス アイス | 192 |
| 테니스의 왕자 : LOVE OF PRINCE - Bitter | テニスの王子様 ラブ オブ プリンス ビター | 215 |
| 테니스의 왕자 : LOVE OF PRINCE - Sweet | テニスの王子様 ラブ オブ プリンス スイート | 215 |
| 테니스의 왕자 : RUSH & DREAM! | テニスの王子様 ラッシュ アンド ドリーム! | 58 |
| 테니스의 왕자 : Smash Hit! | テニスの王子様 スマッシュヒット! | 177 |
| 테니스의 왕자 : Smash Hit! 2 | テニスの王子様 スマッシュヒット!2 | 207 |
| 테니스의 왕자 : SWEAT&TEARS 2 | テニスの王子様 スウェット アンド ティアーズ2 | 187 |
| 테니스의 왕자 : 두근두근 서바이벌 - 산기슭의 Mystic | テニスの王子様 ドキドキサバイバル 山麓のミスティック | 165 |
| 테니스의 왕자 : 두근두근 서바이벌 - 해변의 Secret | テニスの王子様 ドキドキサバイバル 海辺のシークレット | 167 |
| 테니스의 왕자 : 최강 팀을 결성하라! | テニスの王子様 最強チームを結成せよ! | 42 |
| 테니스의 왕자 : 학교축제의 왕자 | テニスの王子様 学園祭の王子様 | 120 |
| 테마 파크 2001 | テーマパーク2001 | 71 |
| 테일즈 오브 데스티니 | テイルズ オブ デスティニー | 162 |
| 테일즈 오브 데스티니 : 디렉터즈 컷 | テイルズ オブ デスティニー ディレクターズカット | 199 |
| 테일즈 오브 데스티니 2 | テイルズ オブ デスティニー2 | 142 |
| 테일즈 오브 디 어비스 | テイルズ オブ ジ アビス | 118 |
| 테일즈 오브 레젠디아 | テイルズ オブ レジェンディア | 101 |
| 테일즈 오브 리버스 | テイルズ オブ リバース | 59 |
| 테일즈 오브 심포니아 | テイルズ オブ シンフォニア | 43 |
| 테일즈 오브 팬덤 Vol.2 | テイルズ オブ ファンダムVol.2 | 182 |
| 테크닉 비트 | テクニクビート | 139 |
| 테크닉틱스 | テクニクティクス | 73 |
| 테크모 히트 퍼레이드 | テクモヒットパレード | 55 |
| 텐카비토 | 天下人 | 130 |
| 텐마 : 1st 서니 사이드 | てんたま 1st サニーサイド | 192 |

| 텐마 : 2wins | てんたま 2wins | 218 |
| 토가이누의 피 : True Blood | 咎狗の血 トゥルーブラッド | 206 |
| 토니 호크 프로 스케이터 2003 | トニー・ホーク プロスケーター 2003 | 234 |
| 토니 호크 프로 스케이터 3 | トニー・ホーク プロスケーター3 | 141 |
| 토라카풋! 대-시!! | とらかぶっ! だーっしゅ!! | 175 |
| 토로와 휴일 | トロと休日 | 97 |
| 토막 : 지구를 지켜라 완전판 | トマック Save the Earth Love Story | 147 |
| 토모요 애프터 : It's a Wonderful Life | 智代アフター It's a Wonderful Life | 167 |
| 톰 클랜시의 레인보우 식스 3 | トム・クランシーシリーズ レインボーシックス3 | 73 |
| 톰과 제리 : 수염수염 대전쟁 | トムとジェリー ヒゲヒゲだいせんそう | 213 |
| 톱을 노려라! GunBuster | トップをねらえ! ガンバスター | 67 |
| 투어리스트 트로피 | ツーリスト・トロフィー | 125 |
| 투혼 이노키도 : 퍼즐 DE 다ー! | 闘魂 猪木道 ぱずるDEダーッ! | 147 |
| 툼 레이더 : 엔젤 오브 다크니스 | トゥームレイダー 美しき逃亡者 | 190 |
| 툼 레이더 레전드 | トゥームレイダー : レジェンド | 163 |
| 툼 레이더 애니버서리 | トゥームレイダー アニバーサリー | 203 |
| 툼 레이더 언더월드 | トゥームレイダー : アンダーワールド | 222 |
| 트라이앵글 어게인 | トライアングル・アゲイン | 150 |
| 트라이앵글 어게인 2 | トライアングル・アゲイン2 | 172 |
| 트랜스포머 | トランスフォーマー | 192 |
| 트랜스포머 THE GAME | トランスフォーマー THE GAME | 199 |
| 트러블 포츈 COMPANY☆ : 해피 CURE | とらぶるふぉうちゅん COMPANY☆ はぴCURE | 168 |
| 트럭 광주곡 : 사랑과 슬픔의 로데오 | トラック狂走曲 愛と哀しみのロデオ | 68 |
| 트레인 시뮬레이터 : 게이세이 · 도에이 아사쿠사 · 게이큐선 | トレイン・シミュレーター 京成・都営浅草・京急線 | 101 |
| 트레인 시뮬레이터 : 미도스지선 | トレイン・シミュレーター 御堂筋線 | 189 |
| 트레인 시뮬레이터 : 큐슈 신칸센 | トレイン・シミュレーター 九州新幹線 | 105 |
| 트레인 키트 for A열차로 가자 2001 | トレインキット for A列車で行こう2001 | 86 |
| 트루 러브 스토리 3 | トゥルーラブストーリー3 | 79 |
| 트루 러브 스토리 Summer Days, and yet... | トゥルーラブストーリー Summer Days, and yet. | 177 |
| 트루 크라임 : Streets of LA | トゥルー・クライム Streets of LA | 50 |
| 트루 크라임 : 뉴욕 시티 | トゥルー・クライム ニューヨークシティ | 148 |
| 트루 티어즈 | トゥルーティアーズ | 209 |
| 트루 포춘 | トゥルーフォーチュン | 212 |
| 트리거하트 이그젤리카 인핸스드 | トリガーハート エグゼリカ エンハンスド | 221 |
| 트리플 플레이 2002 | メジャーリーグベースボール トリプルプレイ 2002 | 136 |
| 트웰브 스태그 (XII STAG) | トゥエルブスタッグ | 160 |
| 트윙클 스타 스프라이트 : La Petite Princesse | ティンクルスター スプライツ La Petite Princesse | 96 |
| 티르 나 노그 : 유구의 인(仁) | ティル・ナ・ノーグ 悠久の仁 | 223 |
| 티어 링 사가 시리즈 : 베르위크 사가 | ティアリングサーガシリーズ ベルウィックサーガ | 85 |
| 팀 버튼의 크리스마스 악몽 : 부기의 역습 | ティム・バートン ナイトメアー・ビフォア・クリスマス ブギーの逆襲 | 48 |
| 파라파 더 래퍼 2 | パラッパラッパー2 | 89 |
| 파라파라 파라다이스 | パラパラパラダイス | 76 |
| 파레 드 레느 | パレドゥレーヌ | 191 |
| 파르페 : Chocolat Second Style | パルフェ Chocolat Second Style | 144 |
| 파멸의 마르스 | 破滅のマルス | 85 |
| 파워 스매시 2 | パワースマッシュ2 | 139 |
| 파이 체인장 | 牌チェンジャン | 96 |
| 파이 어프로치 | Φなる・あぷろーち | 46 |
| 파이 어프로치 2 : 1st Priority | Φなる・あぷろーち2 1st priority | 201 |
| 파이널 판타지 X | ファイナルファンタジーX | 85 |
| 파이널 판타지 X 인터네셔널 | ファイナルファンタジーX インターナショナル | 106 |
| 파이널 판타지 X-2 | ファイナルファンタジーX-2 | 159 |
| 파이널 판타지 X-2 인터네셔널+라스트 미션 | ファイナルファンタジーX-2 インターナショナル+ラストミッション | 216 |
| 파이널 판타지 XI | ファイナルファンタジーXI | 118 |
| 파이널 판타지 XI : 바나 딜 컬렉션 2 | ファイナルファンタジーXI ヴァナ・ディール コレクション2 | 229 |
| 파이널 판타지 XI : 아드린의 마경 | ファイナルファンタジーXI アドゥリンの魔境 | 238 |
| 파이널 판타지 XI : 아토르간의 보물 | ファイナルファンタジーXI アトルガンの秘宝 | 137 |
| 파이널 판타지 XI : 알타나의 신병 | ファイナルファンタジーXI アルタナの神兵 | 194 |
| 파이널 판타지 XI : 지라트의 환영 | ファイナルファンタジーXI ジラートの幻影 | 164 |
| 파이널 판타지 XI : 프로마시아의 주박 | ファイナルファンタジーXI プロマシアの呪縛 | 42 |
| 파이널 판타지 XII | ファイナルファンタジーXII | 131 |
| 파이널 판타지 XII 인터내셔널 조디악 잡 시스템 |  |  |

| 한국어 | 일본어 | 페이지 |
|---|---|---|
| | ファイナルファンタジーXII インターナショナル ゾディアックジョブシステム | 185 |
| 파이널리스트 | ふぁいなりすと | 125 |
| 파이어 프로레슬링 Z | ファイヤープロレスリングZ | 170 |
| 파이어파이터 F.D.18 | ファイヤーファイター F.D.18 | 219 |
| 파이트 나이트 2004 | EAスポーツ ファイトナイト 2004 | 36 |
| 파이트 나이트 라운드 2 | EAスポーツ ファイトナイト ラウンド2 | 102 |
| 파이팅 포 원피스 | ファイティング フォーワンピース | 103 |
| 파이프로 리턴즈 | ファイプロ・リターンズ | 103 |
| 파일럿이 되자! 2 | パイロットになろう!2 | 75 |
| 파치로 상투 달인 2 : CR 쥬라기 공원 | パチってちょんまげ達人2 CRジュラシックパーク | 153 |
| 파치로 상투 달인 3 : CR P-MAN & CR 아와라 키즈키와미 편 | パチってちょんまげ達人3 CR P-MAN & CR柔キッズ極編 | 164 |
| 파치슬로 노부나가의 야망 : 천하창세 | パチスロ 信長の野望 天下創世 | 135 |
| 파치슬로 쓰르라미 울 적에 제(祭) | パチスロひぐらしのなく頃に 祭 | 232 |
| 파치슬로 아루제 왕국 6 | パチスロ アルゼ王国6 | 100 |
| 파치슬로 아루제 왕국 7 | パチスロ アルゼ王国7 | 131 |
| 파치슬로 완전공략 : 기가존 | パチスロ完全攻略 ギガゾーン | 137 |
| 파치슬로 완전공략 : 슬롯 원시인 · 오니하마 폭주건달 – 격투 편 | パチスロ完全攻略 スロ原人 鬼浜爆走愚連隊 激闘編 | 162 |
| 파치슬로 완전공략 : 오니하마 폭주건달 – 격투 편 | パチスロ完全攻略 鬼浜爆走愚連隊 激闘編 | 90 |
| 파치슬로 위닝 포스트 | パチスロ ウイニングポスト | 96 |
| 파치슬로 클럽 COLLECTION : 파치슬로라구 코몬 도련님 | パチスロ倶楽部COLLECTION パチスロだよ 黄門ちゃま | 112 |
| 파치슬로 클럽 컬렉션 : 아임 저글러 EX – 저글러 셀렉션 | パチスロ倶楽部コレクション アイムジャグラーEX ジャグラーセレクション | 171 |
| 파치슬로 킹! : 독수리 5형제 | パチスロキング! 科学忍者隊ガッチャマン | 171 |
| 파치슬로 투혼전승 : 이토키 축제 – 안토니오 이노키라는 이름의 파치슬로 · 안토니오 이노키 자신이 파치슬로 | パチスロ闘魂伝承 猪木祭 アントニオ猪木という名のパチスロ機 アントニオ猪木自身がパチスロ機 | 231 |
| 파치파라 12 : 대해와 여름의 추억 | パチパラ12 大海と夏の思い出 | 118 |
| 파치파라 13 : 슈퍼 바다와 파치프로 풍운록 | パチパラ13 スーパー海とパチプロ風雲録 | 158 |
| 파치파라 14 : 바람과 구름과 슈퍼 바다 IN 오키나와 | パチパラ14 風と雲とスーパー海IN沖縄 | 184 |
| 파친코 가면라이더 : 쇼커 전멸 대작전 – 파치로 상투 달인 14 | ぱちんこ仮面ライダー ショッカー全滅大作戦 パチってちょんまげ達人14 | 201 |
| 파친코 겨울연가 : 파치로 상투 달인 10 | ぱちんこ冬のソナタ パチってちょんまげ達人10 | 168 |
| 파친코 겨울연가 2 : 파치로 상투 달인 15 | ぱちんこ冬のソナタ2 パチってちょんまげ達人15 | 217 |
| 파친코 미토코몬 : 파치로 상투 달인 9 | ぱちんこ水戸黄門 パチってちょんまげ達人9 | 109 |
| 파친코 울트라 세븐 : 파치로 상투 달인 A8 | ぱちんこウルトラセブン | 98 |
| 파친코 울트라맨 : 파치로 상투 달인 12 | ぱちんこウルトラマン パチってちょんまげ達人12 | 178 |
| 파친코 필살 청부인 III : 파치로 상투 달인 13 | ぱちんこ必殺仕事人III パチってちょんまげ達人13 | 194 |
| 파친코 필살 청부인 III 축제 버전 : 파치로 상투 달인 16 | ぱちんこ必殺仕事人III 祭りバージョン パチってちょんまげ達人16 | 234 |
| 파친코 화왕 미소라 히바리 | ぱちんこ華王 美空ひばり | 173 |
| 파친코로 놀자! : 피버 도데카 사우르스 | パチンコで遊ぼう! フィーバードデカザウルス | 118 |
| 파티시에 냐코 : 첫사랑은 딸기맛 | パティシエなにゃんこ 初恋はいちご味 | 43 |
| 판처 프론트 Ausf.B | パンツァーフロントB型 | 234 |
| 판타비젼 | ファンタビジョン | 56 |
| 판타스틱 포츈 2 | ファンタスティックフォーチュン2 | 173 |
| 판타스틱 포츈 2 : Triple Star | ファンタスティックフォーチュン2 トリプルスター | 72 |
| 판타지 스타 유니버스 : 일루미너스의 야망 | ファンタシースターユニバース イルミナスの野望 | 189 |
| 판타지 스타 유니버스 | ファンタシースターユニバース | 152 |
| 팝픈 대전 퍼즐구슬 온라인 | pop'n対戦ぱずるだまオンライン | 220 |
| 팝픈 뮤직 : 베스트 히츠! | ポップンミュージック ベストヒッツ! | 157 |
| 팝픈 뮤직 7 | ポップンミュージック7 | 141 |
| 팝픈 뮤직 8 | ポップンミュージック8 | 174 |
| 팝픈 뮤직 9 | ポップンミュージック9 | 216 |
| 팝픈 뮤직 10 | ポップンミュージック10 | 53 |
| 팝픈 뮤직 11 | ポップンミュージック11 | 95 |
| 팝픈 뮤직 12 이로하 | ポップンミュージック12 いろは | 130 |
| 팝픈 뮤직 13 카니발 | ポップンミュージック13 カーニバル | 156 |
| 팝픈 뮤직 14 FEVER! | ポップンミュージック14 FEVER! | 182 |
| 패널 퀴즈 : 어택 25 | パネルクイズ アタック25 | 132 |
| 패닉 팔레트 | パニック パレット | 179 |
| 패신 3 | 牌神3 | 147 |
| 팩맨 월드 2 | パックマンワールド2 | 129 |
| 팬텀 : PHANTOM OF INFERNO | ファントム PHANTOM OF INFERNO | 168 |
| 팬텀 브레이브 | ファントム・ブレイブ | 212 |
| 팬텀 브레이브 : 2주차 시작했습니다. | ファントム・ブレイブ 2周目はじめました。 | 150 |
| 팬텀 킹덤 | ファントム・キングダム | 75 |
| 퍼니 퍼니 학원 앨리스 : 반짝반짝☆메모리 키스 | 学園アリス きらきら☆メモリーキッス | 143 |
| 퍼스트 Kiss☆이야기 | ファーストKiss☆物語 | 175 |
| 페라리 F355 챌린지 | フェラーリ F355チャレンジ | 135 |
| 페르시아의 왕자 : 두개의 왕좌 | プリンス・オブ・ペルシャ 二つの魂 | 142 |
| 페르시아의 왕자 : 시간의 모래 | プリンス・オブ・ペルシャ 時間の砂 | 40 |
| 페르시아의 왕자 : 전사의 길 | プリンス・オブ・ペルシャ ケンシ ノ ココロ | 106 |
| 페스타!! : 하이퍼 걸즈 파티 | フェスタ!! ハイパー ガールズ パーティ | 145 |
| 페이즈 패러독스 | フェイズパラドックス | 81 |
| 포이니 포인 | ポイニーポイン | 135 |
| 포이즌 핑크 | ポイズンピンク | 200 |
| 포춘 스트리트 3 : 억만장자로 만들어줄게! 가정교사도 붙여주지! | いただきストリート3 億万長者にしてあげる! 家庭教師つき! | 109 |
| 포치와 냐~ | ポチッとにゃ~ | 50 |
| 포포로크로이스 : 달의 규율의 모험 | ポポロクロイス 月の掟の冒険 | 224 |
| 포포로크로이스 : 시작되는 모험 | ポポロクロイス はじまりの冒険 | 122 |
| 폭봉 슬래시! 키즈나 아라시 | 爆봉スラッシュ!キズナ嵐 | 52 |
| 폭소!! 인생 우여곡절 : NOVA 토끼가 보고 있다!! | 爆笑!! 人生回道 NOVAうさぎが見てるぞ!! | 223 |
| 폭염각성 : 네버랜드 전기 ZERO | 爆炎覚醒 ネバーランド戦記ゼロ | 33 |
| 폭주 데코도라 전설 : 남아의 가는 길은 꿈의 로망 | 爆走デコトラ伝説 男花道夢浪漫 | 151 |
| 폭주 마운틴 바이커즈 | 爆走マウンテンバイカーズ | 232 |
| 폭주 트레일러 전설 : 남아의 가는 길은 아메리카 로망 | 爆走コンボイ伝説 男花道アメリカ浪漫 | 212 |
| 폴아웃 : 브라더후드 오브 스틸 | フォールアウト ブラザーフッド オブ スティール | 82 |
| 푸르른 채로… | 蒼のままで…… | 49 |
| 푸른 바다의 트리스티아 : 나노카 프랑카 발명공방기 | 蒼い海のトリスティア ナノカ・フランカ発明工房記 | 99 |
| 푸른 하늘의 네오스피어 : 나노카 프랑카 발명공방기 2 | 蒼い空のネオスフィア ナノカ・フランカ発明工房記2 | 169 |
| 풀 스펙트럼 워리어 | フル スペクトラム ウォリアー | 145 |
| 풀 스펙트럼 워리어 : 텐 해머즈 | フル スペクトラム ウォリアー2 テンハンマーズ | 156 |
| 풀 하우스 키스 | フルハウスキス | 33 |
| 풀 하우스 키스 2 | フルハウスキス2 | 128 |
| 풋볼 킹덤 : 프라이얼 에디션 | フットボールキングダム トライアルエディション | 234 |
| 풍우래기 | 風雨来記 | 156 |
| 풍우래기 2 | 風雨来記2 | 111 |
| 풍운 막말전 | 風雲 幕末伝 | 64 |
| 풍운 슈퍼 콤보 : 네오지오 온라인 컬렉션 vol.8 | 風雲スーパーコンボ ネオジオ オンラインコレクション vol.8 | 181 |
| 풍운 신선조 | 風雲 新撰組 | 212 |
| 퓨어퓨어 : 귀와 꼬리 이야기 | ぴゅあぴゅあ 耳としっぽのものがたり | 66 |
| 프레일 : 꿈이 한가득! 프레일로 가자! | プラレール 夢がいっぱい! プラレールで行こう! | 106 |
| 프라이멀 이미지 Vol.1 | プライマルイメージ Vol.1 | 58 |
| 프라이멀 이미지 for 프린터 | プライマルイメージ for プリンター | 67 |
| 프라이빗 너스 : 마리아 | プライベートナース まりあ | 187 |
| 프래그먼츠 블루 | フラグメンツ・ブルー | 122 |
| 프레그런스 테일 | フレグランス・テイル | 82 |
| 프렌즈 : 청춘의 반짝임 | フレンズ 青春の輝き | 45 |
| 프로 마작 키와메 NEXT | プロ麻雀 極 NEXT | 62 |
| 프로 사커 클럽을 만들자! : 유럽 챔피언십 | プロサッカークラブをつくろう! ヨーロッパチャンピオンシップ | 133 |
| 프로거 | フロッガー | 173 |
| 프로거 레스큐 | フロッガーレスキュー | 237 |
| 프로야구 JAPAN 2001 | プロ野球JAPAN 2001 | 95 |
| 프로야구 스피리츠 2004 | プロ野球スピリッツ2004 | 226 |
| 프로야구 스피리츠 2004 클라이맥스 | プロ野球スピリッツ2004クライマックス | 43 |
| 프로야구 스피리츠 2 | プロ野球スピリッツ2 | 79 |
| 프로야구 스피리츠 3 | プロ野球スピリッツ3 | 136 |

265

| 프로야구 스피리츠 4 | プロ野球スピリッツ4 | 175 |
| --- | --- | --- |
| 프로야구 스피리츠 5 | プロ野球スピリッツ5 | 204 |
| 프로야구 스피리츠 5 완전판 | プロ野球スピリッツ5完全版 | 216 |
| 프로야구 스피리츠 6 | プロ野球スピリッツ6 | 224 |
| 프로야구 스피리츠 2010 | プロ野球スピリッツ2010 | 231 |
| 프로야구 시뮬레이션 덕아웃 '03 : 더 터닝 포인트 | プロ野球シミュレーション ダグアウト'03 ザ・ターニングポイント | 173 |
| 프로야구 열스타 2006 | プロ野球 熱スタ2006 | 136 |
| 프로야구 열스타 2007 | プロ野球 熱スタ2007 | 175 |
| 프로야구 팀을 만들자! 2 | プロ野球チームをつくろう!2 | 154 |
| 프로야구 팀을 만들자! 2003 | プロ野球チームをつくろう!2003 | 197 |
| 프로야구 팀을 만들자! 3 | プロ野球チームをつくろう!3 | 97 |
| 프로젝트 FIFA 월드컵 : 그럼 네가 대표감독 | プロジェクトFIFAワールドカップ それなら君が代表監督 | 120 |
| 프로젝트 미네르바 | プロジェクト・ミネルヴァ | 131 |
| 프로젝트 미네르바 프로페셔널 | プロジェクト・ミネルヴァ・プロフェッショナル | 182 |
| 프로젝트 암스 | プロジェクト アームズ | 114 |
| 프론트 미션 5 : Scars of the War | フロントミッション5 スカーズ・オブ・ザ・ウォー | 121 |
| 프론트 미션 온라인 | フロントミッション オンライン | 83 |
| 프론트 미션 포스 | フロントミッション フォース | 208 |
| 프리덤 파이터즈 | フリーダム・ファイターズ | 223 |
| 프리모프엘 : 수다 파~ 트너~ | プリモプエル おしゃべりは〜とな〜 | 200 |
| 프리사가! : 프린세스를 찾아라! | ぷりサガ! プリンセスをさがせ! | 194 |
| 프리즘 아크 : 어웨이크 | プリズム・アーク アウェイク | 205 |
| 프릭스타일 모토크로스 | フリークスタイル モトクロス | 136 |
| 프린세스 나이트메어 | プリンセスナイトメア | 205 |
| 프린세스 러버! : Eternal Love For My Lady | プリンセスラバー!Eternal Love For My Lady | 230 |
| 프린세스 메이커 | プリンセスメーカー | 230 |
| 프린세스 메이커 2 | プリンセスメーカー2 | 45 |
| 프린세스 메이커 4 | プリンセスメーカー4 | 102 |
| 프린세스 메이커 5 | プリンセスメーカー5 | 199 |
| 프린세스 콘체르토 | プリンセスコンチェルト | 188 |
| 프린세스 프린세스 : 공주들의 위험한 방과 후 | プリンセス・プリンセス 姫たちのアブナい放課後 | 158 |
| 프린트팬 | プリントファン | 65 |
| 프티 푸르 | プティフール | 201 |
| 프티콥터 | プチコプター | 159 |
| 프티콥터 2 | プチコプター2 | 93 |
| 플라네타리안 : 작은 별의 꿈 | プラネタリアン ちいさなほしのゆめ | 151 |
| 플라잉 서커스 | フライングサーカス | 96 |
| 플랫아웃 | レーシングゲーム 注意!!!! | 107 |
| 플랫아웃 2 | FLATOUT 2 GTR(がんばれ!とびだせ!レーシング!!) | 168 |
| 플러스 플럼 2 | ぷらすぷらむ2 | 140 |
| 플리프닉 | フリップニック | 181 |
| 피시 아이즈 3 : 기억의 파편들 | フィッシュアイズ3 記憶の破片たち | 173 |
| 피안화 | 彼岸花 | 149 |
| 피오탄 : 저택 잠입☆대작전 | ピヨたん お屋敷潜入☆大作戦 | 210 |
| 피치카토 폴카 : 연쇄현야 | ピチカートポルカ 緑鎖現夜 | 237 |
| 피터 잭슨의 킹콩 : THE OFFICIAL GAME OF THE MOVIE | ピーター・ジャクソンズ キング・コング オフィシャル ゲーム オブ ザ ムービー | 118 |
| 필살 청부업 | 必殺裏稼業 | 104 |
| 필살 파치슬로 에볼루션 : 꾸러기 닌자토리 V | 必殺パチスロエボリューション 忍者ハットリくんV | 120 |
| 필살 파치슬로 에볼루션 2 : 오소마츠 6쌍둥이 | 必殺パチスロエボリューション2 おそ松くん | 130 |
| 필살 파친코 스테이션 V : 불꽃의 폭소군단 | 必殺パチンコステーションV 炎の爆笑軍団 | 82 |
| 필살 파친코 스테이션 V2 : 천재 바카본 | 必殺パチンコステーションV2 天才バカボン | 85 |
| 필살 파친코 스테이션 V3 : 출동! 미니스커트 폴리스 | 必殺パチンコステーションV3 出動! ミニスカポリス | 117 |
| 필살 파친코 스테이션 V4 : 드럼틱 마작 | 必殺パチンコステーションV4 ドラムチック麻雀 | 131 |
| 필살 파친코 스테이션 V5 : 핑크 레디 | 必殺パチンコステーションV5 ピンクレディ | 139 |
| 필살 파친코 스테이션 V6 : 꿈의 초특급 | 必殺パチンコステーションV6 夢の超特急 | 144 |
| 필살 파친코 스테이션 V7 : 천재 바카본 2 | 必殺パチンコステーションV7 天才バカボン2 | 168 |
| 필살 파친코 스테이션 V8 : 꾸러기 닌자토리 | 必殺パチンコステーションV8 忍者ハットリくん | 196 |
| 필살 파친코 스테이션 V9 : 오소마츠 6쌍둥이 | 必殺パチンコステーションV9 おそ松くん | 71 |
| 필살 파친코 스테이션 V10 : 레레레에게 맡겨줘 | 必殺パチンコステーションV10 レレレにおまかせ | 74 |
| 필살 파친코 스테이션 V11 : CR 개구쟁이 삐뽀 | 必殺パチンコステーションV11 CRギャートルズ | 105 |
| 필승 파친코★파치슬로 공략 시리즈 Vol.1 : CR 신세기 에반게리온 | 必勝パチンコ★パチスロ攻略シリーズ Vol.1 CR新世紀エヴァンゲリオン | 107 |
| 필승 파친코★파치슬로 공략 시리즈 Vol.2 : 봄버 파워풀 & 무무 월드 DX | 必勝パチンコ★パチスロ攻略シリーズ Vol.2 ボンバーパワフル&夢夢ワールド DX | 122 |
| 필승 파친코★파치슬로 공략 시리즈 Vol.3 : CR 마릴린 먼로 | 必勝パチンコ★パチスロ攻略シリーズ Vol.3 CRマリリン・モンロー | 128 |
| 필승 파친코★파치슬로 공략 시리즈 Vol.4 : CR 내일이 있잖아 - 요시모토 월드 | 必勝パチンコ★パチスロ攻略シリーズ Vol.4 CR明日があるさ よしもとワールド | 141 |
| 필승 파친코★파치슬로 공략 시리즈 Vol.5 : CR 신세기 에반게리온 세컨드 임팩트 & 파치슬로 신세기 에반게리온 | 必勝パチンコ★パチスロ攻略シリーズ Vol.5 CR新世紀エヴァンゲリオン・セカンドインパクト&パチスロ新世紀エヴァンゲリオン | 142 |
| 필승 파친코★파치슬로 공략 시리즈 Vol.6 : 7cafe - 형식명 봄버 파워풀 2 | 必勝パチンコ★パチスロ攻略シリーズ Vol.6 7cafe型式名ボンバーパワフル2 | 150 |
| 필승 파친코★파치슬로 공략 시리즈 Vol.7 : CR 피버 파워풀 ZERO | 必勝パチンコ★パチスロ攻略シリーズ Vol.7 CRフィーバーパワフルZERO | 158 |
| 필승 파친코★파치슬로 공략 시리즈 Vol.8 : CR 마츠우라 아야 | 必勝パチンコ★パチスロ攻略シリーズ Vol.8 CR松浦亜弥 | 162 |
| 필승 파친코★파치슬로 공략 시리즈 Vol.9 : CR 피버 캡틴 하록 | 必勝パチンコ★パチスロ攻略シリーズ Vol.9 CRフィーバー キャプテンハーロック | 172 |
| 필승 파친코★파치슬로 공략 시리즈 Vol.10 : CR 신세기 에반게리온 - 기적의 가치는 | 必勝パチンコ★パチスロ攻略シリーズ Vol.10 CR新世紀エヴァンゲリオン 奇跡の価値は | 180 |
| 필승 파친코★파치슬로 공략 시리즈 Vol.11 : 신세기 에반게리온 - 진심을, 너에게 | 必勝パチンコ★パチスロ攻略シリーズ Vol.11 新世紀エヴァンゲリオン まごころを、君に | 189 |
| 필승 파친코★파치슬로 공략 시리즈 Vol.12 : CR 신세기 에반게리온 - 사도, 또 다시 | 必勝パチンコ★パチスロ攻略シリーズ Vol.12 CR新世紀エヴァンゲリオン 使徒、再び | 207 |
| 필승 파친코★파치슬로 공략 시리즈 Vol.13 : 신세기 에반게리온 - 약속의 때 | 必勝パチンコ★パチスロ攻略シリーズ Vol.13 新世紀エヴァンゲリオン 約束の時 | 217 |
| 필승 파친코★파치슬로 공략 시리즈 Vol.14 : CR 신세기 에반게리온 - 최후의 사자 | 必勝パチンコ★パチスロ攻略シリーズ Vol.14 CR新世紀エヴァンゲリオン 最後のシ者 | 225 |
| 하나요이 로마네스크 : 사랑과 슬픔, 그것은 너를 위한 마리아 | 花宵ロマネスク 愛と哀しみ-それは君のためのマリア | 206 |
| 하늘색 풍금 REMIX | 空色の風琴 REMIX | 91 |
| 하드 럭 | ハードラック | 50 |
| 하마사키 아유미 : A VISUAL MIX | 浜崎あゆみ A VISUAL MIX | 100 |
| 하몽야화 | 夏夢夜話 | 183 |
| 하야리가미 : 경시청 괴이 사건 파일 | 流行り神 警視庁怪異事件ファイル | 37 |
| 하야리가미 2 : 경시청 괴이 사건 파일 | 流行り神2 警視庁怪異事件ファイル | 193 |
| 하야리가미 Revenge : 경시청 괴이 사건 파일 | 流行り神リベンジ 警視庁怪異事件ファイル | 92 |
| 하이퍼 스트리트 파이터 II : 애니버서리 에디션 | ハイパーストリートファイター II アニバーサリーエディション | 207 |
| 하이퍼 스트리트 파이터 II : 애니버서리 에디션 / 뱀파이어 : 다크스토커즈 컬렉션 밸류 팩 | ハイパーストリートファイター II アニバーサリーエディション ヴァンパイア ダークストーカーズコレクション バリューパック | 211 |
| 하이퍼 스포츠 2002 WINTER | ハイパースポーツ 2002 WINTER | 106 |
| 하이히트 메이저리그 베이스볼 2003 | ハイヒートメジャーリーグベースボール 2003 | 133 |
| 하지메의 일보 : VICTORIOUS BOXERS | はじめの一歩 VICTORIOUS BOXERS | 68 |
| 하지메의 일보 : VICTORIOUS BOXERS CHAMPIONSHIP VERSION | はじめの一歩 VICTORIOUS BOXERS CHA |  |

| | | |
|---|---|---|
| 하지메의 일보 2 : VICTORIOUS ROAD | はじめの一歩2 VICTORIOUS ROAD MPIONSHIP VERSION | 214 |
| | はじめの一歩2 VICTORIOUS ROAD | 124 |
| 하카레나 하트 : 너를 위해 이 빛을 | はかれなはーと 君がために輝きを | 196 |
| 하트 나라의 앨리스 | ハートの国のアリス | 211 |
| 학교를 만들자!! Happy Days | 学校をつくろう!! Happy Days | 75 |
| 학원 유토피아 마나비 스트레이트! : 반짝반짝☆Happy Festa! | がくえんゆーとぴあ まなびストレート! キラキラ☆Happy Festa! | 174 |
| 학원 헤븐 : BOY'S LOVE SCRAMBLE! | 学園ヘヴン BOY'S LOVE SCRAMBLE! | 197 |
| 학원 헤븐 : BOY'S LOVE SCRAMBLE! TypeB | 学園ヘヴン BOY'S LOVE SCRAMBLE! TypeB | 32 |
| 학원 헤븐 : 한 그릇 더! | 学園ヘヴン おかわりっ! | 70 |
| 학원도시 바라누아르 | 学園都市 ヴァラノワール | 138 |
| 해결! 오사바키나 | 解決!オサバキーナ | 34 |
| 해리포터 퀴디치 월드컵 | ハリー・ポッター クィディッチ ワールドカップ | 195 |
| 해리포터와 불사조 기사단 | ハリー・ポッターと不死鳥の騎士団 | 194 |
| 해리포터와 비밀의 방 | ハリー・ポッターと秘密の部屋 | 141 |
| 해리포터와 아즈카반의 죄수 | ハリー・ポッターとアズカバンの囚人 | 238 |
| 해리포터와 현자의 돌 | ハリー・ポッターと賢者の石 | 213 |
| 해보자! 온천 탁구!! | いくぜ!温泉卓球!! | 69 |
| 해피! 해피!! 보더즈 | ハッピー!ハッピー!!ボーダーズ | 69 |
| 해피~ 브리~딩 : 치어풀 파티 | はっぴ〜ぶり〜でぃんぐ チアフルパーティー | 157 |
| 해피니스! 디럭스 | はぴねす!でらっくす | 168 |
| 햇살 비추이는 가로수길 : 바뀌어가는 계절 속에서 | 木漏れ日の並木道 移り変わる季節の中で | 34 |
| 행복조작관 | 幸福操作官 | 228 |
| 핫코 : 해결사 사건수첩! | ヒャッコ よろずや事件簿! | 222 |
| 허니×허니 드롭스 : LOVE×LOVE HONEY LIFE | 蜜×蜜ドロップス LOVE×LOVE HONEY LIFE | 136 |
| 허드슨 셀렉션 VOL.1 : 큐빅 로드 러너 | ハドソンセレクション VOL.1 キュービックロードランナー | 199 |
| 허드슨 셀렉션 VOL.2 : 스타솔저 | ハドソンセレクション VOL.2 スターソルジャー | 200 |
| 허드슨 셀렉션 VOL.3 : PC원인 | ハドソンセレクション VOL.3 PC原人 | 201 |
| 허드슨 셀렉션 VOL.4 : 타카하시 명인의 모험도 | ハドソンセレクション VOL.4 高橋名人の冒険島 | 207 |
| 허디거디 | ハーディーガーディー | 150 |
| 헌터×헌터 : 용맥의 제단 | ハンター×ハンター 龍脈の祭壇 | 89 |
| 헌티드 맨션 | ホーンテッドマンション | 230 |
| 헐크 | ハルク | 210 |
| 헝그리 고스트 | ハングリィゴースト | 179 |
| 헤르미나와 쿨루스 : 리리의 아틀리에, 또 하나의 이야기 | ヘルミーナとクルス リリーのアトリエ もう一つの物語 | 102 |
| 헤비메탈 선더 | ヘビーメタルサンダー | 102 |
| 현대대전략 : 일촉즉발 군사 밸런스 붕괴 | 現代大戦略 一触即発・軍事バランス崩壊 | 227 |
| 현란무답제 | 絢爛舞踏祭 | 91 |
| 형사 보이스 | デカボイス | 154 |
| 호빗의 모험 : 반지의 제왕 – 모험의 시작 | ホビットの冒険 ロード オブ ザ リング はじまりの物語 | 65 |
| 호스 브레이커 | ホースブレーカー | 87 |
| 호시후루 : 별이 내리는 거리 | ほしフル 星の降る街 | 209 |
| 홈메이드 : 최후의 저택 | ホームメイド 終の館 | 86 |
| 화귀장 | 花帰葬 | 145 |
| 화이트 브레스 : 인연 | ホワイトブレス 絆 | 161 |
| 화이트 클래리티 : And, The tears became you. | ホワイト クラリティ And, The tears became you. | 121 |
| 환상게임 : 주작이문 | ふしぎ遊戯 朱雀異聞 | 206 |
| 환상게임 현무개전 외전 : 거울의 무녀 | ふしぎ遊戯 玄武開伝 外伝 鏡の巫女 | 88 |
| 환상수호전 III | 幻想水滸伝III | 125 |
| 환상수호전 IV | 幻想水滸伝IV | 38 |
| 환상수호전 V | 幻想水滸伝V | 127 |
| 환생 : 리프레인 | 黄泉がえり リフレイン | 226 |
| 황금기사 가로〈GARO〉 | 黄金騎士牙狼〈GARO〉 | 137 |
| 후라세라 | ふらせら | 219 |
| 후쿠하라 아이의 탁구 일직선 | 福原愛の卓球一直線 | 238 |
| 후타코이 | 双恋 フタコイ | 59 |
| 후타코이 섬 : 사랑과 수영복의 서바이벌 | 双恋島 恋と水着のサバイバル | 101 |
| 후타코이 얼터너티브 : 사랑과 소녀와 머신건 | フタコイ オルタナティブ 恋と少女とマシンガン | 89 |
| 훌리건 : 그대 안의 용기 | フーリガン 君のなかの勇気 | 133 |
| 흐레스벨그 | フレースヴェルグ | 58 |
| 흐레스벨그 : 인터내셔널 에디션 | フレースヴェルグ インターナショナルエディション | 71 |
| 흡혈기담 문 타이즈 | 吸血奇譚 ムーンタイズ | 201 |
| 히메히비 : Princess Days | ひめひび Princess Days | 165 |
| 히메히비 : New Princess Days!! – 속! 2학기 | ひめひび New Princess Days!! 続!二学期 | 224 |
| 히트맨 : 컨트랙츠 | ヒットマン : コントラクト | 48 |
| 히트맨 2 : Silent Assassin | ヒットマン : サイレントアサシン | 194 |
| 힘내라! 일본! 올림픽 2000 | がんばれ! ニッポン! オリンピック2000 | 61 |

# PlayStation2

# CHAPTER 4
# 한국의
# 플레이스테이션 2 이야기
## PART 2
**PLAYSTATION2 KOREAN CATALOGUE**

## 해설 한국의 플레이스테이션 2 이야기 (2004~2011)
### COMMENTARY OF PLAYSTATION2 #6

## PS2, 드디어 한국 100만 대 보급을 돌파

제4장은 원서인 일본판에는 없는 한국어판의 독자적인 추가 지면으로서, 원서 감수자인 마에다 히로유키 씨의 허락 하에 한국어판 감수자가 추가 집필하였음을 먼저 밝혀둔다.

소니컴퓨터엔터테인먼트코리아(이하 SCEK, 현 소니인터랙티브엔터테인먼트코리아)의 진출로 인해 2002년 2월 22일 최초로 정규 발매된 한국판 플레이스테이션 2(이하 PS2)는 의욕적인 출발과 게이머들의 뜨거운 호응, SCEK의 적극적인 홍보와 폭넓은 서드파티 참여로 인한 활발한 한국어화 소프트 공급 등으로 강력한 선순환을 일으키며 단기간 내에 200종 이상의 타이틀을 공급하면서 한국에 정규 콘솔 게임 시장을 정착시키는 데 성공해, 2004년 즈음까지 일약 황금기를 구가했다(이에 대해서는, 앞서 출간된 '플레이스테이션 2 퍼펙트 카탈로그 상권'의 제4장 해설면도 병행 참조하기 바란다).

SCEK는 2004년 10월 16일 서울 삼성동 코엑스 야외광장에서 PS2 국내 1백만 대 보급 돌파(최초 발매 이래 약 2년 8개월 시점)를 선언하고 63종의 신작 PS2 타이틀 시연대를 선보이며 유저들과 함께 경축하는 대규모 행사를 개최하여, 이 자리에서 발매 이전의 슬림형 PS2(SCPH-70005, 248,000원) 및 플레이스테이션 포터블(PSP)를 대중에 공개하기도 하였다. 같은 해 6월

▲ 「진 삼국무쌍 4」의 Big Hit판 커버아트 이미지와, 2005년 당시의 SCEK PS2 소식지에 서 발췌한 Big Hit 타이틀의 소개 페이지. 당시 Big Hit 브랜드는 한국을 포함해 아시아 지역 전반에서 전개했었는데, 중고 소프트 유통 횡행에 대한 자구책이기도 했다.

부터는 한국 시장에선 최초로 구작 중 일정 판매량을 기록한 작품을 염가로 재발매하는 브랜드인 'Big Hit' 시리즈의 전개를 시작하여, 첫달의 6종을 시작으로 PS2 시장 종결 시점까지 총 57종의 Big Hit 타이틀을 출시하기도 하였다. 같은 2004년 연말 시즌에는 당시 최고 인지도를 자랑하던 영화배우 송강호 씨를 이미지 모델로 기용하여, 11월 11일 첫 출시된 슬림형 PS2의 홍보에 활용하였다.

다만, 이 2004-2005 시즌을 끝으로 PS2의 정식발매 소프트 라인업은 피크를 치고 하강 국면에 들어가게 되는데, 여러 복합적인 상황이 작용한 결과로 추정된다. 일단 SCEK부터가 2005년 5월 2일 PSP를, 2007년 6월 16일부터는 플레이스테이션 3(PS3)를 국내에 차례차례 출시하다 보니 자연스럽게 PS2는 구세대 포지션이 되어 소홀해질 수밖에 없었고, 한국닌텐도의 설립에 의해 2007년 1월 18일 한국판 닌텐도 DS Lite가 정규 출시되면서 본격적인 휴대용 게임기 경쟁전이 한국에서도 발발하여 한국의 좁은 게임시장에서 화제를 독점해버렸으며, 초기의 원기 왕성한 한국어화 소프트 발매 이후 한국 시장에서의 수익성이 있는 장르와 IP가 점차 확고해지면서 그 외의 장르나 IP는 명맥이 끊기거나 외국어판의 단순 발매로 끝내는 등의 흐름이 유통사들 사이에서 정착된 탓도 있다. 특히 이 시점부터 이른바 '모드칩'으로 통칭되는 PS2 불법개조와 소프트웨어 복제유통이 횡행하기 시작하여, PS2 게임의 수익성이 크게 낮아진 탓도 무시할 수 없다. 결국 2005년을 기점으로 PS2 초중기를 지탱해 온 여러 소프트 유통사들이 휴대기나 차세대기로 라인업을 전환하거나 게임사업에서 철수하기도 하는 등, 한국에서의 PS2 소프트 시장은 끝까지 원활하게 연착륙하지 못하고 2000년대 후반에 이르러 급격히 실속·쇠퇴하게 되었다.

▲ 2004년 10월 16일 서울 코엑스에서 SCEK가 개최했던, PS2 1백만 대 보급 기념 페스티벌 행사의 포스터 사진.

▲ 2004년 가을 시즌의 PS2 소식지(당시 SCEK가 직접 발매하던 PS2 게임 패키지 내에 동봉)의 커버를 장식한 슬림형 PS2 이미지 광고와, 같은 시기의 게임잡지에 게재된 PS2 게임의 크리스마스 시즌 이미지 광고. 모두 영화배우 송강호를 모델로 기용했다.

## 한국 콘솔 게임 시장을 개척하고 확립해낸 위업을 세우다

▲ 2005년 3월 발매된 「그란 투리스모 4」 한국어판에는, 선행 발매된 일본판에 없는 추가 차량 17대 중 9대가 '한국 차량' 카테고리로 별도 추가되었다. 이것도 당시 한국 지역본사라는 입지를 최대한 활용했던 SCEK의 노력이 있어 가능했던 일이다. 사진은 수록 차량 중 하나인 현대자동차의 튜닝 카 'Click Type-R'.

▲ 2005년 당시의 SCEK PS2 소식지에서 발췌한, 아이토이 카메라 지원 타이틀의 소개 페이지. 당시 아이토이는 SCEK가 가족·어린이 고객층 개척을 위해 전략적 교두보로서 적극적으로 홍보했던 주변기기로서, YBM시사닷컴 및 아리수미디어와 협업하여 아이토이 전용 오리지널 교육 타이틀 2종을 자체 개발해 발매하기도 하였다.

▲ SCEK는 자사가 운영하는 playstation.co.kr 웹사이트 내에, 대작일 경우 한시적으로 별도의 서브 웹사이트를 개설해 홍보용으로 운영하기도 하였다. 사진은 한국어화되어 발매된 남코의 「테일즈 오브 레젠디아」의 당시 홈페이지.

몇몇 회사가 미국·일본 등의 게임기를 단순 수입하여 유통·판매하는 데 그쳤을 뿐 하드웨어·소프트웨어 정규 시장을 형성시키지 못해 '보따리'로 상징되는 그레이마켓 위주로만 간신히 명맥을 유지하였던 터라 게임 소프트의 '한국어화'나 '자체제작'조차도 이상적인 구호에 불과했던 것이, 90년대 말까지의 한국 비디오 게임 시장의 현실이었다. 그것이 2000년 SCEK의 설립과 2002년 PS2의 한국 정식발매를 기폭제로 삼아 본격적으로 '정규 시장화'되어, 주요 선진국과 마찬가지로 플랫폼 운영사와 유통사-개발사-총판-소매점이라는 현대적인 유통체계가 정립되고 일본·미국 등의 인기 소프트가 제대로 정규 한국어화되어 한국에도 큰 시차 없이 정식 발매되며, 심지어는 하드웨어·소프트웨어 한정판 예약판매는 물론 TV·지면·온라인 광고 등의 다양한 홍보와 유저 서비스까지 펼쳐지고, 한국의 게임 개발사가 콘솔 게임에 진출해 오리지널 신작을 개발·발매하여 전 세계에서 히트하기도 한다. 지금은 당연하게 여겨지는 이 모든 일은, 결국 2002년의 PS2 정식발매와 시장 정립이 없었더라면 불가능했을 일이었다. 그런 의미에서 PS2는 지금의 한국 비디오 게임 시장을 만든 뿌리이자 원점과도 같은 기념비적인 기기라 할 수 있으며, 2002년 당시 PS2가 만들어낸 시스템과 시장을 기반으로 삼아 2025년 지금까지 지속되고 있는 것이라고 보아도 지나치지 않을 것이다.

최종적으로 한국의 PS2는, 2011년 11월 3일 발매된 코나미디지털엔터테인먼트의 「월드 사커 위닝 일레븐 2012」를 끝으로 근 10년에 걸친 정식 발매 소프트 라인업을 마무리한다. 최종적인 한국 PS2 소프트웨어 발매종수는 총 576타이틀(패키지 발매 기준)로서, 이중 국산 타이틀은 11종, 한국어화 타이틀은 315종이다. 즉 전체 라인업의 56% 이상이 국산·한국어화 타이틀이라는 의미이니, 전반적으로 평가한다면 '한국 비디오 게임 시장의 개척자라는 자신의 역할을 끝까지 훌륭하게 완수하고 성공적으로 퇴역한 플랫폼'이라고 총평할 수 있으리라.

▲ PS2 관련으로 각사가 시도한 다양한 프로모션 실례 중 하나로서, SCEK가 한국 소프트맥스 사의 대작 RPG 「마그나카르타 : 진홍의 성흔」을 홍보하기 위해 한국 코카콜라와 콜라보레이션한 콜라 캔 디자인과, 당시 코카콜라의 공식 웹사이트 CokePLAY.com 상의 공식 프로모션 사진. 콜라 캔은 2005년 1월 당시 약 1,200만 개가 제작·출시되었다고 한다.

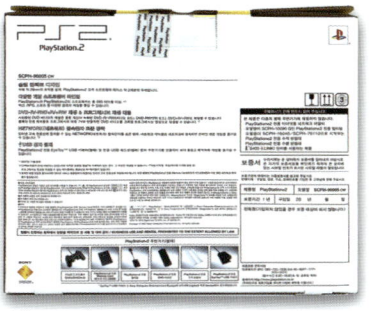

▲ PS2는 2002년의 정식발매 이후부터 모든 주요 하드웨어 모델이 해외와 큰 시차 없이 현지화되어 정규 발매됨으로써, 한국의 게이머들에게도 해외와 동등한 경험과 기회를 제공해주었다. 사진은 2007년 11월 출시된 한국판 PS2의 최종 모델인 SCPH-90005(세라믹 화이트)의 외장 패키지 박스다.

## 2004년 하반기부터 2011년까지 발매된 한국어화·국산 게임을 망라한
# PS2 한국어화·국산 게임 소프트 카탈로그 (하편)

본 지면에서는 원서 하권의 기준점인 2004년 7월 1일부터 정식발매 소프트 라인업이 끝나는 2011년 말까지 한국 내에서 정규 발매된 PS2용 소프트들 중에서, 자막/음성이 한국어화되었거나 국내 회사가 자체 개발한 소프트 총 157종을 추려 원서와 동일한 양식으로 일목요연하게 소프트 카탈로그화 하였다.

이 이전에 출시된 2002년부터 2004년 6월 30일까지의 국산·한국어화 발매작은 이미 출간된 바 있는 상권에 동일한 양식으로 수록되어 있으므로, 앞서 발간된 상권도 꼭 입수하여 함께 참조하여 주었으면 한다. 본 카탈로그 이후에는 2002~2011년까지의 한국 정규 발매 소프트 전체 리스트도 정리 수록했다.

### SOCOM II : U.S. NAVY SEALs
- 18세 이용가
- 소니컴퓨터엔터테인먼트코리아 ● TPS ● 2004년 7월 1일 ● 45,000원 ● 플레이 명수 : 1인
- 세이브 용량 : 3100KB 이상 ● 온라인 대전 지원(~16명), USB 헤드셋 지원, 프로그레시브 (480p) 지원

네트워크 어댑터와 온라인 멀티플레이 보급의 첨병이자 전략상품으로서 출시 했던 『SOCOM』(상권 283p)의 속편. 12종의 싱글 미션과 23개의 온라인 맵이 제공되며, 온라인 맵 중엔 서울지하철 반포역이 모델인 맵도 있다. USB 헤드셋으로 부하에 음성명령을 내릴 수 있으며, 헤드셋 동봉판도 발매했다.

### .hack//절대포위 Vol.4
- 12세 이용가
- 반다이코리아 ● RPG ● 2004년 7월 7일 ● 49,500원
- 플레이 명수 : 1인 ● 세이브 용량 : 683KB 이상

2003년 9월부터 한국어판이 발매된, 반다이와 사이버커넥트2의 대형 미디어 믹스 기획 『hack』(닷핵) 시리즈 게임판 4부작의 완결편. 가상의 온라인 게임 'The World' 내에서 벌어진 '황혼 사건'의 마지막 비밀이 밝혀진다.

### 프린세스 메이커
- 15세 이용가
- 사이버프론트젠스코리아 ● SLG ● 2004년 7월 7일 ● 46,000원
- 플레이 명수 : 1인 ● 세이브 용량 : 109KB 이상

'육성 시뮬레이션'이란 장르를 창시해낸 일본 가이낙스의 『프린세스 메이커』 첫 작품을 15주년 기념으로 새롭게 리메이크한 이른바 '리파인' 판의 PS2 이식작. 일본어 음성이 추가되었으며, 모든 메시지도 한국어화됐다.

### 해리포터와 아즈카반의 죄수
- 전체 이용가
- 일렉트로닉아츠코리아 ● ACT ● 2004년 7월 15일 ● 45,000원
- 플레이 명수 : 1인 ● 세이브 용량 : 64KB 이상 ● 아이토이 카메라 지원(~4인)

같은 제목 영화의 국내 개봉을 앞두고 발매된 공식 게임판. 주인공 '해리' 외에 '론'과 '헤르미온느'로도 조작을 전환해 플레이할 수 있다. 아이토이 카메라로 즐기는 6종류의 전용 미니게임도 내장했다. PC·Xbox로도 발매되었다.

### 우주소년 아톰
- 전체 이용가
- YBM시사닷컴 ● ACT ● 2004년 7월 15일 ● 49,000원
- 플레이 명수 : 1인 ● 세이브 용량 : 356KB 이상

세가의 소닉 팀이 제작한, 같은 제목의 2003년 리메이크판 TV 애니메이션(한국에선 SBS가 2004년 6월 9일까지 방영)의 게임판. 풀 3D 그래픽으로 아톰의 비행과 액션을 즐긴다. 일본판과 달리 픽처 레이블 DVD인 게 소소한 차이.

## 식신의 성 II

전체이용가
- ●사이버프론트제넥스코리아 ●STG ●2004년 7월 21일 ●45,000원
- ●플레이 명수: 1~2인 ●세이브 용량: 113KB 이상 ●프로그레시브(525p) 지원

알파 시스템이 개발하고 타이토가 발매한 같은 제목 작품의 공식 한국어판. 타사가 발매했던 전작의 경우 일부 컨텐츠가 미번역으로 삭제됐지만, 이번엔 원작의 모든 캐릭터 조합별 대사와 메시지를 한국어화했다.

## 공각기동대 STAND ALONE COMPLEX

전체이용가
- ●소니컴퓨터엔터테인먼트코리아 ●ACT ●2004년 7월 22일 ●45,000원
- ●플레이 명수: 1~4인 ●세이브 용량: 68KB 이상 ●멀티탭 지원, 프로그레시브 및 16:9 지원

같은 제목 TV 애니메이션의 공식 게임판. 원작의 주인공 '모토코'를 비롯해 '바토'와 '타치코마'까지 플레이어 캐릭터로 조작 가능하다. 스토리 모드는 충실히 한국어화돼 있으며, 멀티플레이 모드로 4명까지 대전할 수 있다.

## 진 여신전생 III NOCTURNE 매니악스

15세이용가
- ●캔디글로벌미디어 ●RPG ●2004년 7월 25일 ●48,000원
- ●플레이 명수: 1인 ●세이브 용량: 681KB 이상

『진 여신전생 III NOCTURNE』(상권 285p)의 확장보완판. 오리지널 스토리 및 신규 던전 '아마라 심계'와 고난이도의 하드 모드가 추가되었으며, 캡콤과의 콜라보레이션으로 『데빌 메이 크라이』의 주인공 '단테'가 등장한다.

## 하지메의 일보 2 : VICTORIOUS ROAD

전체이용가
- ●윈디소프트 ●SPT ●2004년 7월 29일 ●48,000원
- ●플레이 명수: 1~2인 ●세이브 용량: 2.5MB 이상

온라인 게임 『겟엠프드』의 개발사인 윈디소프트(현 준인터)가 PS2 게임 퍼블리싱에 참여해 내놓은 첫 한국어화 발매작. 영문판을 기반으로 일부 메시지를 번역 수록했다. 깊이가 상당한 'Boxer's Road' 모드가 특징이다.

## SD건담 G제네레이션 SEED

전체이용가
- ●반다이코리아 ●SLG ●2004년 8월 4일 ●49,500원
- ●플레이 명수: 1인 ●세이브 용량: 161KB 이상

인기 TV 애니메이션 '기동전사 건담 SEED'의 스토리와 중요 전개를 『SD건담 G제네레이션』의 시스템으로 재현해낸 스핀오프 작품. 다양한 '건담' 시리즈 캐릭터들이 등장하는 전통의 'GENERATION 모드'도 건재하다.

## 사쿠라대전 : 뜨거운 열정으로

12세이용가
- ●YBM시사닷컴 ●AVG ●2004년 8월 5일 ●52,000원
- ●플레이 명수: 1인 ●세이브 용량: 200KB 이상

1996년 세가새턴으로 처음 나온 이래 오랫동안 한국어화 발매 요망이 많았던, 당시 세가의 간판 시리즈물 '사쿠라대전' 첫 작품의 풀 리메이크판을 최초로 공식 한국어화한 작품. 6월 30일 초회한정판을 선행 발매하기도 했다.

## 아머드 코어 넥서스

전체이용가
- ●YBM시사닷컴 ●ACT ●2004년 8월 11일 ●52,000원 ●플레이 명수: 1~2인
- ●세이브 용량: 120KB 이상 ●i.LINK 및 네트워크 어댑터 지원, USB 마우스 지원

본편인 '에볼루션 디스크'와, 역대 시리즈의 인기 미션을 엄선해 재구성한 '레볼루션 디스크'로 구성된 신작. 한국어판은 특전으로 오리지널 기체 '치우천왕'·'쥬신'과 엠블렘이 추가되었다. 후일 염가판인 '싱글 에디션'도 발매됐다.

## KOF MAXIMUM IMPACT

전체이용가
- ●메가 엔터프라이즈 ●FACT ●2004년 9월 3일 ●48,000원
- ●플레이 명수: 1~2인 ●세이브 용량: 100KB 이상

『더 킹 오브 파이터즈』시리즈 10주년 기념작이자 최초의 3D 그래픽 작품. 한국에선 일본어판이 선행 발매된 후 불과 2주일 만에 한국어판이 이어 발매됐다. 이 시리즈 중에선 유일한 한국어판이기도 하다.

### 전체이용가 — 괴혼 : 굴려라! 왕자님!

- 소니컴퓨터엔터테인먼트코리아  ● ACT  ● 2002년 8월 12일  ● 39,000원
- 플레이 명수 : 1~2인  ● 세이브 용량 : 655KB 이상

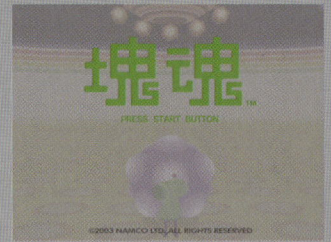

SCEK의 선구안이 빛을 발해 원작인 일본판의 불과 5개월여 후에 발매된, 일본 외 발매판으로는 세계 최초의 현지화 버전. SCEK 한글화 팀의 노력으로 원작의 초차원 개그 센스를 훌륭히 번역해내, 한국에서도 예상치 못한 롱셀러 인기작이 되었다. 원작의 디렉터도 한국을 각별하게 여겼다는 이야기가 전해진다.

### 전체이용가 — 스매시코트 프로토너먼트 2

- 소니컴퓨터엔터테인먼트코리아  ● SPT  ● 2004년 9월 9일  ● 42,000원
- 플레이 명수 : 1~4인  ● 세이브 용량 : 210KB 이상, 멀티탭 지원, 프로그레시브 및 16:9 지원

남코의 테니스 게임 「스매시코트」 시리즈에 실존 유명 선수 16명과 4대 메이저 대회를 결합시킨 작품의 속편. 자신의 캐릭터로 플레이하는 '프로 투어 모드'와, 자사의 「철권」「소울 칼리버」 시리즈 캐릭터들의 등장이 특징이다.

### 18세이용가 — XIII (써틴)

- 위자드소프트  ● FPS  ● 2004년 9월 16일  ● 42,000원
- 플레이 명수 : 1~2인  ● 세이브 용량 : 89KB 이상

같은 제목의 벨기에 그래픽 노벨이 원작인 유비소프트 사 게임의 한국어판. 코코캡콤 이후 유비소프트 작품의 판권을 획득한 위자드소프트가 발매했다. 당시엔 생경했던 카툰 렌더링 그래픽과 만화적 연출을 과감히 도입한 작품이다.

### 전체이용가 — 사쿠라대전 V EPISODE 0 : 황야의 사무라이 아가씨

- YBM시사닷컴  ● ACT  ● 2004년 9월 22일  ● 49,000원
- 플레이 명수 : 1인  ● 세이브 용량 : 31KB 이상

당시 의욕적으로 해외 발매를 전개하던 「사쿠라대전」 시리즈의 일환으로서 일본·아시아·한국에 동시 발매된, 「사쿠라대전 V」의 프리퀄 스토리에 해당하는 작품. 별도 공개된 패스워드를 입력하면 추가 컨텐츠가 열린다.

### 전체이용가 — 신세기 에반게리온 2

- 반다이코리아  ● AVG  ● 2004년 9월 23일  ● 57,200원
- 플레이 명수 : 1인  ● 세이브 용량 : 699KB 이상

대인기 TV 애니메이션 '신세기 에반게리온'의 세계와 설정을 바탕으로, 플레이어가 새로운 이야기를 만들어가는 독특한 스타일의 작품. 방대한 양의 자막부터 대량의 설정 관련 텍스트에 이르기까지를 전부 한국어화했다.

### 전체이용가 — 중장기병 발켄

- 윈디맥스  ● ACT  ● 2004년 9월 23일  ● 45,000원
- 플레이 명수 : 1인  ● 세이브 용량 : 80KB 이상

1992년 슈퍼 패미컴으로 발매되었던 로봇 액션 게임 「중장기병 발켄」의 PS2 리메이크작. 구 메사이아의 판권을 인수한 크로스노츠 사가 제작했으며, 실제 개발을 한국의 소프트 액션 사가 맡았기에 한국어판이 나올 수 있었다.

### 전체이용가 — 아쿠아키즈

- 일렉트로닉츠아츠코리아  ● ACT  ● 2004년 9월 23일  ● 36,000원
- 플레이 명수 : 1~2인  ● 세이브 용량 : 87KB 이상

TV 애니메이션 '큐빅스' 등을 제작했던 한국의 CG 애니메이션 제작사 시네픽스가 직접 개발한, 자사의 같은 제목 TV 애니메이션의 게임판. 일본에도 발매되었다(38p). 시네픽스는 후일 PSP로 「무타쥬스」를 내놓는다.

## PlayStation2 Korean Game Software Catalogue

### 베르세르크 : 천년제국의 매 편 성마전기의 장
[18세 이용가]
- YBM시사닷컴  ● ACT  ● 2004년 10월 7일  ● 55,000원
- 플레이 명수 : 1인  ● 세이브 용량 : 164KB 이상

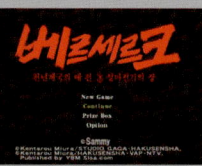 

한국에서도 인기가 많았던 만화 『베르세르크』를 기반으로 제작한 작품(46p)을 한국어화한 게임. 일본판의 유혈·폭력 표현을 그대로 살려, 일본과 동시에 무삭제판으로 발매했다. 예약특전으로는 '가츠'의 미니 피규어를 증정했다.

### 에너지 에어포스 에임스트라이크!
[전체 이용가]
- 사이버프론트제넥스코리아  ● SLG  ● 2004년 10월 14일  ● 45,000원
- 플레이 명수 : 1인  ● 세이브 용량 : 265KB 이상

타이토 사의 플라이트 시뮬레이션 게임 『에너지 에어포스』 시리즈의 당시 최신작을 한국어화했다. 록히드 마틴 사의 데이터 자문과 일본 항공자위대의 사운드 녹취 협조, 항공사진 전문가·항공산업 평론단체의 감수까지 받은 작품이다.

### 타임 크라이시스 : 크라이시스 존
[12세 이용가]
- 소니컴퓨터엔터테인먼트코리아  ● STG  ● 2004년 10월 14일  ● 42,000원
- 플레이 명수 : 1인  ● 세이브 용량 : 80KB 이상  ● 건콘2 지원

1999년 아케이드로 출시되었던 『크라이시스 존』의 PS2 이식판. 특이하게도 미국·유럽·한국에서만 발매되고 정작 일본엔 발매되지 않았다. 배경까지 파괴되는 호쾌함과, 건콘2 2개로 혼자서 즐기는 '더블 건 모드'가 특징이다.

### 사이폰 필터 : 오메가 바이러스
[18세 이용가]
- 소니컴퓨터엔터테인먼트코리아  ● ACT  ● 2004년 10월 28일  ● 45,000원  ● 플레이 명수 : 1인
- 세이브 용량 : 128KB 이상  ● 온라인 지원(~4인), USB 헤드셋 지원, 프로그레시브(480p) 지원

잠입과 첩보 기반의 협력 멀티플레이로 북미에서 인기가 있었던 『사이폰 필터』 시리즈의 유일한 국내 소개작이자 한국어화 작품. 음성 더빙까지 들어갔으며, 네트워크 어댑터를 통한 음성통신 4인 멀티플레이를 강조했다.

### FIFA SOCCER 2005
[전체 이용가]
- 일렉트로닉아츠코리아  ● SPT  ● 2004년 10월 30일  ● 45,000원  ● 플레이 명수 : 1~8인
- 세이브 용량 : 2361KB 이상  ● 온라인 지원(~2인), 멀티탭/USB 헤드셋, 프로그레시브 지원

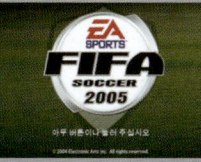 

EA Sports 브랜드의 간판, 『FIFA』 시리즈의 2005년도판. 충실한 자막 한국어화와 경인방송 김동연 아나운서·MBC 박문성 해설위원의 실황중계를 삽입했다. 한국 K리그 등, 전 세계 27개 리그 500여 팀이 실명으로 등장한다.

### 타카하시 명인의 모험도
[전체 이용가]
- AK커뮤니케이션즈  ● ACT  ● 2004년 11월 4일  ● 35,000원
- 플레이 명수 : 1인  ● 세이브 용량 : 65KB 이상

허드슨 사의 고전 인기작을 PS2·게임큐브로 풀 리메이크하는 '허드슨 셀렉션' 시리즈의 제4편 『타카하시 명인의 모험도』(상권 207p)를 자막 한국어화해 국내 소개한 작품. 저렴한 가족용 게임이라는 포지션을 노렸던 듯하다.

### 아이토이 : 삐뽀사루
[전체 이용가]
- 소니컴퓨터엔터테인먼트코리아  ● ETC  ● 2004년 11월 11일  ● 45,000원
- 플레이 명수 : 1~4인  ● 세이브 용량 : 640KB 이상  ● 아이토이 카메라 필수

삐뽀사루들과 함께하는 3스테이지의 대형 보드게임과 50종의 미니게임을 아이토이 카메라로 즐기는 체감형 파티 게임. 한국에선 파격적인 슬림화로 화제가 된 신형 PS2(SCPH-70005 CB)와 동시에 발매되었다.

### PUMP IT UP THE EXCEED
[전체 이용가]
- 안다미로  ● MUS  ● 2004년 11월 11일  ● 58,000원
- 플레이 명수 : 1~2인  ● 세이브 용량 : 23KB 이상  ● 전용 컨트롤러 지원, 프로그레시브 지원

한국의 안다미로 사가 개발해 장기 시리즈화되어 남미 등에서 큰 인기를 누렸던 아케이드용 댄스 게임 『펌프잇업』 시리즈의 당시 신작을 콘솔로 최초 이식한 작품. 전용 USB 매트 컨트롤러 동봉판도 나왔으며, Xbox로도 발매됐다.

## 도로로

- YBM시사닷컴
- ACT
- 2004년 11월 11일
- 49,000원
- 플레이 명수 : 1~2인
- 세이브 용량 : 620KB 이상

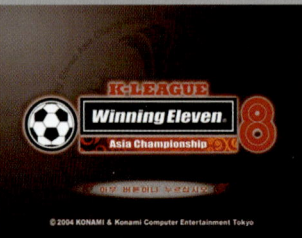

데즈카 오사무 화백의 고전 만화를 원작으로 삼아, 레드 엔터테인먼트의 기획과 사무라 히로아키의 캐릭터 디자인으로 재구성한 오리지널 액션 게임. 원작의 애매한 결말을 오리지널 스토리와 풀보이스 동영상으로 보강했다.

## NBA 라이브 2005

- 일렉트로닉아츠코리아
- SPT
- 2004년 11월 16일
- 45,000원
- 플레이 명수 : 1~2인
- 세이브 용량 : 2600KB 이상
- 멀티탭 지원(~8인), 온라인 지원(~2인), USB 헤드셋 지원

EA Sports의 같은 제목 작품의 PS2판. '프리스타일 에어' 시스템으로 선수의 공중 동작을 플레이어가 정교하게 컨트롤하여 다이나믹한 슛과 플레이스타일을 만들 수 있음을 내세웠다. 구단을 경영하는 '프랜차이즈 모드'도 있다.

## K-LEAGUE 위닝 일레븐 8 아시아 챔피언십

- 코나미마케팅아시아 한국지점
- SPT
- 2004년 11월 18일
- 45,000원
- 플레이 명수 : 1~8인
- 세이브 용량 : 1983KB 이상
- 멀티탭 지원

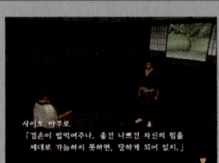

「리그 위닝 일레븐 8 아시아 챔피언십」(58p)의 한국 발매판. 한국에서 「위닝 일레븐」 시리즈의 인기가 최고조일 당시 발매되어 히트한 타이틀로서, 한국·일본 등 아시아 리그에 초점을 맞추었다. 자신만의 리그를 디자인해 즐기는 '마스터 리그 모드'와, 최대 32인 대회를 진행하는 '대회 모드'도 있다.

## 반지의 제왕 : 써드 에이지

- 일렉트로닉아츠코리아
- RPG
- 2004년 11월 30일
- 45,000원
- 플레이 명수 : 1~2인
- 세이브 용량 : 106KB 이상

영화관 「반지의 제왕」 3부작을 기반으로 제작한 싱글플레이 턴제 RPG. '악의 세력들' 모드에서는 발록·사우론 등 악의 세력으로 진행할 수도 있다. 전반적인 게임 시스템은 묘하게 「파이널 판타지 X」을 연상시키는 편이다.

## 검호 3

- 메가 엔터프라이즈
- AAVG
- 2004년 12월 3일
- 48,000원
- 플레이 명수 : 1~2인
- 세이브 용량 : 100KB 이상

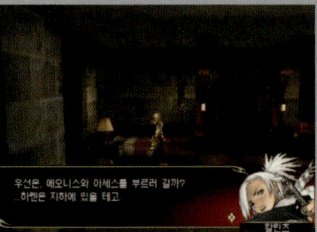

전작 「검호 2」에 이어 한국어화된 작품. 기본적으론 대전 액션 게임이었던 전작과는 달리, 일본 역사상의 유명 검호들이 총출동하는 높은 자유도의 장대한 작품이 되었다. 공식 홈페이지에선 온라인 랭킹 서비스도 제공했다.

## 마그나카르타 : 진홍의 성흔

- 소니컴퓨터엔터테인먼트코리아
- RPG
- 2004년 12월 1일
- 48,000원
- 플레이 명수 : 1인
- 세이브 용량 : 80KB 이상
- 프로그레시브 지원

소프트맥스 사가 제작한, 최초의 PS2용 국산 오리지널 RPG. 일본의 반프레스토에 의해 한국보다 먼저 「마그나카르타」란 타이틀명으로 일본에 발매되었으며 북미·유럽에도 현지화 출시되어, 캐릭터 디자이너인 김형태를 세계에 널리 알린 작품이기도 하다. 2006년 5월엔 PSP 이식판이 일본에만 발매됐다.

 PlayStation2 Korean Game Software Catalogue

## 프린세스 메이커 2
**15세 이용가**
- 사이버프론트제넥스코리아 ● SLG ● 2004년 12월 8일 ● 39,000원
- 플레이 명수 : 1인 ● 세이브 용량 : 100KB 이상

같은 해 7월의 『프린세스 메이커』 1편처럼, 시리즈 15주년을 기념하여 1993년의 원작 『프린세스 메이커 2』를 풀 리메이크한 '리파인'판. 전작과 마찬가지로 PC로도 발매되었으며, 2016년엔 Steam으로 재출시되었다.

## 인크레더블
**12세 이용가**
- THQ 코리아 ● ACT ● 2004년 12월 8일 ● 45,000원
- 플레이 명수 : 1인 ● 세이브 용량 : 86KB 이상

같은 제목의 디즈니·픽사 극장판 애니메이션을 게임화한 작품. PC·Xbox·GBA로도 발매되었다. 원작 영화의 스토리를 충실히 반영하였으며, 격투·레이싱·퍼즐 등의 미니게임도 있다. 진행 도중의 대사에 자막이 없는 것이 아쉽다.

## 아이토이 : 플레이 2
**전체 이용가**
- 소니컴퓨터엔터테인먼트코리아 ● ACT ● 2004년 12월 9일 ● 45,000원
- 플레이 명수 : 1~4인 ● 세이브 용량 : 815KB 이상 ● 아이토이 카메라 필수

아이토이 카메라를 활용하는 파티 게임 모음집인 『아이토이 : 플레이』의 속편. 12종의 메인 게임과 70종 이상의 보너스 미니게임을 즐길 수 있다. 아이토이 카메라를 CCTV처럼 활용하는 '스파이토이' 모드도 제공한다.

## 니드 포 스피드 언더그라운드 2
**전체 이용가**
- 일렉트로닉아츠코리아 ● RCG ● 2004년 12월 16일 ● 45,000원
- 플레이 명수 : 1~2인 ● 세이브 용량 : 126KB 이상 ● 온라인 지원(~6인)

『니드 포 스피드』 시리즈 중에선 최초로, LA풍의 가상도시 '베이뷰' 전체를 자유롭게 이동할 수 있는 오픈월드 개념을 채용한 작품. 프리 런 상태에서 직접 이벤트나 배틀을 찾아 시작할 수 있다. 튜닝의 자유도도 넓어졌다.

## 디지몬 배틀 크로니클
**전체 이용가**
- 반다이코리아 ● ACT ● 2004년 12월 19일 ● 49,500원
- 플레이 명수 : 1~2인 ● 세이브 용량 : 42KB 이상 ● 멀티탭 지원(~4인)

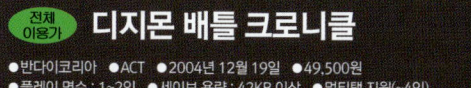

반다이의 인기 프랜차이즈 '디지몬' 계열의 인기 디지몬들이 총출동하는 난투계 4인 대전 게임. 디지몬의 아이덴티티인 '진화'를 통한 파워 업도 가능하다. 4인 대전 플레이를 즐기려면 별매품인 멀티탭을 연결해야 한다.

## 원피스 : 라운드 더 랜드!
**전체 이용가**
- 반다이코리아 ● ACT ● 2004년 12월 22일 ● 49,500원
- 플레이 명수 : 1인 ● 세이브 용량 : 107KB 이상

인기 만화 '원피스'의 게임판 연작 중, PS2로는 정식발매 및 한국어화된 첫 작품. 3D 그래픽의 횡스크롤 액션 게임이라는 독특한 장르로서, 간단한 조작으로 '밀짚모자 해적단'의 인기 캐릭터들이 화려한 액션을 펼친다.

## 탐정 진구지 사부로 : KIND OF BLUE
**15세 이용가**
- 게임문화 ● AVG ● 2002년 12월 23일 ● 45,000원
- 플레이 명수 : 1인 ● 세이브 용량 : 95KB 이상

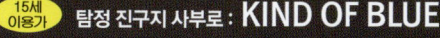

앞서 한국어화로 발매되었던 전작 『~Innocent Black』(상권 286p)에서 스토리가 바로 이어지는 속편. 오랜 파트너였던 요코를 해고한 후 실의에 빠져 있던 주인공 진구지는, '음악을 찾아 달라'라는 기묘한 의뢰를 받게 된다.

## 천주 홍
**18세 이용가**
- YBM시사닷컴 ● AAVG ● 2002년 12월 23일 ● 45,000원
- 플레이 명수 : 1인 ● 세이브 용량 : 46KB 이상

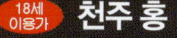

'닌자 잠입 액션'이라는 장르를 개척한 인기작 '천주' 시리즈의 스핀오프 작품을 한국어화했다. 시리즈 전통의 캐릭터 '아야메'와 오리지널 캐릭터 '린'이라는 두 쿠노이치(여닌자)의 스토리가 펼쳐진다. 『천주 3』의 프리퀄에 해당한다.

### 18세 이용가 메탈기어 솔리드 3 : SNAKE EATER

●코나미마케팅아시아 한국지점  ●ACT  ●2004년 12월 30일  ●52,000원
●플레이 명수 : 1인  ●세이브 용량 : 90KB 이상  ●온라인 지원(컨텐츠 다운로드)

근미래가 무대였던 전작 「메탈기어 솔리드 2」와는 정반대로, 냉전시대의 한가운데인 1964년을 배경으로 '더 보스'와 '스네이크'라는 스승과 제자의 냉혹한 대립을 그린 서바이벌 액션 게임. 야외에서의 잠입과 위장·근접전·야전치료 개념 도입, 드라마틱한 스토리와 반전 등으로 시리즈 팬들의 절찬을 받았다.

### 전체 이용가 라쳇 & 클랭크 : 공구전사 리로디드

●소니컴퓨터엔터테인먼트코리아  ●ACT  ●2005년 1월 13일  ●45,000원  ●플레이 명수 : 1~4인
●세이브 용량 : 600KB 이상  ●멀티탭 지원(~4인), 온라인 지원(~8인), USB 헤드셋·프로그레시브 지원

SCE의 인기작 「라쳇 & 클랭크」 시리즈의 3번째 작품이자, 한국어화로는 2번째 작품. 한국어 더빙이 들어간 마지막 작품이기도 하다. 8인 동시 온라인 플레이를 비롯해, 멀티탭을 이용한 화면분할 4인 플레이도 지원한다.

### 전체 이용가 아이토이 : 에듀키즈

●소니컴퓨터엔터테인먼트코리아  ●ETC  ●2005년 1월 20일  ●39,000원
●플레이 명수 : 1인  ●세이브 용량 : 312KB 이상  ●아이토이 카메라 필수

SCEK가 자체 기획하여 유아교육 전문사인 아리수미디어와 공동 개발한 아이토이 카메라 전용 게임. 숫자와 도형을 재미있게 배우는 6종류의 아이토이 게임을 제공하는 이른바 '에듀테인먼트' 형태의 타이틀이다.

### 18세 이용가 몬스터헌터 G

●코코캡콤  ●ACT  ●2005년 1월 20일  ●49,000원  ●플레이 명수 : 1인
●세이브 용량 : 116KB 이상  ●온라인 지원, USB 키보드 지원

한국에 최초로 정규 발매된 「몬스터헌터」 시리즈 작품으로서, 완전 한국어화되어 일본과 동시 발매되었다. 온라인 플레이 지원을 위해 일본 KDDI의 '멀티매칭 BB' 서비스를 한국에서도 운영했고, 한국 유저 전용 온라인 퀘스트를 제공하기도 했다. 온라인 플레이를 위한 USB 키보드 동봉판도 발매되었다.

### 18세 이용가 수왕기 : PROJECT ALTERED BEAST

●세가코리아  ●ACT  ●2005년 1월 27일  ●49,000원
●플레이 명수 : 1인  ●세이브 용량 : 115KB 이상

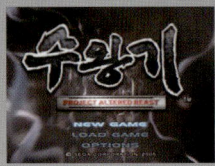

자사의 1988년작 아케이드용 게임 「수왕기」를 모티브로 삼아 제작한 탐색형 3D 액션 게임. '인간이 야수로 변신한다'라는 기본 컨셉만 계승한 오리지널 작품으로서, SF 및 호러풍의 유혈·잔혹 연출을 대거 도입했다.

### 18세 이용가 데스 바이 디그리스 철권 니나

●소니컴퓨터엔터테인먼트코리아  ●ACT  ●2005년 1월 27일  ●48,000원
●플레이 명수 : 1인  ●세이브 용량 : 319KB 이상

남코의 인기 격투액션 작품 「철권」 시리즈의 캐릭터 '니나 윌리엄스'를 주인공으로 삼은 스핀오프 액션 게임. 왼쪽 아날로그 스틱으로 이동하고 오른쪽 아날로그 스틱으로 공격한다는 독자적인 조작계가 최대의 특징이다.

# PlayStation2 Korean Game Software Catalogue

## 데몬 스톤
15세 이용가
- 아타리코리아  • ACT  • 2005년 2월 3일  • 45,000원
- 플레이 명수 : 1인  • 세이브 용량 : 88KB 이상

TRPG '던전즈 & 드래곤즈'의 인기 세계관인 '포가튼 렐름'을 기반으로 제작한 액션 RPG. 북미에선 PC·Xbox로도 발매되었지만 한국에는 PS2판만 한국어화돼 소개됐다. 전사·마법사·로그 3명을 전환하며 전투 가능하다.

## 록맨 X8
전체 이용가
- 코코캡콤  • ACT  • 2005년 2월 3일  • 42,000원
- 플레이 명수 : 1인  • 세이브 용량 : 110KB 이상

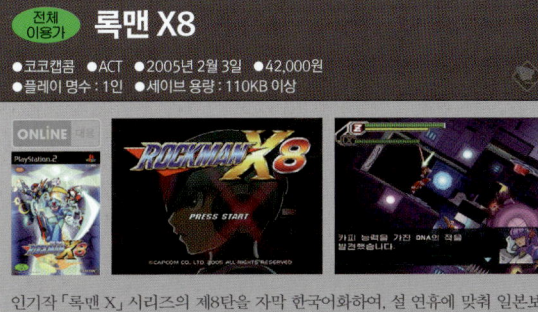

인기작 '록맨 X' 시리즈의 제8탄을 자막 한국어화하여, 설 연휴에 맞춰 일본보다 약 1개월 먼저 발매했다. 시스템은 다시금 종전대로 2D 횡스크롤 스타일로 회귀했다. 현 시점에선 정규 한국어화된 마지막 '록맨' 작품이기도 하다.

## 드래곤볼Z 3
12세 이용가
- 반다이코리아  • FACT  • 2005년 2월 17일  • 49,500원
- 플레이 명수 : 1~2인  • 세이브 용량 : 110KB 이상

PS2판 '드래곤볼Z' 시리즈의 최종 결정판. 원작의 '마인 부우 편'까지의 모든 주요 캐릭터·에피소드와 극장판 및 '드래곤볼 GT'까지 커버하는 방대한 볼륨, 메인 모드 '드래곤 유니버스'의 높은 완성도 등으로 팬들의 큰 호평을 받았다.

## 천성 소드 오브 데스티니
18세 이용가
- 사이버프론트제넥스코리아  • ACT  • 2005년 2월 17일  • 42,000원
- 플레이 명수 : 1인  • 세이브 용량 : 44KB 이상

 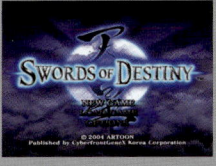 

Xbox로 '블링스 : 타임 스위퍼'를 개발했던 일본 아툰 사의 퓨전 무협 풍 오리지널 액션 게임. '에어 컴뱃 액션 어드벤처'란 장르명대로, 다채로운 공중전 기술에 특화시켜 만든 작품이다. 적의 빈틈을 찌르면 '소드 타임'이 발동한다.

## 아머드 코어 나인 브레이커
전체 이용가
- 소니컴퓨터엔터테인먼트코리아  • ACT  • 2005년 2월 17일  • 45,000원
- 플레이 명수 : 1~2인  • 세이브 용량 : 160KB 이상  • i.LINK 지원, USB 마우스 지원

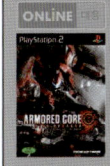 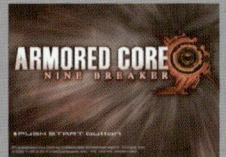 

2004년 말 YBM시사닷컴이 게임사업에서 철수한 이후 SCEK가 발매한 첫 '아머드 코어' 시리즈 신작. 이전작들의 핵심이었던 미션 모드를 없애고 '트레이닝 모드'와 '아레나 모드', 즉 '수련'과 '대전'에 집중해 제작한 작품이다.

## 월드 사커 위닝 일레븐 8 인터내셔널
전체 이용가
- 코나미마케팅아시아 한국지점  • SPT  • 2005년 2월 17일  • 52,000원
- 플레이 명수 : 1~2인  • 세이브 용량 : 2102KB 이상  • 멀티탭 지원(~8인)

2004년 8월 선행 발매된 일본어판 '월드 사커 위닝 일레븐 8」의 인터내셔널 판. 실황 및 텍스트를 모두 한국어화했으며, 전작처럼 볼과 유니폼 상에서 나이키 로고를 재현했다. 2004~2005년 최신 시즌 데이터도 적용됐다.

## 데빌 메이 크라이 3
18세 이용가
- 코코캡콤  • ACT  • 2005년 2월 17일  • 52,000원
- 플레이 명수 : 1인  • 세이브 용량 : 361KB 이상

캡콤의 인기작 '데빌 메이 크라이' 시리즈의 제3탄. 주인공 '단테'와 더불어, 그의 쌍둥이 형 '버질'이 처음으로 등장한다. 발매 15일 만에 3만 장을 돌파했을 만큼 국내에서도 크게 히트해, 2007년 10월엔 Big Hit판으로 재발매되었다.

## 히트맨 : 컨트랙츠
18세 이용가
- 한빛소프트  • AAVG  • 2005년 2월 22일  • 45,000원
- 플레이 명수 : 1인  • 세이브 용량 : 500KB 이상

전작 '히트맨 2'에 이은, 시리즈 2번째 정규 한국어화 작품. 시리즈 제1편의 리메이크 미션도 다수 있다. 유통사가 자체 디자인한 '한빛나루' 폰트를 내장해 자막 등에 사용했으며, PC로도 동시 발매되었다.

279

### 전체이용가 수퍼 퍼즐버블 컬렉션

- 사이버프론트제넥스코리아 ● PZL ● 2005년 2월 24일 ● 29,000원
- 플레이 명수 : 1~2인 ● 세이브 용량 : 360KB 이상

엠드림 사에 의해 2002년 발매되었던 「수퍼 퍼즐버블」과 2003년 발매되었던 「수퍼 퍼즐버블 2」두 게임을 합본해 DVD 2매 형태로 재발매한 염가판 컬렉션. 게임 자체는 동일하므로, 「수퍼 퍼즐버블 2」만이 한국어판이다.

### 전체이용가 슬라이 쿠퍼 2 : 괴도 브라더스 대작전!

- 소니컴퓨터엔터테인먼트코리아 ● AADV ● 2005년 2월 24일 ● 45,000원
- 플레이 명수 : 1인 ● 세이브 용량 : 100KB 이상 ● USB 헤드셋 지원

전작에 이어 한국어 음성·자막을 완비한 속편. 이번엔 주인공 '슬라이'에 더해 동료 '벤틀리'·'머레이'도 조작할 수 있고, 맵도 넓어졌으며 잠입 플레이도 강화되었다. USB 헤드셋을 사용하면 무전 메시지가 헤드셋으로 들린다.

### 전체이용가 그란 투리스모 4

- 소니컴퓨터엔터테인먼트코리아 ● RCG ● 2005년 3월 10일 ● 52,000원 ● 플레이 명수 : 1~2인
- 세이브 용량 : 2500KB 이상 ● GT FORCE·드라이빙 포스 프로·엡손 프린터·USB 메모리 지원

한국에서도 큰 주목을 받았던 「그란 투리스모」시리즈 대망의 최신작. 평범한 한국어화를 넘어 당시 서울시청 주변을 모델로 삼은 '서울 시가지 코스'와, 전작(상권 273p)에서 선행 추가됐던 차량 등의 국산차 9종을 한국판에 추가로 수록했다. PS2 한국 진출 3주년 기념작으로서, 한국에서도 크게 히트했다.

### 18세이용가 드라이버 3

- 아타리코리아 ● AAVG ● 2005년 3월 4일 ● 43,000원
- 플레이 명수 : 1인 ● 세이브 용량 : 87KB 이상

PS1 당시 화제를 일으켰던 오픈월드 드라이빙 게임 「드라이버」시리즈의 3번째 작품. 차량을 열고 나와 다른 차량을 절도하거나 총격전을 벌이는 등, GTA3를 크게 의식한 구성이 되었다. Xbox판도 한국어화 발매됐다.

### 15세이용가 스플린터 셀 : PANDORA TOMORROW

- 위자드소프트 ● AAVG ● 2005년 3월 10일 ● 48,000원
- 플레이 명수 : 1~4인 ● 세이브 용량 : 94KB 이상 ● 온라인 지원

전작(상권 285p)에 이어 자막 한국어화로 발매된, 「스플린터 셀」시리즈 신작. 실내 잠입 위주였던 전작에 비해, 이번엔 인도네시아를 배경으로 정글·설원 등의 야외 잠입 요소가 늘어났다. PS2로는 이 작품이 마지막 정식 발매작이다.

### 전체이용가 컴온 베이비!

- 엑스포테이토 ● ACT ● 2005년 3월 24일 ● 35,000원
- 플레이 명수 : 1~2인 ● 세이브 용량 : 40KB 이상

엑스포테이토 사의 같은 제목 아케이드용 게임을 개발사가 직접 PS2로 이식한 작품. 귀여운 '슈퍼 베이비'들이 온갖 황당한 종목으로 대결하는 파티 스포츠 액션 게임이다. 원작의 여름+겨울 편을 통합 수록한 합본판으로서, 국산 PS2 게임으론 유일하게 Big Hit판이 발매되었고 일본에도 수출되었다(121p).

## PlayStation2 Korean Game Software Catalogue

### BUSIN 0 (제로) : Wizardry Alternative NEO
- 15세 이용가
- 손오공 ● RPG ● 2005년 3월 25일 ● 45,000원
- 플레이 명수 : 1인 ● 세이브 용량 : 845KB 이상

아틀리스가 개발한 「위저드리」 시리즈의 외전격 작품을 한국어화했다. 「위저드리」계 정통 던전 RPG로는 사실상 국내 최초로 한국어화 소개된 작품으로서, 뛰어난 번역 퀄리티도 한몫하여 지금도 걸작으로 꼽는 팬이 있을 정도다.

### 아이토이 : 테일즈
- 전체 이용가
- 소니컴퓨터엔터테인먼트코리아 ● ETC ● 2005년 3월 29일 ● 39,000원
- 플레이 명수 : 1인 ● 세이브 용량 : 60KB 이상 ● 아이토이 카메라 필수

「아이토이 : 에듀키즈」에 이은 SCEK의 자체제작 '아이토이' 시리즈 2번째이자 마지막 작품. YBM시사닷컴과 공동 기획하여, 아이들이 아이토이로 즐겁게 영어 동화를 즐길 수 있도록 제작한 에듀테인먼트 타이틀이다.

### 샤이닝 티어즈
- 12세 이용가
- 세가코리아 ● ARPG ● 2005년 3월 31일 ● 49,000원
- 플레이 명수 : 1~2인 ● 세이브 용량 : 314KB 이상

세가의 RPG 브랜드 「샤이닝」 시리즈의 PS2 전개 첫 작품. YBM시사닷컴이 현지화했으나 게임사업에서 철수, 세가코리아가 대신 발매했다. 소프트맥스의 「템페스트」에 참여했던 일러스트레이터 Tony가 캐릭터 디자인을 맡았다.

### 기동전사 건담 SEED : 끝나지 않는 내일로
- 12세 이용가
- 반다이코리아 ● ACT ● 2005년 4월 8일 ● 49,500원
- 플레이 명수 : 1~2인 ● 세이브 용량 : 297KB 이상

TV 애니메이션 「기동전사 건담 SEED」의 2번째 게임화 작품. 「기동전사 건담 : 해후의 우주」 기반의 엔진을 사용하며, 근접전을 강화시킨 '액션 모드'를 탑재했고 우주전 외에도 지상·수중에서의 전투까지 펼쳐진다.

### 철권 5
- 15세 이용가
- 소니컴퓨터엔터테인먼트코리아 ● FACT ● 2005년 4월 27일 ● 48,000원
- 플레이 명수 : 1~2인 ● 세이브 용량 : 57KB 이상 ● 프로그레시브 지원

한국에서도 대인기였던 아케이드용 격투액션 게임 「철권」 시리즈 당시 최신작의 PS2 완전 이식판. 충실한 한국어화는 물론, 시리즈 10주년 기념작답게 아케이드판 1~3편을 통째로 넣은 'ARCADE HISTORY' 모드와 1인 플레이 모드인 'DEVIL WITHIN' 등, 가정용 「철권」 시리즈 사상 최대 볼륨을 자랑한다.

### SIMPLE 2000 시리즈 : THE 러브★어퍼
- 15세 이용가
- AK커뮤니케이션즈 ● SPT ● 2005년 4월 28일 ● 19,000원
- 플레이 명수 : 1~2인 ● 세이브 용량 : 55KB 이상

일본 D3 퍼블리셔 사의 'SIMPLE 2000' 시리즈 작품들을 한국에서도 19,000원의 염가로 정식 발매한 연작 중 하나. 같은 제목의 작품(상권 126p)을 한국어화 출시했다. '후타바 리오'의 한국 데뷔작(?)이란 의의도 있겠다.

### SIMPLE 2000 시리즈 : THE 블록 - HYPER
- 전체 이용가
- AK커뮤니케이션즈 ● ACT ● 2005년 4월 28일 ● 19,000원
- 플레이 명수 : 1~2인 ● 세이브 용량 : 41KB 이상

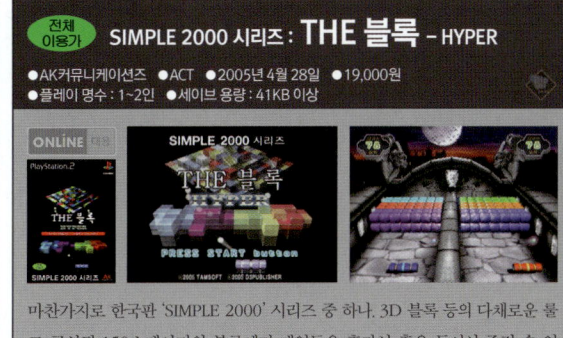

마찬가지로 한국판 'SIMPLE 2000' 시리즈 중 하나. 3D 블록 등의 다채로운 블록으로 구성된 150스테이지의 블록깨기 게임을 혼자서 혹은 둘이서 즐길 수 있는 가족용 게임이다. 룰 설명까지 모두 한국어화했다.

## SIMPLE 2000 시리즈 : THE 슈팅 - 더블 자염룡

- 전체이용가
- ●AK커뮤니케이션즈 ●STG ●2005년 4월 28일 ●19,000원
- ●플레이 명수 : 1~2인 ●세이브 용량 : 41KB 이상

마찬가지로 한국판 'SIMPLE 2000' 시리즈 중 하나. 일본 와라시 사의 아케이드용 2D 종스크롤 슈팅 게임 「자염룡」과, 3D 그래픽으로 신규 제작한 후속작 「자염룡 익스플로젼」 두 작품을 이식해 합본 수록했다.

## 풍운 막말전

- 18세이용가
- ●메가 엔터프라이즈 ●ACT ●2005년 5월 5일 ●48,000원
- ●플레이 명수 : 1~2인 ●세이브 용량 : 100KB 이상

「풍운 신선조」(상권 293p)의 후속작. 신선조 시점에서 진행된 전작과 달리, 이번에는 신선조를 비롯한 막부 옹호파와 대립했던 메이지 유신 지사들 입장의 시나리오도 있다. 당시엔 한국어로 접하기 힘들었던 막부 말기 소재 작품이다.

## 바즈테일

- 15세이용가
- ●웨이코스 ●ARPG ●2005년 5월 3일 ●49,000원
- ●플레이 명수 : 1인 ●세이브 용량 : 400KB 이상

같은 제목의 애플 II용 고전 RPG의 타이틀명을 가져와, 원작의 디자이너였던 브라이언 파고가 독립해 개발한 오리지널 액션 RPG의 한국어판. 세속적이고 유쾌한 주인공 '바드'의 코믹한 모험 일대기를 충실히 자막 한국어화했다.

## 츠키요니사라바 : 복수의 진혼곡

- 18세이용가
- ●사이버프론트제넥스코리아 ●ACT ●2005년 5월 19일 ●45,000원
- ●플레이 명수 : 1인 ●세이브 용량 : 155KB 이상

「환상수호전」의 핵심 기획자인 무라야마 요시타카, 「제노기어스」의 음악을 맡은 미츠다 야스노리 등의 실력파 스탭들이 제작한 오리지널 하드보일드 느와르 액션 게임. 화려한 쌍권총 액션과 슬로모션 연출이 특징이다.

## 잭 3

- 12세이용가
- ●소니컴퓨터엔터테인먼트코리아 ●AAVG ●2005년 5월 19일 ●45,000원
- ●플레이 명수 : 1인 ●세이브 용량 : 1601KB 이상 ●프로그레시브 지원

너티 독이 개발한 「잭 & 덱스터」 시리즈 3부작의 완결편. 한국어 더빙도 된 전작과는 달리, 자막만 한국어화되었다. 5배 더 넓어진 오픈월드 스테이지와 60종 이상의 미션, 8종류의 무기 등으로 PS2의 성능을 최대한도로 짜내, 완결편다운 대미를 짓는다. 의외로 한국에만 출시됐고, 일본에선 미발매로 끝났다.

## 시작의 일보 ALL☆STARS

- 전체이용가
- ●AK커뮤니케이션즈 ●SPT ●2005년 5월 26일 ●39,000원
- ●플레이 명수 : 1~2인 ●세이브 용량 : 1MB 이상

전작과는 유통사가 달라져 타이틀명에도 차이가 생긴 신작. 원작 만화의 연재 15주년 기념작으로서, 원작의 70쪽 캐릭터로 자유 대전이 가능하고 스토리 모드도 100% 한국어화되어, 시리즈의 결정판 격인 작품이 되었다.

## 요시츠네 영웅전

- 18세이용가
- ●위자드소프트 ●ACT ●2005년 6월 2일 ●49,000원
- ●플레이 명수 : 1인 ●세이브 용량 : 172KB 이상

 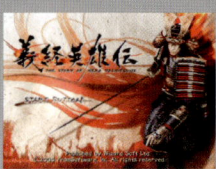 

프롬 소프트웨어의 같은 제목 작품(64p)을 한국어화한 게임. 헤이안 시대의 역사적 인물 '미나모토 요시츠네'가 소재인 액션 게임이다. 자신의 부대를 편성해 지휘·지시할 수 있으며, 「천주 홍」의 캐릭터 '린'도 조연으로 등장한다.

◯ ✕ △ ▢  PlayStation2 Korean Game Software Catalogue

### 킬존 (18세 이용가)

- 소니컴퓨터엔터테인먼트코리아  ● FPS  ● 2005년 6월 9일  ● 45,000원  ● 플레이 명수 : 1~2인
- 세이브 용량 : 64KB 이상  ● 온라인 지원(~16명), USB 키보드·마우스 지원

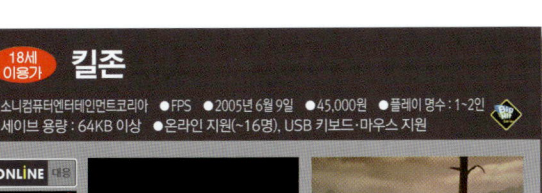

네덜란드의 게릴라 게임즈가 개발한 시나리오 중심의 근미래 FPS 게임. PS2의 성능을 최대한도로 활용한 뛰어난 그래픽과 기술력으로 화제가 됐으며, 이후 PS3·PSP 등으로 장기 시리즈화했고 시리즈 전 작품이 한국어화 발매됐다.

### 아머드 코어 포뮬러 프론트 (전체 이용가)

- 위자드소프트  ● SLG  ● 2005년 7월 14일  ● 49,000원
- 플레이 명수 : 1~2인  ● 세이브 용량 : 300KB 이상  ● USB 마우스 지원, PSP 연동 지원

PSP판으로도 함께 발매되었던, 「아머드 코어」 시리즈의 이색작. 선행 발매된 PSP판과는 USB 케이블을 통해 연결해 AC와 팀 데이터를 링크하고 실적을 연동시킬 수 있다. PS2판은 직접 AC를 조작하는 것도 가능하다.

### 진 삼국무쌍 4 (12세 이용가)

- 코에이코리아  ● ACT  ● 2005년 6월 10일  ● 63,800원
- 플레이 명수 : 1~2인  ● 세이브 용량 : 150KB 이상

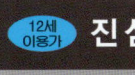

PS2를 대표하는 초인기 브랜드가 된 「진 삼국무쌍」 시리즈의 당시 최신작. PS2 시대의 시리즈 작품들 중 최고의 수작으로 꼽힌다. 무쌍 모드가 세력별에서 무장별로 개편되었고 개별 엔딩 동영상도 삽입했으며, '무쌍 각성'·'에볼루션' 등의 시스템도 추가됐다. 시리즈 최후의 한국어 더빙 작품이기도 하다.

### 데굴데굴~ 쫀득쫀득~ 괴혼 (전체 이용가)

- 소니컴퓨터엔터테인먼트코리아  ● ACT  ● 2005년 7월 28일  ● 39,000원
- 플레이 명수 : 1~2인  ● 세이브 용량 : 88KB 이상

  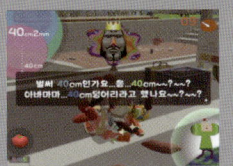

예상외의 히트를 기록했던 화제작 「괴혼 : 굴려라! 왕자님!」(274p)의 속편. 게임 시스템은 기본적으로 동일하지만 컨텐츠와 볼륨이 대폭 늘어났고, 왕자 외의 사촌들도 플레이어로서 조작할 수 있다. 2인 협력·대전도 가능하다.

### 브라더스 인 암스 : ROAD TO HILL 30 (18세 이용가)

- 에스앤에이치  ● FPS  ● 2005년 7월 28일  ● 49,000원
- 플레이 명수 : 1~2인  ● 세이브 용량 : 75KB 이상  ● 온라인 지원(~4인)

후일 「보더랜드」 시리즈를 히트시키는 기어박스 소프트웨어가 개발한 2차대전 소재의 FPS. 노르망디 상륙작전 직후의 유명한 '30고지 전투'에, 일개 분대장으로서 직접 참전한다. 실제 전투와 현지 배경을 잘 고증한 작품이다.

### 메달 오브 아너 : 유러피언 어썰트 (15세 이용가)

- 일렉트로닉아츠코리아  ● FPS  ● 2005년 8월 4일  ● 45,000원
- 플레이 명수 : 1~4인  ● 세이브 용량 : 95KB 이상  ● 멀티탭 지원

당시 EA의 간판작이었던 「메달 오브 아너」 시리즈의 신작. 프랑스·북아프리카·소련·벨기에 등, 2차대전 당시 유럽 각지의 다양한 전장에서 활약하게 된다. 잠시 무적·무한탄 상태가 될 수 있는 '아드레날린 모드'가 특징이다.

### 갓 오브 워 : 영혼의 반역자 (18세 이용가)

- 소니컴퓨터엔터테인먼트코리아  ● ACT  ● 2005년 8월 18일  ● 48,000원
- 플레이 명수 : 1인  ● 세이브 용량 : 454KB 이상

미국 선행 발매시 극적인 연출과 강력한 폭력성으로 화제가 되었던 작품을, 반년도 안 되어 자막 한국어화로 발매해 한국에서도 대히트한 역작. 거의 대부분의 연출을 북미판과 동일하게 수록해 놀라움을 준 작품이기도 하다.

### 12세 이용가 — 원피스 그랜드 배틀! RUSH

- 반다이코리아  ● ACT  ● 2005년 8월 27일  ● 49,500원
- 플레이 명수 : 1~2인  ● 세이브 용량 : 83KB 이상

「원피스 그랜드 배틀!」 시리즈로는 최초로 한국어화 소개된 작품. 원작 만화의 초반부터 '이스트 블루' 편 및 폭시 해적단까지의 주요 캐릭터들이 등장하여 다양한 플레이 모드로 겨루는 3D 대전 액션 게임이다.

### 18세 이용가 — GENJI

- 소니컴퓨터엔터테인먼트코리아  ● ACT  ● 2005년 9월 15일  ● 45,000원
- 플레이 명수 : 1인  ● 세이브 용량 : 265KB 이상

캡콤에서 독립한 명 프로듀서 오카모토 요시키가 설립한 게임 리퍼블릭 사가 개발한, 겐페이 전쟁 소재의 일본풍 오리지널 액션 어드벤처 게임. PS3로 제작된 속편 「GENJI : 카무이주라」도 후일 한국어화 발매됐다.

### 12세 이용가 — 사쿠라대전 3 : 파리는 불타고 있는가

- 세가코리아  ● AVG  ● 2005년 9월 29일  ● 49,000원
- 플레이 명수 : 1인  ● 세이브 용량 : 180KB 이상

「사쿠라대전 : 뜨거운 열정으로」에 이어 한국어화 소개된, 시리즈 제3편의 PS2 풀 리메이크 작품. 프랑스 유학을 온 오오가미 이치로와 파리 화격단 '화조'의 활약이 펼쳐진다. 추가 드라마 '파리의 우아한 하루'도 수록했다.

### 18세 이용가 — DIGITAL DEVIL SAGA 1+2 : 아바탈 튜너

- 에스앤에이치  ● RPG  ● 2005년 9월 30일  ● 77,000원
- 플레이 명수 : 1인  ● 세이브 용량 : 305KB 이상(1편) / 170KB 이상(2편)

「진 여신전생」 시리즈의 외전격인 RPG로서, 1·2편을 합본해 발매했는데 1편은 일본어판이고 2편만이 자막 한국어화라는 특이한 구성이다. 두 작품은 사실상 상·하편에 해당하므로 모두 즐겨야 전체 스토리를 이해할 수 있다.

### 전체 이용가 — 테일즈 오브 레젠디아

- 소니컴퓨터엔터테인먼트코리아  ● RPG  ● 2005년 10월 11일  ● 45,000원
- 플레이 명수 : 1인  ● 세이브 용량 : 28KB 이상

한국에서도 히트한 「테일즈 오브 데스티니 2」에 이어 한국어판으로 발매된 「테일즈」 시리즈 신작. 당초엔 일본과 동시발매 예정이었으나 텍스트량이 많아 한국 발매가 늦어졌다고 할 만큼 방대한 스토리가 특징이다.

### 전체 이용가 — NBA 라이브 06

- 일렉트로닉아츠코리아  ● SPT  ● 2005년 10월 14일  ● 45,000원
- 플레이 명수 : 1~2인  ● 세이브 용량 : 625KB 이상  ● 멀티탭 지원(~8인)

PS2판 「NBA 라이브」 시리즈 중에선 마지막 한국어화 작품. '프리스타일 슈퍼 스타'라는 통합 시스템으로, 센터·슈터·플레이메이커 등의 캐릭터 타입에 맞춰 컨트롤해 화려한 플레이를 펼친다. Xbox 360판도 한국어화 발매됐다.

### 18세 이용가 — 미스틱 나이츠

- 소니컴퓨터엔터테인먼트코리아  ● AAVG  ● 2005년 10월 20일  ● 29,000원
- 플레이 명수 : 1인  ● 세이브 용량 : 181KB 이상  ● 온라인 지원(~4인)

  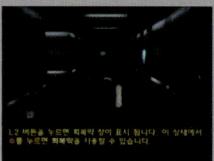

한국 엔로그소프트가 개발한, PS2용 국산 게임으로는 유일하게 온라인 플레이를 지원했던 호러 액션 어드벤처 게임. 온라인 모드는 유저 4명이 동일 미션을 해결하며 '배신자'를 색출하는 이른바 '마피아 게임' 방식이었다.

### 12세 이용가 — 번아웃 리벤지

- 일렉트로닉아츠코리아  ● ACT  ● 2005년 10월 24일  ● 45,000원
- 플레이 명수 : 1~2인  ● 세이브 용량 : 35KB 이상  ● 멀티탭 지원(~6인), 온라인 지원(~6인)

PSP의 「번아웃 레전드」와 동시 발매된, PS2용 「번아웃」으로는 유일한 한국어화 작품. 시리즈 사상 가장 통쾌하고 화려한 테이크다운 레이스가 펼쳐진다. 당시의 유행어를 적극 반영한 텍스트 번역도 특징. Xbox 360판도 한국어화됐다.

## FIFA 06

- 전체이용가
- ●일렉트로닉아츠코리아  ●SPT  ●2005년 11월 3일  ●45,000원
- ●플레이 명수 : 1~2인  ●세이브 용량 : 2290KB 이상  ●멀티탭 지원(~8인)

한국판 패키지 커버모델이 부활해, 당시 인기였던 박주영 선수가 채택된 「FIFA」시리즈 신작. 대한축구협회와 라이선스를 재계약하여 한국 대표팀을 재수록하였다. 실황중계는 김동연 아나운서와 박문성 해설위원이 맡았다.

## 나루토 우즈마키인전

- 12세이용가
- ●반다이코리아  ●ACT  ●2005년 11월 23일  ●49,000원
- ●플레이 명수 : 1~2인  ●세이브 용량 : 134KB 이상

게임판 「나루토」 시리즈 중에서는 최초로 정규 한국어화 발매된 작품. 5대째 호카게로 츠나데가 취임한 직후부터 전개되는 게임의 오리지널 스토리다. 츠나데가 주는 임무를 3인 콤비로 수행해, '4대째 호카게의 유산'을 차지하자.

## 소울 칼리버 III

- 15세이용가
- ●소니컴퓨터엔터테인먼트코리아  ●FACT  ●2005년 11월 23일  ●48,000원
- ●플레이 명수 : 1~2인  ●세이브 용량 : 300KB 이상  ●프로그레시브(480p) 지원

「소울 칼리버」 시리즈 최초로, 아케이드판보다 가정용판이 선행 발매된 작품. 한·일 동시 발매작으로서, 한국계 캐릭터들의 명칭 및 국적도 한국 유저들의 의견을 반영해 수정되었다. 싱글플레이 모드가 대폭 강화된 것도 특징이다.

## SSX 온 투어

- 전체이용가
- ●일렉트로닉아츠코리아  ●SPT  ●2005년 11월 24일  ●45,000원
- ●플레이 명수 : 1~2인  ●세이브 용량 : 154KB 이상

익스트림 스노보드 게임 「SSX」 시리즈 중, PS2로는 마지막 한국어화 작품. 게임 중 DJ의 목소리로 인기 연예인 배칠수 씨를 기용하여, 그의 음성 연기를 수록하였다. PSP판도 한국어화되어 같은 해 12월에 발매되었다.

## K-LEAGUE 위닝 일레븐 9 아시아 챔피언십

- 전체이용가
- ●코나미마케팅아시아 한국지점  ●SPT  ●2005년 12월 1일  ●52,000원
- ●플레이 명수 : 1~2인  ●세이브 용량 : 2081KB 이상  ●멀티탭 지원(~8인)

아시아 리그에 특화시킨 「~아시아 챔피언십」 시리즈의 마지막 작품. 한·일본·유럽 리그에 57개국 국가대표팀까지 새로 추가되어, 볼륨이 상당하다. 한국 팀으로 세계 제패를 노리는 'KOREA CHALLENGE' 모드도 있다.

## 프린세스 메이커 4

- 12세이용가
- ●한국후지쯔  ●SLG  ●2005년 12월 2일  ●48,000원
- ●플레이 명수 : 1인  ●세이브 용량 : 100KB 이상

PC로 발매되었던 「프린세스 메이커」 시리즈 당시 최신작의 PS2 이식판. 캐릭터 디자인은 일러스트레이터 텐호에 나오토가 맡았다. 마계에서 온 소녀를 8년간 '딸'로서 키운다는 컨셉으로, 후일 닌텐도 DS로도 이식 발매됐다.

## 드래곤볼Z 스파킹!

- 12세이용가
- ●반다이코리아  ●FACT  ●2005년 12월 8일  ●49,500원
- ●플레이 명수 : 1~2인  ●세이브 용량 : 71KB 이상

「드래곤볼Z」 원작의 입체적인 초고속 공중 배틀을 그대로 게임화한다는 컨셉으로 개발되어 세계적으로 대히트하고 장기 시리즈화된 작품. 국내에서도 이 작품을 시작으로, 드물게도 시리즈 전 작품이 정규 한국어화로 발매되었다.

## 삐뽀사루 겟츄 3

- 전체이용가
- ●소니컴퓨터엔터테인먼트코리아  ●ACT  ●2005년 12월 8일  ●36,000원
- ●플레이 명수 : 1인  ●세이브 용량 : 370KB 이상

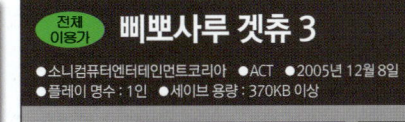

PSP의 「삐뽀사루 겟츄P!」에 이어, 시리즈 넘버링 작품 중에선 드물게 정규 한국어화된 신작. 게임 내에 등장하는 수많은 '삐뽀사루'들의 이름 중 일부를 국내 유저들의 응모를 받아 선정하여 적용시키는 이벤트도 개최했다.

### 12세 이용가 — 액션 로망 범피 트롯

● 소니컴퓨터엔터테인먼트코리아  ● RPG  ● 2005년 12월 8일  ● 45,000원
● 플레이 명수 : 1~2인  ● 세이브 용량 : 900KB 이상

'트롯 비클'이라는 2족보행형 로봇이 사회에 보급된 가상의 산업혁명기 시대를 그린 독특한 스타일의 세미 오픈월드형 액션 어드벤처 게임. 「절체절명도시」와 함께, 아이렘이 PS2 시절 배출한 최대 역작으로 꼽힌다.

### 전체 이용가 — 룰루랄라 노래방 vol.1

● 소니컴퓨터엔터테인먼트코리아  ● ETC  ● 2005년 12월 8일  ● 59,000원
● 플레이 명수 : 1~2인  ● 세이브 용량 : 80KB 이상  ● 마이크 동봉, 아이토이 카메라 지원

당시 TJ미디어의 음원 판권을 획득한 스튜디오나인 사가, Xbox의 「질러넷」 이후 PS2로 자체 개발한 노래방 소프트. 당시 최신곡 등 800곡 이상을 수록했으며, 아이토이 카메라를 연결하면 배경 동영상에 반영된다.

### 12세 이용가 — 완다와 거상

● 소니컴퓨터엔터테인먼트코리아  ● AAVG  ● 2005년 12월 15일  ● 45,000원
● 플레이 명수 : 1인  ● 세이브 용량 : 320KB 이상

「ICO」로 세계적인 격찬을 받았던 게임 디자이너 우에다 후미토가 5년 만에 내놓은, 압도적인 거상에 맨몸과 검 한 자루로 맞서는 주인공 '완다'의 여정을 그린 독창적인 스타일의 액션 게임. 우에다를 세계적인 거장의 반열에 올린 걸작이며, 한국에서도 큰 반향을 일으켰다. 이후 PS4로도 풀 리메이크되었다.

### 15세 이용가 — WWE 스맥다운 대 로우 2006

● THQ 코리아  ● SPT  ● 2005년 12월 9일  ● 52,000원  ● 플레이 명수 : 1~2인
● 세이브 용량 : 1070KB 이상  ● 멀티탭 지원(~6인), 온라인 지원(~4인)

 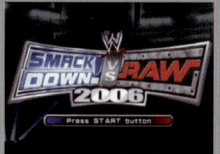 

오랫동안 팬들의 한글화 요망이 높았던 「WWE 스맥다운 대 로우」 시리즈의 첫 한국어화 작품. 다만 전체 컨텐츠가 아니라 시즌 모드에만 자막 한국어화가 적용됐다. 번역 감수는 WWE 전문 해설가 성민수 씨가 맡았다.

### 18세 이용가 — CASTLEVANIA : Curse of Darkness

● 코나미마케팅아시아 한국지점  ● ACT  ● 2005년 12월 15일  ● 48,000원
● 플레이 명수 : 1인  ● 세이브 용량 : 480KB 이상

 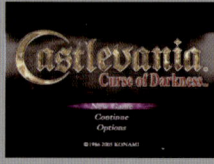 

PS2판 「캐슬바니아」 시리즈의 2번째이자 마지막 작품으로서, 전작처럼 자막 한국어화로 발매됐다. 경험치 시스템을 도입해 클리어가 쉽도록 했으며, 적으로부터 아이템을 훔칠 수도 있는 등 플레이스타일도 다양화했다.

### 12세 이용가 — 진 삼국무쌍 4 맹장전

● 코에이코리아  ● ACT  ● 2005년 12월 15일  ● 39,600원
● 플레이 명수 : 1~2인  ● 세이브 용량 : 150KB 이상

단독으로도 즐길 수 있지만, 「진 삼국무쌍 4」의 세이브가 있다면 컨텐츠가 더욱 확장되는 소프트. 새로운 시나리오를 즐기는 '외전 모드', 일개 병졸에서 시작해 성장하는 '입지 모드', 한계에 도전하는 '수라 모드' 등이 있다.

### 12세 이용가 — 니드 포 스피드 모스트 원티드

● 일렉트로닉아츠코리아  ● RCG  ● 2005년 12월 16일  ● 45,000원
● 플레이 명수 : 1~2인  ● 세이브 용량 : 128KB 이상

시리즈 최고 명작 중 하나로 꼽히는 인기작. 차량 튜닝과 경찰차 추격전, 인기 슈퍼카들의 대거 등장, 드라마틱한 연출·전개 등으로 크게 히트했다. PC·Xbox 360으로도 한국어화 발매됐지만, 이후 15년 가까이 한국어화되지 못했다.

## PlayStation2 Korean Game Software Catalogue

### 전체 이용가 — 해리포터와 불의 잔
- 일렉트로닉아츠코리아  ● AAVG  ● 2005년 12월 16일  ● 45,000원
- 플레이 명수: 1~2인  ● 세이브 용량: 111KB 이상  ● 멀티탭 지원(~3인)

한국에선 같은 해 12월 1일 개봉했던 같은 제목 영화의 공식 라이선스 게임으로서, PSP판과 동시 발매됐다. 멀티탭을 이용하면 해리·론·헤르미온느의 3인 협동 멀티플레이로 스토리를 진행하여 더욱 강력한 마법을 구사할 수 있다.

### 전체 이용가 — 슬라이 쿠퍼 3: 최후의 대도
- 소니컴퓨터엔테테인먼트코리아  ● AAVG  ● 2005년 12월 22일  ● 45,000원
- 플레이 명수: 1~2인  ● 세이브 용량: 133KB 이상  ● USB 헤드셋 지원

PS2판 「슬라이 쿠퍼」 3부작의 완결편으로서, 마찬가지로 음성·자막 한국어화로 발매됐다. 동봉된 3D 안경을 활용하는 미니게임도 있다. 후일 3부작의 HD 리마스터링 합본판인 「슬라이 쿠퍼 컬렉션」이 PS3로 발매되었다.

### 15세 이용가 — 더 매트릭스: 패스 오브 네오
- 아타리코리아  ● ACT  ● 2005년 12월 22일  ● 45,000원
- 플레이 명수: 1인  ● 세이브 용량: 220KB 이상

영화 '매트릭스' 3부작의 전반적인 스토리를 '네오' 입장에서 따라가는 게임. 「엔터 더 매트릭스」의 개발사인 샤이니 엔터테인먼트가 제작했다. 원작의 두 워쇼스키 감독이 개발에 직접 참여해, 원작과는 다른 버전의 엔딩을 넣었다.

### 12세 이용가 — 진 삼국무쌍 4 프리미엄 패키지
- 코에이코리아  ● ACT  ● 2005년 12월 30일  ● 88,000원
- 플레이 명수: 1~2인  ● 세이브 용량: 소프트 별로 다름

이전 발매된 「진 삼국무쌍 3 프리미엄 패키지」와 마찬가지로, 「진 삼국무쌍 4」와 「진 삼국무쌍 4 맹장전」 두 작품을 한 패키지로 합본한 염가판 컬렉션. 내용 자체는 각 일반 발매판과 완전히 동일하다.

### 전체 이용가 — 라쳇 & 클랭크: 공구전사 위기일발
- 소니컴퓨터엔테테인먼트코리아  ● AAVG  ● 2006년 1월 26일  ● 42,000원
- 플레이 명수: 1~4인  ● 세이브 용량: 399KB 이상  ● 온라인 지원, 프로그레시브(480p) 지원

「라쳇 & 클랭크」 시리즈의 제4편이자, 한국어화 발매작으로는 3번째 작품. 탐색 위주였던 이전작들과는 달리, 미디어 황제인 글리맨 복스의 위험한 서바이벌 TV 쇼 '드레드 존'에 출연해 활약한다는 설정으로 진행된다.

### 15세 이용가 — 풀 스펙트럼 워리어
- THQ 코리아  ● SLG  ● 2006년 2월 4일  ● 45,000원  ● 플레이 명수: 1인
- 세이브 용량: 3.4MB 이상  ● 온라인 지원(~2인), USB 헤드셋 지원

2004년 9월 Xbox와 PC로 선행 발매되었던 작품의 PS2판. 미 육군의 의뢰로 개발된 보병 훈련용 프로그램을 바탕으로 제작한 실시간 현대전 시뮬레이션 게임으로서, 온라인을 통한 2인 협력 플레이도 지원했다.

### 12세 이용가 — 사쿠라대전 V: 안녕, 사랑스런 그대여
- 세가코리아  ● AVG  ● 2006년 2월 16일  ● 49,000원
- 플레이 명수: 1인  ● 세이브 용량: 400KB 이상

새로운 주인공인 '타이가 신지로'와 미국 뉴욕화격단 '성조'의 활약을 그린, 「사쿠라대전」 시리즈 5번째 작품. 구 「사쿠라대전」 시리즈로는 최후의 작품이기도 하다. 캐릭터 전면 교체와 풍부한 볼륨으로 무장한 의욕작.

### 15세 이용가 — 어번 레인
- 소니컴퓨터엔테테인먼트코리아  ● FACT  ● 2006년 2월 16일  ● 42,000원
- 플레이 명수: 1~2인  ● 세이브 용량: 119KB 이상  ● 멀티탭 지원(~4인), 프로그레시브 지원

「철권」, 「소울 칼리버」의 스탭들과 북미 개발진의 협업으로 개발된 난투극 오리지널 액션 게임. 두 작품의 인기 기술을 구사할 수 있는가 하면 아예 폴 피닉스와 마샬 로우가 게스트 캐릭터로 등장하기까지 한다. 4인 대전도 가능하다.

## 월드 사커 위닝 일레븐 9 라이브웨어 에볼루션

- 코나미마케팅아시아 한국지점 · SPT · 2006년 3월 9일 · 52,000원
- 플레이 명수 : 1~2인 · 세이브 용량 : 2081KB 이상 · 멀티탭 지원(~8인), 온라인 지원, USB 키보드 지원

2005년 8월 발매된「월드 사커 위닝 일레븐 9」의 시스템에, 시리즈 최초로 온라인 대전 기능을 결합시킨 확장판. 온라인 모드는 유료로 제공했다. 잉글랜드의 첼시·아스날 팀 등이 실명으로 추가되었고, 한국팀 로스터도 개정됐다.

## 원피스 해적 카니발

- 반다이코리아 · TBL · 2006년 3월 14일 · 49,500원
- 플레이 명수 : 1~4인 · 세이브 용량 : 144KB 이상 · 멀티탭 지원

인기 만화·애니메이션 '원피스'의 캐릭터들이 총출동하는 파티 액션 게임. 원작의 명장면을 재현한 배틀로얄·카드 게임·스포츠 게임·퀴즈 게임 등, 갖가지 장르의 미니게임 40종류 이상을 최대 4인 플레이로 즐길 수 있다.

## 메탈기어 솔리드 3 SUBSISTENCE

- 코나미디지털엔터테인먼트 한국지점 · AAVG · 2006년 3월 16일 · 52,000원
- 플레이 명수 : 1인 · 세이브 용량 : 95KB 이상 · 온라인 지원(DISC 2)

대히트작「메탈기어 솔리드 3」의 대규모 확장판. 3인칭 시점 등을 추가한 본편 디스크, 온라인 모드 및 MSX2판「메탈기어」1·2편(모두 한국어화)을 수록한 추가 디스크, 3편의 모든 스토리를 3시간 반에 걸친 동영상으로 감상하는 스페셜 디스크를 동봉했다. USB 헤드셋 등을 동봉한 한정판도 별도 발매했다.

## 스튜어트 리틀 3 : 빅 포토 어드벤처

- 소니컴퓨터엔터테인먼트코리아 · AVG · 2006년 3월 23일 · 36,000원
- 플레이 명수 : 1인 · 세이브 용량 : 70KB 이상 · 아이토이 카메라 지원

소니픽쳐스엔터테인먼트의 영화 '스튜어트 리틀'을 기반으로 제작한 판권물 게임. 타이틀명의 '3'은 게임판 고유 넘버링으로서 영화판 3편과는 무관하다. 어린이용 게임이며, 아이토이 카메라를 활용하는 미니게임 모드도 있다.

## 전신 : 이쿠사가미

- 사이버프론트제넥스코리아 · ACT · 2006년 3월 24일 · 49,000원
- 플레이 명수 : 1인 · 세이브 용량 : 120KB 이상

일본 겐키 사의 일본풍 오리지널 액션 게임을 한국어화했다. PS2 성능의 한계에 도전하여, 최대 65,535마리라는 대군세의 적을 화려하게 쓸어버린다는 독특한 컨셉을 구현했다. 한국판은 가수 '얀'의 곡을 엔딩 테마로 삽입했다.

## 보글보글 스폰지밥 : 레디, 액션!

- THQ 코리아 · ACT · 2006년 3월 27일 · 45,000원
- 플레이 명수 : 1~2인 · 세이브 용량 : 211MB 이상 · 멀티탭 지원(~4인)

당시 THQ의 간판 판권물 게임 프랜차이즈였던 니켈로디언의 '보글보글 스폰지밥'을 기반으로 제작한 게임. 인기 캐릭터들이 30여 종의 미니게임으로 최대 4인 화면분할 대전을 펼친다. PC판도 한국어화하여 1월에 발매했다.

## 아이토이 : 플레이 3

- 소니컴퓨터엔터테인먼트코리아 · ACT · 2006년 4월 20일 · 45,000원
- 플레이 명수 : 1~4인 · 세이브 용량 : 555KB 이상 · 아이토이 카메라 필수

아이토이 카메라의 플래그십 소프트에 해당하는 「아이토이 : 플레이」 시리즈의 마지막 작품. 유럽 외 지역으로는 한국·호주에서만 발매되어서인지, 한국어화 품질이 다소 거친 편이다. 미니게임 50여 종을 즐길 수 있다.

## PlayStation2 Korean Game Software Catalogue

### 18세 이용가 — 페르시아의 왕자 : 두개의 왕좌
- 인트라링스 ● AAVG ● 2006년 4월 26일 ● 52,000원
- 플레이 명수 : 1인 ● 세이브 용량 : 175KB 이상

「~시간의 모래」(상권 291p)부터 시작된 신생 「페르시아의 왕자」 3부작의 완결편. 첫 편과 마찬가지로 한국어 더빙까지 넣었고, 성우 캐스팅도 그대로 유지했다. 스피드 킬·전차전·어둠의 왕자 등의 신규 시스템도 가득하다.

### 전체 이용가 — 개구리 중사 케로로 : 불꽃튀는 배틀로얄 Z
- 반다이코리아 ● ACT ● 2006년 4월 27일 ● 49,500원
- 플레이 명수 : 1~2인 ● 세이브 용량 : 158KB 이상 ● 멀티탭 지원(~4인)

당시 한국에서도 애니메이션 등으로 아동층에 인기가 많았던 '개구리 중사 케로로'의 PS2 게임판 중에선 유일하게 한국어 정규 소개작인 작품. 원작의 개그 분위기를 잘 살린 준수한 퀄리티의 한국어화가 특징이다.

### 18세 이용가 — MARC ECKO'S GETTING UP : Contents Under Pressure
- 아타리코리아 ● AAVG ● 2006년 4월 27일 ● 49,500원
- 플레이 명수 : 1인 ● 세이브 용량 : 70KB 이상

그래피티 아티스트 겸 패션 디자이너인 마크 에코가 직접 프로듀스한, 언더그라운드 문화를 테마로 삼은 오리지널 게임. 근미래의 디스토피아 빈민가에서, 피억압자의 저항도구인 그래피티를 무기삼아 자유를 쟁취해야 한다.

### 전체 이용가 — 2006 FIFA 월드컵
- 일렉트로닉아츠코리아 ● SPT ● 2006년 5월 2일 ● 42,000원
- 플레이 명수 : 1~2인 ● 세이브 용량 : 446KB 이상 ● 멀티탭 지원(~8인)

2006년 FIFA 독일 월드컵의 공식 비디오 게임판. PS2를 비롯해 Xbox 360·PSP·PC로도 함께 발매되었다. 북한까지 포함해 총 127개국의 대표팀이 등장하며, 김동연 아나운서와 박문성 해설위원이 실황중계에 참여했다.

### 전체 이용가 — 룰루랄라 노래방 vol.2
- 소니컴퓨터엔터테인먼트코리아 ● ETC ● 2006년 5월 11일 ● 56,000원
- 플레이 명수 : 1~2인 ● 세이브 용량 : 60KB 이상 ● 마이크·리모컨·아이토이 카메라 지원

2005년 12월 발매되었던 「룰루랄라 노래방 vol.1」의 후속작. 전작과 달리 PS2 전용 리모컨도 지원되어 곡번호 입력이 편리해졌다. 2006년 3월 최신곡까지 총 800곡을 수록했으며, 국내 최후의 아이토이 지원 게임이기도 하다.

### 18세 이용가 — 드라이버 : 패럴렐 라인즈
- 아타리코리아 ● ACT ● 2006년 5월 25일 ● 49,000원
- 플레이 명수 : 1인 ● 세이브 용량 : 148KB 이상

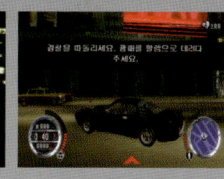

「드라이버 3」의 후속작이지만, 전작과는 독립된 별개 작품이다. 28년간 오명 속에 살아야 했던 주인공 'TK'가, 젊었던 시절 1978년의 뉴욕을 휘젓던 자신을 회상한다. 드라마틱한 스토리와 준수한 완성도의 오픈월드 게임이다.

### 18세 이용가 — 사혼곡 2 : 사이렌
- 소니컴퓨터엔터테인먼트코리아 ● AAVG ● 2006년 7월 6일 ● 42,000원
- 플레이 명수 : 1인 ● 세이브 용량 : 80KB 이상

독특한 스타일의 호러 게임으로 한국에서도 화제가 되었던 「사혼곡 : 사이렌」(상권 292p)의 속편. 전작의 불편함을 다수 개선했고, '동물 뷰 재킹'이나 '과거 뷰 재킹'도 가능해졌다. 새로운 적인 '암인'도 등장한다.

### 전체 이용가 — 카
- 소니컴퓨터엔터테인먼트코리아 ● RCG ● 2006년 7월 20일 ● 45,000원
- 플레이 명수 : 1~2인 ● 세이브 용량 : 253KB 이상 ● 프로그레시브 지원

디즈니/픽사의 극장판 애니메이션 영화 '카'의 공식 비디오 게임판. 라이트닝 맥퀸 등 원작 영화의 의인화된 자동차들이 다양한 레이스를 펼친다. 이 작품부터, THQ 작품들도 SCEK가 유통하기 시작했다. PSP판도 발매됐다.

### 시노비도 이마시메

- 인트라링스　● ACT　● 2006년 8월 11일　● 48,000원
- 플레이 명수 : 1인　● 세이브 용량 : 428KB 이상　● PSP 연동 지원

「천주」 1·2편의 개발사였던 어콰이어와 「사무라이의 길」 시리즈의 스파이크가 공동 제작한 새로운 닌자 잠입 액션 게임. 「시노비도」 시리즈의 첫 작품. 이후 PSP로 발매된 「시노비도 호무라」와의 연동 기능이 있다.

### 블레이징 소울즈

- 사이버프론트제넥스코리아　● SRPG　● 2006년 8월 14일　● 52,000원
- 플레이 명수 : 1인　● 세이브 용량 : 316KB 이상

아이디어 팩토리 사 '네버랜드' 시리즈의 당시 최신작이자, 한국 소개작으로는 PSP의 「신천마계 : GOCIV 어나더 사이드」에 이은 2번째 작품. 난이도가 높아서 클리어하려면 상당한 능력치 노가다가 필요한 것으로도 유명하다.

### SOCOM 3 : U.S. NAVY SEALs

- 소니컴퓨터엔터테인먼트코리아　● TPS　● 2006년 8월 31일　● 48,000원　● 플레이 명수 : 1인
- 세이브 용량 : 500KB 이상　● 온라인 지원(~32명), 헤드셋 지원, 프로그레시브 지원, PSP 연동 지원

PS2판 「SOCOM」 시리즈로는 마지막 작품. 최대 32명까지의 온라인 플레이가 가능하며, 950종의 무기 조합과 최초의 차량 탑승·이동 가능 등을 자랑한다. 같은 시기 발매된 PSP판 「~Fireteam Bravo」와의 연동 기능도 있다.

### 진 삼국무쌍 4 Empires

- 코에이코리아　● ACT　● 2006년 8월 31일　● 39,600원
- 플레이 명수 : 1~2인　● 세이브 용량 : 150KB 이상

「진 삼국무쌍 4」의 시스템과 엔진을 기반으로, 지역 점령·내정 등의 전략 시뮬레이션 요소를 부가한 스핀오프 작품. 전투시 아군 무장에게 지시를 내릴 수 있게 되었고, 상하 분할화면을 통한 2인 협력 플레이도 가능해졌다.

### 드래곤볼Z 스파킹! 네오

- 반다이코리아　● FACT　● 2006년 10월 19일　● 49,000원
- 플레이 명수 : 1~2인　● 세이브 용량 : 75KB 이상

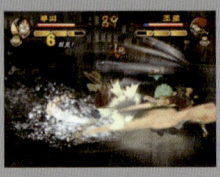

호평을 받았던 「드래곤볼 스파킹!」의 후속작. 전작의 단점을 보완한 업그레이드판에 가까우며, 배틀의 완성도가 높아졌고 전투 도중 변신이 가능해졌다. 원작의 스토리를 따라가는 '드래곤 어드벤처' 모드도 추가됐다.

### 원피스 그랜드 배틀 어드벤처

- 반다이코리아　● ACT　● 2006년 10월 26일　● 49,500원
- 플레이 명수 : 1~2인　● 세이브 용량 : 89KB 이상

PS2판 「원피스 그랜드 배틀」로는 마지막 작품. 특이하게 일본엔 미발매되고 서양권에만 발매된 작품이라, 유일하게 캐릭터 음성이 영어로 수록됐다. 대폭 확장된 볼륨과, 원작의 스토리를 따라가는 '그랜드 어드벤처' 모드가 특징이다.

### FIFA 07

- 일렉트로닉아츠코리아　● SPT　● 2006년 10월 27일　● 45,000원
- 플레이 명수 : 1~2인　● 세이브 용량 : 481KB 이상　● 멀티탭 지원(~8인)

PS2판 「FIFA」 시리즈로는 마지막 한국어화 작품. 한국판 표지모델로 당시 국가대표팀 주장이었던 김남일 선수가 선정되었으며, 에픽하이의 곡 'Fly'가 사운드트랙에 삽입됐다. 한국 대표팀이 재수록됐고, 커리어 모드도 강화됐다.

### 반야드

- 소니컴퓨터엔터테인먼트코리아　● AAVG　● 2006년 12월 14일　● 35,000원
- 플레이 명수 : 1인　● 세이브 용량 : 251KB 이상

같은 해 개봉했던 니켈로디언 브랜드의 극장판 CG 애니메이션 영화(국내명은 '신나는 동물농장')의 비디오 게임판. 드넓은 농장 전체를 자유롭게 이동하며 미션과 미니게임을 즐기는 소규모 오픈월드 스타일의 아동용 게임이다.

# PlayStation2 Korean Game Software Catalogue

## 보글보글 스폰지밥 : 좌충우돌 대모험
**전체이용가**
- 소니컴퓨터엔터테인먼트코리아 ● AAVG ● 2006년 12월 14일 ● 35,000원
- 플레이 명수 : 1인 ● 세이브 용량 : 136KB 이상

「반야드」와 동시 발매된, THQ의 니켈로디언 브랜드 게임화 작품. 인기 TV 애니메이션 시리즈 '보글보글 스폰지밥'의 비디오 게임판 중 당시 최신작으로서, 레이싱·액션·우주비행 등 8가지 세계에서의 다양한 모험을 즐긴다.

## WWE 스맥다운 대 로우 2007
**15세이용가**
- THQ 코리아 ● SPT ● 2006년 12월 14일 ● 48,000원 ● 플레이 명수 : 1~2인
- 세이브 용량 : 537KB 이상 ● 멀티탭 지원(~6인), 온라인 지원(~4인)

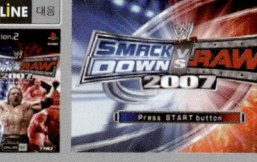 

시즌 모드만 번역된 전작에 비해, 제너럴 매니저 모드와 튜토리얼까지 한국어화하여 더욱 즐기기 좋은 작품이 되었다. 각종 이메일·뉴스 텍스트 등도 한국어화됐으며, 튜토리얼은 음성 더빙도 추가했다. Xbox 360·PSP로도 발매됐다.

## 나루토 나뭇잎 스피릿츠!!
**12세이용가**
- 반다이코리아 ● ACT ● 2006년 12월 21일 ● 49,500원
- 플레이 명수 : 1~2인 ● 세이브 용량 : 136KB 이상

「나루토 우즈마키인전」에 이은, '나루토' 관련 게임화 작품으론 2번째 한국어화 정규 소개작. 나뭇잎 마을을 위협하는 '백은일족'과의 싸움을 그린 오리지널 스토리가 펼쳐진다. 스토리 모드와 임무 모드는 2인 동시 플레이가 가능하다.

## 갓 핸드
**18세이용가**
- 소니컴퓨터엔터테인먼트코리아 ● ACT ● 2007년 1월 11일 ● 45,000원
- 플레이 명수 : 1인 ● 세이브 용량 : 160KB 이상

미카미 신지가 디렉터를 맡고「오오카미」의 클로버 스튜디오가 개발한 오리지널 액션 게임이다. 간단한 조작과 화려한 필살기, '북두의 권'을 오마쥬한 설정과 정신 나간 개그 센스 등이 특징. PS3로도 다운로드로 구입 가능하다.

## 여신전생 페르소나 3
**15세이용가**
- 소니컴퓨터엔터테인먼트코리아 ● RPG ● 2006년 12월 21일 ● 48,000원
- 플레이 명수 : 1인 ● 세이브 용량 : 67KB 이상

   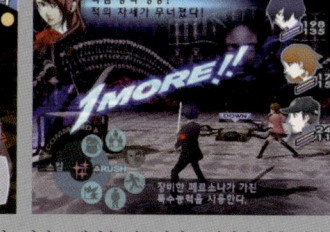

「진 여신전생」시리즈와 함께 아틀러스의 양대 인기 IP인「페르소나」시리즈의 국내 첫 정규 한국어화 소개작. 일본 발매 후 5개월만의 신속한 출시도 한몫했다. 히트하여, 한국에「페르소나」시리즈 팬덤을 만들어낸 초석이자 이후 시리즈의 꾸준한 한국어화의 발판이 되었다. 2024년엔 풀 리메이크작도 발매되었다.

## 월드 사커 위닝 일레븐 10 라이브웨어 에볼루션
**전체이용가**
- 코나미디지털엔터테인먼트 한국지점 ● SPT ● 2007년 1월 18일 ● 52,000원
- 플레이 명수 : 1~2인 ● 세이브 용량 : 1996KB 이상 ● 멀티탭 지원(~8인), 온라인 지원

 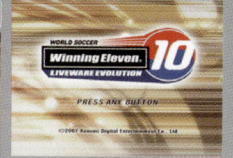 

2006년 5월 발매된「월드 사커 위닝 일레븐 10」에 온라인 대전 기능을 결합시키고 실황·텍스트를 한국어화한 확장판. 전작과 달리 온라인 모드는 무료화되었다. 프랑스·체코·맨체스터 유나이티드 팀 등의 라이센스도 취득했다.

## 나루토 나루티밋 히어로 인터내셔널
**12세이용가**
- 반다이코리아 ● FACT ● 2007년 6월 21일 ● 49,500원
- 플레이 명수 : 1~2인 ● 세이브 용량 : 54KB 이상

장기 시리즈화된「나루토 나루티밋 히어로」연작 중 최초로 정규 한국어화 발매된 작품. 일본에선 2003년 10월 출시되었던 시리즈 1편의 서양판을, 원작의 TV 애니메이션 방영을 계기로 한국어화해 국내 발매한 작품이다.

## 갓 오브 워 II

- 소니컴퓨터엔터테인먼트코리아
- ACT
- 2007년 6월 29일
- 52,000원
- 플레이 명수 : 1인
- 세이브 용량 : 454KB 이상

대히트한 『갓 오브 워 : 영혼의 반역자』의 속편. 첫 한국어 더빙작이다. 시스템적으로는 전편의 단점을 보완하고 스케일 등을 극대화시킨 모범작이며, 스토리적으로는 자신의 운명을 망친 제우스와 올림푸스의 신들을 처단하려는 주인공 '크레토스'의 복수극을 그렸다. 이후의 스토리는 PS3의 3편으로 이어진다.

## 라따뚜이

- 소니컴퓨터엔터테인먼트코리아
- ACT
- 2007년 7월 27일
- 45,000원
- 플레이 명수 : 1~4인
- 세이브 용량 : 346KB 이상

디즈니/픽사의 제작으로 당시 막 개봉했던 같은 제목 극장판 애니메이션의 공식 게임판. 국내에선 PS2·PS3·PSP판이 모두 한국어화 발매되었다. 원작의 주인공인 '레미'와 '에밀'의 시점으로 다양한 미션과 미니게임을 진행한다.

## 여신전생 페르소나 3 FES

- 소니컴퓨터엔터테인먼트코리아
- RPG
- 2007년 8월 17일
- 52,000원
- 플레이 명수 : 1인
- 세이브 용량 : 78KB 이상

『여신전생 페르소나 3』 본편을 추가·보완한 'Episode Yourself'와, 본편 엔딩 후 남겨진 일행과 아이기스의 이야기를 그린 후일담 시나리오 'Episode Aegis'를 합본한 확장판. 전작의 세이브데이터가 있다면 일부 계승이 가능하다.

## 여신전생 페르소나 3 FES (어펜드)

- 소니컴퓨터엔터테인먼트코리아
- RPG
- 2007년 8월 17일
- 38,000원
- 플레이 명수 : 1인
- 세이브 용량 : 78KB 이상

『여신전생 페르소나 3』를 구입한 유저를 위해 가격을 낮춘 '어펜드'판. 게임 자체는 일반판 『여신전생 페르소나 3 FES』와 동일하나, 최초 구동시 『여신전생 페르소나 3』의 디스크를 먼저 인식시켜야 플레이 가능하다.

## 드래곤볼Z 스파킹! 메테오

- 반다이코리아
- FACT
- 2007년 10월 27일
- 49,500원
- 플레이 명수 : 1~2인
- 세이브 용량 : 61KB 이상

 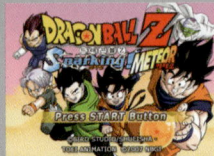 

히트작 『드래곤볼 Z 스파킹!』 시리즈의 PS2판으로는 마지막 작품. PS2 시대의 '드래곤볼Z' 게임화 작품 전체를 통틀어 최고 명작 중 하나로 꼽힐 정도이며, 토리야마 아키라 월드를 총망라하는 161명의 캐릭터가 활약한다.

## WWE 스맥다운 대 로우 2008

- THQ 코리아
- SPT
- 2007년 12월 6일
- 45,000원
- 플레이 명수 : 1~6인
- 세이브 용량 : 570KB 이상
- 멀티탭 지원(~6인)

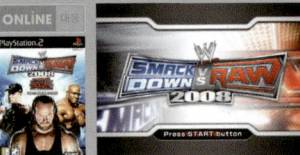 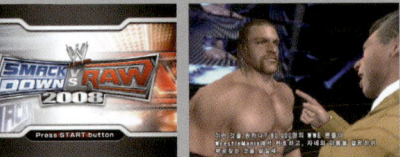

PS2판 『WWE 스맥다운 대 로우』 시리즈로는 마지막 정식 발매작이자 마지막 한국어판. 전작의 시즌 모드와 제너럴 매니저 모드를 결합시킨 신 모드 'WWE 24/7'이 추가됐다. PS2 후기작임에도 빅히트판이 발매되기도 했다.

## 기타 히어로 3 : 레전드 오브 락 (한글판)

- 액티비전코리아
- MUS
- 2008년 4월 24일
- 88,000원
- 플레이 명수 : 1~2인
- 세이브 용량 : 325KB 이상

2007년 12월 선행 발매된 영어판에 이어, 4개월 만에 발매된 첫 공식 한국어판. 기본적인 컨텐츠는 영어판과 동일하며, 도움말과 기본 텍스트 위주로 한국어화되었다. 이후 이 번역을 적용하여, 같은 해 9월 12일 Wii판도 발매됐다.

# PlayStation2 Korean Game Software Catalogue

## 라쳇 & 클랭크 : 공구들고 바캉스
- 소니컴퓨터엔터테인먼트코리아  ● ACT  ● 2008년 5월 2일  ● 38,000원
- 플레이 명수 : 1~2인  ● 세이브 용량 : 340KB 이상

2007년 8월 PSP로 발매되었던 같은 제목의 게임을 PS2로 역이식한 작품. 이 작품부터는 한국어 더빙이 빠지고 자막만 현지화되었다. 라쳇의 파트너인 클랭크가 슈퍼사이즈 로봇으로 등장하는 등, 이색적인 연출이 많은 작품이다.

## 진 삼국무쌍 5 Special
- 코에이코리아  ● ACT  ● 2008년 10월 30일  ● 58,000원
- 플레이 명수 : 1~2인  ● 세이브 용량 : 300KB 이상

같은 해 1월 PS3·Xbox 360으로 발매되었던 「진 삼국무쌍 5」를 PS2로 역이식하고, 무쌍 모드에 조비·등통·마초 등 무장 6명을 추가한 업그레이드판. 후일인 2010년 2월 11일엔 PSP로도 다시 역이식 발매되었다.

## 여신전생 페르소나 4
- 소니컴퓨터엔터테인먼트코리아  ● RPG  ● 2008년 10월 31일  ● 52,000원
- 플레이 명수 : 1인  ● 세이브 용량 : 230KB 이상

한국에서 「페르소나」 시리즈의 인기를 결정지은 롱셀러 히트작. 한적한 지방 도시에 퍼지는 '심야 TV'의 소문과 수수께끼의 연쇄살인사건, 페르소나 능력에 각성한 학생들은 사건의 원인을 추적한다. 치밀한 시스템과 세련된 그래픽·디자인, 뛰어난 음악이 어우러진 명작. 후일 PS Vita로 리마스터판이 나왔다.

## 무쌍 오로치 마왕재림
- 코에이코리아  ● ACT  ● 2008년 12월 18일  ● 58,000원
- 플레이 명수 : 1~2인  ● 세이브 용량 : 280KB 이상

양대 「무쌍」 시리즈의 수많은 영웅·무장들이 이세계에 집결해 싸운다는 이색적인 컨셉으로 히트했던 「무쌍 오로치」의 속편(전작은 일본어판으로 발매했다). PS2판 「무쌍」 작품으로는 마지막 정식발매·한국어화 게임이다. 2009년 9월엔 「무쌍 오로치 마왕재림 Plus」란 타이틀명의 역이식작이 PSP로 나오기도 한다.

## 월드 사커 위닝 일레븐 2011
- 코나미디지털엔터테인먼트 한국지점  ● SPT  ● 2010년 11월 18일  ● 42,000원
- 플레이 명수 : 1~2인  ● 세이브 용량 : 2202KB 이상  ● 멀티탭 지원(~8인)

한동안 일본어판으로만 발매되던 PS2판 「위닝 일레븐」 시리즈가 간만에 다시 한국어화된 작품. PS3·Xbox 360판에 뒤이어 발매되었다. 유럽 리그의 선수로 활동하는 '월드 플레이어' 모드 추가와, 코파 리베르타도레스 탑재가 특징이다.

## 월드 사커 위닝 일레븐 2012
- 코나미디지털엔터테인먼트 한국지점  ● SPT  ● 2011년 11월 3일  ● 42,000원
- 플레이 명수 : 1~2인  ● 세이브 용량 : 2171KB 이상  ● 멀티탭 지원(~8인)

PS2판 「위닝 일레븐」 시리즈 마지막 정식발매·한국어화 작품이자, 최후의 한국 PS2 정식발매 게임. PS2판으론 최초로 무회전 프리킥이 가능해졌으며, 마스터 리그·비컴 어 레전드 등 차세대기의 주요 컨텐츠도 충실히 수록했다.

# PS2 한국 정식발매 패키지 게임 소프트 리스트

한국 정규발매 PS2 소프트를 발매일순으로 게재

이 페이지에서는 SCEK(현 SIEK) 등 각사가 PS2용으로 정규 발매한 실물 패키지 소프트 총 576타이틀을 당시 발매일순으로 정렬해 리스트화하였다. 본서(상권·하권) 2장에서 소개된 타이틀(일본판)의 경우, 해당 게재 페이지와 일본판 타이틀명도 함께 기재해 두었다.

본 리스트는 수집가로부터 제공받은 소프트 목록 및 역자가 보유한 당시 게임잡지 등을 기초로 하여, 실물이 남아있는 소프트의 데이터를 최대한 취합하여 다듬었다. 다만 시간과 자료의 한계로 누락이나 오류가 있을 수 있으며 리스트의 정확성을 완전히 담보하지는 못하므로, 이 점은 너른 양해를 구한다. 또한 SCEK 및 서드파티가 정규 생산·발매한 일반판 소프트 기준이며, 병행수입 소프트 등은 제외했다.

※ 본 리스트의 소프트명 표기는 실제 패키지 표기 기준이다.
※ '본서 소개 정보' 란의 푸른색 문자는 본서에 소개되지 않은 타이틀의 영문 원제이다. 또한, 지면 관계상 부득이하게 원제 타이틀명은 생략하고 기재 페이지 번호만을 수록했다.
※ 대상은 한국 시장에서 실물 패키지로 발매된 일반판 게임 소프트로 한정했다(한정판 존재 여부 등은 비고에 기재).
※ 별도 표기가 없다면 외국어판이며, 영어판·일본어판 여부는 비고에 기재해 두었다. 'SV용량'은 메모리 카드의 세이브데이터 용량(별도 표기가 없을 시 KB 기준), 'BH'는 Big Hit판으로도 발매된 소프트, 'DL'은 본서 발간 시점 기준으로 PS3의 PlayStation Store에서 구입 가능한 소프트, 'ON'은 온라인 기능이 있는 소프트(현재는 지원종료)임을 의미한다.

| 타이틀명 | 발매일 | 발매사 | 장르 | 가격 | 명수 | 등급 | SV용량 | 한국어화 | BH/DL/ON | 본서 소개 정보 | 비고 |
|---|---|---|---|---|---|---|---|---|---|---|---|
| FIFA FOOTBALL 2002 | 2001.12.21 | 일렉트로닉아츠코리아 | SPT | 38,000 | 1~8 | 전체 | 910 | 음성·자막 | | 상권 98p, 상권 272p | 멀티탭 지원, PS2보다 선행발매 |
| ICO | 2002.2.22 | 소니컴퓨터엔터테인먼트코리아 | AADV | 45,000 | 1 | 전체 | 360 | 자막 | BH | 상권 98p, 상권 272p | |
| 잭 & 덱스터 : 구세계의 유산 | 2002.2.22 | 소니컴퓨터엔터테인먼트코리아 | AADV | 45,000 | 1 | 전체 | 691 | - | | 상권 101p | 영어판 |
| 철권 태그 토너먼트 | 2002.2.22 | 소니컴퓨터엔터테인먼트코리아 | FACT | 29,000 | 1~4 | 전체 | 420 | 자막 | | 상권 56p, 상권 272p | 화업에 한해 한국어 음성 |
| 007 에이전트 언더 파이어 | 2002.2.22 | 일렉트로닉아츠코리아 | AADV | 42,000 | 1~2 | 전체 | 90 | - | | 007 Agent Under Fire | 영어판, 멀티탭 지원(~4인) |
| SSX 트리키 | 2002.2.22 | 일렉트로닉아츠코리아 | SPT | 33,000 | 1~2 | 전체 | 2MB | 음성·자막 | BH | 상권 107p, 상권 272p | Xbox 멀티 |
| 원백 | 2002.2.22 | 코에이코리아 | ACT | 68,000 | 1~4 | 전체 | 120 | 자막 | | 상권 69p, 상권 272p | |
| 진 삼국무쌍 | 2002.2.22 | 코에이코리아 | ACT | 68,000 | 1 | 전체 | 128 | 음성·자막 | | 상권 60p, 상권 273p | |
| 데빌 메이 크라이 | 2002.2.22 | 코코캡콤 | ACT | 45,000 | 1 | 18세 | 420 | - | | 상권 88p | 영어판 |
| 마키시모 | 2002.2.22 | 코코캡콤 | ACT | 52,000 | 1 | 전체 | 341 | - | DL | 상권 103p | 영어판 |
| 귀무자 | 2002.2.22 | 코코캡콤 | ACT | 39,000 | 1 | 18세 | 420 | - | | 상권 72p | 영어판 |
| 썬더 스트라이크 : OPERATION PHOENIX | 2002.2.22 | 한빛소프트 | SHT | 45,000 | 1 | 전체 | 100 | - | | Thunderstrike: Operation Phoenix | 영어판 |
| 웨이브랠리 | 2002.2.22 | 한빛소프트 | RAC | 45,000 | 1~2 | 전체 | 115 | 음성·자막 | | 상권 106p, 상권 273p | |
| 기타루 맨 | 2002.3.21 | 코에이코리아 | MUS | 58,000 | 1~4 | 전체 | 265 | 자막 | BH | 상권 83p, 상권 273p | 음성은 영어판 |
| 그란 투리스모 컨셉 2002 TOKYO-SEOUL | 2002.4.18 | 소니컴퓨터엔터테인먼트코리아 | RAC | 32,000 | 1~2 | 전체 | 110 | - | BH | 상권 104p, 상권 273p | |
| 2002 FIFA 월드컵 | 2002.4.27 | 일렉트로닉아츠코리아 | SPT | 42,000 | 1~8 | 전체 | 450 | 음성·자막 | | 상권 118p, 상권 273p | 멀티탭 지원 |
| 모두의 GOLF 3 | 2002.5.16 | 소니컴퓨터엔터테인먼트코리아 | SPT | 42,000 | 1~4 | 전체 | 800 | - | BH | 상권 87p | 영어판, 멀티탭 지원 |
| CAPCOM VS. SNK 2 : MARK OF THE MILLENNIUM 2001 | 2002.5.17 | 코코캡콤 | FACT | 45,000 | 1~2 | 전체 | 110 | - | | 상권 90p | 영어판 |
| 결전 | 2002.5.23 | 코에이코리아 | SLG | 58,000 | 1 | 전체 | 216 | 음성·자막 | | 상권 54p, 상권 274p | |
| 메탈기어 솔리드 2 : SONS OF LIBERTY | 2002.5.30 | 코나미마케팅아시아 한국지점 | ACT | 49,800 | 1 | 18세 | 80 | 자막 | BH | 상권 98p, 상권 273p | 영어 음성 |
| 소울 리버 2 | 2002.6.4 | 한빛소프트 | AADV | 45,000 | 1 | 18세 | 124 | - | | 상권 109p | 영어판 |

# PlayStation2 Korean Retail Game Software List

| 타이틀명 | 발매일 | 발매사 | 장르 | 가격 | 명수 | 등급 | SV용량 | 한국어화 | BH/DL/ON | 본서 소개 정보 | 비고 |
|---|---|---|---|---|---|---|---|---|---|---|---|
| 파이널 판타지 X 인터내셔널 | 2002.6.5 | 일렉트로닉아츠코리아 | RPG | 58,000 | 1 | 전체 | 64 | - | BH | 상권 106p | 영어판, 대사집 동봉, 한국어 주제가 삽입 |
| 오토스타츠 | 2002.6.13 | 소니컴퓨터엔터테인먼트코리아 | PUZ | 42,000 | 1~2 | 전체 | 98 | 자막 | | 상권 120p, 상권 274p | |
| INTERNATIONAL SUPERSTAR SOCCER 2 | 2002.6.20 | 코나미마케팅아시아 한국지점 | SPT | 48,000 | 1 | 전체 | 80 | - | | 상권 90p (실황 월드 사커 2001) | 영어판 |
| 철권 4 | 2002.7.1 | 소니컴퓨터엔터테인먼트코리아 | FACT | 48,000 | 1~2 | 전체 | 70 | 자막 | BH | 상권 114p, 상권 274p | 화량만 한국어 음성, 프로그레시브 지원 |
| 귀무자 2 | 2002.7.5 | 코코캡콤 | ACT | 52,000 | 1 | 18세 | 390 | 자막 | BH | 상권 111p, 상권 274p | 첫 일본음성 한글화 |
| 프릭스타일 | 2002.7.27 | 일렉트로닉아츠코리아 | RAC | 45,000 | 1~2 | 전체 | 100 | - | | 상권 136p (프릭스타일 모토크로스) | 영어판 |
| 진 삼국무쌍 2 | 2002.8.8 | 코에이코리아 | ACT | 68,000 | 1~2 | 12세 | 200 | 음성·자막 | BH | 상권 91p, 상권 274p | |
| E.O.E : EVE OF EXTINCTION | 2002.8.9 | 한빛소프트 | ACT | 45,000 | 1 | 전체 | 84 | 음성·자막 | | 상권 119p, 상권 274p | |
| 삼국지전기 | 2002.8.16 | 코에이코리아 | SLG | 68,000 | 1~2 | 전체 | 189 | 음성·자막 | | 상권 108p, 상권 275p | |
| 크래쉬 밴디쿳 : 마왕의 부활 | 2002.8.20 | 한빛소프트 | ACT | 40,000 | 1 | 전체 | 66 | - | | 상권 101p | 영어판 (한글판 별도 존재) |
| 수퍼 퍼즐버블 | 2002.8.27 | 엠드림 | PUZ | 29,700 | 1~2 | 전체 | 129 | - | | 상권 64p | 영어판 |
| LEGENDS OF WRESTLING | 2002.8.29 | 디지털플랜스 엔터테인먼트 | SPT | 45,000 | 1~5 | 18세 | 308 | - | | LEGENDS OF WRESTLING | 영어판, 멀티탭 지원 |
| 제로 | 2002.8.29 | 소니컴퓨터엔터테인먼트코리아 | AADV | 35,000 | 1 | 18세 | 1800 | 자막 | BH | 상권 100p, 상권 275p | |
| 아머드 코어 3 | 2002.8.29 | YBM시사닷컴 | ACT | 49,000 | 1~4 | 전체 | 95 | 음성·자막 | | 상권 115p, 상권 275p | i.LINK 지원, USB 마우스/모뎀 지원 |
| 하지메의 일보 : VICTORIOUS BOXERS - CHAMPIONSHIP VERSION | 2002.9.5 | AK커뮤니케이션즈 | SPT | 34,000 | 1~2 | 전체 | 70 | - | | 상권 124p | 영어판 |
| 고스트 바이브레이션 | 2002.9.6 | 한빛소프트 | AADV | 45,000 | 1 | 전체 | 42 | - | | 상권 125p, 상권 275p | |
| 라 퓌셀 : 빛의 성녀 전설 | 2002.9.12 | 카마디지털엔터테인먼트 | SRPG | 45,000 | 1 | 전체 | 360 | 자막 | DL | 상권 107p, 상권 275p | |
| 건 서바이버 3 디노 크라이시스 | 2002.9.19 | 코코캡콤 | SHT | 45,000 | 1 | 15세 | 145 | 자막 | | 상권 123p, 상권 275p | 건콘2 지원, 건콘2 합본팩 발매 |
| 스매쉬코트 프로토너먼트 | 2002.9.26 | 소니컴퓨터엔터테인먼트코리아 | SPT | 42,000 | 1~4 | 전체 | 85 | 자막 | | 상권 108p, 상권 275p | 멀티탭 지원 |
| 결전 II | 2002.10.2 | 코에이코리아 | SLG | 49,500 | 1 | 전체 | 131 | 음성·자막 | | 상권 78p, 상권 276p | |
| 사무라이 | 2002.10.10 | 디지털드림스튜디오 | AADV | 45,000 | 1~2 | 18세 | 124 | - | | 상권 107p | 영어판 |
| -U- 언더워터 유니트 | 2002.10.10 | 소니컴퓨터엔터테인먼트코리아 | ACT | 45,000 | 1 | 전체 | 76 | 음성·자막 | | 상권 118p, 상권 276p | 체험판 존재 |
| 길티기어 젝스 플러스 | 2002.10.10 | YBM시사닷컴 | FACT | 52,000 | 1~2 | 12세 | 73 | 음성·자막 | | 상권 97p, 상권 276p | |
| 딱따구리 | 2002.10.12 | 디지털플랜스 엔터테인먼트 | ACT | 39,000 | 1 | 전체 | 165 | - | | Woody Woodpecker | 영어판 |
| 타잔 언테임드 | 2002.10.17 | 디지털드림스튜디오 | ACT | 39,000 | 1 | 전체 | 88 | - | | 상권 125p (타잔 프리라이드) | 영어판 |
| 레이맨 레볼루션 | 2002.10.17 | 디지털드림스튜디오 | ACT | 39,000 | 1 | 전체 | 261 | - | | 상권 82p | 영어판 |
| F1 2002 | 2002.10.21 | 일렉트로닉아츠코리아 | RAC | 42,000 | 1~4 | 전체 | 299 | - | | 상권 120p | 영어판, 멀티탭 지원 |
| 건그레이브 | 2002.10.29 | 소니컴퓨터엔터테인먼트코리아 | ACT | 45,000 | 1 | 18세 | 80 | 자막 | | 상권 126p, 상권 276p | 한정판 존재 |
| 사이바리아 : 컴프리트 에디션 | 2002.10.30 | 스코넥 엔터테인먼트 | SHT | 37,000 | 1~2 | 전체 | 388 | 자막 | | 상권 113p, 상권 276p | |
| 스타워즈 제다이 스타파이터 | 2002.11.4 | 일렉트로닉아츠코리아 | SHT | 45,000 | 1~2 | 전체 | 200 | - | | 상권 132p | 영어판 |
| SIDEWINDER F | 2002.11.7 | 디지털드림스튜디오 | SHT | 45,000 | 1 | 전체 | 256 | - | | 상권 100p | 영어판 |
| 다운힐 레이서 | 2002.11.7 | 소니컴퓨터엔터테인먼트코리아 | RAC | 39,000 | 1~2 | 전체 | 97 | 자막 | | 상권 112p, 상권 276p | 일본판은 「알파인 레이서 3」 |
| 하이히트 베이스볼 2003 | 2002.11.7 | MCB 인터랙티브 | SPT | 45,000 | 1~2 | 전체 | 2000 | - | | 상권 133p | 영어판 |
| 니드 포 스피드 무한질주 2 | 2002.11.8 | 일렉트로닉아츠코리아 | RAC | 45,000 | 1~2 | 전체 | 135 | - | | Need for Speed: Hot Pursuit 2 | 영어판 |
| 반지의 제왕 : 두개의 탑 | 2002.11.12 | 일렉트로닉아츠코리아 | ACT | 48,000 | 1 | 전체 | 80 | 자막 | | 상권 154p, 상권 276p | |
| 절체절명도시 | 2002.11.14 | 소니컴퓨터엔터테인먼트코리아 | AADV | 45,000 | 1 | 전체 | 320 | 음성·자막 | | 상권 117p, 상권 276p | 체험판 존재 |
| 봉신연의 2 | 2002.11.14 | 코에이코리아 | RPG | 49,500 | 1 | 전체 | 195 | 음성·자막 | | 상권 124p, 상권 277p | |
| 닌자어썰트 | 2002.11.21 | 소니컴퓨터엔터테인먼트코리아 | SHT | 45,000 | 1~2 | 18세 | 48 | 자막 | | 상권 134p, 상권 277p | 건콘2 지원, 건콘2 합본팩 발매 |
| MARVEL VS. CAPCOM 2 : New Age of Heroes | 2002.11.26 | 코코캡콤 | FACT | 45,000 | 1~2 | 전체 | 58 | 자막 | | 상권 134p, 상권 277p | |
| 프로젝트 미네르바 | 2002.12.5 | 모디아 | TPS | 35,200 | 1 | 15세 | 120 | 자막 | | 상권 131p, 상권 277p | |
| NBA 라이브 2003 | 2002.12.6 | 일렉트로닉아츠코리아 | SPT | 45,000 | 1~8 | 전체 | 2MB | - | | 상권 142p | 영어판, 멀티탭 지원 |
| TETSU ONE : 전차로 배틀! | 2002.12.6 | 조이온 | RAC | 35,000 | 1~2 | 전체 | 85 | 자막 | | 상권 85p, 상권 277p | |
| 메모리스 오프 | 2002.12.10 | 엠드림 | ADV | 46,000 | 1 | 전체 | 98 | 자막 | | 상권 162p, 상권 277p | 한정판 존재, 한국엔 1편만 발매 |
| 해리포터와 비밀의 방 | 2002.12.10 | 일렉트로닉아츠코리아 | AADV | 48,000 | 1 | 전체 | 174 | 자막 | | 상권 141p, 상권 277p | 음성 영어 |
| NHL 아이스하키 2003 | 2002.12.12 | 일렉트로닉아츠코리아 | SPT | 45,000 | 1~8 | 전체 | 2.75MB | - | | NHL 2003 | 영어판, 멀티탭 지원 |
| 진 혼두라 : SHIN CONTRA | 2002.12.12 | 코나미마케팅아시아 한국지점 | ACT | 48,000 | 1~2 | 12세 | 108 | - | DL | 상권 140p | 영어판 |
| SILENT SCOPE 3 | 2002.12.12 | 코나미마케팅아시아 한국지점 | SHT | 48,000 | 1 | 18세 | 79 | 자막 | | 상권 137p, 상권 277p | 부분 한글화, USB 마우스 지원 |

| 타이틀명 | 발매일 | 발매사 | 장르 | 가격 | 명수 | 등급 | SV용량 | 한국어화 | BH/DL/ON | 본서 소개 정보 | 비고 |
|---|---|---|---|---|---|---|---|---|---|---|---|
| 메달 오브 아너 : 프론트라인 | 2002.12.13 | 일렉트로닉아츠코리아 | FPS | 45,000 | 1 | 15세 | 149 | - | | 상권 138p | 영어판 |
| FIFA SOCCER 2003 | 2002.12.13 | 일렉트로닉아츠코리아 | SPT | 45,000 | 1~8 | 전체 | 487 | 음성·자막 | | 상권 144p, 상권 278p | 멀티탭 지원 |
| DARK ANGEL : Vampire Apocalypse | 2002.12.19 | 디지털플랜스 엔터테인먼트 | RPG | 39,000 | 1 | 18세 | 284 | - | | DARK ANGEL : Vampire Apocalypse | 영어판 |
| 레이징블레스 : 항마묵시록 | 2002.12.19 | 카마디지털엔터테인먼트 | ACT | 48,000 | 1~2 | 15세 | 42 | 자막 | | 상권 121p, 상권 278p | 멀티탭 지원(~4인) |
| 진 삼국무쌍 2 맹장전 | 2002.12.20 | 코에이코리아 | ACT | 38,000 | 1~2 | 12세 | 262 | 음성·자막 | | 상권 132p, 상권 278p | |
| 토막 : 지구를 지켜라 완전판 | 2002.12.23 | 씨드나인엔터테인먼트 | SLG | 39,000 | 1 | 전체 | 42 | 국산 | | 상권 147p, 상권 278p | 한정판 존재 |
| 트윈 칼리버 | 2003.1.9 | 디지털플랜스 엔터테인먼트 | ACT | 45,000 | 1~2 | 18세 | 78 | 자막 | | 상권 278p | |
| 타임 크라이시스 2 | 2003.1.9 | 소니컴퓨터엔터테인먼트코리아 | SHT | 32,000 | 1~2 | 12세 | 74 | 자막 | | 상권 93p | 영어판, 건콘2·i.LINK 지원, 건콘2 팩 발매 |
| 007 나이트파이어 | 2003.1.9 | 일렉트로닉아츠코리아 | ACT | 45,000 | 1~2 | 12세 | 82 | - | | 상권 151p | 영어판, 멀티탭 지원(~4인) |
| XI5 : 아쿠이 오형제 | 2003.1.16 | 소니컴퓨터엔터테인먼트코리아 | PUZ | 39,000 | 1~5 | 전체 | 221 | 자막 | | 상권 146p, 상권 278p | 체험판 존재 |
| 에너지 에어포스 | 2003.1.17 | 엠드림 | SHT | 45,000 | 1 | 전체 | 190 | - | | 상권 134p | 영어판, 공략집 동봉 |
| This Is Football : 세계최강축구 2003 | 2003.1.23 | 소니컴퓨터엔터테인먼트코리아 | SPT | 42,000 | 1~8 | 전체 | 1133 | 음성·자막 | | 상권 167p, 상권 278p | 멀티탭 지원, 체험판 존재 |
| 쇽스 | 2003.1.23 | 일렉트로닉아츠코리아 | RAC | 45,000 | 1~4 | 전체 | 120 | - | | 상권 150p | 영어판 |
| 수퍼 퍼즐버블 2 | 2003.1.24 | 엠드림 | PUZ | 35,000 | 1~2 | 전체 | 225 | 자막 | | 상권 134p, 상권 279p | |
| 검호 2 | 2003.1.30 | 메가 엔터프라이즈 | ACT | 48,000 | 1~2 | 18세 | 310 | 자막 | | 상권 123p, 상권 279p | |
| 사일런트 힐 2 | 2003.2.6 | 코나미케팅아시아 한국지점 | AADV | 48,000 | 1 | 18세 | 94 | - | | 상권 92p | 영어판 |
| 데빌 메이 크라이 2 | 2003.2.6 | 코코캡콤 | ACT | 68,000 | 1 | 18세 | 368 | 자막 | | 상권 152p, 상권 279p | DVD 2장, 한정판 존재 |
| REIGN OF FIRE | 2003.2.13 | 디지털플랜스 엔터테인먼트 | ACT | 45,000 | 1 | 18세 | 80 | - | | REIGN OF FIRE | 영어판 |
| UFC TAPOUT 2 | 2003.2.13 | 코코캡콤 | SPT | 45,000 | 1~2 | 15세 | 109 | - | | 상권 130p (UFC 2 : 탭아웃) | 영어판 |
| 맨인블랙 II : ALIEN ESCAPE | 2003.2.20 | 인포그램즈코리아 | ACT | 48,000 | 1 | 12세 | 83 | - | | Men in Black II : ALIEN ESCAPE | 영어판 |
| 슬라이 쿠퍼 : 전설의 비법서를 찾아서 | 2003.2.22 | 소니컴퓨터엔터테인먼트코리아 | AADV | 45,000 | 1 | 전체 | 49 | 음성·자막 | BH | 상권 157p, 상권 279p | 체험판 배포 |
| Let's 브라보 뮤직 | 2003.2.22 | 소니컴퓨터엔터테인먼트코리아 | MUS | 45,000 | 1~2 | 전체 | 699 | 자막 | BH | 상권 145p, 상권 279p | 초회판은 아웃케이스 |
| 월드 사커 위닝 일레븐 6 인터내셔널 | 2003.2.27 | 코나미케팅아시아 한국지점 | SPT | 42,000 | 1~8 | 전체 | 586 | - | | 상권 145p | 영어판, 멀티탭 지원 |
| 슈퍼 배틀봉신 | 2003.2.27 | 코에이코리아 | ACT | 49,500 | 1~2 | 12세 | 49 | 음성·자막 | | 상권 141p, 상권 279p | 멀티탭 지원(~4인) |
| 아르고스의 전사 | 2003.3.6 | 소니컴퓨터엔터테인먼트코리아 | ACT | 45,000 | 1 | 18세 | 150 | 자막 | | 상권 143p, 상권 279p | 음성 영어, 초판은 아웃케이스 |
| 시노비 | 2003.3.12 | SK글로벌 | ACT | 49,000 | 1 | 18세 | 370 | 자막 | DL | 상권 144p, 상권 280p | |
| BARBARIAN | 2003.3.14 | 디지털플랜스 엔터테인먼트 | FACT | 45,000 | 1~4 | 18세 | 275 | - | | 상권 162p (워리어 블레이드~) | 영어판 |
| WWE SMACKDOWN! : SHUT YOUR MOUTH | 2003.3.21 | THQ 코리아 | SPT | 45,000 | 1~6 | 15세 | 229 | - | BH | 상권 153p (익사이팅 프로레슬링 4) | 영어판 |
| 카오스 레기온 | 2003.3.27 | 코코캡콤 | ACT | 52,000 | 1 | 18세 | 277 | 자막 | | 상권 158p, 상권 280p | |
| 크래쉬 밴디쿳 : 마왕의 부활 (한국어판) | 2003.3.27 | 한빛소프트 | ACT | 40,000 | 1 | 전체 | 66 | 음성 | | 상권 101p, 상권 280p | 영어판 별도 존재 |
| 리얼 배스 피싱 : 탑 앵글러 | 2003.4.3 | 게임문화 | SPT | 39,600 | 1 | 전체 | 72 | 자막 | | 상권 111p, 상권 280p | 낚시콘 비공식 지원 |
| 식신의 성 | 2003.4.3 | 엠드림 | SHT | 45,000 | 1~2 | 전체 | 70 | 자막 | | 상권 123p, 상권 280p | |
| 스페이스 레이더스 | 2003.4.10 | 엠드림 | SHT | 45,000 | 1~2 | 15세 | 295 | 자막 | | 상권 147p, 상권 280p | NGC 멀티 |
| 테일즈 오브 데스티니 2 | 2003.4.17 | 소니컴퓨터엔터테인먼트코리아 | RPG | 55,000 | 1~2 | 12세 | 61 | 음성·자막 | BH | 상권 142p, 상권 280p | 한정판 존재, 멀티탭 지원(~4명 전투) |
| Tom Clancy's GHOST RECON | 2003.4.17 | 코코캡콤 | FPS | 45,000 | 1~2 | 18세 | 500 | 자막 | | 상권 158p, 상권 281p | |
| 아우토 모델리스타 | 2003.4.17 | 코코캡콤 | RAC | 45,000 | 1~2 | 전체 | 237 | 자막 | | 상권 131p, 상권 281p | 드라이빙 포스 지원 |
| 타임 스플리터즈 2 | 2003.4.17 | 한빛소프트 | FPS | 45,000 | 1~8 | 15세 | 246 | - | | 상권 157p | 영어판, 멀티탭 지원, i.Link 지원 |
| WAR OF THE MONSTERS : 괴수대격전 | 2003.4.24 | 소니컴퓨터엔터테인먼트코리아 | ACT | 39,000 | 1~2 | 12세 | 68 | 음성·자막 | DL | 상권 224p, 상권 281p | |
| 에볼루션 스노우보딩 | 2003.4.24 | 코나미케팅아시아 한국지점 | SPT | 45,000 | 1~2 | 전체 | 100 | - | | 상권 150p | 영어판 |
| 건 서바이버 4 바이오하자드 히어로즈 네버 다이 | 2003.4.24 | 코코캡콤 | SHT | 45,000 | 1 | 18세 | 130 | 자막 | | 상권 154p, 상권 281p | 건콘2 지원 |
| 드래곤볼Z | 2003.4.25 | 반다이코리아 | FACT | 49,500 | 1~2 | 12세 | 45 | 자막 | | 상권 154p, 상권 281p | 일본어 음성 |
| 신 컴뱃 쵸로Q | 2003.4.25 | 손오공 | SHT | 42,900 | 1~2 | 전체 | 183 | - | | 상권 124p | 영어판, 미니카 프라모델 합본 |
| 쵸로Q HG2 | 2003.4.25 | 손오공 | RPG | 42,900 | 1~2 | 전체 | 60 | - | | 상권 104p | 영어판, 프라모델 동봉 |
| NBA 스트리트 2 | 2003.4.28 | 일렉트로닉아츠코리아 | SPT | 45,000 | 1~4 | 전체 | 103 | 자막 | | 상권 167p, 상권 281p | 멀티탭 지원 |
| 기동전사 건담 전기 | 2003.4.30 | 반다이코리아 | ACT | 49,500 | 1~2 | 12세 | 363 | 음성·자막 | | 상권 129p, 상권 281p | |
| 마계전기 디스가이아 | 2003.5.1 | 카마디지털엔터테인먼트 | SRPG | 47,000 | 1 | 전체 | 368 | 자막 | BH | 상권 152p, 상권 282p | 한정판 존재 |
| 릴로 & 스티치 : 스티치 626 | 2003.5.2 | 소프트뱅크 코리아 | ACT | 36,000 | 1 | 전체 | 55 | 음성·자막 | | 상권 162p, 상권 281p | |

## PlayStation2 Korean Retail Game Software List

| 타이틀명 | 발매일 | 발매사 | 장르 | 가격 | 명수 | 등급 | SV용량 | 한국어화 | BH/DL/ON | 본서 소개 정보 | 비고 |
|---|---|---|---|---|---|---|---|---|---|---|---|
| MVP 메이저리그 베이스볼 2003 | 2003.5.2 | 일렉트로닉아츠코리아 | SPT | 45,000 | 1~2 | 전체 | 643 | - | | 상권 170p | 영어판 |
| 허디거디 | 2003.5.2 | 한빛소프트 | AADV | 29,500 | 1 | 전체 | 110 | - | | 상권 150p | 영어판 |
| 아머드 코어 3 사일런트 라인 | 2003.5.9 | YBM시사닷컴 | ACT | 49,000 | 1~2 | 전체 | 104 | 음성·자막 | | 상권 151p, 상권 282p | i.LINK 지원, USB 마우스 및 모뎀 지원 |
| Def Jam 언더그라운드 파이팅 | 2003.5.15 | 일렉트로닉아츠코리아 | SPT | 45,000 | 1~4 | 전체 | 88 | - | | 상권 182p (데프 잼 벤데타) | 영어판, 멀티탭 지원 |
| 에볼루션 스케이트보딩 | 2003.5.15 | 코나미마케팅아시아 한국지점 | SPT | 45,000 | 1~2 | 전체 | 230 | - | | 상권 144p | 영어판 |
| 천주 3 : 천벌 | 2003.5.22 | 메가 엔터프라이즈 | ACT | 52,000 | 1~2 | 18세 | 40 | 자막 | | 상권 166p, 상권 282p | 일본어 음성 |
| 번아웃 2 : 포인트 오브 임팩트 | 2003.5.22 | 시즈엔터테인먼트 | ACT | 45,000 | 1~2 | 전체 | 85 | - | | 상권 227p | 영어판 |
| 클락 타워 3 | 2003.5.22 | 코코캡콤 | AADV | 34,000 | 1 | 18세 | 678 | 자막 | | 상권 145p, 상권 282p | |
| 진 삼국무쌍 3 | 2003.5.29 | 코에이코리아 | ACT | 63,800 | 1~2 | 12세 | 150 | 음성·자막 | BH | 상권 156p, 상권 282p | 트레저 박스 존재 |
| XII STAG (트웰브 스태그) | 2003.5.30 | 엠드림 | SHT | 25,000 | 1~2 | 전체 | 50 | 자막 | | 상권 160p, 상권 282p | |
| 심즈 | 2003.6.3 | 일렉트로닉아츠코리아 | SLG | 45,000 | 1~2 | 15세 | 1593 | 자막 | | 상권 169p, 상권 283p | |
| 그랑프리 챌린지 | 2003.6.4 | 아타리코리아 | RAC | 45,000 | 1~2 | 전체 | 280 | - | | 상권 168p | 영어판 |
| R-TYPE FINAL | 2003.6.19 | 소니컴퓨터엔터테인먼트코리아 | SHT | 42,000 | 1 | 전체 | 145 | 자막 | | 상권 174p, 상권 283p | 체험판 존재 |
| 언리미티드 사가 | 2003.6.19 | 일렉트로닉아츠코리아 | RPG | 58,000 | 1 | 12세 | 261 | 음성·자막 | | 상권 146p, 상권 283p | 한정판 존재 |
| 메탈기어 솔리드 2 SUBSTANCE | 2003.6.19 | 코나미마케팅아시아 한국지점 | ACT | 48,000 | 1 | 18세 | 90 | 자막 | | 상권 148p, 상권 283p | 음성 영어 |
| 프라이드 FC : FIGHTING CHAMPIONSHIPS | 2003.6.21 | THQ 코리아 | SPT | 45,000 | 1~2 | 18세 | 180 | - | | 상권 155p | 영어판 |
| ROBOTECH : BATTLECRY | 2003.6.26 | 디알인터랙티브 | SHT | 45,000 | 1~2 | 전체 | 109 | 자막 | | 상권 283p | |
| SOCOM : U.S. NAVY SEALs | 2003.7.3 | 소니컴퓨터엔터테인먼트코리아 | TPS | 45,000 | 1 | 18세 | 190 | 음성·자막 | ON | 상권 177p, 상권 283p | 헤드셋 동봉, 베타판/TEEN판/체험판 존재 |
| 사일런트 힐 3 | 2003.7.3 | 코나미마케팅아시아 한국지점 | AADV | 52,000 | 1 | 18세 | 364 | 자막 | | 상권 174p, 상권 283p | |
| 더 킹 오브 파이터즈 2000 | 2003.7.10 | 메가 엔터프라이즈 | FACT | 29,000 | 1~2 | 12세 | 100 | 자막 | DL | 상권 142p, 상권 284p | DL은 일본어판 |
| I.Q REMIX+ : intelligent qube | 2003.7.12 | 카마디지털엔터테인먼트 | PUZ | 39,000 | 1~2 | 전체 | 34 | 자막 | | 상권 55p, 상권 284p | |
| ZONE OF THE ENDERS : THE 2nd RUNNER | 2003.7.17 | 코나미마케팅아시아 한국지점 | ACT | 52,000 | 1~2 | 18세 | 140 | 자막 | BH | 상권 210p, 상권 284p | 음성 일본어 |
| 엔터 더 매트릭스 | 2003.7.24 | 아타리코리아 | ACT | 52,000 | 1 | 15세 | 186 | 자막 | | 상권 171p, 상권 284p | Xbox/NGC 멀티 |
| GrandSlam2003-Tennis | 2003.7.31 | 이오리스 | SPT | 29,000 | 1~4 | 전체 | 108 | 자막 | | 상권 108p, 상권 284p | 음성 일본어, 멀티탭 지원 |
| 길티기어 이그젝스 샤프 리로드 | 2003.7.31 | YBM시사닷컴 | FACT | 49,000 | 1~2 | 18세 | 73 | 음성·자막 | | 상권 178p, 상권 284p | OST 동봉판 존재 |
| 타마마유 이야기 2 | 2003.8.8 | 감마니아코리아 | RPG | 45,000 | 1~2 | 전체 | 712 | 자막 | | 상권 89p, 상권 284p | |
| 아크 더 래드 : 정령의 황혼 | 2003.8.12 | 소니컴퓨터엔터테인먼트코리아 | SRPG | 48,000 | 1 | 12세 | 166 | 음성·자막 | | 상권 159p, 상권 285p | 한국어 주제가, 다크클라우드2 데모 동봉 |
| 메탈 슬러그 3 | 2003.8.14 | 메가 엔터프라이즈 | ACT | 39,000 | 1~2 | 전체 | 100 | 자막 | DL | 상권 172p, 상권 285p | DL은 일본어판 |
| F1 커리어 챌린지 | 2003.8.14 | 일렉트로닉아츠코리아 | RAC | 45,000 | 1~4 | 전체 | 205 | - | | 상권 175p | 영어판, 멀티탭 지원 |
| 스프린터 셀 | 2003.8.14 | 코코캡콤 | AADV | 49,000 | 1 | 18세 | 493 | 자막 | | 상권 199p, 상권 285p | Xbox 멀티 |
| 히트맨 2 : SILENT ASSASSIN | 2003.8.19 | 한빛소프트 | AADV | 45,000 | 1 | 18세 | 510 | 자막 | | 상권 194p, 상권 285p | |
| 카이도 배틀 | 2003.8.21 | 메가 엔터프라이즈 | RAC | 48,000 | 1~2 | 전체 | 94 | 자막 | | 상권 156p, 상권 285p | FORCE GP 지원 |
| 버추어 파이터 4 에볼루션 | 2003.8.28 | YBM시사닷컴 | FACT | 49,000 | 1~2 | 12세 | 167 | 자막 | BH | 상권 158p, 상권 285p | 한정판 존재 |
| 진 여신전생 III NOCTURNE | 2003.8.28 | 캔디글로벌미디어 | RPG | 52,000 | 1 | 15세 | 160 | 자막 | | 상권 155p, 상권 285p | 한정판 존재 |
| 레이맨 3 : 후드럼 대소동 | 2003.9.8 | 코코캡콤 | ACT | 39,000 | 1 | 전체 | 493 | 음성 | | 상권 286p | |
| .hack//감염확대 Vol.1 | 2003.9.10 | 반다이코리아 | RPG | 49,500 | 1 | 12세 | 709 | 자막 | | 상권 122p, 상권 286p | OVA 동봉 |
| 에일리언 VS 프레데터 : 멸종의 위기 | 2003.9.10 | 일렉트로닉아츠코리아 | RTS | 45,000 | 1 | 15세 | 2075 | - | | Alien vs. Predator: Extinction | 영어판 |
| 그로우랜서 II | 2003.9.25 | 캔디글로벌미디어 | SRPG | 38,000 | 1 | 전체 | 170 | 자막 | | 상권 86p, 상권 286p | |
| 탐정 진구지 사부로 Innocent Black | 2003.9.30 | 게임문화 | ADV | 45,000 | 1 | 18세 | 80 | 자막 | BH | 상권 138p, 상권 286p | 한정판 2종 존재 |
| SD건담 G제네레이션 네오 | 2003.9.30 | 반다이코리아 | SLG | 49,500 | 1 | 전체 | 179 | 자막 | | 상권 141p, 상권 286p | |
| 진 삼국무쌍 2 프리미엄 패키지 | 2003.9.30 | 코에이코리아 | ACT | 68,000 | 1~2 | 12세 | - | 음성·자막 | | 상권 286p | 2+맹장전 합본판 |
| 액셀 임팩트 | 2003.10.16 | 소니컴퓨터엔터테인먼트코리아 | RAC | 35,000 | 1 | 전체 | 147 | 국산 | | 상권 286p | 액시즈 엔터테인먼트 개발 |
| 컬드셉트 세컨드 익스팬션 | 2003.10.16 | AK커뮤니케이션즈 | TBL | 49,000 | 1~4 | 전체 | 62 | 자막 | | 상권 135p, 상권 286p | 멀티탭 지원 |
| 진 삼국무쌍 3 맹장전 | 2003.10.30 | 코에이코리아 | ACT | 39,500 | 1~2 | 12세 | 150 | 음성·자막 | | 상권 186p, 상권 287p | |
| 진 삼국무쌍 3 프리미엄 패키지 | 2003.10.30 | 코에이코리아 | ACT | 68,000 | 1~2 | 12세 | - | 음성·자막 | | 상권 287p | 3+맹장전 합본판 |
| 올스타 베이스볼 2004 | 2003.11.3 | 시즈엔터테인먼트 | SPT | 45,000 | 1~4 | 전체 | 1796 | - | | All-Star Baseball 2004 | 영어판, 멀티탭 지원 |
| FIFA SOCCER 2004 | 2003.11.5 | 일렉트로닉아츠코리아 | SPT | 45,000 | 1~8 | 전체 | 832 | 음성·자막 | ON | 상권 287p | 멀티탭 지원, 온라인 지원 |
| 툼레이더 : 엔젤 오브 다크니스 | 2003.11.7 | 한빛소프트 | AADV | 45,000 | 1 | 15세 | 384 | 음성·자막 | | 상권 190p, 상권 287p | DVD 2장 |
| 수도고 배틀 01 | 2003.11.13 | 메가 엔터프라이즈 | RAC | 48,000 | 1~2 | 전체 | 382 | 자막 | | 상권 176p, 상권 287p | |

| 타이틀명 | 발매일 | 발매사 | 장르 | 가격 | 명수 | 등급 | SV용량 | 한국어화 | BH/DL/ON | 본서 소개 정보 | 비고 |
|---|---|---|---|---|---|---|---|---|---|---|---|
| NBA 라이브 2004 | 2003.11.14 | 일렉트로닉아츠코리아 | SPT | 45,000 | 1~8 | 전체 | 2600 | 자막 | ON | 상권 194p, 상권 287p | 멀티탭 지원, 온라인 지원 |
| 반지의 제왕 : 왕의 귀환 | 2003.11.18 | 일렉트로닉아츠코리아 | ACT | 45,000 | 1~2 | 15세 | 132 | 자막 | BH | 상권 210p, 상권 287p | |
| 타임 크라이시스 3 | 2003.11.20 | 소니컴퓨터엔터테인먼트코리아 | SHT | 42,000 | 1~2 | 12세 | 215 | 자막 | BH | 상권 196p, 상권 287p | 건콘2 지원, i.Link 지원 |
| 매든 NFL 2004 | 2003.11.20 | 일렉트로닉아츠코리아 | SPT | 45,000 | 1~8 | 전체 | 1508 | - | | Madden NFL 2004 | 영어판, 멀티탭 지원 |
| 전격 Z작전 | 2003.11.20 | 조이온 | ACT | 45,000 | 1 | 전체 | 121 | 음성·자막 | | 상권 288p | TV판 성우진 캐스팅 |
| BATMAN : RISE OF SIN TZU | 2003.11.20 | 코코캡콤 | ACT | 39,000 | 1~2 | 12세 | 61 | | | BATMAN: RISE OF SIN TSU | 영어판 |
| 타이거 우즈 PGA 투어 2004 | 2003.11.25 | 일렉트로닉아츠코리아 | SPT | 45,000 | 1~4 | 전체 | 892 | | | Tiger Woods PGA Tour 2004 | 영어판, 멀티탭 지원 |
| 소울 칼리버 II | 2003.11.27 | 소니컴퓨터엔터테인먼트코리아 | FACT | 48,000 | 1~2 | 12세 | 138 | 자막 | | 상권 161p, 상권 288p | 프로그레시브 지원 |
| 마계영웅기 맥시모 | 2003.11.27 | 코코캡콤 | ACT | 42,000 | 1 | 12세 | 400 | | DL | 상권 185p | 영어판 |
| 해리포터 퀴디치 월드컵 | 2003.11.28 | 일렉트로닉아츠코리아 | SPT | 45,000 | 1~2 | 전체 | 60 | 자막 | | 상권 195p, 상권 288p | |
| 아이토이 : 플레이 | 2003.12.4 | 소니컴퓨터엔터테인먼트코리아 | ACT | 59,000 | 1~4 | 전체 | 350 | 자막 | | 상권 214p, 상권 288p | 아이토이 동봉, 아이토이 필수 |
| 월드 사커 위닝 일레븐 7 인터내셔널 | 2003.12.4 | 코나미마케팅아시아 한국지점 | SPT | 52,000 | 1~8 | 전체 | 1195 | 자막 | | 상권 217p, 상권 288p | 최초 한글화, 멀티탭 지원 |
| 록맨 X7 | 2003.12.4 | 코코캡콤 | ACT | 42,000 | 1 | 전체 | 40 | 자막 | | 상권 176p, 상권 288p | |
| WWE SMACKDOWN! : HERE COMES THE PAIN | 2003.12.4 | THQ 코리아 | SPT | 48,000 | 1~6 | 15세 | 360 | - | BH | 상권 213p | 영어판 |
| SSX 3 | 2003.12.5 | 일렉트로닉아츠코리아 | SPT | 45,000 | 1~2 | 전체 | 1MB | 음성·자막 | BH | 상권 204p, 상권 288p | |
| SPACE INVADERS : ANNIVERSARY | 2003.12.10 | 사이버프론트제넥스코리아 | SHT | 22,000 | 1~2 | 전체 | 44 | 자막 | | 상권 179p, 상권 289p | |
| 니모를 찾아서 | 2003.12.10 | THQ 코리아 | ACT | 39,000 | 1 | 전체 | 90 | 자막 | | 상권 202p, 상권 289p | Xbox/NGC 멀티 |
| 다크 클라우드 2 | 2003.12.11 | 소니컴퓨터엔터테인먼트코리아 | RPG | 48,000 | 1 | 12세 | 502 | 자막 | BH | 상권 142p, 상권 289p | |
| Castlevania | 2003.12.18 | 코나미마케팅아시아 한국지점 | ACT | 48,000 | 1 | 18세 | 124 | 자막 | DL | 상권 198p, 상권 289p | |
| 삼국지전기 2 | 2003.12.18 | 코에이코리아 | SLG | 58,000 | 1~2 | 전체 | 197 | 음성·자막 | | 상권 172p, 상권 289p | |
| 귀무자 무뢰전 | 2003.12.18 | 코코캡콤 | ACT | 45,000 | 1~2 | 15세 | 80 | 자막 | | 상권 197p, 상권 289p | 멀티탭 지원(~4인) |
| 일격살초!! HOIHOISAN | 2003.12.25 | 코나미마케팅아시아 한국지점 | ACT | 45,000 | 1 | 전체 | 27 | 자막 | | 상권 197p, 상권 289p | |
| 소닉 히어로즈 | 2003.12.30 | YBM시사닷컴 | ACT | 52,000 | 1~2 | 전체 | 110 | 자막 | BH | 상권 209p, 상권 289p | |
| 와호장룡 | 2004.1.7 | 코코캡콤 | ACT | 49,000 | 1 | 12세 | 300 | - | | 상권 211p | 영어판. 음성은 중국어 |
| 잭 II | 2004.1.8 | 소니컴퓨터엔터테인먼트코리아 | AADV | 45,000 | 1 | 12세 | 1204 | 음성·자막 | | 상권 220p, 상권 290p | 프로그레시브 지원 |
| 블러디 로어 4 | 2004.1.8 | AK커뮤니케이션즈 | FACT | 39,800 | 1~2 | 18세 | 85 | - | | 상권 234p | 영어판, 초판 존재 |
| 반숙영웅 VS 3D | 2004.1.8 | YBM시사닷컴 | SRPG | 49,000 | 1 | 전체 | 80 | 음성·자막 | | 상권 173p, 상권 290p | 한국어 주제가 삽입, 한정판 존재 |
| 더 킹 오브 파이터즈 2001 | 2004.1.15 | 메가 엔터프라이즈 | FACT | 39,000 | 1~2 | 12세 | 100 | 자막 | DL | 상권 190p, 상권 290p | DL은 일본어판 |
| .hack//악성변이 Vol.2 | 2004.1.15 | 반다이코리아 | RPG | 49,500 | 1 | 12세 | 705 | 자막 | | 상권 134p, 상권 290p | OVA 동봉 |
| 그란 투리스모 4 Prologue | 2004.1.15 | 소니컴퓨터엔터테인먼트코리아 | RAC | 29,000 | 1 | 전체 | 150 | 음성·자막 | | 상권 201p, 상권 290p | GT FORCE, 드라이빙 포스 프로 지원 |
| 삼국지 IX | 2004.1.15 | 코에이코리아 | SLG | 68,000 | 1~8 | 전체 | 834 | 음성·자막 | BH | 상권 208p, 상권 290p | |
| 기동전사 건담 SEED | 2004.1.18 | 반다이코리아 | ACT | 49,500 | 1~2 | 12세 | 192 | 자막 | | 상권 177p, 상권 290p | |
| 에어 레인저 2 | 2004.1.19 | 엠드림 | SLG | 45,000 | 1 | 전체 | 115 | 음성·자막 | | 상권 114p, 상권 291p | |
| 메달 오브 아너 : 라이징 선 | 2004.1.27 | 일렉트로닉아츠코리아 | FPS | 45,000 | 1~4 | 12세 | 136 | 자막 | ON | 상권 201p, 상권 291p | 온라인 지원(~8인), USB 헤드셋 지원 |
| 니드 포 스피드 언더그라운드 | 2004.1.27 | 일렉트로닉아츠코리아 | RAC | 45,000 | 1~2 | 전체 | 140 | 자막 | BH, ON | 상권 209p, 상권 291p | 온라인 지원 |
| 심즈 : 세상 밖으로 | 2004.1.27 | 일렉트로닉아츠코리아 | SLG | 45,000 | 1~2 | 15세 | 1411 | 자막 | ON | 상권 211p, 상권 291p | 온라인 지원(~2인) |
| 겟어웨이 | 2004.1.29 | 소니컴퓨터엔터테인먼트코리아 | AADV | 45,000 | 1 | 18세 | 56 | 자막 | | 상권 196p, 상권 291p | |
| AIRFORCE DELTA STRIKE | 2004.1.29 | 코나미마케팅아시아 한국지점 | SHT | 45,000 | 1 | 전체 | 100 | - | | 상권 214p | 영어판 |
| 페르시아의 왕자 : 시간의 모래 | 2004.1.29 | 코코캡콤 | AADV | 49,000 | 1 | 15세 | 88 | 음성·자막 | BH, DL | 하권 40p, 상권 291p | Xbox 멀티 |
| 모노노케 이문록 | 2004.2.5 | 게임문화 | SRPG | 39,000 | 1 | 전체 | 380 | 자막 | | 상권 156p, 상권 291p | |
| 건버드 PREMIUM PACKAGE | 2004.2.5 | 원디맥스 | SHT | 33,000 | 1~2 | 전체 | 86 | | | 상권 215p | 일본어판 |
| 디지털 홈즈 | 2004.2.5 | YBM시사닷컴 | ADV | 45,000 | 1 | 전체 | 122 | 자막 | | 상권 102p, 상권 292p | |
| 사혼곡 : 사이렌 | 2004.2.12 | 소니컴퓨터엔터테인먼트코리아 | AADV | 45,000 | 1 | 18세 | 77 | 음성·자막 | DL | 상권 193p, 상권 292p | |
| 쿠노이치 | 2004.2.12 | YBM시사닷컴 | ACT | 49,000 | 1 | 18세 | 285 | 자막 | | 상권 201p, 상권 292p | 음성 일본어 |
| 라쳇 & 클랭크 : 공구전사 대박몰이 | 2004.2.19 | 소니컴퓨터엔터테인먼트코리아 | ACT | 45,000 | 1 | 전체 | 476 | 음성·자막 | BH | 상권 203p, 상권 292p | 프로그레시브 지원 |
| SNK VS. CAPCOM : SVC CHAOS | 2004.2.26 | 메가 엔터프라이즈 | FACT | 43,000 | 1~2 | 15세 | 100 | 자막 | | 상권 208p, 상권 292p | |
| 귀무자 3 | 2004.2.26 | 코코캡콤 | ACT | 52,000 | 1 | 18세 | 379 | 자막 | | 상권 217p, 상권 292p | |
| 그로우랜서 III | 2004.3.11 | 캔디글로벌미디어 | SRPG | 39,000 | 1 | 전체 | 91 | 자막 | | 상권 99p, 상권 293p | |
| 브레스 오브 파이어 V : 드래곤 쿼터 | 2004.3.18 | 코코캡콤 | RPG | 45,000 | 1 | 12세 | 240 | 자막 | | 상권 141p, 상권 293p | 음성 일본어 |
| 시라츄 탐험부 | 2004.3.24 | 사이버프론트제넥스코리아 | ADV | 46,000 | 1 | 전체 | 200 | 자막 | | 상권 183p, 상권 293p | 음성 일본어 |

# PlayStation2 Korean Retail Game Software List

| 타이틀명 | 발매일 | 발매사 | 장르 | 가격 | 명수 | 등급 | SV용량 | 한국어화 | BH/DL/ON | 본서 소개 정보 | 비고 |
|---|---|---|---|---|---|---|---|---|---|---|---|
| 풍운 신선조 | 2004.3.26 | 메가 엔터프라이즈 | ACT | 48,000 | 1 | 18세 | 160 | 자막 | | 상권 212p, 상권 293p | |
| 스핑크스와 저주받은 미이라 | 2004.3.29 | THQ 코리아 | AADV | 45,000 | 1 | 12세 | 200 | 자막 | | 상권 293p | |
| 원시소년 탁과 마법사 주주 | 2004.3.29 | THQ 코리아 | ACT | 39,000 | 1 | 전체 | 371 | | | Tak and the Power of Juju | 영어판 |
| 강철기갑사단 : ONLINE BATTLEFIELD | 2004.4.8 | 소니컴퓨터엔테인먼트코리아 | ACT | 29,000 | 1 | 12세 | 127 | 자막 | ON | 상권 293p | 온라인 전용(~16인), 헤드셋 동봉판 존재 |
| 스타스키 & 허치 | 2004.4.15 | 메가 엔터프라이즈 | ACT | 43,000 | 1~2 | 12세 | 65 | 자막 | | 상권 293p | 건 컨트롤러와 휠 컨트롤러 지원 |
| 그레고리 호러 쇼 | 2004.4.15 | 코코캡콤 | AADV | 45,000 | 1 | 12세 | 707 | 자막 | | 상권 180p, 상권 293p | 음성은 일본어 |
| 드래곤볼 Z 2 | 2004.4.16 | 반다이코리아 | FACT | 49,500 | 1~2 | 12세 | 70 | 자막 | | 상권 214p, 상권 294p | |
| .hack//침식오염 Vol.3 | 2004.4.20 | 반다이코리아 | RPG | 49,500 | 1 | 12세 | 681 | 자막 | | 상권 145p, 상권 294p | OVA 동봉 |
| 파이널 판타지 X-2 | 2004.4.20 | 일렉트로닉아츠코리아 | RPG | 58,000 | 1 | 12세 | 221 | 자막 | | 상권 159p, 상권 294p | 음성 영어, 가이드북 합본판 및 전작 합본판 존재 |
| 스파이 픽션 | 2004.4.21 | YBM시사닷컴 | AADV | 42,000 | 1 | 15세 | 330 | | | 상권 208p | 영어/일어 양대응 |
| 7인의 사무라이 20XX | 2004.4.21 | YBM시사닷컴 | ACT | 39,000 | 1 | 12세 | 115 | | | 상권 210p (SEVEN SAMURAI 20XX) | 영어/일어 양대응 |
| MVP 베이스볼 2004 | 2004.4.22 | 일렉트로닉아츠코리아 | SPT | 45,000 | 1~2 | 전체 | 1304 | | | MVP Baseball 2004 | 영어판 |
| 아이토이 : 그루브 | 2004.4.27 | 소니컴퓨터엔테인먼트코리아 | MUS | 45,000 | 1~4 | 전체 | 128 | | | 상권 237p, 상권 294p | 아이토이 필수, 아이토이 동봉판 존재 |
| 스트라이커즈 1945 1&2 | 2004.4.29 | 윈디맥스 | SHT | 33,000 | 1~2 | 전체 | - | | | 하권 36p | 영어판 |
| Crimson Sea 2 : 붉은 바다 2 | 2004.5.3 | 코에이코리아 | ACT | 49,500 | 1 | 15세 | 171 | | | 상권 228p | 영어판 |
| 카이도 배틀 2 : CHAIN REACTION | 2004.5.14 | 메가 엔터프라이즈 | RAC | 48,000 | 1~2 | 12세 | 183 | 자막 | | 상권 217p, 상권 294p | GT FORCE 지원 |
| 건그레이브 O.D. | 2004.5.27 | 소니컴퓨터엔테인먼트코리아 | ACT | 45,000 | 1 | 15세 | 79 | 자막 | | 상권 219p, 상권 294p | |
| 무인가(武刃街) | 2004.5.29 | 사이버프론트제넥스코리아 | ACT | 49,000 | 1 | 18세 | 1020 | 자막 | | 상권 209p, 상권 294p | |
| 기동전사 건담 : 해후의 우주 | 2004.6.3 | 반다이코리아 | ACT | 49,500 | 1~2 | 전체 | 348 | 음성·자막 | | 상권 184p, 상권 295p | OVA 동봉 |
| UEFA EURO 2004 | 2004.6.10 | 일렉트로닉아츠코리아 | SPT | 45,000 | 1~8 | 전체 | 339 | - | | UEFA EURO 2004 | 영어판, 멀티탭 지원 |
| 전국무쌍 | 2004.6.10 | 코에이코리아 | ACT | 63,800 | 1~2 | 12세 | 311 | 음성·자막 | | 상권 215p, 상권 295p | 트레저 박스 존재 |
| 사일런트 힐 4 | 2004.6.17 | 코나미마케팅아시아 한국지점 | AADV | 40,000 | 1 | 18세 | 781 | 자막 | | 상권 236p, 상권 295p | |
| 이브 버스트 에러 플러스 | 2004.6.23 | 손오공 | ADV | 49,000 | 1 | 15세 | 50 | 자막 | | 상권 176p, 상권 295p | |
| 미션 임파서블 : 오퍼레이션 서마 | 2004.6.23 | 아타리코리아 | AADV | 46,000 | 1 | 12세 | 73 | | | 상권 226p | 영어판 |
| 007 에브리씽 오아 나씽 | 2004.6.23 | 일렉트로닉아츠코리아 | ACT | 45,000 | 1~2 | 12세 | 49 | | | 상권 215p | 영어판 |
| 제로 : 붉은 나비 | 2004.6.24 | 소니컴퓨터엔테인먼트코리아 | AADV | 45,000 | 1 | 18세 | 250 | 자막 | BH | 상권 199p, 상권 295p | 음성 일본어 |
| 구원(九怨) | 2004.6.24 | YBM시사닷컴 | AADV | 49,000 | 1 | 18세 | 111 | 자막 | | 상권 226p, 상권 295p | |
| 진 삼국무쌍 3 Empires | 2004.6.30 | 코에이코리아 | ACT | 39,600 | 1~2 | 12세 | 190 | 음성·자막 | BH | 상권 222p, 상권 295p | |
| 진 삼국무쌍 3 Empires & 맹장전 프리미엄 Box | 2004.6.30 | 코에이코리아 | ACT | 68,000 | 1~2 | 12세 | - | 음성·자막 | | 상권 287p+상권 295p | 맹장전+Empires 합본판 |
| 진 삼국무쌍 3 슈퍼 프리미엄 Box | 2004.6.30 | 코에이코리아 | ACT | 117,000 | 1~2 | 12세 | - | 음성·자막 | | 상권 287p+상권 295p | 3편+맹장전+Empires 합본판 |
| SOCOM II : U.S. NAVY SEALs | 2004.7.1 | 소니컴퓨터엔테인먼트코리아 | TPS | 45,000 | 1 | 18세 | 3100 | 음성·자막 | BH, ON | 하권 37p, 하권 272p | 온라인(~16명), USB 헤드셋, 프로그레시브 지원 |
| .hack//절대포위 Vol.4 | 2004.7.7 | 반다이코리아 | RPG | 49,500 | 1 | 12세 | 683 | 자막 | | 상권 163p, 하권 272p | OVA 동봉 |
| 프린세스 메이커 | 2004.7.7 | 사이버프론트제넥스코리아 | SLG | 46,000 | 1 | 15세 | 109 | 자막 | | 상권 230p, 하권 272p | |
| 트랜스포머 | 2004.7.14 | 아타리코리아 | ACT | 49,000 | 1 | 12세 | 49 | - | | 상권 192p | 영어판 |
| 해리포터와 아즈카반의 죄수 | 2004.7.15 | 일렉트로닉아츠코리아 | AADV | 45,000 | 1 | 전체 | 64 | 자막 | | 상권 238p, 하권 272p | 아이토이 지원 |
| 우주소년 아톰 | 2004.7.15 | YBM시사닷컴 | ACT | 49,000 | 1 | 전체 | 356 | 음성·자막 | | 상권 221p, 하권 272p | |
| 식신의 성 II | 2004.7.21 | 사이버프론트제넥스코리아 | SHT | 45,000 | 1~2 | 전체 | 113 | 자막 | | 상권 213p, 하권 273p | 음성 일본어, 프로그레시브 지원 |
| 공각기동대 STAND ALONE COMPLEX | 2004.7.22 | 소니컴퓨터엔테인먼트코리아 | ACT | 45,000 | 1~4 | 18세 | 68 | 자막 | | 상권 219p, 하권 273p | 멀티탭 지원, 프로그레시브 및 16:9 지원 |
| 그라디우스 V | 2004.7.22 | 코나미마케팅아시아 한국지점 | SHT | 48,000 | 1 | 전체 | 40 | - | | 하권 33p | 일본어판 |
| 스트리트 파이터 애니버서리 컬렉션 | 2004.7.22 | 코코캡콤 | FACT | 39,000 | 1 | 12세 | 100 | - | BH | 상권 207p+하권 33p | 영어/일어 양대응 |
| 진 여신전생 III NOCTURNE 매니악스 | 2004.7.25 | 캔디글로벌미디어 | RPG | 48,000 | 1 | 15세 | 681 | 자막 | | 상권 213p, 하권 273p | |
| 아테네 2004 | 2004.7.29 | 소니컴퓨터엔테인먼트코리아 | SPT | 39,000 | 1~4 | 전체 | 44 | - | | 하권 34p | 영어판, 멀티탭 지원 |
| 하지메의 일보 2 : VICTORIOUS ROAD | 2004.7.29 | 윈디소프트 | SPT | 48,000 | 1~2 | 전체 | 2.5MB | 자막 | | 상권 214p, 하권 273p | |
| SD건담 G제네레이션 SEED | 2004.8.4 | 반다이코리아 | SLG | 49,500 | 1 | 전체 | 161 | 자막 | | 상권 215p, 하권 273p | |
| 사쿠라대전 : 뜨거운 열정으로 | 2004.8.5 | YBM시사닷컴 | ADV | 52,000 | 1 | 12세 | 200 | 자막 | | 상권 156p, 하권 273p | 한정판 존재 |
| 벡스 | 2004.8.6 | 시즈엔터테인먼트 | ACT | 45,000 | 1 | 12세 | 72 | - | | Vexx | 영어판 |
| 아머드 코어 넥서스 | 2004.8.11 | YBM시사닷컴 | ACT | 52,000 | 1~2 | 12세 | 120 | 음성·자막 | ON | 상권 221p, 하권 273p | i.Link·마우스 지원, 싱글 에디션 별매 |

| 타이틀명 | 발매일 | 발매사 | 장르 | 가격 | 명수 | 등급 | SV용량 | 한국어화 | BH/DL/ON | 본서 소개 정보 | 비고 |
|---|---|---|---|---|---|---|---|---|---|---|---|
| 괴혼 : 굴려라! 왕자님! | 2004.8.12 | 소니컴퓨터엔터테인먼트코리아 | ACT | 39,000 | 1~2 | 전체 | 655 | 자막 | BH, DL | 상권 222p, 하권 274p | 체험판 존재 |
| KOF MAXIMUM IMPACT (일본어판) | 2004.8.19 | 메가 엔터프라이즈 | FACT | 45,000 | 1~2 | 12세 | 100 | - | | 하권 38p | 일본어판, DVD-VIDEO 동봉 |
| 월드 사커 위닝 일레븐 8 | 2004.8.19 | 코나미마케팅아시아 한국지점 | SPT | 52,000 | 1~8 | 전체 | 2102 | - | | 하권 38p | 일본어판, 멀티탭 지원 |
| 섬머 히트 비치발리볼 | 2004.8.31 | 시즈엔터테인먼트 | SPT | 45,000 | 1~4 | 15세 | 75 | - | | Summer Heat Beach Volleyball | 영어판, 멀티탭 지원 |
| KOF MAXIMUM IMPACT | 2004.9.1 | 메가 엔터프라이즈 | FACT | 48,000 | 1~2 | 12세 | 100 | 자막 | | 하권 38p, 하권 273p | 가이드북 동봉 |
| 스매시코트 프로토너먼트 2 | 2004.9.9 | 소니컴퓨터엔터테인먼트코리아 | SPT | 42,000 | 1~4 | 전체 | 210 | 자막 | | 하권 30p, 하권 274p | 멀티탭 지원, 16:9·프로그레시브 지원 |
| 쇼다운 | 2004.9.15 | 소프트앤드소프트인터내셔널 | SPT | 45,000 | 1~8 | 15세 | 75 | - | | Showdown: Legends of Wrestling | 영어판, 멀티탭 지원 |
| XIII (써틴) | 2004.9.16 | 위자드소프트 | FPS | 42,000 | 1~2 | 18세 | 89 | 음성·자막 | | 하권 36p, 하권 274p | Xbox 멀티 |
| 사쿠라대전 V EPISODE 0 : 황야의 사무라이 아가씨 | 2004.9.22 | YBM시사닷컴 | ACT | 49,000 | 1 | 전체 | 31 | 자막 | | 하권 43p, 하권 274p | |
| 신세기 에반게리온 2 | 2004.9.23 | 반다이코리아 | ADV | 57,200 | 1 | 전체 | 699 | 자막 | | 상권 196p, 하권 274p | 음성 일본어 |
| 스피드 킹 | 2004.9.23 | 소프트앤드소프트인터내셔널 | RAC | 45,000 | 1~2 | 15세 | 72 | - | | Speed Kings | 영어판 |
| 중장기병 발켄 | 2004.9.23 | 윈디맥스 | ACT | 45,000 | 1 | 전체 | 80 | 자막 | | 하권 39p, 하권 274p | 소프트액션 개발 |
| 아쿠아키즈 | 2004.9.23 | 일렉트로닉아츠코리아 | ACT | 36,000 | 1~2 | 전체 | 87 | 국산 | | 하권 38p, 하권 274p | 시네픽스 개발 |
| 뷰티플 죠 : 새로운 희망 | 2004.9.23 | 코코캡콤 | ACT | 45,000 | 1 | 전체 | 110 | - | BH | 하권 42p | 영어판 |
| 근육맨 제네레이션즈 | 2004.10.5 | 반다이코리아 | SPT | 44,000 | 1~4 | 12세 | 42 | - | | 상권 229p | 영어판, 멀티탭 지원 |
| 베르세르크 : 천년제국의 매 편 성마전기의 장 | 2004.10.7 | YBM시사닷컴 | ACT | 55,000 | 1 | 18세 | 164 | 자막 | | 하권 46p, 하권 275p | |
| 번아웃 3 : 테이크다운 | 2004.10.8 | 일렉트로닉아츠코리아 | ACT | 45,000 | 1~2 | 12세 | 128 | - | ON | 하권 47p | 영어판, 온라인(~6인), 프로그레시브 지원 |
| 에너지 에어포스 에임스트라이크! | 2004.10.14 | 사이버프론트제넥스코리아 | SLG | 45,000 | 1 | 전체 | 265 | 자막 | | 상권 188p, 하권 275p | |
| 타임 크라이시스 : 크라이시스 존 | 2004.10.14 | 소니컴퓨터엔터테인먼트코리아 | SHT | 42,000 | 1 | 12세 | 80 | 자막 | | 하권 275p | 건콘2 지원 |
| 사이폰 필터 : 오메가 바이러스 | 2004.10.28 | 소니컴퓨터엔터테인먼트코리아 | ACT | 45,000 | 1 | 18세 | 128 | 음성·자막 | DL, ON | 하권 275p | 온라인(~4인), 헤드셋·프로그레시브 지원 |
| FIFA SOCCER 2005 | 2004.10.30 | 일렉트로닉아츠코리아 | SPT | 45,000 | 1~8 | 전체 | 2361 | 음성·자막 | ON | 하권 275p | 온라인(2인), 멀티탭·프로그레시브 지원 |
| NEO CONTRA | 2004.11.4 | 코나미마케팅아시아 한국지점 | ACT | 45,000 | 1~2 | 15세 | 111 | - | DL | 하권 51p | 영어판 |
| 타카하시 명인의 모험도 | 2004.11.4 | AK커뮤니케이션즈 | ACT | 35,000 | 1 | 전체 | 65 | 자막 | | 상권 207p, 하권 275p | |
| 아이토이 : 삐뽀사루 | 2004.11.11 | 소니컴퓨터엔터테인먼트코리아 | ETC | 45,000 | 1~4 | 전체 | 640 | 자막 | | 하권 36p, 하권 275p | 아이토이 필수, 체험판 존재 |
| PUMP IT UP THE EXCEED | 2004.11.11 | 안다미로 | MUS | 58,000 | 1~2 | 전체 | 23 | 국산 | | 하권 275p | 전용 컨트롤러 동봉, 프로그레시브 지원 |
| 도로로 | 2004.11.11 | YBM시사닷컴 | AADV | 49,000 | 1~2 | 15세 | 620 | 자막 | | 하권 41p, 하권 276p | |
| NBA 라이브 2005 | 2004.11.15 | 일렉트로닉아츠코리아 | SPT | 45,000 | 1~8 | 전체 | 2600 | - | ON | 하권 56p, 하권 276p | 온라인(2인), 멀티탭 및 USB 헤드셋 지원 |
| 데프잼 파이트 뉴욕 | 2004.11.16 | 일렉트로닉아츠코리아 | FACT | 45,000 | 1~4 | 18세 | 313 | - | | 하권 71p | 영어판, 멀티탭 지원 |
| K-LEAGUE 위닝 일레븐 8 아시아 챔피언십 | 2004.11.18 | 코나미마케팅아시아 한국지점 | SPT | 45,000 | 1~8 | 전체 | 1983 | 음성·자막 | | 하권 53p, 하권 276p | 멀티탭 지원 |
| 에이스 컴뱃 5 : THE UNSUNG WAR | 2004.11.25 | 소니컴퓨터엔터테인먼트코리아 | SHT | 48,000 | 1 | 전체 | 64 | - | BH | 하권 48p | 음성 영/일 선택가능 |
| RUMBLE ROSES | 2004.11.25 | 코나미마케팅아시아 한국지점 | SPT | 48,000 | 1~2 | 18세 | 90 | - | | 하권 69p | 영어판 |
| 반지의 제왕 : 써드 에이지 | 2004.11.30 | 일렉트로닉아츠코리아 | RPG | 45,000 | 1 | 15세 | 106 | 자막 | | 하권 62p, 하권 276p | |
| 최유기 RELOAD GUNLOCK | 2004.12.1 | 반다이코리아 | FACT | 48,000 | 1~2 | 18세 | 49 | - | | 하권 36p | 일본어판 |
| 마그나카르타 : 진홍의 성흔 | 2004.12.1 | 소니컴퓨터엔터테인먼트코리아 | RPG | 48,000 | 1 | 12세 | 80 | 국산 | | 하권 53p, 하권 276p | 프로그레시브 지원, 한정판 존재 |
| 검호 3 | 2004.12.3 | 메가 엔터프라이즈 | AADV | 48,000 | 1~2 | 18세 | 100 | 자막 | | 하권 43p, 하권 276p | |
| 도시의 심즈 | 2004.12.7 | 일렉트로닉아츠코리아 | SLG | 45,000 | 1~2 | 15세 | 1198 | - | | 하권 64p | 영어판, 아이토이 지원 |
| 프린세스 메이커 2 | 2004.12.8 | 사이버프론트제넥스코리아 | SLG | 39,000 | 1 | 15세 | 100 | 자막 | | 하권 45p, 하권 277p | |
| 인크레더블 | 2004.12.8 | THQ 코리아 | ACT | 45,000 | 1 | 12세 | 86 | 자막 | | 하권 57p, 하권 277p | |
| 아이토이 : 플레이 2 | 2004.12.9 | 소니컴퓨터엔터테인먼트코리아 | ACT | 45,000 | 1~4 | 전체 | 815 | 자막 | | 하권 87p, 하권 277p | 아이토이 필수 |
| WWE 스맥다운 VS. 로우 | 2004.12.9 | THQ 코리아 | SPT | 49,500 | 1~6 | 15세 | 592 | - | ON | 하권 67p (익사이팅 프로레슬링 6~) | 영어판, 멀티탭 지원(~6인), 온라인(2인) |
| 니드 포 스피드 언더그라운드 2 | 2004.12.16 | 일렉트로닉아츠코리아 | RAC | 45,000 | 1~2 | 전체 | 126 | 자막 | ON | 하권 61p, 하권 277p | 온라인 지원(~6인) |
| Tom Clancy's RAINBOW SIX 3 | 2004.12.17 | 위자드소프트 | FPS | 45,000 | 1~2 | 15세 | 490 | - | ON | 하권 73p | 영어판, 온라인 지원 |
| 디지몬 배틀 크로니클 | 2004.12.19 | 반다이코리아 | ACT | 49,500 | 1~2 | 전체 | 42 | 자막 | | 하권 35p, 하권 277p | 멀티탭 지원(~4인) |
| 원피스 : 라운드 더 랜드! | 2004.12.22 | 반다이코리아 | ACT | 49,500 | 1 | 전체 | 107 | 자막 | | 하권 36p, 하권 277p | |
| 탐정 진구지 사부로 KIND OF BLUE | 2004.12.23 | 게임문화 | ADV | 45,000 | 1 | 15세 | 95 | 자막 | | 상권 229p, 하권 277p | |

# PlayStation2 Korean Retail Game Software List

| 타이틀명 | 발매일 | 발매사 | 장르 | 가격 | 명수 | 등급 | SV용량 | 한국어화 | BH/DL/ON | 본서 소개 정보 | 비고 |
|---|---|---|---|---|---|---|---|---|---|---|---|
| 천주 홍 | 2004.12.23 | YBM시사닷컴 | AADV | 45,000 | 1 | 18세 | 46 | 자막 | | 하권 33p, 하권 277p | 음성 일본어 |
| 메탈기어 솔리드 3 : SNAKE EATER | 2004.12.30 | 코나미마케팅아시아 한국지점 | AADV | 52,000 | 1 | 18세 | 90 | | BH, ON | 하권 60p, 하권 278p | 음성 일본어, 온라인 지원 |
| 골든 아이 : 로그 에이전트 | 2005.1.6 | 일렉트로닉아츠코리아 | FPS | 45,000 | 1~4 | 15세 | 110 | - | | 하권 64p | 영어판, 멀티탭 지원, 프로그레시브 지원 |
| 라쳇 & 클랭크 : 공구전사 리로디드 | 2005.1.13 | 소니컴퓨터엔터테인먼트코리아 | ACT | 45,000 | 1~4 | 전체 | 600 | 자막 | BH, ON | 하권 55p, 하권 278p | 멀티탭, 온라인(~8명), 프로그레시브 지원 |
| 페르시아의 왕자 : 전사의 길 | 2005.1.18 | 위자드소프트 | ACT | 49,000 | 1 | 18세 | 105 | - | BH | 하권 106p | 영어판 |
| 아이토이 : 에듀키즈 | 2005.1.20 | 소니컴퓨터엔터테인먼트코리아 | ETC | 39,000 | 1 | 전체 | 312 | 국산 | | 하권 278p | 아이토이 필수, 아리수미디어 공동제작 |
| 몬스터헌터 G | 2005.1.20 | 코코캡콤 | ACT | 49,000 | 1 | 18세 | 116 | 자막 | ON | 하권 65p, 하권 278p | 온라인 지원, USB 키보드 지원 |
| 수왕기 : PROJECT ALTERED BEAST | 2005.1.27 | 세가코리아 | ACT | 49,000 | 1 | 15세 | 115 | 자막 | | 하권 65p, 하권 278p | |
| 데스 바이 디그리스 철권 니나 | 2005.1.27 | 소니컴퓨터엔터테인먼트코리아 | ACT | 48,000 | 1 | 18세 | 319 | 자막 | | 하권 66p, 하권 278p | |
| NANOBREAKER | 2005.1.27 | 코나미마케팅아시아 한국지점 | ACT | 49,000 | 1 | 18세 | 69 | - | | 하권 66p | 영어판 |
| 네모네모 스펀지 송 : 친구들과 함께 | 2005.2.2 | THQ 코리아 | ACT | 45,000 | 1~8 | 전체 | 546 | | | SpongeBob Squarepants: Movin' with friends | 영어판, 아이토이 필수 |
| 데몬 스톤 | 2005.2.3 | 아타리코리아 | ACT | 45,000 | 1 | 15세 | 88 | 자막 | | 하권 76p, 하권 279p | |
| 록맨 X8 | 2005.2.3 | 코코캡콤 | ACT | 42,000 | 1 | 전체 | 110 | 자막 | | 하권 73p, 하권 279p | |
| 드래곤볼Z 3 | 2005.2.17 | 반다이코리아 | FACT | 49,500 | 1~2 | 12세 | 110 | 자막 | | 하권 68p, 하권 279p | |
| 천성 소드 오브 데스티니 | 2005.2.17 | 사이버프론트제넥스코리아 | ACT | 42,000 | 1 | 18세 | 44 | 자막 | | 하권 69p, 하권 279p | |
| 아머드 코어 나인 브레이커 | 2005.2.17 | 소니컴퓨터엔터테인먼트코리아 | ACT | 45,000 | 1~2 | 전체 | 160 | 자막 | | 하권 49p, 하권 279p | USB 마우스 지원, i.LINK 지원 |
| 월드 사커 위닝 일레븐 8 인터내셔널 | 2005.2.17 | 코나미마케팅아시아 한국지점 | SPT | 52,000 | 1~2 | 전체 | 2102 | 음성·자막 | | 하권 279p | 멀티탭 지원(~8인) |
| 데빌 메이 크라이 3 | 2005.2.17 | 코코캡콤 | ACT | 52,000 | 1 | 18세 | 361 | 자막 | BH | 하권 69p, 하권 279p | |
| 히트맨 : 컨트랙츠 | 2005.2.22 | 한빛소프트 | AADV | 45,000 | 1 | 18세 | 500 | 자막 | | 하권 48p, 하권 279p | |
| 수퍼 퍼즐버블 컬렉션 | 2005.2.24 | 사이버프론트제넥스코리아 | PUZ | 29,000 | 1~2 | 전체 | 360 | 자막 | | 상권 64p+상권 279p | 1+2 합본판. 1편은 영어 / 2편은 한국어 |
| 슬라이 쿠퍼 2 : 괴도 브라더스 대작전! | 2005.2.24 | 소니컴퓨터엔터테인먼트코리아 | AADV | 45,000 | 1 | 전체 | 100 | 음성·자막 | BH | 하권 87p, 하권 280p | USB 헤드셋 지원 |
| 드라이버 3 | 2005.3.4 | 아타리코리아 | AADV | 43,000 | 1 | 18세 | 87 | 자막 | | 하권 50p, 하권 280p | |
| NBA 스트리트 V3 | 2005.3.8 | 일렉트로닉아츠코리아 | SPT | 45,000 | 1~2 | 전체 | 305 | - | | 하권 97p | 영어판, 멀티탭 지원(~6인) |
| 그란 투리스모 4 | 2005.3.10 | 소니컴퓨터엔터테인먼트코리아 | RAC | 52,000 | 1~2 | 전체 | 2500 | 자막 | BH | 하권 62p, 하권 280p | GT FORCE · 드라이빙 포스 프로 지원 |
| 스플린터 셀 : PANDORA TOMORROW | 2005.3.10 | 위자드소프트 | AADV | 48,000 | 1~4 | 15세 | 94 | | ON | 하권 79p, 하권 280p | 온라인 지원 |
| YS : THE ARK OF NAPISHTIM | 2005.3.10 | 코나미마케팅아시아 한국지점 | ARPG | 49,900 | 1 | 12세 | 191 | - | | 하권 72p | 일본어판, 공략집 동봉 |
| 컴온 베이비! | 2005.3.24 | 엑스포테이토 | ACT | 35,000 | 1~2 | 전체 | 40 | 국산 | BH | 하권 121p, 하권 280p | |
| FIFA 스트리트 | 2005.3.24 | 일렉트로닉아츠코리아 | SPT | 45,000 | 1~2 | 전체 | 249 | - | | 하권 94p | 영어판, 멀티탭 지원(~4인), 프로그레시브 지원 |
| 탁 2 : 꿈의 주주 | 2005.3.24 | THQ 코리아 | ACT | 39,000 | 1~2 | 전체 | 282 | - | | Tak 2: The Staff of Dreams | 영어판 |
| BUSIN 0 : Wizardry Alternative NEO | 2005.3.25 | 손오공 | RPG | 45,000 | 1 | 15세 | 845 | 자막 | | 상권 195p, 하권 281p | |
| 아이토이 : 테일즈 | 2005.3.29 | 소니컴퓨터엔터테인먼트코리아 | ETC | 39,000 | 1 | 전체 | 60 | 국산 | | 하권 281p | 아이토이 필수, YBM시사닷컴 공동제작 |
| 샤이닝 티어즈 | 2005.3.31 | 세가코리아 | ARPG | 49,000 | 1~2 | 12세 | 314 | 자막 | BH | 하권 51p, 하권 281p | |
| 더 킹 오브 파이터즈 2002/2003 | 2005.4.7 | 메가 엔터프라이즈 | FACT | 39,000 | 1~2 | 15세 | 100 | | DL | 상권 224p+하권 49p | 영어판, DL은 02-03 분리 및 일본어판 |
| 기동전사 건담 SEED : 끝나지 않는 내일로 | 2005.4.8 | 반다이코리아 | ACT | 49,500 | 1~2 | 12세 | 297 | 자막 | | 하권 46p, 하권 281p | |
| 파이트 나이트 라운드 2 | 2005.4.19 | 일렉트로닉아츠코리아 | SPT | 45,000 | 1~2 | 15세 | 96 | - | | 하권 102p | 영어판 |
| 철권 5 | 2005.4.27 | 소니컴퓨터엔터테인먼트코리아 | FACT | 48,000 | 1~2 | 15세 | 57 | 자막 | BH | 하권 78p, 하권 281p | 프로그레시브 지원 |
| SIMPLE 2000 시리즈 : THE 러브★어퍼 | 2005.4.28 | AK커뮤니케이션즈 | SPT | 19,000 | 1~2 | 15세 | 55 | 음성·자막 | | 상권 156p, 하권 281p | |
| SIMPLE 2000 시리즈 : THE 블록 - HYPER | 2005.4.28 | AK커뮤니케이션즈 | ACT | 19,000 | 1~2 | 전체 | 41 | 자막 | | 상권 120p, 하권 281p | |
| SIMPLE 2000 시리즈 : THE 슈팅 - 더블 자염용 | 2005.4.28 | AK커뮤니케이션즈 | SHT | 19,000 | 1~2 | 전체 | 41 | 자막 | | 상권 190p, 하권 282p | |
| SIMPLE 2000 시리즈 : THE 찬바라 | 2005.4.28 | AK커뮤니케이션즈 | ACT | 19,000 | 1 | 18세 | 55 | - | | 하권 39p | 일본어판 |
| SIMPLE 2000 시리즈 : THE 캣 파이트 | 2005.4.28 | AK커뮤니케이션즈 | ACT | 19,000 | 1~2 | 18세 | 55 | - | | 상권 238p | 일본어판 |
| 풍운 막말전 | 2005.5.3 | 메가 엔터프라이즈 | ACT | 48,000 | 1~2 | 18세 | 100 | 자막 | | 하권 64p, 하권 282p | 음성 일본어 |

| 타이틀명 | 발매일 | 발매사 | 장르 | 가격 | 명수 | 등급 | SV용량 | 한국어화 | BH/DL/ON | 본서 소개 정보 | 비고 |
|---|---|---|---|---|---|---|---|---|---|---|---|
| Hello Kitty 구출대작전 | 2005.5.3 | 스튜디오나인 | ACT | 38,000 | 1 | 전체 | 82 | - | | 하권 82p | 영어판 |
| 바즈테일 | 2005.5.3 | 웨이코스 | ARPG | 46,000 | 1 | 15세 | 400 | 자막 | | 하권 282p | |
| MVP 베이스볼 2005 | 2005.5.3 | 일렉트로닉아츠코리아 | SPT | 45,000 | 1~2 | 전체 | 1681 | - | ON | 하권 91p | 영어판, 온라인(2인), USB 헤드셋 지원 |
| 츠키요니사라바 : 복수의 진혼곡 | 2005.5.19 | 사이버프론트제넥스코리아 | ACT | 45,000 | 1 | 18세 | 155 | 자막 | | 하권 71p, 하권 282p | 음성 일본어 |
| 잭 3 | 2005.5.19 | 소니컴퓨터엔터테인먼트코리아 | AADV | 45,000 | 1 | 12세 | 1601 | 자막 | | 하권 282p | 프로그레시브 지원 |
| 기동전사 건담 : 건담 VS. Z건담 | 2005.5.26 | 반다이코리아 | ACT | 49,500 | 1~2 | 12세 | 231 | - | | 하권 57p | 일본어판 |
| 시작의 일보 ALL☆STARS | 2005.5.26 | AK커뮤니케이션즈 | SPT | 39,000 | 1~2 | 전체 | 1MB | 자막 | | 하권 62p, 하권 282p | |
| 요시츠네 영웅전 | 2005.6.2 | 위자드소프트 | ACT | 49,000 | 1 | 18세 | 172 | 자막 | | 하권 64p, 하권 282p | |
| 익신 기가월 제너레이션 | 2005.6.3 | 사이버프론트제넥스코리아 | SHT | 35,000 | 1~2 | 전체 | 90 | 자막 | | 하권 76p | 일본어판 |
| 소닉 메가 컬렉션 플러스 | 2005.6.9 | 세가코리아 | ACT | 33,000 | 1~2 | 전체 | 455 | - | BH | 하권 58p | 영어판, 프로그레시브 지원 |
| 킬존 | 2005.6.9 | 소니컴퓨터엔터테인먼트코리아 | FPS | 45,000 | 1~2 | 18세 | 64 | 자막 | BH, ON | 하권 108p, 하권 283p | 온라인(~16명), USB 키보드/마우스 지원 |
| 진 삼국무쌍 4 | 2005.6.10 | 코에이코리아 | ACT | 63,800 | 1~2 | 12세 | 150 | 음성·자막 | BH | 하권 71p, 하권 283p | |
| 배트맨 비긴즈 | 2005.7.11 | 일렉트로닉아츠코리아 | ACT | 45,000 | 1 | 12세 | 100 | - | | Batman Begins | 영어판 |
| 아머드 코어 포뮬러 프론트 | 2005.7.14 | 위자드소프트 | SLG | 49,000 | 1~2 | 전체 | 300 | 자막 | | 하권 72p, 하권 283p | USB 마우스 지원, PSP 연동 지원 |
| 슈퍼 몽키볼 디럭스 | 2005.7.21 | 세가코리아 | ACT | 30,000 | 1~4 | 전체 | 277 | - | | 하권 76p | 영어판, 멀티탭 지원 |
| CHAINS OF POWER | 2005.7.21 | 코나미마케팅아시아 한국지점 | ACT | 48,000 | 1 | 12세 | 158 | - | | 하권 89p (오즈) | 일본어판 |
| 쥬스드 | 2005.7.21 | THQ 코리아 | RAC | 45,000 | 1~2 | 15세 | 86 | - | ON | 하권 140p | 영어판, 온라인(2명), 드라이빙 포스 지원 |
| 데굴데굴~ 쫀득쫀득~ 괴혼 | 2005.7.28 | 소니컴퓨터엔터테인먼트코리아 | ACT | 39,000 | 1~2 | 전체 | 88 | 자막 | BH | 하권 91p, 하권 283p | |
| 브라더스 인 암스 : ROAD TO HILL 30 | 2005.7.28 | 에스앤에이치 | FPS | 49,000 | 1~2 | 18세 | 75 | 자막 | ON | 하권 103p, 하권 283p | 온라인 지원(~4인) |
| TENGAI Premium Package | 2005.7.28 | 원디맥스 | SHT | 30,000 | 1~2 | 전체 | 60 | - | | 하권 56p | 일본어판 |
| 메달 오브 아너 : 유러피언 어썰트 | 2005.8.4 | 일렉트로닉아츠코리아 | FPS | 45,000 | 1~4 | 15세 | 95 | 자막 | | 하권 99p, 하권 283p | 멀티탭 지원 |
| 메탈 슬러그 4/5 | 2005.8.11 | 메가 엔터프라이즈 | ACT | 43,000 | 1~2 | 12세 | 100 | - | DL | 하권 44p+하권 82p | 영어판, DL은 4~5 분리 및 일본어판 |
| 갓 오브 워 : 영혼의 반역자 | 2005.8.18 | 소니컴퓨터엔터테인먼트코리아 | ACT | 48,000 | 1 | 18세 | 454 | 자막 | BH | 하권 112p, 하권 283p | |
| 월드 사커 위닝 일레븐 9 | 2005.8.25 | 코나미마케팅아시아 한국지점 | SPT | 52,000 | 1~2 | 전체 | 2081 | - | | 하권 98p | 일본어판 |
| 원피스 그랜드 배틀! RUSH | 2005.8.27 | 반다이코리아 | ACT | 49,500 | 1~2 | 전체 | 83 | 자막 | | 하권 75p, 하권 284p | |
| 타이토 메모리즈 상편 | 2005.9.5 | 사이버프론트제넥스코리아 | ACT | 38,000 | 1~2 | 전체 | 100 | - | | 하권 96p | 일본어판, 가이드북 동봉 |
| 이누야샤 오의난무 | 2005.9.15 | 반다이코리아 | ACT | 49,500 | 1~2 | 12세 | 92 | - | | 하권 87p | |
| GENJI | 2005.9.15 | 소니컴퓨터엔터테인먼트코리아 | ACT | 45,000 | 1 | 18세 | 265 | 자막 | BH | 하권 90p, 하권 284p | |
| SIMPLE 2000 시리즈 : THE 수영대회 | 2005.9.15 | AK커뮤니케이션즈 | ACT | 19,000 | 1~2 | 18세 | 60 | - | | 하권 44p | 일본어판 |
| 사쿠라대전 3 : 파리는 불타고 있는가 | 2005.9.29 | 세가코리아 | ADV | 49,000 | 1 | 12세 | 180 | 자막 | | 하권 70p, 하권 284p | |
| 라이덴 III | 2005.9.30 | 사이버프론트제넥스코리아 | SHT | 38,000 | 1~2 | 전체 | 41 | - | BH | 하권 105p | 일본어판 |
| DIGITAL DEVIL SAGA 1+2 : 아바탈 튜너 | 2005.9.30 | 에스앤에이치 | RPG | 77,000 | 1 | 18세 | 305/170 | 자막(일부) | | 하권 32p+66p, 하권 284p | 1편은 일본어, 2편은 한국어. 한정판 존재 |
| 테일즈 오브 레젠디아 | 2005.10.11 | 소니컴퓨터엔터테인먼트코리아 | RPG | 45,000 | 1 | 전체 | 28 | 자막 | BH | 하권 101p, 하권 284p | 음성 일본어, 한정판 존재 |
| NBA 라이브 06 | 2005.10.14 | 일렉트로닉아츠코리아 | SPT | 45,000 | 1~2 | 전체 | 625 | 자막 | | 하권 110p | 멀티탭 지원(~8인) |
| 미스틱 나이츠 | 2005.10.20 | 소니컴퓨터엔터테인먼트코리아 | AADV | 29,000 | 1 | 18세 | 181 | 국산 | ON | 하권 284p | 엔로그소프트 개발, 온라인 지원(~4인) |
| 번아웃 리벤지 | 2005.10.24 | 일렉트로닉아츠코리아 | ACT | 45,000 | 1~2 | 12세 | 35 | 자막 | ON | 하권 107p, 하권 284p | 멀티탭 지원(~6인), 온라인 지원(~6인) |
| 타이토 메모리즈 하편 | 2005.11.3 | 사이버프론트제넥스코리아 | ACT | 38,000 | 1~2 | 전체 | 100 | - | | 하권 100p | 일본어판, 가이드북 동봉 |
| FIFA 06 | 2005.11.3 | 일렉트로닉아츠코리아 | SPT | 45,000 | 1~2 | 전체 | 2290 | 음성·자막 | | 하권 285p | 멀티탭 지원(~8인) |
| SIMPLE 2000 시리즈 : THE 대미인 | 2005.11.3 | AK커뮤니케이션즈 | ACT | 19,000 | 1 | 18세 | 37 | - | | 상권 231p | 영어 자막, 일본어 음성 |
| 187 라이드 오어 다이 | 2005.11.10 | 인트라링스 | RAC | 45,000 | 1~2 | 18세 | 82 | - | | 187 Ride or Die | 영어판 |
| 인디고 프로페시 | 2005.11.11 | 아타리코리아 | ADV | 45,000 | 1 | 18세 | 187 | - | | 하권 125p | 영어판, 공략집 동봉 |
| 나루토 우즈마키인전 | 2005.11.23 | 반다이코리아 | ACT | 49,000 | 1~2 | 12세 | 134 | 자막 | | 하권 100p, 하권 285p | |
| 소울 칼리버 III | 2005.11.23 | 소니컴퓨터엔터테인먼트코리아 | FACT | 48,000 | 1~2 | 15세 | 300 | 자막 | | 하권 113p, 하권 285p | 프로그레시브 지원 |
| 소닉 젬즈 컬렉션 | 2005.11.24 | 세가코리아 | ACT | 33,000 | 1~2 | 전체 | 467 | - | | 하권 99p | 일본어판 |
| SSX 온 투어 | 2005.11.24 | 일렉트로닉아츠코리아 | SPT | 45,000 | 1~2 | 전체 | 154 | 음성·자막 | | 하권 114p, 하권 285p | 배철수 DJ 기용 |
| K-LEAGUE 위닝 일레븐 9 아시아 챔피언십 | 2005.12.1 | 코나미마케팅아시아 한국지점 | SPT | 52,000 | 1~2 | 전체 | 2081 | 음성·자막 | | 하권 112p, 하권 285p | 멀티탭 지원(~8인) |

## PlayStation2 Korean Retail Game Software List

| 타이틀명 | 발매일 | 발매사 | 장르 | 가격 | 명수 | 등급 | SV용량 | 한국어화 | BH/DL/ON | 본서 소개 정보 | 비고 |
|---|---|---|---|---|---|---|---|---|---|---|---|
| 프린세스 메이커 4 | 2005.12.2 | 한국후지쯔 | SLG | 48,000 | 1 | 12세 | 100 | 자막 | | 하권 102p, 하권 285p | 음성 일본어 |
| 마블 네메시스 : RISE OF THE IMPERFECTS | 2005.12.7 | 일렉트로닉아츠코리아 | ACT | 42,000 | 1~2 | 15세 | 160 | - | | Marvel Nemesis: Rise of the Imperfects | 영어판 |
| 드래곤볼Z 스파킹! | 2005.12.8 | 반다이코리아 | FACT | 49,500 | 1~2 | 12세 | 71 | 자막 | | 하권 106p, 하권 285p | |
| 룰루랄라 노래방 vol.1 | 2005.12.8 | 소니컴퓨터엔터테인먼트코리아 | ETC | 59,000 | 1~2 | 전체 | 80 | 국산 | | 하권 286p | 스튜디오나인 개발, 마이크 동봉, 아이토이 지원 |
| 삐뽀사루 겟츄 3 | 2005.12.8 | 소니컴퓨터엔터테인먼트코리아 | ACT | 36,000 | 1 | 전체 | 370 | 음성·자막 | BH | 하권 92p, 하권 285p | |
| 액션 로망 범피 트롯 | 2005.12.8 | 소니컴퓨터엔터테인먼트코리아 | RPG | 45,000 | 1~2 | 12세 | 900 | 음성·자막 | | 하권 90p, 하권 286p | |
| WWE 스맥다운 대 로우 2006 | 2005.12.9 | THQ 코리아 | SPT | 52,000 | 1~2 | 15세 | 1070 | 자막 | ON | 하권 125p, 하권 286p | 시즌모드 한정 번역, 멀티탭(~6인), 온라인(~4인) |
| 엠엑스와 에이티브이 언리쉬드 | 2005.12.14 | THQ 코리아 | RAC | 45,000 | 1~2 | 전체 | 294 | - | | MX vs. ATV Unleashed | 영어판 |
| 완다와 거상 | 2005.12.15 | 소니컴퓨터엔터테인먼트코리아 | AADV | 45,000 | 1 | 12세 | 320 | 자막 | BH | 하권 110p, 하권 286p | 초회판은 스페셜 디스크 동봉 |
| CASTLEVANIA : Curse of Darkness | 2005.12.15 | 코나미마케팅아시아 한국지점 | ACT | 48,000 | 1 | 18세 | 480 | 자막 | | 하권 114p, 하권 286p | |
| 진 삼국무쌍 4 맹장전 | 2005.12.15 | 코에이코리아 | ACT | 39,600 | 1~2 | 12세 | 150 | 음성·자막 | | 하권 103p, 하권 286p | |
| 니드 포 스피드 모스트 원티드 | 2005.12.16 | 일렉트로닉아츠코리아 | RAC | 45,000 | 1~2 | 12세 | 128 | 자막 | | 하권 120p, 하권 286p | |
| 해리포터와 불의 잔 | 2005.12.16 | 일렉트로닉아츠코리아 | AADV | 45,000 | 1~2 | 전체 | 111 | 자막 | | 하권 287p | 음성 영어, 멀티탭 지원(~3인) |
| 이블데드 : 리제너레이션 | 2005.12.17 | THQ 코리아 | AADV | 45,000 | 1 | 18세 | 367 | - | | Evil Dead: Regeneration | 영어판 |
| 섀도우 더 헤지혹 | 2005.12.22 | 세가코리아 | ACT | 49,000 | 1~2 | 전체 | 158 | - | DL | 하권 117p | 영어판 |
| 슬라이 쿠퍼 3 : 최후의 대도 | 2005.12.22 | 소니컴퓨터엔터테인먼트코리아 | AADV | 45,000 | 1~2 | 전체 | 133 | 음성·자막 | BH | 하권 287p | USB 헤드셋 지원 |
| 더 매트릭스 : 패스 오브 네오 | 2005.12.22 | 아타리코리아 | ACT | 45,000 | 1 | 15세 | 220 | 음성·자막 | | 하권 121p, 하권 287p | |
| 인크레더블 : 언더마이너의 침공 | 2005.12.22 | THQ 코리아 | ACT | 42,000 | 1~2 | 전체 | 73 | - | | 하권 126p | 영어판 |
| 배틀필드 2 : 모던 컴뱃 | 2005.12.30 | 일렉트로닉아츠코리아 | FPS | 45,000 | 1 | 12세 | 362 | - | ON | 하권 124p | 영어판, 온라인(~24인), USB 헤드셋 지원 |
| 진 삼국무쌍 4 프리미엄 패키지 | 2005.12.30 | 코에이코리아 | ACT | 88,000 | 1~2 | 12세 | - | 음성·자막 | | 하권 283p+하권 286p | 4+맹장전 합본판 |
| 모두의 GOLF 4 | 2006.1.9 | 소니컴퓨터엔터테인먼트코리아 | SPT | 35,000 | 1~4 | 전체 | 750 | - | BH | 상권 200p | 영어판(캐릭터는 일본 기준), 멀티탭 지원 |
| 피터 잭슨의 킹콩 | 2006.1.12 | 인트라링스 | ACT | 45,000 | 1 | 12세 | 195 | - | | 하권 118p | 영어판 |
| 기동전사 건담 SEED : 연합 VS. Z.A.F.T. | 2006.1.20 | 반다이코리아 | ACT | 49,500 | 1~2 | 12세 | 73 | - | | 하권 112p | 일본어판 |
| 라쳇 & 클랭크 : 공구전사 위기일발 | 2006.1.26 | 소니컴퓨터엔터테인먼트코리아 | AADV | 42,000 | 1~4 | 전체 | 399 | 음성·자막 | BH, ON | 하권 113p, 하권 287p | 온라인 지원, 프로그레시브 지원 |
| [류가 고토쿠] 용과 같이 | 2006.1.27 | 세가코리아 | AADV | 49,000 | 1 | 18세 | 135 | - | BH | 하권 116p | 일본어판 |
| 풀 스펙트럼 워리어 | 2006.2.4 | THQ 코리아 | FPS | 45,000 | 1 | 15세 | 3.4MB | 자막 | ON | 하권 145p, 하권 287p | 온라인 지원(~2인), USB 헤드셋 지원 |
| 사쿠라대전 V : 안녕, 사랑스런 그대여 | 2006.2.16 | 세가코리아 | ADV | 49,000 | 1 | 12세 | 400 | 자막 | | 하권 91p, 하권 287p | |
| 어번 레인 | 2006.2.16 | 소니컴퓨터엔터테인먼트코리아 | FACT | 42,000 | 1~2 | 15세 | 119 | 자막 | | 하권 105p, 하권 287p | 멀티탭 지원(~4인), 프로그레시브 지원 |
| 치킨 리틀 | 2006.2.16 | THQ 코리아 | ACT | 42,000 | 1~2 | 전체 | 330 | - | | 하권 118p | 영어판 |
| 월드 사커 위닝 일레븐 9 라이브웨어 에볼루션 | 2006.3.9 | 코나미마케팅아시아 한국지점 | SPT | 52,000 | 1~2 | 전체 | 2081 | 음성·자막 | ON | 하권 288p | 멀티탭(~8인), 온라인, USB 키보드 지원 |
| 원피스 해적 카니발 | 2006.3.14 | 반다이코리아 | TBL | 49,500 | 1~4 | 전체 | 144 | 자막 | | 하권 114p, 하권 288p | |
| 메탈기어 솔리드 3 SUBSISTENCE | 2006.3.16 | 코나미디지털엔터테인먼트 한국지점 | AADV | 52,000 | 1 | 18세 | 95 | 자막 | ON | 하권 121p, 하권 288p | 음성 일본어, 초회판 및 한정판 존재 |
| Jacked | 2006.3.17 | 스튜디오나인 | RAC | 45,000 | 1~2 | 15세 | 81 | - | | 하권 158p | 영어판 |
| 스튜어트 리틀 3 : 빅 포토 어드벤처 | 2006.3.23 | 소니컴퓨터엔터테인먼트코리아 | ADV | 36,000 | 1 | 전체 | 70 | 음성·자막 | | 하권 288p | 아이토이 지원 |
| 전신 : 이쿠사가미 | 2006.3.24 | 사이버프론트제넥스코리아 | ACT | 49,000 | 1 | 15세 | 120 | 자막 | | 하권 114p, 하권 288p | 음성 일본어, 한국가수 엔딩곡 삽입 |
| 블랙 | 2006.3.24 | 일렉트로닉아츠코리아 | FPS | 45,000 | 1 | 15세 | 96 | - | | 하권 135p | 영어판, 프로그레시브 지원 |
| 보글보글 스폰지밥 : 레디, 액션! | 2006.3.27 | THQ 코리아 | ACT | 45,000 | 1~2 | 전체 | 211 | 자막 | | 하권 288p | 멀티탭 지원(~4인) |
| FIFA 스트리트 2 | 2006.3.28 | 일렉트로닉아츠코리아 | SPT | 45,000 | 1~2 | 전체 | 430 | - | | 하권 145p | 영어판, 멀티탭(~4인), 프로그레시브 지원 |
| 소닉 라이더즈 | 2006.3.30 | 세가코리아 | RAC | 39,000 | 1~2 | 전체 | 150 | - | BH | 하권 128p | 영어판, 멀티탭 지원(~4인) |
| 대부 | 2006.3.30 | 일렉트로닉아츠코리아 | AADV | 45,000 | 1 | 18세 | 165 | - | | 하권 174p | 영어판 |
| 파이널 판타지 XII | 2006.4.6 | 소니컴퓨터엔터테인먼트코리아 | RPG | 59,000 | 1 | 12세 | 100 | - | | 하권 131p | 일본어판 |
| 강철의 연금술사 : 드림 카니발 | 2006.4.13 | 반다이코리아 | ACT | 49,500 | 1~2 | 12세 | 84 | - | | 하권 39p | 일본어판, 멀티탭 지원(~4인) |

303

| 타이틀명 | 발매일 | 발매사 | 장르 | 가격 | 명수 | 등급 | SV용량 | 한국어화 | BH/DL/ON | 본서 소개 정보 | 비고 |
|---|---|---|---|---|---|---|---|---|---|---|---|
| MLB 06 THE SHOW | 2006.4.13 | 소니컴퓨터엔터테인먼트코리아 | SPT | 45,000 | 1~2 | 전체 | 1361 | - | | MLB 06 THE SHOW | 영어판 |
| 아이토이 : 플레이 3 | 2006.4.20 | 소니컴퓨터엔터테인먼트코리아 | ACT | 45,000 | 1~4 | 전체 | 555 | 음성·자막 | | 하권 288p | 아이토이 필수 |
| 페르시아의 왕자 : 두개의 왕좌 | 2006.4.26 | 인트라링스 | AADV | 52,000 | 1 | 18세 | 175 | 음성·자막 | BH | 하권 142p, 하권 289p | |
| 개구리 중사 케로로 : 불꽃튀는 배틀로얄 Z | 2006.4.27 | 반다이코리아 | ACT | 49,500 | 1~2 | 전체 | 158 | 자막 | | 하권 112p, 하권 289p | 멀티탭 지원(~4인) |
| 기동전사 건담 클라이막스 U.C. | 2006.4.27 | 반다이코리아 | ACT | 49,500 | 1~2 | 전체 | 262 | - | | 하권 129p | 일본어판 |
| 에이스 컴뱃 제로 : THE BELKAN WAR | 2006.4.27 | 소니컴퓨터엔터테인먼트코리아 | SHT | 48,000 | 1~2 | 전체 | 112 | - | BH | 하권 132p | 영어판 |
| MARC ECKO'S GETTING UP : Contents Under Pressure | 2006.4.27 | 아타리코리아 | AADV | 49,500 | 1 | 18세 | 70 | 자막 | | 하권 289p | |
| 2006 FIFA 월드컵 | 2006.5.2 | 일렉트로닉아츠코리아 | SPT | 42,000 | 1~2 | 전체 | 446 | 음성·자막 | | 하권 138p, 하권 289p | 멀티탭 지원(~8인) |
| 월드 사커 위닝 일레븐 10 | 2006.5.10 | 코나미디지털엔터테인먼트 한국지점 | SPT | 52,000 | 1~2 | 전체 | 1996 | - | | 하권 139p | 일본어판, 멀티탭 지원(~8인) |
| 룰루랄라 노래방 vol.2 | 2006.5.11 | 소니컴퓨터엔터테인먼트코리아 | MUS | 56,000 | 1~2 | 전체 | 60 | 국산 | | 하권 289p | 스튜디오나인 개발, 마이크·리모컨·아이토이 지원 |
| 파이트 나이트 라운드 3 | 2006.5.18 | 일렉트로닉아츠코리아 | SPT | 45,000 | 1~2 | 15세 | 115 | - | | Fight Night Round 3 | 영어판, USB 헤드셋 지원 |
| 사무라이 참프루 | 2006.5.25 | 반다이코리아 | ACT | 49,500 | 1~2 | 15세 | 106 | - | | 하권 127p | 일본어판 |
| 길티기어 이그젝스 슬래시 | 2006.5.25 | 세가코리아 | FACT | 42,000 | 1~2 | 15세 | 43 | - | | 하권 136p | 일본어판 |
| SEGA RALLY 2006 + SEGA RALLY CHAMPIONSHIP | 2006.5.25 | 세가코리아 | RAC | 42,000 | 1~2 | 전체 | 240 | - | BH | 하권 122p | 일본어판, DVD 2장, GT FORCE/Pro 지원 |
| 드라이버 : 패러렐 라인즈 | 2006.5.25 | 아타리코리아 | ACT | 49,000 | 1 | 18세 | 148 | 자막 | | 하권 157p, 하권 289p | |
| 원백 2 : PROJECT POSEIDON | 2006.5.25 | 코에이코리아 | ACT | 49,500 | 1~4 | 12세 | 75 | - | | 하권 143p | 영어판, 멀티탭 지원(~4인) |
| 나니아 연대기 : 사자, 마녀 그리고 옷장 | 2006.6.1 | THQ 코리아 | AADV | 39,000 | 1~2 | 12세 | 84 | - | | 하권 130p | 영어판 |
| 전국무쌍 2 | 2006.6.8 | 코에이코리아 | ACT | 57,200 | 1~2 | 전체 | 272 | - | | 하권 129p | 일본어판, 멀티탭 지원(~4인) |
| 스트라이커즈 1945 1&2, 건버드 프리미엄 패키지 | 2006.6.18 | 원디맥스 | SHT | 45,000 | 1~2 | 전체 | 410 | - | | 하권 36p+상권 215p | 일본어판, DVD 2장, 합본판 |
| 발키리 프로파일 2 : 실메리아 | 2006.6.22 | 소니컴퓨터엔터테인먼트코리아 | RPG | 52,000 | 1~2 | 12세 | 67 | - | | 하권 143p | 일본어판 |
| 풀 스펙트럼 워리어 : 텐 해머즈 | 2006.6.22 | THQ 코리아 | FPS | 45,000 | 1 | 15세 | 449 | - | ON | 하권 156p | 영어판, 온라인(~4인), USB 헤드셋 지원 |
| 고스트 리콘 : 어드밴스드 워파이터 | 2006.7.6 | 블루인터랙티브 | FPS | 45,000 | 1~2 | 12세 | 230 | - | ON | 하권 155p | 영어판, 온라인 지원 |
| 사혼곡 2 : 사이렌 | 2006.7.6 | 소니컴퓨터엔터테인먼트코리아 | AADV | 42,000 | 1 | 18세 | 80 | 자막 | | 하권 125p, 하권 289p | 체험판 존재 |
| 타이토 레전드 | 2006.7.18 | 사이버프론트제넥스코리아 | ACT | 38,000 | 1~2 | 12세 | 64 | - | | TAITO LEGENDS | 영어판 |
| 카 | 2006.7.20 | 소니컴퓨터엔터테인먼트코리아 | RAC | 45,000 | 1~2 | 전체 | 253 | 자막 | | 하권 145p, 하권 289p | 프로그레시브 지원 |
| 아랑전 Breakblow | 2006.7.26 | 원더소프트 | FACT | 45,000 | 1~2 | 18세 | 106 | - | | 하권 112p | 일본어판 |
| 몬스터 하우스 | 2006.8.10 | 소니컴퓨터엔터테인먼트코리아 | ACT | 45,000 | 1 | 전체 | 170 | - | | Monster House | 영어판 |
| 지구방위군 2 | 2006.8.10 | AK커뮤니케이션즈 | TPS | 19,000 | 1~2 | 전체 | 80 | - | | 하권 96p | 일본어판 |
| 시노비도 이마시메 | 2006.8.11 | 인트라링스 | ACT | 48,000 | 1 | 18세 | 428 | 자막 | | 하권 111p, 하권 290p | PSP 연동 지원 |
| 블레이징 소울즈 | 2006.8.14 | 사이버프론트제넥스코리아 | SRPG | 52,000 | 1 | 전체 | 316 | 자막 | | 하권 123p, 하권 290p | |
| SOCOM 3 : U.S. NAVY SEALs | 2006.8.31 | 소니컴퓨터엔터테인먼트코리아 | TPS | 48,000 | 1 | 15세 | 500 | 음성·자막 | BH, ON | 하권 290p | 온라인(~32명), 프로그레시브 지원, PSP 연동 |
| 진 삼국무쌍 4 Empires | 2006.8.31 | 코에이코리아 | ACT | 39,600 | 1~2 | 12세 | 150 | 음성·자막 | BH | 하권 132p, 하권 290p | |
| OutRun 2006 : Coast 2 Coast | 2006.9.13 | 세가코리아 | RAC | 42,000 | 1~8 | 전체 | 1390 | - | ON | OutRun 2006: Coast 2 Coast | 영어판, 온라인 지원(~8인) |
| 바이오하자드 4 | 2006.9.14 | 소니컴퓨터엔터테인먼트코리아 | AADV | 42,000 | 1 | 18세 | 127 | - | BH | 하권 115p | 영어판, 가이드북 동봉, 프로그레시브 지원 |
| 메탈 슬러그 6 | 2006.9.19 | 한국후지쯔 | ACT | 39,600 | 1~2 | 12세 | 100 | - | DL | 하권 153p | 일본어판 |
| 드래곤볼Z 스파킹! 네오 | 2006.10.19 | 반다이코리아 | FACT | 49,000 | 1~2 | 12세 | 75 | 자막 | | 하권 156p, 하권 290p | |
| 모두의 테니스 | 2006.10.19 | 소니컴퓨터엔터테인먼트코리아 | SPT | 42,000 | 1~2 | 전체 | 256 | - | BH | 하권 153p | 일본어판, 멀티탭 지원(~4인) |
| 신 귀무자 : DAWN OF DREAMS | 2006.10.19 | 소니컴퓨터엔터테인먼트코리아 | ACT | 38,000 | 1 | 18세 | 311 | - | BH | 하권 124p | 영/일 양대응, DVD 2장 |
| KOF MAXIMUM IMPACT 2 | 2006.10.24 | 한국후지쯔 | FACT | 39,600 | 1~2 | 15세 | 84 | - | DL | 하권 138p | 영어판 / DL은 일본어판 |
| 원피스 그랜드 배틀 어드벤처 | 2006.10.26 | 반다이코리아 | ACT | 49,500 | 1~2 | 12세 | 89 | 자막 | | 하권 290p | 음성 영어 |
| FIFA 07 | 2006.10.27 | 일렉트로닉아츠코리아 | SPT | 45,000 | 1~2 | 전체 | 481 | 음성·자막 | | 하권 290p | 멀티탭 지원(~8인) |
| 오오카미 (영어판) | 2006.11.9 | 소니컴퓨터엔터테인먼트코리아 | AADV | 45,000 | 1 | 전체 | 170 | - | | 하권 136p | 영어판 |
| 오오카미 (일본어판) | 2006.11.9 | 소니컴퓨터엔터테인먼트코리아 | AADV | 45,000 | 1 | 전체 | 170 | - | | 하권 136p | 일본어판 |
| NBA 라이브 07 | 2006.11.27 | 일렉트로닉아츠코리아 | SPT | 45,000 | 1~2 | 전체 | 2600 | - | | 하권 160p | 영어판, 멀티탭 지원(~8인) |

# PlayStation2 Korean Retail Game Software List

| 타이틀명 | 발매일 | 발매사 | 장르 | 가격 | 명수 | 등급 | SV용량 | 한국어화 | BH/DL/ON | 본서 소개 정보 | 비고 |
|---|---|---|---|---|---|---|---|---|---|---|---|
| 심즈 2 : 펫츠 | 2006.11.28 | 일렉트로닉아츠코리아 | SLG | 48,000 | 1 | 15세 | 1126 | - | | The Sims 2: Pets | 영어판 |
| K-1 WORLD GP 2006 | 2006.11.30 | 소니컴퓨터엔테테인먼트코리아 | SPT | 42,000 | 1~2 | 15세 | 46 | - | | 하권 161p | 일본어판 |
| 테일즈 오브 데스티니 | 2006.12.7 | 소니컴퓨터엔테테인먼트코리아 | RPG | 45,000 | 1 | 전체 | 65 | - | | 하권 162p | 일본어판, 멀티탭 지원(~4인) |
| 반야드 | 2006.12.14 | 소니컴퓨터엔테테인먼트코리아 | AADV | 35,000 | 1 | 전체 | 251 | 자막 | | 하권 290p | |
| 보글보글 스폰지밥 : 좌충우돌 대모험 | 2006.12.14 | 소니컴퓨터엔테테인먼트코리아 | AADV | 35,000 | 1 | 전체 | 136 | 자막 | | 하권 173p, 하권 291p | |
| FlatOut 2 | 2006.12.14 | 코나미디지털엔테테인먼트 한국지점 | RAC | 45,000 | 1~2 | 18세 | 290 | - | | 하권 168p | 영어판 |
| 전국무쌍 2 Empires | 2006.12.14 | 코에이코리아 | ACT | 39,600 | 1~2 | 12세 | 677 | - | | 하권 160p | 일본어판 |
| WWE 스맥다운 대 로우 2007 | 2006.12.14 | THQ 코리아 | SPT | 48,000 | 1~2 | 15세 | 537 | 음성·자막 | BH, ON | 하권 167p, 하권 291p | 멀티탭(~6인), 온라인(~4인), PSP/Xbox 360 멀티 |
| 니드 포 스피드 카본 | 2006.12.20 | 일렉트로닉아츠코리아 | RAC | 45,000 | 1~2 | 12세 | 290 | - | | 하권 165p | 영어판 |
| 기동전사 건담 SEED DESTINY : 연합 VS. Z.A.F.T. II PLUS | 2006.12.21 | 반다이코리아 | ACT | 49,500 | 1~2 | 전체 | 92 | - | | 하권 162p | 일본어판 |
| 나루토 나뭇잎 스피릿츠!! | 2006.12.21 | 반다이코리아 | ACT | 49,500 | 1~2 | 12세 | 136 | 자막 | | 하권 160p, 하권 291p | |
| [류가 고토쿠 2] 용과 같이 2 | 2006.12.21 | 세가코리아 | AADV | 55,000 | 1 | 18세 | 220 | - | | 하권 163p | 일본어판 |
| 여신전생 페르소나 3 | 2006.12.21 | 소니컴퓨터엔테테인먼트코리아 | RPG | 48,000 | 1 | 15세 | 67 | 자막 | | 하권 146p, 하권 291p | 초회판은 OST 동봉 |
| 수퍼맨 리턴즈 | 2006.12.22 | 일렉트로닉아츠코리아 | ACT | 45,000 | 1 | 12세 | 56 | - | | Superman Returns | 영어판 |
| 갓 핸드 | 2007.1.11 | 소니컴퓨터엔테테인먼트코리아 | ACT | 45,000 | 1 | 18세 | 160 | 자막 | DL | 하권 152p, 하권 291p | 초회판은 OST 동봉 |
| 월드 사커 위닝 일레븐 10 라이브웨어 에볼루션 | 2007.1.18 | 코나미디지털엔테테인먼트 한국지점 | SPT | 52,000 | 1~2 | 전체 | 1996 | 음성·자막 | ON | 하권 291p | 멀티탭 지원(~8인), 온라인 지원 |
| 더 킹 오브 파이터즈 XI | 2007.2.1 | 한국후지쯔 | FACT | 39,600 | 1~2 | 12세 | 225 | - | DL | 하권 143p | 일본어판 |
| 샤이닝 포스 이쿠사 | 2007.2.15 | 세가코리아 | ARPG | 45,000 | 1 | 전체 | 130 | - | | 하권 166p | 일본어판 |
| 성검전설 4 | 2007.2.16 | 소니컴퓨터엔테테인먼트코리아 | ARPG | 46,000 | 1 | 전체 | 125 | - | | 하권 165p | 일본어판 |
| 로그 갤럭시 | 2007.3.30 | 소니컴퓨터엔테테인먼트코리아 | RPG | 45,000 | 1 | 12세 | 130 | - | | 하권 173p | 영어판 |
| UEFA Champions League 2006-2007 | 2007.4.18 | 일렉트로닉아츠코리아 | SPT | 45,000 | 1~2 | 전체 | 1210 | - | | UEFA Champions League 2006-2007 | 영어판, 멀티탭(~8인), 프로그레시브 지원, PSP 연동, PSP/Xbox 360/PC 멀티 |
| 번아웃 도미네이터 | 2007.4.20 | 일렉트로닉아츠코리아 | ACT | 45,000 | 1~4 | 12세 | 113 | - | | 하권 188p | 영어판, 프로그레시브 지원, PSP 멀티 |
| 메달 오브 아너 : 뱅가드 | 2007.5.3 | 일렉트로닉아츠코리아 | FPS | 45,000 | 1~2 | 15세 | 76 | - | | 하권 178p | 영어판, 멀티탭 지원(~4인) |
| MLB 07 THE SHOW | 2007.5.4 | 소니컴퓨터엔테테인먼트코리아 | SPT | 45,000 | 1~2 | 전체 | 1389 | - | | MLB 07 THE SHOW | 영어판, 아이토이 지원, PS3/PSP 멀티 |
| 메탈 슬러그 컴플리트 | 2007.6.5 | 액티비전코리아 | ACT | 45,000 | 1~2 | 12세 | 82 | - | DL | 하권 179p | 영어판, PSP/Wii 멀티, DL은 일본어판 |
| 무쌍 오로치 | 2007.6.8 | 코에이코리아 | ACT | 57,200 | 1~2 | 12세 | 230 | - | | 하권 173p | 일본어판, PSP/Xbox 360 멀티 |
| 오딘 스피어 | 2007.6.12 | 소니컴퓨터엔테테인먼트코리아 | ARPG | 45,000 | 1 | 12세 | 200 | - | | 하권 178p | 영어판, 음성 일본어 지원 |
| 나루토 나루티밋 히어로 인터내셔널 | 2007.6.21 | 반다이코리아 | FACT | 49,500 | 1~2 | 12세 | 54 | 자막 | | 상권 191p, 하권 291p | |
| 샤이닝 윈드 | 2007.6.28 | 세가코리아 | RPG | 45,000 | 1~2 | 12세 | 545 | - | | 하권 178p | 일본어판 |
| 갓 오브 워 II | 2007.6.29 | 소니컴퓨터엔테테인먼트코리아 | ACT | 52,000 | 1 | 18세 | 454 | 음성·자막 | BH | 하권 192p, 하권 292p | 초회판은 스페셜 디스크 동봉 |
| 슈퍼로봇대전 OG | 2007.7.6 | 소니컴퓨터엔테테인먼트코리아 | SRPG | 48,000 | 1 | 12세 | 324 | - | | 하권 181p | 일본어판 |
| 해리포터와 불사조 기사단 | 2007.7.20 | 일렉트로닉아츠코리아 | AADV | 45,000 | 1 | 전체 | 82 | - | | 하권 194p | 영어판, PS3/PSP/Xbox 360/PC 멀티 |
| 라따뚜이 | 2007.7.27 | 소니컴퓨터엔테테인먼트코리아 | ACT | 45,000 | 1~4 | 전체 | 346 | 음성·자막 | | 하권 184p, 하권 292p | PS3/PSP 멀티 |
| 여신전생 페르소나 3 FES | 2007.8.17 | 소니컴퓨터엔테테인먼트코리아 | RPG | 52,000 | 1 | 15세 | 78 | 자막 | BH | 하권 176p, 하권 292p | 초판은 OST 동봉 |
| 여신전생 페르소나 3 FES (어펜드) | 2007.8.17 | 소니컴퓨터엔테테인먼트코리아 | RPG | 38,000 | 1 | 15세 | 78 | 자막 | | 하권 176p, 하권 292p | 초판은 OST 동봉, 본편 디스크 필요 |
| 트랜스포머 : 더 게임 | 2007.8.17 | 액티비전코리아 | ACT | 42,000 | 1 | 12세 | 57 | - | | 하권 199p | 영어판, PS3/PSP/Wii/NDS/Xbox 360 멀티 |
| 스파이더맨 3 | 2007.8.28 | 액티비전코리아 | ACT | 42,000 | 1 | 12세 | 57 | - | | 하권 190p | 영어판, PS3/PSP/Xbox 360 멀티 |
| 파이널 판타지 XII INTERNATIONAL ZODIAC JOB SYSTEM | 2007.9.7 | 소니컴퓨터엔테테인먼트코리아 | RPG | 45,000 | 1 | 12세 | 100 | - | | 하권 185p | 일본어판, 음성 영어, 16:9 지원, Ultimate Hits판 존재 |
| 그림그리모어 | 2007.10.18 | 게임문화 | RTS | 38,000 | 1 | 12세 | 172 | - | DL | 하권 175p | 일본어판 / DL은 영어판 |

| 타이틀명 | 발매일 | 발매사 | 장르 | 가격 | 명수 | 등급 | SV용량 | 한국어화 | BH/DL/ON | 본서 소개 정보 | 비고 |
|---|---|---|---|---|---|---|---|---|---|---|---|
| NBA 라이브 08 | 2007.10.18 | 일렉트로닉아츠코리아 | SPT | 45,000 | 1~2 | 전체 | 2600 | - | | 하권 193p | 영어판 |
| KOF MAXIMUM IMPACT REGULATION "A" | 2007.10.23 | 액티비전코리아 | FACT | 39,000 | 1~2 | 12세 | 82 | - | DL | 하권 183p | 일본어판 |
| 드래곤볼Z 스파킹! 메테오 | 2007.10.27 | 반다이코리아 | FACT | 49,500 | 1~2 | 12세 | 61 | 자막 | | 하권 190p, 하권 292p | |
| 옵스큐어 II | 2007.11.2 | 소니컴퓨터엔터테인먼트코리아 | AADV | 42,000 | 1 | 18세 | 453 | - | | Obscure II | 영어판 |
| 전뇌전기 버철온 마스 | 2007.11.9 | 소니컴퓨터엔터테인먼트코리아 | ACT | 42,000 | 1~2 | 전체 | 100 | - | | 상권 170p | 일본어판 |
| 월드 사커 위닝 일레븐 2008 | 2007.11.22 | 코나미디지털엔터테인먼트 한국지점 | SPT | 50,000 | 1~2 | 전체 | 1945 | - | ON | 하권 195p | 영/일 양대응, 멀티탭(~8인), 온라인 지원 |
| 전국바사라 2 영웅외전 | 2007.11.29 | 캡콤엔터테인먼트코리아 | ACT | 42,000 | 1~2 | 15세 | 215 | - | | 하권 195p | 일본어판 |
| SD건담 G제네레이션 스피릿츠 | 2007.12.6 | 반다이코리아 | SLG | 49,500 | 1 | 전체 | 112 | - | | 하권 195p | 일본어판 |
| WWE 스맥다운 대 로우 2008 | 2007.12.6 | THQ 코리아 | SPT | 45,000 | 1~6 | 15세 | 570 | 자막 | BH | 하권 200p, 하권 292p | PS3/PSP/NDS/Xbox 360 멀티 |
| 니드 포 스피드 프로스트릿 | 2007.12.7 | 일렉트로닉아츠코리아 | RAC | 45,000 | 1~2 | 12세 | 540 | - | | 하권 199p | 영어판, PS3/PSP/Wii/NDS/Xbox 360 멀티 |
| 기타 히어로 3 : 레전드 오브 락 | 2007.12.21 | 액티비전코리아 | MUS | 88,000 | 1~2 | 12세 | 325 | - | | 하권 202p | 영어판, 기타 컨트롤러 동봉, Xbox 360/PS3 멀티 |
| FIFA 08 | 2007.12.22 | 일렉트로닉아츠코리아 | SPT | 45,000 | 1~2 | 전체 | 2872 | - | | FIFA 08 | 영어판, 멀티탭(~8인), PS3/PSP/Wii/NDS/Xbox 360 멀티 |
| 슈퍼로봇대전 OG 외전 | 2007.12.28 | 소니컴퓨터엔터테인먼트코리아 | SRPG | 67,000 | 1~2 | 12세 | 281 | - | | 하권 197p | 일본어판, 한정판 존재 |
| 테일즈 오브 데스티니 : 디렉터즈 컷 | 2008.2.1 | 소니컴퓨터엔터테인먼트코리아 | RPG | 50,000 | 1 | 전체 | 60 | - | | 하권 199p | 일본어판, 멀티탭(~4인), 프리미엄 BOX로 발매 |
| 스릴빌 : 오프 더 레일 | 2008.3.11 | 액티비전코리아 | SLG | 39,000 | 1~4 | 전체 | 650 | - | | Thrillville: Off the Rails | 영어판, 멀티탭(~4인), 가이드북 동봉, PSP/Xbox 360 멀티 |
| 사일런트 힐 : 오리진 | 2008.3.27 | 코나미디지털엔터테인먼트 한국지점 | AADV | 35,000 | 1 | 18세 | 179 | - | | Silent Hill : Origins | 영어판, PSP 멀티 |
| 기타 히어로 3 : 레전드 오브 락 (한국어판) | 2008.4.24 | 액티비전코리아 | MUS | 88,000 | 1~2 | 12세 | 325 | 자막 | | 하권 202p, 하권 292p | 기타 컨트롤러 동봉 |
| 라쳇 & 클랭크 : 공구들고 바캉스 | 2008.5.2 | 소니컴퓨터엔터테인먼트코리아 | AADV | 38,000 | 1~2 | 전체 | 340 | 자막 | | 하권 208p, 하권 293p | |
| SNK 아케이드 클래식 vol.1 | 2008.5.9 | 액티비전코리아 | ACT | 36,000 | 1~2 | 전체 | 150 | - | | SNK Arcade Classics Vol.1 | 영어판, PSP 멀티 |
| 더 킹 오브 파이터즈 '98 얼티메이트 매치 | 2008.6.26 | 액티비전코리아 | FACT | 43,000 | 1~2 | 12세 | 250 | - | DL | 하권 207p | 영어판, 프로그레시브 지원 |
| 전국바사라 X(크로스) | 2008.6.26 | 캡콤엔터테인먼트코리아 | ACT | 42,000 | 1~2 | 12세 | 45 | - | | 하권 207p | 일본어판 |
| 쿵푸 팬더 | 2008.6.30 | 액티비전코리아 | ACT | 39,000 | 1~4 | 전체 | 95 | - | | Kung Fu Panda | 영어판, 멀티탭(~4인), PS3/Wii/NDS/Xbox 360/PC 멀티 |
| 사무라이 스피리츠 : 6번의 승부 | 2008.7.29 | 액티비전코리아 | FACT | 43,000 | 1~2 | 15세 | 136 | - | | 하권 208p | 일본어판, Wii 멀티 |
| 타이토 메모리즈 2 상편 | 2008.8.28 | 사이버프론트제넥스코리아 | ACT | 49,000 | 1~2 | 12세 | 100 | - | | 하권 167p | 일본어판, 가이드북 동봉, GT FORCE 지원(일부) |
| 기타 히어로 : 에어로스미스 | 2008.8.29 | 액티비전코리아 | MUS | 39,000 | 1~2 | 12세 | 345 | - | | 하권 213p | 영어판, 기타 컨트롤러 지원, PS3/Xbox 360 멀티 |
| 드래그 온 드라군 2 : Love red, Ambivalence black | 2008.9.12 | 소니컴퓨터엔터테인먼트코리아 | ACT | 55,000 | 1 | 15세 | 52 | - | | 하권 87p | 일본어판, Ultimate Hits판으로만 발매 |
| 슈퍼로봇대전 Z | 2008.9.26 | 소니컴퓨터엔터테인먼트코리아 | SRPG | 65,000 | 1 | 12세 | 237 | - | | 하권 212p | 일본어판 |
| 실황 파워풀 메이저리그 3 | 2008.10.2 | 코나미디지털엔터테인먼트 한국지점 | SPT | 48,000 | 1~2 | 전체 | 872 | - | | 하권 212p | 일본어판 |
| 타이토 메모리즈 2 하편 | 2008.10.7 | 사이버프론트코리아 | ACT | 49,000 | 1~2 | 12세 | 100 | - | | 하권 174p | 일본어판, 가이드북 동봉, GT FORCE 지원(일부) |
| 기동전사 건담 00(더블오) : 건담 마이스터즈 | 2008.10.16 | 반다이코리아 | ACT | 49,500 | 1~2 | 12세 | 261 | - | | 하권 213p | 일본어판 |
| 진 삼국무쌍 5 Special | 2008.10.30 | 코에이코리아 | ACT | 58,000 | 1~2 | 12세 | 300 | 자막 | | 하권 213p, 하권 293p | PS3판의 마이너 이식 |
| 여신전생 페르소나 4 | 2008.10.31 | 소니컴퓨터엔터테인먼트코리아 | RPG | 52,000 | 1 | 15세 | 230 | 자막 | BH | 하권 208p, 하권 293p | 초판은 OST 동봉 |

# PlayStation2 Korean Retail Game Software List

| 타이틀명 | 발매일 | 발매사 | 장르 | 가격 | 명수 | 등급 | SV용량 | 한국어화 | BH/DL/ON | 본서 소개 정보 | 비고 |
|---|---|---|---|---|---|---|---|---|---|---|---|
| FIFA 09 | 2008.11.5 | 일렉트로닉아츠코리아 | SPT | 45,000 | 1~2 | 전체 | 735 | - | | 하권 217p | 영어판, 멀티탭(~5인), PS3/PSP/Wii/NDS/Xbox 360/PC 멀티 |
| 니드 포 스피드 언더커버 | 2008.11.18 | 일렉트로닉아츠코리아 | RAC | 45,000 | 1~2 | 12세 | 318 | - | | 하권 217p | 영어판, PS3/Wii/NDS/Xbox 360 멀티 |
| WWE 스맥다운 대 로우 2009 | 2008.11.19 | THQ 코리아 | SPT | 45,000 | 1~6 | 15세 | 570 | - | | WWE Smackdown vs. Raw 2009 | 영어판, 멀티탭(~6인), PS3/PSP/NDS/Xbox 360 멀티 |
| 드래곤볼Z 인피니트 월드 | 2008.12.4 | 반다이코리아 | FACT | 49,500 | 1~2 | 12세 | 73 | - | | 하권 216p | 일본어판 |
| 콜 오브 듀티 : 월드 앳 워 파이널 프론트 | 2008.12.11 | 액티비전코리아 | FPS | 45,000 | 1 | 15세 | 640 | - | | Call of Duty: World At War - Final Fronts | 영어판, PS3/NDS/Wii/Xbox 360/PC 멀티 |
| 무쌍 오로치 마왕재림 | 2008.12.18 | 코에이코리아 | ACT | 58,000 | 1~2 | 12세 | 280 | 자막 | | 하권 204p, 하권 293p | 전작 세이브 연동, PSP/Xbox 360 멀티 |
| 007 퀀텀 오브 솔러스 | 2008.12.19 | 액티비전코리아 | ACT | 42,000 | 1 | 12세 | 85 | - | | 하권 221p | 영어판, PS3/Xbox 360 멀티 |
| 월드 사커 위닝 일레븐 2009 | 2009.1.29 | 코나미디지털엔터테인먼트 한국지점 | SPT | 39,500 | 1~2 | 전체 | 2111 | - | | 하권 219p | 영/일 양대응, 멀티탭(~8인), PSP/PS3/Xbox 360 멀티 |
| 더 킹 오브 파이터즈 2002 언리미티드 매치 | 2009.2.28 | WBA 인터렉티브 | FACT | 43,000 | 1~2 | 12세 | 250 | - | | 하권 220p | 영어판, 프로그레시브 지원 |
| 슈퍼로봇대전 Z 스페셜 디스크 | 2009.3.6 | 소니컴퓨터엔터테인먼트코리아 | SRPG | 47,000 | 1 | 12세 | 276 | - | | 하권 220p | 일본어판 |
| 더 킹 오브 파이터즈 컬렉션 : 오로치 사가 | 2009.4.11 | WBA 인터렉티브 | FACT | 39,600 | 1~2 | 12세 | 65 | - | DL | 하권 137p | 영어판, Wii/PSP 멀티 / DL은 일본어판 |
| 실황 파워풀 메이저리그 2009 | 2009.4.29 | 코나미디지털엔터테인먼트 한국지점 | SPT | 49,000 | 1~2 | 전체 | 869 | - | | 하권 223p | 일본어판 |
| 에반게리온 : 서 | 2009.6.5 | 소니컴퓨터엔터테인먼트코리아 | AADV | 55,000 | 1 | 12세 | 156 | - | | 하권 224p | 일본어판, PSP 멀티 |
| 트랜스포머 : 패자의 역습 | 2009.7.2 | WBA 인터렉티브 | ACT | 43,500 | 1~2 | 12세 | 50 | - | | Transformers: Revenge of the Fallen | 영어판, 프로그레시브 지원, PS3/PSP/Xbox 360/PC 멀티 |
| SD건담 G제네레이션 워즈 | 2009.8.11 | 소니컴퓨터엔터테인먼트코리아 | SLG | 49,500 | 1 | 전체 | 220 | - | | 하권 225p | 일본어판 |
| FIFA 10 | 2009.10.9 | 일렉트로닉아츠코리아 | SPT | 45,000 | 1~2 | 전체 | 3532 | - | | 하권 228p | 영어판, 멀티탭(~5인), PS3/NDS/PSP/Xbox 360/PC 멀티 |
| beatmania II DX 16 EMPRESS + PREMIUM BEST | 2009.10.15 | 코나미디지털엔터테인먼트 한국지점 | MUS | 64,000 | 1~2 | 12세 | 875 | - | | 하권 228p | 일본어판, DVD 2장, 전용 컨트롤러 지원 |
| WWE 스맥다운 대 로우 2010 | 2009.10.30 | THQ 코리아 | SPT | 45,000 | 1~6 | 15세 | 1077 | - | | WWE Smackdown vs. Raw 2010 | 영어판, 멀티탭(~6인), PS3/PSP/Xbox 360 멀티 |
| 월드 사커 위닝 일레븐 2010 | 2009.12.10 | 코나미디지털엔터테인먼트 한국지점 | SPT | 49,000 | 1~2 | 전체 | 2200 | - | | 하권 229p | 영/일 양대응, 멀티탭(~8인), PSP/PS3/Xbox 360 멀티 |
| 사일런트 힐 : 셰터드 메모리즈 | 2010.2.3 | 코나미디지털엔터테인먼트 한국지점 | AADV | 49,000 | 1 | 18세 | 831 | - | | 하권 231p | 영어판, 16:9 지원 |
| MLB 10 THE SHOW | 2010.3.12 | 소니컴퓨터엔터테인먼트코리아 | SPT | 32,000 | 1~2 | 전체 | 1389 | - | | MLB 10 THE SHOW | 영어판, 아이토이 지원, USB 키보드 지원, PS3/PSP 멀티 |
| FIFA 11 | 2010.10.21 | 일렉트로닉아츠코리아 | SPT | 45,000 | 1~2 | 전체 | 2838 | - | | FIFA 11 | 영어판, 멀티탭(~8인), PS3/PSP/Xbox 360/PC 멀티 |
| 월드 사커 위닝 일레븐 2011 | 2010.11.18 | 코나미디지털엔터테인먼트 한국지점 | SPT | 42,000 | 1~2 | 전체 | 2202 | 자막 | BH | 하권 235p, 하권 293p | 멀티탭 지원(~8인), PS3/PSP/Xbox 360 멀티 |
| MLB 11 THE SHOW | 2011.3.18 | 소니컴퓨터엔터테인먼트코리아 | SPT | 29,800 | 1~2 | 전체 | 3166 | - | | MLB 11 THE SHOW | 영어판, 아이토이 지원, USB 키보드 지원, PS3/PSP 멀티 |
| 월드 사커 위닝 일레븐 2012 | 2011.11.3 | 코나미디지털엔터테인먼트 한국지점 | SPT | 42,000 | 1~2 | 전체 | 2171 | 자막 | | 하권 238p, 하권 293p | 멀티탭(~8인), PS3/PSP/Xbox 360 멀티 |

# PS3 PS Store의 PS2 클래식 소프트 리스트

한국 PS3 PS Store의 PS2 클래식 소프트를 발매일순으로 게재

이 페이지에서는 SCEK 등 각사가 PS3의 PlayStation Store에서 2025년 4월 기준으로 정규 판매중인 PS2 클래식 소프트 총 60타이틀을 출시일 기준으로 분류·정렬해 리스트화하였다. 본서 상·하권 2장에서 소개된 타이틀(일본판)의 경우, 해당하는 일본어판 원작의 게재 페이지도 함께 기재해 두었다.

본 리스트는 2025년 4월 시점에서 PS3로 접속 및 열람이 가능한 한국 PlayStation Store 상의 소프트 리스트를 최대한 취합하여 다뤘다. 다만 시간과 자료의 한계로 누락이나 오류가 있을 수 있으며 리스트의 정확성을 완전히 담보하지는 못하므로, 이 점은 너른 양해를 구하고자 한다. 또한 추후 PlayStation Store의 운영정책 변경에 따라 본 리스트에 실린 소프트의 일부 혹은 전부가 판매 중지되거나 구입 불가능해질 수도 있으므로, 이 점도 양해 바란다.

※ 본 리스트의 소프트명 및 각종 기본정보는 조사 시점에서 PlayStation Store 상의 표기 기준이다.
※ '본서 소개 정보' 란의 푸른색 문자는 본서에 소개되지 않은 타이틀의 영문 원제이다. 또한, 지면 관계상 부득이하게 원제 타이틀명은 생략하고 기재 페이지 번호만을 수록했다.
※ '용량'은 GB 단위이다.
※ '한국어화' 란은 별도 표기가 없다면 외국어판(비고에 영어/일본어판 여부를 표기)이다.

| 발매일 | 타이틀명 | 발매사 | 가격 | 등급 | 용량(GB) | 한국어화 | 본서 소개 정보 | 비고 |
|---|---|---|---|---|---|---|---|---|
| 2012.1.26. | GOD HAND | CAPCOM ASIA | 11,000 | 18세 | 2.0 | 자막 | 하권 152p, 하권 291p | |
| 2012.1.26. | GRiMgRiMoiRe | NIS America | 11,000 | 전체 | 1.3 | - | 하권 175p | 영어판 |
| 2012.1.26. | 라 퓌셀 빛의 성녀 전설 | Nippon-Ichi Software | 11,000 | 15세 | 0.625 | 자막 | 상권 107p, 상권 275p | |
| 2012.1.31. | Maximo : Ghosts to Glory | CAPCOM ASIA | 11,000 | 12세 | 0.712 | - | 상권 103p | 영어판 |
| 2012.3.21. | BloodRayne | Majesco | 10,500 | 18세 | 1.2 | - | 하권 40p | 영어판 |
| 2012.5.22. | Max Payne | Take Two Interactive UK | 12,300 | 18세 | 4.1 | - | 상권 169p | 영어판 |
| 2012.5.23. | 사이폰 필터 : 오메가 바이러스 | SIE | 11,000 | 18세 | 2.9 | 자막 | 하권 275p | |
| 2012.6.20. | War of the Monsters : 괴수대격전 | SIE | 11,100 | 12세 | 1.2 | 자막 | 상권 224p, 상권 281p | |
| 2012.7.11. | BloodRayne 2 | Majesco | 11,000 | 18세 | 4.4 | - | BloodRayne 2 | 영어판 |
| 2012.7.5. | Harvest Moon : Save the Homeland | Marvelous | 11,400 | 전체 | 0.111 | - | 상권 85p (목장이야기 3) | 영어판 |
| 2012.8.8. | Maximo vs Army Of Zin | CAPCOM ASIA | 11,000 | 12세 | 1.2 | - | 상권 185p (마계영웅기 맥시모) | 영어판 |
| 2012.8.8. | 페르시아의 왕자 : The Sands of Time | Ubisoft Entertainment | 11,000 | 15세 | 2.4 | 음성/자막 | 하권 40p, 상권 291p | |
| 2012.9.4. | CONTRA SHATTERED SOLDIER | Konami Digital Entertainment | 11,000 | 12세 | 0.74 | - | 상권 140p (진 혼두라) | 일본어판 |
| 2012.9.4. | 사혼곡 - 사이렌- | SIE | 11,000 | 18세 | 4.3 | 자막 | 상권 193p, 상권 292p | |
| 2012.11.6. | Castlevania | Konami Digital Entertainment | 11,200 | 18세 | 2.9 | 자막 | 상권 198p, 상권 289p | |
| 2012.11.20. | Dark Cloud | SIE | 11,200 | 12세 | 1.3 | - | 상권 68p (다크 클라우드) | 일본어판 |
| 2012.11.20. | Harvest Moon : A Wonderful Life 특별판 | Marvelous | 11,200 | 전체 | 1.2 | - | 하권 53p (목장이야기 : Oh! 원더풀 라이프) | 영어판 |
| 2012.11.27. | River King : A Wonderful Journey | Marvelous | 11,200 | 전체 | 1.2 | - | 하권 65p (강의 누시 낚시 : 원더풀 저니) | 영어판 |
| 2012.12.13. | 시노비 | SEGA | 11,200 | 18세 | 1.2 | 자막 | 상권 144p, 상권 280p | |
| 2013.1.15. | Innocent Life : A futuristic Harvest Moon Special Edition | Marvelous | 10,800 | 전체 | 1.3 | - | 하권 174p (신 목장이야기 Pure : 이노센트 라이프) | 영어판 |
| 2013.1.15. | NEO CONTRA | Konami Digital Entertainment | 10,800 | 18세 | 1.4 | - | 하권 51p | 일본어판 |

## PlayStation2 Korean Downloadable Software List

| 발매일 | 타이틀명 | 발매사 | 가격 | 등급 | 용량(GB) | 한국어화 | 본서 소개 정보 | 비고 |
|---|---|---|---|---|---|---|---|---|
| 2013.1.8. | Dragon Force | SEGA | 10,800 | 전체 | 4.4 | - | 하권 100p (SEGA AGES Vol.18 : 드래곤 포스) | 일본어판 |
| 2013.3.5. | Twisted Metal Black | SIE | 10,800 | 18세 | 3.6 | - | Twisted Metal Black | 영어판 |
| 2013.4.10. | Midnight Club | Take Two Interactive UK | 10,700 | 15세 | 0.529 | - | Midnight Club | 영어판 |
| 2013.5.14. | Bully | Take Two Interactive UK | 10,700 | 15세 | 4.3 | - | 하권 208p | 영어판 |
| 2013.5.15. | Disgaea : Hour of Darkness | Nippon-Ichi Software | 10,700 | 12세 | 1.2 | - | 상권 152p, 상권 282p (마계전기 디스가이아) | 영어판 |
| 2013.5.16. | CAPCOM FIGHTING JAM | CAPCOM ASIA | 10,700 | 12세 | 2.2 | - | 하권 56p (캡콤 파이팅 잼) | 일본어판 |
| 2013.5.21. | 괴혼 : 굴려라! 왕자님! | Bandai Namco Entertainment | 10,700 | 전체 | 3.0 | 자막 | 상권 222p, 하권 274p | |
| 2013.5.7. | Grand Theft Auto : Vice City | Take Two Interactive UK | 10,700 | 18세 | 3.6 | - | 상권 231p (그랜드 셉트 오토 : 바이스 시티) | 영어판 |
| 2013.6.4. | The Conveni 3 | HAMSTER | 10,700 | 전체 | 0.74 | - | 상권 165p (THE 편의점 3) | 일본어판 |
| 2013.6.4. | Youkoso Hitsuji Mura | HAMSTER | 11,000 | 전체 | 0.481 | - | 상권 209p (어서 오세요 어린양 마을에) | 일본어판 |
| 2013.8.7. | SHADOW THE HEDGEHOG | SEGA | 11,000 | 전체 | 4.2 | - | 하권 117p (섀도우 더 헤지혹) | 영/일어판 |
| 2014.5.1. | Akaiito | HAMSTER | 13,400 | 18세 | 3.9 | - | 하권 48p (아카이이토) | 일본어판 |
| 2014.12.17. | METAL SLUG 3 | SNK | 10,100 | 12세 | 1.2 | - | 상권 172p (메탈 슬러그 3) | 일본어판 |
| 2014.12.17. | SAMURAI SHODOWN 6 | SNK | 10,100 | 12세 | 1.3 | - | 하권 124p (사무라이 스피리츠 : 천하제일검객전) | 일본어판 |
| 2014.12.17. | THE KING OF FIGHTERS '98 ULTIMATE MATCH | SNK | 10,100 | 12세 | 3.3 | - | 하권 207p | 일본어판 |
| 2014.12.17. | THE KING OF FIGHTERS XI | SNK | 10,100 | 12세 | 2.4 | - | 하권 143p | 일본어판 |
| 2015.2.3. | THE KING OF FIGHTERS '94 RE-BOUT | SNK | 10,100 | 12세 | 2.6 | - | 하권 62p | 일본어판 |
| 2015.3.25. | ADK혼 | SNK | 10,100 | 12세 | 1.9 | - | 하권 216p | 일본어판 |
| 2015.3.25. | METAL SLUG 5 | SNK | 10,100 | 12세 | 2.1 | - | 하권 82p (메탈 슬러그 5) | 일본어판 |
| 2015.3.25. | THE KING OF FIGHTERS 2000 | SNK | 10,100 | 12세 | 1.2 | - | 상권 142p | 일본어판 |
| 2015.3.5. | KOF MAXIMUM IMPACT MANIAX | SNK | 10,100 | 12세 | 2.8 | - | 하권 132p | 일본어판 |
| 2015.3.5. | NEOGEO BATTLE COLISEUM | SNK | 10,100 | 12세 | 2.0 | - | 하권 120p (네오지오 배틀 컬리시엄) | 일본어판 |
| 2015.3.5. | Twinkle Star Sprites ~La Petite Princesse~ | SNK | 10,100 | 전체 | 3.5 | - | 하권 96p (트윙클 스타 스프라이츠~) | 일본어판 |
| 2015.4.15. | KOF MAXIMUM IMPACT 2 | SNK | 10,100 | 15세 | 1.9 | - | 하권 138p | 일본어판 |
| 2015.4.15. | SAMURAI SHODOWN 5 | SNK | 10,100 | 12세 | 1.2 | - | 하권 34p (사무라이 스피리츠 제로) | 일본어판 |
| 2015.4.15. | THE KING OF FIGHTERS 2003 | SNK | 10,100 | 12세 | 1.8 | - | 하권 49p | 일본어판 |
| 2015.6.17. | GAROU : MARK OF THE WOLVES | SNK | 10,100 | 12세 | 1.4 | - | 하권 89p (아랑 : 마크 오브 더 울브스) | 일본어판 |
| 2015.6.17. | THE KING OF FIGHTERS NESTS COLLECTION | SNK | 12,200 | 12세 | 3.1 | - | 하권 176p (더 킹 오브 파이터즈 : 네스츠 편) | 일본어판 |
| 2015.6.19. | KOF MAXIMUM IMPACT REGULATION "A" | SNK | 10,100 | 15세 | 1.3 | - | 하권 183p | 일본어판 |
| 2015.6.19. | METAL SLUG 6 | SNK | 10,100 | 12세 | 2.5 | - | 하권 153p (메탈 슬러그 6) | 일본어판 |
| 2015.6.19. | THE KING OF FIGHTERS 2002 | SNK | 10,100 | 12세 | 3.4 | - | 상권 224p | 일본어판 |
| 2015.7.17. | ART OF FIGHTING ANTHOLOGY | SNK | 12,200 | 12세 | 1.7 | - | 하권 139p (용호의 권 천·지·인) | 일본어판 |
| 2015.7.17. | METAL SLUG 4 | SNK | 10,100 | 12세 | 3.1 | - | 하권 44p (메탈 슬러그 4) | 일본어판 |
| 2015.7.17. | THE KING OF FIGHTERS 2001 | SNK | 10,100 | 12세 | 1.4 | - | 상권 190p | 일본어판 |
| 2015.7.17. | THE KING OF FIGHTERS COLLECTION -The Orochi Saga- | SNK | 12,200 | 12세 | 1.9 | - | 하권 137p (더 킹 오브 파이터즈 : 오로치 편) | 일본어판 |
| 2015.8.19. | FATAL FURY BATTLE ARCHIVES 2 | SNK | 11,900 | 12세 | 2.0 | - | 하권 170p (아랑전설 배틀 아카이브즈 2) | 일본어판 |
| 2015.8.19. | FUUN SUPER COMBO | SNK | 10,100 | 12세 | 1.2 | - | 하권 181p (풍운 슈퍼 콤보) | 일본어판 |
| 2015.8.19. | METAL SLUG COMPLETE | SNK | 14,900 | 12세 | 2.5 | - | 하권 179p (메탈 슬러그 컴플리트) | 일본어판 |
| 2015.8.19. | THE KING OF FIGHTERS NEOWAVE | SNK | 10,100 | 12세 | 1.7 | - | 하권 94p | 일본어판 |

## 플레이스테이션 2
## 퍼펙트 카탈로그(하권)

1판 1쇄 | 2025년 6월 23일
감　　수 | 마에다 히로유키·조기현
옮 긴 이 | 김경문
발 행 인 | 김인태
발 행 처 | 삼호미디어
등　　록 | 1993년 10월 12일 제21-494호
주　　소 | 서울특별시 서초구 강남대로 545-21 거림빌딩 4층
　　　　　 www.samhomedia.com
전　　화 | (02)544-9456(영업부) (02)544-9457(편집기획부)
팩　　스 | (02)512-3593

ISBN 978-89-7849-718-3 (13690)
Copyright 2025 by SAMHO MEDIA PUBLISHING CO.

출판사의 허락 없이 무단 복제와 무단 전재를 금합니다.
잘못된 책은 구입처에서 교환해 드립니다.